A. Scott Berg · Charles Lindbergh

A. SCOTT BERG

Charles Lindbergh

*Ein Idol des
20. Jahrhunderts*

Aus dem Amerikanischen
von Andrea Ott

KARL BLESSING VERLAG

Titel der Originalausgabe: Lindbergh
Originalverlag: G. P. Putnam's Sons, New York

Für Phyllis E. Grann
und Kevin McCormick

Der Karl Blessing Verlag ist ein Unternehmen
der Verlagsgruppe Bertelsmann.

1. Auflage
Copyright © 1998 by A. Scott Berg
© Copyright 1999 bei Karl Blessing Verlag GmbH, München
Satz: Uhl + Massopust, Aalen
Druck und Bindung: Graph. Großbetrieb Pößneck
Printed in Germany
ISBN 3-89667-089-1

INHALT

Far of forgot to me is near;
Shadow and sunlight are the same;
The vanished gods to me appear;
And one to me are shame and fame.

They reckon ill who leave me out;
When me they fly, I am the wings;
I am the doubter and the doubt,
And I the hymn the Brahmin sings.

EMERSON, »BRAHMA«

TEIL 1

1

KARMA

»...befangen in den Träumen von gestern,
halten wir so manchen Schritt in die Zukunft
für einen unerfüllbaren Traum...«

C. A. L.

M ehr als einen Tag lang hielt die Welt den Atem an ... dann wurde das kleine Flugzeug über Irland gesichtet.
Siebenundzwanzig Stunden nachdem er – allein in der *Spirit of St. Louis* – von Roosevelt Field in New York abgehoben hatte, verbreitete sich die Nachricht rasch von einem Kontinent zum andern, daß Charles A. Lindbergh den gefährlichsten Abschnitt seiner Reise überlebt hatte, die fünfzehnstündige Überquerung des Atlantik. Jetzt mußte er bis zu seinem Ziel, bis Paris, nur noch ein paar Stunden aushalten. Die Angst machte freudiger Erwartung Platz.

An diesem Samstagnachmittag fuhr der amerikanische Botschafter in Frankreich, Myron T. Herrick, nach dem Lunch nach St. Cloud zu einem französisch-amerikanischen Tennisspiel. Als er in der ersten Reihe Platz nahm, brachen 5000 Fans in Hurrarufe aus. Im Lauf des Nachmittags hörten die Zuschauer auf den Tribünen, wie die Zeitungsjungen die Schlagzeilen ihrer *éditions spéciales* ausriefen und meldeten, man rechne noch in dieser Nacht mit Lindberghs Ankunft. Mitten im Spiel erhielt Herrick ein Telegramm – die Bestätigung, daß Lindbergh über Valencia in Irland geflogen sei. Aller Augen waren auf den Botschafter gerichtet, als er hastig den Tennisplatz verließ und damit den Zuschauern die Gewißheit gab, daß ihre Gebete erhört worden waren. Noch ehe das Match zu Ende war, begannen sich die Tribünen zu leeren.

Herrick fuhr eilends zurück in seine Residenz nach Paris, aß um halb sieben kurz zu Abend und brach dann zum Flugplatz Le Bourget im Nordosten der Stadt auf. »Wir hätten keine Viertelstunde länger warten dürfen«, erinnerte sich Herrick, »entlang der Straße sammelten sich schon die Menschenmassen, und wenig später kam man kaum noch durch.«

Auf den Boulevards drängten sich die Autos in Zehnerreihen. Die Fahrgäste steckten ihre Köpfe aus den Schiebedächern der Pariser Taxis und jubelten einander zu. »Jeder hatte irgendeine Flasche in der Hand«, erinnerte sich einer der Feiernden an jene Nacht 1927, »und weil alle sehr langsam fuhren, wurden Flaschen von einem Taxi zum anderen gereicht, um die weltbewegende Leistung zu feiern.« Schon anderthalb Kilometer vor dem Flughafen kam der Verkehr zum Erliegen.

Als der Rundfunk meldete, Lindbergh hätte Südengland überflogen, liefen die Menschen im Herzen von Paris zusammen. 30 000 strömten zur Place de l'Opéra, wo von beleuchteten Reklametafeln die neuesten Nachrichten blitzten. In den nächsten Stunden schoben sich die Massen in den Boulevard Poissonière, bis er verstopft war; dort erwartete man an der Fassade der Redaktion des *Paris Matin* die verläßlichsten Nachrichten über Lindberghs Fortkommen. »Seit dem Waffenstillstand 1918«, stellte ein Reporter fest, »hat Paris nicht mehr solch einen Anblick öffentlicher Begeisterung und Aufregung erlebt, wie ihn die Scharen boten, die sich auf den Boulevards drängten und auf Nachrichten von dem amerikanischen Piloten hofften, dessen Ausstrahlung die Herzen der Pariser erobert hatte.«

Zwischen den einzelnen Meldungen warteten die Leute in ängstlichem Schweigen. Von zwei französischen Piloten, Nungesser und Coli, hatte man nichts mehr gehört, seit sie vor zwei Wochen versucht hatten, nonstop von Paris nach New York zu fliegen, und ihr Verschwinden lastete schwer auf dem Gemüt der Pariser. Viele murrten, es sei unmöglich, den Atlantik ohne Zwischenhalt zu überqueren, besonders allein. Immer wieder ging ein Flüstern durch die Menge, Gerüchte, Lindbergh sei zur Landung gezwungen worden. Als man lange nichts hörte, wischte sich eine Französin in Trauerkleidung, die in einer großen Limousine saß, Tränen aus dem Gesicht. Eine andere Frau, eine Zeitungsverkäuferin, die selbst mit den Tränen kämpfte, trat zu ihr. »Sie haben recht, Madame«, sagte sie. »Bei so was gibt es keine Nationalitäten. Auch er ist ein Sohn.«

Kurz vor 21.00 Uhr blinkten auf einer der Reklametafeln meterhohe Buchstaben. »Die Menge wurde still, die Kellner blieben wie angewurzelt zwischen den Kaffeehaustischen stehen«, erinnerte sich ein Zeuge. »Alle schauten. Der Verkehr blieb stecken. Dann kam die freudige Nachricht: ›Lindbergh über Cherbourg und der Küste der Normandie gesichtet.‹« Die Menge brach in Bravorufe aus. Fremde klopften einander auf die Schultern und schüttelten sich die Hände. Sekunden später erschien an der Fassade des *Paris Matin* die Bestätigung dieser Meldung, und die Umstehenden stimmten Sprechchöre an: »*Vive Lindbergh!*« und »*Vive l'Américain!*« Die nächste Stunde brachte weitere gute Nachrichten aus Deauville, dann aus Louviers. Wer sich neu hinzugesellte, fragte immer nur: »*Est-il arrivé?*«

Fünfzehntausend andere zog es in Richtung Etoile, sie füllten die Straßen rings um ein Hotel, in dem Lindbergh angeblich übernachten würde. Dann beschlossen auf einmal viele, die nicht tatenlos in der Stadt herumstehen wollten, die Landung mitzuerleben. Die Studenten der Sorbonne zwängten sich in die Busse und in die Metro. Die anderen schnappten sich sämtliche anderen verfügbaren Transportmittel, und schließlich verstopften über 10 000 Autos die Straßen zwischen der Stadt und Le Bourget. In Kürze waren 150 000 Menschen auf dem Flugplatz versammelt.

Kurz vor 22.00 Uhr hörte die aufgeregte Menge, daß sich eine Maschine näherte, und wurde still. Ein Flugzeug brach durch die Wolken und landete, es war jedoch die planmäßige Maschine aus London. Minuten später, als ein kalter Wind die Sterne frei fegte, durchriß wieder ein Dröhnen die Luft, diesmal ein Flugzeug aus Straßburg. Feuerzeichen roter, goldener und grüner Leuchtraketen flammten auf, und grelle Scheinwerfer suchten den dunklen Himmel ab. In der Kälte wurde die Menge unruhig. Dann, »plötzlich und unmißverständlich, das Dröhnen eines Flugzeugs... zu unserer Linken ein weißes Blitzen in der schwarzen Nacht... und wieder ein Blitzen, wie ein Hai, der durchs Wasser schießt«, erinnerte sich Harry Crosby, ein im Ausland lebender amerikanischer Verleger, der unter den begeisterten Zuschauern stand. »Dann nichts mehr. Kein Ton. Spannung. Und wieder ein Geräusch, diesmal irgendwo weiter rechts. Ist es ein verspätetes Flugzeug oder Lindbergh? Dann schoß, scharf und schnell im goldenen Strahl der Suchscheinwerfer, ein kleiner, weißer Falke von Flugzeug raubvogelgleich herunter und über die Landebahn – c'est lui, Lindbergh. LINDBERGH!«

Am 21. Mai 1927 um 22.24 Uhr, nach 33 Stunden, 30 Minuten und 30 Sekunden, landete die *Spirit of St. Louis* nach einem Flug von 3614 Meilen nonstop von New York. Und in diesem Augenblick änderte sich alles – für den Piloten und den Planeten.

Die 150 000 waren nicht mehr zu halten. Lindbergh blickte aus seinem Flugzeug in das gleißende Licht und sah nur, daß die Landebahn vor ihm »ganz voll war mit rennenden Gestalten«. Erst Jahrzehnte später begriff die Frau, die Lindbergh heiraten sollte, was dieses Gewimmel in Wirklichkeit bedeutet hatte. »Ruhm, Chancen, Reichtum – aber auch Tragödien, Einsamkeit und Enttäuschung liefen da auf der Landebahn von Le Bourget auf ihn zu«, schrieb sie später. »Und er war so unschuldig und ahnungslos.«

Lindberghs Ankunft in Paris wurde zum entscheidenden Augenblick seines Lebens, zum Ereignis, von dem all sein künftiges Tun abhing – als wäre es nur eine Kette vorherbestimmter, wohl angemessener, aber ironischerweise abwehrender Reaktionen gewesen. Genauso unausweichlich schienen alle Ereignisse in Lindberghs ersten 25 Jahren darauf abzuzielen, ihn in dieser Nacht nach Paris zu befördern. Als einziges Kind von beklagenswert schlecht zusammenpassenden Eltern hatte er Jahre voller Streitereien ausgeblendet, indem er sich zurückzog. Buchstäblich ohne Freund

und nur auf sich selbst bezogen ging er aus einer unsteten, abgekapselten Jugend hervor. Der Nachkomme findiger Einwanderer war zum praktischen Träumer herangewachsen, fest überzeugt, daß es nichts gab, was er nicht fertigbrächte. Ein Studium brach er ab, weil ihn andere Dinge mehr fesselten, und er lernte fliegen. Er tingelte mit Flugkunststücken durch die Provinz und gönnte sich ein ungebundenes Leben, bevor er zum Militär eingezogen wurde. Bei der Armee verbesserte er nicht nur sein fliegerisches Können, sondern lernte auch, exakter zu denken. Nach seinem Abschied flog er auf einer der ersten Luftpostrouten, den schlimmsten Unwettern ausgesetzt. Ruhelos verlangte es ihn nach größeren Herausforderungen, nach dem Abenteuer.

Im Frühjahr 1927 war Lindbergh zu sehr »von seinem einzigen Ziel« in Anspruch genommen, nämlich »mit meinem Flugzeug in Paris zu landen«, als daß er die Folgen hätte bedenken können. »Darüber hinaus zu planen, erschien mir anmaßend, das brachte ich nicht fertig«, schrieb er später. Selbst wenn er weitergedacht hätte – die noch nie dagewesene weltweite Reaktion auf seine Landung hätte er niemals vorhersehen können.

In diesem Jahr waren Radio, Telefon und Telegraphie bereits imstande, Bilder und Stimmen innerhalb von Sekunden um die Welt zu schicken. Außerdem war es der Filmindustrie kurz zuvor gelungen, Töne synchron aufzunehmen, und damit konnte man dramatische Augenblicke in all ihrer Herrlichkeit aufzeichnen und weltweit verbreiten. Zum erstenmal nahm die ganze zivilisierte Welt in Bild und Ton an Ereignissen teil – fast sofort und gleichzeitig. Und in diesem ungewöhnlich gutaussehenden jungen Flieger von offenbar tadellosem Charakter fand die neue Technik ihren ersten Superstar.

Der Empfang in Paris war nur ein Vorbote der beispiellosen Verehrung, die die Menschen Lindbergh jahrelang entgegenbrachten. Er wollte die Bedeutung seines Fluges weder herunterspielen noch aufblasen, er sah darin nur einen Teil der ununterbrochenen Abfolge menschlichen Strebens, und er war schließlich auch nur ein Mensch. Die Öffentlichkeit sah das anders. So fand Harry Crosby, daß der Massenansturm in Le Bourget in jener Nacht nichts weniger bedeutete als den Beginn einer neuen Religion: »Als versuchten alle Hände der Welt... den neuen Christus zu berühren, und als sei das Flugzeug ein neues Kreuz.« Weltweit bewundert, wurde Charles Lindbergh der berühmteste lebende Mensch, der bis dahin auf Erden gewandelt war.

Jahrelang hatte Lindbergh nach einem Grundgesetz der Aerodynamik gelebt, nach der Notwendigkeit, das Gleichgewicht zu wahren. Und er erkannte sofort, daß die Menschen, die da auf ihn zuliefen, unweigerlich Erschütterungen bedeuteten. Anfangs fürchtete er um seine physische Sicherheit, in den nächsten Monaten bangte er um seine Seele. Er wußte instinktiv, daß es ihn sein Ich kosten konnte, wenn er sich der abgötti-

14

schen Verehrung der Öffentlichkeit unterwarf; er konnte sich nur wehren, indem er seine Privatsphäre schützte. Daß er sich dem Publikum verweigerte, vergrößerte nur dessen Sehnsucht nach ihm – der erste von vielen Widersprüchen, auf die er in seinem lebenslangen Bemühen um das Gleichgewicht in seiner Welt stieß.

»Kein Mensch vor mir hat über der Erde solche Bewegungsfreiheit besessen«, schrieb Lindbergh über seinen historischen Flug. Ironischerweise wurde ihm auf dem Erdboden diese Freiheit verweigert. Um den Appetit der Öffentlichkeit auf jedes Stückchen von ihm erst zu wecken und dann zu stillen, verletzte die Presse bei Lindberghs Verfolgung sämtliche Regeln des beruflichen Anstands. Oft brachten sie unbewiesene, manchmal erfundene Geschichten und machten aus ihm eine Gestalt wie aus Tausendundeiner Nacht. Ständig verfolgten ihn Reporter – gelegentlich geradezu lebensgefährlich. Zum erstenmal machten sie aus einem Menschen eine Art Goldmine und beraubten ihn seiner Rechte auf ein Privatleben. Im Lauf des Jahrhunderts sollten noch andere in solche Höhen der Popularität vorstoßen.

Der unerwünschte Ruhm verschaffte ihm nun alles andere als ein zurückgezogenes Leben. In der Tat verbrachte Lindbergh den Rest seines Lebens auf der Flucht, auf der Suche nach Inseln der Ruhe. Schon früh hatte er das Glück, Anne Morrow zu begegnen, der schüchternen Tochter des Botschafters Dwight Morrow, die sich genauso nach Einsamkeit sehnte wie er. Sie verliebten sich ineinander und heirateten. Ihre »Bilderbuchromanze«, wie die Presse es nannte, war in Wirklichkeit eine komplizierte Krankengeschichte aus Beherrschung und Unterdrückung, aus Glück und Leidenschaft, Kummer und Wut. Er quälte seine Frau, bis sie sich von ihm löste, und half auf diese Weise mit, daß eine wichtige feministische Stimme sich entwickeln konnte. Sie wurde eine beliebte Tagebuchautorin, die eines der meistgelesenen Bücher dieses Jahrhunderts verfaßte und eines der geschmähtesten.

Die Liebesgeschichte der Lindberghs hatte einen tragischen zweiten Akt. Sein Ruhm und sein Reichtum kosteten sie ihr erstes Kind. Unter melodramatischen Umständen ließ Lindbergh einem geheimnisvollen Mann auf einem Friedhof eine große Summe aushändigen, aber seinen Sohn bekam er nicht zurück. Die anschließenden Ermittlungen brachten nur Indizienbeweise zutage; der Mann, der des Mordes an dem Lindbergh-Baby angeklagt war, hat nie gestanden und damit das »Verbrechen des Jahrhunderts« zur ewigen Streitsache verurteilt. Da der Vater des Opfers so berühmt war, ging der Fall in die Annalen ein, und in Lindberghs Namen wurden Gesetze geändert. Der Pressezirkus, der den von alten Gerichtsreportern noch heute so genannten »Prozeß des Jahrhunderts« begleitete, prägte die Prozeßberichterstattung in den Vereinigten Staaten für alle Zeiten. Die daraus resultierende Flut von Mitleid vergrößerte nur

Lindberghs Bild in der Öffentlichkeit und machte ihn noch mehr zur Beute der Medien und zum möglichen Opfer weiterer Krimineller und Wahnsinniger. Voller Angst und Ekel zog er nach Europa, wo er eine Zeitlang zu den erfolgreichsten inoffiziellen Botschaftern Amerikas zählte. Durch Besuche in Deutschland, wo er die deutsche Luftwaffe besichtigte und von Hitler einen Orden erhielt, geriet seine politische Einstellung in den dreißiger Jahren in Verruf. Er kehrte in die Staaten zurück, um die Nation vor Deutschlands Übermacht in dem drohenden europäischen Krieg zu warnen, und stand dann an der Spitze der amerikanischen Isolationismusbewegung. Als führender Sprecher des umstrittenen *America First Committee* predigte er seine Überzeugungen mit messianischem Eifer und zog sich von allen Seiten Zorn zu, darunter auch den von Präsident Franklin D. Roosevelt. Am Tag des Überfalls auf Pearl Harbor sahen viele Amerikaner in ihm schon fast eine Art Teufel – nicht nur einen Defätisten, sondern einen Antisemiten und Verräter, der auf seiten der Nazis stand.

Lindbergh hatte die meiste Zeit seines Lebens damit zugebracht, der Fliegerei im Krieg und im Frieden einen festen Platz zu verschaffen, und sich als eine der treibenden Kräfte in der Flugzeugindustrie erwiesen. Doch angesichts seiner Ablehnung einer Intervention erlaubte ihm Roosevelt nach Pearl Harbor nicht mehr, mit ebenjener Air Force zu fliegen, die mit seiner Hilfe modernisiert worden war. Er fand jedoch andere Wege, seinem Land zu dienen. Als Testpilot der Privatindustrie half er, Techniken zu entwickeln, die die Flughöhe und Reichweite vieler amerikanischer Flugzeuge verbesserten, und rettete damit zahllose Menschenleben. Das Militär drückte beide Augen zu, als Lindbergh unbedingt an Kampfeinsätzen im Südpazifik teilnehmen wollte; aber daß er Nazideutschland vor dem Zweiten Weltkrieg nicht verurteilt hatte, untergrub für den Rest seines Lebens seinen guten Ruf.

Eine seiner größten Leistungen bestand darin, daß er beim Raumfahrtprogramm Starthilfe leistete. Als erster amerikanischer Flieger, der »sein Handwerk wirklich verstand«, beflügelte Lindbergh die ersten Astronauten seines Landes schon durch sein Beispiel. Außerdem war er, ohne daß die Öffentlichkeit davon wußte, Hauptverantwortlicher für den Fonds, der die Forschungen Robert H. Goddards, eines Pioniers auf dem Gebiet der Raketenentwicklung, unterstützte. Lindbergh hat so lange in einer Welt des raschen Fortschritts gelebt, daß er sowohl mit dem ersten Flugzeugpiloten befreundet sein konnte als auch mit dem ersten Menschen, der auf dem Mond spazierenging.

Im Lauf der Zeit kam er zu dem Schluß, daß sich sein Flug nach Paris auf lange Sicht eher unheilvoll als segensreich ausgewirkt hatte. Als auf dieser Erde, die nicht zuletzt durch ihn kleiner geworden war, die Zivilisation in unberührte Wildnis vordrang, wandte er der Fliegerei den Rücken zu und kämpfte für den Umweltschutz. Er widmete sein Leben der Errettung vom Aussterben bedrohter Tiere und der Bewahrung unberührter Gebiete. Auch andere Wissenschaften wurden von diesem verkrachten Studenten über Jahre hinweg gefördert. Er stellte Untersuchungen mit dem Ziel der Organtransplantation an, und auch auf dem Gebiet der Archäologie und Anthropologie machte er außergewöhnliche Entdeckungen. Später wurde in Lindberghs Namen eine Stiftung gegründet, die Projekten, die seinen Traum vom »Gleichgewicht zwischen dem technischen Fortschritt und der Bewahrung unserer menschlichen und natürlichen Umwelt« verwirklichen helfen, Stipendien in Höhe von 10 580 Dollar gewährt – soviel hatte die *Spirit of St. Louis* gekostet.

Lindbergh glaubte, daß alle Bestandteile des Himmels und der Erde durch Raum und Zeit miteinander verbunden seien. Der Molekülaufbau einer jeden Sekunde wirke mit an der Entstehung der nächsten. Deshalb hielt er den wichtigsten Augenblick seines Lebens nur für einen Schritt in der Entwicklung der Luftfahrt und anderer Erforschungen, für einen Gipfel, der auf alle Vorläufer aufgebaut und ein Sprungbrett für alle Nachfolger war. Nur wenn die Menschheit zurückblicke, glaubte Lindbergh, könne sie sich weiterentwickeln. »In einer späteren Inkarnation«, schrieb er in späteren Jahren, »verstehen wir vielleicht den Grund für unser Dasein in den Formen irdischen Lebens.«

Bei wenigen Menschen schlug das Wesen der Vorfahren so deutlich durch wie bei Charles Lindbergh. Diese Seelenwanderung ließ Lindbergh glauben, daß der Flug, der in jener Mainacht 1927 in Le Bourget endete, nicht erst dreiunddreißigeinhalb Stunden zuvor in Roosevelt Field begonnen hatte. Der Anfang lag Generationen zurück, bei ein paar Norwegern, die vom Mut der Wikinger erfüllt waren.

2
NORDLICHTER

*»Ich frage mich, warum meine Familie
dieses Land je verlassen hat!«*

C. A. L. beim Flug über Schweden 1933

Im Spätsommer zeigt der Himmel über Schweden manchmal eine verblüffende Farbe, ein extrem blasses, aber strahlendes Blau. Im Herbst verschieben sich die Strömungen der Winde und Meere ringsumher und erzeugen eine Wolkendecke, die fast den ganzen Winter geschlossen bleibt.

Über einem Schweden jedoch, einer wichtigen Persönlichkeit in Schonen, der südlichsten Provinz des Landes, hingen 1859 sogar noch bei Frühlingsanfang dunkle Wolken.

Ola Månsson war vor 51 Jahren in dem Dorf Gårdlösa in der Gemeinde Smedstorp geboren worden. Er ging in die Mittelschule und wurde lutherisch erzogen; als junger Mann kaufte er einen Hof in seinem Geburtsort. Die Ostsee lag nur 20 Kilometer entfernt von seinem 200 Morgen großen Weideland mit zahllosen Seen und einem rieselnden Flüßchen. Mit 25 heiratete er Ingar Jonsdotter, ein acht Jahre jüngeres Mädchen aus der Nachbargemeinde Onslunda. In den folgenden 22 Jahren bekamen sie acht Kinder.

Wegen der mäßigen Bodenbeschaffenheit lebte Månssons »Fluß-Hof« von seinen Milchprodukten und ein paar selbsterzeugten Grundnahrungsmitteln. Aber Månsson, ein stämmiger Mann mit eindrucksvoller Nase und stechendem Blick, genoß die Achtung seiner Nachbarn. Im unbedingten Bewußtsein seiner eigenen Rechtschaffenheit brachte er 1847 mit dramatischen Reden seinen Distrikt dazu, ihn in den Bauernstand des Riksdag, des schwedischen Parlaments, zu wählen.

Månsson machte sich einen Namen als liberaler Sozialreformer und wurde in das Geldbewilligungskomitee des Riksdag berufen. Aber auf diesem Posten fiel er politisch in Ungnade. Man warf ihm als Beamten der Schwedischen Staatsbank in Malmö Unterschlagung und Verstoß gegen

das Bankgesetz vor. Er wurde angeklagt, Antragsteller für Darlehen zu begünstigen und anschließend Provisionen einzustreichen. Sein Fall kam
vor Schwedens Obersten Gerichtshof, der am 4. Juni 1859 das Urteil einer
unteren Instanz bestätigte, ihn aus der Bank entließ und ihm die bürger-
lichen Rechte absprach.

Der Angeklagte war bei der Urteilsverkündung nicht anwesend. In den
wenigen Wochen zwischen seinem Erscheinen vor Gericht und der endgültigen Entscheidung verschwand Ola Månsson. Es dauerte Monate, bis
Månssons weit belastendere persönliche Bürde ans Licht kam, die seine
plötzliche Flucht noch verständlicher machte. Manche Details wurden
ein ganzes Jahrhundert lang nicht aufgedeckt.

Während der langen Sitzungsperioden lebte Månssons Frau Ingar auf
dem Hof und zog die Kinder auf, während Ola die mannigfachen Vergnügungen Stockholms genoß, darunter auch viele Frauen. Hier verliebte sich
der neunundvierzigjährige Mann aus Schonen in eine Kellnerin namens
Lovisa Callén, ein einfaches Mädchen vom Land, 1837 nicht weit von
Stockholm geboren. Als sie mit 15 ihren Vater verlor, ging Lovisa als
»piga«, als Dienstmädchen, in die Stadt. Sie wurde eine geschickte Nähe-
rin und nahm dann eine Stellung im Restaurant an. Inzwischen war sie zu
einer dunkelhaarigen, blauäugigen, schlanken Schönheit erblüht. Im April
1857 stellte die Neunzehnjährige fest, daß sie schwanger war.

Månssons und ihr Sohn wurde am 20. Januar 1858 geboren. Die Geburt
wurde im »oakta dopbok« der Hauptstadt eingetragen, dem Geburtenre-
gister für uneheliche Kinder, und dort stand, die Eltern des Kindes seien
unbekannt. Zwei Tage später wurde der Junge auf den Namen Karl August
getauft.

Über ein Jahr lang hielt Månsson die Balance zwischen seinen beiden
Familien und der sich abzeichnenden Karriere. Wären seine illegalen
Bankgeschäfte nicht ans Licht gekommen, hätte er das Leben mit Lovisa
und dem Kind vielleicht im Verborgenen weiterführen können. Aber als
er das Menetekel an der Wand des Gerichtshofs sah, fing er an, Englisch-
unterricht zu nehmen, und im Mai 1859, als sein Fall noch in der Schwebe
war, besaß er schon einen Paß.

Månsson kehrte nach Gårdlösa zurück, erklärte, er habe vor zu fliehen
und bot seiner Frau an, ihn zu begleiten. Als sie und die anderen Familienmitglieder das ablehnten, überschrieb er den Hof am Fluß und all sein
Hab und Gut einem seiner Söhne, so daß für alle gesorgt war. Bei Olas Abschied war Ingar eine gesunde dreiundvierzigjährige Frau. Nach fünf Jahren war sie tot.

Månsson und seine neue Familie wanderten über England und Kanada
nach Amerika aus. Nach seiner Ankunft in der Neuen Welt beschloß Ola
Månsson, sich und seiner zweiten Familie einen neuen Namen zu geben.
Es war die Zeit, als die Schweden mit der Tradition brachen und sich dau-

erhafte Geschlechtsnamen zulegten anstelle von Vatersnamen, die nur angaben, wessen Sohn oder Tochter man war. So übernahm er den Nachnamen, unter dem sich seine beiden ältesten Söhne auf der Universität in Lund eingeschrieben hatten, und deren Taufnamen.

Und so bestiegen der neuernannte August Lindbergh, seine Frau Louisa Carline Lindbergh und ihr Kind Charles August Lindbergh in Quebec einen Zug und überquerten bei Windsor, Ontario, die Grenze zu den Vereinigten Staaten. Von hier aus fuhren sie per Bahn und Schiff weiter bis in den erst ein Jahr alten Staat Minnesota und stiegen bei den Wasserfällen von Saint Anthony aus, einer Stadt von 3000 Einwohnern, die 13 Jahre später in die Stadt Minneapolis eingemeindet wurde. Von hier ging es 75 Meilen nach Westen, mit Ochsenkarren und Planwagen durch unberührtes Land bis in das Dorf Litchfield, wo die Lindberghs Freunde aus Schweden hatten. Litchfield inmitten der weiten Prärie, die mit Hunderten von Seen gesprenkelt war, sah Gårdlösa bemerkenswert ähnlich; aber hier wollte sich August Lindbergh nicht niederlassen. Er beschloß statt dessen, sich in noch unberührtem Waldland 50 Meilen weiter nördlich anzusiedeln, etwa eineinhalb Meilen außerhalb eines Dorfes namens Melrose im Bezirk Stearns. Am 4. August 1859, als August Lindbergh vor dem Bezirksgericht Minnesota auftauchte und erklärte, er wolle Bürger der Vereinigten Staaten werden, war seine Reise nach zehn beschwerlichen Wochen offiziell zu Ende.

Die Einwanderer, eine von nur drei Familien in Melrose, gewöhnten sich an die Unbilden des Pionierslebens am Rande der amerikanischen Wildnis. Sie bauten sich eine Hütte aus Grassoden. Der Sommer in Minnesota war zwar heißer als in Schweden, aber die Winter, hieß es, seien noch kälter, und so machte sich Lindbergh sofort ans Werk und ersetzte die primitive Einraumhütte durch ein Blockhaus. Die Bäume fällte er auf dem freien Land, das er abgesteckt hatte. Kaum war er damit fertig, schenkte Louisa dem zweiten von sechs Kindern das Leben, die sie in Amerika in den nächsten 13 Jahren zur Welt bringen sollte – Lovisa, Linda, Victor, Juno, Frank und Lillian.

Wie die Familie, vergrößerte sich auch das Haus der Lindberghs. Es wurde eines der größten im Bezirk, mit einem Fachwerkanbau am ursprünglichen Hauptraum, Schlafzimmer im ersten Stock, alles holzverkleidet. Als Lindbergh am 2. August 1861 in einem Sägewerk Balken für das Haus zuschnitt – neun Meilen weit weg in Sauk Center –, geriet er zu nahe an die offene Säge. Die Maschine erfaßte seine Kleidung und zog ihn in die rotierende Schneide. Die Männer im Sägewerk rannten ihm zu Hilfe und riefen den Missionar des Dorfes. Reverend C. S. Harrison berichtete später, daß die Säge »ein großes Stück aus seinem Arm geschnitten hatte, ihn dann im Rücken traf und durch das halbe Sägewerk schleuderte«. Die Säge hatte ihn so weit aufgeschlitzt, daß sein pochendes Herz und ein

Teil der Lunge offenlagen. Der Reverend schickte einen Mann nach dem nächsten Wundarzt, 60 Meilen entfernt. Unterdessen wickelten die Dorfbewohner Lindbergh in eine Decke, hoben ihn auf einen Holzkarren und transportierten ihn heim. Reverend Harrison entdeckte eine Quelle mit kaltem Wasser in der Nähe und ordnete an, den übel zugerichteten Arm ständig feucht zu halten; er verband auch die Wunde am Rücken, so gut er konnte, und fischte Stoffetzen und Sägemehl heraus, ehe er das zerfetzte Fleisch zusammenband. Der Arzt traf erst am dritten Tag ein, und da blieb nichts mehr übrig, als den Arm an der Schulter zu amputieren.

August Lindbergh begegnete seinem Mißgeschick mit Gleichmut und begründete die Arbeitsmoral, der seine Kinder und Kindeskinder nacheifern sollten. Bis zur nächsten Ernte hatte er einen Gürtel mit einem Metallring konstruiert, in den er einen Sensengriff einhängen und somit mähen konnte. Aber er spürte, daß er nicht mehr ganze Arbeit leistete, und so ließ er aus Schweden seinen Sohn Per kommen; ein zweiter Sohn, Måns, folgte später. Lindbergh ließ sich einen langen, zottigen Bart wachsen, und sein jetzt immer mißmutiges Gesicht schaute damit noch furchteinflößender aus. Er konnte aber mit dem Bart die eine Hand bequem waschen und abtrocknen.

Im August 1862 zwang ein Aufstand der Sioux Lindbergh und seine Familie, in ein 50 Meilen entferntes Fort zu fliehen. Wochen später kehrten sie mit dem neugeborenen dritten Kind zurück und fanden ihren Hof unversehrt. Sie hatten Glück gehabt; 350 andere Siedler waren getötet worden.

Im Oktober 1867 erwarb August Lindbergh im Bezirk Stearns kostenlos 160 Acres Land; im darauffolgenden Frühjahr kaufte er 40 angrenzende Acres für 50 Dollar. Das Leben auf dem neuen Land war hart. Die Lindberghs bauten alle Nahrungsmittel selbst an und stellten das Notwendigste selbst her; Kleidung, Seife, sogar Gewehrkugeln. Die Elemente hatten sich unausgesetzt gegen sie verschworen. In den siebziger Jahren verheerten drei Sommer hintereinander Heuschrecken die Farm. In einem Jahr verschlangen die Insekten alles außer den grünen Erbsen, so daß der Familie nichts übrigblieb, als monatelang von Erbsensuppe zu leben. Der Keuchhusten kostete drei Lindbergh-Kindern das Leben. Trotz alledem erfüllte es August Lindbergh mit freudiger Erregung, daß er in Amerika war, und er war stolz, als er am 23. Dezember 1870 amerikanischer Staatsbürger wurde.

Rechthaberisch wie eh und je, ließ sich August Lindbergh in politische Streitereien hineinziehen. Er schrieb Leserbriefe an die Lokalzeitungen, und nachdem er in der Gegend eine Schulkommission eingerichtet hatte, saß er in deren Vorstand und fungierte gleichzeitig als Stadtschreiber, Friedensrichter und Postmeister.

Sein Sohn Charles August entwickelte sich zu dem hübschesten jungen Mann im weiten Umkreis, fast ein Meter achtzig groß, leichtfüßig, mit zarter Haut und einem Grübchen im Kinn; aber er war launisch und oft grüblerisch. Was ihm leichtfiel, wollte er erst gar nicht tun. Kaum war er alt genug, ein Gewehr zu halten, wurde es C. A.s Hauptaufgabe, die Familie mit Fleisch zu versorgen. Er hatte einen doppelläufigen Vorderlader und wurde ein hervorragender Schütze.

Die Umstände seiner Geburt und seines Vaters Gründe, nach Amerika zu kommen, wurden kaum jemals erörtert und gewiß nie öffentlich enthüllt; aber nach der Ankunft seines schwedischen Halbbruders konnte er sich die Einzelheiten zusammenreimen. Seine illegitime Herkunft schien seinen Ehrgeiz anzustacheln, als zwänge sie ihn, den Namen Lindbergh ehrbar zu machen und in den Augen der Öffentlichkeit Erfolg zu haben. Wie sein Vater war er ein Getriebener – hartnäckig, ernst und sogar ein wenig aufbrausend.

Von 12 bis 18 besuchte C. A. eine zweiräumige Dorfschule. Danach lernte er auf der Grove Lake Academy weiter, zusammen mit sechs Dutzend anderen Bauernsöhnen, denen ihre Väter eine ordentliche Ausbildung verschaffen wollten, und die deshalb während des Winters von der Arbeit auf dem Hof befreit waren. Nach zwei Jahren war C. A. imstande, auf der Universität von Michigan Jura zu studieren. Er bezahlte den Unterricht, indem er in den Ferien zu Hause jagte und Fallen stellte, und machte 1883 seinen Abschluß.

Noch im selben Sommer wurde er in Minnesota als Anwalt vor Gericht zugelassen, und zwei Jahre lang erkundete er seine beruflichen Möglichkeiten, ehe er sich in dem rasch wachsenden Bezirk Morrison niederließ, in einer Stadt namens Little Falls, 50 Meilen nordwestlich von seiner Heimat. In den nächsten zehn Jahren stieg die Einwohnerzahl dieser Stadt auf 5000, und die Entwicklung in der Umgebung bot reichlich Arbeitsmöglichkeiten für Rechtsanwälte.

Aus dem Nachbarbezirk schaute August Lindbergh zu, wie die Kanzlei seines Sohnes florierte – hinreichend florierte, um den Gedanken an eine politische Karriere nahezulegen. Damit die Affären seiner eigenen Vergangenheit der Karriere seines Sohnes nicht irgendwann einmal im Wege stünden, führte August Lindbergh seine Frau, mit der er nur nach dem Gewohnheitsrecht zusammenlebte, am Nachmittag des 15. September 1885 in das Gerichtsgebäude des Bezirks Stearns und schloß eine rechtsgültige Ehe mit ihr. Der Richter sagte später, August Lindbergh sei ein äußerst gewissenhafter Mann gewesen, er habe sich für einen hundertprozentigen Amerikaner gehalten, und das sei vermutlich der Grund für die Eheschließung nach amerikanischem Recht gewesen. Ahnungslos glaubten die Lindberghs generationenlang an diese Geschichte. Und als August Lindbergh acht Jahre später mit 85 starb, beschrieben die Nachrufe einen mustergültigen Amerikaner. Die Zeitungen verklärten seinen Ruf als Mitglied einer schwedischen gesetzgebenden Körperschaft und führten aus, er sei um der religiösen Freiheit willen nach Amerika gekommen.

Der alte Schwede hatte noch erlebt, daß sein Sohn in kürzester Zeit zu einem der tonangebenden Bürger von Little Falls wurde, zum rührigsten Rechtsanwalt der Stadt. C. A. profitierte von den Jahren des Aufschwungs, indem er Grundbesitz kaufte und verkaufte und in Little Falls baute. Vier Räume im ersten Stock eines seiner Häuser in der Stadt dienten ihm als Kanzlei. Der Bezirk Morrison wählte ihn 1890 zum Bezirksanwalt. Er entschied sich gegen eine erneute Bewerbung, hatte aber am Dienst für die Öffentlichkeit Geschmack gefunden. Anfangs lebte Lindbergh bescheiden, weit draußen vor der Stadt in dem einzigen Haus am Westufer des Mississippi, doch dann zog er in die Pension von Harriet und Moses LaFond, Siedlern aus der Gründerzeit der Stadt, und lernte dort ihre Tochter kennen.

Mary LaFond war reizend und hübsch und gebildet – ungewöhnlich für eine junge Frau, die am Rand der Zivilisation aufgewachsen war; und er, dessen Karriere gerade in Fahrt kam, schenkte zum erstenmal einer Frau ernsthafte Aufmerksamkeit. Sie heirateten im April 1887, zogen in ein solides Backsteinhaus, das er in der Stadt gebaut hatte, und führten ein zivilisiertes, bürgerliches Leben in diesem noch unbefriedeten Landstrich. Marys »gepflegtes Haus« war Gesprächsstoff in der Stadt. In den nächsten fünf Jahren brachte sie drei Töchter zur Welt, Lillian, Evangeline und Edith; letztere starb schon als Kind.

»Er liebte sein Zuhause«, berichtete Marys Schwester später; aber nicht weniger begeistert war C. A. von seinem zweifachen Erfolg als Immobilienkaufmann und Jurist.

Im April 1898 jedoch brach C. A.s wohlsituiertes Leben fast völlig zusammen. Seine Frau hatte Bauchschmerzen, und ein Arzt in Minneapolis diagnostizierte Unterleibskrebs. Erst als er Mrs. Lindbergh schon mit Cholorform betäubt hatte, merkte der Arzt, daß seine Patientin schwanger war. Er könne die Mutter nur retten, wenn er das Kind opfere, sagte er; aber zwei Stunden später starb auch Mary LaFond Lindbergh, erst 30 Jahre alt.

Anfangs fand C. A. Trost bei seiner Familie. Seine Mutter zog in das große Backsteinhaus, und er stellte eine Erzieherin an, die sich um seine Kinder kümmerte, die zehnjährige Lillian und die sechsjährige Eva. Aber nach 18 Monaten der Trauer sehnte er sich nach Einsamkeit. Im September 1900, zu Beginn des Schuljahres, schickte er seine Kinder nach Minneapolis in ein Internat und stürzte sich in seine Arbeit. Er verließ sein Haus und zog in ein Zimmer im zweiten Stock des großen Hotel Antlers.

Er hatte noch kaum ausgepackt, da fiel ihm ein anderer Neuankömmling im Antlers auf: die neue Lehrerin für Naturwissenschaften an der High-School von Little Falls, 24 Jahre alt und schön. Nicht nur ihre riesigen blauen Augen, ihre zarte Haut und wohlgeformte Figur machten sie so faszinierend; es war auch die Zuversicht, die sie ausstrahlte, ein weltläufiges Auftreten, das man in diesem Teil der Welt nicht kannte. Sie war nicht nur auf dem College gewesen, sondern auch geboren und aufgewachsen in der anerkannt kultiviertesten Stadt westlich der Atlantikküste. Sie stammte sogar von zwei ihrer bekanntesten Familien ab, von den Lodges und den Lands in Detroit, Michigan.

Edwin Albert Lodge, geboren 1822 in London, wanderte nach Ontario in Kanada aus und heiratete dort eine temperamentvolle Schönheit namens Emma Kissane. In den folgenden zehn Jahren reisten Lodge und seine Frau durch Indiana, Ohio, Pennsylvania und New York, und im Laufe dieser Zeit studierte er allopathische und homöopathische Medizin. 1859 zogen die Lodges mit ihren sechs Kindern nach Detroit, wo er eine einträgliche Praxis eröffnete. Er entwickelte sich zu einem religiösen Fanatiker, der auf einem streng und freudlos eingehaltenen Sabbat bestand, und wenn er auch kein geweihter Geistlicher war, so predigte er doch oft vor seinen Glaubensbrüdern in der Kirche der Jünger Christi. Mit seinem Widerspruchsgeist erntete er von seiten der Schulmedizin nur Verachtung.

In einer Art Heimarbeit warb er für die Homöopathie und verschickte Ratgeber zum Thema Ernährung, Heiraten und Geburtshilfe an die ehrbaren Bürger von Detroit, zuzüglich einer ordentlichen Portion glühender moralischer Belehrung.

Hätte Dr. Lodge mehr Zeit darauf verwandt, seine eigene Frau zu untersuchen, wäre ihm aufgefallen, daß sie psychisch krank war, ein Opfer extremer Stimmungsschwankungen, die in Wutausbrüchen gipfelten. Schon nach ein paar Ehejahren reichte er eine Scheidungsklage ein, zog sie aber wieder zurück, als Emma versprach, mit »ihrem schlechten Benehmen, ihren Gewalttätigkeiten, Drohungen und Dummheiten« aufzuhören. Sie erwies sich jedoch als »unverbesserlich«, und als sie ein paar Jahre später starb, schrieb Lodge an seine Mutter: »Kein Wort von dieser Xanthippe, die mir soviel Sorgen gemacht hat«, und: »Ob tot oder lebendig, ich dulde nicht, daß irgendein Familienmitglied innerhalb oder außerhalb meines Hauses von ihr spricht.«

Dr. Lodge verlor keine Zeit und nahm sich eine zweite Frau, eine Christiana Hanson aus Norwegen, die Witwe eines Kapitäns zur See. Einen Sohn brachte sie in die Ehe mit, der den Namen Lodge annahm; im Lauf der Zeit wurden noch vier gemeinsame Kinder geboren.

Das gefügigste der elf Lodge-Kinder war Evangeline aus der ersten Ehe. Sie lernte mit dem ungestümen Temperament ihres Vaters umzugehen, indem sie sich stillschweigend unterordnete. Stundenlang arbeitete sie in den Büros und der Apotheke und mischte sich nie ein, wenn die Familie stritt. Mit 25 heiratete sie einen Mann, der in vieler Hinsicht ihrem Vater glich.

Dr. Charles Henry Land, streitlustig und aufsässig, war der fortschrittlichste Zahnarzt der Stadt. Wie die Logdes waren auch die Lands aus Großbritannien über Kanada in die Vereinigten Staaten gekommen. Als Jugendlicher war Dr. Land von seinem Vater im Stich gelassen worden, hatte in den Straßen von New York Zeitungen verkauft und in Des Moines Fleisch verpackt, bis er schließlich mit 21 nach Chicago kam und bei einem Zahnarzt in die Lehre ging. Land stürzte sich mit dem ganzen Eifer des Autodidakten auf die Zahnmedizin. Als er sich gerade niedergelassen hatte, raste das Große Feuer durch Chicago und riß Lands Praxis und Wohnung mit sich. Er flüchtete mit wenig mehr Habe als den Kleidern, die er auf dem Leib trug, und verbrachte jene Oktobernacht unter einem Viadukt, wo er sich zum Schutz in den Sand einbuddelte. Am nächsten Tag beschwatzte er einen Binnenschiffer, ihn über den Lake Michigan und den Lake Huron bis an den östlichen Rand Michigans mitzunehmen – auf Pump.

Land kam praktisch ohne einen Penny in Detroit an. So bald wie möglich hängte der vierundzwanzigjährige Zahnarzt sein buchstäblich selbstgemaltes Praxisschild auf. Er hatte sofort Erfolg, und im Laufe der nächsten 20 Jahre revolutionierte er seinen Beruf. Er erfand die Jacketkrone sowie zwei Dutzend andere patentierte Vorrichtungen und Behandlungsmethoden, und das brachte ihm den Beinamen »Vater des Porzellanzahnersatz« ein. 1875 heiratete Charles Henry Land Dr. Lodges Tochter Evangeline. Sie zogen in ein Backsteinhaus gleich unterhalb des Grand Circus Park auf der Woodward Avenue und bekamen in den nächsten vier Jahren eine Tochter und einen Sohn, denen sie ihre eigenen Namen gaben.

Dr. Land entpuppte sich in Detroit als der gleiche Aufwiegler wie Dr. Lodge. Die »Goldschmiede« unter den Zahnärzten wehrten sich lautstark gegen Lands Porzellanexperimente und bezeichneten ihn als Scharlatan. Es wurde noch schlimmer, als er eine Gesellschaft gründete, die die »Land-Zahnbehandlungsmethode« verkaufen sollte, was neben den Rechten, seine Methoden anzuwenden, auch eine Garantie gegen Patentverletzungen einschloß. Viele Berufskollegen wehrten sich gegen solche Patente und trieben Geld auf, um gegen Land vor Gericht zu ziehen. Irgendwann bot er schließlich den Zahnärzten sein Patent zu kostenlosem Gebrauch an, wenn sie nur seine Methoden übernähmen, aber er wurde abgewiesen. Er war nur einer gegen viele, gab fast sein ganzes Geld für Prozesse aus und machte Bankrott.

Es war schwer für die Land-Kinder, feste Freunde zu finden, denn sie zogen fast jedes zweite Jahr um. Evangeline besuchte eine Privatschule und übte täglich mindestens vier Stunden Klavier. Als sie in einem Alter war, in dem die meisten Väter den Bildungsdrang ihrer Töchter bremsen, drängte Dr. Land seine Tochter, noch ein Jahr auf die *Detroit Central High-School* zu gehen und anschließend – noch ungewöhnlicher – an der Universität von Michigan zu studieren. 1899 machte sie in den Naturwissenschaften ihr Examen, mit Chemie als Hauptfach. Sie war nach eigenen Worten »eine patente, nüchterne junge Frau«. Evangeline war außerdem einnehmend, lebhaft und völlig unberechenbar. Einer ihrer Vettern von der Lodge-Seite dachte, er würde ihr ein großes Lob spenden, wenn er Jahre später daran erinnerte, Evangeline sei das genaue Abbild ihrer Großmuter Emma Kissane gewesen. Die Ähnlichkeit war nicht nur oberflächlich: Evangeline Lodge Land zeigte erste Symptome der seelischen Labilität ihrer Großmutter.

Angesichts der Geldnot schlug ihre Mutter vor, Evangeline könnte doch unterrichten, in der Annahme, ihre Tochter würde sich um eine Stelle in Detroit bewerben. Aber die junge Evangeline hatte anderes im Sinn. Es wäre doch wunderbar, in eine Bergarbeiterstadt zu ziehen und den Kindern der Bergleute Chemie beizubringen«, überlegte sie. »Wenn ich am Stadtrand leben müßte, könnte ich mir von einem großen Bernhardiner das Essen bringen lassen.« Ein Vermittlungsbüro für Lehrer berichtete ihr von einer Stelle in Little Falls, Minnesota.

Evangeline hatte noch nie von dieser Stadt gehört, fand sie aber auf der Landkarte, gut 100 Meilen unterhalb des Zusammenflusses der Mississippi-Quellflüsse. Sie fuhr mit dem Dampfer nach Duluth, Minnesota, und von dort mit dem einzigen Zug weiter nach Little Falls. Vom Bahnhof ging sie gleich in das nahe gelegene Antlers Hotel und bezog ein Zimmer mit Erkerfenster im dritten Stock, das auf ein Sägewerk hinausschaute. Später am Tag stellte der Schulleiter Joseph Seal sie C. A. Lindbergh vor, und schon bald gingen die beiden morgens gemeinsam zur Arbeit.

Wenige Wochen nach der ersten Begegnung schrieb Evangeline ihrer Mutter von ihrem neuen Freund, dem »brillantesten Anwalt von Minnesota«. Bevor das Verhältnis zu ernst wurde, wollte Mrs. Land Genaueres über seinen Ruf und seine Gesundheit wissen. Sie fragte sich, ob ein so erfolgreicher Anwalt, an körperliche Arbeit nicht gewohnt, womöglich ein Schwächling war. »Er ist ungefähr vier oder fünf Zoll größer als ich«, antwortete Evangeline. »Er hat blondes Haar und blaue Augen, breite Schultern und eine Brust, bei deren Anblick Du selbst über Deine Frage lachen müßtest.« Und obwohl er 42 und sie 22 sei, »schwimmt er, wenn man ihn darum bittet, den ganzen Tag im Detroit River hin und her, so lange man Lust hat, ihm zuzuschauen. Er ist stark, linkisch und gesund. Er hat keinen einzigen faulen Zahn. Also bitte.« Dann weiter: »Er hat einen makellosen Ruf. Er trinkt nicht, kaut nicht Tabak, raucht nicht. Sein größter Fehler ist, daß er zuviel arbeitet.« Außerdem berichtete Evangeline von C. A.s beiden Töchtern, die in Minneapolis auf eine Privatschule gingen, und daß ihr, Evangelines, Erscheinen »große Unruhe ausgelöst [habe], weil sich dieser Mann, dem alle schmeicheln, für mich interessiert…«

Die Liebe machte Evangeline nicht völlig blind für das übrige Little Falls, das gegenüber Detroit reichlich hinterwäldlerisch wirkte. Evangeline hatte Heimweh; und die Arbeit, bezahlt mit 55 Dollar im Monat, verschlimmerte nur ihre Gefühle. Dr. Land riet seiner Tochter, zum Jahresende zu kündigen; dann käme sie wohl heim, vermutete er. Mr. Lindbergh gab ihr den gleichen Rat, hoffte aber, sie werde bleiben. Er versuchte, ihre Ansichten über Little Falls zu ändern, indem er ihr das gesellschaftliche Leben von seiner besten Seite zeigte. Er umwarb sie, er mietete einen Zweispänner und blieb manchmal bis 21.00 Uhr mit ihr aus, so daß sie im Mondlicht heimfahren konnten. Bald schrieb sie heim: »Diese Stadt ist gar nicht so barbarisch und aufreibend, wie ich zuerst dachte.«

Nicht nur ein ungestümes Herz, auch ein schlechtes Gewissen trieb den stoischen Rechtsanwalt von Little Falls fort. In diesem Herbst hatte er beunruhigende Nachrichten aus der Schule in Minneapolis erhalten, in der er seine Kinder Eva und Lillian untergebracht hatte. »Nie gab es zwei einsamere Kinder als uns«, erinnerte sich Eva 60 Jahre nach ihrem Aufenhalt in Stanley Hall. »Wir hatten furchtbares Heimweh, machten Vater seine Besuche zur Qual und gewöhnten uns nie wirklich an die Veränderung.« Sie sehnten sich nach einem Zuhause.

Evangeline Land war nur zwölf Jahre älter als Lillian, stand also C. A. Lindberghs Kindern altersmäßig näher als ihm, und als er sie um ihre Hand bat, sprach er nicht aus, wie sehr er hoffte, sie werde die Rolle der Stiefmutter übernehmen. Trotzdem kündigte sie und kehrte für die Weihnachtsferien nach Detroit zurück, um sich seinen Antrag durch den Kopf gehen zu lassen. Im Januar wurde die Verlobung bekannt gegeben.

Charles August Lindbergh und Evangeline Lodge Land heirateten am 27. März 1901 im Haus ihrer Eltern in Detroit. Dann fuhren sie Richtung Westen auf eine zehnwöchige Hochzeitsreise. Als sie in Kalifornien ankamen, schwelgte Evangeline bereits in dem Gefühl, daß Verheiratetsein das pure Glück bedeutete... bis die beiden eines Nachts auf einem langen Spaziergang einen verlassenen Garten voller Rosen entdeckten. Evangeline pflückte einen Strauß und nahm ihn mit ins Hotelzimmer. Erst dort wies C. A. sie zurecht, sie habe »gegen das Gesetz verstoßen«, und nun müßten sie die Stadt so schnell wie möglich verlassen. Erst als ihr Schmerz über die demütigende Strafpredigt nachließ, merkte sie, daß er sich einen Spaß erlaubt hatte. Es war ein erster Eindruck von dem verqueren Humor ihres Gatten.

Schon auf dem Weg nach Kalifornien hatte C. A. Evangeline gefragt, ob sie in Little Falls lieber in der Stadt oder außerhalb auf dem Land leben wolle. Wie sie sich auch entscheide, er wolle ihr das Haus ihrer Wahl schenken. Als sie ohne zu zögern das Landleben wählte, beschrieb er ihr eine Farm zweieinhalb Meilen südlich von Little Falls am Westufer des Mississippi. Bei der Rückkehr lernte Evangeline ihren Mann von einer sehr liebenswürdigen Seite kennen: Schon im voraus hatte er einem Geschäftsfreund namens Carl Bolander geschrieben, einem Architekten und Bauunternehmer; der hatte den Neuvermählten ein Übergangsquartier gebaut, eine mit Dachpappe gedeckte Hütte aus Kiefernholz mit zwei Zimmern, einer Küche und einer Veranda mit Fliegengitter, die auch als Eßzimmer diente, direkt am Flußufer, am Fuß ihres neuen Grundstücks.

Die 120 Acres Land der Lindberghs lagen zum größten Teil auf dem Felsvorsprung 30 Meter über ihrer Behausung am Flußufer. Der Pikes Creek und eine Straße, die parallel zum Fluß verlief, durchschnitten dieses herrliche Waldland voller Kiefern, Eichen, Ulmen, Pappeln und Linden. Sie kamen überein, Evangelines Traumhaus am Rand der Klippe zu bauen, wo das Land jäh in die sogenannte »Flußniederung« abfiel und einen großartigen Ausblick auf den Mississippi gewährte.

Das dreistöckige Haus aus Kiefern- und Zedernholz bekam eine doppelte Wärmedämmung aus Teerpappe. Die Empfangsräume im Erdgeschoß wurden mit edlen Hölzern verkleidet, das Arbeitszimmer mit kalifornischem Redwood, das Eßzimmer mit feinmaseriger Eiche und das Wohnzimmer mit Birke. Die Fußböden bestanden aus gefirnißtem Ahorn. Im zweiten Stock lagen vier Schlafzimmer, das größte hatte einen offenen Kamin, und im dritten befanden sich die Räume der Dienstboten und ein Billardzimmer. Auch zwei Badezimmer gab es, in die das Wasser vermittels eines Gasmotors aus einem 220 Meter tiefen Brunnen gepumpt wurde. Ein riesiger Kessel, der sich mit Holz oder Kohle feuern ließ, versorgte die Heizkörper mit heißem Wasser.

Evangeline L. L. Lindbergh, wie sie von nun an unterzeichnete, war nicht die einzige, deren Träume in diesem Sommer wahr wurden. Lillian und Eva durften Stanley Hall verlassen. Sie kehrten voll freudiger Erwartung nach Little Falls zurück und umarmten ihre neue Mutter.

»Es war ein sehr glücklicher Sommer«, erinnerte sich Evangeline an das Jahr 1901, als die neue Familie am Flußufer hauste. Sie erwärmte sich sogar für Little Falls, das dafür berühmt war, daß hier »zwei Saloons auf jede Kirche und eine Kirche auf jede Glaubensrichtung« kamen, und auch das gefiel Evangeline. C. A.s Büro lag über einem dieser Saloons. Die Kanzlei ging gut, und sein Zuhause schien ihm viel Freude zu machen. Im Herbst wurde die Fassade des Neubaus hellgrau, Türen und Fenster weiß gestrichen, im Januar war das Haus eingerichtet. »Es war wundervoll friedlich und schön dort«, erinnerte sich Evangline, »am anderen Ufer sah man kein Haus, und auch in der anderen Richtung nicht, durch die Bäume. Abends hörten wir nur das Rauschen des Wassers und den Gesang der Vögel.«

Bald sollte noch das Weinen eines Babys dazukommen, denn Evangeline Lindbergh ging in den neunten Monat ihrer Schwangerschaft. Gegen Ende Januar fuhr sie nach Detroit, damit ihr Onkel Dr. Edwin Lodge sie im Haus ihrer Eltern entbinden konnte. C. A. besuchte sie in der letzten Januarwoche, stellte fest, daß Evangeline in dem großen, nach vorne liegenden Schlafzimmer des Hauses in West Forest behaglich untergebracht war, und reiste wieder nach Hause, um zu arbeiten. Er wollte in wenigen Wochen zum errechneten Geburtstermin wiederkommen.

In der bitterkalten Nacht zum dritten Februar bekam Evangeline Wehen. Dr. Land telegraphierte nach Little Falls und rief C. A. zurück nach Detroit. Onkel Edwin kam um 19.00 Uhr, ging zu Bett und schlief, bis ihn die Krankenschwester gegen Mitternacht holte. Er verordnete keine Betäubungsmittel. Am nächsten Morgen um 1.30 Uhr war das knapp neun Pfund schwere Kind geboren.

Seit Monaten hatte sich C. A. gebrüstet, das Kind werde ein Sohn sein, und Evangeline eifrig bedacht, ihren Mann zufriedenzustellen, fragte sofort: »Ist es ein Junge?«

»Ja«, antwortete der Onkel.

»Bist du sicher?« fragte sie.

»Todsicher«, sagte er. »Schau dir bloß an, wie groß seine Füße sind. Ein hübscher Kerl. Ich wünsch' dir noch 17 solche wie den.«

Aber er sollte ihr einziges Kind bleiben – genannt nach seinem Vater, mit einer zusätzlichen Silbe am zweiten Vornamen: Charles Augustus Lindbergh. Gleich nach der Geburt wurde er fest eingewickelt auf einen Stuhl neben das offene Fenster gelegt, wo er die winterliche Luft einatmete.

»Die Wertmaßstäbe eines Lebens entstammen Umständen, über die das Individuum nicht gebietet«, schrieb Charles Lindbergh 70 Jahre später, nach einer Odyssee durch Gegenden, die vor ihm kein Mensch bereist hatte. Mit einem seltsamen Sinn für jene innere Freiheit, die etwas Göttliches hat, beschrieb er damals den Beginn seines merkwürdigen, einzigartigen Schicksals mit dem Zusatz: »Ich wurde in Detroit am 4. Februar 1902 als Menschenkind geboren, Nachfahre schwedischer, englischer, irischer und schottischer Ahnen.«

3

EIGENER HERD IST GOLDES WERT

*»Eine intakte Persönlichkeit
entsteht durch einen intakten Lebenslauf.«*

C. A. L.

Inmitten von Lindberghs, Lodges und Lands aufgewachsen und doch eigentlich von allem abgeschieden, erkannte Charles Lindbergh nur mühsam, daß seine Kindheit anders verlaufen war als die anderer Menschen. Er war stolz darauf, daß sein Stammbaum zahlreiche unabhängig denkende Menschen mit den verschiedensten Interessensgebieten aufwies – auf den meisten sollte auch er sich betätigen. Aber er merkte nie, daß viele seiner Vorfahren hochmütig waren bis zur Arroganz, Rebellen, die sich soweit von der Gesellschaft entfernten, daß sie über dem Gesetz zu stehen glaubten, so evangelisch, daß sie schon fanatisch wirkten, so weitblickend in ihren Visionen, daß sie in der Nähe nichts mehr wahrnahmen. Bei aller Liebe zum Detail prüfte Lindbergh seine Familiengeschichte nie eingehend genug, um zu erkennen, daß darin Veruntreuungen vorkamen, Flucht vor der Strafvollstreckung, Bigamie, Unehelichkeit, Schwermut, manische Depression, Alkoholismus, schwerwiegende Generationskonflikte und liederliche Vernachlässigung der Familie. So wurde dieser dritte Lindbergh mit einer zutiefst eigenwilligen Wesensart geboren und gemäß den Grundsätzen von Selbständigkeit und Nonkonformität aufgezogen – und gemäß der tiefverwurzelten Auffassung, daß Größe die unausbleibliche Belohnung für den Unverstandenen ist.

Von dem Baby wurde von Geburt an großes Aufhebens gemacht. Die Schönheit des Kindes, das lange schwarze Haar, das sich bald in goldene Locken verwandelte, die strahlend blauen Augen und das schon erkennbare Lindberghsche Grübchen am Kinn ließen niemanden unbeeindruckt – auch nicht den ungeduldigen C. A., der zwei Tage nach der Entbindung in Detroit eintraf und übers Wochenende blieb. Der Anblick von Mutter und Kind rief Gefühle in ihm hervor, die er nie zuvor empfunden hatte. »Das verkörpert die vollkommenste Vorstellung von Gott; nie habe ich etwas so Schönes und Wahres gesehen«, schrieb C. A. seiner Schwiegermutter nach diesem Erlebnis. Für einige Zeit wurde er zu einem aufmerksamen Ehemann und sogar zu einem gefühlvollen Vater.

Aus seinen ersten drei Jahren behielt Lindbergh nicht mehr als eine Handvoll einzelner Bilder im Kopf, zumeist vom Leben am Mississippi. Er erinnerte sich an den Blick auf den Fluß von seinem Bettchen aus, und der rasch fließende Bach eine Viertelmeile landeinwärts wurde für ihn zu einem Quell ständiger Faszination.

Evangeline L. L. Lindbergh sollte sich nie in die Einwohnerschaft von Little Falls einfügen. Anders als die meisten Frauen am Ort war sie in einer Großstadt aufgewachsen, hatte studiert und in ihrem Beruf gearbeitet und lebte nun in einem Stil, der um einiges großartiger war als der von C. A.s erster Ehefrau. Daß sie soviel jünger war als er, isolierte sie um so mehr. »Nach der Hochzeit hielt sie sich abseits und hatte nie viele Freundinnen«, erinnerte sich C. A.s frühere Schwägerin Mrs. Robert Herron. Die Dienstmädchen der Lindberghs verbreiteten regelmäßig Klatschgeschichten über das ungezügelte Temperament ihrer Herrin und ihre noch zügellosere Verschwendungssucht.

Von Anfang an brachten die Lindberghs ihr Kind soviel wie möglich ins Freie, auch im Winter. Seine ersten Sommer verbrachte Charles in einem Kinderwagen, an dem ein großer grüner Sonnenschirm prangte. C. A. hatte eine Herde Angoraziegen angeschafft, die das Land abweiden sollten, und es herrschte ein ständiger Kampf zwischen demjenigen, der gerade das Kind beaufsichtigte, und den Tieren, die mit den Hörnern nach dem Wagen stießen und versuchten, den Sonnenschirm anzuknabbern. Charles wurde mit Hilfe von Ziegenmilch entwöhnt und wuchs von Tieren umgeben auf – von Rindern, Schweinen, Schafen, Hühnern und Pferden (einschließlich einem Reitpferd und einem bockigen Wildpferd). In der Scheune gab es Tauben, von Charles »Tölpel« genannt, und eine Familie von Katzen mit sechszehigen Pfoten, die abgeschafft werden mußten, weil sie einen allzu großen Appetit auf die »Tölpel« entwickelten. Da es in der Nähe kaum Kinder gab, hatte Charles eine Reihe von Hunden zu Spielgefährten.

Die wohlhabende Umgebung des Jungen spiegelte C. A.s blühendes Geschäft in der Stadt wider. Lindberghs guter Ruf als Rechtsanwalt wuchs gleichzeitig mit seinem Landbesitz, zu dem große Grundstücke am Westufer des Flusses gehörten. Dort, so vermutete er, würden demnächst neue Wohnhäuser wie Pilze aus dem Boden schießen. Seine Leidenschaft für Landbesitz sprach sich im ganzen Bezirk herum. Meist übernahm er bereitwillig Wertpapiere, teure Hypotheken und Schuldscheine zusammen mit den Grundstücken; er war sogar dafür bekannt, daß er Käufern, die eine Steuervorauszahlung leisten mußten, Geld zurückgab. Als er im Vorstand der beiden Banken von Little Falls saß, soll er oft gesagt haben: »In meinen Augen besteht die Aufgabe einer Bank nicht nur im Geldverdienen.«

Eines frühen Sonntagmorgens, am 6. August 1905, packten C. A., Evangeline und Großmutter Land Charles in eine der vier Kutschen und nahmen ihn mit auf einen langen Ausflug. Sie hielten bei einer Farm, nordwestlich der Stadt, für die sich C. A. interessierte, kehrten am frühen Nachmittag zurück, aßen Brathähnchen und gingen anschließend alle ins Wohnzimmer. Evangeline spielte Klavier, und C. A. spielte mit Charles, trug ihn huckepack im Zimmer herum und johlte so laut, daß Evangeline ihre eigene Musik kaum hörte. Mitten in diesem Krawall betrat die Köchin den Salon und verkündete so ruhig, als bäte sie zum Abendessen: »Mrs. Lindbergh, das Haus brennt.«

Alle rannten ins Freie und schauten aufs Dach, das in Flammen stand. Während das Haus vom dritten Stock aus herunterbrannte, lief das Kindermädchen mit dem Jungen hinter die Scheune, damit er nicht erschrak. Da sie aber ständig kreischte: »Du darst nicht hinschauen, Charles!« bekam er Angst, und unauslöschlich grub sich ihm dieses Ereignis als erste lebhafte Erinnerung ein. Evangeline bemühte sich, Wertsachen zu retten, während C. A. und die Arbeiter das Feuer zu löschen versuchten. Nach 20 Minuten blieb ihnen nichts mehr übrig, als zuzuschauen, wie das Feuer das Gebäude verschlang. Charles stahl sich von seinem Kindermädchen weg, um die schwarze Wolke über dem Haus zu sehen, während das Kiefern- und Zedernholz prasselte.

»Vater wird uns ein neues Haus bauen«, versicherte Evangeline dem Dreieinhalbjährigen. Er erinnerte sich, daß er damals gedacht hatte: »Aber meine Spielsachen und die große Treppe und mein Zimmer über dem Fluß sind für immer weg...«

Nicht nur das Haus der Lindberghs löste sich in Rauch auf. Evangeline bekam ihren Verlobungsring mit den Perlen und Diamanten nie wieder... und die Lindberghsche Ehe schien mit ihm verlorengegangen zu sein. Der stabile Neubau konnte nicht verbergen, daß die Beziehung im Innern von Anfang an wackelig gewesen war, daß C. A. und Evangeline, die sich vielleicht intellektuell verstanden, in ihrem Wesen einfach nicht zueinander paßten – oder wie es ein Freund ausdrückte: »Sie waren absolut gegensätzlich in ihrem Geschmack, ihren Idealen und Zielen.«

Während Charles' erstes Zuhause noch schwelte, flüchtete sich die Familie 17 Meilen weiter südlich in ein Hotel in Uppsala. Innerhalb von zwei Wochen beschlossen C. A. und Evangeline, wieder an der gleichen Stelle zu bauen, und so zogen sie zurück nach Little Falls.

»Wir sind für längere Zeit außerordentlich knapp bei Kasse«, mußte C. A. Evangeline im Dezember 1905 darlegen. »In Zukunft müssen wir die Ausgaben unseren Finanzen anpassen, nicht unseren Wünschen.« Er habe Immobilien im Wert von über 200 000 Dollar, die ihn jedoch »versklavten«, denn es lägen Schulden von insgesamt 40 000 Dollar auf dem Land, dazu noch Vermögenssteuer. »Auch unsere beiden Töchter müssen arbeiten«, verlangte C. A., »das tut ihnen nur gut«. Als erstes verkaufte C. A. die Pferde und das Vieh und entließ die Landarbeiter. Wenn nicht alle Opfer brächten, sagte er, »hat unser lieber Junge keine Zukunft.«

Alle Pläne in diesem Jahr wurden zurechtgestutzt – allen voran die für das neue Haus. Allmählich merkte Evangeline, daß sie nicht allein aus wirtschaftlichen Gründen nur halb so groß bauten wie vorher. Schon Monate vor dem Brand hatten Lillian und Eva bemerkt, daß C. A. aus dem Schlafzimmer seiner Frau ausgezogen war; nun dachten sie, er wolle vielleicht ganz ausziehen. Das neue Haus, auf dem Fundament des alten errichtet, aber kleiner geplant, legte diesen Gedanken nahe.

Für den kleinen Charles fühlte sich nur die fliegenvergitterte Schlafveranda nach zu Hause an. Sie lag auf der Rückseite, mit Blick über den Mississippi, und war teilweise offen für Wind und Wetter. Wenn es nicht gerade bitterkalt war, schlief er immer dort. »Ich war eng verbunden mit der Sonne, dem Wind, dem Regen und den Sternen«, erinnerte sich Lindbergh an sein »Schlafzimmer«. »Mein Lager, eine Art breites Feldbett, stand in der Nordwestecke. In stürmischen Nächten stäubte der Regen durchs Fliegengitter und hüllte es wie Nebel ein. Einige Baumwipfel aus dem Tal reichten bis in diese Höhe.«

Der zweite Stock, ein paar kleine Zimmer unter den Giebeln und Traufen, war nicht viel mehr als ein Dachboden. Evangeline tat alles, um das Haus wieder zu dem ihren zu machen. Sie hatte es grau und weiß gestrichen, nach demselben Farbmuster wie das alte Gebäude, und sie bepflanzte die beiden großen ovalen Blumenbeete vor dem Eingang mit Iris, Kapuzinerkresse und Tigerlilien. C. A. war froh, daß es zwischen Little Falls und dem jeweiligen Haus ihrer Eltern in Detroit einen Platz gab, wo er Evangeline und ihren Sohn »abstellen« konnte, denn er entdeckte eine neue Leidenschaft außer Haus – die Politik.

Die Vereinigten Staaten durchlebten mit dem Eintritt ins zwanzigste Jahrhundert eine Art linkische Pubertät. Während ihrer dreizehnten Dekade als Nation fanden sie sich eingekeilt zwischen ihrer bäuerlichen Kindheit und dem Erwachsenendasein als Industrienation. Und nirgendwo spürte man die Wachstumsschmerzen schlimmer als am Oberlauf des Mississippi. In jener Gegend genügte das Geräusch eines Automobils auf einer Landstraße, und die Feldarbeiter lehnten sich mit offenem Mund staunend auf ihre Hacke. Doch diese Männer in der Kornkammer des Landes wußten, daß in den Städten »drüben im Osten« eine neue Art von Wohlstand keimte. Und die junge Generation dieses Kernlandes begann zu fürchten, sie könnte das nächste Opfer städtischer Gewinnsucht sein.

Minnesota, ein Bauernland mit rasch wachsenden Städten voller Fabriken und dröhnender Maschinen, hatte besonders große Bedenken. 1905 wohnte bereits mehr als die Hälfte seiner Einwohner in städtischen Siedlungen. Im sechsten Kongreßwahlbezirk jedoch, in den zwölf Zentraldistrikten Minnesotas, lebten noch immer zwei Drittel auf dem Land, und die Landwirtschaft war die Haupteinnahmequelle. St. Cloud, die größte Stadt im Wahlbezirk, zählte nur 10 000 Einwohner. Diese Bezirke suchten neue Volksvertreter, Männer, die auf Farmen aufgewachsen und in den Colleges des Mittelwestens ausgebildet und bereit waren, ihre Kleinstadtkanzleien gegen die Arbeit in der Hauptstadt einzutauschen.

Das amtierende Kongreßmitglied aus Minnesotas sechstem Wahlbezirk, der schon zweimal gewählte Republikaner Clarence B. Buckman, hatte sein Amt offenbar mißbraucht, um sich für das eigene Holzgeschäft Nutzwald zu sichern. Nun fanden in Little Falls, dem Mittelpunkt dieses Bezirks, die meisten städtischen Autoritäten, C. A. Lindbergh wäre genau genau der richtige, um Buckman zu ersetzen. Niemand in diesem Bezirk zog gegen Machtmißbrauch und Veruntreuung leidenschaftlicher zu Felde, niemand bombadierte die Lokalzeitungen unverblümter mit Leserbriefen. Lindbergh hatte sogar gerade eine Farmer-Cooperative auf Probe gegründet und gab eine politische Vierteljahresschrift heraus, in der er Amerika vor der »Klasse der Begünstigten« warnte, die »sich den Gewinn schnappt und den Fabrikarbeitern nur so viel läßt, daß sie von der Hand in den Mund leben können«. Farmer und kleine Geschäftsleute sammelten sich und unterstützten ihn. Im September 1906 erreichte Lindbergh mit fast sieben Prozent Vorsprung die republikanische Nominierung.

Minnesotas sechster Wahlbezirk wählte C. A. Lindbergh in das Repräsentantenhaus der Vereinigten Staaten, mit überlegenen 16 762 Stimmen, gegenüber 13 115 für den demokratischen Rivalen. Der 60. Kongreß trat erst im Dezember 1907 zusammen, aber C. A. verlor keine Zeit und reiste sofort aus Little Falls ab. Während er Washington kennenlernte, verbrachte der Rest der Familie das Jahr in Detroit bei Mr. und Mrs. Land in einem gemieteten Haus auf der Cass Avenue. Lillian bestand die Abschlußprüfung an der Detroit Central High-School und durfte in Ann Arbor aufs College gehen; ihre vierzehnjährige Schwester nahm sie mit und half ihr bei ihrem dritten Jahr auf der High-School. Charles begriff, daß die Wahl seines Vaters »viele Veränderungen im Leben« mit sich brachte – darunter so »unangenehme« wie der Kirchenbesuch. Vor allem bedeutete sie aufs neue den Verlust eines Zuhauses.

Diese Zeit erwies sich als so schmerzlich, daß der größte Teil der Kindheit in Lindberghs Erinnerung verschwamm. In den nächsten 65 Jahren schrieb er sechs autobiographische Bücher, in denen viel über seine Jugend steht. Eines begann als Brief und schwoll zu einem fünfzigseitigen Buch über ein einziges Thema an; er gab ihm den Titel *Kindheit am oberen Mis-*

sissippi. Aber dieser Titel hat etwas Traurig-Ironisches, denn Charles Lindbergh verbrachte nur einen Bruchteil seiner Jugend am oberen Mississippi. Obwohl er als Kind die meiste Zeit fern von der Farm lebte, blieben die Bilder von dort für immer die farbenprächtigsten vor seinem geistigen Auge.

Von 1906 bis 1917 war er nur zwei, manchmal drei Monate im Jahr dort. Je weiter er sich von Minnesota entfernte, desto verschwommener wurden seine Erinnerungen. Und die leidvollsten Bilder aus seinen ersten 18 Jahren fielen einem partiellen Gedächtnisschwund zum Opfer, und über sie gibt es in all seinen Schriften nur wenige Sätze. Es ist erstaunlich: Wenn dieser Genauigkeitsfanatiker Kalendarien mit Ereignissen aus seiner Kindheit anlegte, waren sie voller Fehler. Er vergaß wichtige Vorkommnisse und brachte ganze Jahre durcheinander. Als er älter wurde, konnte er Stunden damit zubringen, diese entscheidenden Jahre zu untersuchen, aber er analysierte sie nie, von allem wirklich Persönlichen hielt er den Blick abgewandt – von seinen Vorfahren, seinen Eltern, von sich selbst. »Ich habe keine Ahnung mehr, wie mein Tag in den ersten Lebensjahren ablief«, gestand er mit Mitte Dreißig.

Er beschönigte seine Jugend nicht wissentlich. Er hatte bereits früh gelernt, nur zu sehen und zu hören, was er wollte. Schon mit fünf Jahren war er »schrecklich schüchtern«, wie seine Halbschwester fand; er spielte kaum jemals mit einem anderen Kind und hielt sich fast immer in Sichtweite seiner Mutter auf.

Er lernte, aus allem etwas zu machen, und verlor sich in einsamen Beschäftigungen. Er wurde zum leidenschaftlichen Sammler von Steinen, Pfeilspitzen, Zigarrenbanderolen, Münzen, Briefmarken, Gewehren, Zinnsoldaten, Murmeln und Zigarettenbildchen – von nahezu allem, was er auftreiben und auf dem Dachboden horten konnte. Und er fertigte wie besessen Listen an und brachte die Zahl seiner Besitztümer ständig auf den letzten Stand, als erstellte er mit Hilfe der Dinge ein Inventar seiner selbst. Am glücklichsten war er allein, im Freien, eins mit der Natur. »Die Farm zählt zu den wichtigsten Dingen in meinem Leben«, schrieb er mit Mitte Vierzig an seine Mutter. »Hier begriff ich den Wert von Wasser, Bäumen, Himmel – und Einsamkeit. Wer dies Wesentliche nicht kennt, hat nicht wirklich gelebt.« Tatsächlich war er, wie er später feststellte, »nicht glücklich, wenn ich nicht am Wasser leben oder in einer klaren Nacht den Himmel sehen kann.«

Als er eines Tages allein im ersten Stock des Hauses spielte, hörte er von Ferne ein Motorengeräusch. Als es näher kam, merkte er, daß es lauter war als ein Automobil. Er lief ans Fenster und kletterte aufs Dach. Ungefähr 200 Meter entfernt sah er ein Flugzeug, kam höher als die Baumwipfel. Es hatte zwei Paar Tragflächen übereinander, und dazwischen eingeklemmt saß ein Mann mit einer umgekehrt aufgesetzten Schirmmütze. »Bisher hatte ich Flugzeuge nur auf Fotos gesehen«, schrieb Charles später. »Meine Mutter erzählte mir, der Flieger sei nach Little Falls gekommen, um seine Flugkünste vorzuführen und jeden in die Luft mitzunehmen, der den Mut dazu hatte.« Das sei jedoch ein ebenso gefährliches wie teures Angebot, erklärte sie.

Im Herbst 1907 holte C. A. Lindbergh anläßlich des Beginns seiner Karriere als Kongreßmitglied seine Familie zu sich in die Hauptstadt. Lillian verließ das College und zog mit ihrer Schwester Eva zu Evangeline und Charles in C. A.s möbliertes Appartement. Obwohl es eine geräumige Wohnung war, fühlten sie sich von den Wänden bald erdrückt. Noch vor Weihnachten wurden Lillian und Eva zu Verwandten nach St. Cloud geschickt. Charles verbrachte soviel Zeit wie möglich auf leeren Grundstücken und träumte von Abenteuern.

Am 2. Dezember 1907 wohnte das Kongreßmitglied Lindbergh mit seinen Kollegen der Eröffnung des 60. Kongresses bei. Wie immer wurde ein Foto der neuen Versammlung gemacht: In einer der hinteren Reihen, inmitten einer Schar weißhaariger Köpfe, sitzt der robuste neunundvierzigjährige C. A. Lindbergh. In dem Gebäudeflügel rechts von ihm fällt einem ein flachsblonder Junge in einem weißen Matrosenanzug auf: sein Sohn Charles.

Als Lindbergh sein Amt antrat, zitterten die Mauern des Capitols noch von einem Beben in der Wall Street im Oktober, von einer Bankpanik, die mit Hilfe von J. P. Morgan unter Kontrolle gebracht wurde. Die Lösung ging Lindbergh mehr an die Nieren als das Problem selbst. Zu Hause in Minnesota hatte C. A. die Menschen seit Jahren auf die Ungerechtigkeiten der amerikanischen Wirtschaft hingewiesen; jeder wirtschaftliche Zusammenbruch, jede Hilfeleistung der wenigen mächtigen Banken stärke nur die Geldkonzerne – »ein Finanzabkommen zur Monopolisierung des Außenhandels« – auf Kosten der Nation. Er hätte zu keinem günstigeren Zeitpunkt im Sitzungssaal erscheinen können, denn in den nächsten Jahren sollten die Wirtschaft und die Ausweitung der Macht auf das Volk das Hauptthema der öffentlichen Debatte sein.

In diesem Jahrzehnt fortschrittlicher Reformen blieb Lindbergh im Repräsentantenhaus kein Unbekannter, und sein Standpunkt in allen Fragen stand außer Zweifel. Er ergriff immer die Partei der hart arbeitenden Farmer in seinem Bezirk und stimmte gegen die alles niederwalzenden »Spekulantenschmarotzer«.

Im Senat erörterten die »aufständischen« Republikaner diese Themen mit etwas mehr Erfolg. Als 1909 William Howard Taft Präsident Roosevelt ablöste, erhoben die aufsässigen Republikaner im Kongreß Einwände gegen den Führungsanspruch von Cannon, dem Sprecher des Repräsentantenhauses. Lindbergh rühmte sich, als erster Cannons Amtsenthebung gefordert zu haben. Seine entschiedene Unterstützung des unerschütterlichen Kandidaten Theodore Roosevelt im Jahr 1912 verhalf auch ihm selbst zur Wiederwahl für eine vierte Amtszeit; zum Präsidenten wurde allerdings der Demokrat Woodrow Wilson gewählt, der die Querelen innerhalb der Republikanischen Partei zu nutzen gewußt hatte.

Mittlerweile waren sich nicht nur die fortschrittlichen Mitglieder des Repräsentantenhauses, sondern schon ein Großteil Amerikas der Gefahren bewußt geworden, die der Nation von den mächtigen Bankiers drohten. Ida Tarbell, eine Journalistin, die Skandale aufdeckte, schrieb im Mai 1913 im Leitartikel des *American Magazine:* »Es war ein Schwede aus Minnesota, der im Kongreß zum erstenmal Zeter und Mordio schrie und zur Jagd auf die Geldkonzerne blies, ein ›verträumter Schwede‹, wie ihn ein anderes Mitglied beschreibt – Charles A. Lindbergh.« Seine Kollegen schlossen sich seinen verschwörerischen Theorien nie vorbehaltlos an, und er bekam für seine Gesetzentwürfe auch keine Rückendeckung, aber 1912 bewilligte das Haus eine Überprüfung der Geldkonzerne, die der Ausschuß für Banken und Währung durchführte.

Kontrolle der Geldwirtschaft, Verschleierungstaktiken und »andere Formen der Machtausübung« lauteten die Anklagen des Ausschusses gegen Bankiers wie J. P. Morgan. Schon 1908 wurden dieselben Vorwürfe gegen C. A. Lindbergh erhoben – von seiner Frau. In ihrer Ehe war Feindschaft an die Stelle der Abneigung getreten, und gegen Jahresende beschlossen sie, sich zu trennen, ein letzter Versuch, wenigstens die Familie zu retten. Evangeline sollte nach Minnesota zurückkehren, nicht nach Little Falls, sondern nach Minneapolis, wo sie Lillian im Auge hatte, die im zweiten Jahr an der Universität von Minnesota studierte, und Eva, die die High-School abschließen wollte.

»Die frischen Herbsttage waren noch ganz interessant«, schrieb Charles über dieses Jahr, auch wenn er nie genau aussprach, um welches Lebensjahr es sich handelte. Er erinnerte sich nur noch, daß es langweilig war, ohne daß er wußte, weshalb. Um diese Zeit entwickelte Lindbergh seine lebenslange Angewohnheit, Selbstgespräche zu führen, sich selbst Fragen zu stellen. »Ich verbringe Stunden um Stunden in trockenen, überheizten Räumen, mir brummt der Kopf, und ich werde ganz blaß«, erzählt er von dieser Zeit.

> Ich habe die Bücher und Spielsachen satt und drücke mein Gesicht gegen ein Milchglasfenster. Ich gehe ziellos umher, experimentiere auf seltsamen neuen Gebieten. Warum kann ich nicht zehn Murmeln zwischen zehn Zehen halten? Wie lange reicht eine Schokolade mit Cremefüllung, wenn ich sie mit einer Stecknadel esse?

In diesem Herbst bekam er die Masern, und er erinnerte sich an einen Arztbesuch, den einzigen in 65 Jahren, und daß er im Bett lag und bittere

Medizin einnehmen mußte. »Die folgenden Monate mit Temperaturen um den Gefrierpunkt hinterließen einen farblosen Fleck in meinem Gedächtnis.«

Auch die Jahre der Spannung zwischen seiner Mutter und seinen Halbschwestern tilgte Charles aus dem Gedächtnis. Seit dem Tod ihrer Mutter hatten Lillian und Eva, die vier Jahre auseinander waren, aus einem Koffer gelebt, der immer zu den Lindberghs nach Minnesota oder zu den Lands nach Detroit transportiert wurde. Evangeline war zwar mit ihnen fertig geworden, als sie klein waren, aber mit den beiden widerspenstigen Teenagern, die endlich gegen ihre jahrelange Vernachlässigung protestierten, kam sie nicht zurecht.

Evangeline ließ ihre Wut auf C. A. zunehmend an seinen Töchtern aus. Sie wurde zornig, wenn er ihnen Geld für Kleidung zubilligte, aber über Armut jammerte, wenn sie selbst die gleichen Ansprüche erhob. Sie ärgerte sich, daß sie seinen Töchtern Gehorsam beibringen und die Rolle der bösen Stiefmutter spielen sollte.

Wie ihre Schwester war Eva klug genug bald nach ihrem sechzehnten Geburtstag auszuziehen, sich von Evangeline zu lösen und ein eigenes Leben zu führen. Sie wohnten nie mehr zusammen, und Charles erhielt keine Erklärung dafür. Eva hatte es immerhin lange Zeit übelgenommen, daß Charles so verwöhnt wurde; später erkannte sie, welchen Preis er dafür gezahlt hatte. Seine Jugend müsse zutiefst »gestört« gewesen sein, »es gab ja kein normales Familienleben«.

Im Frühsommer 1909 bat Evangeline C. A. um die Scheidung. In dem Wissen, daß die Wähler seines Bezirks damit nie einverstanden wären, appellierte C. A. an ihre Einsicht und flehte sie an, »die Dinge schleifen zu lassen« und weiterzuleben wie bisher. Er fürchtete den Verlust seines Sitzes im Kongreß und versprach, sie fair zu behandeln, wenn sie nur verheiratet blieben.

Es folgten ein paar Monate Waffenstillstand, in denen C. A. sich Zeit für »den Jungen« nahm und seine Frau in der Öffentlichkeit äußerst respektvoll behandelte. Evangeline und Charles aßen oft mit ihm im Speisesaal des Repräsentantenhauses zu Mittag und saßen bei Sitzungen auf der Galerie.

Im Privatleben jedoch kehrten die Lindberghs zu ihren alten Streitereien zurück; meist ging es um Geld. Evangelines Trumpfkarten blieben C. A.s Angst, öffentlich bloßgestellt zu werden, und sein Glück über »den Jungen«. Aber wenn die familiären Spannungen die Oberhand gewannen, war C. A.s Verhalten weiterhin unberechenbar. Als er einmal seine Frau in ihrer Wohnung besuchte, zappelte Charles herum und boxte C. A., bis Evangeline sagte: »Du siehst, C. A., er fühlt sich hier eingesperrt und braucht ein Ventil für seine überschüssigen Kräfte.« C. A. schlug vor: »Stell dich auf den Stuhl, Charles, dann kämpfe ich mit dir.« Das tat Charles, und dabei stieß er ihn in den Unterleib. Da packte ihn C. A. an beiden

Armen und nannte ihn eine »Narren«. Ein andermal wieder hänselte er ihn, bis er weinte.

C. A. meinte es nicht böse. Es war nur sein verkrampfter Versuch, aus dem Jungen einen Mann zu machen. Genau wie Evangeline schimpfte oder bestrafte er Charles nie und behandelte ihn nie von oben herab. »Sollen wir auf Wanderschaft gehen, Chef?« fragte C. A., wenn er einen Spaziergang über Land machen wollte.

Beide Eltern bürdeten Charles die Verantwortung eines Erwachsenen auf, sie verlangten schon früh, daß er sich selbst ein Urteil bildete. Er war erst sieben, als sein Vater ihm eine Repetierbüchse schenkte, eine Savage Kaliber .22, und zur Überraschung seiner Eltern traf er mit seinem ersten Schuß eine mehr als 15 Meter entfernte Ente direkt in den Kopf. Im Jahr darauf erhielt er eine Winchester, noch ehe er groß genug war, die zwölfkalibrige Automatikflinte mit der Schulter abzustützen. C. A. brachte ihm bei, zu fischen und nackt im kalten Wasser in der Nähe des Hauses in Little Falls zu schwimmen. Besonders an einen Tag erinnerte sich Charles, als er auf den moosigen Steinen auf dem Grund des Mississippi ausrutschte und in tieferes Wasser geriet, wo er nicht mehr stehen konnte. »Als ich wieder an die Oberfläche kam und hustete und nach Luft schnappte, stellte ich verwundert fest, daß mein Vater mir gar nicht zu Hilfe eilte. Er stand einfach am Ufer und lachte. Und da merkte ich, daß ich schwamm.« Ein paar Sommer später konnte Charles den Pike Creek bei Hochwasser und die Stromschnellen des Mississippi durchschwimmen.

Charles wurde rasch erwachsen und entwickelte sich wie sein Vater zu einem krassen Individualisten. An C. A. bewunderte Charles bei aller Strenge dessen Witz, der häufig unvermittelt sichtbar wurde. »Entgegen dem Eindruck, den viele Bekannte von ihm hatten«, erklärte Charles später dem Biographen seines Vaters, »besaß er viel Sinn für Humor.« Er verbarg ihn hinter einem ernsten Gesichtsausdruck und ließ die meisten Leute im ungewissen darüber, daß er sich köstlich amüsierte. Evangeline nannte das seinen »schwedischen Humor«. »Er konnte wunderbar lachen«, bemerkte Charles, »hatte aber die außerordentliche Fähigkeit, seinen Gesichtsausdruck nach Wunsch zu kontrollieren.« Wie sein Vater begann der junge Charles die Spaßigkeit einer Situation daran zu messen, wie sehr er das Lachen unterdrückte.

Die Lindberghs schluckten die meisten Gefühle hinunter – mit Ausnahme ihrer wachsenden Wut, die Charles zu ignorieren lernte. Zwar erinnerte er sich nicht, jemals Partei ergriffen zu haben, aber gelegentlich verwickelte ihn der eine oder andere Elternteil doch in seinen Kampf. Nach einem gereizten Wortwechsel fragte Evangeline Charles einmal, ob er es als Streit empfand, wenn sie auf C. A.s Beleidigungen derart antwortete. »Nein«, sagte er, »du hast richtig geantwortet. Ich weiß auch nicht, warum Vater sich so verhält.«

Evangeline, die von Jahr zu Jahr schlimmere Demütigungen einstecken mußte, wußte es auch nicht. Bei zwei Anlässen nannten C. A. sie in Charles' Gegenwart eine Blutsaugerin. Er fing an, ihren Geisteszustand anzuzweifeln. Und wenigstens einmal schlug er sie.

Nicht minder schmerzte Evangeline die Entdeckung, daß sich die anhaltenden Gerüchte, C. A. habe ein Verhältnis mit einer anderen Frau – mit seiner Stenographin, die von Little Falls nach Washington gezogen war –, als wahr herausstellten. Nach einem hitzigen Streit schnappte sie sich ein Gewehr und hielt es C. A. an den Kopf. »O. K., Evangeline«, sagte er, »tu, was du nicht lassen kannst.« Aber sie warf das Gewehr nur auf den Boden und lief davon. Am Schluß gab sie immer nach, aus dem Grund, den ihre Mutter ihr immer vor Augen hielt: »Was eine Scheidung betrifft, so sollten wir vorsichtig sein, wegen Charles...«

Die schlimmsten Auftritte seiner Eltern blieben dem Jungen immerhin erspart. »Ich kann mich nicht erinnern, daß mein Vater jemals ein Wort gegen meine Mutter gesagt hat«, sollte Charles später behaupten. »Sie redete mir zu, ihn so oft wie möglich zu besuchen, und ich glaube, daß Mutter und Vater sich weiterhin gern hatten, auch wenn sie selten zusammen waren. In den zehn Kongreßjahren zog meine Mutter sieben- oder achtmal für den Winter nach Washington; damit wollte sie mir die Gelegenheit geben, ihn häufiger zu sehen.« Aber Charles wurde extrem ruhelos, als er merkte, daß die gegenseitige Verachtung seiner Eltern wuchs, wenn sie unter einem Dach lebten.

Da er nicht immer am gleichen Ort lebte, lernte Charles, gerade in seiner Wurzellosigkeit Trost zu finden. Mehr als ein Jahrzehnt war Washington, D. C., ihr offizieller Wohnort, dazu kamen die alljährliche Sommerfrische in Minnesota und auf der Hin- und Rückreise lange Besuche in Detroit. Wenngleich es Charles' Vagabundenleben den Anschein der Regelmäßigkeit verlieh, störte es ihn doch, daß er alle paar Monate umziehen und die meiste Zeit des Jahres in einer ungeliebten Stadt wohnen mußte. »Lange Winter hindurch«, schrieb er später, »zählte ich die Wochen und Tage bis zum Frühling, wenn wir wieder auf die Farm nach Minnesota zurückkehrten.« Das niemals ganz fertiggestellte Haus nannte die Familie nur das »Camp«.

Wenn das »Camp« Charles die Liebe zur Natur lehrte, so öffnete das Haus der Lands in der West Elizabeth Street 64 in Detroit seine Augen für die eher verborgenen Wunder der Wissenschaft, für die Welt der Logik und des Verstandes. »In Detroit langweilte ich mich keine Sekunde«, erinnerte sich Lindbergh an seine Besuche, »dort gab es noch mehr zu tun als auf der Farm in Minnesota.« Wenn man das kleine graue Holzhaus betrat, stand man in einer schmalen Diele. Links führte eine Tür ins Wartezimmer, wo immer ein faszinierender Stapel des *National Geographic Magazine* lag. Einen Stock höher gab es ein kleines Wohnzimmer. Im Hintergrund dieses Raumes hing auf der einen Seite ein Vorhang, hinter dem sich das große Schlafzimmer befand, und gegenüber führte ein kleiner Vorraum in das winzige Schlafzimmer von Evangelines Bruder Charles. Wenn Evangeline und der junge Charles zu Besuch waren, überließ er ihnen das Zimmer mit dem schmalen Doppelbett.

Den Jungen zog es woanders hin, in Dr. Lands Sprechzimmer und Labor. Wenn sein Großvater gerade keinen Patienten hatte, spielte Charles in den beiden Behandlungszimmern mit den hydraulisch verstellbaren Zahnarztsesseln. Und dann gab es das Labor, in dem ein Brennofen stand, ein Experimentiertisch mit Bunsenbrenner, Regale voller Chemikalienflaschen und ein Amboß.

Im Keller war es noch unterhaltsamer. Weil Charles' Großvater und Onkel das Haus selbst instand hielten, hingen überall Rohrschneider, Gewindeschneider, Schraubenschlüssel, Drahtrollen und übriggebliebene Rohrstücke. Bei jedem Besuch lernte Charles mit einem anderen Werkzeug umzugehen, er erfuhr von den Gesetzen der Mechanik, der Chemie und der Elektrizität. »Charles«, sagte sein Großvater oft, wenn er die Beschwörungsformel der wissenschaftlichen Beschäftigung ins Gedächtnis rief, »du mußt Geduld haben.«

Lindbergh kam zu dem Schluß, »daß die Naturwissenschaft der Schlüssel zu allen Geheimnissen ist«.

Eines Tages entdeckte er eine andere wundervolle Attraktion Detroits – seinen Onkel. »Ich habe keinen Bruder«, hatte sich Charles eines Tages bei seiner Mutter beschwert, und sie hatte ihm angeboten, ihm den ihren zu schenken. Von diesem Tag an wurde Charles Land jr. als Charles' »Bruder« bezeichnet. »Brother«, 23 Jahre älter als Charles, war bei seinem Vater in die Lehre gegangen, hatte die Michigan School of Mines absolviert und in Kanada nach Bodenschätzen gesucht, bis er schließlich bei einem Leben voller Liebhabereien landete. Er war ein gesellschaftlicher Außenseiter, bezeichnete sich selbst als Erfinder und rechtfertigte diesen Anspruch mit mehreren Patenten. Immer hatte er Zeit, wenn es darum ging, Charles seine Zeicheninstrumente zu erklären oder andere Werkzeuge, die im Haus herumlagen. Brother schmiedete stets irgendwelche Pläne, und nicht zuletzt seinetwegen wurde »64«, wie die Familie ihren Wohnsitz nannte, für Charles zu einem gastfreundlichen Haus, zur aufregenden Zwischenstation auf halbem Wege zwischen Little Falls und Washington. Wenn er später analysierte, was das Besondere an Detroit gewesen sein mochte, kam er nie auf den Gedanken, es könnte ihm einfach gefallen haben, weil es dort ein festgefügtes, traditionelles Hauswesen gab, das er kannte, auch wenn er nur zeitweise zu Besuch war.

Im Herbst 1909 bezogen Evangeline und C. A. in Washington getrennte Wohnungen. Doch noch Schlimmeres stand Charles in diesem Jahr bevor. Mit fast acht Jahren mußte er zum erstenmal in die Schule gehen. Bisher hatte Evangeline ihrem Sohn die Grundkenntnisse im Lesen, Schreiben und Rechnen selbst beigebracht. (»Ich liebe meine Mutter, meine Mutter liebt mich« waren die ersten beiden Sätze, die er abschreiben mußte.) Er kam in die zweite Klasse der Force School, und in der Erinnerung bestand sein erstes Schuljahr nur aus dem »Zwang, stillzusitzen in einem fremden Raum, zwischen fremden Kindern, eingeengt von fremden, unbekannten Regeln… eine verschwommene Erinnerung an zahllose Stunden an einem Pult… und ich wartete, wartete, wartete bis die Schule aus war.« Er durfte die Schulen wechseln – was er ein Jahrzehnt lang fast jedes Jahr tat. Weil Evangeline auf der Zwischenstation in Detroit bestand, begann für Charles das Schuljahr immer später und endete früher, und folglich hinkte er mit seinem Wissen dauernd hinterher. Eine Lehrerin war von seinen armseligen Schreibkenntnissen dermaßen erschüttert, daß sie drohte, seinen Vater zu benachrichtigen. »Das hat keinen Sinn«, erwiderte der Junge. »Der schreibt noch schlechter als ich.«

Nach einigen Jahren unregelmäßiger Ausbildung meinte Evangeline, eine Privatschule könnte Charles vielleicht auf die Sprünge helfen. Obwohl C. A. sich auf seine Armut berief und darauf bestand, der Junge müsse lernen Schläge einzustecken und zurückzuschlagen, um später die Schläge des Lebens besser ertragen zu können, räumte er ein, wegen der »besonderen Situation« könne eine Privatschule für Charles vorteilhaft sein.

1913 kam er in die Sidwell Friends School, die im Nordwesten von Washington untergebracht war, und obwohl ihm der Name des Hauses nicht gefiel, da er mit ihm die leeren Versprechungen von Kameradschaft verband, blieb er zwei Jahre. »Es war eine Verbesserung, machte meinen Nöten aber keineswegs ein Ende«, schrieb er später. »Ich fand nicht viele Freunde unter den Kindern dort. Ich verstand sie nicht, und sie verstanden mich nicht.« Viele machten sich über seinen Namen lustig, nannten ihn »Limburger« oder manchmal noch primitiver »Käse«.

Evangeline war ständig auf der Jagd nach den billigsten Pensionen für sich und das Kind. Da Charles ständig von fremden Erwachsenen umgeben war, hatte er nie den Spielraum, sich unmanierlich oder einfach nur wie ein Junge aufzuführen. Die Pensionen setzen seinem ohnehin gezwungenen Wesen weitere Schranken, und schon in frühen Jahren wurde er zu einem überhöflichen, schweigsamen Dulder.

Um ihn für seine offenkundige Einsamkeit zu entschädigen, schleppte Evangeline Charles zu allen heiligen Stätten der Nation und in alle Ausstellungen. Und Charles war pflichtgetreu beeindruckt, wenn ihn sein Vater in den Sitzungssaal mitnahm. Manche Kongreßmitglieder protestierten gegen die Anwesenheit des Jungen in der Kammer, sie fanden, das sei nicht vereinbar mit der Würde des Hauses, aber die Lindberghs setzten ihren Kopf durch und versuchten nicht zu lachen, wenn dieselben Männer Apfelschalen auf den Teppich spuckten.

Gleichwohl lernte Charles das Erbe seines Landes zu schätzen und wurde neugierig auf seine Kultur. Er erlebte sich selbst als Zeugen der Geschichte im Augenblick ihrer Entstehung und fotografierte bei jeder Gelegenheit. Er sah Teddy Roosevelt, wie er im Fond eines offenen Wagens zur Union Station fuhr, und William Howard Taft, wie er hinter seiner Kutsche herlief, um sich Bewegung zu verschaffen. Als sein Vater ihn Woodrow Wilson im Weißen Haus vorstellte, schüttelte der Präsident dem Jungen die Hand und erkundigte sich, wie es ihm gehe. »Sehr gut, vielen Dank«, antwortete Charles und berichtete später, die Audienz habe keine besonderen Spuren bei ihm hinterlassen, der Präsident sei »auch nur ein Mensch, selbst wenn er Präsident ist«.

Im Juni 1912 arrangierte C. A. für Charles einen Besuch bei den Testflügen in Fort Myer. Evangeline und Charles fahren mit der Straßenbahn nach Virginia, wo eine große Tribüne aufgebaut war. Davor standen ein halbes Dutzend Flugzeuge mit bereits laufenden Motoren. »Dann«, beschrieb Lindbergh diesen Augenblick, »hob eine der Maschinen ab und raste über der ovalen Spur vor uns mit einem Automobil um die Wette. Vorn sah man deutlich den Piloten, seine Hosenbeine flatterten, und eine Schirmmütze saß ihm verkehrt auf dem Kopf.« Das Erlebnis war so »intensiv und faszinierend«, erinnerte sich Lindbergh gegen Ende seines Lebens, »daß ich unbedingt selber fliegen wollte«.

Im Januar 1913, ein paar Wochen vor seinem elften Geburtstag, wurde Charles von der Schule befreit, um eine außergewöhnliche Reise machen zu können. C. A. saß in einem Ausschuß, der Panama während der Bauarbeiten am Kanal einen Besuch abstattete und seine Berichte nach Hause klangen so begeistert, daß er und Evangeline beschlossen, das sei eine einmalige Gelegenheit für ihren Sohn, dieses moderne Wunderwerk entstehen zu sehen. Am 3. Januar 1913 gingen Evangeline und Charles in New York an Bord der *Colón*, eines zweitklassigen Schiffes. Sie hatten eine gemeinsame Kabine backbord auf dem Salondeck und speisten mit dem Kapitän, der beim Abendessen erklärte, das schlechte Wetter werde die Abreise verzögern.

Am anderen Morgen wachte Charles kurz nach fünf Uhr auf und ging an Deck. Überall lag Schnee, und es blies ein heftiger Wind, als sie die Anker lichteten. Sie ließen die *Lusitania* am Kai hinter sich und fuhren fast eine Woche. Am 10. Januar lief die *Colón* bei Tagesanbruch in den Hafen ein, nach dem sie benannt war. Charles stand am Bug des Promenadendecks und schaute mit einem Fernglas auf die Lichter der näher rückenden Stadt.

Die nächste Woche war angefüllt mit dem Stoff, aus dem die Träume des Jungen sind; Charles hielt alle Einzelheiten in einem Tagebuch fest. Er suchte den Dschungel gleich außerhalb der Stadt auf, hörte Erzählungen von Banditen, die noch immer die Städte terrorisierten, und bestaunte das Schloß des Piraten Morgan, unterirdische »Folterkammern«, Alligatoren, Affen, grüne Eidechsen, Vogelspinnen, Korallennattern, Hirsche, Wildschweine, Gürteltiere, wilde Truthähne, Faultiere, Haie und Schmetterlinge in Hülle und Fülle. Er sah zu, wie die riesigen Dampfbagger sich durch die Berge nagten und den berühmten Kanal schufen. Am 27. Januar fuhren Evangeline und Charles auf der *Ancon* zurück zu einer Anlegestelle bei Asbury Park, New Jersey.

»Du lebst in einer außergewöhnlichen Zeit«, erklärte C. A., der damals auf die Sechzig zuging, als sie wieder in Washington waren. »Es stehen große Veränderungen bevor, große Ereignisse. Ich werde sie nicht mehr erleben, aber du.« Zwischen 1914 und 1916, als der Panamakanal für den Verkehr freigegeben wurde, gewann die Welt einen ersten Eindruck von diesem neuen Zeitalter, in dem die Welt kleiner wurde. Robert Scott und Roald Amundson drangen bis zum Südpol vor, und Vilhjalmur Stefansson erforschte das arktische Kanada; Alexander Graham Bell ermöglichte das erste transkontinentale Telefongespräch, und Henry Ford produzierte sein millionstes Auto und ebnete Amerika den Weg in die Automobilgesellschaft.

Da der technische Fortschritt die Menschen einander überall näher brachte, wirkte sich der Mordanschlag auf den österreichischen Thronfolger im fernen Serbien im August 1914 nicht nur auf Europa, sondern sogar auf Farmen im amerikanischen Mittelwesten aus. »Zugegeben, Europa steht in Flammen und die Zerstörung von Leben und Besitz ist ungeheuerlich; aber dieser Krieg braucht doch keine zerstörerischen Folgen auf uns zu haben«, antwortete der Republikaner Lindbergh auf den Vorschlag einer Kriegssteuer von seiten der Regierung Wilson. »Warum also sollen wir uns von dem Krieg in Europa um den Verstand bringen lassen?«

In den ersten zwei Kriegsjahren vertrat Lindbergh deutlich diese Meinung, aber seine Vermutungen, daß die Geldkonzerne und Großindustriellen Öl ins Feuer des Krieges gossen, stießen auf taube Ohren. Um mehr politischen Einfluß zu erlangen, opferte er seine sechste Amtszeit und kandidierte für den Senat. Im Frühjahr 1916, als Charles 14 war, nahm C. A. ihn von der Schule in Washington, damit er ihm bei der Wahlkampagne zu Hause helfen konnte. Er verschaffte Charles damit nicht nur eine lehrreiche Erfahrung, er brauchte auch seine fachmännische Hilfe.

Vier Jahre zuvor hatte C. A. seine Familie mit »Maria« (»Mareia« ausgesprochen) konfrontiert, einem Ford, Modell T Tourabout mit Standardfußschaltung, Karbidscheinwerfern, Handkurbel, Gummihupe, einem wasserdichten Klappverdeck und Schnellverschlußvorhängen für Regentage. C. A. hatte Maria für die Wahlkämpfe gekauft, aber Charles war das einzige Familienmitglied, das mit dem Gefährt fertig wurde; er hatte mit elf Autofahren gelernt. Als im Frühling 1916 die Vorwahlen in Minnesota bevorstanden, war der Junge schon Hunderte von Meilen gefahren; er war mittlerweile fast einen Meter achtzig groß, so daß er wenigstens bequem an die Pedale kam.

In der Hoffnung, ein neuer Wagen werde für den Wahlkampf besser taugen, erwarben die beiden Lindberghs in Minneapolis einen Saxon Light Six für 935 Dollar. Der Vierzehnjährige fuhr damit über die holprigen Landstraßen Minnesotas und legte 3000 Meilen zurück, durchschnittlich etwa 75 Meilen am Tag. Wenn er nicht fuhr, verteilte er in den Versammlungsräumen und auf den Farmen, wo C. A. sprach, Flugblätter. Für den Inhalt der Reden zeigte Charles wenig Interesse. »Ich wünschte zwar leidenschaftlich, daß mein Vater gewinnen möge«, schrieb er später. »Aber für mich war das Wichtigste an den Wahlkampffahrten, daß ich mit ihm zusammensein konnte und Auto fahren durfte.« Aber daß er ihn ständig von seinen großen Themen reden hörte, von den Konzernen und der Nichteinmischung und davon, daß die kriegsbedingte Energieverschwendung die Wenigen auf Kosten der Vielen bereichere, hat unweigerlich Eindrücke bei ihm hinterlassen.

Die Wahl gewann Frank Kellogg, ein Rechtsanwalt aus St. Paul, mit seiner Auffassung, man müsse sich auf den Krieg vorbereiten, und Lindbergh erhielt nur ein demütigendes Viertel der Stimmen.

Weil C. A. nur noch für wenige Herbstmonate nach Washington zurückkehrte, fühlte sich Evangeline nicht verpflichtet, mit Charles noch einmal mitzuziehen. Nach zehn Jahren waren sie für die dortige Gesellschaft noch immer nicht viel mehr als Zigeuner und hatten keine Freunde gefunden. Kaum hatte Charles in Little Falls mit der High-School angefangen, verspürte seine Mutter das dringende Bedürfnis, an die Westküste zu fahren. Warum, hat Charles nie erfahren.

Evangelines unausgesprochene Gründe waren familiärer Art. Ihre Stieftochter, Lillian, schon als Kind nicht besonders robust, war vor kurzem mit Mann und Kind nach Kalifornien gezogen, weil sie hoffte, das Klima dort werde ihr im Kampf gegen die Tuberkulose helfen. Doch sie wurde nicht gesund, und die Ärzte fürchteten für ihr Leben. Evangeline wollte sie ein letztes Mal sehen, damit ihre Beziehung nicht mit einem Mißton endete. Charles bettelte um diese Reise, denn das hieß, daß er Auto fahren durfte. Man kam überein, daß er für den Rest des Jahres in Kalifornien zur Schule gehen sollte, es sei ja wieder »ein großes Abenteuer und eine wichtige Erfahrung« für ihn.

Begleitet von Evangelines Bruder und einem neuen Foxterrier namens Wagoosh (»Fuchs« in der Sprache der Chippewa) brachen sie im Oktober auf und hofften, nach zwei Wochen anzukommen. Trotz aller Erfahrung von den Wahlkampftouren in Minnesota war Charles auf diese Reise nach Kalifornien nicht vorbereitet. Erst nach 40 Tagen auf den Straßen – auf Highways, die sich mitunter zu Sandstraßen verengten – kamen sie in Los Angeles an.

Charles' knappe Berichte über die Zeit in Kalifornien – kaum mehr als ein paar veröffentlichte Sätze – verraten, daß er von dem Anlaß der Reise keine Ahnung hatte. Er wußte nicht, daß seine Mutter an Eva geschrieben und sie gebeten hatte, ihre kranke Schwester besuchen zu dürfen. »Mich packte der Zorn«, erinnerte sich Eva später, »ich wußte ja, wie gemein sie zu meiner Schwester gewesen war, und daß das sehr wohl dazu beigetragen hatte, die Gesundheit dieses empfindlichen, anfälligen Mädchens zu untergraben.« Lillians Zustand verschlechterte sich rasch, und Eva bat brieflich ihren Vater um Rat. Als er ihr antwortete sie solle selbst entscheiden, lehnte sie den Besuch ab.

Unterdessen reiste C. A. selbst in aller Eile quer durch das Land ans Bett seiner Tochter. Am 3. November, gegen elf Uhr abends, beugte er sich über sie und küßte sie auf die Stirn, und sie flüsterte: »Ich sterbe, Vater.« Einen Augenblick später war sie tot.

Evangeline tat, was sie tun durfte: Sie schrieb Eva einen Beileidsbrief und sagte, sie sei nicht mehr böse. Dieser Brief brachte Eva nur noch mehr auf; sie wußte nicht, weswegen Evangeline hätte böse sein können. Eva fragte ihren Vater, ob sie überhaupt antworten müsse. Wie vorher überließ C. A. ihr die Entscheidung, bat sie jedoch, auf die Gefühle des jungen Charles Rücksicht zu nehmen, »ihm so wenig Kummer wie möglich zu machen und ihm die Zukunft nicht zu verbauen«.

»Der Junge tut mir furchtbar leid«, schloß C. A. »Es nimmt ihn sehr mit. Meiner Meinung nach solltest du seinetwegen antworten... aber es muß nicht sein, wenn es dir zu sehr gegen die Natur geht. Gib ein bißchen nach, dem unschuldigen Jungen zuliebe...«

Sie gab nicht nach. Sie hatte Charles in den letzten Jahren ein paarmal gesehen und konnte den Blick nicht von ihm abwenden. »Er sah sehr gut aus«, erinnerte sie sich. »Ich sah, wie groß er wurde und wie hübsch er immer war. Und wie schüchtern.« Aber der Haß auf seine Mutter ließ Eva nie los. »Ich hätte alles vergeben können und vergab ihr auch, was sie *mir* angetan hatte«, gestand Eva mehr als 60 Jahre später, »aber nicht das, was sie meinem Vater und meiner Schwester angetan hatte. Das ist nur mit Wahnsinn zu erklären. Sie hat uns allen das Leben schwergemacht.« Und obwohl sie immer versucht habe, ihren Halbbruder zu »beschützen«, habe sie stets das Gefühl gehabt, Charles sei »schrecklich kaputt«. Eva vernichtete Evangelines Beileidsbrief und antwortete nicht.

Evangeline blieb an der Westküste, und Charles kam in die elfte Klasse der *Redondo Union High-School* in Redondo Beach. Er freundete sich mit niemandem an, blieb für sich und war nur mit seiner Familie und seinem Hund zusammen in dem kleinen Mietshaus am Strand. Sie wären vielleicht auf unbestimmte Zeit in Kalifornien geblieben, wenn nicht im Spätwinter 1917 ein Brief aus Detroit gekommen wäre. Großmutter Land hatte Brustkrebs, und im April beschlossen Evangeline und ihr Bruder, den Aufenthalt in Kalifornien abzubrechen. Großmutter Land verbrachte ihre letzten Tage soviel wie möglich in einem Zimmer, in dem Evangeline und Charles mit frisch geschnittenen Kiefernzweigen ständig für frische, duftende Luft sorgten. Ihre letzten 18 Lebensmonate ließen ihr einziges Enkelkind gezwungenermaßen früh zum Mann werden – er stand dem Haushalt vor, beendete die Schule, bewirtschaftete die Farm, machte die Buchhaltung und sorgte für Mutter und Großmutter.

1916 war Woodrow Wilson im Präsidentenamt bestätigt worden, in erster Linie, weil er »uns aus dem Krieg rausgehalten hat«. Aber im folgenden Winter ließ sich Amerikas Eingreifen nicht mehr vermeiden. Als Lindberghs Familie in Kalifornien war, wollte das Kongreßmitglied nicht stillschweigend in Vergessenheit geraten. In den letzten Monaten seiner Amtszeit vertrat er seine Ansichten so dramatisch wie nie zuvor in seiner Laufbahn.

Am 12. Februar 1917 hielt er im Sitzungssaal des Repräsentantenhauses eine flammende Rede gegen den Zentralbankrat, von dem er glaubte, er stecke mit den großen Geldkonzernen unter einer Decke. Als das Repräsentantenhaus am 1. März 1917 für ein Gesetz stimmte, nach dem die amerikanische Handelsflotte mit Waffen ausgerüstet werden durfte, gerieten die Vereinigten Staaten an den Rand des Krieges. Die Abstimmung endete mit 403 zu 14 Stimmen, und Lindbergh gehörte zu der extremen Minderheit; es waren fast ausschließlich Männer aus dem Mittelwesten. Einen Monat später, nachdem ein neuer Kongreß gewählt worden war, trat Amerika in den Krieg ein.

C. A. machte sich auf die Suche nach neuen Möglichkeiten. Nach einer Bruchoperation (die er ohne Betäubung durchstand, indem er sich mit einem Freund eine Stunde lang über internationale Handelsprobleme unterhielt und so von den Schmerzen ablenkte) kehrte er nach Minnesota zurück. Er wohnte zumeist in den Zwillingsstädten St. Paul und Minneapolis, wo er die Politik einer dritten Partei betrieb. Er geriet nicht nur in Vergessenheit, nein, schlimmer noch, er blamierte sich politisch, er wurde zum Spinner. Häufiger denn je schrieb er Zeitungsartikel und Bücher über seinen ewigen Buhmann, das Kartell der Großbanken. Er war weder Pazifist noch Sozialist, aber er fand es nicht richtig, arme Farmerssöhne nach Europa in den Krieg zu schicken, damit andere davon profitierten. »Das Schlimme am Krieg ist, daß er die besten Männer des Landes umbringt«, war C. A.s Meinung.

»Der Presse zufolge ist man kein wahrer Amerikaner, wenn man nicht auf seiten der Engländer steht. Wer aber wirklich für Amerika ist, einzig und allein für Amerika und vor allem für die Massen, den stuft die tonangebende, von den Spekulanten unterstützte Presse als deutschfreundlich ein«, schrieb Lindbergh 1917 – Worte, die im Leben seines Sohnes 20 Jahre später ein Echo fanden.

1918 bewarb sich C. A. Lindbergh bei den Gouverneursvorwahlen für die Republikaner und wurde von der *Nonpartisan League* unterstützt, einer landwirtschaftlichen Protestpartei, die Agrarkonzerne mit Hilfe von Staatseigentum bekämpfen wollte. Sozialistische Ansichten schlichen sich in seine Reden ein. Diese Wahl bleibt eine der peinlichsten in Minnesotas Geschichte, wenn nicht sogar, wie man damals fand, »die heißeste in der Geschichte der Vereinigten Staaten«. In keiner seiner autobiographischen Schriften wollte Charles die Demütigungen bei diesem politischen Tumult wahrhaben. Der Journalist Harrison Salisbury jedoch, damals noch ein Kind in Minneapolis, trug später Berichte über diesen Wahlkampf zusammen, die bestätigten, was er gehört hatte:

> ...daß der Pöbel Charles Lindbergh senior verfolgte... Er wurde eingesperrt, man warf ihm Verschwörung mit der *Nonpartisan League* vor. Eine Versammlung in Madison, Minnesota, mußte mit Feuerwehrschläuchen aufgelöst werden; in Red Wing wurde er in effigie aufgehängt; einmal zerrte man ihn von der Rednertribüne und drohte ihn zu lynchen, und aus einer Stadt floh er unter einer Salve von Schüssen.

Lindbergh verlor die Vorwahlen mit fast 15 Prozentpunkten, aber damit war seine politische Laufbahn noch nicht beendet. Im Sommer 1918 forderte ihn Bernard Baruch auf, in der Behörde zur Überwachung der Kriegsproduktion zu arbeiten. Lindbergh legte den Eid ab, aber ein »Proteststurm« von seiten der Zentralbanken zwang ihn, das Amt aufzugeben. In Minneapolis ließ er sich auf ein neues Unterfangen ein und gab *Lindbergh's National Farmer* heraus, eine großformatige Zeitschrift, ein Sprachrohr für Minnesotas jüngste politische Bewegung, eine Koalition aus Farmern und Arbeitern, bei der er selbst mitmischte. Er bewarb sich 1920 um seinen alten Sitz im Repräsentantenhaus, wurde aber von seinem republikanischen Nachfolger mit einem Stimmenverhältnis von zwei zu eins vernichtend geschlagen.

Jetzt schwor Lindbergh der Politik ab und suchte sich neue Aufgaben – eine Bank, ein Buch, Immobilien. Seine Briefe an den Sohn steckten voll guter Ratschläge über Geld und Landwirtschaft, manchmal über das Berufsleben. Tröpfchenweise und nur wenn unbedingt nötig, schickte er auch Geld nach Hause, und den Grundbesitz von Little Falls überschrieb er auf Charles, immer gleich mehrere Grundstücke auf einmal.

C. A. fand, in Kriegszeiten müsse die Farm ihre Lebensmittelproduktion steigern. Er kaufte Vieh, Rinder und Schafe, und Charles' Pflichten verdoppelten sich. »Unter Land ist großartig, und unsere Fahne ist das Sternenbanner«, schrieb C. A. an Charles, um ihm angesichts der schweren

Arbeit Mut zu machen. »Halt die Fahne hoch, nicht weil wir den Regierungsapparat mögen, sondern weil sie unser Land verkörpert.«

Zusätzlich zur täglichen Arbeit auf dem Hof mußte Charles noch sein letztes Jahr auf der High-School durchstehen. Wenn auf der Straße zur Stadt nicht zu viel Schnee lag, fuhr er mit dem Rad nach Little Falls High und kam zum Mittagessen oft nach Hause; war der Weg zugeschneit, ging er zu Fuß, auch wenn die Temperaturen auf 40 Grad unter Null fielen. Zum erstenmal war Charles in einigen Fächern gut, darunter in Physik und technischem Zeichnen, aber es fiel ihm schwer, bei all den Aufgaben auf der Farm noch Interesse an der Schule zu haben. Im zweiten Trimester sah es nicht so aus, als würde er das Abschlußexamen bestehen.

Eines Tages verkündete der Direktor bei einer Schulversammlung, durch den Krieg würden so dringend Nahrungsmittel gebraucht, daß jeder Schüler, der auf einer Farm arbeiten wolle, die Schule verlassen dürfe und dennoch die volle Hochschulreife erhalte, so als ob er die Klasse besucht und sein Examen gemacht hätte. Charles kehrte nur noch einmal nach Little Falls High zurück, am 5. Juni 1918, als er sein Zeugnis entgegennahm. Von seinen 75 Klassenkameraden hatten nur wenige jemals mit ihm gesprochen; als Jahre später eine Zeitschrift versuchte, Charles' Leben in Little Falls nachzuvollziehen, konnten seine früheren Mitschüler den Außenseiter kaum beschreiben.

Obwohl ihm ein siebzigjähriger, norwegischer Pächter half, verbrachte Charles die meisten Tage allein bei den Färsen und Mutterschafen, die sein Vater gekauft hatte. Die Schafe hatte C. A. sehr günstig bekommen, weil sie halb verhungert waren. Leider starben die meisten Mütter nach dem Werfen, und Charles und Evangeline mußten die Jungen aufziehen. Allmorgendlich brachte er kleine nasse Lämmer in die Küche, und sie wärmten sie dort in Körben oder Wannen auf und fütterten sie mit der Flasche. Manche starben ihnen buchstäblich auf dem Schoß, aber 60 brachten Charles und Evangeline durch. Die Kühe waren wesentlich leichter aufzuziehen, kosteten aber viel Zeit, da sich einige nur von Charles melken ließen.

Bei einer Viehversteigerung am 11. November 1918 wurde die Auktion plötzlich unterbrochen. Der Auktionator hielt mitten in seinem Geleier inne und verkündete, in Europa sei der Waffenstillstand unterzeichnet worden. »Wir bekamen ein wenig Zeit zum Feiern, dann ging der Verkauf weiter«, schrieb Lindbergh später. Die älteren Farmer aus dem Bezirk Morrison wußten, wohin sie zurückkehren konnten, aber Lindbergh stand an einem Scheideweg. Er hatte angenommen, der Krieg werde mindestens bis zu seinem achtzehnten Geburtstag dauern, dann wollte er sich zu den Streitkräften melden. Danach hatte er an eine Hochschulausbildung zum Ingenieur gedacht.

Wenige Tage vor Charles' siebzehntem Geburtstag, am 1. Februar 1919, schrieb C. A. einen Brief, in dem er seinen Sohn lobend beurteilte. Ein seltenes Zeugnis, nicht nur, weil es eines der wenigen Male dokumentiert, wo er an den Geburtstag seines Sohnes gedacht hatte, sondern auch, weil er darin seine Gefühle für Charles so ungeschminkt zeigt wie sonst kaum. Er schlug ihm vor, in seinem Leben etwas zu ändern, die Dinge langsamer anzugehen und sich etwas zu gönnen. »Du hast mich in keiner Hinsicht enttäuscht«, schrieb C. A. »Mir gefällt es, daß Du gern arbeitest, aber ich will nicht, daß Du es übertreibst. Auf eines bin ich vor allem stolz: Daß Du Dich, wenn nötig, allein und unabhängig gegen die Welt wehren kannst. Ich schätze diese Fähigkeit an Menschen und besonders an Dir, denn sie ist Dir kaum aufgezwungen worden. Du hast sie selbst erlernt.«

Über die Arbeit vergaß Charles seine Einsamkeit. Nur nachts gab er seinen Gefühlen nach, wenn er im goldenen Licht einer Kerosinlampe Ablenkung suchte. Er hatte die Schriften des Arktisforschers Vilhjalmur Stefansson entdeckt, der fesselnd von seinem Leben unter den Eskimos berichtete, und der Dichter Robert W. Service hatte es ihm angetan, dessen Balladen er zum Teil auswendig lernte, wie zum Beispiel diese Strophe aus »Das Gesetz von Yukon«:

So heißt das Gesetz von Yukon, daß nur
sich der Starke erhebt,
Der Schwache geht sicher unter, und nur
der Gesunde lebt.

Und seit Anfang November 1917 las er in *Everybody's Magazine* mit wohligem Schauer die spannungsgeladene neunzehnteilige Fortsetzungsgeschichte von »Tam o' the Scoots«, einem kühnen, blauäugigen schottischen Piloten aus dem Weltkrieg.

Charles schob die Entscheidung über seine Zukunft immer wieder hinaus, er wollte am liebsten weiter auf der Farm arbeiten. Zum erstenmal seit seiner Kleinkinderzeit wohnte er länger als ein Jahr an einem Ort. Aber nach 18 Jahren des Unseßhaften war er unsicher, ob er für unbegrenzte Zeit in Little Fall bleiben sollte. Einerseits gefiel es ihm, den Boden seiner Väter in Minnesota zu bearbeiten, andererseits lockte ihn die moderne Technik und die weite Welt. Er kaufte sich ein Zweizylinder-Motorrad, Marke Excelsior, und war begeistert von dessen Kraft und Geschwindigkeit, aber er wußte nicht, wie es weitergehen sollte. Seine Eltern wiesen ihn immer wieder darauf hin, daß ihm ein Universitätsabschluß im späteren Leben nützlich sein würde.

Dann könnte er ja Maschinenbau-Ingenieur werden, meinte er, kundschaftete die Hochschulen im Mittelwesten aus und entschied sich für die Universität von Wisconsin in Madison – wahrscheinlich eher wegen der nahe gelegenen Seen als wegen des hohen Standards der dortigen Ingenieursausbildung. Er machte sich an die schwere, geradezu herzzerreißende Aufgabe, das bewegliche Hab und Gut der Farm, Geräte und Tiere, zu Geld zu machen. Als der Sommer 1920 zu Ende ging, arbeiteten schon neue Pächter auf dem Land, das in Familienbesitz blieb.

Danach fuhr der Achtzehnjährige auf seiner Excelsior die 350 Meilen von Little Falls nach Madison. Abgesehen von wenigen Tagen, die sich über die nächsten Jahre verteilten, lebte Charles nie wieder auf der Farm.

Im Spätsommer traf auch Evangeline Lodge Land Lindbergh eine wichtige Entscheidung bezüglich ihrer Zukunft. Sie packte ihre Koffer und fuhr nach Madison.

4

UNTER DEN FITTICHEN EINES FLUGZEUGS

»Technik, Freiheit, Schönheit, Abenteuer –
was will man mehr vom Leben?«

C. A. L.

E vangeline fuhr allein mit dem Zug und kam vor Charles an; sie verlor keine Zeit und suchte sofort nach einer Bleibe für sie beide. Nur wenige Blocks vom Universitätsgelände entfernt fand sie eine Wohnung im dritten Stock für 70 Dollar im Monat. Zwar lag das Gebäude näher an der Bahn als ihr lieb war, aber die Wohnung war geräumiger als alle früheren. Es gab ein Wohnzimmer mit Veranda zur Straßenseite, eine Küche mit Eßnische, für jeden ein Schlafzimmer und noch ein extra Arbeitszimmer. Sie ließ Bücher und Möbel aus Little Falls kommen, damit sie sich mehr zu Hause fühlen konnten. Charles fand sofort Gefallen an der naturnahen Lage des Campus, an den baumbestandenen Wanderwegen rund um die Seen und an dem steilen Pfad hinauf zum Hauptgebäude. Drinnen in den Klassenzimmern allerdings verließ ihn der Mut. Nach Charles' erstem Zwischenzeugnis im Dezember behielt ihn sein Studienberater wegen schlechter Noten in Chemie und Mathematik, ja selbst in Englisch, nur »zur Probe«. Die einzigen anständigen Leistungen erbrachte er in Werken und Zeichnen.

Lindbergh ging den meisten Menschen aus dem Weg und verbarg seine Unsicherheit hinter einem Panzer aus Unnahbarkeit. Er entwickelte sich zum Besserwisser, der sich weniger mit Lernen beschäftigte als damit, seine Lehrer auszutricksen. Als der Englischprofessor einen Aufsatz über einen nahen Verwandten verlangte, aber nicht über Eltern oder Geschwister, erwiderte er, den könne er nicht schreiben, denn »es ist Jahre her, daß ich welche getroffen habe, und ich habe leider vergessen, wie sie aussehen«.

Spätere Englischarbeiten verraten, daß er die Unbilden der Hochschule von der heiteren Seite nahm, sie aber auch nicht respektierte. So manches Blatt, das vom Inhalt her ein A verdient hätte, wurde wegen mangelhafter Grammatik nur mit D benotet.

Die Zeit in den Vorlesungsräumen ertrug er nur durch Tagträumerei. Das einzig Interessante am Universitätsleben war das Programm des *Reserve Officer Training Corps.* Als er gemustert wurde – er stand barfuß da, maß einen Meter achtundachtzig, hatte lange, schlaksige Arme und brachte dürftige 67 Kilo auf die Waage –, wurde er gefragt, ob er regelmäßig bade. »Manchmal«, witzelte er, »wenn sich die Gelegenheit bietet.« Als der ortsansässige alte Schneider, ein Deutscher, die Ärmellänge für die Uniform maß, hörte Charles ihn murmeln: »Gott!«

Der Feldartilleriekadett Lindbergh begeisterte sich sofort für das Militär. »An den Tagen mit ROTC-Training trugen wir unsere Uniformen ganz stolz in allen Fächern«, erinnerte sich Lindbergh. Zum erstenmal in seinem Leben gehörte der scheue Einzelgänger einer Gruppe an. Ironischerweise war es das Militär, das einem gewöhnlich jegliche Individualität austreibt, bei dem Lindbergh nun sein erwachsenes Ich entdeckte.

Lindbergh machte sich auch einen bescheidenen Namen als Mitglied der Gewehr- und Pistolenschützen der Universität Wisconsin. Die Gewehrschützen wurden in diesem Jahr Landesmeister, und als sie einen Freiluftwettbewerb veranstalteten, um den besten Schützen in ihren Reihen zu ermitteln, gewann Lindbergh den ersten Preis, einen 45er Colt.

»Kaum waren die gesetzteren Bürger der Republik zum Verschnaufen gekommen«, schrieb F. Scott Fitzgerald, der aus Minnesota stammte und nur sechs Jahre älter war als Lindbergh, »da trat die verrückteste aller Generationen auf den Plan, die Generation, die in der wirren Zeit des Weltkriegs großgeworden war, rempelte meine Altersgenossen rüde aus dem Weg und tanzte ins Rampenlicht. Es war die Generation, in der die Mädchen sich als ›Flappers‹ aufspielten, die Generation, die die Älteren auf die schiefe Bahn brachte und sich schließlich übernahm, weniger aus Mangel an Moral als aus Mangel an Geschmack.« Charles Lindbergh gehörte nicht zu ihnen. Auch am College küßte er keine Mädchen und hatte kein Rendezvous. Obwohl er verblüffend gut aussah mit seinem ebenmäßig geschnittenen Gesicht, dem Grübchen im Kinn, dem blonden Haar und den blauen Augen, ging er jeden Abend heim, um mit seiner Mutter zu Abend zu essen.

Jahre später grassierten auf dem Campus Geschichten, Lindbergh habe sich an Streichen an der Universität beteiligt, vor allem am Wisconsins »Bag rush«, eine Art Wettkampf, bei dem die Studenten aus den ersten beiden Jahren einander in den Lake Mendota zu stoßen versuchten. Aber wie es seinem Wesen entsprach, weigerte sich Lindbergh rundheraus, bei solchen Aktivitäten mitzumachen; er schaute nur zu. Anders als so mancher Kommilitone mied er Tabak und Alkohol. Großvater Land hatte ihm erklärt, Zigaretten enthielten Gift, und »die Männer in und vor den Saloons in Little Falls hatten mich dermaßen abgestoßen, daß ich von Schnaps nichts wissen wollte«.

Evangeline Lindbergh kostete die Zeit in Madison voll aus. Erlöst von der Arbeit auf der Farm, genoß sie die ihr zur Verfügung stehende Zeit. Sie las und unterrichtete vertretungsweise Physik in der Unterstufe der High-School. »Die anderen Bewohner des Mietshauses hätten zu gern gewußt, in welchem Verhältnis wir zueinander standen«, erinnerte sich Evangeline. »Sie schnüffelten bei jeder Gelegenheit herum und versuchten zu ergründen, warum dieser gutaussehende junge Mann mit dieser etwas matronenhaften Frau um die Vierzig zusammenwohnte, die behauptete, verheiratet zu sein, aber keinen Mann hatte.«

In der Tat lebte C. A. die meiste Zeit des Jahres im Süden von Florida, wo er hoffte, »auf die Schnelle« ein paar Tausender zu verdienen, wie er seiner Tochter Eva schrieb. Er investierte seine letzten Gelder in Immobilien in der entlegenen Gegend um Miami. Er baute sich eine primitive Hütte in der Wildnis und vermietete Stellplätze an Camper. Die meisten Nächte verbrachte er in einem Zelt, das er am Kofferraum seines Buick befestigte, und er ernährte sich aus Büchsen. Seine »bedrohlichen, schrecklichen Briefe«, in denen er ständig über Armut klagte, waren für Evangeline der einzige Mißklang in der Zeit in Madison. Überzeugt von der Zukunft der Immobilien in Südflorida, versank C. A. immer tiefer in Schulden. Als seine Mutter, die frühe Siedlerin in Minnesota und einstige Kellnerin aus Stockholm, im April 1921 starb, versank er auch noch in Schwermut.

Charles hatte vor, gleich nach den Pflichtübungen des ROTC im Sommer seinen Vater zu besuchen, den er seit einem Jahr nicht gesehen hatte. Als sein erstes Jahr an der Universität zu Ende war, fuhr er auf der Excelsior nach Camp Knox in Kentucky zu einem sechswöchigen Feldartillerietraining. Er hauste mit 20 anderen Kadetten in einem Raum, und jede Vorschrift und jeder Befehl gaben ihm das Gefühl, endlich seinen Platz gefunden zu haben. Ihm gefiel das präzise Ritual, er genoß die ständige Forderung nach Präzision.

Nach 20 Jahren, in denen er zumeist nach eigenen Regeln und nur unter mütterlicher Aufsicht gelebt hatte, fand Charles geradezu Gefallen an der Soldatenausbildung, an der Kameradschaft mit den anderen jungen Männern, an den körperlichen Herausforderungen, den Regeln, die auf einer Ordnung gründeten. »In Camp Knox«, erinnerte sich Lindbergh später begeistert, »lernte ich den strengen, erregenden Ton des Hornsignals kennen. Wir standen früh auf, arbeiteten hart, schliefen tief. Die strenge Disziplin überraschte mich, aber sie gefiel mir, und ich erkannte, wozu sie im Militärleben gut war.«

Als die Artillerieausbildung beendet war, brach Charles zu seinem Vater nach Florida auf. Sie hatten ausgemacht, sich in Jacksonville zu treffen. Mit 48 Dollar in der Tasche machte sich Charles am 20. Juli 1921 mit seiner Excelsior auf die beschwerliche Reise – durch das ländliche Kentucky, durch Tennessee und Georgia. Am achten Tag, kurz nach Mittag, kam er in Jacksonville an und hielt vor dem Postamt, wo eine Nachricht seines Vaters auf ihn wartete. Ihre Schreiben hatten sich gekreuzt. C. A. hatte geglaubt, sein Sohn käme mit dem Zug, und da er von Evangeline wußte, wann Charles aufgebrochen war, hatte er fast eine Woche in Jacksonville auf ihn gewartet. Am Tag vor Charles' Ankunft war er wieder abgereist, da er geschäftlich im Norden zu tun hatte.

Charles kurvte ein paar Stunden durch Jacksonville, dann machte er sich wieder auf die Heimreise. Am 6. August traf er in Madison ein – er hatte noch acht Dollar. Er ging erst in die Badewanne, und dann überholte er die Excelsior.

Bei seiner Heimkehr erwarteten ihn das Zeugnis aus dem zweiten Semester und ein Brief seines Vaters. Beide verhießen nichts Gutes für die Zukunft des jungen Mannes. Daß er in Mathematik und Chemie nicht bestanden hatte, wog mehr als die guten Noten in Werken, Exerzieren und Englisch, die ihm noch eine Probezeit verschafften. C. A.s Brief war noch besorgniserregender. »Ich bin am Ende«, schrieb er an seinen Sohn, »ich habe nichts mehr zu verkaufen, ich bin zahlungsunfähig, und die Banken geben mir keinen Kredit mehr.« Er sei so sehr verschuldet, daß Charles' Rückkehr an die Universität zum Problem werde. Er könne höchstens 50 Dollar im Monat für seinen Sohn und seine Frau auftreiben, und er schlage deshalb vor, eine Hypothek auf die Farm aufzunehmen.

Während C. A. seine Immobiliensucht bekämpfte, indem er auf Charles' Schulter noch mehr Verantwortung häufte – er überschrieb ihm und seiner Mutter weitere Grundstücke in Little Falls und damit deren Steuern und Unterhalt –, erkannte Evangeline, daß sie für den Rest ihres Lebens selbst für sich sorgen mußte. Sie paukte auf einer Sommerschule Chemie, kehrte nach Detroit zurück und suchte sich eine Vollzeitstelle als Lehrerin. Sie teilte C. A. mit, sie fände sein letztes Angebot haarsträubend und werde nicht einwilligen, Geld auf das Haus zu borgen. Zur Ausbildung ihres Sohnes schrieb sie: »Wenn Charles jetzt abgeht, versucht er es nie wieder… Es liegt ganz bei Dir, ob Charles das Studium aufgibt oder weitermacht.«

Charles überlegte bereits, daß er das Studium abbrechen, eine Reise nach Alaska machen und sich dann auf der Farm niederlassen könnte. Er fuhr nach Little Falls, um zu sehen, wie ihm das »Camp« gefiel, machte unterwegs halt in Minneapolis und traf sich mit seinem Vater. C. A. versprach, er werde jede seiner Entscheidungen gutheißen, warnte ihn aber davor, die Farm zu betreiben, wenn er sich ihr nicht mit Leib und Seele widmen wolle. »Diese Farm hat mir finanziell fast das Kreuz gebrochen«, sagte C. A.

Sie sah besser aus als erwartet, Vieh und Felder waren gesund. Charles legte einen Zementboden in den Kuhstall und besuchte die Lieferanten seiner Empire-Melkmaschine. In stillen Stunden schoß er mit seinem 45er Colt Krähen und übte im Haus, den Revolver möglichst schnell zu ziehen. »Mein Spiel wurde ein bißchen zu realistisch«, räumte Lindbergh später ein, »ich schoß ein Loch durch die Küchentür, genau in die Mitte, aber zu hoch, als daß es meiner Treffsicherheit geschmeichelt hätte.« Allein die Aussicht, den Rest seines Lebens hier hängenzubleiben, machte ihn unruhig.

Er kehrte – einen Tag nach Vorlesungsbeginn – nach Madison zurück mit dem »dringenden Wunsch«, ein guter Ingenieur zu werden. Doch er verfiel bald wieder in den alten Trott. »Ich war kein guter Student«, schrieb er Jahre später über diese Zeit. »Mein Geist war der Freund meines Körpers, nicht sein Herr. Eine Zeitlang konnte ich sitzen und mich auf die Arbeit konzentrieren, und dann, ob ich wollte oder nicht, stand mein Körper auf und spazierte davon – ans Ufer des Lake Mendota, zum Schwimmbad, zu meinem Motorrad und auf ferne Landstraßen.« Seine Phantasie trug ihn noch weiter fort.

Im Winter schrieb er an Flugschulen. Die *Nebraska Aircraft Corporation* in Loncoln und die *Ralph C. Diggins School of Aeronautics* in Chicago veranstalteten Kurse ab der ersten Aprilwoche. Erstere bot für 500 Dollar vier Wochen Mitarbeit in den verschiedenen Fabrikabteilungen an, dann eine Woche auf dem Flugplatz, danach einige Wochen Ausbildung in der Luft. Sie rieten dringend, sich frühzeitig anzumelden, denn sie könnten nur 50 Schüler aufnehmen.

Im dritten Semester konnte Lindbergh zwar seine guten Noten in Exerzieren und Werken halten, fiel aber in Maschinenkonstruktion, Mathematik und Physik durch. Am 2. Februar 1922, zwei Tage vor seinem zwanzigsten Geburtstag, wurde er von der Universität ausgeschlossen. Sein Studienberater schrieb Mrs. Lindbergh einen Brief mit einer ungewöhnlich persönlichen Anmerkung: »Mir scheint, daß Carl (sic) noch völlig unreif ist, und daß ein Junge von seinem Temperament in einer weniger technischen Ausbildung als der zum Ingenieur besser aufgehoben wäre.« Farm und Schule lagen hinter ihm, die Unterstützung der Eltern war praktisch versiegt. Lindbergh sah nur einen Weg, der seine Stimmung heben, ihn auf eine einträgliche Berufslaufbahn schieben und ihm erlauben würde, seine Zukunft in die Hand zu nehmen.

Auftrieb, Schubkraft, Steuerung...

Der Wunsch zu fliegen ist fast so alt wie die Menschheit. Seit der Mensch auf der Erde geht, so lange träumt er schon davon, sich über sie zu erheben. Durch Zeit und Raum, über Kulturen und Kontinente hinweg gründen Religionen auf dem Gedanken, daß der Mensch einst in den Himmel kommen werde. Aber es sollte Jahrtausende dauern, bis himmlisches Streben und irdische Begeisterung sich zusammentaten und ein Fluggefährt für den Menschen schufen, das die drei wesentlichen Komponenten Auftrieb, Schubkraft und Steuerung nutzte. Charles Lindbergh war genau zu dem Zeitpunkt geboren worden, als die vielen Flugversuche endlich zum erstenmal Erfolg hatten.

Alle großen Kulturen auf Erden trugen auch ihr Scherflein bei zu der sich stetig wandelnden Wissenschaft vom Fliegen – oft unabsichtlich. Jahrhunderte vor Christi Geburt spielten die Chinesen mit dem Drachen. Mehr als 1000 Jahre später breiteten sich am anderen Ende der Welt, in Europa, die Windmühlen aus, von der Iberischen Halbinsel bis zu den Niederlanden, und gewannen Energie mit Hilfe eines Propellers. Die Italiener der Renaissance studierten die Vögel, versuchten, deren Körperbau nachzubilden und entwarfen Maschinen mit beweglichen Flügeln, sogenannte Ornithopter.

Zur Zeit der Aufklärung experimentierten die Franzosen mit verschiedenen Gasen, aufblasbaren Objekten und Fallschirmen. Am 5. Juni 1783 füllten die beiden Brüder Joseph Michel und Jacques Etienne Montgolfier einen Ballon mit heißer Luft und ließen ihn 6000 Fuß hochsteigen. England, das Geburtsland von Newtons Physik und der Dampfmaschine, näherte sich dem Fliegen zur Zeit der industriellen Revolution auf analytischem Wege und begründete die Aerodynamik. Henson und Stringfellow experimentierten mit Flugschiffen, die durch Propeller und Dampf angetrieben wurden. Sir George Cayley knackte aeronautische Rätsel wie Wölbung (die gekrümmte Oberfläche, die den Auftrieb bewirkt), Leitwerk (das Heck des Luftschiffes mit seinem beweglichen Ruder) und Neigungswinkel (der Winkel, der von zwei Tragflächen gebildet wird). Die Deutschen, die auf technische Leistungsfähigkeit Wert legten, machten mit Hilfe von Benz und Daimler große Fortschritte auf dem Gebiet der Motoren; sie übernahmen auch die Führung bei der Entwicklung lenkbarer, motorisierter Luftschiffe, die leichter sein sollten als die Luft, die sie verdrängten. In den neunziger Jahre leitete ein anderes Brüderpaar, Gustav und Otto Lilienthal, ein neues Zeitalter der Flugkunst ein, als sie statt dem urspünglich geplanten Ornithopter ein erfolgreicheres Luftfahrzeug vorführten, das Gleitflugzeug mit festen Flügeln.

Zu Beginn des zwanzigsten Jahrhunderts griffen die amerikanischen Techniker all diese Methoden auf, die ihren Anfang bei dem Paar wächserner Flügel auf Kreta vor Tausenden von Jahren genommen hatten. Ein Ingenieur namens Octave Chanute entwarf Doppeldecker-Gleitflugzeuge mit raffinierten Verstrebungen. Samuel P. Langley, Sekretär an der *Smithsonian Institution*, schuf ein bemanntes »Aerodrom«, ein benzingetriebenes Flugzeug (dieser Begriff kam soeben auf) mit einem Paar Tragflächen vorne und einem zweiten hinten. Am 7. und 8. Dezember 1903 katapultierte er diese Kiste mit einem Piloten in die Luft, mußte aber zusehen, wie sie beide Male in den Potomac stürzte.

Just in dieser Woche prüfte das dritte außergewöhnliche Brüderpaar der Fluggeschichte, zwei fleißige Jungen mit einer Druckerei und einem Fahrradgeschäft in Dayton, Ohio, die Windgeschwindigkeit auf den äußeren Sandbänken North Carolinas, zwischen den niederen Hügeln und Sanddünen von Kill Devil Hill und Kitty Hawk. Orville und Wilbur Wright waren seit fünf Jahren vom Fliegen besessen. Und an diesem kalten Donnerstagmorgen, am 17. Dezember 1903, um 10.30 Uhr – die Windgeschwindigkeit betrug 27 Meilen – lag Orville bäuchlings auf dem unteren Flügelpaar eines Doppeldeckers. Er ließ den Motor warmlaufen, einen Vierzylinder mit zwölf PS, den sie selbst konstruiert hatten, und löste den Draht, mit dem das Gebilde an der hölzernen, mit Blech abgedeckten Einschienenbahn befestigt war. Fahrradketten klirrten, zwei Propeller drehten sich, und die Maschine setzte sich in Bewegung. Wilbur lief etwa vierzig Fuß weit neben ihr her, aber dann hob sie ab, wurde 120 Fuß weit getragen und von ihrem Piloten gesteuert – zwölf Sekunden lang. Am Ende des Tages hatte das Fluzeug mehrere Flüge hinter sich gebracht, den längsten mit Wilbur, 852 Fuß in 59 Sekunden. Innerhalb eines Jahres bauten die Gebrüder Wright daheim in Dayton ein neues Flugzeug, das in fünf Minuten fast drei Meilen weit flog. Ein Jahr später hielt sich der *Wright Flyer III*, der so raffiniert gebaut war, daß er in die Querlage gehen, wenden und Kreise beschreiben konnte, länger als eine halbe Stunde in der Luft und legte dabei fast fünfunzwanzig Meilen zurück.

Die Welt lief nicht herbei und umarmte die Wrights. Andere Flugtechniker probierten andere Maschinen aus, die schwerer als Luft waren, viele verfolgten die Idee eines Gefährts, das leichter als Luft war, und einige wenige spielten mit Rückstoßantrieb und Raketen herum. 1908 transportierten die Wrights ihren neuesten *Flyer* nach Frankreich, in die Nähe von LeMans; und am achten Tag des achten Monats des achten Jahres in diesem Jahrhundert führte Wilbur einer Gruppe von Zuschauern vor, was die Maschine alles konnte. Er setzte sie nicht nur durch deren Manövrierbarkeit in Erstaunen – er konnte sogar eine Acht fliegen –, sondern auch damit, daß alles so leicht schien. Er beendete das Jahr mit einem Flug von 78 Meilen, der zwei Stunden und 20 Minuten dauerte. Die Gebrüder Wright wurden zumindest als Pioniere der Luftfahrt hoch gelobt.

Louis Blériot aus Frankreich war einer ihrer ersten Helden. Der Ingenieur, Erfinder und Pilot flog am 25. Juli 1909 in einem Eindecker von Calais nach Dover in 27,5 Minuten über den Ärmelkanal und erhielt einen Preis von 1000 Pfund. Die ökonomischen, sozialen und politischen Folgen dieses Flugs waren unabsehbar.

Im nächsten Jahr fanden Luftfahrt-Sportfeste von Los Angeles bis Kairo statt, in Deutschland transportierten Zeppeline die ersten Passagiere; die Flugzeuge wurden kompakter, bei vielen wurden Metallteile eingebaut, obwohl sie überwiegend aus Holz konstruiert waren, mit Drahtverstrebungen und Leinenabdeckung. 1911 flog C. P. Rodgers in sieben Wochen und mit über 80 Zwischenstationen von Long Island, New York, bis Long Beach, Kalifornien; 1913 überquerte Roland Garros aus Frankreich nonstop das Mittelmeer.

Als 1914 der Weltkrieg begann, stiegen ein paar hundert Flugzeuge in die Luft. Anfänglich waren sie nur als Kundschafter gedacht, aber die Pfadfinder der Luft entwickelten sich bald zu Kriegern, die einander in stotternden Luftgefechten Mann gegen Mann bekämpften. Der Krieg erzwang eine schnelle Entwicklung der Luftfahrtindustrie, die noch in den Kinderschuhen steckte, und preßte Jahrzehnte des Fortschritts in einige wenige Jahre – mit dem einzigen Ziel, schneller, stärker und zielsicherer zu werden. Die geschicktesten dieser Ritter der Luft erhielten den inoffiziellen Titel »As«, und viele wurden zu international gefeierten Helden – Fonck, Nungesser und Garros aus Frankreich, der »Rote Baron« Manfred von Richthofen und das amerikanische »As der Asse« Edward V. Rickenbacker. Der britische Luftfahrthistoriker Charles H. Gibbs-Smith rechnete aus, daß in Großbritannien allein die Zahl der in der Luftfahrtindustrie Beschäftigten zwischen 1914 und 1918 von ein paar hundert auf 350 000 stieg, die mehr als 50 000 Flugzeuge bauten.

Als sich die Welt allmählich an das Fliegen gewöhnte, ergriffen auch Handel und Verkehr von dieser erprobten, wenn auch nicht immer zuverlässigen Erfindung Besitz. Unfälle waren nicht häufig, aber verhängnisvoll; doch wenn Flugzeuge im Krieg nützlich sein konnten, dann gab es sicher auch im Frieden einen Platz für sie. Wie es die *Ralph C. Diggins School of Aeronautics* in ihrer Broschüre lauthals verkündete:

> Die kommerzielle Luftfahrt ist erst drei Jahre alt, und sie wächst verblüffend schnell. Die Luftfahrt wird sich rascher entwickeln als die Automobilindustrie. Die Phase des Experimentierens ist vorbei... Täglich heben von Flugplätzen in vielen Teilen der Welt Flugzeuge ab, beladen mit Passagieren, Fracht und Post.
>
> DENK NACH! ENTSCHEIDE DICH!! HANDLE!!!

Lindbergh handelte, aber er entschied sich gegen die *Diggins School* in Chicago und für die *Nebraska Aircraft Corporation*. Zusätzlich zur Ausbildung in sämtlichen Bereichen vom Flugzeugbau über Wartung bis zum Fliegen boten sie auch »jede von unserer Seite mögliche Hilfe bei der Stellensuche« an. »In der letzten Woche«, schrieben sie Lindbergh in diesem Winter, »bekamen auf unsere Empfehlung hin drei Männer eine Arbeit für 500 Dollar pro Monat.«

Evangeline Lindbergh hatte die wachsende Begeisterung ihres Sohnes für die Fliegerei verfolgen können, aber C. A. wußte nichts davon, bis Charles aus dem College geworfen wurde. »Mein Vater war sehr besorgt über meine Pläne«, erinnerte sich Lindbergh später. »Er fand das Fliegen gefährlich und versprach mir, es gäbe in seinem Geschäft immer eine Stelle für mich, wenn ich wollte; aber er sperrte sich nicht gegen meine Entscheidung.« Im Gegenteil, er bezahlte die Rechnung in dem Glauben, daß Charles nach der Flugschule in Lincoln auf die Universität von Nebraska gehen werde. Lindbergh brachte seine Anzahlung von 125 Dollar zur Post.

Er und seine Mutter trennten sich in Madison im März 1922. Sie wollte noch bis Ende des Schuljahres unterrichten und dann Fortbildungskurse an der Columbia University in New York belegen. Er kam am 1. April 1922, einem Samstag, in Lincoln an und nahm sich ein Zimmer im Hotel Savoy.

Am Montag begann sein neues Abenteuer, aber nicht so, wie er es sich vorgestellt hatte. Seit Lindbergh den Vertrag mit *Nebraska Aircraft* unterschrieben hatte, war die Gesellschaft in andere Hände übergegangen. Neuer Eigentümer war der energische Ray Page, bekannt als »Skipper«, der die Gesellschaft in *Lincoln Standard Aircraft* umbenannte, den Umbau alter Flugzeuge zu modernen Maschinen intensivierte und nebenbei noch »Page's Luftschau« ins Leben rief. In dieser Zeit des Wechsels war der Gedanke einer Flugschule auf der Strecke geblieben, und im April kreuzte nur ein einziger Schüler auf. Zum erstenmal erschien Lindbergh am ersten Unterrichtstag.

Er bezahlte das restliche Schulgeld und ging gleich an die Arbeit. Er beteiligte sich an sämtlichen Arbeitsgängen, bei denen die Flugzeuge aufgerüstet wurden, baute die Cockpits für zwei Personen um und ersetzte Motoren. »Bisher war meine Arbeit nicht besonders aufregend«, schrieb Charles seiner Mutter nach einer knappen Woche. »Aber *mich* interessiert sie.«

Als am Freitag ein modernes Flugzeug hinausgezogen wurde, eine »Lincoln Standard Tourabout«, war er kaum noch zu halten. Er stand den ganzen Vormittag auf der Startbahn.

Ich sah zu, wie die Monteure die Tragflächen anschraubten und Querruder, Höhenruder und Seitenruder »einhängten«; wie die Mechaniker durch einen Filter den Treibstoff einfüllten, den Bodensatz entfernten und den Motor einstellten; ich sah zu, wie der Ingenieur mit den Fingern überprüfte, ob die Steuerseile straff waren, und mit Kennerblick nachschaute, ob sich die Tragflächen nicht verzogen hatten.

Am nächsten Tag nahm Otto Timm, der Chefingenieur und Kunstflieger der Gesellschaft, Lindbergh in ebendiesem Flugzeug auf einen Flug mit. Er saß im vorderen Cockpit zusammen mit einem sechzehnjährigen Jungen aus Nebraska namens Harlan Gurney – für die Truppe in der Fabrik »Bud« das Mädchen für alles und Maskottchen. Es war auch Gurneys erster Flug. Als die Maschine flog und zum erstenmal in die Kurve ging, befiel Lindbergh ein Gefühl, als habe er »alle bewußte Verbindung mit der Vergangenheit« verloren, als lebe er »nur in diesem Augenblick in diesem seltsamen, unsterblichen Raum, ganz erfüllt von der Schönheit und durchdrungen von der Gefahr«. Nach 15 Minuten in der Luft war aus Lindbergh für alle Zeiten ein anderer Mensch geworden.

Im April machte er sich von Grund auf mit den Flugzeugen vertraut. Nachdem er den Fabrikarbeitern über die Schulter geschaut und praktische Konstruktionserfahrung gesammelt hatte, wurde er Ira O. Biffle zugeteilt, von dem es hieß, er sei »im Krieg der hartgesottenste Ausbilder der Army« gewesen. Lindbergh mit seinen Adleraugen, seinem systematischen Denken und hervorragenden Reaktionsvermögen entpuppte sich als der geborene Pilot. Anfangs schien es ihm unfaßlich, wie fein die Steuerung eingestellt war, und daß eine Verschiebung des Knüppels um einen Zentimeter das Flugzeug völlig aus dem Gleichgewicht bringen konnte. Nur einmal wurde es knapp, als eines Tages das Flugzeug noch am Boden stand und der alte Vergaser Feuer fing. Lindbergh stopfte instinktiv seine Mütze in den Lufteinlaß und löschte das Feuer. Ende Mai hatte er fast 80 Flugstunden absolviert, und Biff erklärte, er sei reif für den ersten Alleinflug.

Leider stand Ray Page gerade im Begriff, das Übungsflugzeug der Gesellschaft an Erold G. Bahl zu verkaufen, den besten Flieger von Lincoln und Umgebung. Zwar schätzte Page Lindbergh als durchaus fähig ein, aber er wollte kein Risiko eingehen und ihm das Flugzeug nur gegen eine Bürgschaft übergeben, für den Fall, daß es Schaden nahm. Lindbergh hatte jedoch für solch eine Bürgschaft kein Geld, und er fand auch, er hatte noch zu wenige Stunden in der Luft verbracht, als daß ihm der Platz des Piloten zustünde, auch wenn er allein fliegen konnte. Er brauchte mehr Erfahrung und dachte: »Vielleicht nimmt mich Bahl mit, wenn er durch die Provinz tingelt.«

»Durch die Provinz tingeln« war ein Begriff aus der Theatersprache – benutzt von Wanderschauspielern, die oft buchstäblich in Dörfern auftraten –, den die Fliegerei, damals noch eine Novität, übernommen hatte. Meist landete man aus heiterem Himmel in einer Stadt, veranstaltete einfache Ausstellungen und Besichtigungsflüge und brillierte, um Kunden anzulocken, bei der Ankunft mit todesmutigen Kunstflugstücken und beim Abflug noch einmal, damit die Zuschauer auch was für ihr Geld bekamen. Bahl wollte demnächst durch den Südosten von Nebraska tingeln. Lindbergh fragte, ob er als unbezahlter Assistent mitfliegen dürfe. Ja, bei der Gage durchaus.

In der ersten Zeit arbeitete Lindbergh als »Wing-Walker«, das heißt er stand auf einer Tragfläche, wenn das Flugzeug in die Stadt einflog. Zurück in Lincoln traf er im Juni auf Leutnant Charles Hardin und dessen Frau, die Fallschirme herstellten und Sprünge vorführten. Auch auf diesem Gebiet wollte Lindbergh unbedingt Erfahrungen sammeln. Später meinte er, es seien dieselben Impulse gewesen, die ihn zur Fliegerei getrieben hätten, »die Liebe zur Luft, zum Himmel und zum Fliegen, die Abenteuerlust, der Sinn für Schönheit«. Aber Lindbergh wollte keinen einfachen Erstsprung versuchen, sondern einen Doppelsprung, bei dem sich ein Schirm öffnete und abgeworfen wurde und einem zweiten Platz machte, der den Springer zu Boden gleiten ließ. Er sprang aus einer Höhe von 1800 Fuß ab und begriff nicht, warum sich der zweite Schirm so lange nicht öffnete; aber er erinnerte sich später, daß er keine Angst empfunden, nur in der Nacht darauf besonders tief geschlafen hatte. »Wenn ich zehn Jahre lang fliege und dann bei einem Unfall umkomme, so soll mir das ein normales Leben wert gewesen sein«, befand er.

Jetzt war er Fallschirmspringer. Lindbergh nahm das Angebot eines Piloten namens H. J. »Cupid« Lynch an, der zusammen mit einem Weizenfarmer aus Kansas namens »Banty« Rogers vor kurzem eine Lincoln Standard Aircraft gekauft hatte und einen Fallschirmspringer brauchte, der ihn auf eine Tour durch die Dörfer begleiten sollte. Inzwischen hatte Charles Ende Juni auch seiner Mutter geschrieben, er habe das College keineswegs vergessen, werde aber, wie auch immer seine Zukunft aussehen mochte, die eigentliche Ingenieursausbildung nicht wiederaufnehmen. Bestimmte Kurse würde er jedoch gern besuchen, Differentialrechnen, Physik, Aerodynamik und Konstruktionszeichnen.

Ray Page schuldete Lindbergh noch zwei Unterrichtsstunden, den Alleinflug und ausstehenden Lohn. Nach Verhandlungen mit ihm und Charlie Hardin kratzte Lindbergh all das zusammen, legte noch 25 Dollar drauf und zog mit einem nagelneuen Hardin Musselinfallschirm ab. Dann verstaute er sein Motorrad im Keller der Fabrik und stieg in einen Zug nach Kansas.

Praktisch am Ende der Bahnlinie, in Bird City, bei ein paar Bauernhäusern in der Nordwestecke von Kansas, holten im Juli Cupid Lynch und Banty Rogers den langen Lindbergh vom Zug ab. Am Tag darauf – es war die erste Station ihrer Sommertournee, und sie suchten die Aufmerksamkeit der Menge zu gewinnen – ging der neue Fallschirm mit Lindbergh »auf Jungfernsprung«. Er und Lynch nahmen auch Rogers glatthaarigen Foxterrier Booster mit.

»Das ist wirklich ein herrliches Leben«, schrieb Charles an seine Mutter, die in diesem Sommer in New York studierte. »Mit einem Flugzeug werden die Staaten ganz klein.« In den nächsten zwei Monaten flogen Booster und die Kunstflieger über den weiten Himmel hin zu den kleinen

Städten von Kansas, Nebraska, Colorado und Wyoming, und Lindbergh spielte den Wing-Walker, Fallschirmspringer und Mechaniker.

Durch die Rocky Mountains flogen sie in einer Höhe von 10 000 Fuß über dem Meeresspiegel. Nicht minder aufregend war die Strecke von Colorado Springs nach Burlington, wo sie in der letzten halben Stunde mit 80 Meilen Geschwindigkeit nur zwei Fuß über dem Boden flogen, vor Zäunen und Gebäuden jäh hochzogen und in einem steilen Winkel von 45 Grad mehrere hundert Fuß aufstiegen. »Das macht mir riesigen Spaß«, schrieb Charles. Als sie Ende des Sommers in Montana ankamen, war er noch immer himmelhoch begeistert. In Billings *Gazette Sun* warb er für sich als »Lindbergh, der tollkühne Teufel der Lüfte«. Sogar Booster mußte herhalten; bei Flügen vor Publikum lag er angeschirrt auf einer Gummimatte vor dem Cockpit und ließ die Pfoten über die Motorhaube baumeln. Zum erstenmal in seinem Leben genoß es der scheue Farmerssohn, unter Menschen zu sein.

»Das ist ein freundliches Plätzchen, unter den Fittichen eines Flugzeugs«, erinnerte sich Lindbergh später sentimental, »und gut fürs Geschäft ist es auch.«

> Die Leute kommen gern und setzen sich zu einem. Sie stellen einem Fragen übers Fliegen und erzählen von ihren Farmen. Es dauert nicht lang, da frotzelt einer den andern und fordert ihn zu einem Rundflug über der Stadt heraus. Wenn man ein bißchen nachhilft, machen sie die beste Reklame, die man sich wünschen kann.

Das Fliegen führte zu vielen zufälligen Bekanntschaften, und es schuf ein Gefühl der Brüderlichkeit, das ihm guttat. Er stellte fest, daß er durch die Fliegerei nicht nur andere Piloten und Mechaniker kennenlernte, sondern »alle erdenklichen Menschentypen, vom Bankpräsidenten bis zum Landstreicher, vom Sheriff bis zum Banditen, vom Professor bis zum Narren, vom Landprediger bis zur Prostituierten aus der Stadt.« Er schrieb sogar: »Wenn ich damals, als ich fliegen lernte, im Schatten einer Tragfläche darauf wartete, daß sich der Wind von Nebraska legte – das waren mit die schönsten Stunden meines Lebens.«

Den Tod seines Großvaters Land im August nahm Charles kaum wahr. Der fortschrittliche Zahnarzt hatte bis zuletzt gearbeitet, als sein Herz im Alter von 75 versagte. Sein Leben lang war Charles ihm dafür dankbar, daß er ihm seine Leidenschaft für die Naturwissenschaften vererbt hatte, die ihn letztlich zum Fliegen gebracht hatte und zu »all den Wundern wie der Wölbung einer Tragfläche, dem Winkel zwischen Strebe und Draht, dem Elektrodenabstand bei der Zündkerze oder der Farbe der Auspuffflamme«.

Evangeline kehrte nach Detroit zurück, wo sie eine Stelle als Chemielehrerin an der *Cass Technical High-School* erhielt. Ende des Sommers konnte sie sich nicht verkneifen, Charles zu mahnen: »Du schreibst kein Wort über das College!« Sie wolle nicht, daß ihm berufliche Möglichkeiten verschlossen blieben, nur weil er kein Examen habe, schrieb sie, aber sie sei bereit, jede von ihm getroffene Entscheidung zu unterstützen. In seinem Antwortbrief verbreitete sich Charles über die Aussichten, ein eigenes Flugzeug zu kaufen. »Du weißt, was Du willst«, erwiderte Evangeline, »aber ist ein Flugzeug eine kluge Investition, hat der Beruf eines Piloten Zukunft?«

Über diese Frage dachte Lindbergh nach, als im Oktober die Wanderfliegersaison zu Ende ging und er in Lewistown, Montana, hockte. In Huntley kaufte er sich eine Fahrkarte, schlief die Nacht über auf dem Bahnhof und wartete auf den nächsten Zug nach Lincoln. Auf diesem Bahnhof, das blieb ihm in Erinnerung, faßte er den Entschluß: »Im nächsten Frühjahr fliege ich mit meiner eigenen Maschine.«

Statt die Hilfe seiner Mutter anzunehmen, fühlte sich Charles zu seinem Vater hingezogen, und das mit gutem Grund. C. A. Lindbergh hatte schwere Zeiten durchgemacht. Sein Gesicht war traurig geworden, sein Blick müde und leicht wirr, aber noch immer hielt dieser Don Quijote der Politik Reden und schrieb Pamphlete, noch immer kämpfte er gegen die alten Windmühlen – Konzerne, Banken und Profitgeier, die sich an der Arbeit anderer Menschen mästeten.

Weil der alte Lindbergh noch immer »ein ungezähmter Eisbär« war, wie ihn der Farmer-Laborabgeordnete Knut Wefald einmal beschrieb, erkannten die Menschen in seiner unmittelbaren Umgebung nur schwer, daß sein Verhalten allmählich »abnorm« wurde. Und C. A. merkte selbst, daß sein Körper nicht mehr wie früher funktionierte – er ertrug keine Kälte mehr und verfiel zeitweise in Schwermut. Nachdem er bei Grundstücksspekulationen große Verluste erlitten hatte, versuchte er, in den Zwillingsstädten eine Rechtsanwaltskanzlei aus dem Boden zu stampfen. Und in den Straßen von Minneapolis tauchte er oft in schmutziger, zerfetzter Kleidung auf. Absonderlich waren auch seine weinerlichen Briefe an Charles.

»Warum sollen wir nicht öfter zusammensein«, schrieb C. A. »Das Leben ist bestenfalls nicht besonders schön, laß uns also möglichst gute Freunde sein. Du ziehst bald in die Welt hinaus und wirst merken, daß sie in mancher Hinsicht ganz anders ist, als Du sie Dir vorgestellt hast. Ich kann Dir vielleicht mit Ratschlägen helfen. Du hast Glück gehabt, hast all die Jahre Deine Mutter bei dir gehabt, aber in Zukunft wird sie nicht mehr so oft bei Dir sein.«

Und er auch nicht, schien C. A. zwischen den Zeilen anzudeuten. Mit 63 kämpfte er mit dem Alter, er freute sich einerseits an Charles' Jugend, andererseits nahm er sie ihm ein bißchen übel. »Er ist in glänzender Verfassung«, schrieb C. A. seiner ihm fremdgewordenen Frau, »und zeigt für sein Alter soviel Verstand, wie man es nur selten sieht.« An seine Tochter Eva schrieb er jedoch: »Er versteht sich zu amüsieren. Wenn nichts dazwischenkommt, wird er sich eines Tages einen Namen machen. Er wird wahrscheinlich bei dem hängenbleiben, was er verdient, abgesehen davon, daß er in alle Welt hinauswill.«

Wenn Charles in diesem Winter seinen Vater besuchte, sprach er mit ihm fast nur über Flugzeuge. Ende Februar erkannte C. A., daß die Liebe seines Sohnes zur Luftfahrt nicht nur blinde Leidenschaft war; und als ihm verspätet Charles' einundzwanzigster Geburtstag einfiel, willigte er ein, sich als sein Geschäftspartner am Kauf eines Flugzeugs zu beteiligen. Er hatte gehört, in Souther Field, gleich bei Americus, Georgia, könne man günstig ausrangierte Militärmaschinen kaufen. Das war nicht weit von C. A.s Immobilien, und so bot ihm Charles im Gegenzug an, auf sein Grundstück bei Miami zu fahren und ein paar Wochen an seinem Haus zu arbeiten.

Nach dem Waffenstillstand hatte ein Farbiger aus Georgia namens John Wyche auf einer staatlichen Versteigerung 116 Flugzeuge für jeweils 16 Dollar, 525 Motoren für je 20 Dollar und 14 000 Propeller für 80 Cent pro Stück erworben. Die reparierten Flugzeuge verkaufte er für jeweils 1000 Dollar.

Die letzten Wachsoldaten waren eben abgezogen, als Lindbergh eintraf; sie hatten ein »Geisterlager« hinterlassen. Er stöberte in den leeren Gebäuden herum und richtete sich in einer Baracke häuslich ein. Am nächsten Tag erschienen Männer und arbeiteten an den Flugzeugen. Da es nicht gerade von Kunden wimmelte, konnte sich Lindbergh meist aussuchen, was er wollte, und er brachte John Wyche dazu, seinen Preis zu halbieren. Er wählte eine Curtiss JN4-D, eine Jenny, einen Zweisitzer-Doppeldecker mit offenem Tandemcockpit, im Krieg ein beliebtes Übungsflugzeug. Er bekam für sein Geld noch einen nagelneuen Curtiss OX-5-Motor, einen Reservetank mit 20 Gallonen und eine Generalüberholung mit Neulackierung in Olivbraun. Die Jenny konnte mit zehn Gallonen Benzin und einer Viertelgallone Öl eine Stunde fliegen und erreichte eine Spitzengeschwindigkeit von 70 Meilen pro Stunde. Während der zwei Wochen, in denen sein Flugzeug zusammenmontiert wurde, hauste Lindbergh allein auf dem Flugplatz und schlief manchmal im Hangar neben der Maschine.

Allmählich dämmerte ihm, daß er in einer Jenny erst wenige Minuten gesessen, daß er nur acht Flugstunden genommen hatte und noch nie allein geflogen war. »In Souther Field nahm jeder als selbstverständlich an, daß ich ein erfahrener Pilot war, wenn ich allein daherkam, um ein Flugzeug zu kaufen«, schrieb Lindbergh später. »Sie fragten nicht nach meinen Papieren, denn 1923 brauchte man keinen Flugschein, um fliegen zu dürfen.«

Als nun der Tag kam, an dem der Mechaniker verkündete, Lindberghs Maschine sei fertig, blieb ihm nichts anderes übrig, als sie vor aller Augen auszuprobieren. Er rollte die Jenny an das äußerste Ende des Flugplatzes, gab Gas und hob ab. Vier Fuß über dem Boden begann sich die rechte Tragfläche zu senken. Er merkte, daß er die Maschine nicht mehr unter Kontrolle hatte und beschloß, besser gleich zu landen als aus größerer Höhe. Auf einem Rad und mit schleifendem Tragflächenende brachte er die Maschine herunter. Da tauchte aus dem Nichts in Breeches und Stiefeln, der üblichen Kluft eines Piloten, ein junger Flieger namens Henderson auf. Er übersah Lindberghs offensichtliche Verlegenheit und bot ihm an, mit ihm zusammen zu fliegen, solange sein eigenes Flugzeug montiert wurde. Ein halbes Dutzend Starts und Landungen, und Lindbergh hatte den Dreh raus. Henderson schlug Lindbergh vor, zu warten, bis sich gegen Tagesende der Wind beruhigte, und erst dann wieder zu versuchen, allein zu fliegen.

Nachmittags gegen fünf Uhr näherte er sich wieder seiner Jenny und startete den Motor. Er war mit seinem Flugzeug vollkommen allein, nur ein alter Schwarzer schlenderte über den Flugplatz, ahnungslos, welch bedeutendem Moment er beiwohnte. Lindbergh rollte wieder hinaus und gab Gas. »Ganz gleich, wie viele Übungsstunden man gehabt hat«, äußerte Lindbergh später, »der erste Alleinflug ist anders als alle anderen Flüge. Man ist vollkommen auf sich gestellt, es gibt keine Hoffnung auf Hilfe, man trägt die ganze Verantwortung und ist schrecklich allein im Raum.« Er stieg an diesem Abend auf 4500 Fuß und überblickte, wie ihm schien, ganz Georgia. Er hatte das Gefühl, als hätte er endlos weiterfliegen können, wenn nicht die Sonne hinter dem Horizont verschwunden wäre. Als er landete, kam sein einziger Zeuge auf ihn zu und begrüßte ihn repsektvoll. »In seinem Lob und seiner Höflichkeit lag etwas, das mir Selbstvertrauen gab«, erinnerte sich Lindbergh mehr als 20 Jahre später, und eine Hochstimmung erfaßte ihn, die nur noch von der Tatsache übertroffen wurde, daß er sein Flugzeug gelandet hatte, »ohne daß es auseinanderfiel«.

Er blieb noch eine Woche in Souther Field zum Üben. Glenn Messer, ein anderer Flieger der Frühzeit, erinnerte sich, daß er Lindbergh in diesen Tagen beobachtet hatte. Er war beeindruckt – nicht von irgendwelchem fliegerischen Können oder auch nur ungewöhnlichen körperlichen Fähigkeiten, sondern von der Tatsache, »daß dieser dünne junge Bursche stundenlang nichts anderes tat, als das Flugzeug zu starten und zu landen, wieder und wieder; nichts konnte ihn davon abhalten. Starten und landen, Dutzende von Malen.«

Während Lindberghs Zeit in Georgia starb Minnesotas ältester Senator und hinterließ eine Lücke, die durch Sonderwahlen geschlossen werden mußte. C. A. beschloß, sich ein letztes Mal für ein Amt zu bewerben, und bat Charles, ihn auf dem Wahlkampf durch den Bundesstaat zu fliegen.

Charles verließ Souther Field am 17. Mai 1923 und half seinem Vater. Sie flogen mehrere Städte in Minnesota an und erlebten nur eine einzige schlechte Landung, bei der das Flugzeug beschädigt wurde, Pilot und Passagier jedoch unverletzt davonkamen.

In diesen gemeinsamen Wochen fiel C. A. auf, welchen Charme sein Sohn hatte, wie er mit seiner stillen Art die Menschen anzog. Es war nicht nur sein Aussehen, dachte C. A., nicht nur, daß »die Leute es anscheinend merkwürdig fanden, daß er so schlicht und bescheiden war und so freundlich… Er scheint das Zeug zu einem großen Mann zu haben, und in Zeiten wie den unseren brauchen wir die. Zwar hab' ich den Eindruck, als hätte sein Arbeitsgebiet keinen Bedarf an großen Männern – aber wer weiß«.

Lindbergh beschrieb in seiner Autobiographie zwar Ereignisse aus diesem Wahlkampf, verzeichnete aber nicht die Wahlergebnisse. C. A. wurde mit großem Abstand Dritter, er bekam weniger als 20 Prozent der Stimmen und siegte nur in den acht Zentralbezirken seines früheren Gebiets als Kongreßabgeordneter. Danach kehrte er zu seinen Immobiliengeschäften zurück, riß ein Loch auf, um ein anderes zu stopfen, und sein Sohn tingelte wieder durch Minnesota und den Norden von Iowa.

Die meiste Zeit war Charles allein. Ein paar Tage lang flog seine Mutter mit, und der vordere Platz im Cockpit gefiel ihr außerordentlich. »In manchen Wochen hatte ich kaum Unkosten«, erzählte Lindbergh, »und in anderen transportierte ich die ganze Woche hindurch Passagiere zu jeweils fünf Dollar. Im großen und ganzen machte ich nach Abzug der Kosten und der Geldentwertung einen schönen Gewinn.«

Dann fiel Lindbergh eines Morgens ein, daß er sich selbst vor Jahren ein Versprechen gegeben hatte. »Nie werde ich vergessen, wie ich zum erstenmal über die Farm in Minnesota flog, wo ich als Junge aufgewachsen war«, schrieb Lindbergh einem Bekannten mehr als 40 Jahre später, »diese neue, scheinbar göttliche Perspektive.«

Er landete in der Nähe der Blockhäuser im westlichen Abschnitt der Farm. Der Pächter, der alte Norweger, kam daher und begrüßte ihn, die Axt lässig über die Schulter gehängt. »Verdammt noch eins«, sagte er und besah sich die Flugmaschine, »der Mann, wo so was erfunden hat, das war vielleicht 'n Kerl!« Als Charles sich nach der Farm erkundigte, entgegnete Thompson: »alles Unkraut.« Aber das war das geringste Problem. Ein moderner Damm sollte gebaut, das Tal geflutet, die Bäume gekappt und die Stromschnellen zu einem See gezähmt werden. Charles überkam die Wehmut. »An diesem Tag wußte ich«, schrieb er drei Jahrzehnte später, »daß die Kindheit vorbei war. Meine Farm am Mississippi würde zur Erinnerung werden, von der ich einmal meinen Kindern erzählen konnte…«

Eines Abends, als Lindbergh im Süden von Minnesota tingelte, kam ein Auto mit ein paar jungen Männern angefahren. Einer von ihnen war Absolvent der Heeresflugschule. Sie unterhielten sich, und schließlich fragte er Lindbergh, warum er sich nicht als Offiziersanwärter bei der Luftwaffe melden würde. Lindbergh, der »tollkühne Teufel«, der mit seinem eigenen Flugzeug schon ordentlich Geld verdiente, ärgerte sich erst über diesen Vorschlag. Dann erinnerte er sich an eine Staffel von De Havillands mit 100-PS-Motoren, die eines Tages in Lincoln gelandet waren, und wie sehnlich er sich gewünscht hatte, eine von ihnen zu fliegen. Ihm war klar, daß Militärflugschüler Zugang zu den modernsten und stärksten Flugzeugen hatten, nicht nur zu den abgetakelten Maschinen aus dem Krieg. Und nicht zuletzt glaubte er, »daß jeder Mann im Fall eines Krieges in der Lage sein sollte, sein Land zu verteidigen«. Wenn es einmal Krieg geben sollte, wollte Lindbergh als Aufklärer fliegen. So schrieb er in dieser Nacht aus seinem Hotel an den Inspizienten der Luftwaffe in Washington. Das Kriegsministerium teilte ihm mit, er solle am 8. Januar 1924 in Chanute Field in Rantoul, Illinois, zur Musterung erscheinen. Falls er für tauglich erklärt werde, begänne am 15. März 1924 die Ausbildung in Brooks Field, San Antonio, Texas. Ihm blieben noch einige Monate, in denen er unter seinem eigenen Kommando fliegen konnte.

Er tingelte von Minnesota nach Wisconsin, immer vor der Kälte her. Auf dem Weg Richtung Illinois besuchte er das *St. Louis Air Meet* vom 4. bis 6. Oktober 1923. Das war eine Mischung aus Gewerbeschau, Tauschbörse, Bezirksausstellung und Militärparade und erwies sich als bisher größte Luftfahrtschau der Welt: Am letzten Tag besuchten 125 000 Menschen die Veranstaltungen, darunter den Pulitzer-Wettflug. Bud Gurney trat als Fallschirmspringer beim Punktlanden an, und Lindbergh flog ihn. Dort in Lambert Field bekam Lindbergh die neuesten Militärmaschinen zu sehen, von den Rennflugzeugen der Army und der Navy bis zu großen Bombern.

Mitten auf einer Tour durch den Süden mit einer Canuck, einer leicht umgebauten Jenny, erhielt er die Nachricht, er solle sich am 19. März in Brooks Field südlich von San Antonio melden. Am fünfzehnten kam er an. Erst eine Woche später erfuhr Evangeline Lindbergh, daß ihr Sohn sich zum Militärdienst gemeldet hätte. Inzwischen waren noch 103 andere junge Männer aus allen Ecken des Landes dazugekommen.

Sehr bald erfuhren die jungen Männer, daß die Prüfungskommission der Offiziere jeden zweiten bei der ersten Prüfung hinauswarf, und daß bei der Fortgeschrittenenausbildung in Kelly Field noch einmal die Hälfte durchfiel. Jedem Offiziersanwärter saß die Angst im Nacken, er könne auch nur eine einzige Prüfung vermasseln, denn zwei schlechte Noten, und man war automatisch rausgeflogen. In früheren Zeiten war Lindbergh zur Schule gegangen, weil man es von ihm verlangte; in Brooks hatte er zum erstenmal, wie er später schrieb, »ein klar umrissenes Ziel, das ich mit überwältigendem Eifer zu erreichen suchte«.

Er lernte so fleißig wie noch nie. Um 22.00 Uhr wurde der Zapfenstreich geblasen, aber Lindbergh setzte sich oft auf die Latrine und las unter den Lampen, die dort die ganze Nacht brannten. »Bei der Army lernte ich etwas völlig Neues«, schrieb Lindbergh, »nämlich, *wie* ich lernen mußte, auch Fächer, für die ich mich nicht interessierte. Zum erstenmal erfuhr ich, daß zwischen Schule und Leben ein geistiger und gefühlsmäßiger Zusammenhang besteht.«

Lindberg gefiel auch, wie straff und unmittelbar die Army unterrichtete. Er bekam die Grundbegriffe von Aerodynamik, Navigation und Meterologie vermittelt sowie die »Pflichten und das richtige Verhalten eines Offiziers, ein bißchen Militärrecht, Vorschriften, Organisation und Verwaltung«, wie man mit Maschinengewehren umging und welche Methoden der Bombardierung es gab. Und er bekam ständig gute Noten.

Im April fing die Klasse an zu fliegen, und jedem Lehrer waren sieben Kadetten zugeordnet. Lindbergh war froh, daß er dem Kommando von Oberfeldwebel Bill Winston unterstand, von dem es hieß, er halte mit fast 3500 Flugstunden den Rekord in der Army. Dieser Marke kam Lindbergh mit seinen fast 300 Stunden und 700 Vorführflügen näher als irgend jemand anderer auf dem Flugplatz. Die Army unterrichtete noch immer mit Jennies, allerdings waren die OX-5-Motoren mit 90 PS durch Hispano-Suizas mit 150 PS ersetzt worden und die Gashebel von links nach rechts gewandert. »Die Stuntfliegerei hatte aus mir einen geschickten Piloten gemacht«, bemerkte er Jahre später, »viel geschickter als meine Lehrer bei der Army, wenn es zum Beispiel darum ging, unbekannte Landeplätze auszusuchen und anzufliegen… Die Ausbildung beim Militär brachte mir Genauigkeit bei und vollkommene Beherrschung der Flugtechniken.«

Mitten in diese aufregendste Phase seines bisherigen Lebens platzte ein Telegramm aus Minnesota und riß Lindbergh aus seinem Arbeitseifer: »VATER IM KRANKENHAUS BÖSER ZUSAMMENBRUCH« drahtete Charles' Halbschwester Eva Lindbergh Christie, mit der er seit Jahren keinen Kontakt mehr gehabt hatte. In Wirklichkeit war es noch schlimmer. C. A. Lindbergh war wegen seiner Gripperückfälle ins Colonial Hospital von Rochester gegangen, wo die Brüder Charles und William Mayo eine Klinik eingerichtet hatten. Dort zeigte sich ein rapider Verfall von Kurzzeitgedächtnis und Konzentrationsfähigkeit. »Er ist sehr schwach & ganz dünn, wiederholt vieles & fragt hundertmal das gleiche«, berichtete Eva in einem nachfolgenden Brief an Charles. Sein Kopf schmerze, die Stimme verändere sich, die Hände zitterten, er ziehe einen Fuß nach und wirke vollkommen erschöpft. Weil er das logische Denkvermögen nicht verloren hatte, glaubte Eva an einen Schlaganfall. Aber dann verlor er den Geschmackssinn. Eva machte sich zusätzlich Sorgen, weil ihr Vater demnächst als Farmer-Laborkandidat für die Gouverneursvorwahlen im Juni der Öffentlichkeit präsentiert werden sollte.

Am 23. April, einem Mittwoch, kabelte Eva noch einmal an Charles:

»Komm nach Rochester Vater sehr krank.« Zwei Stunden später bestätigte dies ein Arzt in einem noch drängenderen Telegramm. Die Brüder Mayo übergaben den Fall Dr. A. W. Adson, den sie für den besten Gehirnspezialisten des Landes hielten. Nach zahllosen nichtoperativen Untersuchungen beschloß er, C. A.s Schädeldecke aufzubohren. Am Tag darauf bekam Charles Urlaub und stieg in einen Zug, der ihn bis Sonntagmorgen nach Rochester bringen sollte. »Vielleicht fliege ich raus... weil ich heimfahre«, schrieb Charles einem Freund, »aber dann kann ich auch nichts machen.«

Als Charles ankam, gab es schlechte Nachrichten. Dr. Adson hatte einen großen, inoperablen Gehirntumor entdeckt. Wieviel von C. A.s seltsamem Verhalten im vergangenen Jahr – einschließlich seiner sentimentalen Anwandlungen und dem jüngsten ahnungsvollen Brief mit Bestattungsanordnungen an seine beiden Kinder – dem Tumor anzulasten war, das wußten die Götter. Charles überdachte die Lage und erklärte, er werde aus der Army austreten, wenn er C. A. damit irgendwie helfen könne. In Minneapolis versuchte er die Kandidatur seines Vaters für die Gouverneurswahl zurückzuziehen, konnte aber nichts ausrichten, weil C. A. keine eidesstattliche Versicherung unterzeichnen konnte.

Gnädig informierte Eva ihre Stiefmutter, daß C. A. schwer krank sei, und Evangeline faßte das als ihr Stichwort auf und fuhr zu ihrem Sohn nach Rochester. Charles gestand Eva: »Mir wäre es lieber, sie würde nicht kommen!« Aber Evangeline war nicht zu halten. Dr. Adson erklärte ihr, daß C. A. unheilbar krank sei; wenn man den Tumor entfernen würde, nähme man ein Viertel des Gehirns mit, und dann wäre er rechtsseitig vollkommen gelähmt. Evangeline saß bei ihrem Mann, und obwohl C. A. kaum sprechen konnte, wühlte ihn die Begegnung auf. Eva kochte vor Wut. Evangeline dürfe nicht mehr mit C. A. zusammenkommen, ihr Besuch rege ihn auf, das merke man an seinen Tränen und dem darauffolgenden Frösteln.

Und so wurden die Wunden, die Eva und Evangeline einander zwei Jahrzehnte lang zugefügt hatten, erneut aufgerissen. »Es war eine entsetzliche Geschichte«, erinnerte sich Eva später, »und Charles meisterte sie mit Höflichkeit und Entschiedenheit.« Evangeline wiederum war »in gewisser Hinsicht sogar froh über die schlimme Zeit mit Eva, denn sie hat Charles ein wenig die Augen geöffnet«. Von da an wahrte Evangeline Abstand.

Charles hingegen war unmißverständlich ein willkommener Besucher. Obwohl der fünfundsechzigjährige hinfällige Mann kaum flüstern konnte, fragte er nach seinem Jungen, und Charles kniete sich neben ihn, als er zu sprechen versuchte. Doch C. A. hatte kaum einen halben Satz geäußert, da schweifte sein Geist schon wieder ab. Charles hielt seine Hand fest, und C. A.s »Blick hellte sich auf«, bemerkte Eva, »ein paar Minuten lang war er der alte.«

Am Montag, dem 5. Mai, war klar, daß man nichts weiter tun konnte, als C. A. das Sterben nach Möglichkeit zu erleichtern. Alle waren der Meinung, es habe keinen Sinn, wenn Charles all seine Arbeit bei der Army aufs Spiel setzte. Er kehrte nach San Antonio zurück, und C. A. wurde in ein Krankenhaus in Evas Nähe verlegt, wo er bald darauf ins Koma fiel. Am Nachmittag des 24. Mai 1924, einem Samstag, erhielt Charles in Brooks Field ein Telegramm von Eva: »VATER HEUTE MORGEN VERSTORBEN. GOTTESDIENST IN MINN GEMÄSS SEINEM WUNSCH.« Charles kabelte sofort seiner Mutter, was aber Eva schon getan hatte.

C. A.s Tochter plante einen Gottesdienst in der Ersten Unitarischen Kirche in Minneapolis am Dienstag nachmittag, danach wollte sie den Leichnam nach St. Paul zur Einäscherung überführen lassen. »Später«, schrieb sie Charles, »wenn Du kommen kannst, sollst Du Vaters Wunsch erfüllen und seine Asche ›in den Wind‹ streuen, so wie er es wollte, irgendwo in der Nähe des alten Gehöfts, das er so geliebt hat.« Eva versprach, Charles die Uhr seines Vaters zu schicken, sobald sie konnte. »Er wollte, daß Du sie bekommst«, schrieb sie, »und ich will es auch.« Auch die dazugehörige Kette werde sie ihm schicken, die sie dem Vater einst gekauft habe. Da drin stecke »das erste Geld, das ich wirklich verdient habe«, erklärte sie, »und ich freue mich, wenn Du sie bekommst.«

Evangeline überlegte, ob sie zu der Totenfeier kommen sollte. Nach einer schlaflosen Nacht stieg sie in einen Zug, der sie rechtzeitig zum Gottesdienst nach Minneapolis brachte. »Es ist dein Vater«, erklärte sie Charles, »und nur das zählt. Ich kann ihm nichts Gutes mehr tun, aber daß ich noch einmal da bin, macht vielleicht manches gut.« Sie brachte einen großen Strauß Gladiolen mit, legte ihn im Namen ihres Sohnes auf den Sarg und küßte C. A. auf die Stirn, auch das stellvertretend für Charles.

»Mein Junge, Du mußt daran denken, daß Dein Vater in dir weiterlebt«, versicherte Evangeline ihm, »und Du hast Dich richtig verhalten, in unser beider Augen. Du hast ihm mit Deiner Arbeit große Freude gemacht, ihm vielleicht die größte Befriedigung seines Lebens verschafft.« Am Ende des Tages war Evangeline froh, daß sie die Reise gemacht hatte und nicht Charles – denn »es war ein Tag, an dem Gefühle, alte Geschichten und Gewissensbisse aufgewühlt wurden, an denen wir doch nichts mehr ändern können«. Doch dann mußten C. A.s Nachrufe sie tief verletzt haben. In vielen wurde sie nicht als Hinterbliebene erwähnt; es hieß, C. A. habe nur Charles und Eva zurückgelassen, seine Frau – damit war Evas Mutter gemeint – sei vor Jahren gestorben.

C. A.s Finanzen waren nach seinem Tod genauso wirr wie im Leben. Er hinterließ kein Testament, nur ein Bündel Übertragungsurkunden – 23 Grundstücke, insgesamt 20 000 Dollar wert. Der Rest seines Vermögens, Aktien, Staatsanleihen, Banknoten und persönliche Habe, belief sich auf weitere 5000 Dollar. Aber Forderungen auf das Vermögen in Höhe von

45 000 Dollar, hauptsächlich Hypotheken, würden bei einer nachfolgenden Familienfehde wegen der Vermögensverwaltung bestenfalls zu einem Pyrrhussieg für den Gewinner führen. Dennoch beantragte Evangeline über Rechtsanwälte, als Vermögensverwalterin zugelassen zu werden, denn sie hatte das Gefühl, daß Eva »sich immer alles geschnappt hat, was sie erwischen konnte«, und daß ihre »Verbitterung einen Vergleich erschweren würde«.

Charles wollte nur zu seinen Büchern zurück, wollte pauken, um den Stoff nachzuholen, den er durch seine Abwesenheit versäumt hatte. Doch in der Woche nach C. A.s Tod bekam er von Evangeline fünf Briefe zum Thema Vermögen. Obwohl er für eine sehr schwere Prüfung lernen mußte, nahm er sich Zeit zu der Antwort, daß ihm zwar seine Mutter als Vermögensverwalterin am liebsten wäre, aber was auch entschieden werde, »wir können nicht alles so drehen, wie es uns paßt. [Eva] muß berücksichtigt werden, und alles muß *in jeder Hinsicht ehrlich* erledigt werden«. Evangeline gab ihm recht und gestand: »Bei allem Schrecken fürchte ich nichts so sehr, wie wenn Du Deine Kiefer aufeinanderpreßt und mit den Zähnen knirschst, wenn du beleidigt oder wütend bist. Ich kann Dir nicht weh tun.«

Das Nachlaßgericht bestellte die Wells-Dickey Trust Company aus Minneapolis zum Vermögensverwalter von Lindberghs Hinterlassenschaft. Die meisten Grundstücke gingen an die Hypothekare zurück, und die Farm in Little Falls wurde unter den Familienmitgliedern aufgeteilt – ein Drittel erhielt die Witwe Evangeline, der Rest wurde gedrittelt und ging an Charles, Eva und die Tochter der verstorbenen Lillian. Das Haus blieb leer, das Farmland wurde verpachtet. Nachdem Eva vor Gericht ihrer Wut auf die Stiefmutter Luft gemacht hatte, beschloß Charles, er wolle nichts mehr mit ihr zu tun haben, wenn er nicht unbedingt müßte, und er hielt sich jahrzehntelang von ihr fern.

C. A.s Vermächtnis an Charles enthielt auch eine Menge unterdrückte Wut und Trauer. Diese Gefühle zu verarbeiten, gelang Lindbergh wohl am ehesten Jahre später in einem mehrmals wiederkehrenden Traum, in dem er seinen Vater ganz deutlich sah, mit ihm sprach und sich fragte: »Warum waren wir so lange getrennt, wo wir uns doch so leicht hätten sehen können?«

Womöglich bewirkte der Tod seines Vaters, daß sich Charles zum Freimütigsten, Tapfersten und Unerschütterlichsten seiner Klasse entwickelte. Gleichzeitig zog er sich noch mehr zurück als in der Kindheit, wo er sich mit Hilfe der Einsamkeit am wirksamsten gegen ein Umfeld voll ehelichen Hasses abgeschottet hatte.

Er wurde zum Chamäleon und konnte sich jeder Umgebung anpassen, konnte Teil einer Gruppe sein und doch immer abwesend. In der Flugschule, wo fast jeder einen Spitznamen hatte, besaß Charles Lindbergh gleich ein ganzes Dutzend – darunter Slim, Charlie, Carl, »Alter Schwede«, sogar einen, von dem er später behauptete, die Presse habe ihn für ihre Schlagzeilen erfunden: Lindy. Aber mit niemandem freundete er sich richtig an. Er wurde zum allgemein verfügbaren Witzbold der ganzen »Bande«. Allerdings kannte er manchmal keine Grenzen und trieb so manchen Streich auf eine geschmacklose, wenn nicht grausame Spitze. Als eines Nachmittags einer seiner Bettnachbarn, der sich oft mit seinen Heldentaten im Bordell brüstete, nackt schlafend dalag, malte Lindbergh seinen erigierten Penis grün an. Dann band er um das stattliche Glied eine lange Schnur, an der draußen vor der Baracke jemand ziehen sollte. Die anderen Kadetten bummelten oft des Nachts durch die Stadt und tobten sich bei Frauen aus; Charles hingegen kuschelte sich nur an einen streunenden Hund, den er aufgelesen hatte, einen weißen Mischling, den er Booster nannte.

Das Militär färbte auch auf Lindberghs Denken ab. Beim Fliegen konnte Ungenauigkeit fatale Folgen haben; und nun wollte er die gleiche Verstandesklarheit, wie sie in der Luft gefordert wurde, auf seine Ausdrucksweise am Boden anwenden. Sein Satzbau wurde exakter; er benutzte ein Wörterbuch und verbesserte seine Rechtschreibung und Grammatik; sogar seine unausgegorene Handschrift wurde leserlicher. Während seine Klassenkameraden ständig schwächer wurden, hatte Lindbergh am Ende des Schuljahrs einen Notendurchschnitt von 93,36 Punkten, den zweitbesten in der Klasse.

Zu Beginn des neuen Semesters wurden Charles und die 32 anderen Überlebenden des »Benzine Board« nach Kelly Field, zehn Meilen weiter weg, zur »Fortgeschrittenenausbildung« versetzt. Das Leben in Kelly war in fast jeder Hinsicht eine Verbesserung gegenüber Brooks. »Hier gibt's bessere Fressalien, Behandlung und Arbeit«, schrieb er seiner Mutter am 17. September 1924. Der theoretische Unterricht wurde anspruchsvoller, ebenso die Flugzeuge und die Übungen; wer jetzt noch dabei war, lernte schießen, fotografieren, bomben.

Auch die Gefahren in Kelly wuchsen. »Hier schmeißen sie einen noch schneller raus als in Brooks«, berichtete Charles Evangeline und fragte sich oft, »wie viele wohl in sechs Monaten noch übrig sind.« In Kelly, bemerkte Lindbergh später, »standen wir dauernd unter Beobachtung. Es gab nur eine Möglichkeit, sich zu erholen: Wenn man bei bedecktem Himmel über den Wolken flog.«

In Ellington Field, zwischen Houston und Galveston, lernten die Offiziersanwärter zwei Wochen lang mit Maschinengewehren umzugehen. Auf dem Rückweg nach Kelly übten die Männer Verfolgung, Angriff, Beobachtung und Bombardement. In den letzten Monaten des zweiten Ausbildungshalbjahres spezialisierte sich jeder Kadett auf ein besonderes Gebiet. Lindbergh wurde der Verfolgung zugeteilt, was die größte Wendigkeit forderte. Er wurde in Nahkampf, Bodenbeschuß und leichtem Bombardement ausgebildet und flog häufig in Formationen von bis zu neun Flugzeugen.

Am 6. März 1925, acht Tage vor seiner Abschlußprüfung an der *Air Service Advanced Flying School*, nahm Lindbergh an solch einem Manöver in 5000 Fuß Höhe teil. Es waren drei Einheiten von jeweils drei SE-5-Maschinen, und Lindbergh flog am linken Flügel der Einheit an der Spitze. Ihr »Feind« war eine DH-4B unter ihnen. »Als wir auf die DH hinunterstießen«, schrieb Lindbergh in seinem offiziellen Bericht, »griff ich von links an und Lieutenant McAllister von rechts.« Die Flugzeuge kollidierten und verhakten sich ineinander. Da es aussichtslos schien, sie zu trennen, kletterte Lindbergh rechts aus seinem inzwischen senkrecht stehenden Cockpit und sprang nach hinten ab, so weit von der Maschine weg wie möglich.

Erst drei Wochen zuvor waren zwei Kadetten aus Brooks Field abgestürzt und verbrannt, und acht Monate zuvor waren zwei Flugzeuge hoch oben über Kelly Field zusammengestoßen, und dabei war der eine Pilot ums Leben gekommen. Lindbergh hatte das Glück, daß sein Fallschirm einwandfrei funktionierte. Im Fallen sah er McAllister sicher herniedersinken und die beiden Maschinen 100 Meter entfernt Richtung Erde trudeln, aufschlagen und in Flammen aufgehen. Eine Stunde später war Lindbergh schon wieder in der Luft.

Berichte von diesem Unfall füllten die Zeitungen von Küste zu Küste. Als ein Mann in Detroit vor Evangeline Lindbergh eine Bemerkung über ihren fliegenden Jungen machte, anwortete sie: »Das war bestimmt nicht das letzte Mal, daß ihm bei diesem Spiel etwas Aufregendes passiert. Ich habe mehr Zutrauen zu ihm als je zuvor. Und *Sie* könnten schon heute auf dem Heimweg von einem Auto überfahren werden.«

Am 14. März 1925 beendeten 19 Flugkadetten – von ursprünglich 104 – erfolgreich die *Advanced Flying School* in Kelly Field und wurden zu Leutnants im Reservecorps der Luftwaffe ernannt. Lindbergh war Klassenbester. An diesem Abend feierten die frischgebackenen Leutnants mit einem Dinner in San Antonio Abschied. »Die Bande« beschloß, vermittels eines Rundbriefs – zu dem Lindbergh jahrelang beitragen sollte – in Kontakt zu bleiben. Doch abgesehen von seltenen, zufälligen Begegnungen während seines Reiselebens sah er von seinen Kameraden bei der Army kaum einen jemals wieder. Lindbergh führte bereits ein zerrissenes Dasein, er reiste immer mit leichtem Gepäck und nahm aus einer Epoche seines Lebens nur wenige Menschen in die nächste mit.

Während des vergangenen Jahres hatte Lindbergh einfach angenommen, er werde nach der Abschlußprüfung in Kelly in den aktiven Dienst eintreten, aber gerade zu diesem Zeitpunkt brauchten nur wenige Staffeln neue Piloten. In Georgia hatte man ihm einen Jahresvertrag als

Baumwollbestäuber für 2400 Dollar angeboten, aber die Bezahlung schien ihm zu niedrig. Er fuhr nach Love Field in Dallas, um dort mit dem Sold des letzten Jahres, den er gehamstert hatte, eine Jenny zu kaufen, aber 1000 Dollar waren ihm zu teuer.

Während er die fliegerische Erfahrung der letzten beiden Jahre überdachte und einzuschätzen versuchte, kehrte sein Geist immer wieder nach Missouri zurück, zu den Wettkämpfen, den beruflichen Möglichkeiten, der Kameradschaft in Lambert Field, auch wenn ihn das Wetter am Boden festgehalten hatte. In den wenigen Monaten dort hatte er genügend Kontakte geknüpft, um sich als »anerkanntes Mitglied der kleinen Pilotengruppe in der Stadt« zu fühlen. Einige hatten ihm versprochen, sie hätten immer Arbeit für ihn; Bud Gurney, der junge Mann, den er als seinen besten Freund betrachtete, war nach Missouri unterwegs, und die Stuntfliegerei dort war immer gut gelaufen.

»St. Louis ist eine Stadt der Winde, und der Luftraum über Lambert Field ist ungewöhnlich stürmisch«, schrieb Lindbergh später. Trotzdem, befand er in dieser dritten Märzwoche 1925 – ihm waren diese Winde immer wohlgesinnt gewesen.

In Dallas nahm er den nächsten Zug nach Norden.

5

INSPIRATION

»Ich habe die gottähnliche Macht gespürt,
die der Mensch durch seine Maschinen gewinnt …
durch den unsterblichen Blick aus der Luft.«

C. A. L.

E nde März 1925 überquerte der Zug mit Leutnant Lindbergh die Grenze
nach Missouri. Umgeben von acht Bundesstaaten, deren Grenzen von
den Großen Seen bis fast zum Golf von Mexiko und vom Alleghenygebirge
bis zu den Rocky Mountains reichten, verbanden sich in Missouri die
Eigenschaften des ganzen Landes. Es war dem Neuankömmling nicht
unähnlich: eine Mischung aus nördlichem Fleiß und südlicher Verbindlichkeit, östlicher Diplomatie und westlicher Bodenständigkeit. Und in
gewisser Weise glich auch die Hauptstadt am Westufer des Mississippi
Lindbergh.

St. Louis war nach Ludwig IX. von Frankreich benannt worden, einem
König, der so verehrt wurde, daß er bereits 27 Jahre nach seinem Tod heiliggesprochen wurde. Louis war ein Kreuzfahrer gewesen – ein Leuchtfeuer im finsteren Mittelalter, ein für sein Selbstvertrauen berühmter
frommer Reisender. Er hielt an seinem Glauben und seiner Vision fest und
nahm große körperliche Beschwerden in Kauf, um sein heiliges Ziel zu erreichen. Sein Geist ergriff Besitz von der Stadt am mittleren Mississippi,
die seinen Namen trägt und zum Ausgangspunkt für besonders ehrgeizige
Abenteurer wurde. Seit Jefferson 1804 Lewis und Clark in St. Louis losgeschickt hatte, um das Gebiet von Louisana zu vermessen, wurde die Stadt
mehr als nur ein Tor zum Westen. Sie wurde zum Symbol für den Aufbruch in die Zukunft.

1904 war St. Louis der erste amerikanische Gastgeber der Olympischen
Spiele, und auf der Weltausstellung im selben Jahr verzauberte es Zehntausende von Besuchern mit Myriaden von elektrischen Glühlämpchen.
Es folgte eine Zeit ruhiger Zufriedenheit. Erst in den zwanziger Jahren
erwachte St. Louis wieder zum Leben. Die Stadt wurde mit Hilfe von öffentlichen Anleihen in Höhe von 87 Millionen Dollar modernisiert, das

Geschäft blühte, und Major Albert Bond Lambert, der im Weltkrieg eine Schule für Ballonflieger geleitet hatte, kaufte ein ehemaliges Maisfeld und stellte es für jegliche Art von Luftfahrt kostenlos zur Verfügung. Das 170 Acres große lehmige, grasbewachsene Feld hatte keine Start- und Landebahnen, nur einen dreieckigen Landeplatz in der Mitte. Im Winter forderten die Kälte, der Wind und die gefrorenen Bodenfurchen auch von den besten Piloten das Äußerste. Seit den Flugzeugrennen 1923 war dieser Flugplatz zum naheliegenden Knotenpunkt für den Luftverkehr des ganzen Landes geworden. Lambert wollte ihn auf eigene Kosten betreiben, bis die Stadt St. Louis ihn übernehmen konnte.

Lindbergh zog in eine Pension in der Nähe von Lambert Field in Anglum, einer ländlichen Gegend zehn Meilen nordwestlich von der Innenstadt. Kaum hatte er ausgepackt, als ihm Frank und William Robertson, ehemalige Piloten der Luftwaffe, die eine eigene Fluggesellschaft gegründet hatten, den besten Fliegerposten der Stadt anboten: Chefpilot bei der Luftpost. Aber die Sache hatte einen Haken. Der Postminister durfte erst seit kurzem Luftpostverträge mit Privatfirmen abschließen, und der Antrag der *Robertson Aircraft Corporation* auf der Route St. Louis–Chicago war noch nicht genehmigt. Lindbergh schrieb seiner Mutter, er wolle zwar lieber Luftpost fliegen als Berufssoldat werden, aber er habe keine Ahnung, wie lange es dauerte, bis die Regierung ihre Routen vergab.

So ging Lindbergh erst einmal als Berufssoldat nach Lambert Field und sorgte selbst dafür, daß er Chancen bekam. Er gab Unterricht und beförderte Passagiere auf kleinen Strecken. »Es machte mir keine Mühe, ›Mietflugzeuge‹ zu finden«, schrieb er später. »Jeden Tag ergaben sich neue Möglichkeiten.« In einer OX-5 Standard tingelte er ein paar Wochen durch Illinois, Missouri und Iowa. Gleichgültig wie albern die Arbeit war, er nahm sie ernst. Einmal wollte ein Mann über seine Heimatstadt fliegen – in Lindberghs Aufzeichnungen wird der Ortsname diskret verschwiegen – und auf sie hinunterpinkeln … ein Wunsch, den ihm Lindbergh erfüllte.

Am 2. Juni testete er ein neues Passagierflugzeug für vier Personen, eine OXX-6 Plywood Special. Die Maschine reagierte eigenartig auf die Steuerung, aber er vollbrachte zwei volle Linksdrehungen, indem er den Steuerknüppel völlig zurückzog und das Seitenruder ganz nach links drückte. Als er jedoch die Richtung ändern wollte, gehorchte die Maschine nicht. Sie trudelte weiter und fiel 1500 Fuß durch. Als er nur noch 400 Fuß von einem Aufprall entfernt war, rollte sich Lindbergh rechts aus dem Cockpit und zog die Reißleine. Er fiel schneller als das führerlose Flugzeug so daß er Gefahr lief, es einzuholen, ja, er kam tatsächlich bis auf 25 Fuß an die Maschine heran. Noch gefährlicher war der starke Wind, der ihn auf eine Hochspannungsleitung zutrieb. Er mußte seinen Absprung beschleunigen, raffte also den Fallschirm, und so kam es, daß er unsanft in einem Kartoffelacker landete und sich die Schulter verrenkte. Lindbergh war der erste Mensch, dem schon zum zweiten Mal ein Fallschirm das Leben gerettet hatte, und er wurde zum Ehrenmitglied einer inoffiziellen Bruderschaft der *Irvin Parachute Company*, genannt *Caterpillar Club*.

Der Tag war noch nicht zu Ende, da saß er schon wieder in einem anderen Flugzeug, und Ende Juni testete er eine DH-4, die für die Luftpostroute vorgesehen war. Für seine vielen Schauflüge suchte er sich den gutaussehenden Piloten Orville E. Scott aus, den Betriebsleiter von Lambert Field. Lindbergh, jetzt als »fliegender Clown« angekündigt, hatte sich den Presseberichten zufolge »den Ruf erworben, einer der besten Stuntflieger des Landes zu sein. Er schreckt vor nichts zurück, was irgendwie am Himmel durchführbar ist.« Im Juli veranstaltete er eine Lufthochzeit und beförderte einen Friedensrichter in die Wolken, neben das Flugzeug mit Braut und Bräutigam.

Zwischen all diesem wunderbaren Unsinn vereinbarte Lindbergh einen Termin vor einer Prüfungskommission von Offizieren, ein erster Schritt auf dem Weg zum regulären Offizierspatent. Während der mündlichen Vorprüfung merkte er, daß er nicht ausreichend vorbereitet war, und mitten im Examen fragte er, ob er es nicht auf einen späteren Zeitpunkt verschieben dürfe. »Die Kommission fand zwar, ich könnte die Prüfung auch zu diesem Zeitpunkt bestehen«, erinnerte sich Lindbergh später, »aber sie entsprachen meiner Bitte.« Ob es nun sein wachsendes Interesse an der zivilen Luftfahrt war oder die schwierigen Fächer, die er in den Grundzügen beherrschen mußte – darunter Infinitesimalrechnung, eine Fremdsprache, englische Literatur und Chemie –, Lindbergh meldete sich nie wieder. Nachdem er in Richard Field, Missouri, zwei Wochen Reserveoffiziere ausgebildet hatte, und zwar Piloten für die Jennies, bekam er ein Angebot von J. Wray Vaughan, dem Präsidenten des *Mil-Hi Airways and Flying Circus* in Denver, für 400 Dollar im Monat.

»Ich wollte schon immer in den Bergen fliegen«, schrieb Lindbergh später, »und Denver lag einen Steinwurf weit von den Rockies. Das gab mir Gelegenheit, die Luftströme in den Canyons, an den Abhängen und über den Bergkämmen zu erforschen. Ich konnte die Auswirkungen von Turbulenzen studieren, über die man damals sowenig wußte und soviel spekulierte.« Obwohl er noch immer auf die Stelle bei der Luftpost wartete, nahm er an. Als er auf Humphrey's Field vor der Stadt ankam, stellte er fest, daß der *Mil-Hi Airways and Flying Circus* nur aus Mr. Vaughan und einer alten Hisso-Standard mit einem langen grünen Drachen auf beiden Seiten des Rumpfes bestand. Bei näherem Hinsehen fiel Lindbergh ein, daß die gleichen grünen Drachen auch das Flugzeug geziert hatten, mit dem er und H. J. Lynch über die Weizenfelder von Kansas geflogen waren.

Lindbergh spielte in diesem Spätsommer in Ostcolorado Himmel und Hölle. »Wir sind spezialisiert auf: Jahrmarkts- und Volksfestvorstellungen, Umsteigen in der Luft, Tragflächenspaziergang, Fallschirmspringen, nächtliches Feuerwerk, Himmelsbeschriftung und Schwerhörigkeitsbehandlung durch Sturzflüge«, stand auf Leutnant Lindberghs neuer Visitenkarte.

Im Oktober 1925, als die Aufregungen der Stuntfliegerei eben zur Routine zu werden drohten, vergab die Regierung die Luftpostrouten. *Colonial Air Lines* erhielt die erste, die CAM-1 zwischen New York und Boston. Und *Robertson Aircraft Corporation* bekam die CAM-2, die Linie Chicago–St. Louis. Wie versprochen, fragten die Robertsons Lindbergh, ob er als ihr Chefpilot arbeiten wolle. Der Luftpostdienst begann erst im Frühling, aber er erhielt schon jetzt 200 Dollar im Monat dafür, daß er die Route vermaß und entlang der Strecke Lande- und Notlandeplätze einrichtete.

Trotz der Freude über die neue Arbeit sah Lindbergh auch schon deren Schattenseiten. Wetterstürze bedeuteten zwar eine Herausforderung, aber dennoch hieß es, Tag für Tag dieselbe Route zu fliegen. Noch bevor er den Weg kartographisch erfaßt hatte, schrieb er seiner Mutter, er freue sich auf den Sommer, wo »ich, um die Monotonie zu unterbrechen, bestimmt ein paar Wochen Urlaub nehmen... und wieder fliegen kann, wohin mich der Wind bläst. Ich hoffe, daß ich nächstes Jahr nach Alaska komme.« Er hatte vor, am nächsten »On-to-Wettbewerb« teilzunehmen (das waren beliebte Langstreckenwettflüge), wohin, war ihm egal.

Lindberghs Unruhe war durchaus verständlich, er lebte ja in der entdeckungsfreudigsten Epoche seit 400 Jahren. 1924 umrundeten Captain Lowell H. Smith und fünf amerikanische Leutnants als erste den Erdball in Flugzeugen – 27 553 Meilen in 15$\frac{1}{2}$ Tagen; der italienische Graf de Pinedo flog von Rom über Australien nach Japan und zurück, 34 000 Meilen in sechs Monaten; und der Engländer Alan J. Cobham war in London gerade zu einer – wie sich erwies – viermonatigen erfolgreichen Reise nach Kapstadt aufgebrochen. Ende 1925 erfuhr Lindbergh, daß der US-Navy-Kommandant Richard Evelyn Byrd sich auf einen Flug über den Nordpol vorbereitete und noch zwei Piloten suchte. Lindbergh bewarb sich bei der *Detroit Aviation Society* um einen der beiden Plätze im Cockpit. Mit seinen 1100 Flugstunden in 30 verschiedenen Maschinen hielt er sich für hochqualifiziert, »außerdem«, schrieb er, »habe ich die meiste Zeit meines Lebens in Minnesota gelebt«. Aber das Flugpersonal war schon komplett.

So machte sich Lindbergh mit seinen neuen Pflichten vertraut. »Zum erstenmal, seit ich flog«, erinnerte er sich an diesen Herbst, »wohnte ich längere Zeit an einem Ort.« Da er außerhalb des Flugplatzes kaum mit jemandem verkehrte, ging er zur 110. Observation Squadron der 35. Division der Luftwaffe der *Missouri National Guard*. Innerhalb weniger Wochen wurde er zum Oberleutnant befördert. Die Schwadron, vorwiegend Piloten aus dem Krieg, die sich ins Zivilleben zurückgezogen hatten, war in Lambert Field stationiert. Sie trafen sich an zwei Abenden in der Woche zu Bodeneinweisung und Exerzieren in einer Ausbildungshalle in St. Louis und flogen sonntags ihre Jennies. Lindbergh lehrte die neuesten Flugtechniken und unterrichtete Navigation, Fallschirmspringen und Aerodynamik. »Wir veranstalteten Formationsflüge über St. Louis, machten akrobatische Übungen und Fotos von den Städten in der näheren Umgebung«, erinnerte sich Lindbergh. »Mit Militärflugzeugen und -fallschirmen konnte ich Manöver ausführen, die für unsere zivilen Flugzeuge zu gefährlich gewesen wären. Eines Nachmittags stieg ich mit meiner Jenny auf 14 000 Fuß und trudelte mit Gas in 50 Kreisen wieder runter.« Anfang Dezember verfaßte er handschriftlich seinen Letzten Willen und vermachte darin sein gesamtes Vermögen – damals ein paar 100 Dollars und die Liberty Standard, die er Wray Vaughan abgekauft hatte – seiner Mutter.

Unterdessen baute *Robertson Aircraft* einen neuen Hangar, um die fünf Flugzeuge für die Postroute, De-Havilland-Beobachtungsflugzeuge aus Altbeständen des Heeres, fertig herzurichten. Die Tragflächen dieser Doppeldecker waren aus silbrig bemaltem Stoff, der Rumpf aus braungestrichenem Sperrholz, auf dem in großen weißen Buschstaben »U. S. Air Mail« gedruckt stand. Mit ihren Zwölfzylinder-Liberty-Motoren brachten sie es auf 90 Meilen pro Stunde. Der Pilot saß im hinteren Teil des Cockpits, so daß er die Postsäcke vor sich im Auge hatte. In der Army nannte man diese Flugzeuge »Brennende Särge«, ein leider berechtigter Spitzname. Als Chefpilot bestand Lindbergh darauf, daß jeder Robertson-Pilot mit einem neuen seidenen Sitzfallschirm ausgestattet war und »keine Strafe zahlen mußte, wenn er ihn benützte«. Um ein Gefühl für seine DH-4 zu bekommen und keine Zeit zu verlieren, benutzte Lindbergh die Maschine in diesem Januar für neun Schüler als Ausbildungsflugzeug.

Obwohl die meisten seiner Freunde heirateten oder sich zumindest mit Mädchen trafen, führte Slim ein eindeutig keusches Leben. Außer Dienst schien er sich am wohlsten zu fühlen, wenn er mit seinem Kameraden Love in alten Jennies einen Luftkampf simulierte. Den waghalsigen jungen Männern in Lambert boten sich viele Frauen an, und einmal erhielt Lindbergh ein Angebot von einem Zuhälter aus der Stadt, aber er reagierte nicht darauf.

Am 15. April 1926 eröffnete *Robertson Aircraft* seine Inlandspostroute mit einer feierlichen Einweihungszeremonie vor 200 Bürgern. Major Lamberts dreizehnjährige Tochter Myrtle streute Blumen auf Lindberghs Flugzeug und sagte: »Ich taufe dich auf den Namen ›St. Louis‹. Mögen dir die Flügel nie gestutzt werden.«

Um 15.50 Uhr saß Lindbergh in seinem Flugzeug, Love in einem anderen, und sie ließen die Liberty-Motoren aufheulen. Um 15.55 Uhr kam ein nagelneuer Postlaster auf den Flugplatz gefahren, und in Loves Maschine wurden drei Säcke mit 5600 Briefen geladen. Genau um 16.00 Uhr hob Lindbergh ab nach Nordwesten, um 15 000 Briefe nach Springfield zu transportieren.

In St. Louis warb die Post mit dem Kopf Lindberghs auf Plakaten. Er besuchte Empfänge der Handelskamer, wo er schilderte, wie selbst das kleinste Geschäft aus der Luftpost Nutzen ziehen könne. »Unser Transport«, erklärte Lindbergh, »… funktioniert nach einem Plan, der im Vergleich zur Bahn nach New York einen Geschäftstag einspart.« Eine Antwort könne in New York am Abend aufgegeben und in St. Louis am nächsten Tag ausgeliefert werden. Im Bankgeschäft zum Beispiel verschaffe einem dies unmittelbare Vorteile, weil es die Zeit der Scheckabfertigung verkürze.

Da sich aber bei Flugzeugen noch häufig Unfälle ereigneten, fragten viele, wozu man einen Tag einsparen solle, insbesondere, wo es 15 Cents mehr koste und die Post womöglich verlorengehe. Und so ließ trotz der vielversprechenden Anzeichen des ersten Tages die Anerkennung der Luftpost durch die Öffentlichkeit auf sich warten. *Robertson Aircraft* hatte für den Luftpostvertrag 2,53 Dollar pro Pfund angeboten, was bedeutete, daß sie täglich ungefähr 125 Pfund transportierten mußten, um die 2500 Stück, bevor sie überhaupt Gewinn machten.

Nach sechs Wochen beförderte die Gesellschaft erst etwa die Hälfte dieser Menge. »Wer diese Zeit nicht miterlebt hat, kann sich nur schwer vorstellen, mit welchen Problemen wir zu kämpfen hatten«, schrieb Lindbergh Jahre später an William H. Conkling, den ehemaligen Postmeister von Springfield. Die Banken von St. Louis allerdings unterstützen *Robertson Aircraft* über Monate hinweg und übernahmen Teile ihres Defizits. Sie wußten, daß sie in die Zukunft investierten.

Die Route CAM-2 war wegen der Wetterumschläge als gefährlichste Strecke im ganzen Land bekannt. Die Navigation war bestenfalls primitiv, die Piloten mußten sich auf die Erdsicht verlassen – sie folgten Bahngleisen und Flüssen oder nachts dem Schimmer einer Stadt tief unter ihnen. »In den Sommermonaten flogen wir überwiegend tagsüber«, schrieb Lindbergh, »aber wenn der Winter kam, mehrten sich die Nachtflugstunden, bis die Dunkelheit schließlich schon wenige Minuten nach Verlassen des Flughafens von St. Louis hereinbrach.« Die De Havillands hatten weder Landescheinwerfer noch Navigationslichter. »Unsere ganze Beleuchtung bestand aus einer Taschenlampe (Pilotenausrüstung) und einem Kompaßlicht an einem Knopf am Ende des Steuerknüppels.« Lindbergh erzählte später, er habe »mit dem Postfahrer in Springfield ausgemacht, daß dieser auf der windgeschützten Seite der Kuhweide, die als Landebahn diente, vorsichtshalber vier Kerosinlampen an die Zaunpfosten hängen sollte.« Es gab eine Regel, erinnerte sich Lindbergh: »Wir flogen so weit wir konnten, und wenn die Sicht zu schlecht wurde, landeten wir und schickten die Post per Bahn weiter.«

Am 16. September 1926 startete Lindbergh in Lambert Field und landete wie geplant in Springfield und in Peoria, von wo er um 17.55 Uhr wieder aufbrach. »Es herrschte leichter Bodennebel« schrieb Lindbergh später im offiziellen Flugbericht, »aber der Himmel war praktisch klar, nur vereinzelt ein paar Kumuluswolken.« 25 Meilen nordöstlich von Peoria wurde es Nacht, und ein niederer Nebel nahm ihm jede Erdsicht. Er kehrte um, versuchte eine Leuchtkugel abzuwerfen, damit er landen konnte, aber sie zündete nicht. Lindbergh blieb bis 19.15 Uhr auf seinem Kurs, als er Lichtflecken in der dunkklen, schweren Nebeldecke sah. Er glaubte darin den Widerschein der Städte rings um Maywood zu erkennen, erfuhr aber später, daß die Helfer unten auf dem Flugplatz Suchscheinwerfer himmelwärts gerichtet hatten. Aber Lindbergh konnte kein Ziel deutlich ausmachen. Um 20.20 Uhr starb der Motor ab, und er wich auf den Reservetank aus, der noch einmal für 20 Minuten Treibstoff bot. Als auch der leer war, flog Lindbergh ins offene Land hinaus und nahm die Flugzeugnase leicht nach oben. »In einer Höhe von 5000 Fuß«, schrieb er, »fing der Motor an zu stottern und starb ab. Ich kletterte auf die Motorhaube, ließ mich rechts hinausfallen und zog nach etwa 100 Fuß die Reißleine.« Die Post hatte er nicht mitgenommen, weil die leeren Tanks ja nicht mehr explodieren konnten. Sein Fallschirm funktionierte einwandfrei... aber plötzlich hörte er in der Ferne das Motorengeräusch des im Stich gelassenen Flugzeugs. Offenbar floß Resttreibstoff in den Vergaser, sobald sich die Nase der Maschine senkte. Allmählich entfernten sie sich voneinander, und Lindbergh fiel in den Nebel, 1000 Fuß ins Nichts. Er kreuzte die Beine, um nicht an einem Ast oder Draht hängenzubleiben, schützte das Gesicht mit den Händen und wartete.

Er landete in einem Maisfeld, zwischen übermannshohen Stengeln. Er sah genug, um den Schirm zusammenzufalten und an den Maisreihen entlang bis zu einer Wiese zu marschieren, von der Wagenspuren zu einem Hof führten. Dort fragten ihn ein paar Bauern, ob er auch einen Flugzeugabsturz gehört hätte. Sie fanden die Maschine in zwei Meilen Entfernung; sie war völlig zerknautscht, hatte aber keinen Schaden angerichtet. Daraufhin brachten sie die Postsäcke ins Postamt von Ottawa, Illinois, noch rechtzeitig für den 3.30-Uhr-Zug nach Chicago. Eine Bauersfamilie ließ Lindbergh für den Rest der Nacht bei sich schlafen. Als er sich später für ihre Gastfreundschaft bedankte, legte er zehn Dollar in den Brief.

Die Nachricht von Lindberghs rettenden Absprung verbreitete sich im ganzen Land und bescherte ihm eine Flut von Privatpost. Conkling, der Postmeister von Springfield, telegraphierte: »Wir sind alle hocherfreut, daß Sie in Sicherheit sind. Wir haben uns letzte Nacht große Sorgen gemacht.« Sogar Lindberghs früherer Stabsfeldwebel August W. Thiemann aus Kelly Field gratulierte ihm brieflich und wies darauf hin, er sei der einzige Mann in den Vereinigten Staaten, von dem man wisse, daß er sich dreimal durch einen Fallschirmabsprung gerettet habe.

Sechs Wochen später, am 3. November 1926, wurde er zum einzigen vierfachen Fallschirmabspringer im »Caterpillar Club«. Er war in Springfield Richtung Peoria gestartet, mit der Auskunft, das Wetter auf der Strecke sei zufriedenstellend. Doch nach wenigen Minuten wurde es dunkel, die Wolkenuntergrenze lag bei 400 Fuß, darüber kam Dunst, dann Regen, schließlich Schnee. Als er keinen Ausweg mehr sah, steuerte er sein Flugzeug wieder in die vermutlich am wenigsten besiedelte Gegend und sprang nach links ab. Er schwamm durch die Wolken und landete auf einem Stacheldrahtzaun, der zwar seinen Fall bremste, ihm aber nicht einmal dem Fliegeroverall zerriß. Am nächsten Morgen wurde das Flugzeug gefunden. Zwei halbvolle Postsäcke waren völlig unbeschädigt; die volle Tasche aus St. Louis war aufgerissen, und einige Briefe waren zwar ölgetränkt, konnten aber noch ausgeliefert werden. »Vielleicht haben Sie ja einen Instinkt, der die Rolle des Schutzengels übernimmt«, schrieb Thiemann, als sein Absprung wieder Schlagzeilen machte, »aber für mich sieht es aus, als würden Sie von Engeln beschützt.«

Neben den wachsenden Schwierigkeiten in der kommerziellen Luftfahrt gab es auch ganz einfache Freuden, nicht zuletzt die Atmosphäre der Kameradschaft. Ein anderer Flieger aus der frühen Zeit in St. Louis erinnerte sich genüßlich »an den süßen Duft des frisch gemähten Grases, der sich mit dem durchdringenden, stechenden Geruch von Lack, verbranntem Öl und Treibstoff mischte … an das Dröhnen des Liberty-Motors, wenn die CAM-2-Luftpost zu ihrem Flug nach Chicago startete …« Oft erfuhren die Piloten der *Roberston Aircraft* per Telegramm, daß die Post zwischen New York und Chicago irgendwo über den Appalachen hängengeblieben war, während Lindbergh und sein Team mehr als 98 Prozent ihrer Flüge plangemäß durchführten.

Wie Lindbergh vorhergesagt hatte, ließ seine Begeisterung für das Postbotendasein nach. Als er zum Captain der National Guard befördert wurde, hoffte er, daß ihm ein Posten bei der regulären Luftwaffe neue fliegerische Herausforderungen böte. Zwei Monate vor seinem fünfundzwanzigsten Geburtstag unterzog sich Lindbergh der Musterung für die Army. »Slim« war noch immer dünn, wog 72 Kilo und hatte einen Taillenumfang von 73 cm, aber sein Gehör war perfekt und die Sehkraft noch besser. Im psychischen Teil des medizinischen Untersuchungsberichts bemerkte Flugarzt Maurice L. Green unter der Rubrik »Wesensart«, daß Lindbergh »bestens geeignet« sei, »besonnen und entschlossen und doch reaktionsschnell, aufmerksam, sympathisch, intelligent.« Unter der Rubrik »Träume« notierte Dr. Green nur, daß Lindbergh ruhig und verschwommen träume.

Wenn der Arzt darunter auch die Tagträume verstand, lag er völlig daneben. Lindbergh hatte Hunderte von Stunden allein in den Wolken verbracht und gelernt, die Langeweile zu bekämpfen, indem er seinen Geist schweifen ließ, wie er es schon als Kind getan hatte. Er stelle sich eine Frage und drehte und wendete sie, bis ihm nichts mehr dazu einfiel. In einem solchen Moment im Herbst 1926 dachte er, während er in seiner wiederverwerteten De Havilland durchgeschüttelt wurde, an die neue Wright-Bellanca – nach allem, was er gelesen hatte, das leistungsfähigste Flugzeug aller Zeiten. Es flog mindestens 15 Meilen schneller als seine DH, verbrauchte nur halb soviel Treibstoff und schaffte die doppelte Nutzlast. »Welche Zukunft hat die Luftfahrt, wenn solche Flugzeuge gebaut werden können!« überlegte Lindbergh. »Aber wer merkt das schon?«

»Wenn ich die Bellanca hätte«, sagte sich Lindbergh, »dann würde ich den Geschäftsleuten von St. Louis zeigen, wozu die moderne Luftfahrt imstande ist…« Erst einmal würde er sie in acht oder neun Stunden nach New York fliegen. Dann überlegte er, wie weit die Bellanca wohl käme, wenn sie nur den Treibstoff zu transportieren hätte und er das Gas zurücknähme. »Ich könnte den Weltrekord im Langstreckenflug überbieten – und den Transkontinentalrekord«, dachte Lindbergh, und die Phantasie ging mit ihm durch, »ich könnte ein Dutzend neue Maßstäbe setzen für Reichweite, Geschwindigkeit und Gewicht.« Und vielleicht dachte er plötzlich – und erschrak schon vor dem Gedanken: »Ich könnte nonstop von New York nach Paris fliegen.«

Lindbergh war keineswegs der erste Mensch, der diesen verwegenen Gedanken hatte. Genaugenommen hatten schon über 70 Menschen den Atlantik auf dem Luftweg überquert – die meisten in Luftschiffen, die anderen hatten die Strecke in Etappen zurückgelegt, immer als Mitglieder einer mehrköpfigen Mannschaft. Zehn Jahre, nachdem Blériot als erster ein stattliches Preisgeld für den ersten Flug über den Ärmelkanal gewonnen hatte, bemühten sich zwei Engländer um einen anderen Preis desselben Stifters Lord Northcliffe, des Eigentümers der Londoner *Times* und der *Daily Mail*. Der Preis war ausgeschrieben für die Überquerung des Atlantiks von einem beliebigen Ort in den Vereinigten Staaten oder in Kanada zu einem beliebigen Ort in Großbritannien oder Irland in maximal 72 Stunden ohne Unterbrechung. Captain John Alcock und Leutnant Arthur W. Brown flogen in 16 Stunden fast 2000 Meilen von St. John's in Neufundland nach Clifden in Irland. Seither hatte sich die Technik ständig verbessert, und die Flieger auf beiden Seiten des Ozeans träumten von einem neuen Preis – einem, der auf Jahre hinaus die Fähigkeit des Menschen, Großes zu vollbringen, bestätigen würde.

Raymond Orteig, ein in Frankreich geborener Amerikaner, dem in Manhattan die Hotels *Lafayette* und *Brevoort* gehörten, hatte im Krieg so manchen bewundernswerten Piloten erlebt. Bewegt vom Geist der Zusammenarbeit zwischen den Vereinigten Staaten und Frankreich und voll Glück über den gewonnenen Krieg schrieb er an den Präsidenten des amerikanischen Aero-Club. »Als Anreiz für unsere mutigen Flieger«, verkündete er im Mai 1919, »möchte ich ... einen Preis von 25 000 Dollar für den ersten Piloten aus den verbündeten Ländern aussetzen, der den Atlantik in einem einzigen Flug von Paris nach New York oder von New York nach Paris überquert; alle anderen Bedingungen überlasse ich Ihnen.« Der Flug könne in einem Land- oder Wasserflugzeug zurückgelegt werden, aber es müsse »schwerer als Luft« sein. Das Angebot stehe für fünf Jahre.

1924 korrigierte er die Ausschreibung. Er stellte den Preis unter die Schirmherrschaft der *National Aeronautic Association*, strich die zeitliche Begrenzung und ließ Piloten aus allen Nationen zu. 1926 sprach man in Luftfahrtkreisen schon überall darüber, welche Leistungs- und Ausdauerprobleme solch ein Flug aufwerfen würde. Jahre später gab Lindbergh zu, daß der Raymond-Orteig-Preis ihn auf die Route New York–Paris aufmerksam gemacht habe. Er sagte, der Flug habe ihn wesentlich mehr interessiert als der Preis, fügte aber eilends hinzu, er wolle damit nicht sagen, daß ihn der Preis nicht gelockt habe.

Im September 1926 unternahm Frankreichs siegreichstes Fliegeras einen Anlauf. René Fonck kam nach Amerika und machte dort gemeinsame Sache mit einer Wettgemeinschaft, die auf den Preis erpicht war. Nach wochenlangen Debatten stand Foncks Crew endlich fest, ein Copilot, ein Navigationsingenieur und ein Funker. Die Maschine, eine S-35, war ein Anderthalbdecker – das heißt ein Doppeldecker, dessen unteres Tragflächenpaar kürzer war als das obere – mit drei Motoren. Entworfen und gebaut hatte sie ein geschickter russischer Emigrant namens Igor Sikorsky, der dabei war, eine eigene Flugzeugfabrik zu gründen. Sikorsky wollte das Flugzeug noch mehreren Tests unterziehen, was den Start bis zum Frühjahr verzögert hätte; aber alle am Flug Beteiligten redeten ihm aus, noch länger zu warten.

Am Morgen des 15. September gingen Fonck und seine Crew ans Ende der Startbahn von Roosevelt Field auf Long Island und kletterten in ihre S-35. Lindbergh las später in Zeitungsartikeln Einzelheiten über die Flugzeugausstattung: ein Bett, rote Lederpolster, Langwellen- und Kurzwellenfunkgeräte, Schwimmer für den Fall einer Notwasserung, ein warmes »Festmahl« für die Ankunft ... und in letzter Minute sollte noch eine Ladung Croissants mitgeschickt werden. Eine große Menschenmenge sah zu, wie die mächtige Maschine zu rollen begann, abzuheben versuchte und schließlich in einem Graben am Ende der Startbahn verschwand. Einen Augenblick herrschte Stille, dann zerriß eine Explosion die Luft. Fonck und ein zweiter konnten sich in Sicherheit bringen, die beiden anderen wurden getötet.

Auf den Postflügen stellte sich Lindbergh *seinen* Flug nach Paris vor.

»Wenn ich eine Bellanca bekäme«, rekonstruierte er später diesen Augenblick der Inspiration, »würde ich allein fliegen. Dann muß keine Crew ausgewählt werden, und es gibt keine Streitereien. Wenn die Kabine gepolstert ist, reiß ich die Polsterung für den Flug raus. Zu essen nehme ich nur mit, was ich brauche, ein paar Rationen konzentrierter Nahrung. Für den Notfall brauche ich ein Schlauchboot und ein bißchen mehr Wasser.« Aber erst mußte das Problem gelöst werden, wie er an sein neues Flugzeug kam, die Wright-Bellanca mit ihrem kleinen Rumpf und nur einem an der Oberseite des Rumpfes angebrachten Tragflächenpaar – angetrieben von einem Wright-Whirlwind-Motor, einem Sternmotor mit Luftkühlung, weil das bekanntlich die verläßlichste Kraftquelle am Himmel ist. Trotz aller Gefahren war es in Lindberghs Augen »weniger tollkühn, zwischen New York und Paris nonstop zu fliegen als einen Winter lang mit unseren libertygetriebenen De Havillands die Post zu transportieren.«

Lindbergh wußte, daß ihm sowohl das Geld für ein neues Flugzeug fehlte als auch die Referenzen, die einen Fabrikanten dazu bewegen könnten, seinen Flug zu finanzieren. Trotz seiner Erfahrungen in letzter Zeit war er eben kein Fonck oder Byrd oder de Pinedo. Da sein Ruhm kaum über Lambert Field hinausreichte, entwickelte er einen Werbeplan, mit dem er Sponsoren in St. Louis ködern wollte. »Aber wo soll ich anfangen?« fragte er sich auf seinen Luftpostrunden. »Zu wem soll ich mit meinem Plan gehen? Ich habe Freunde in der Stadt, aber die meisten sind Flieger, und Flieger haben selten viel Geld.«

Er traf sich mit Earl Thompson, dem Geschäftsführer einer Versicherung, der eine goldgeflügelte Laird besaß, und dem Lindbergh Flugunterricht gegeben hatte. Lindbergh erläuterte Thompson, daß eine Wright-Bellanca – wenn er überhaupt an eine drankam – mindestens 10 000 Dollar kosten würde.

»Aber die Wright-Bellanca ist doch ein Landflugzeug und hat nur einen Motor, nicht wahr?« fragte Thompson. Da wußte Lindbergh, daß er auf dem richtigen Weg war; Thompson erörterte die Möglichkeiten, er wies sie nicht weit von sich. Als er ein Flugboot oder eine dreimotorige Maschine wie Byrds Fokker vorschlug, erklärte Lindbergh deren Nachteile, daß nämlich ein »Luftschiff mit soviel Treibstoff nicht mehr abheben kann und eine dreimotorige Fokker einen Haufen Geld kostet.« Außerdem habe er, Lindbergh, das Gefühl, bei drei Motoren verdreifache sich die Gefahr, daß ein Motor ausfallen könne. Am Ende dieses Abends hatte Thompson Feuer gefangen.

Zufällig tauchte in diesem Herbst eines Tages ein Vertreter der *Fokker Company* in St. Louis auf, wo die Firma eine Agentur einrichten wollte. Ehe er ging, löcherte Lindbergh den Mann von Fokker, ob die Firma in der Lage sei, ein Flugzeug zu bauen, das von New York nach Paris fliegen könne. Der Vertreter antwortete, über diese Herausforderung hätten sie schon nachgedacht, und bei sofortiger Bestellung könne Fokker im Frühling eine Maschine für 90 000 bis 100 000 Dollar liefern, inklusive Extras... und Fokker wolle selbstverständlich bei der Besatzung ein Wort mitreden. Als Lindbergh fragte, ob sie auch eine einmotorige Maschine bauen würden, ließ ihn der Mann von Fokker einfach stehen.

Noch entmutigender war Ende Oktober 1926 die Meldung, daß Kommandant Byrd, der berühmteste Kunde von Fokker, im nächsten Sommer von New York nach London oder Paris zu fliegen beabsichtige.

Doch Lindbergh ließ sich nicht abschrecken. Ja, er glaubte fester denn je zuvor, daß er diesen Flug schaffen konnte, und daß der Erfolg buchstäblich von der Einfachheit abhing – *ein* Paar Tragflächen, *ein* Motor, *ein* Pilot. Seiner Mutter verriet er am 13. Oktober nur, daß »ich in St. Louis an einer neuen Idee arbeite und in letzter Zeit sehr viel zu tun habe«. Er traf sich mit Major Lambert, und dieser meinte, wenn Lindbergh das Abenteuer für durchführbar halte und die richtigen Leute zusammenbekäme, dann würde er sich beteiligen. »Lindbergh sagte, er habe schon 2000 Dollar Startkapital aufgetrieben«, erinnerte sich Lambert zehn Jahre später an das Gespräch. »Schließlich bekam ich raus, daß die 2000 Dollar seine eigenen Ersparnisse waren.« Major Lambert versprach ihm 1000 Dollar und deutete an, daß sein Bruder Wooster sich mit derselben Summe beteiligen werde.

Da nun sein Traum offizielle Rückendeckung hatte, enthüllte Lindbergh den Plan seinem Chef. Von Major Bill Robertson erbat er nicht nur dessen Genehmigung, sondern auch die Bereitschaft, den Luftpostflugplan so zu gestalten, daß Lindbergh Zeit blieb, den Flug nach Paris zu organisieren. Robertson wußte kaum, wie er das schaffen sollte – er stand mit seinem Luftpostunternehmen schon vor einem wöchentlichen Defizit von fast 400 Dollar – und konnte Lindbergh keinesfalls finanziell unterstützen. Aber wenn die Piloten Love und Nelson bereit seien, seine Flüge zu übernehmen, billige Robertson Lindberghs Plan, und Lindbergh könne sich auf den Namen *Robertson Aircraft* berufen, wo immer er ihm von Nutzen sei. Vielleicht, schlug er vor, finanzierte die St. Louis *Post-Dispatch* die ganze Geschichte.

Wenn Lindbergh das Glück weiterhin treu blieb, schien so etwas durchaus möglich. Das konnte allerdings bedeuten, daß er sein Flugzeug in eine fliegende Plakatsäule verwandeln mußte, als Reklame für die Zeitung – ein unangenehmer Gedanke, den er jedoch in Erwägung ziehen wollte. Ein paar Tage später wußte er, daß er nichts Derartiges zu befürchten hatte. Die *Post-Dispatch* gedenke nicht, sich an einem derart riskanten Flug zu beteiligen, erklärte ihm einer der Herausgeber. »Mit einem einzigen Piloten und einem einmotorigen Flugzeug über den Atlantik zu fliegen! Wir müssen an unseren guten Ruf denken. Wir dürfen auf keinen Fall mit einem solchen Abenteuer in Verbindung gebracht werden!«

Jede Ablehnung verdoppelte Lindberghs Entschlossenheit. Ende November wurde ihm bewußt, daß er zu einem Zeitpunkt um Geld bettelte, wo er noch nicht einmal ein Flugzeug in Aussicht hatte. Er beschloß, diese Aussichten in eigener Person zu erkunden. Er investierte 100 Dollar in einen neuen Anzug, einen grauen Filzhut, einen seidenen Schlips, einen blauen Mantel und einen seidenen Schal. »Wozu brauch' ich so was«, dachte Lindbergh, als er das schicke Zeug einkaufte. »Ich hasse es, etwas zu tun, nur um Eindruck zu schinden. Aber das könnte jetzt für meinen Parisflug genauso wichtig sein wie später ein Flugzeug.«

Zum erstenmal seit seinem zehnten Lebensjahr fuhr Lindbergh wieder nach New York, wo er am Sonntag, dem 28. November, ankam. Am nächsten Morgen ging er zur Fabrik der *Wright Aeronautical Corporation* in Paterson, New Jersey, und besprach dort mit einem leitenden Angestellten die Möglichkeit, die Bellanca mit ihrem Wright-Whirlwind-Motor zu kaufen. Der Mann erklärte, Wright habe nie beabsichtigt, Flugzeuge fabrikmäßig herzustellen; sie hätten die Bellanca nur gebaut, um ihren Motor vorführen zu können, und sie stünden im Begriff, ihre Rechte an diesem Flugzeug an eine andere Firma zu verkaufen. Der Geschäftsführer schlug vor, Lindbergh solle gleich mit dem Konstrukteur sprechen, mit Guiseppe Bellanca selbst; und das tat er denn auch, am nächsten Abend im Waldorf-Astoria.

Bellanca war ein »ernster, schlanker Mann – glattes schwarzes Haar, markante Gesichtszüge, mittelgroß«, wie Lindbergh ihn beschrieb. »In seiner Gegenwart spürt man schöpferische Kraft, Fähigkeit, Vertrauen.« Da Bellanca damals zu keiner Firma gehörte, konnte er auf die Fragen nach der Produktion seines Flugzeugs nur unbestimmt antworten; aber er versorgte Lindbergh mit allen Angaben über die Maschine, darunter auch der, daß er glaube, sie könne sich 50 Stunden in der Luft halten. Nach einer knappen Stunde brach Lindbergh nach Hause auf. Er war so überzeugt von Bellancas Hilfe, daß er seiner Mutter schrieb: »Der Anlaß meines Ausflugs war ein in St. Louis geplanter Flug von New York nach Paris im nächsten Frühjahr«, und er fügte hinzu: »Ob was dabei herauskommt, steht noch lange nicht fest.«

Im Dezember mußte Lindbergh seine Pläne erst einmal auf Eis legen. Eine Salve von Telegrammen stellte klar, daß das Flugzeug noch Gegenstand der Geschäftsverhandlungen der *Wright Corporation* war, und daß Bellanca weiter nichts tun konnte, als ihm für 29 000 Dollar eine neue, von ihm konstruierte dreimotorige Maschine anzubieten. Das konnte sich Lindbergh nicht leisten; außerdem glaubte er noch immer, daß ein Motor genügte. Unterdessen erwog er eine öffentliche Subskription, bei der er die Bürger von St. Louis einladen wollte, jeweils zehn Dollar zu einem Flugzeug beizusteuern, das den Namen der Stadt trüge. Er war weiterhin entschlossen, jeden Geschäftsmann in St. Louis – und wenn nötig auch in Chicago – aufzusuchen, bis er genug Geld beisammen hatte.

Sein nächster Besuch bei der Maklerfirma Knight, Dysart & Gamble erwies sich als schlauer Schachzug. Lindbergh hatte den Sohn von einem der Gründungspartner, Harry Hall Knight, ausgewählt, einen lockeren Vogel, der in der Firma arbeitete und nebenher Präsident des *St. Louis Flying Club* war. Der sagte zu Lindbergh: »Slim, Sie sollten nicht in der Gegend rumrennen, um Geld aufzutreiben. Sie sollten Ihre Kräfte auf den Flug konzentrieren, wenn Sie es ernst meinen.« Nach nur wenigen Minuten saß in seinem Büro Harold Bixby, Vizepräsident der *State National Bank von St. Louis*, Privatflieger und Präsident der Handelskammer von St. Louis. Innerhalb weniger Wochen, vereinbarten Knight und Bixby, wollten sie die 15 000 Dollar auftreiben, die Lindbergh nach eigener Aussage brauchte, um bis Paris zu kommen.

Am Tag nach Weihnachten 1926 schrieb Lindbergh seiner Mutter: »Der Flug von New York nach Paris nimmt allmählich Gestalt an; höchstwahrscheinlich kann eine Expedition aus St. Louis im nächsten Frühjahr in New York ausrücken.« Da er um ihre verständliche Besorgnis wußte, versicherte er ihr sofort, daß seine Pläne »ganz anders aussehen als die von Sikorsky und anderen Expeditionen. Vielleicht verlasse ich schon diese Woche den Postdienst und beginne mit der Organisation. Wenn ja, bin ich in den nächsten drei Monaten die meiste Zeit in New York.«

Lindbergh verfaßte endlose Listen: Ausrüstungsgegenstände, die er brauchte, Karten, die er studieren mußte, Landmarken und Seezeichen, die er auswendig lernen mußte, und Informationen, die er vom Wetteramt und dem Außenministerium brauchte. Da er nicht mehr mit der Wright-Bellanca rechnen konnte, legte Lindbergh auch eine Liste von Ausweichfirmen an. Er telegrafierte der *Travel Air Company* in Wichita. Als sie antwortete, sie nähme diese Bestellung nicht an, dachte er an andere kleine Firmen, zum Beispiel die *Ryan Aeronautical Company* in San Diego, deren Schulterdecker die Postroute an der Westküste flogen. Falls die ihn auch ablehnten, wollte er es bei Curtiss, Boeing, Douglas und Martin versuchen. »Können Sie Flugzeug bauen mit Whirlwindmotor für Nonstopflug New York–Paris stop wenn ja bitte Kosten und Lieferzeit«, telegrafierte er am 3. Februar 1927 an Ryan.

Am nächsten Tag, seinem 25. Geburtstag, erhielt er die zweitbeste Nachricht, die er sich hätte wünschen können. Noch immer kein Wort von der Wright-Bellanca, aber Ryan antwortete: »Kann Flugzeug für solchen Flug bauen stop ein Tragflächenpaar aber grösser stop Kosten ungefähr 6000 ohne Motor und Instrumente stop Lieferzeit circa drei Monate.« Lindbergh kabelte zurück, er wollte nähere Angaben zu diesem Flugzeug und fragte, ob sie es nicht schneller bauen könnten. Am 6. Februar meldeten sie, das Flugzeug habe ein Fassungsvermögen von 380 Gallonen Treibstoff, es könne 100 Meilen pro Stunde fliegen – das reichte bis Paris –, und nach einer Anzahlung von 50 Prozent wäre es in zwei Monaten fertig.

Dann kamen von Guiseppe Bellanca noch bessere Nachrichten. »BEREIT ZU ATTRAKTIVEM ANGEBOT WEGEN BELLANCA-FLUGZEUG FÜR PARISFLUG« telegrafierte er an Lindbergh. »VORSCHLAG SIE KOMMEN BALDMÖGLICHST NACH NEW YORK ZWECKS SCHNELLER EINIGUNG.« Seine Anschrift sei jetzt das Woolworth Building, das Büro der *Columbia Aircraft*, mit der er ins Geschäft gekommen sei. Einige Tage später saß Lindbergh vor Clarence Chamberlin, dem Piloten der Firma, und vor dem Vorstandsvorsitzenden Charles Levine, einem entschlußfreudigen Achtundzwanzigjährigen, der mit ausrangiertem Kriegsmaterial Millionär geworden war und nun die einzige existierende Wright-Bellanca besaß.

Das Treffen schien vielversprechend. Lindbergh beeindruckte Levine mit seiner Liste von Sponsoren aus St. Louis, und Levine sagte, sein Flugzeug sei zwar 25 000 Dollar wert, aber er würde es für 15 000 verkaufen, die Differenz sei der Beitrag seiner Firma zu dem Vorhaben. Da Lindbergh seinen Geldgebern keinen so hohen Preis genannt hatte, wollte er erst noch mit ihnen darüber sprechen.

»Mein Ausflug nach New York endete äußerst zufriedenstellend«, schrieb Charles seiner Mutter bei der Heimreise aus dem Zug. »Möglicherweise bekomme ich die einzige existierende Bellanca, wahrscheinlich das einzige startbereite Flugzeug auf der Welt, das den Flug nach Paris schaffen kann, umgehend geliefert.« Es werde wohl bald allgemein bekannt werden, aber »in der Presse wird stehen, daß der Parisflug nicht vor dem Spätherbst stattfindet. Dabei wollen wir es irgendwann um den 1. April herum versuchen, aber wir hoffen, unsere Gegner zu täuschen, indem wir einen wesentlich späteren Zeitpunkt angeben.«

Die *Associated Press* war schon hinter der Geschichte her. Noch bevor Lindbergh sich sein Flugzeug gesichert hatte, verkündeten die Schlagzeilen: »Postpilot Lindbergh will Ozeanpreis gewinnen.« Als C. F. Schory, der Sekretär des Wettbewerbsausschusses der *National Aeronautic Association* den Artikel in der *New York Times* gelesen hatte, schickte er Lindbergh eine Kopie von Orteigs Teilnahmeregeln und wies ihn darauf hin, daß die Anmeldung 60 Tage vor Beginn des Fluges eingereicht werden mußte.

An diesem Wochenende erfuhr Lindbergh, daß Harry Knight, Harry Bixby und Major Lambert das Geld für das Flugzeug beisammen hatten; sie hatten auch Harry Knights Vater, die Brüder Robertson und E. Lansing Ray, den Besitzer des *Globe-Democrat*, zu einer Einlage überredet. Bixby schickte eine Mitteilung an seine Kollegen im Vorstand der *State National Bank* und bat sie, ihm und Harry Knight ein Darlehen von 15 000 Dollar zu gewähren. Der Scheck wurde ausgestellt, und Harry Knight überwies Lindbergh das Geld. Bixby, den Handelskammerhut auf dem Kopf, fragte Lindbergh: »Was halten Sie davon, wenn wir es [das Flugzeug] *Spirit of St. Louis* nennen?«

»Ich bin wieder unterwegs nach New York«, schrieb Lindbergh seiner Mutter ein paar Stunden später, »aber diesmal mit gut 15 000 Dollar« –, über die er auf Heller und Pfennig abrechnen würde. Er nahm an, daß er am nächsten Tag die Bellanca kaufen konnte, und wollte dann für den Rest der Woche nach Washington fahren, um die Unterstützung der Behörden sicherzustellen. »Wenn weder der Franzose noch Byrd in der Lage sind, den Flug früher anzusetzen«, fuhr er fort, »warten wir mit dem Start in New York bis nach dem 15. April, andernfalls fliegen wir, ohne die 60 Tage abzuwarten, die das Reglement des Raymond-Orteig-Preises fordert.« Er schenkte seiner Mutter ein Abonnement der Zeitung von St. Louis, so daß sie sämtliche Artikel, die sich mit dem Flug beschäftigten, ausschneiden konnte.

Wie geplant stand Lindbergh am nächsten Tag, dem 19. Februar, vor Charles Levine in dessen Büro in der *Columbia Aircraft Corporation* und legte den Bankscheck über 15 000 Dollar auf den Hochglanzschreibtisch. »Wir verkaufen unser Flugzeug«, sagte Levine, »aber natürlich behalten wir uns das Recht vor, die Crew zusammenzustellen.« Einen Augenblick lang war Lindbergh wie vor den Kopf geschlagen. Als er endlich die Sprache wiederfand, meinte er, das müsse ein Mißverständnis sein, dieser Punkt sei nicht verhandelbar. Levine entgegnete, seine Firma könne doch nicht das Flugzeug hergeben, ohne die Besatzung auszusuchen, aber er sei einverstanden, wenn die Gruppe in St. Louis den Namen ihrer Stadt auf den Rumpf pinselte. Wütend, daß er soviel Zeit und Geld verschwendet hatte – mehr als 50 Dollar für die einfache Fahrt –, nahm Lindbergh seinen Scheck und ging zur Tür. »Sie machen einen Fehler«, protestierte Levine, »die Bellanca ist das einzige Flugzeug, das von New York nach Paris fliegen kann.«

»Tut mir leid«, antwortete Lindbergh, »aber wenn Sie nicht bedingungslos verkaufen wollen, dann ist es besser, ich sehe mich gleich nach einem anderen Flugzeug um.« Lindbergh war noch nicht draußen, da bat ihn Levine, am nächsten Tag noch einmal anzurufen. »Ich hatte vor, noch an diesem Abend nach St. Louis heimzufahren, und erwiderte, ich würde nur bis zum nächsten Tag warten, wenn ein vorbehaltloser Verkauf tatsächlich im Bereich des Möglichen läge«, erinnerte sich Lindbergh Jahre später. »Wieder bat er mich, über Nacht zu bleiben« – noch einmal drei Dollar für eine Nacht im Hotel – »und ihn am nächsten Morgen um 11.00 Uhr anzurufen.«

Wie in Trance wanderte Lindbergh durch die Straßen von Manhattan; er versuchte sogar, in einem Kino die Zeit totzuschlagen. Es waren hinausgeworfene 50 Cents, da er sich auf nichts konzentrieren konnte als auf seinen Anruf um elf Uhr. Zu vereinbarten Stunde telefonierte er. »Na«, fragte Levine, »haben Sie sich's anders überlegt?« Zu wütend, um sprechen zu können, legte Lindbergh einfach den Hörer auf.

Im Zug nach Hause überdachte er seine Lage. Fokker, Wright, Travel Air und Columbia hatten ihn abgewiesen, und die Bewerber um den Orteig-Preis mehrten sich. Es sah so aus, als wolle Levine selbst mit Chamberlin den Flug nach Paris wagen; Davis und Wooster machten angeblich Fortschritte; ein neuer Teilnehmer, Generalmajor Patrick, der Inspizient des *Army Air Corps*, sollte einen dreimotorigen Bomber von der Firma Huff-Daland gekauft haben; Byrd mit seiner 100 000-Dollar-Fokker war offiziell im Rennen; und es ging das Gerücht, daß Sikorsky noch einmal einen Doppeldecker für Fonck baue. »Ich bin allen gegenüber im Hintertreffen«, dachte Lindbergh, »und zwar so weit, daß sie nicht einmal auf die Idee kommen, daß ich mich an dem Rennen beteilige. Die meisten wissen nicht einmal, daß ich existiere.«

Lindbergh sah nur noch zwei Möglichkeiten. Er konnte nach San Diego fahren und der Firma Ryan die Chance geben, bei ihrem Angebot zu verdienen, oder er konnte – ob ihm nun einer nach Paris zuvorkam oder nicht – die Welt überraschen, indem er statt dessen den Pazifischen Ozean überquerte.

Es fiel Schneeregen, als Lindbergh an diesem Montag in St. Louis aus dem Zug stieg und zu seinen Geldgebern ging. Harold Bixby sprach für alle, als er vorschlug, den Scheck auf der Bank zu hinterlegen und den Blick fest auf Paris gerichtet zu halten. Er drängte Lindbergh, gleich wieder zum Bahnhof zu gehen und einen Zug nach Kalifornien zu nehmen. Also kam Lindbergh am Donnerstag, dem 25. Februar, in San Diego an; er hatte 75 Dollar für die Fahrt ausgegeben (zuzüglich 22,50 für den Schlafwagen, nicht einmal 1,50 pro Mahlzeit und ab und zu einen Vierteldollar für Zeitschriften und Süßigkeiten). Als er ausstieg, wehten die Palmen sanft in der linden Luft.

San Diego war die älteste und zugleich jüngste Stadt Kaliforniens, eine Gründung der Spanier aus dem 16. Jahrhundert, deren Einwohnerzahl sich im letzten Jahrzehnt auf 100 000 verdoppelt hatte. Die Fischerei war die erste wichtige Einkommensquelle gewesen, nun gehörten auch ein paar kleine Flugzeugfabriken zu den neuen Unternehmen in dieser Gegend. Lindbergh nahm ein Taxi vom Bahnhof zu *Ryan Airlines* am Hafen.

Lindberghs Traumfabrik entpuppte sich als ein einziges baufälliges Gebäude – »kein Flugplatz, kein Hangar, kein Geräusch warmlaufender Motoren, und dazu der unverkennbare Geruch nach totem Fisch aus einer Konservenfabrik in der Nähe, vermischt mit dem Bananenduft vom Lack trocknender Tragflächen.« Aber kurz darauf roch all das richtig – nach fleißiger, schnörkelloser Arbeit. In einem kleinen Büro traf er die hohen Tiere der Firma, Chefingenieur Donald Hall und Benjamin Franklin Mahoney, einen jungen Wertpapierhändler aus Pennsylvania, der in Claude Ryans Flugschule Unterricht genommen und sie dann gekauft hatte und nun aus Restbeständen der Armee Flugzeuge baute.

Nach einer kurzen Führung durch die Werksanlagen redete Lindbergh mit Mahoney übers Geschäft. Die Firma Ryan stand zu dem genannten Preis von 6000 Dollar ohne Motor, und Mahoney wollte den Motor und die Extraausrüstung zum Selbstkostenpreis liefern und für die Ausstattung der Maschine keine Provision verlangen. Als sich die Diskussion der Leistung der Maschine zuwandte, ließ Mahoney Lindbergh mit Donald Hall allein. Der Ingenieur erklärte, angesichts Lindberghs Forderungen könne man unmöglich bei einer Standardausführung der Ryan bleiben.

Keiner der Entwurfswünsche brachte Hall aus der Fassung, nur einer erschreckte ihn. Er konnte nicht glauben, daß Lindbergh nur ein Cockpit haben wollte. Als dieser aber erklärte, er habe lieber einen Extratank als einen Extramann, begann Hall sich mit dem Gedanken anzufreunden. Von der Idee her erforderte das Ganze eine leistungsstärkere Maschine, also eine Neuverteilung von etwa 160 Kilo, damit man zusätzliche 50 Gallonen Treibstoff unterbrachte. Er zeichnete bereits, zeichnete dicke schwarze Striche über die ersten dünnen, da die kleinste Veränderung in einem einzigen Punkt Änderungen in allen anderen Bereichen nach sich zog. Wenn man zum Beispiel die Spannweite vergrößerte, um das Abheben zu erleichtern, mußte man die Heckfläche verändern, was wiederum eine Verlagerung des Motors nach sich zog.

Als Hall nach der genauen Entfernung von New York nach Paris fragte und Lindbergh nur eine ungefähre Zahl nennen konnte, fuhren sie in Halls altem Buick in die Leihbibliothek. Dort zog Lindbergh vor einem Globus eine weiße Schnur aus der Tasche und spannte sie straff von New York über die Ostküste Nordamerikas und geradeaus weiter über einen Ozean von Blau nach Europa. »Das ist nicht gerade eine wissenschaftliche Methode, um die genaue Entfernung zwischen zwei Punkten auf der Erdoberfläche festzustellen«, dachte Lindbergh damals, aber es reichte für die erste Berechnung: 3600 Meilen. Hall rechnete auf der Rückseite eines Briefumschlags, kalkulierte zehn Prozent Reserve mit ein und empfahl 400 Gallonen Treibstoff.

Als sie wieder in der Fabrik ankamen, war Mahoney mit seinen Berechnungen fertig. Seine Firma würde innerhalb von 60 Tagen einen Spezial-Eindecker mit einem Wright-J-5-Motor für 10 580 Dollar liefern. Vom Büro aus telegrafierte Lindbergh die Einzelheiten an Harry Knight in St. Louis. Am anderen Tag antwortete Knight, Lindbergh solle den Handel abschließen. Die Bestellung inklusive näherer Einzelheiten wurde aufgegeben: Das Flugzeug müsse 400 Gallonen Treibstoff fassen, eine minimale Reichweite von 3500 Meilen bei 1550 UpM haben sowie einen Ölstandsanzeiger, Temperaturanzeiger und Höhenmesser. Lindbergh zahlte 1000 Dollar an – eine zweite Rate von 6580 Dollar war innerhalb einer Woche fällig und die letzte von 3000 Dollar bei Fertigstellung – und unterschrieb die Bestellung am 25. Februar 1927.

Noch nie hatte er sich mit solcher Erleichterung von soviel Geld getrennt. »Jetzt kann ich mich auf den Flug selbst konzentrieren«, dachte er, »auf den Entwurf und Bau des Flugzeugs, die Ausstattung mit Instrumenten und Notausrüstung, auf das Studium der Navigation und der Wetterbedingungen.«

Es kostete zwar Zeit, ein Flugzeug von Grund auf neu zu bauen, aber sonst sah Lindbergh darin nur Vorteile. Er konnte jedes Detail der Konstruktion genau untersuchen und sich mit den Funktionen vertraut machen. Die Arbeiter von Ryan bauten das Flugzeug buchstäblich um ihn herum, auf seinen Körper und seine Erfahrungen zugeschnitten, und schweißten Flugzeug und Pilot zu einer Einheit zusammen. Dabei war es seltsam, bemerkte Walter Balderston von der *Pacific Science Company*, den man gebeten hatte, die Instrumente einzubauen, daß Lindbergh, wenn er von dem Flug von New York nach Paris sprach, immer die erste Person Plural gebrauchte. »Ich habe es immer wieder gehört, solange Lindbergh in San Diego war, und besonders merkwürdig wirkte es in ganz normalen Gesprächen«, schrieb Balderston später in einer kurzen Erinnerung. Solange das Flugzeug noch nicht fertig war, »benützte er einfach nie das Pronomen ›ich‹, wenn er von dem Flug sprach. Mag sein, daß er im Unterbewußtsein an seine Geldgeber dachte, aber oft sagte er auch wir, wenn er beim besten Willen nichts oder niemanden als sich selbst meinen konnte.«

Lindberghs Regel für jedes Flugzeugbauteil lautete folgendermaßen: »An erster Stelle steht die Flugleistung, an zweiter die Stabilität der Maschine, an dritter die Bequemlichkeit des Piloten.« Diese Regel wurde zum erstenmal angewendet, als es um die Position des Cockpits ging. Lindbergh wollte es ganz hinten im Rumpf, hinter dem Tank. Als Hall protestierte, daß er dann vorne nichts sähe, entgegnete Lindbergh, auch bei einem normalen Flug sähe man nicht viel, weil der Bug einem die Sicht versperrte, und der Gedanke, zwischen Motor und Tank eingeklemmt zu sitzen, behage ihm nicht. Als einer von Ryans Arbeitern, ein ehemaliger U-Boot-Mann, ein Periskop vorschlug, eine drei mal fünf Zoll große Scheibe auf dem Armaturenbrett, durch die man freie Sicht nach vorne erhielt, willigte Lindbergh ein – aber erst, nachdem Hall versichert hatte, daß hierdurch kein aerodynamischer Nachteil entstünde. Um Gewicht zu sparen, wurden Nachtflugausrüstung und sogar Fallschirme geopfert, denn jedes eingesparte Pfund ließ sich in mehr Treibstoff umsetzen und damit in größere Reichweite. In wenigen Tagen war Hall mit seinem Konstruktionsentwurf der Tragflächen und des Rumpfes fertig; nach einer Woche wurden Stahlrohre zerschnitten und zusammengeschweißt, und das Gerüst entstand.

Die Zeit und der geplante Überraschungseffekt blieben ein wesentlicher Faktor, denn die Presse bekam das »Atlantikfieber« und steckte alle an.

Anfang März tickten die Fernschreiber, daß Fokker eine neue dreimotorige Maschine für Kommandant Byrd im Mai flugbereit haben wolle; auch Sikorskys neues Flugzeug für Fonck sollte dann fertig sein. Noel Davis plante den Flug über den Ozean im Juni mit The American Legion, einem Doppeldecker mit drei Wright-Whirlwind-Motoren. Und aus Paris verlautete, daß zwei französische Kriegshelden, Charles Nungesser und der einäugige François Coli, im Sommer eine einmotorige Maschine fertig bekämen, die 800 Gallonen Treibstoff tragen könne. Allmählich schlich sich auch der Name von Captain Lindbergh, »einem Lufpostpiloten aus St. Louis«, in die Presse, nachdem in San Diego Reporter auf Ryans Fabrikgelände herumgeschnüffelt hatten. Ein paar kurze Artikel lockten Besucher an, die hofften, einen Blick auf den jungen »fliegenden Clown« werfen zu können, der all dies nicht nur als »selbstmörderisches Abenteuer« ansah.

»Die Zeitungen von St. Louis werden diesen Flug natürlich mit allen erreichbaren spektakulären Neuigkeiten hochspielen«, warnte Lindbergh seine Mutter, »achte gar nicht auf ihre Sensationsschlagzeilen. Ich habe den Flug sorgfältig geplant und über ein- und mehrmotorige Maschinen gründlich nachgedacht.« Er strich die Liste mit der Notlandeausrüstung immer weiter auf das Allernotwendigste zusammen – ein kleines schwarzes Schlauchboot (zehn Pfund), ein Messer, ein paar Leuchtraketen und Zündhölzer (in einem Fahrradschlauch verstaut), ein Metallsägeblatt, eine primitive Angelausrüstung, Schokoladeproviant und Wasser. Er stand vor einer schwierigen Entscheidung, als ihm ein Briefmarkensammler 1000 Dollar bot, wenn er ein Pfund Post nach Paris mitnähme, aber es war ihm bewußt, daß er ein derart überflüssiges Pfund nicht mitnehmen konnte. »Das Flugzeug ist bald fertig«, schrieb er seiner Mutter am 27. März, »in der ersten Aprilwoche können wir es ausprobieren.«

»Ich wüßte nicht, daß Du je stümperhaft gehandelt hättest«, schrieb Evangeline in diesem März an ihren Sohn, als müsse sie sich selbst von seiner Sicherheit überzeugen. »Du hast Wunderbares geleistet, mein Junge.« Trotzdem sprudelte sie hervor: »Der glücklichste Tag wird für mich der Tag Deiner Rückkehr sein.« Wiederholt versuchte sie, ihre Gefühle zu zügeln, wie in dem Brief vom 2. April: »Dich mit Rührseligkeit zu belasten oder irgendwie zu stören, ist gewiß das letzte, was ich will.« In einem anderen Brief gestand sie allerdings: »Zum ersten Mal in meinem Leben wird mir bewußt, daß auch Kolumbus eine Mutter hatte.«

Aber ach, Kolumbus hatte wenigstens seemännische Erfahrung, wohingegen Lindbergh weder über große Wasserflächen noch überhaupt jemals über längere Entfernungen geflogen war. Bisher hatte er sich an sichtbaren Landmarken orientieren können, aber auf diesem Flug würde er mit Blick nach oben navigieren, den Kurs auf Grund der geflogenen Zeit und der Position der Sterne errechnen müssen. Er überlegte, ob er die in San Diego stationierten Marineoffiziere um Rat fragen sollte, aber wie er später zugab, fand er: »Es herrschten schon genug Zweifel an meinem Flug, die mußte ich nicht noch verstärken, indem ich zeigte, wie wenig Ahnung ich von Langstreckennavigation hatte.« Lindbergh beschloß, den Kurs auf eigene Faust festzulegen.

Während die Mechaniker von Ryan aus Fichtenholz und zweifach geschlagenen Klaviersaiten ein Tragflächenskelett bauten, steckte Lindbergh seine Route ab, ganz allein und auf sich gestellt. Auf einem Zeichentisch in Donald Halls Büro breitete er seine Tabellen aus und versuchte anzuwenden, was er von den Navigationsstunden bei der Army noch in Erinnerung hatte. Er unterteilte die große, leicht gekrümmte Kurve in drei Dutzend Streckenabschnitte zu jeweils 100 Meilen mit etwa einer Stunde Flugzeit. »An jedem Punkt notierte ich die Entfernung von New York und den notwendigen Kurs bis zur nächsten Richtungsänderung.« Er wurde so schnell fertig, daß er die Route sicherheitshalber noch ein zweites Mal mit Hilfe der Trigonometrie berechnete. Nach tagelangen langweiligen Kalkulationen, die zu einem Abbild seiner ersten Streckenhälfte führten, hörte er auf, denn aus den bekannten Größen ließ sich annähernd berechnen, daß die zweite Hälfte genauso richtig war. Als er merkte, daß seine Notizen auf dieser »mehrfach geknickten Kurve, die furchtlos Tausende von Meilen Land und Meer durchschnitt« ausreichten, um ihn zu dem mit »Paris« bezeichneten Zielpunkt auf der Karte zu bringen, strich er auf seiner Ausrüstungsliste alle Funkgeräte und sogar den Sextanten. Das sparte Gewicht für weitere 25 Gallonen Treibstoff.

Am 8. April, sechs Wochen nachdem Lindbergh seine Bestellung bei Ryan aufgegeben hatte, kam der Motor: Ein Wright-Whirlwind J-5C, Seriennummer 7331, ein luftgekühlter Neunzylinder-Viertakt-Sternmotor. Er wog 225 Kilo, lief normalerweise mit 1800 UpM und hatte 223 PS. Er wurde im Bug eingebaut, unter einer Aluminiumhaube mit »Motorprägung«, das war ein kreisrundes, edelsteinartiges Muster im glänzenden Metall.

Unterdessen hatte das Wettbewerbskomitee der *National Aeronautic Association* die Anmeldung der *Spirit of St. Louis* angenommen. Da sich jedoch bei diesem »Versuchs«-Flugzeug laufend Veränderungen ergaben, dauerte die Wartefrist für die Teilnahmeberechtigung bis Ende Mai. Die Zulassungspapiere mit der Nummer N-X 211 kamen mit der Post aus Washington. N war das internationale Kennzeichen für die Vereinigten Staaten, und X bedeutete, daß es sich um ein Versuchsflugzeug handelte. »Gus der Wappenmaler« erschien in der Fabrik in San Diego und schmückte für zehn Dollar die Oberseite der rechten und die Unterseite der linken Tragfläche mit der schwarzen Zulassungsnummer. Fred Ayers, der die Verkleidung und Imprägnierung überwachte, malte die Nummer sowie RYAN NYP (New York–Paris) auf das Seitenruder. In deutlichen Blockbuchstaben, mit ein paar Schnörkeln über dem Wort *Spirit*, schrieb er den Namen des Flugzeugs auf beide Seiten der Nase.

»FABRIKARBEIT HEUTE FERTIG«, kabelte Lindbergh an Harry Knight am 25. April kurz vor zwei Uhr morgens. Als nächstes mußten die Tragflächen am Rumpf befestigt werden.

In einem Hangar in Dutch Flats, Ryans Testflugplatz am Stadtrand, wurden die beiden großen Teile im Lauf der nächsten Tage und Nächte lotrecht zum Rumpf montiert. Jede Einzelheit am Flugzeug wurde wieder und wieder überprüft, bis alle einstimmig der Meinung waren, es könne jetzt auf das trockene, graslose Feld gezogen werden. Und nun, nach zwei Monaten, stand es da, ein Gebilde aus Holz, Stoff und Metall, zusammengehalten von Schrauben und Leim, keine zehn Fuß hoch. In der Länge maß es um einiges weniger als in der Breite – 27 Fuß und acht Zoll von der Propellerhaube bis zum Seitenruder, bei einer Spannweite von 46 Fuß. Der Propeller, gekauft bei der *Standard Steel Propeller Company* und aus Duralumin gefertigt, hatte zwei Blätter mit einer Steigung von 16,25 Grad und einen Durchmesser von acht Fuß, neun Zoll. Die Reifen des Fahrwerks maßen 30 auf fünf Zoll. Mit Ausnahme der Motorhaube und des Propellers war praktisch jedes Fleckchen an diesem Flugzeug – Tragflächen, Rumpf, Heck, Außenstreben (zur Unterstützung der Tragflächen), Achsen und Hecksporn – verkleidet mit erstklassigem Baumwolltuch, das mit silbergrauem Zelluloseacetatlack imprägniert war. Selbst die vermeintlichen Radkappen bestanden aus appretiertem, an die Reifen geschnürtem Tuch, zur Verminderung des Luftwiderstandes.

Trotz der gewaltigen Anstrengungen des Ryan-Teams schrieb Lindbergh seiner Mutter, daß es wahrscheinlich zwei Versuche von anderer Seite geben werde, bevor er starten könne. »Beide können gut ausgehen, obwohl es in beiden Fällen auch Gründe gibt, an ihrem Erfolg zu zweifeln.« Er versicherte Evangeline: »Wir heben nicht ab, ehe alles fertig ist, und wenn jemand anderer die Spritztour von New York nach Paris macht, versuchen wir wahrscheinlich einen Transpazifikflug über Honolulu nach Australien, was eine noch größere Leistung wäre.«

Der April erwies sich wahrhaftig als »grausamer Monat«. Am 16. stürzte Kommandant Byrds riesige Fokker auf ihrem ersten Testflug ab; dabei wurden drei Besatzungsmitglieder verletzt und das Flugzeug dermaßen beschädigt, daß Byrd wohl auf das Frühlingsrennen um den Orteig-Preis verzichten mußte. Acht Tage später entging Clarence Chamberlin in der begehrten Bellanca, die inzwischen auf den Namen *Columbia* getauft worden war, nur knapp einer Katastrophe, als sich beim Abheben Teile seines Fahrwerks losrissen. Und am 26., nur wenige Tage vor dem geplanten Start nach Paris, stürzten Noel Davis und Stanton Wooster auf ihrem letzten Probeflug mit der *American Legion* ab. Beide kamen ums Leben. Schon vor diesen drei Unfällen standen die Wetten bei Lloyd's in London zehn zu eins gegen einen Atlantikflug 1927.

»Ich bin froh, mehr als froh, daß Du dich nie aufregst und immer einen klaren Kopf behältst«, schrieb Evangeline an Charles, nachdem sie von dem Absturz Davis-Wooster gelesen hatte, und sie versuchte, sich nichts anmerken zu lassen. »Anscheinend haben es einige der New-York-Paris-Leute allzu eilig gehabt.« Am Tag, nachdem Lindbergh von dem Unfall gelesen hatte, stieg er zum ersten Testflug in das Cockpit seiner Maschine.

Es war ein »seltsames Gefühl«, als er sich in dem Korbsitz mit dem Luftkissen niederließ, der praktisch die ganze Kabine ausfüllte. Der Treibstofftank vor ihm war gewaltig und ließ die Instrumententafel in Augenhöhe ganz klein wirken, ein Stück schwarzbraungestrichenes Sperrholz mit 21 Schaltern, Meßgeräten und Knöpfen. Draußen an der Maschine brachte der Chefmechaniker die Propeller in Schwung, der Kontakt wurde hergestellt, und der Motor sprang an. Lindbergh überprüfte jedes Meßgerät, gab Gas und spürte, wie die Räder gegen die Bremsklötze drückten. Er gab dem jungen Corrigan ein Zeichen, unter die Tragflächen zu kriechen und die Klötze wegzuziehen. Das Flugzeug fing an zu rollen – und wurde rasch schneller.

Lindbergh hatte noch nie erlebt, daß ein Flugzeug derart rasch beschleunigte und nach weniger als 100 Fuß vom Boden abhob. Er schraubte sich auf 2000 Fuß hinauf, sah, daß alle Instrumente funktionierten, und flog dann über die Fabrik, wo die Konstrukteure zusammenliefen, um das Ergebnis ihrer Arbeit zu sehen. Lindbergh grüßte sie mit einem Flügelwakkeln und flog Richtung Bucht. Noch am selben Tag, nach dem 20minütigen Testflug, reihten sich die Männer von Ryan für ein Gruppenfoto vor dem Flugzeug auf, von einer Tragflächenspitze bis zur anderen, Lindbergh in ihrer Mitte.

In den nächsten Tagen unternahm Lindbergh mit dem Flugzeug 23 Probeflüge, die mal fünf Minuten, mal mehr als eine Stunde dauerten. Es waren nur geringfügige Korrekturen erforderlich. »Die Testflüge hier übertreffen unsere Leistungsberechnungen bei weitem«, schrieb Lindbergh seiner Mutter beruhigend. »Die Reichweite beträgt weit über 4200 Meilen, und die Maschine kann leicht ein Drittel länger fliegen, als der derzeitige Weltrekord vorgibt.«

Geschichten machten die Runde, Lindbergh trainiere das Wachbleiben, indem er nächtelang durch San Diego spazierengehe. Daran war kein Wort wahr. Aber er wollte die erste Etappe seiner Reise unbedingt in die Nacht legen, denn dann hatte er gleich 800 Flugmeilen Übung im Dunkeln. Er traf die letzten Vorbereitungen für einen Start am Freitag, dem 6. Mai, aber da zogen Stürme und Nebel auf, und die ganze Strecke von San Diego bis St. Louis war bewölkt.

Aber dann war das Wetter plötzlich gar kein Thema mehr. Aus heiterem Himmel waren am Sonntag, dem 8. Mai, Nungesser und Coli vom Pariser Flughafen Le Bourget in ihrem Levasseur-Doppeldecker *L'oiseau blanc* Richtung New York gestartet. Man rechnete damit, daß sie den Orteig-Preis am Montag gewinnen würden. Lindbergh holte die Pazifiktabellen aus der Schublade.

Übers Wochenende ließ die Euphorie nach. Trotz der fettgedruckten Schlagzeilen hatte in Wirklichkeit niemand den *Weißen Vogel* gesehen, seit er Frankreichs Küste verlassen hatte. Am Sonntag wurde Lindbergh klar, daß das Flugzeug seinen Treibstoffvorrat aufgebraucht haben mußte und Nungesser und Coli irgendwo abgestürzt waren.

Lindberghs Geldgeber und Freunde bereiteten sich in St. Louis auf seine Ankunft vor. Sie wollten ihm ein Festessen geben und das Flugzeug taufen, aber Lindbergh wußte, daß die Bellanca startbereit in New York stand. Er spürte, wie winzig seine Aussichten noch waren, und fand, St. Louis dürfe jetzt nur ein Boxenstopp sein. »Wenn ich Erfolg haben will«, dachte er, »darf ich die Zeit nicht mit Zeremonien vergeuden.« Am Montag erfuhr er vom Wetteramt, daß die Schlechtwetterfront endlich weiterzog. Er ging früh zu Bett, um für die Abreise am andern Tag gerüstet zu sein.

Am 10. Mai, einem Dienstagmorgen, packte Lindbergh eine kleine Reisetasche – soviel Gewicht, wie er querfeldein tragen konnte – und ging in die Fabrik, um sich zu bedanken und zu verabschieden. Als er hinausging, rief ihm einer der Arbeiter zu: »Schicken Sie uns ein Telegramm, wenn Sie in Paris sind!«

Von Dutch Flats flog Lindbergh auf das nahe gelegene North Island, eine Militäranlage von Army und Navy mit dem Flugplatz Rockwell Field. Er tankte auf, wartete bis fünf vor vier nachmittags und hob ab Richtung St. Louis. Dank des Rückenwinds landete er um 8.20 Uhr Central Standard Time in Lambert Field; er hatte 1500 Meilen in 14 Stunden und 25 Minuten zurückgelegt, ein Rekord für einen Nonstopflug über diese Entfernung.

Die Brüder Robertson und ein paar andere Fliegerfreunde begrüßten ihn. Bill Robertson händigte Lindbergh seinen neuen Verkehrsflugzeug-Führerschein mit der Nummer 69 aus. Einer von Slims früheren Flugschülern, Pastor Henry Hussman von St. Henry in St. Louis, schenkte ihm eine Silbermedaille Unserer Lieben Frau von Loretto, der Schutzpatronin der Flieger. Die Vertreter der *Vacuum Oil Company*, des Herstellers von »Mobiloil B«, das auf dem bevorstehenden Flug verwendet werden sollte, versicherten ihm, der Treibstoff sei in New York, und ein Hotelzimmer und ein Hangar. Knight und Bixby kamen, um zu klären, wie man den Abend verbringen solle, aber Lindbergh wollte erst einen Bericht über den *Weißen Vogel* und die Bellanca. Da es in beiden Fällen nichts Neues gab – Chamberlin war noch nicht gestartet, und Nungesser und Coli waren noch nicht angekommen –, erklärte Lindbergh seinen Geldgebern: »Ich bleibe so lange hier, wie Sie wollen. Trotzdem halte ich es für das beste, wenn ich sofort nach New York weiterfliege. Sonst kommt uns noch jemand anderer zuvor.«

Bixby und Knight waren einverstanden. Lindbergh zog sich früh zurück – in seine frühere Pension – und verließ Lambert Field kurz nach acht am anderen Morgen. Sieben Stunden und 22 Minuten später landete er in New York auf Curtiss Field, in der Nähe von Mineola auf Long Island. Er hatte das ganze Land in weniger als 22 Stunden durchquert, wieder ein Rekord. Auf dem Flugplatz erwarteten ihn schon Hunderte von Menschen.

Die bremsenlose *Spirit of St. Louis* war noch nicht bis zur Parkposition gerollt, da wurde sie schon von Pressefotografen und Reportern umzingelt. »Warum warten die nicht, bis ich stehe und den Motor abgeschaltet habe?« fragte sich Lindbergh. »Sie bekämen bessere Bilder, und ich würde viel Zeit sparen und bräuchte keine Angst zu haben, daß jemand verletzt wird.« Eine Schar von Mechanikern lief herbei, und wie von selbst wurde der Weg für das Flugzeug frei.

Mit gespielter Feierlichkeit erschien Casey Jones, der Flugplatzdirektor und berühmteste Testpilot der *Curtiss Company*, als »Bürgermeister« und überreichte Lindbergh einen alten Büroschlüsselbund. Er stellte ihm auch einen Hangar für die Maschine zur Verfügung. Richard Blythe von der Werbefirma Bruno & Blythe, die für die *Wright Aeronautical Corporation* arbeitete, bot ihm jede erdenkliche Hilfe an. Noch bevor Lindbergh einen Mechaniker bitten konnte, den Motor zu kontrollieren, stellte Blythe ihm schon Ken Boedecker und Ed Mulligan von der *Wright Corporation* vor; der eine war Servicevertreter der Firma auf dem Flugplatz, der andere ausschließlich für Lindberghs Flugzeug zuständig. Nachdem Lindbergh für die Fotografen hatte posieren müssen, bat Blythe ihn zu einer Pressekonferenz, auf der sich die Fragen rasch von der Luftfahrt entfernten und bei »Wie halten Sie's mit Mädchen?« landeten. Nach dem Interview teilte ihm der Reporter einer Boulevardzeitung mit, sein Verleger würde für die Exklusivrechte an Lindberghs Geschichte mehrere tausend Dollar zahlen.

Mit kleinem Gefolge wurde Lindbergh in das nahe Garden City Hotel gebracht, seinen Stützpunkt bis zum Abflug. Beim Abendessen erfuhr er, wie weit seine Mitbewerber im Kampf um den Orteig-Preis waren. Zahlreiche Gerüchte berichteten von einer Rettung Nungessers und Colis, aber seit Frankreich gab es keinen einzigen offiziell bestätigten Bericht, daß jemand die beiden gesehen hätte. Inzwischen döste Richard Byrds reparierte Fokker, die *America,* in einem Hangar auf Roosevelt Field, dem angrenzenden Flugplatz, der von Curtiss Field durch eine steile Böschung getrennt war. Die Bellanca *Columbia,* vom Wetter und von Besatzungsproblemen aufgehalten, wartete in einem anderen Hangar von Curtiss

Field. Der Besitzer des Flugzeugs, Charles Levine, überlegte ständig hin und her, ob er mit zwei Mann Besatzung fliegen sollte.

Die Männer von Wright hatten Motoren in allen drei Maschinen auf den Flugplätzen von Hempstead Plains. Ihre Aufgabe war es, alle zu warten, ohne einen der Piloten zu begünstigen. Nach dem Abendessen nahmen Blythe und Boedecker Lindbergh wieder mit hinaus nach Curtiss Field, wo Mulligan die Feineinstellung an der *Spirit of St. Louis* vornahm. Er und Boedecker arbeiteten bis nach Mitternacht, und Lindbergh blieb allein und zog sich für die Nacht zurück. Zu diesem Zeitpunkt hatte seine Ankunft in New York die beiden anderen Lager schon merklich in Bewegung gebracht.

Aber am kommenden Tag wie auch an den folgenden würde es keine Starts nach Paris geben, da schlechtes Wetter die gesamte Route über den Atlantik blockierte. Mit jeder Stunde wuchs die Zahl der Presseleute wie auch der Schaulustigen, die hofften, einen Blick auf die »unbekannte Größe« werfen zu können. Zum Glück blieb das Verhältnis der Rivalen untereinander freundlich.

Spätnachts entdeckte Ed Mulligan an Lindberghs Flugzeug zum Beispiel einen winzigen Riß in der Propellerhaube, also gewissermaßen am Schutzschild des Propellers. Am nächsten Morgen baute die *Curtiss Company*, eine Konkurrentin der *Wright Corporation*, kostenlos eine neue und setzte sie ein. In den nächsten Tagen kamen Bellanca und Chamberlin herüber, um Lindbergh zu besuchen und ihm Glück zu wünschen. Sogar Kommandant Byrd stattete ihm einen Besuch ab, brachte Wettervorhersagen mit und bot ihm die kostenlose Benutzung der Startbahn von Roosevelt Field an.

Lindbergh besichtigte Byrds Startbahn und fand sie »länger und besser, als ich es in der Umgebung von New York erwartet hatte«. In den nächsten drei Tagen machte er mit der *Spirit of St. Louis* sechs kurze Flüge. Am Boden überarbeitete er wieder und wieder die Liste mit den Sachen, die er mitnehmen wollte – von den Breeches, die er trug, bis zu den Papiertüten zum Urinieren.

Die Medien hatten an Lindbergh einen Narren gefressen, nicht nur weil er von all den Fliegern der attraktivste war, sondern auch, weil er ein neues Gesicht für die Stadt darstellte und der einzige Pilot war, der allein fliegen wollte. Er wurde zum »Menschlichen Meteor«, zum »Fliegenden Clown«, zum »Bübchen-Flieger«. Die Presse baute ihn mit allen Mitteln auf; und als das Warten auf Nungesser und Coli sich in die Länge zog, füllte Lindbergh die Schlagzeilen der Titelseiten. Fotografen stürmten in sein Zimmer im Garden City Hotel und wollten ihn beim Rasieren ablichten. Reporter in Detroit jagten hinter seiner Mutter her. Am 13. Mai telegrafierte sie ihrem Sohn, sie käme am nächsten Tag nach New York.

»Lieber Gott!« seufzte Lindbergh. Nachdem er sich monatelang bemüht hatte, sie von der Ungefährlichkeit seines Fluges zu überzeugen, hatte die Presse sie aus dem Bau getrieben. Obwohl er die Leute insgeheim verwünschte, weil sie ihr Vertrauen erschüttert hatten, bewahrte er vordergründig seine freundliche Gleichgültigkeit, während sie die Geschichte von der grauhaarigen Mutter breittraten, die ihrem Jungen Lebewohl sagt.

Am Samstag, dem 14. Mai, holte Lindbergh Evangeline morgens am Bahnhof Garden City ab. Er lieh sich ein Auto, brachte sie nach Curtiss Field, und dort sah sie bei zwei Testflügen zu. Seine schlimmsten Befürchtungen wurden wahr, als die Presse sie mit gefühllosen Fragen bombardierte und die Gefahren des Fluges hochspielte. Dennoch stellten sich Mutter und Sohn pflichtbewußt den Fotografen; als allerdings einer der Kameramänner fragte, ob Evangeline ihren Sohn nicht zum Abschied küssen wolle, machte Mrs. Lindbergh nicht mehr mit. »Nein«, sagte sie leicht verlegen lächelnd. »Ich hätte nichts dagegen, wenn wir das sonst auch täten, aber wir stammen von einem zurückhaltenden nordischen Volk ab.«

Nach einem ruhigen Mittagessen in seinem Restaurant in Hempstead kehrten die Lindberghs zum Bahnhof zurück und unterhielten sich im Auto. Es war kein langer Besuch gewesen, aber doch lang genug, um Evangeline klarzumachen, daß ihr Sohn »wirklich fliegen wollte und es für richtig hielt«. Als ihr Zug einfuhr, stiegen sie aus dem Wagen, und sie klopfte ihm auf die Schulter. »So, mein Sohn«, sagte sie, »auf Wiedersehen und viel Glück.« Sie winkte aus dem Fenster, als der Zug abfuhr – vielleicht, meinte die Presse, zum letztenmal. Lindbergh war nicht weiter überrascht, als er am nächsten Tag in einer Zeitung ein Foto sah, auf dem er seine Mutter küßte – eine Collage, bei der ihre Köpfe auf zwei andere Körper montiert worden waren.

Jetzt wartete Lindbergh nur noch, daß sich das Wetter änderte. Nebel verhüllte die Küste bis hinauf zu Kanadas atlantischen Provinzen. Da er reichlich Zeit hatte, fuhr er nach Manhattan, um noch einiges zu erledigen. Mit Fotos, die er schon vor Monaten in St. Louis extra zu diesem Zweck hatte anfertigen lassen, ging er ins Paßamt von New York und reichte einen Antrag ein; die Beamten stellten ihm den Paß sofort aus. In der Stadt ging er ins Wetteramt auf dem Whitehall Building in der Battery, zu dem Meteorologen Dr. James H. Kimball. Der breitete seine Wetterkarten aus und erklärte ihm, wie all die Isobaren zusammenwirkten und die Lüfte unpassierbar machten. Kimball wünschte sich, Lindbergh würde einen weiter südlich verlaufenden Kurs wählen, da von den Schiffahrtsrouten genauere Berichte zu bekommen waren.

Da keine Wetterbesserung in Aussicht stand, wurde Lindbergh geselliger. Er nahm eine Einladung zum Lunch bei Oberst Theodore Roosevelt jr. in dessen Haus an der Oyster Bay an, und der Oberst gab Lindbergh mehrere Empfehlungsschreiben für Freunde in Europa mit, unter anderem für den amerikanischen Botschafter. Das, beschloß er, waren nun aber die letzten paar Gramm überflüssiges Gewicht, die er beförderte; er nahm nämlich schon zwei andere Briefe mit, einen für Postmeister Conkling aus Springfield und einen für seinen Fliegerfreund Gregory Brandeweide, der ihm bei der Festlegung der Postroute geholfen hatte.

Den Menschenmengen, die sich hinter dem Flugplatz sammelten, versuchte Lindbergh möglichst aus dem Weg zu gehen, aber daß er einige der größten Berühmtheiten der Luftfahrt kennenlernte, freute ihn. René Fonck und Tony Fokker kamen vorbei, um ihm alles Gute zu wünschen, und auch Charles Lawrance, der Präsident von Wright, und C. M. Keys von Curtiss. Harry Guggenheim, der einen Fonds zur Förderung der Luftfahrt verwaltete, beeindruckte ihn am meisten. »Ich glaubte nicht, daß Lindbergh große Chancen hatte«, bekannte Guggenheim später. Er sei vielmehr »empört gewesen, daß die Verantwortlichen ihn in dieses höchst *zweifelhafte* Abenteuer ziehen ließen, mit dem bißchen Ausrüstung und den wenigen Navigationsinstrumenten, die man damals hatte«. Aber Guggenheim verbarg seine Bedenken und machte ihm beim Abschied Mut. »Besuchen Sie mich im Büro, wenn Sie wieder da sind«, sagte er.

Der Stapel Post in Lindberghs Hotel sorgte für Ablenkung. Es waren Briefe von Freunden, Verwandten und wildfremden Leuten sowie Dutzende von Bitten, er möge doch Post mitnehmen und sie dann in Paris aufgeben. Die meisten erwarteten, daß er ihnen diesen Gefallen umsonst tat, einige wenige legten einen Dollar bei. Evangeline, wieder zu Hause in Detroit, schrieb ihrem Sohn: »Du hast das ganze Land aus dem Gleichgewicht gebracht.«

Die anderen Piloten waren reizbar wie Vollblutpferde kurz vor dem Start. Byrds Geschäftspartner Rodman Wanamaker bestand darauf, daß Byrd mit der Fokker noch mehrere Testflüge durchführte; ein verärgertes ehemaliges Mitglied aus dem Bellanca-Team verklagte Levine und hinderte das Flugzeug mit juristischen Mitteln am Starten. Lindbergh war dankbarer denn je, daß er allein flog und von einer Gruppe in St. Louis unterstützt wurde, die ihm freie Hand ließ. Im Laufe der Woche rief er Harry Knight an, er wäre vermutlich startbereit, noch ehe die sechzigtägige Wartefrist für den 25 000-Dollar-Preis verstrichen sei. »Vergiß das Geld«, antwortete Knight. »Wenn du fertig bist, heb ab und flieg los.«

An diesem Donnerstag, dem 19. Mai, fiel ein leichter Regen, und die Aussichten, in den nächsten Tagen zu starten, wurden immer trüber. Zusammen mit seinen neuen Freunden besichtigte Lindbergh die Fabrik von Wright in Paterson. Gegen Abend fuhren sie nach New York, denn Dick Blythe hatte Lindbergh einen Bühnenplatz für einen der größten Publikumserfolge der Saison besorgt, für »Rio Rita«. Sie waren gerade auf der 42. Straße unterwegs, da fragte Kenneth Lane, Chefingenieur bei Wright, ob man nicht noch einmal bei Dr. Kimball anrufen und sich nach der letzten Wettervorhersage erkundigen solle.

Sie hielten an, und Blythe ging in ein Bürogebäude zum Telefonieren. Lindbergh schaute hoch und sah nur die nebelverhangenen Spitzen der Skyline von Manhattan. Doch da kam Blythe zum Auto zurückgerannt und verkündete, es habe sich plötzlich eine atmosphärische Veränderung ergeben – ein Hochdruckgebiet reiße stückweise die Wolkendecke über dem Atlantik auf. Sie schenkten sich den Broadway, fuhren Richtung East River und bahnten sich einen Weg über Queensboro Plaza. Im Geiste ging Lindbergh noch einmal seine Checkliste durch. Der weitblickende Dick Blythe flitzte um die Ecke zu einem Drugstore und kaufte für Slims Ausflug sechs Sandwiches. Das Wetter war noch immer zu gräßlich, um das Flugzeug nach Roosevelt Field hinüberzubringen, aber über Nacht ließ sich so viel vorbereiten, daß Lindbergh gegebenenfalls am frühen Morgen starten konnte. Die ersten 100 Gallonen Treibstoff konnten sie schon einfüllen, während das Flugzeug noch im Hangar stand. Das wollte Lane überwachen und außerdem mit seinen Kollegen von Wright die Schlußinspektion durchführen. Und jemand mußte Carl Schory benachrichtigen, den Sekretär der *National Aeronautic Association*, der den Barographen installierte, mit dem Uhrzeit und Flughöhe auf einem sich drehenden Papierzylinder aufgezeichnet wurden – die vorgeschriebene Dokumentation des Fluges.

Seltsamerweise gab es in den anderen Lagern auf dem Flugplatz kaum Anzeichen für irgendwelche Aktivitäten. Lindbergh hatte einen langen Tag hinter sich, und nachdem er zusammen mit dem Team ein paar Stunden am Flugzeug gearbeitet hatte, zog er sich ins Garden City Hotel zurück. Noch war nichts beschlossen, Dr. Kimball hatte ja keinen klaren Himmel versprochen, sondern allenfalls so viele Risse in der Wolkendecke, daß ein guter Luftpostpilot durchkam. »Bei Tagesanbruch bin ich bereit«, dachte er, »dann entscheide ich, ob ich fliege.«

6
»...VIELLEICHT AUCH TRÄUMEN...«

*»Wie sollen wir den Unterschied
zwischen Wirklichkeit und Traum erkennen?
Träume sind das Ergebnis einer Beziehung von Atomen.
Genau wie unser Körper.«*

C. A. L.

E r wollte nichts weiter als schlafen, aber als Lindbergh kurz vor Mit--
ternacht ins Garden City Hotel zurückkehrte, summte es vor Aufregung. Ein Heer von Reportern hatte die Empfangshalle mit Beschlag belegt. Alle klapperten auf ihren Schreibmaschinen, und alle gierten danach,
ihn zu interviewen. Lindbergh wehrte ihre Fragen höflich ab und bestand
darauf, er müsse zu Bett gehen. Er spürte, daß ihm ein Schlaf, und sei es
nur ein längeres Nickerchen, helfen werde, die vor ihm liegende 36stün-
dige Tortur durchzustehen. Darauf ließen ihn die Journalisten in Ruhe ziehen; selbst die hartgesottensten Reporter konnten ihre Bewunderung
nicht mehr verbergen.

Bei der Eröffnung der Rennsaison im nahe gelegenen Belmont Park hatte
es geregnet, aber die Journalisten wollten nur über das Derby des Jahrhunderts schreiben. Lindbergh wußte noch nicht, daß Clarence Chamberlin
die gleiche optimistische Wettervorhersage erhalten hatte wie er; und
Kenneth Boedecker von der *Wright Company* machte auch die Bellanca
Columbia für einen Start am nächsten Morgen fertig. Obwohl in Byrds
Stall keine Anzeichen irgendwelcher Tätigkeit zu sehen waren, fiel Lindbergh auf, daß die Fokker *America*, deren Hangar sich auf Roosevelt Field
befand, schon auf der Innenbahn stand. Sie konnte unverzüglich auf die
Startbahn rollen, während die *Spirit of St. Louis* erst von Curtiss' Flugplatz
herübergeschleppt werden mußte.

Lindberghs Sponsoren in St. Louis hatten aufmerksamerweise ein Mitglied ihrer Handelskammer als Adjutanten nach Long Island geschickt,
einen Nationalgardisten aus Missouri namens George Stumpf. Lindbergh
hatte keine Aufgaben für ihn gehabt; aber jetzt bat er ihn, er möge dafür
sorgen, daß er bis 2.15 Uhr nicht gestört werde, dann solle er ihn wecken.

Er schlief gerade ein, als es laut an die Tür klopfte. Es war Stumpf.

»Slim«, fragte der junge Mann, »was soll ich eigentlich tun, wenn Sie weg sind?«

»Das weiß ich nicht«, antwortete Lindbergh mit mühsam bewahrter Höflichkeit. »Vorher haben wir noch genug andere Probleme.« Jetzt war er hellwach und begann, über ebendiese Probleme nachzudenken. Um 1.40 Uhr wurde ihm klar, daß er in dieser Nacht wohl keinen Schlaf mehr finden würde.

Um 2.30 Uhr war er in seiner Fliegerkluft schon wieder unten – Militärbreeches und Stiefel, eine leichte Jacke über dem Hemd. Frank Tichenor und Jessie Horsfall, Verleger und Chefredakteurin des *Aero Digest*, fuhren ihn nach Curtiss Field. Kurz vor drei Uhr kamen sie in leichtem Nieselregen an. Durch den dunklen Nebel sah Lindbergh die Menschenmenge, mehr als 500 Zuschauer.

Da ihn das gleichmäßige Nieseln drinnen festhielt, gab es weiter nichts zu tun, als alle Vorbereitungen noch einmal zu überprüfen. Zusammen mit dem Spezialisten für die Instrumente stellte er fest, daß sich der Kompaß schwer ablesen ließ, da er über dem Korbstuhl des Piloten befestigt war, und daß man ihn irgendwie auf der Instrumententafel sichtbar machen mußte. Eine junge Frau in der wartenden Menge half ihnen mit einem runden Taschenspiegel aus, und ein kaugummikauender Mann lieferte den Klebstoff.

Um 4.15 Uhr hatte der Regen praktisch aufgehört, und die Wetterberichte aus Massachusetts, Maine, Neuschottland und Neufundland meldeten sämtlich Aufklaren. Ein paar Reporter durften im Hangar sitzen, während Lindbergh ein Sandwich aß. Als er fertig war, gab er den Befehl, das Flugzeug hinauszurollen. Als die durchnäßte Menge der Getreuen die große, schlaksige Gestalt erkannte, brach sie in Bravorufe aus.

Mit einer Eskorte von sechs motorisierten Polizisten des Bezirks Nassau wurde die Maschine nach Roosevelt Field gezogen. Zu diesem Zeitpunkt hieß es, Byrds Geldgeber fordere weitere Versuchsflüge für sein Flugzeug, und das Gericht hindere Chamberlin nach wie vor daran, mit Levines Bellanca zu starten. Es nieselte immer noch, als das Flugzeug über einen Kiesweg Richtung Startbahn geschleppt wurde. An einer Stelle waren die Furchen auf dem schlammigen Weg so tief, daß sie dem Flugzeug gefährlich werden konnten; die Karawane wartete, bis Bretter als Brücke darüber gelegt waren. Lindbergh ließ sein Flugzeug nicht aus den Augen und dachte: »Das Ganze sieht eher wie ein Leichenbegängnis aus, nicht wie der Anfang eines Fluges nach Paris.«

Die *Spirit of St. Louis* wurde ans westliche Ende der Startbahn von Roosevelt Field gestellt, mit der Nase nach Paris. Sie hatte gut 1500 Meter, um vom Boden loszukommen und so viel Höhe zu gewinnen, daß sie nicht in den Telefonleitungen am Ende des Flugplatzes hängenblieb. An einem weniger triefnassen Tag hätte Lindbergh seine Fähigkeit, die Maschine hochzubekommen, nicht in Frage gestellt. Aber angesichts eines Flugplatzes, der sich in ein Schlammfeld verwandelt hatte, des fehlenden Gegenwindes und einer Schwüle, die die Umdrehungszahl des Motors verringern würde, fuhr ihm das Schicksal früherer überlasteter Maschinen durch den Kopf.

Ein Lastwagen voller Fässer mit dem Treibstoffvorrat für die *Spirit of St. Louis* kam angefahren, und es bildete sich eine kleine Eimerkette. In den nächsten Stunden stand Ken Lane auf der Motorhaube – nur wenige Meter von der Stelle entfernt, wo acht Monate zuvor zwei Mitglieder von Foncks Besatzung in den Flammentod gerollt waren – und goß aus roten Fünfgallonenkanistern langsam Benzin durch ein Fensterleder, um den Treibstoff beim Einfüllen zu filtern. Ein Krankenwagen des Bezirkskrankenhauses Nassau fuhr über den Flugplatz bis zu der Stelle, wo das Flugzeug vom Boden abheben sollte.

Hunderte von Menschen wurden an diesem Morgen von Roosevelt Field magisch angezogen. Leute auf dem Weg zur Arbeit gesellten sich zu solchen, die die Nacht durchgefeiert hatten und nun auf dem Heimweg waren. Sie konnten nicht nur einen Blick auf Lindbergh werfen, sondern auch auf einige der bedeutendsten Persönlichkeiten der Luftfahrt, darunter seine Rivalen Byrd und Chamberlin, aber auch Bernt Balchen, Bert Acosta, René Fonck und die attraktive Fliegerin Ruth Nichols. Der holländische Fabrikant Anthony Fokker war zugegen und ein frischgebackener Absolvent aus Yale namens Juan Trippe, leitender Direktor der *Colonial Air Transport*, die die Luftpost zwischen New York, Hartford und Boston beförderte. Als wolle er demonstrieren, daß auch er heute nach Paris hätte fliegen können, fragte Byrd Lindbergh, ob er sich dessen Startbahn für einen Testflug mit der *America* leihen dürfe. Fast zwei Stunden lang führte Byrd seine dreimotorige Fokker nach allen Regeln der Kunst vor, fegte in den Nebel hinein und wieder heraus und landete in ebendem Augenblick, als Lindberghs Flugzeug fertig war.

Am Morgen des 20. Mai 1927 um 7.30 Uhr waren sämtliche Tanks der *Spirit of St. Louis* bis zum Rand gefüllt – 451 Gallonen Benzin (1707 Liter) mit einem Gewicht von 1250 Kilogramm. Zusätzlich zum Leergewicht der Maschine, die mit Ausrüstung und Instrumenten 975 Kilo wog, kamen noch 63,5 Kilo Öl (20 Gallonen), Lindberghs 77 Kilo (mit Kleidung) und 18 Kilo Verschiedenes, wie die Empfehlungsbriefe von Oberst Roosevelt und ein von den Sponsoren aus St. Louis ausgestellter Bankscheck der *Equitable Trust Company* aus New York über 12755,10 Francs, was 500 Dollar entsprach. Frank Tichenor vom *Aero Digest* fragte ihn, ob ihm denn die fünf Sandwiches reichen würden. »Wenn ich bis Paris komme«, erwiderte Lindbergh, »brauch' ich nicht mehr, und wenn ich nicht bis Paris komme, auch nicht.«

Aber ein Christophorusmedaillon steckte er sich noch in die Tasche –

ohne es zu merken. Gerade hatte er sich in Fliegerkluft und Lederhelm ins Cockpit gesetzt, als er plötzlich wieder heraussprang. Er glaubte, er hätte seinen Paß vergessen. Ein Mitglied der Crew wies auf das kleine Gepäcknetz hinter ihm, in dem Taschenlampe und Papiere steckten. Jetzt blieb er noch einen Augenblick stehen, schaute in den bleiernen Himmel und dann auf die prallen Räder der *Spirit*, die in der schlammigen Startbahn versanken. Während er so dastand, rief eine Frau einen Polizisten zu sich. Sie nahm ihr Christophorusmedaillon vom Hals und flüsterte ihm etwas zu. »Der Beamte nickte, brachte dem Flieger das Geschenk und drückte es ihm in die Hand«, erinnerte sich eine der Frauen aus der Menge, »und dann sah ich deutlich, wie Lindbergh das Medaillon zerstreut entgegennahm und es achtlos in die Tasche gleiten ließ.«

Um 7.40 Uhr ging er wieder zu seinem Flugzeug, schüttelte Richard Byrd die Hand und stieg ein. Ed Mulligan warf den Propeller an, und Kenneth »Boady« Boedecker betätigte den Zündverstärker, der einen kräftigeren Funken erzeugen sollte. Der Motor heulte auf, und das blockierte Flugzeug versuchte sich loszureißen. Lindbergh sah, wie die Meßgeräte vor ihm in Schwung kamen, aber der Tachometer zeigte erst 1470 Umdrehungen pro Minute an, 30 weniger als normal in Folge des Wetters.

Zehn Minuten verstrichen, in denen sich der Pilot sammelte und sich all seine Flugerfahrung der letzten vier Jahre in Erinnerung rief: 7189 Flüge, 1790 Stunden und zehn Minuten in der Luft, 32 Flüge mit der *Spirit* ohne jeden Unfall. Er wußte, daß die Bedingungen alles andere als günstig waren. Der leichte Rückenwind konnte gefährlich werden, wenn er von West nach Ost startete; die feuchte Luft hatte die Verkleidung seines Flugzeugs mit kaltem Schweiß bedeckt; der Horizont lag hinter einem Dunstschleier; der Motor war noch immer nicht auf volle Touren gekommen; und die *Spirit* war noch nie mit soviel Gewicht getestet worden.

Um 7.51 Uhr schloß Lindbergh den Sicherheitsgurt, stopfte sich Watte in beide Ohren, schnallte seinen mit Wolle gefütterten Helm fest und zog sich die Schutzbrille über die Augen. Dann wandte er sich zu Mulligan und Boedecker und sagte: »Was meint ihr – versuchen wir's?« Sie gingen zu den Bremsklötzen, und er nickte. Als die Räder frei waren, gab Lindbergh behutsam Gas.

Um das Ereignis weltweit sichtbar zu machen, wandte die *Fox Film Corporation* eine brandneue Technik für ihre Wochenschau an, ein Tonfilmverfahren, das sie »Movietone« nannte. Als der Motor immer lauter stotterte, schoben ein paar Männer an den Streben unter den Tragflächen an und setzten den zwei Tonnen schweren geflügelten Benzintank endlich in Bewegung. Die Maschine wurde schneller, aber drinnen spürte Lindbergh, wie der Steuerknüppel vibrierte, und er nahm an, daß die Luftdichte zu gering war, um genügend Auftrieb zu erzeugen. Endlich wühlte sich das Gefährt so schnell durch den Schlamm, daß es die Männer im matschigen Kielwasser hinter sich ließ, während es die Startbahn entlangschlingerte.

Als mehr als 1000 Fuß hinter ihm lagen, spürte Lindbergh, wie der Druck am Steuerknüppel größer wurde. Nach der Hälfte der Startbahn – hier mußte er sich entscheiden, ob er den Flug abbrach oder nicht – hatte die *Spirit* noch immer nicht die Fluggeschwindigkeit erreicht, aber er fühlte, »wie sich der Druck von den Rädern auf die Tragflächen verlagerte«. Er stimmte seine Bewegungen, die Hand am Gashebel und den Fuß am Seitenruder, mit dem Blick auf die näher kommenden Telefondrähte ab, die er nur sehen konnte, wenn er sich seitlich aus dem Fenster lehnte. Und dann spürte er, wie das Flugzeug abhob – um gleich wieder zum Boden zurückzukehren. Er hatte keine 2000 Fuß mehr vor sich, beschleunigte noch einmal, rauschte durch die Pfützen und trieb sein Flugzeug noch einmal zum Sprung an, und wieder kam es holpernd herunter. Als ihm noch knapp 1000 Fuß blieben, versuchte er das Flugzeug so steil hochzuziehen, daß er den Telefondrähten ausweichen konnte.

Um 7.54 Uhr befand sich das Flugzeug in der Luft – zehn Fuß über einem Traktor auf dem Feld, jenseits eines Grabens, in dem es leicht hätte zerschellen können, und flog mit 20 Fuß Abstand über die Telefondrähte hinweg. Die Hurrarufe der Menge zerrissen die Luft.

Nach zwei Minuten in der Luft hatte die *Spirit of St. Louis* 200 Fuß Flughöhe erreicht, hoch genug, um notfalls sicher landen zu können; die Fluggeschwindigkeit betrug 100 Meilen pro Stunde, und der Motor arbeitete mit 1750 Umdrehungen. Die Sorge, wie man ein noch nicht getestetes Gewicht vom Boden hochbrachte, lag hinter ihm, jetzt konnte sich Lindbergh dem nächsten Problem zuwenden – der Navigation. Er orientierte sich, indem er sein Flugzeug in Querlage brachte, bis die Nadel des Erdinduktionskompasses auf der Mittellinie stand, auf 65 Grad, wobei der Kompaß auf das erste Segment wies, das er sich vor wenigen Wochen unten in San Diego eingezeichnet hatte. Dann holte er die Karte des Staates New York heraus, um so oft wie möglich nach entsprechenden Landmarken Ausschau zu halten.

Über den riesigen Grundstücken von Long Island flog er ziemlich niedrig und konnte beobachten, wie sich der Dunstschleier über Connecticut hob. Erst jetzt merkte Lindbergh, daß er von Casey Jones in einer Curtiss Oriole voller Reporter und Fotografen verfolgt wurde. Das ärgerte ihn. Aber am Long Island Sound wackelte sein Verfolger grüßend mit den Tragflächen, kehrte um und ließ Lindbergh mit den nächsten 3600 Meilen Himmel allein.

Noch in dieser Stunde schickte Richard Blythe ein Telegramm an Evangeline Lindbergh in der Cass Technical High School in Detroit: »CHARLES HEUTE MORGEN 7.51 UHR NACH WUNDERBAREM START ABGEFLOGEN STOP AUSGERUHT UND VÖLLIG FIT STOP IST BALD IN PARIS.« Mrs. Lindbergh versuchte, ihrer Arbeit nachzugehen wie immer, und bat den Direktor, während der Schulstunden den Flug ihres Sohnes nicht zu erwähnen. Sie aß wie gewohnt in einem kleinen Restaurant zu Mittag; aber die Horde wohlmeinender Studenten, die Fremden auf offener Straße und ein Heer von Reportern machten es ihr unmöglich, sich nicht zu äußern. »Morgen ist Samstag, da habe ich frei«, sagte sie, »und es wird entweder der glücklichste Tag meines Lebens oder der unglücklichste. Nachrichten aus Paris erwarte ich erst am Samstagnachmittag ab drei Uhr, vorher nicht. Bis dahin bin ich mit Herz und Seele bei meinem Jungen auf seinem gefährlichen Flug.«

Die New Yorker versammelten sich instinktiv auf dem Times Square, weil sie hofften, auf der Broadwayseite des *Times Square Building* Meldungen über Lindberghs Vorwärtskommen zu finden. Allein an diesem Tag erhielt die *Times* mehr als 600 Anrufe mit der Bitte um Information.

Die Amerikanische Botschaft in Paris hatte vor kurzem angedeutet, die französische Regierung könnte über einen Versuch der Amerikaner, den Orteig-Preis zu erringen, ungehalten sein, so lange Nungesser und Coli noch vermißt waren, aber das stellte sich als Falschmeldung heraus. Frankreichs Marineminister ließ das große Leuchtfeuer in Cherbourg anzünden, um Captain Lindbergh den Weg von der französischen Küste landeinwärts zu weisen. Und der Polizeipräsident von Aubervilliers traf sich mit verantwortlichen Personen der Luftfahrt im nahen Le Bourget, um zu besprechen, wie viele zusätzliche Gendarmen er zur Verfügung stellen konnte, um die Hauptstraße zu kontrollieren, die auf den kleinen Flugplatz zuführte.

An diesem Tag wurde noch ein zweiter Versuch zu einem Rekordflug unternommen. Zwei Mitglieder der Royal Air Force, C. R. Carr und L. S. M. Gillman, starteten in einem Hawker-Horsley-Bomber auf dem Flugplatz Crandley bei London mit dem Ziel Karachi, 4000 Meilen weit weg in Indien. Die Briten konzentrierten sich voller Stolz auf ihre eigenen Piloten, die schließlich eine längere Strecke in Angriff nahmen als Lindbergh. Die *Associated Press* berichtete, Lindberghs Flug werde in England allgemein als »tollkühn« eingeschätzt. Aber nach ein bißchen verächtlichem Naserümpfen wurden sie vom Charme des jungen Amerikaners besiegt und waren beeindruckt, daß er allein flog – übers Wasser, wo wenig Aussicht auf Rettung bestand, wenn das Flugzeug abstürzte. Gegen Abend fesselte nicht der Flug von Carr und Gillman ihre ganze Aufmerksamkeit, sondern der von Lindbergh.

Die erste große Gefahr, daß nämlich das Flugzeug mit Treibstoff überladen war, hatte Lindbergh hinter sich. Jetzt blieb noch die Möglichkeit, daß der Motor ausfiel. Obwohl der Wright-Whirlwind bisher perfekt funktioniert hatte, war er doch noch nie einem so harten Test ausgesetzt gewesen – 36 Stunden Betrieb ohne Unterbrechung, wahrscheinlich unter den verschiedensten gefährlichen Wetterbedingungen. «In dem Motor mußten präzis und reibungslos 14472000 Explosionen hintereinander ablaufen«, schrieb Lieutenant L. B. Umlauf, Luftfahrtingenieur bei *Vacuum Oil*.»Selbst ein kleiner Motorschaden konnte diesem mutigen, aufregenden Abenteuer ein plötzliches und schlimmes Ende bereiten.«

Eine Stunde und 100 Meilen hinter Roosevelt Field hob sich der Nebelschleier über dem Long Island Sound. 35 Meilen schräg über den Sound zur Mündung des Connecticut River – die größte Wasserfläche, die er je überflogen hatte – bereiteten ihn vor auf das, was vor ihm lag, »die weglosen Weiten, die unendliche Einsamkeit, die wüstengleiche Schönheit des Ozeans«. Allein im Cockpit, war Lindbergh seit seinem Abflug unablässig am Arbeiten. Alle 15 Minuten fingerte er an den Ablaßhähnen, die den Treibstoffluß regulierten, so daß abwechselnd aus jedem Tank Treibstoff entnommen wurde. Zu Anfang der zweiten Stunde schaltete er zu dem Tank im Rumpf um, aus dem das Flugzeug jetzt für eine Stunde versorgt werden sollte. Während des ganzen Fluges wollte er stündlich die Tanks wechseln und jeden Wechsel mit einem Strich auf dem Armaturenbrett notieren. Außerdem machte er jede Stunde Aufzeichnungen in sein »Logbuch«, ein mit schwarzer Tusche liniertes Blatt Papier, in dessen Gitter er die Werte schrieb, die er den Skalen auf dem Brett vor ihm entnahm. Nach zwei Stunden hatte er für seine Vierstaatenkarte keine Verwendung mehr – New York, Connecticut, Rhode Island und Massachusetts lagen hinter ihm und vor ihm ein Blickfeld ohne Grenzen.

Über dem Atlantischen Ozean mußte Lindbergh seine »erste echte Prüfung in Navigation« bestehen – 250 Meilen ohne Landmarken, nur Wasser in jeder Himmelsrichtung. Erst in Neuschottland ließ sich feststellen, wie exakt seine kartographischen Berechnungen in San Diego gewesen waren. Vor Beginn des Fluges hatte er sich vorgenommen, nach New York zurückzukehren, wenn Neuschottland zu sehr im Nebel lag, um die Position zu ermitteln. Wenn er aber genau genug geflogen war, um dort etwaige Fehler auszugleichen, wollte er bis zum nächsten Kontrollpunkt weiterfliegen.

Als die späte Morgensonne durch das Plastikoberlicht der *Spirit* schien, wurde es Lindbergh in seinem dicken Fliegeranzug unbehaglich warm. Ihm fiel ein, daß er seit mehr als 24 Stunden eigentlich nicht geschlafen hatte. Helm und Schutzbrille hatte er schon lange abgelegt, jetzt zog er den Reißverschluß seiner Jacke auf, um sich Kühlung zu verschaffen, und trank einen Schluck Wasser aus der Feldflasche. Dann fing er Selbstgespräche an und ermahnte sich eindringlich, er müsse »hellwach bleiben, denn Pilot und Navigation dürften der hohen Qualität von Flugzeug und Motor in nichts nachstehen. Ich hätte mich geschämt, wenn jemand gewußt hätte, daß ich schon kurz nach dem Start müde war«.

Gegen Mittag tauchte Neuschottland auf. Er war ein wenig bestürzt, daß die große, bergige Insel innerhalb einer Viertelstunde, über deren Ablauf er keine Rechenschaft ablegen konnte, unbemerkt dahergekrochen war; aber er faßte wieder Mut, als er merkte, daß er nur sechs Meilen vom markierten Kurs abgekommen war, knappe zwei Grad. Während der nächsten vier Stunden überquerte er die Provinz. Obwohl er seit sechs Stunden nichts gegessen hatte, verzichtete er auf den Mittagsimbiß und beschränkte sich auf einen weiteren Schluck Wasser. »Ich darf nicht zuviel verbrauchen«, sagte er sich, »wer weiß, ob ich nicht zur Wasserung gezwungen werde!«

Als die Landschaft von Neuschottland zerklüfteter wurde, geriet der Wind außer Rand und Band, dunkle Wolken zogen auf, und die Luft wurde böig. Lindbergh machte ein paar kurze Umwege, flog aber genausogern durch die Gewitter hindurch, denn die kalte, feuchte Luft belebte ihn. Als er Cape Breton Island erreicht hatte, lag wieder klarer Himmel vor ihm und weitere 200 Meilen Wasser bis Neufundland.

Dies war der letzte Orientierungspunkt vor dem wagemutigen großen Sprung über den Atlantik. Das Wasser war ein angenehmer Anblick – bis er wieder darüber flog. Das nahezu unbewegte Bild der Wellen wirkte einschläfernd monoton. Es lagen erst acht Stunden hinter ihm, aber Lindberghs Augen fühlten sich »trocken und hart wie Steine an«. Er mußte sich schon dazu zwingen, sie offenzuhalten, dann wieder preßte er sie so fest zusammen wie möglich.

Die verschwommene Fläche unter ihm wurde plötzlich schärfer, als ein Eisfeld auftauchte – riesige weiße Kuchen, die die hinter ihm sinkende Sonne reflektierten. Das helle, grelle Gefunkel vor dem Hintergrund der schwarzen See machte ihn wieder munter. Aber er konnte sich natürlich nicht darauf verlassen, daß ihn irgendwelche Naturerscheinungen aufrüttelten; er mußte eigene Methoden entwickeln, wie er seine Sinne wachhielt – mußte das Logbuch führen, manchmal einen Schluck Wasser trinken. Über Neufundland flog er von der Placentia Bay bis zur Halbinsel Avalon in die beginnende Nacht hinein; und im Dämmerlicht – um 19.15 Uhr nach seiner eigenen Zeit, um 20.15 Uhr Ortszeit – wich er ein wenig von seiner großen Kurve ab und flog tief über die kleine Stadt St. John's hinweg, die schmuck mit ihrem Hafen versteckt dalag. Das war nun bis Irland seine letzte Verbindung zu festem Land, und die Leute sollten wissen, daß er immerhin bis hierher gekommen war. Ein Kaufmann in St. John's stand so nah, daß er fast die auf der Tragflächenunterseite aufgemalte Seriennummer lesen konnte, und ein neufundländischer Abgeordneter, der mit dem Auto unterwegs war, erkannte das Flugzeug und folgte ihm auf der Straße solange wie möglich, bis... die *Spirit of St. Louis* die Kais unter sich zurückließ und das offene Meer erreichte.

Lindbergh erschrak, als er in den letzten Sekunden der Dämmerung einen Eisberg unter sich sah. Dieser eine machte bald vielen Platz, gesprenkelt wie von grauen Schleiern. Wenige Augenblicke später stieß Lindbergh auf eine Nebelbank, und dahinter wogte wie ein Vorhang die Nacht.

Der zweite Akt von Lindberghs transatlantischer Reise begann in völliger Dunkelheit – über ihm eine mondlose, schwarze Nacht, unter ihm ein noch dunklerer Ozean. Noch blieben ihm ein paar Stunden Zeit zum Umkehren. Doch lag zwar erreichbares Land hinter ihm, aber kein Tageslicht.

Während der nächsten 15 Stunden würde es keinerlei Nachrichten von der *Spirit of St. Louis* geben. Abgesehen von der winzigen Chance, daß ihn am nächsten Tag ein Schiff auf hoher See sichtete, war er völlig von der Welt abgeschnitten – nur durch die Schwerkraft an den Planeten gebunden, der er und seine Maschine in den nächsten 24 Stunden widerstehen mußten. Lindbergh schrieb später, vor ihm habe kein Mensch auf Erden über solch eine Bewegungsfreiheit verfügt, aber er vergaß zu erwähnen, daß auch kein Mensch vor ihm jemals so allein hoch oben in den Lüften gewesen war.

In diesem Augenblick, als Lindbergh allen Kontakt zur Erde verlor und über den Nebel auf 10 000 Fuß stieg, erhob er sich auch im Bewußtsein der Öffentlichkeit in olympische Höhen. Sein Erfolg sollte sich auf die ganze Menschheit spürbar auswirken und ihn in die einzigartige Lage versetzen, jeden anderen lebenden Helden in den Schatten zu stellen. Gewiß, auf der Erde hatten schon immer erfolgreiche Athleten, Schauspieler, Künstler, Wissenschaftler, Politiker und religiöse Führer gelebt, sogar Könige, zu denen die Menschen aufsahen, aber solche Verehrung war eine Sache des Geschmacks und des Glaubens. Lindbergh jedoch ging alle an. Am 27. Mai 1927, bei Einbruch der Nacht, erkannte der moderne Mensch, daß sich noch nie jemand einer dermaßen extremen Probe von Mut und Können unterzogen hatte wie Lindbergh. Nicht einmal Kolumbus war allein gesegelt.

Praktisch jeder, der damals in Amerika gelebt hat, erinnert sich genau an seine Gefühle in dieser ersten Nacht von Lindberghs Flug. 40 Jahre später wußte eine Hausfrau noch, wie sie als »kleines, unscheinbares dickes Mädchen«, das fast seine ganze Familie verloren hatte, für ihn gebetet und so an seinem Bemühen teilgenommen hatte. Millionen taten es ihr gleich.

Amerikas populärster Gesellschaftsreporter, der Humorist Will Rogers, schickte seine landesweit in mehreren Zeitungen erscheinende Kolumne an diesem Nachmittag aus Concord, New Hampshire. »Heute gibt's keine Witze«, schrieb er ganz untypisch. »Ein… schlanker, großer, schüchtern lächelnder junger Amerikaner befindet sich irgendwo über dem Atlantischen Ozean, wohin sich noch nie ein Menschenkind gewagt hat. Für ihn wird jetzt gebetet, zu jeder Art von höherem Wesen, das überhaupt Anhänger hat. Wenn er verlorenginge, wäre das der am umfassendsten betrauerte Verlust, den wir jemals hatten.«

In dieser Nacht wanderten 40 000 Boxfans ins Yankeestadion in der

Bronx zu einem Kampf zwischen dem Schwergewichtsfavoriten Jim Maloney und seinem Herausforderer aus Boston, Jack Sharkey. Das Gespräch in und vor dem Stadion drehte sich nur um Lindbergh. Die Zeitungsjungen priesen ihre Revolverblätter nicht etwa mit den Schlagzeilen über den bevorstehenden Viertelmilliondollarkampf an, sondern verkauften die Abendextraausgaben mit dem Ruf »Lindy« – diesen Spitznamen benutzten die Schlagzeilenschreiber wegen seiner Werbewirksamkeit. »40 000 Menschen fanden Lindbergh gestern abend aufregender als Sharkey und Maloney«, schrieb die seriöse *New York Times*, »und 40 000 Menschen können sich nicht irren, seien es nun Franzosen oder Amerikaner. Beeindruckend, wie sich die Zuschauer bei dem Kampf gestern abend immer nur fragten, wie der Flug über den Atlantik ausgehen, und nicht, wer k. o. geschlagen würde.«

Sharkey war der erschöpfte Gewinner durch einen K. O. in der fünften Runde, doch der aufregendste Augenblick fand kurz vor dem Kampf statt. Der Ansager Joe Humphries verkündete der Menge, Lindbergh befinde sich jetzt über dem Meer, und den Berichten zufolge sei alles in Ordnung. Seine Meldung gründete sich auf wenig mehr als auf hoffnungsvolle Spekulationen, aber die Fans wurden wild und ließen sich nicht beruhigen. Als er sie mit Winken endlich alle zum Sitzen gebracht hatte, rief eine einzelne laute Stimme aus der Menge: »Er ist der allergrößte Kämpfer!« Wieder ertönte lautes Hurrageschrei, und Humphries flehte die Zuschauer um Ruhe an. Schließlich bat er die 40 000 um ein stilles Gebet für Lindberghs sichere Landung in Frankreich. Da erhob sich die ganze Menge wie ein Mann, barhäuptig. Ähnliche Szenen spielten sich in dieser Nacht im ganzen Land ab.

Auf dem Weg in die neblige Nacht suchte Lindbergh die Gesellschaft der Sterne. Er spürte den Rückenwind und fand, unter diesen Umständen könnte er es sich leisten, etwas mehr Benzin zu verbrauchen, um an Höhe zu gewinnen, und so stieg er auf 5000 Fuß. »Solange ich mich so hoch halten kann«, dachte er, als er die Sterne durch den Nebelschleier blinken sah, »bin ich sicher.« Der Schlaf blieb sein ärgster Feind.

In der 14. Stunde, in einer Höhe von 10 000 Fuß, flog die *Spirit of St. Louis* durch eine Wolkenbank, so hoch wie der Himalaja. Die konnte er keinesfalls überfliegen, und Lindbergh merkte, wie kalt es im Cockpit war. Er zog einen Lederfäustling aus, streckte den Arm aus dem Fenster und wurde von eisigen Nadeln zerstochen. Als er die Taschenlampe auf eine Strebe richtete, sah er Eis darauf.

Er erkannte die Gefahr, die bereits die Aerodynamik seines Flugzeugs beeinträchtigte. »In diesen nördlichen Breiten und bei der nächtlichen Kälte herrschen wahrscheinlich bis zu den Wellen hinunter eisige Bedingungen«, überlegte Lindbergh, und wenn er tiefer ging und das Eis seine

Instrumente blockierte, käme er nie mehr nach oben. Er erwog, den Kurs zu ändern und den Sturm südlich zu umfliegen; aber er mußte bedenken, wieviel Benzin ihn das kostete.

In den nächsten Minuten, in denen der Wind seine Maschine bald hierhin, bald dorthin zerrte, folgte er immer nur dem Weg, der sich von selbst anbot, und hielt sich nach Süden, wann immer es ging. Einmal merkte er, daß er auf der Suche nach einer Passage im Kreis geflogen war. Bald wurde der Eismantel dünner. Aber nun funktionierte sowohl der Erdinduktionskompaß als auch der Schwimmkompaß über ihm nicht mehr richtig. Dabei waren die haarfeinen Kompaßnadeln, die ihm den Weg wiesen, seine einzige Chance, diese nasse Hölle zu durchdringen. Lindbergh konnte nur folgern, daß er in einen erdmagnetischen Sturm geraten war, den er durchstehen mußte, indem er nach Gefühl navigierte.

Genau in diesem Moment kam Hilfe vom Himmel. Erstens vergrößerten sich die Zwischenräume zwischen den mächtigen Gewitterwolken, und zweitens ging der Mond auf. Die unerwartete Helligkeit verwirrte Lindbergh erst einmal, denn er hatte sich mit dem Mondaufgang ein wenig verrechnet, da sich die Nacht verkürzte – er flog ja mit der Erdumdrehung. Sein Aufbruch in Roosevelt Field am frühen Morgen hatte ihm ein Maximum an Tageslichtstunden eingebracht; genaugenommen mußte er nur zwei Stunden tiefe Dunkelheit durchstehen. Als seine 1000. Minute in der Luft anbrach, wagte sich sein Flugzeug dorthin vor, »wo nie ein Mensch gewesen«. Das letzte Eis verschwand, als Lindbergh eben die Hälfte seiner Route zurückgelegt hatte. »Jetzt habe ich die letzte Brücke hinter mir abgebrochen«, dachte er.

Nach 17 Stunden in der Luft – fast 40, seit er zum letztenmal geschlafen hatte – fühlte er sich körperlos. Er schien auch ohne Augen zu sehen und wurde unempfindlich gegen Hunger und Durst. Er hatte höchstens einen halben Liter Wasser getrunken. Als der Tag anbrach, merkte er, daß er die Kontrolle über seine Augenlider verlor. »Mein Rücken ist steif, meine Schultern tun mir weh, mein Gesicht glüht, und meine Augen brennen«, beschrieb er seine körperliche Verfassung. »Es scheint mir unmöglich weiterzufliegen. Ich verlange nichts weiter mehr vom Leben als mich ausstrecken zu dürfen – und zu schlafen.«

Lindberghs Körper gab das Regiment an ein »zweites Bewußtsein« ab, an eine Art automatischen Piloten, der die Verantwortung für die Muskelbewegungen übernahm, mit denen man ein Flugzeug handhabte. Die *Spirit of St. Louis* war kein »stabiles« Flugzeug – eine Maschine, die ihr Gleichgewicht von selbst wiedergewann, wenn es von außen gestört wurde; und dieser Mangel war Lindberghs Glück. Eben diese Instabilität zwang ihn immer wieder ins Bewußtsein zurück.

In den nächsten drei Stunden, während es zunehmend heller wurde, kam Nebel auf. Einmal fand Lindbergh erst 100 Fuß über dem Ozean eine

Lücke. Als die Wolkendecke auf null sank, flog Lindbergh zwei Stunden lang völlig blind in einer Höhe von 1500 Fuß. Sein Verstand funktionierte nur noch auf der Ebene instinktiven Überlebenswillens. Er gab das Logbuch auf und markierte nur noch den stündlichen Wechsel der Treibstofftanks, und manchmal verspätete er sich auch bei dieser Aufgabe.

In der 22. Stunde merkte Lindbergh, daß er einzuschlafen drohte. Also ging er, wenn der Nebel von Zeit zu Zeit dünner wurde, mit dem Flugzeug so knapp übers Wasser, daß ihm die Gischt der Wellenkämme das Gesicht besprühte. Ein andermal ließ er sich im Cockpit anregnen. Dann aber drang, ohne Vorwarnung, etwas Neues auf ihn ein.

Es sollte fast drei Jahrzehnte dauern, bis Lindbergh in der Öffentlichkeit darüber sprach. Nach fast 24 Stunden Quälerei, nach seiner Uhr gegen fünf Uhr morgens, füllte sich der Rumpf hinter ihm mit Phantomen – »undeutlich geformte Gestalten, durchsichtig, beweglich, gewichtlos, flogen mit mir«. Später beschrieb er diese Geister als wohlwollende, nebelhafte Erscheinungen. Sie durchdrangen die Stoffverkleidung des Flugzeugs und kamen und gingen nach Belieben. Über den Motorenlärm hinweg unterhielten sie sich mit ihm, gaben ihm mit menschlicher Stimme Ratschläge zu seinem Flug und übermittelten ihm »wichtige Botschaften, die einem im normalen Leben vorenthalten bleiben«. Sie hatten zwar menschliche Gestalt, aber keine feste Form. Rückblickend räumte Lindbergh ein, daß ihn diese Gesichte unter normalen Umständen erschreckt hätten, »aber auf diesem phantastischen Flug war ich so fern von allem irdischen Leben, daß ich alles akzeptierte, was mir begegnete«.

In der nächsten Stunde hatte er eine andere Vision. Unter der linken Tragfläche, nur fünf Meilen weiter nördlich, sah er eine Küste, sah Berge und Bäume, Klippen und Inseln. Der bloße Gedanke an so nahe gelegenes Land verwirrte ihn, denn nach seinen Berechnungen war Irland noch fast 1000 Meilen weit weg. Selbst wenn er in Erwägung zog, daß er völlig die Orientierung verloren hatte, konnte er sich nicht vorstellen, welches Land das sein konnte – Grönland? Labrador? Er schüttelte den Kopf und schaute noch einmal hin, vergewisserte sich, daß er wach war und die Küste noch immer vor sich sah. Endlich erkannte er, daß es sich um Luftspiegelungen handelte – »Nebelinseln, die entlang meiner Route aufschossen wie Pilze aus dem Meer, für eine Stunde nur, und dann wieder verschwanden«. Er näherte sich einer dieser Inseln, doch sie verlor sich in wattiger Luft. Wie sollte er jemals Europa erkennen, fragte er sich, wenn er wirklich an seine Küsten kam?

Im Lauf der nächsten Stunde löste sich der Nebel auf. Trotz gelegentlicher Regenschauer konnte Lindbergh tiefer als 200 Fuß fliegen, oft nur zehn Fuß über den Wellen. Er fühlte sich dem Planeten wieder verbunden, wußte aber nicht, wo er war. Er kämpfte weiter gegen den Schlaf an und folgte seiner Karte, aber die Müdigkeit machte die einfachste Rechnung zu einer anstrengenden Aufgabe. Es war ihm nicht möglich, seine Position festzulegen, denn die Gleichung hatte zu viele Veränderliche – den Umweg über St. John's und um die Gewitterwolken sowie den erdmagnetischen Sturm. Auch Windgeschwindigkeit und -richtung während der letzten zwölf Stunden konnte er nicht ausrechnen.

Lindbergh wußte nur, wo er sein *sollte,* und daß er seit einem Tag und einer Stunde flog. Er suchte in der Tasche seines Fliegeranzugs nach einem Taschentuch und wunderte sich, als er zwischen Messer, Bleistiften und Taschenlampe ein Christophorusmedaillon fand. Das war keine Halluzination, denn er spürte die silberne Scheibe, die einen Heiligen mit Kind zeigte, aber er hatte nicht die geringste Ahnung, woher sie kam. Wenige Minuten später schaute er nach unten und sah etwas Dunkles durchs Wasser schwimmen. Es war ein Tümmler, das erste Lebenszeichen seit Neufundland. Die nächste Stunde bescherte ihm eine Möwe.

Während er seine letzten Kräfte sammelte, um wach zu bleiben, fiel ihm ein, daß er in seinem Erste-Hilfe-Koffer Riechsalz hatte. Er öffnete eine der Kapseln mit aromatischem Ammoniak, in der Hoffnung, das werde ihn beleben, aber er roch nichts, und seine Augen tränten nicht. Er schwebte weiter, bis eine neue Vision seine Aufmerksamkeit fesselte – mehrere kleine Boote, die aussahen wie Flecken auf einem riesigen Leintuch. Es dauerte einen Augenblick, bis sein Verstand begriff, was dieser Anblick bedeutete. Kein Zweifel, das dort unten waren Fischerboote, die aus einem Hafen in der Nähe ausgefahren waren. Lindbergh näherte sich einem der Schiffchen und sah, wie ein Mann den Kopf aus dem Bullauge steckte. Knapp 50 Fuß über dem Wasser umkreiste Lindbergh das Boot, nahm das Gas zurück, lehnte sich aus dem Fenster und schrie: »Wo geht's nach Irland?«

Er flog mehrmals an dem Schiff vorbei, bekam aber keine Antwort. Die Männer dort unten waren über seinen Anblick fraglos genauso verblüfft wie er über den ihren, denn Lindbergh glaubte, ihm fehlten noch mindestens zweieinhalb Stunden, bis Land in Sicht käme. Er durchflog einen kurzen Regenstreifen, dann sah er wieder ein Bild am Horizont – doch diesmal schien es stabiler als seine früheren Visionen. Er unterschied eine zerklüftete Küstenlinie, Fjorde, dann wieder grüne Felder. Er legte sich eine Karte auf die Knie, schaute hin und her zwischen dem klobigen Stück Erde da draußen und den feinen Linien auf seinem Schoß und erkannte, daß sie einander entsprachen. Er war über der Dingle Bay an der Südwestküste Irlands angekommen.

Lindbergh war überzeugt, daß es diesmal keine Fata Morgana war. Er flog in Spiralen auf ein Dorf hinunter, in dessen Straßen es von Menschen wimmelte, die nach oben schauten und winkten. Nach seinem Flugplan war er nur noch sechs Abschnitte von Paris entfernt, sechs Stunden, 600 Meilen. Auf seinem 28stündigen gefahrvollen Flug war er nur drei Meilen vom Kurs abgekommen.

Die Sonne begann zu sinken, zum zweitenmal seit dem Start in Roosevelt Field. Sein Flugweg streifte die Südspitze von Irland, und er ließ die grüne Grafschaft Kerry hinter sich. Jetzt war er wieder wach, jetzt stand ihm nur noch der dritte Akt seines Fluges bevor.

Über Amerika wurde es Tag, und es trafen Nachrichten aus Übersee ein. Der Dampfer *Hilversum* hatte die *Spirit of St. Louis* vor einigen Stunden gesichtet, 500 Meilen vor der irischen Küste; in der Nähe von Valencia hatte der Kohlendampfer *Nogi* ein tieffliegendes graues Flugzeug gesehen. Fast jedermann fühlte sich an diesem Vormittag optimistisch. Die Geschäfte an der Wall Street florierten seit Monaten, und dieser halbe Geschäftstag brachte den lebhaftesten samstäglichen Aktienhandel seit eineinhalb Jahren. *Wright Aeronautical* machte die eindrucksvollsten Gewinne, der Markt öffnete bei 29¾ Punkten und stieg bis zum Börsenschluß um 5¾ Punkte. Die Börsen von Amsterdam und Berlin unterbrachen für die Dauer von Lindberghs Flug ihre Notierungen, um die neuesten Nachrichten durchzugeben. In Tokio liefen um Mitternacht Tausende von Menschen auf die Straßen. Lloyd's in London gab endlich die Wettquoten bekannt, es stand 10 zu 3 gegen Lindberghs erfolgreiche Ankunft in Paris.

Die französischen Zeitungen verwendeten für die Sonderausgaben an diesem Nachmittag ihre größten Lettern. Wenngleich Frankreich noch immer das Verschwinden von Nungesser und Coli betrauerte, so bereitete es sich doch freudig auf Lindberghs Ankunft vor; schließlich hätte auch Amerika seinerseits die französischen Piloten freundlich willkommen geheißen. Als klarwurde, daß Lindbergh nicht mehr bei Tageslicht eintreffen würde, ordnete die Regierung an, die Flugstrecke zu illuminieren und die Flugplätze zwischen Cherbourg und Le Bourget zu beleuchten.

Seit dem Morgengrauen fielen die New Yorker über die Zeitungskioske her und verwandelten sich in wilde Horden, da jede Ausgabe der mehr als ein Dutzend verschiedener Zeitungen der Stadt sofort vergriffen war. Die *New York Times* erhielt an diesem Tag über 10 000 Anrufe.

»Während ich diese Zeilen schreibe, fliegst Du über den weiten Ozean«, schrieb Juno Lindbergh Butler, C. A.s Schwester. Sie hatte keine Ahnung, wie weit er schon gekommen war. »Ich mag nicht daran denken und kann doch nicht anders. Wenn Du diesen Brief erhältst, ›gehört Dir die Welt‹. Sie liegt Dir schon jetzt zu Füßen, und Du kannst Dir nicht vorstellen, wie stolz wir auf Dich sind, auf Deinen Mut und daß Du bei all der Verherrlichung, mit der Du überschüttet worden bist, einen kühlen Kopf und ein starkes Herz behalten hast.« Obwohl es zwischen den Lindberghs und Charles' Mutter viel böses Blut gegeben hatte, gab Tante Juno zu, daß ein Teil vom Ruhm dieses Tages Evangeline zustand. »Das muß eine tapfere Mutter sein, die ihrem Jungen mit soviel ruhiger Zuversicht Lebewohl sagt und ihn mit den besten Segenswünschen auf solch eine Reise schickt«, schrieb sie. Evangeline saß unterdessen in Detroit mit »Brother« bei ausgehängtem Telefonhörer in ihrem kleinen Holzhaus, wo Haupteingang und Hintertür von der Polizei bewacht wurden.

Unter einem freundlichen Himmel und über dem St.-Georgs-Kanal, einem der kleineren Meerbusen, in die der Atlantik ausläuft, überkam Lindbergh das Gefühl, daß die größten Schwierigkeiten hinter ihm lagen. Das Flugzeug hatte beinahe 770 Kilo Treibstoff verbrannt und fühlte sich fast leer an. Was er jetzt noch leisten mußte, war nicht mehr als ein Hin- und Rückflug zwischen St. Louis und Chicago. Doch da lief plötzlich ohne jede Vorwarnung ein Zittern durch das Flugzeug, und der Motor schlug gegen seine Aufhängung.

Nach 29 Stunden rhythmischen Gleichlaufs fing der Wright-Whirlwind jetzt an, unregelmäßig zu husten. Lindbergh machte sich auf eine Notlandung gefaßt; er überlegte, ob ihn seine Überheblichkeit zu Boden zwang. »Bin ich zu selbstsicher geworden, zu arrogant, noch ehe mein Flug zu Ende ist?« Dann merkte er, daß der Bugtank, der vorderste der fünf, leer war. Das war das ganze Problem. Er mußte nur ein paar Ventile aufdrehen, schon floß wieder Treibstoff in den durstigen Motor.

Dann zählte er seine Bleistiftstriche, rechnete und kam zu dem Schluß, daß sein Leben nicht mehr auf dem Spiel stand. Selbst wenn Nebel über England und Frankreich lag, hatte er genug Benzin, um nach Irland zurückzukehren. Mit frischem Wind in den Segeln überlegte er, ob er nicht über Paris hinwegfliegen, mit den Tragflächen einen Gruß winken und nach Rom weiterfliegen sollte. Aber die Vernunft siegte. Als er Plymouth überflog, fiel ihm unwillkürlich die *Mayflower* ein, die zwei Monate bis Amerika gebraucht hatte; der Pilger Charles Lindbergh hatte den Plymouth Rock erst vor 30 Stunden umrundet. Als eben die Sonne unterging, überquerte er den Ärmelkanal und kam an die französische Küste, wo Nungesser und Coli zum letztenmal gesehen worden waren.

Er blickte auf Cherbourg hinunter und brauchte einen Augenblick, bis ihm bewußt wurde, daß er endlich über dem »Land meiner Bestimmung« angekommen war und den ersten Nonstopflug zwischen den Kontinenten Amerika und Europa geschafft hatte. Er überquerte die Baie de la Seine an der Küste der Normandie, ließ Le Havre links liegen und erreichte Deauville. Nun war er 3500 Meilen geflogen und hatte damit einen neuen Weltrekord im Langstreckenflug aufgestellt.

An der Seinemündung feierte Lindbergh, indem er zum erstenmal seit dem Hangar von Curtiss Field nach Essen griff. Er klemmte sich den Steuerknüppel zwischen die Knie und holte aus der Tüte unter seinem Korbstuhl eins der fünf in Papier gewickelten Sandwiches hervor. Als er den Verschluß seiner Feldflasche aufschraubte, kam ihm zu Bewußtsein, daß er endlich soviel Wasser trinken durfte, wie er wollte. Das Sandwich stillte seinen Hunger, aber es schmeckte nach nichts. Das Schlucken strengte ihn an, für jeden Bissen brauchte er einen Mundvoll Wasser. Mehr aß er nicht. Er stopfte das Einwickelpapier in die Tüte zurück, denn er wollte nicht, »daß ein weggeworfenes Sandwichpapier meine erste Berührung mit Frankreich sein sollte«.

Ein paar helle Lichter blitzten in der Ferne auf, Leuchtfeuer markierten den Anflug auf Paris. Um einen besseren Überblick zu gewinnen, stieg Lindbergh auf 4000 Fuß. Aus dieser Höhe glich die Erde unter ihm der Milchstraße über ihm. Die Lichter wurden häufiger, je weniger ländlich die Gegend wurde; die kleinen Orte sahen wie Sternbilder aus, und die größeren Städte schimmerten wie helle Sternhaufen durch die klare Nachtluft. In der Ferne vor ihm tauchte ein Glühen auf, das wie ein Nordlicht immer heller wurde – »ein Flecken sternenübersäter Erde unter einem sternenübersäten Himmel, die Lichter von Paris – gerade und gekrümmte Linien aus Licht, Rechtecke aus Licht und dazwischen schwarze Flecken«. Er kreiste einmal über dem Eiffelturm, an dem ein senkrechter Lichtschauer wie ein Sternschnuppenregen entlangfuhr und das Wort: »CITROËN« schrieb – dann flog er Richtung Nordosten weiter.

Paris hatte Lindbergh gefunden, aber Le Bourget konnte er nicht ausmachen. Wo er den Flugplatz erwartete, war nur ein schwarzer Fleck, der zwar für seinen Zweck groß genug schien – aber die Beleuchtung ringsum ergab keinen Sinn. Die Umrisse eines Flugplatzes mußten durch Lichter in regelmäßigem Abstand gekennzeichnet sein; dieser Platz aber war nach einem seltsam regellosen Muster eingekreist: Eine Ecke schien von Scheinwerferlicht überflutet, und dann gab es eine Lichterkette, die bis Paris zu reichen schien. Er flog noch einige Meilen weiter und suchte; aber nach fünf Minuten in der ländlichen Dunkelheit kehrte er zu der Lichtschnur zurück und schraubte sich tiefer. Bei jedem Blick aus der schrägfliegenden Maschine wurde der Flugplatz deutlicher sichtbar. Die unzähligen Lichter ringsumher waren die Scheinwerfer von Automobilen, die im Verkehr steckengeblieben waren.

Mehrmals umrundete er das Feld, ging tiefer, überprüfte den näher kommenden Boden. Er schnallte den Sicherheitsgurt fest, überprüfte die Armaturentafel, warf einen Blick auf den Windsack und überlegte, wo er aufsetzen sollte. Er ging tief genug, um die Bodenbeschaffenheit zu erkennen, dann stieg er noch einmal auf 1000 Fuß hoch, um zum Landeflug anzusetzen.

Er drehte das Flugzeug in den Wind, nahm den Knüppel zurück, schloß den Gashebel, verminderte die Geschwindigkeit, näherte sich der Landebahn, bis die Räder den Boden berührten, und kehrte in dem Moment, als auch das Spornrad aufsetzte, mit einem sanften Hopser zur Erde zurück. Das Flugzeug rollte in einer leichten Kurve aus und kam an einer dunklen Stelle genau in der Mitte von Le Bourget kurz zum Stehen. Es war 22.24 Uhr Ortszeit – 33½ Stunden seit dem Start. Lindbergh rollte weiter, auf die Scheinwerfer zu. Dann sah er aus dem Fenster und war wie vom Donner gerührt.

Die 150 000 Menschen auf dem Flugplatz standen überall – auf den Autodächern, auf den Flughafengebäuden und die meisten auf der Erde hinter einem Zaun, der von Flughafenpolizisten, Spezialeinheiten aus Paris und zwei Kompanien Soldaten mit aufgepflanztem Bajonett bewacht wurde. Myron T. Herrick, der amerikanische Botschafter in Frankreich, wurde von einer Eskorte zu dem überfüllten Pavillon am Ende der Landebahn begleitet, um den Piloten offiziell zu empfangen.

Als Lindbergh die *Spirit of St. Louis* ins gleißende Licht des Flugplatzes setzte, sah er eine menschliche Flutwelle auf sich zukommen. »Die in Bewegung gekommene Menschenmasse schwappte über die Soldaten hinweg und an den Polizisten vorbei, es war ein wahnsinniger Anblick, wie Tausende von Männern und Frauen wie wild eine halbe Meile über den nicht gerade ebenen Boden rannten«, berichtete der Chefkorrespondent der *New York Times*, Edwin L. James. »Soldaten und Polizisten versuchten kurz, sich gegen die Flut zu stemmen, dann schwammen sie mit und liefen so verrückt wie alle anderen auf den Flieger und sein Flugzeug zu.«

Der 73jährige Botschafter Herrick, der fast sein ganzes Leben lang an öffentlichen Ereignissen teilgenommen hatte, schwor, so etwas habe er noch nie gesehen: »Nicht die Hölle, von der die Zeitungen bei politischen Versammlungen immer reden, sondern ein wirkliches Chaos... Soldaten und Polizisten wurden überrannt und der stabile Zaun zerstört, und die Menge raste auf das Flugzeug zu.« Als erste kamen die Arbeiter von Le Bourget bei Lindbergh an, sie riefen: »Cette fois, ça va!« (»Diesmal hat's geklappt!«)

Zahllose Zitate sind Lindbergh in den Mund gelegt worden. Er soll beim Anblick der Fremden, die ihre Köpfe in die *Spirit of St. Louis* steckten, Sätze gesagt haben wie: »Ich bin Charles Lindbergh« oder: »So, ich hab's geschafft!« Nichts davon treffe zu, erklärte er später. In Wirklichkeit habe er nur gefragt: »Gibt's hier Mechaniker?«

In dem hysterischen Getöse erreichte er mit diesen Worten gar nichts. Und Lindbergh hätte selbst eine englische Antwort wahrscheinlich nicht verstanden, denn er hatte noch das Dröhnen des Motors im Ohr, das alles übertönte – außer dem unheilvollen Geräusch von splitterndem Holz und reißendem Stoff. Noch ehe er die Tür seines Flugzeugs ganz geöffnet hatte, war schon die erste große Menschenwoge über ihn hereingebrochen und hinderte ihn daran, einen Fuß auf den Boden zu setzen. Arme griffen nach ihm, und hilflos schwebte er über einem Meer von Köpfen.

Erst nach einigen Minuten gelang es ihm, einen Fuß auf den Boden zu setzen, und er drohte im Gewühl der Massen unterzugehen. Ein paar geistesgegenwärtige Franzosen kamen ihm zu Hilfe. Einer zog Lindbergh die Fliegerkappe vom Kopf und setzte sie einem amerikanischen Reporter auf, der zufällig daneben stand. Gleichzeitig warf George Delage, ein französischer Zivilpilot, Lindbergh seinen Mantel über die Schultern und rannte los, um sein Auto zu holen, während sein Freund, der Militärpilot Michel Détroyat, Lindbergh an den Rand der Menge drängte. In der allgemeinen Verwirrung fiel der Mob über den Mann mit der Kappe her, und Détroyat und Lindbergh konnten in Delages Renault schlüpfen.

Sie fuhren mit ihm zu einem Hangar am Rand des Flugplatzes und boten ihm dort in dem kleinen Aufenthaltsraum Essen und medizinische Versorgung an. Sie machten kaum Licht, um keine Aufmerksamkeit zu erregen. Frankreich gehöre ihm, erklärten sie. Doch Lindberghs einzige Sorge war sein Flugzeug, zu dem er zurückwollte. Delage und Détroyat machten ihm klar, wie wenig ratsam solch ein Unterfangen wäre. Er fragte nach Paßkontrolle und Zoll und erntete nur Gelächter; als er sich nach Nungesser und Coli erkundigte, wurden ihre Mienen traurig.

Détroyat ging fort und kam nach wenigen Minuten mit Bombergeschwader-Major Pierre Weiss zurück, der gar nicht glauben konnte, daß Delage und Détroyat den Helden bei sich beherbergten, denn, so erklärte er, »Lindbergh ist gerade im Triumph zum offiziellen Empfangskomitee getragen worden«. Die vier Männer zwängten sich in Delages Renault, fuhren quer über den Flugplatz und warteten dann in Weiss' Büro; und Weiss holte Myron Herrick zum eigentlichen Besitzer der Kappe des Fliegerhelden.

Mitternacht war schon vorüber, als Herrick mit Sohn und Schwiegertochter endlich in Weiss' abgedunkeltem Büro erschien. Lindbergh zeigte ihm seinen Empfehlungsbrief, aber der war nicht nötig. Herrick schlug vor: »Ich nehm' Sie mit mir nach Hause, junger Mann, und kümmere mich um Sie.« Lindbergh rückte näher und entschuldigte sich, er höre noch immer nicht richtig. Herrick wiederholte sein Angebot, und Lindbergh nahm an, aber er wollte sein Flugzeug noch einmal sehen, bevor er vom Flugplatz ging. Wieder wurden die naheliegenden Argumente gegen einen solchen Versuch vorgebracht. Aber Lindbergh machte sich Sorgen, denn er hatte ein Splittern und Reißen gehört, als die Menge von ihm Besitz ergriff, und sagte, er wolle nur ein paar Sachen in Sicherheit bringen.

So fuhren sie zu dem Hangar, wo die *Spirit of St. Louis* untergestellt war. Lindbergh war entsetzt, als er sah, daß die Menge Teile der Stoffbespannung als Souvenir abgerissen hatte; auch der Öleinfüllstutzen und das Klemmbrett mit dem Logblatt waren verschwunden. Später stellte sich heraus, daß kein großer Schaden angerichtet worden war. Das Flugzeug verbrachte die Nacht im Schutz des Militärs.

Eigentlich hatte Herrick selbst Lindbergh nach Paris fahren wollen, aber in Folge eines Mißverständnisses saßen Lindbergh, Weiss, Détroyat und Delage plötzlich alle wieder im Renault und machten auf Nebenstraßen einen Umweg von mehreren Kilometern Richtung Westen, ehe sie nach Süden auf die Stadt zuhielten. Sie fuhren durch die Porte de Saint Ouen Richtung Place de l'Opéra, wo die Menschen schon seit Stunden auf den

Straßen tanzten – und dann geradewegs den Boulevard Haussmann hinauf. Lindberghs Begleiter hatten für ihn als erste Station in Paris das Grabmal des Unbekannten Soldaten ausgewählt. Alle stiegen aus und standen schweigend unter dem Arc de Triomphe. Lindbergh schwankte leicht, seine Beine gaben nach. Dann kletterten sie wieder ins Auto und fuhren zum Kanzleigericht in der Rue de Chaillot, das sie für den Wohnsitz des Botschafters hielten. Die Polizei verwies sie jedoch in die Avenue d'Iéna Nr. 2, einen steilen Hügel hinauf, einen Block weiter von der Seine entfernt.

Botschafter Herrick hatte sein Personal telefonisch angewiesen, Zimmer und Abendessen für seinen nächtlichen Besucher vorzubereiten. Nun ließen die französischen Piloten Lindbergh in der Obhut von Herricks Butler zurück, und dieser servierte ihm einen Teller mit Hühnchen und Beilagen; doch Lindbergh lehnte ab und wollte nur ein Ei und etwas Bouillon. Dann zog er sich ins Bad zurück.

Wegen des starken Verkehrs kam der Botschafter erst um drei Uhr morgens heim. Er fand seinen Gast in einem seiner Schlafanzüge, mit Bademantel und Hausschuhen in einem Gästezimmer auf dem Bett sitzend. Die Straße vor dem Haus hatte sich mit Reportern gefüllt, und Herrick schlug vor, Lindbergh solle sie kurz empfangen. Lindbergh erklärte jedoch, seine Geldgeber in St. Louis hätten einen Vertrag mit der *New York Times* über ein Exklusivinterview abgeschlossen, und gegen diese Abmachung dürfe er nicht verstoßen. Da ging Herricks Sohn Parmely hinunter in den Salon, wo schon einige Reporter warteten, und suchte den Vertreter der *Times*, Carlyle MacDonald. Ebenso diplomatisch wie sein Vater, gab Parmely MacDonald zu verstehen, dieses Ereignis sei einfach zu gewaltig, um nur in einer einzigen Zeitung zu stehen, er möge doch einwilligen, daß Lindbergh mit allen Journalisten spreche. MacDonald gab sein Einverständnis, und die Presseleute klatschten Beifall und wurden die Treppe hinaufgeführt.

Lindberghs Zimmer war in Blau und Gold gehalten, es brannte ein gedämpftes Licht. Er erhob sich, um seine Besucher zu begrüßen, und sie baten ihn dringend, er solle sich wieder setzen. Lächelnd erwiderte er: »Stehen fällt mir fast genauso leicht wie sitzen.« Die Journalisten bestürmten ihn mit Fragen, und er beantwortete sie mit wenigen Worten. Nach sieben oder acht Minuten fand Herrick, alle weiteren Fragen wären für Lindbergh eine unzumutbare Anstrengung – er sei inzwischen seit 63 Stunden wach. Die Zeitungsleute zogen sich zurück. Lindbergh schüttelte Botschafter Herrick die Hand und sagte, man brauche ihn morgen früh nicht zu wecken, um neun Uhr sei er zuverlässig wach und fertig angezogen.

Um 4.15 Uhr schlüpfte Lindbergh in eines der beiden schmalen Betten in seinem Zimmer, eine zierliche, aber stabile Replik eines Louis-XVI-Möbels mit einem geschnitzten Kopfteil, Holzrahmen und Fußteil in Beige und dunklem Blaugrün. Mit seinen zwei Metern war es kaum lang genug für den müden Piloten.

Kaum waren die Journalisten gegangen, telegrafierte Botschafter Herrick an Evangeline Lindbergh in Detroit. »HERZLICHSTE GLÜCKWÜNSCHE STOP«, schrieb er. »IHR UNVERGLEICHLICHER SOHN BEEHRT MICH MIT SEINER GASTFREUNDSCHAFT STOP ER IST IN GUTER VERFASSUNG UND SCHLÄFT ENTSPANNT UNTER UNCLE SAMS DACH.«

TEIL 2

7

NUR EIN MENSCH

»Ich war verblüfft, welche Auswirkungen
meine erfolgreiche Landung in Frankreich
auf die Länder in aller Welt hatte.
Mir kam das vor wie ein Streichholz,
das ein Freudenfeuer in Brand setzt.«

C. A. L.

Am Sonntag, dem 22. Mai 1927, gegen ein Uhr nachmittags erwachte Charles Lindbergh in seinem Zimmer in der Amerikanischen Botschaft in Paris. Botschafter Herrick hatte seinen Kammerdiener Walter Blanchard hereingeschickt, und dieser ließ nun das Badewasser einlaufen und zog die Vorhänge vor den Fenstern zurück, die auf den Park des Trocadéro und auf die Seine blickten. Als Lindbergh die Augen aufschlug, nahm er seine glanzvolle Umgebung zum erstenmal wahr. Neben dem Bett stand Blanchard, hielt ihm den Bademantel auf, verkündete, das Bad sei bereitet, und fragte, wie der Pilot seine Frühstückseier wünsche. Dann ließ er den verdutzten jungen Mann mit einer Wanne voll warmem Wasser und einem dicken Stück gelber Seife allein.

Lindbergh hatte das Gefühl, als erwache er in einen Traum hinein, und er hatte keine Ahnung, daß das erst der Anfang der phantastischen Geschichte war. Ohne sein Wissen hatten die Wunder der modernen Kommunikation den 25jährigen »Jungen« in den berühmtesten Menschen der Erde verwandelt.

Während Lindbergh schlief, verschwanden alle anderen Nachrichten – eine schwere Überschwemmung am Mississippi, wachsende Spannungen zwischen Japan und China, der Abbruch der diplomatischen Beziehungen zwischen Großbritannien und Rußland, Gnadengesuche im Fall Sacco und Vanzetti – von den Titelseiten der meisten amerikanischen Zeitungen und aus den Köpfen der meisten Menschen.

Nach mehrmaligem blinden Alarm drang der erste zuverlässige Bericht von Lindberghs Landung um halb sechs Uhr nachmittags zur *New York Times* durch, sechs Minuten, nachdem die *Spirit of St. Louis* aufgesetzt hatte. In einem Fenster des *Times*-Gebäudes wurde eine offizielle Bekanntmachung ausgehängt, und von dort breitete sich die Nachricht wie ein Lauffeuer aus und löste eine Kettenreaktion aus Hurrageschrei und Hupen aus. »Fähren, Schleppkähne und Passagierdampfer, all die kleinen und großen Schiffe im Hafen von New York ehrten jenen Mann, der ohne Unterbrechung über die längste Wasserstrecke geflogen war, die jemals ein Flieger überquert hat«, meldete die *Times*. Alle Feuerwehren der Stadt schlossen sich an, ließen ihre Sirenen ertönen und schickten ihre Löschwagen auf die Straße, um die Nachricht zu verbreiten. Die *New York Times* widmete Lindbergh und seinem Flug eine dreizeilige Überschrift (Lindbergh schafft es!), die ganze Titelseite sowie jede Spalte auf den folgenden vier Seiten.

Weil Lindbergh an einem Samstagnachmittag gelandet war, wurde im Geschäftsviertel von St. Louis wenig gefeiert, aber in den Vorstädten und auf dem Land verbreiteten die Kirchenglocken die Nachricht von einem Turm zum nächsten, sogar die großen Glocken der Christ Church Cathedral, die »nur bei sehr wichtigen zivilen Ereignissen« geläutet wurden.

Und so war es auch in jeder anderen kleinen und großen Stadt in Amerika, jede suchte nach ihrer besonderen Verbindung zu Lindbergh. In Detroit beendete die Mutter des Helden ihre Klausur und kam im grünen Hut und grünen Kleid aus dem Haus, um vor die Presse zu treten. Lächelnd, mit Tränen in den Augen, stand sie unter dem Kirschbaum im Vorgarten. »Ich bin so dankbar«, sagte sie. »Ich brauche gar nicht zu versuchen, mein Glück in Worte zu fassen.« Sie habe immer nur Zuversicht empfunden; trotzdem »bin ich glücklich, daß es vorbei ist, glücklicher als ich sagen kann... Er hat die größte Tat seines Lebens vollbracht, und es macht mich stolz, die Mutter eines solchen Jungen zu sein.« Als San Diego die Nachricht erfuhr, »wurde die ganze Stadt verrückt«, erinnerte sich der junge Douglas Corrigan, »denn die Leute wußten, daß das Flugzeug von hier stammte.« In Little Falls, Minnesota, war vor der Redaktion »die Hölle los«, berichtete das Telex der *Associated Press*, »zu all dem Lärm gesellte sich noch eine laut schmetternde Kapelle, gellendes Pfeifen und Glockengeläut.« F. Scott Fitzgerald, der Historiker des Jazz-Zeitalters, fing den Höhepunkt der Ära mit den Worten ein:

> Ein junger Mann aus Minnesota, der mit seiner Generation offenbar nichts gemein hatte, vollbrachte eine heldenhafte Tat, und einen Augenblick lang setzten die Leute in den Country Clubs ihre Gläser ab, unterbrachen ihren Small talk und dachten an ihre eigenen alten Träume.

Lindbergh erregte weltweit Aufmerksamkeit. In Berlin klatschten Theaterpublikum und Hotelgäste Beifall, als sie die Nachricht erfuhren, in Buenos Aires erkundigten sich Leute nach dem Verbleib des Kätzchens, das angeblich mitgeflogen war. Eine Hindi-Zeitung bei Bombay schrieb: »Wenige Ereignisse haben das Herz Indiens so aufgewühlt und so gewaltige Bewunderung hervorgerufen wie... Lindberghs fabelhafte Meisterleistung. Sein Triumph gereicht nicht nur seinen eigenen Landsleuten zur Ehre, sondern dem ganzen Menschengeschlecht.« Der römische Korrespondent der *Times* berichtete im Rundfunk, ganz Italien habe Captain Lindberghs Flug »mit atemloser Spannung« verfolgt, weil er beweise, »daß der Mensch den widrigen Kräften der Natur mit stolzer Verachtung trotzen und das Schicksal herausfordern könne.« Selbst die Briten wurden von der allgemeinen Aufregung erfaßt; das Interesse an den beiden Piloten der Royal Air Force, die noch immer Richtung Indien flogen, ließ nach. »Gut gemacht!« rief der Prince of Wales, als er die Nachricht bekam. »Lindbergh ist kein gewöhnlicher Mensch«, schrieb der *Sunday Express*. »Er ist aus solchem Stoff, aus dem die Helden sind. Er hat den Tod herausgefordert, hat Strafaufschub erbeten und Begnadigung erlangt. Von seiner Kühnheit ist die ganze Welt geblendet. Nur schwer läßt sich eine verzweifelt-heroischere Tat vorstellen als sein einsamer Flug über den Ozean.«

Obwohl er sich ein wenig »steif« fühlte, gestattete Lindbergh sich kein allzulanges Einweichen in der Badewanne, denn ihm fiel ein, daß er das Interview mit Edwin L. James und Carlyle MacDonald von der *New York Times* verschlafen hatte. Botschafter Herrick beruhigte seinen Gast jedoch und versicherte ihm, ganz Paris rechne damit, daß er 20 Stunden schlafe, und die Korrespondenten der *Times* könnten ohne weiteres mit den anderen 200 Journalisten im Erdgeschoß der Botschaft warten. Inzwischen bauten 25 Kameramänner und 50 Fotografen ihre Ausrüstung draußen im Hof auf.

Da die transatlantische Telefonverbindung noch nicht bis Paris reichte, schlug Lindbergh vor, kurz nach London zu fliegen, um seine Mutter anzurufen. »O nein«, widersprach Botschafter Herrick, »Sie fliegen nicht mehr, mein Junge, zumindest vorläufig nicht.« Aber er versprach, eine Gemeinschaftsschaltung zwischen Paris und Detroit herstellen zu lassen.

Das Allerwichtigste, fand Herrick, war nun erst einmal die Kleidung, denn Lindbergh hatte nichts eingepackt, und es waren bereits Termine geplant, die mehr als Fliegerklamotten erforderten. Blanchard half ihnen mit einem Straßenanzug aus, den er von einem großen Freund geborgt hatte – allerdings hatte dieser offensichtlich breitere Schultern und kürzere Beine als Lindbergh. Der Anzug war nur eine Zwischenlösung; man hatte einen Londoner Schneider mit einer Niederlassung in Paris gebeten, so schnell wie möglich eine komplette Garderobe zusammenzustellen – vom Tagesanzug bis zum Frack. In der Botschaft hatte niemand so große Füße wie Lindbergh, und so wanderte er in sauberen Socken durch die Gegend, bis zwei Dienstboten seine braunen Fliegerstiefel geputzt hatten. Dann zog er sich fertig an und bat die Männer von der *Times* in sein Zimmer.

Während sie sich unterhielten, aß er seine erste richtige Mahlzeit seit zweieinhalb Tagen – Grapefruit, Eier mit Speck, Toast und Kaffee. Ununterbrochen trafen Glückwunschtelegramme von Staatsoberhäuptern ein, auch von Präsident Calvin Coolidge, der kabelte: »Mɪᴛ ᴍɪʀ ꜰʀᴇᴜᴛ sɪᴄʜ ᴅᴀs ᴀᴍᴇʀɪᴋᴀɴɪsᴄʜᴇ Vᴏʟᴋ üʙᴇʀ ᴅᴇɴ ɢʟäɴᴢᴇɴᴅᴇɴ Vᴇʀʟᴀᴜꜰ Iʜʀᴇs ʜᴇʟᴅᴇɴʜᴀꜰᴛᴇɴ Fʟᴜɢᴇs. Dᴇʀ ᴇʀsᴛᴇ Nᴏɴsᴛᴏᴘꜰʟᴜɢ ᴇɪɴᴇs ᴇɪɴᴢᴇʟɴᴇɴ Pɪʟᴏᴛᴇɴ üʙᴇʀ ᴅᴇɴ Aᴛʟᴀɴᴛɪᴋ ɪsᴛ ᴅɪᴇ Kʀöɴᴜɴɢ ᴅᴇʀ ʙɪsʜᴇʀɪɢᴇɴ ᴀᴍᴇʀɪᴋᴀɴɪsᴄʜᴇɴ Lᴜꜰᴛꜰᴀʜʀᴛ...«

Vor dem Haus Avenue d'Iéna Nr. 2 hatte sich seit dem frühen Morgen eine riesige Menschenmenge angesammelt, und ihr Rumoren war sogar hinter den dicken Mauern der Botschaft zu hören. Als Lindbergh schon fast eine Stunde mit den beiden *Times*-Reportern und einem Stenographen im Salon im ersten Stock saß, sah sich Botschafter Herrick gezwungen zu stören. Er führte den jungen Mann am Arm auf den Balkon hinaus, wo die Massen im Chor riefen: »Vive Lindbergh! Vive l'Amérique!«

Lindbergh war sprachlos und wußte nicht, wie er reagieren sollte. »Der Gedanke, mich zur Schau zu stellen, machte mich verlegen und verwirrt«, schrieb Lindbergh fast 50 Jahre später. »Noch nie hatte mich jemand um so etwas gebeten.«

»Sagen Sie einfach, daß Sie froh sind, in Frankreich zu sein«, schlug jemand vor, aber das fand Lindbergh zu banal. Spontan stieß er von den wenigen französischen Worten, die er kannte, drei hervor: »Vive la France!« Die Menge jubelte wieder, und er wurde noch verlegener. Herricks Schwiegertochter Agnes kam mit einer französichen Flagge auf den Balkon, Lindbergh und der Botschafter hielten sie hoch, und der Jubel wuchs. Erst jetzt dämmerte es Lindbergh, daß sein Flug »eine Bedeutung erlangt hatte, die über den Bereich der Fliegerei hinausging«, und daß er seinen Plan, ein paar Wochen in aller Ruhe durch die Alte Welt zu gondeln, wohl ändern mußte. »Von jetzt an fand mein Leben unter anderen Bedingungen statt«, stellte er fest, »ich war umgeben von ungeahnten Chancen, Pflichten und Problemen.«

Wieder im Haus, erfuhr Lindbergh, die Telefonisten könnten ihn jetzt schrittweise nach Detroit verbinden. Die Presse versuchte zwar den Eindruck zu vermitteln, Mutter und Sohn hätten direkt miteinander gesprochen, aber in Wirklichkeit unterhielten sie sich über einen Gesprächsteilnehmer in London, der telefonisch mit Paris und über Radiowellen mit New York verbunden war, von wo die Worte schließlich wieder telefonisch nach Detroit geschickt wurden. »Hallo, Mutter«, sagte Charles. »Der Flug war wunderbar. Mir geht es gut, mach dir keine Sorgen.« Evangeline verordnete »viel Ruhe, denn du hast außergewöhnliche Anstrengungen hinter dir«. Die Verbindung war voller Störgeräusche, aber die genauen Worte ihres kurzen Gesprächs waren nicht von Bedeutung – weder für Lindbergh noch für die Öffentlichkeit.

Dieses »Gespräch« brachte Lindbergh auf den Gedanken, der Mutter von Charles Nungesser seine Aufwartung zu machen. Während dieser kleine Ausflug vorbereitet wurde, stellte Lindbergh sich der Presse und ließ sich mit Myron Herrick fotografieren. Gegen Ende des Tages wurden die Fotos und Wochenschauenfilme in alle Hauptstädte Europas geflogen.

Wenig später verließ Lindbergh mit Myron Herrick und Gefolge die Botschaft und fuhr quer durch Paris zum Boulevard du Temple, wo Mme. Nungesser in einem der ältesten Wohnhäuser der Stadt wohnte. Obwohl der Besuch nicht öffentlich angekündigt worden war, hatten sich 10 000 Menschen vor ihrer Wohnung versammelt, als Lindbergh dort ankam.

Im sechsten Stock empfing Madame Nungesser Lindberghs Grüppchen, küßte den amerikanischen Flieger auf beide Wangen und umarmte ihn. Tränen liefen ihr über die Wangen, und sie sagte: »Sie sind ein mutiger junger Mann. Ich gratuliere Ihnen von ganzem Herzen. Auch ich habe einen mutigen Sohn, und ich glaube noch immer, daß er in die Zivilisation zurückfinden wird.« Obwohl es mehr als zwei Wochen her war, seit jemand ihren Sohn gesehen hatte, ergriff Lindbergh ihre Hand und gebot ihr, die Hoffnung nicht aufzugeben. Auf dem Rückweg über die Rue de la Paix wunderte er sich, daß überall amerikanische Flaggen hingen, und erschrak, als Herrick ihm erklärte, sie wehten ihm zu Ehren.

Seit langem war für diesen Abend ein Dinner in der Botschaft geplant, da Botschafter Herrick glaubte, Lindbergh würde sich gern amüsieren. Lindbergh aber verhielt sich nur insofern auffällig, als er extrem höflich war; das hatte er schon als Kind in Washington lernen müssen. Agnes Herrick hatte etwa 50 Leute nach dem Dinner zu einem Empfang mit dem Piloten gebeten, und jeder einzelne von ihnen wollte ein Autogramm, die der Ehrengast auch verbindlich lächelnd gab. Lindbergh entschuldigte sich früh – kurz nach neun – und zog sich in sein schmales Bett zurück, wo er unerwartet auf Herricks Drahthaarterrier Max stieß.

»Am nächsten Tag«, schrieb Herrick später, »begann der Ernst des Lebens«, und das hieß: die offizielle Verklärung des Charles Lindbergh. Glückwünsche wurden nicht mehr nur von Einzelpersonen übermittelt, sondern von Institutionen und ganzen Nationen.

Nach einem zeitigen Frühstück und einem kurzen Treffen mit dem Herrenausstatter – wo man Hemden, Schuhe, Schals und Gamaschen aussuchte – wollte Lindbergh sein Flugzeug in Le Bourget sehen. Dank dem Diplometenkabriolett kam er kurz nach 10.00 Uhr auf dem Flugplatz an, nicht im geringsten vorbereitet auf die Ovationen des Flughafenpersonals und der 34. Luftwaffeneinheit. Er machte sich auf einen zerfetzten Rumpf gefaßt, aber bei näherer Prüfung waren die Schäden weniger gravierend als erwartet. Das Auspuffrohr war locker, aber nicht abgerissen, und der Motor brauchte nur ein bißchen sauberes Öl. Ein paar Stunden Reparatur, und die *Spirit of St. Louis* wäre so gut wie neu.

Lindberghs Wagen fuhr zurück nach Paris zu einer Einladung um 12.00 Uhr im Elysée-Palast. Ein Militärbefehlshaber begrüßte ihn und Botschafter Herrick und führte die beiden an der jubelnden Menge vorbei. In seinem neuen blauen Anzug wurde Lindbergh dem französischen Präsidenten Gaston Doumergue vorgestellt, der in Abendgarderobe erschienen war. Der Präsiden heftete ihm das Kreuz der Ehrenlegion ans Revers, einen goldenen Orden an einem scharlachroten Band. Noch nie in der Geschichte der Französischen Republik hatte der Präsident die höchste Auszeichnung der Nation für militärische Tapferkeit oder zivile Großtaten persönlich einem Amerikaner verliehen. Lindbergh verbeugte sich höflich und kehrte zu seinem Auto zurück, das sich mühsam einen Weg durch die Scharen von jubelnden Parisern bahnte.

Nach einem Lunch in der Botschaft drängte Herrick seinen Gast, bis zur nächsten Verabredung am Abend unbedingt ein Nickerchen zu machen. Aber wie sollte man bei dem ständigen Strom von Journalisten und Abgesandten aus allen Ländern Europas, die offizielle Einladungen ihrer Nationen überbrachten, zur Ruhe kommen? Mittlerweile waren mehrere tausend Überseekabel und Telegramme eingetroffen. Das französische Postministerium wollte einen Spezialdienst nur für Lindberghs Post einrichten, die von nun an sackweise geliefert werden sollte. Hunderte von Visitenkarten wurden in der Botschaft abgegeben, doch Lindbergh hatte kaum Zeit, sie anzuschauen. Auf einer stand: »Sie sind ein Gott – Herkules ist ein Kind gegen Sie.«

Um 17.00 Uhr besuchte Lindbergh den Aero-Club von Frankreich. Die Mitglieder überreichten ihm eine Goldmedaille. Champagnerkorken schossen in die Luft, und Paul Claudel, Frankreichs dichtender Diplomat in Washington, brachte einen zweisprachigen Toast aus: »Auf die glücklichste Frau in Amerika, auf die Mutter dieses Jungen.« Ein Kellner mit Perücke bot Lindbergh mit einer tiefen Verbeugung auf seinem Tablett ein schlankes Stielglas an. Lindbergh sah hilfesuchend zu Herrick hinüber, und der flüsterte: »Na los, trinken Sie. Ein Toast auf Ihre Mutter ist nur indirekt einer auf Sie.« Und so probierte Lindbergh seinen ersten Schluck Champagner. Die Franzosen im Saal klatschten begeistert, führten ihn zweimal zum Fenster und heizten damit die Hysterie der abertausend Franzosen, die draußen warteten, weiter an.

Drinnen hielt Lindbergh seine erste Runde und bedankte sich bescheiden. Er sagte, ihm fehlten die Worte, seine Gefühle angesichts des wunderbaren Empfangs in Paris auszudrücken, und er würdigte Nungesser und Coli, die ein größeres Wagnis eingegangen seien als er, indem sie von Paris aus zu fliegen versucht hätten. Botschafter Herrick nützte diesen Augenblick der Kameradschaft und rief: »Dieser junge Lochinvar aus dem Westen vermittelt Ihnen besser als alles andere den Geist Amerikas.« Jeder spürte, daß Lindbergh zu einer Brücke zwischen den beiden großen Nationen geworden war.

Der Aero-Club wollte Lindbergh 150 000 Francs schenken, fast 6000

Dollar, aber er lehnte dankend ab. Er bat, »das Geld den Familien von französischen Fliegern zukommen zu lassen, die ihr Leben für den Fortschritt der Luftfahrt geopfert haben.«

Anschließend wurde Lindbergh in den Louvre entführt, ins Finanzministerium, wo sie den Premierminister Raymond Poincaré aufsuchten, der ihm gratulierte; dann ging es wieder zurück in die Botschaft zu weiteren Pressekonferenzen mit den vielen hundert Journalisten, die aus aller Welt in die Avenue d'Iéna eingefallen waren. In einem günstigen Augenblick warf Botschafter Herrick ein: »Dieser Junge ist ein menschliches Wesen, auch wenn wir ihn inzwischen gewissermaßen in einem höheren Licht sehen.« Und er führte seinen Gast nach oben zu einem privaten Abendessen. Sie unterhielten sich bis elf Uhr abends.

Erst als Lindbergh allein in seinem Zimmer war, bekam er einen – schlechten – Vorgeschmack davon, wie sich die Erlebnisse dieses Tages niederschlugen. Kurz bevor er zu Bett ging, las er die New York Times mit dem ersten Artikel, der auf dem Material basierte, mit dem er Carlyle MacDonald versorgt hatte. Er mußte feststellen, daß MacDonald in zwei Doppelspalten, die die halbe Titelseite füllten, seine Beschreibung des Fluges zu einem Tagebuch in der Ichform umgeschrieben hatte und den Namen Charles Lindbergh als Verfasser angab. »Ich war entsetzt und enttäuscht«, erinnerte sich Lindbergh mehr als 40 Jahre nach der Lektüre. Der lange Beitrag war in einem sentimentalen, unbedarften Stil geschrieben. »Er war weder korrekt, noch entsprach er meinem Wesen oder meinem Standpunkt«, erinnerte sich Lindbergh. »Mit anderen Worten, er machte mich zu einem ganz anderen Menschen, als ich war oder sein wollte, und vermittelte auch vom Flug selbst ein völlig entstelltes Bild.«

In diesem Moment, als er erkannte, daß die Presse ihren eigenen Regeln folgte, fühlte sich Lindbergh sehr einsam. Von nun an wurde er mißtrauisch und hütete sich vor allen, die über ihn schreiben wollten. Er erkannte, daß die Journalisten ihn stets zu ihren eigenen Zwecken mißbrauchen und ihn so darstellen würden, wie das Publikum ihn ihrer Meinung nach haben wollte; selbst bei der Zeitung, die er immer für das »offizielle Blatt« der Nation angesehen hatte, durfte er nicht damit rechnen, daß sie seine Geschichte richtig wiedergab. Er konnte nur ahnen, was für schlimmere Entstellungen noch folgen würden. Lindberghs Eltern und Großeltern hatten ihre wichtigen Dokumente immer aufgehoben; jetzt stellte er sich darauf ein, daß er die seinen ebensogut aufheben mußte – jedes Beweisfitzelchen, das dokumentieren konnte, was er in seinem Leben getan oder nicht getan hatte.

Ahnungslos, daß er in der ersten Person zitiert werden würde, hatte Lindbergh sein Einverständnis zu einer ganzen Artikelserie in der Times gegeben; der zweite Beitrag sollte am folgenden Tag erscheinen. Da ihm keine Zeit mehr blieb, den Text selbst zu schreiben, konnte er nur Mac-

Donald sein Mißfallen kundtun und hoffen, daß dieser den Artikel umformulierte. Der Journalist willigte ein, da er die Flut von Exklusivinterviews, die Lindbergh ihm versprochen hatte, nicht gefährden wollte. Lindbergh hoffte jedoch, die Geschichten so bald wie möglich selbst zu schreiben und er beschloß, nie wieder zuzulassen, daß sein Name unter etwas gesetzt wurde, das er nicht selbst verfaßt hatte.

Am Dienstag gab der Amerikanische Club in Paris um 12.30 Uhr einen Lunch zu Lindberghs Ehren. 5000 Mitglieder der amerikanischen Kolonie bewarben sich um die 600 Eintrittskarten in den Speisesaal des Hotel *Ambassadeurs* am Boulevard Haussmann. Es war zwar eine Veranstaltung für Amerikaner, aber dennoch saßen einige bedeutende französische Persönlichkeiten bei Lindbergh am Haupttisch, darunter der Automobilmagnat André Citroën. Als Lindbergh eintrat, brachen die Gäste in einen zehnminütigen Applaus aus. Neben Lindberghs Platz stand ein Sicherheitsbeamter, damit er überhaupt essen konnte.

Kurz darauf wurde Botschafter Herrick gemeldet, daß 200 französische Maurer und Zimmerer, die auf der anderen Straßenseite ein Haus bauten, ihre Werkzeuge niedergelegt hätten und streiken wollten, bis sie Lindbergh zu Gesicht bekämen. Lindbergh erbot sich, ihnen vom Hotelbalkon aus zuzuwinken. Er ging aus dem Saal und trat auf den Balkon, und 25 000 Pariser jubelten ihm zu. Als Lindbergh in den Speisesaal zurückkehren wollte, löste das erneute Ovationen aus. Daraufhin sprach er zu der Menge und erzählte von den Vorbereitungen zu seinem Flug. Wieder erwähnte er Nungesser und Coli und fügte hinzu: »Meine Maschine heißt *Spirit of St. Louis*, und das war als Botschaft an das französische Volk gedacht – ich hoffe aufrichtig, sie ist angekommen.« Die Massen auf der Straße forderten so ungestüm, ihren Helden zu sehen, daß sie in diesem Bemühen die riesigen Fensterscheiben des Hotels eindrückten. Ehe er das *Ambassadeurs* verlassen konnte, mußte er sich noch von den 100 Köchen und Küchenhilfen feiern und die Hände küssen lassen, was er errötend über sich ergehen ließ.

Am nächsten Tag aß Lindbergh privat bei Louis Blériot zu Mittag; nur ein paar französische Minister und berühmte Flieger waren dazu geladen. »Sie werden immer ein Vorbild für mich bleiben«, sagte Lindbergh zu dem grauhaarigen Mann, der erst 18 Jahre zuvor über den Ärmelkanal geflogen war. »Ja, aber Sie sind mein Sohn«, antwortete Blériot anerkennend, »Sie sind der Prophet eines neuen Zeitalters…«

Die Lunchgesellschaft zog weiter zur französischen Deputiertenkammer; dort wurde Lindbergh offiziell vom Parlament empfangen. Der Präsident des Militärausschusses äußerte voller Anerkennung, Lindbergh habe »die kühnste Tat des Jahrhunderts vollbracht«.

Zwischen den offiziellen Einladungen traf sich Lindbergh weiterhin mit Vertretern der Weltpresse und des Diplomatischen Corps. Die Briefflut war so gewaltig geworden, daß er schließlich eine Treuhandgesellschaft beauftragte, seine Post in Empfang zu nehmen. Er bekam nur einen kleinen Teil des Segens zu Gesicht – die Anerkennung des argentinischen Präsidenten, Mussolinis und des Papstes Pius XI. ... und das Angebot eines Texaners, die Steuern für den Orteig-Preis zu zahlen.

Amerika forderte lautstark, Lindbergh solle heimkommen. Die großen Städte richteten spontan Begrüßungskomitees ein, und das ganze Land wurde »flugnärrisch«. Auf Anordnung von Präsident Coolidge bot der Marineminister an, Captain Lindbergh und sein Flugzeug heimzutransportieren.

»Jeder Tag war vollkommen verplant, von der ersten Sekunde, wenn ich aufwachte, bis zur letzten, wenn ich einschlief«, beschrieb Lindbergh seine ersten Tage in Paris. Als er einmal glaubte, er hätte ein paar Minuten für sich, wurden ihm 100 Fotos für Autogramme vorgelegt. Selbst wenn er Zeit gehabt hätte, durch die Straßen von Paris zu wandern, hätte er nicht mehr die »Handlungsfreiheit« dazu gehabt. »Ich war ein Gefangener der Zeremonien, die für mich geplant waren«, so sah er es fast 50 Jahre später, »mit uniformierten Offizieren vor dem Gebäude, in dem ich mich aufhielt, und immer und überall Reportern und Fotografen.« Ironischerweise hatte er sich Paris näher gefühlt, als er darüber hinweggeflogen war.

Am Donnerstag war Christi Himmelfahrt, ein kirchlicher Feiertag für das ganze Land; aber Paris feierte weiterhin Lindbergh. Nachdem er sich zwanglos mit Marschall Foch, dem früheren Oberbefehlshaber der alliierten Streitkräfte, getroffen und mit Außenminister Briand zu Mittag gegessen hatte, fuhr Lindbergh in einem offenen Wagen die Champs Elysées entlang, über die Place de la Concorde und durch die Rue de Rivoli zum Rathaus. Der Weg war gesäumt von über 500 000 Menschen – manche schätzten von einer Million. Es war der größte Empfang, den Paris jemals einem Privatmann bereitet hatte, und machte dem von Präsident Woodrow Wilson nach dem Krieg Konkurrenz. Allein auf dem Platz vor dem Hôtel de Ville drängten sich 35 000 Menschen hinter den Absperrungen der Polizei.

Im Rathaus erhielt Lindbergh in einer kurzen Zeremonie den goldenen Schlüssel der Stadt. Er bedankte sich mit einer kurzen Rede. »Ich glaube, mein Flug ist der Vorläufer eines regelmäßigen Flugverkehrs, der mein und Ihr Land auf eine Weise miteinander verbinden wird, wie sie noch nie verbunden waren.« Während der ganzen Zeremonie hörte man draußen die Menge skandieren: »Au balcon, au balcon«, und als die kleinen Reden drinnen beendet waren, erhob sich Lindbergh von seinem goldenen Stuhl, trat auf den Balkon, winkte mit einer amerikanischen Flagge und setzte sein inzwischen berühmtes strahlendes Lächeln auf.

An diesem Abend kehrte er früh zurück und dachte über die Angebote nach, die er aus der ganzen Welt erhielt, zum Beispiel von Adolph Zukor 300 000 Dollar, wenn er in einem Film der Paramount Studios auftreten wollte, und 700 000 von Carl Laemmle bei Universal – beides lehnte er ab –, sowie Einladungen von König Georg V. von England und König Albert von Belgien – beide nahm er an. Er überlegte, ob er nicht durch Europa reisen – Schweden interessierte ihn besonders – und dann über Griechenland, Asien und den Pazifik heimfliegen sollte. Doch diese Träume zerstoben, da seine Regierung ihn zur Heimkehr drängte.

Am nächsten Morgen stand Lindbergh um 5.00 Uhr auf, zu einem Rendezvous, das er vor fast allen geheimgehalten hatte. Ein Wagen brachte ihn nach Le Bourget, wo ihm der Flughafenkommandant ein Kampfflugzeug zeigte, eine schwarze Nieuport 300 H.P. Nach kurzer Unterweisung hob Lindbergh ab Richtung Stadt und flog seine eigene, ganz private Rundtour über Paris, noch ehe die Stadt aufgewacht war. Nach 20 Minuten Stadtbesichtigung kehrte er zum Flugplatz zurück und veranstaltete für die französischen Flieger auf dem Boden eine halbstündige improvisierte Flugkunstschau. Nach der Landung inspizierte er sein eigenes Flugzeug, das wieder tadellos in Ordnung war. Die französische Crew hatte das ganze Tuch vom Rumpf entfernt und ihn neu bezogen.

Er frühstückte mit ein paar Fliegern im Flughafenrestaurant und fuhr dann in die Stadt und zu seinen öffentlichen Pflichten zurück: Lunch im Kriegsministerium mit General Pershing, ein Empfang der französischen Senatoren im Palais du Luxembourg, ein Rundgang durch die Citroën-Fabrik, ein Gartenfest im Handelsministerium, ein Empfang im Fliegerclub im Bois de Boulogne. Botschafter Herrick hatte den Hotelier Raymond Orteig, dessen Preis Lindbergh zu seinem Flug angeregt hatte, zu einem privaten Abendessen in der Botschaft geladen. Das Geld sollte erst bei einer offiziellen Veranstaltung in Amerika überreicht werden. Jetzt wollte Lindbergh erst einmal seine morgige Reise nach Belgien besprechen, und wie er Paris am besten Lebewohl sagen könnte. Er gedachte aus seinem Flugzeug einen Abschiedsbrief zu werfen, der sich an die ganze Stadt richtete – zu Händen von Orteig.

Am späteren Abend erhielt Lindbergh einen ersten Eindruck von Paris bei Nacht – obgleich auch das eine offizielle Angelegenheit war, eine Wohltätigkeitsgala im *Théâtre des Champs Elysées* zugunsten des Fliegerhilfsfonds. Die Hautevolee von Paris erschien in Scharen. Die Versteigerung von Lindberghs Unterschrift an diesem Abend erbrachte 1600 Dollar.

Am nächsten Morgen war Lindbergh um 7.30 Uhr in Le Bourget; zum erstenmal seit einer Woche hatte er Motoröl an den Händen. Drei Stunden lang stellte er seine Maschine ein. Um 11.00 Uhr kam Botschafter Herrick mit einem kalten Imbiß, den sie zusammen im Hangar einnahmen. Um eine Hysterie wie bei seiner Ankunft zu vermeiden, hatte Lindbergh verbreiten lassen, in Paris könne man seinen Abschied am besten miterleben. Fast die ganze Stadt nahm ihn beim Wort.

Kurz vor 13.00 Uhr hob die *Spirit of St. Louis* genau an dem Punkt ab, an dem sie sieben Tage zuvor gelandet war. Lindbergh flog Richtung Paris, wo Hunderttausende von Menschen die Straßen säumten und zum Himmel hochschauten. Lindbergh umkreiste zweimal den Eiffelturm, brummte dann im Tiefflug über den Arc de Triomphe, folgte den Champs Elysées und machte kurz vor der Place de la Concorde einen doppelten Looping. »Es sah nicht so aus, als hätte er etwas aus dem Flugzeug geworfen«, erinnerte sich Orteig, »wir waren ziemlich enttäuscht und rätselten, was geschehen sein mochte.« Aber da machte das Flugzeug kehrt, und »auch meine Hoffnungen kamen zurück«, wie Orteig es beschrieb. »Gleich darauf sah ich, wie Lindbergh die versprochene Botschaft fallen ließ, eingewickelt in eine schöne französische Flagge.« Beschwert mit einem kleinen Sandsack, landete die Trikolore am Fuß des Obelisken vor Orteigs Hotel, dem *Crillon.* Die Menge wollte sich auf das Päckchen stürzen, aber es fiel in die Hände eines Freundes von Orteig, der es unversehrt weiterreichte. »Auf Wiedersehen, liebes Paris!« stand in dem Briefchen. »Tausend Dank, daß Du so freundlich zu mir warst! Charles A. Lindbergh.« Lindbergh flog über die Stadtmitte und jagte der Menge mit seinen alten Fliegertricks, mit Trudeln und Rollen, einen ordentlichen Schrecken ein. Dann flog er nach Nordosten, Richtung Belgien, meilenweit über vom Krieg gezeichnetes Land. »Diese Woche wird mir mein Leben lang wie ein Traum in Erinnerung bleiben«, stand in Lindberghs nächstem *New York Times*-Artikel, der kurz vor seiner Abreise in verändertem, enger an sein Diktat angelehnten Stil geschrieben worden war. »Ich wollte irgendwo hin, wo es ruhig war und ich über alles nachdenken konnte.«

Aber das ging nicht mehr. Bis zu dem belgischen Flugplatz in Evere hatte er nur zwei Stunden für sich. König Albert hatte angeordnet, Lindbergh und sein Flugzeug müßten unbehindert von der Menge landen können. Nahezu die gesamte Brüsseler Polizei war auf dem Posten sowie zusätzlich 5000 Soldaten mit aufgepflanztem Bajonett. Mehr als 25 000 Menschen, manche meinten sogar 75 000, erwarteten gegen drei Uhr nachmittags Lindberghs Ankunft. Nur der Premierminister trat vor, um den Piloten willkommen zu heißen, und alle, die hinten stehen bleiben mußten, ließen ihn hochleben. Lindbergh wurde zur amerikanischen Botschaft gefahren; dort konnte er sich umziehen. Auf dem Weg zum königlichen Schloß wurde er gebeten, am Grab des Unbekannten Soldaten einen Kranz niederzulegen; dann wurde er von König Albert und seiner Familie empfangen. Sie unterhielten sich ein paar Minuten auf englisch, dann heftete ihm der König das Abzeichen eines Ritters vom Leopold-Orden ans Revers. Es folgte ein Besuch beim belgischen Aero-Club und auch dort die Überreichung einer Plakette.

Am nächsten Morgen traf sich Lindbergh privat mit dem König und der Königin in Evere; er zeigte ihnen sein Flugzeug und beantwortete ihre Fragen zu dem großen Flug. Dann kehrte er zu einem Tag voller Empfänge in die Stadt zurück. Die vergoldeten Gebäude und sogar die alten grauen Pflastersteine des herrlichen Grand'-Place vor dem Hôtel de Ville schimmerten in strahlendem Sonnenlicht. Der Platz war randvoll mit Tausenden von jubelnden Belgiern, das Geläut der Kathedrale St. Gudule erfüllte die Luft, und an jeder Ecke wehten amerikanische Flaggen. Im gotischen Rathaus hieß der hochangesehene Bürgermeister Max vor einer auserlesenen Schar von Ratsherren, Veteranen und Mitgliedern der amerikanischen Kolonie Lindbergh willkommen. »Es erfüllt mich mit Stolz«, sagte er, »in diesem Rathaus, wo ich schon so viele große und berühmte Männer zu empfangen die Ehre hatte, einen echten Helden begrüßen zu dürfen... Ihr Sieg ist ein Sieg der ganzen Menschheit. Ihr Ruhm bedeutet Ruhm für alle Menschen.« Unter Hochrufen und Händeschütteln überreichte der Bürgermeister Lindbergh ein Lederetui mit einer Goldmedaille der Stadt Brüssel. Der Heldentenor der Brüsseler Oper sang »The Star-Spangled Banner«, und Lindbergh bat ihn, er möge zum Abschluß der Feier auch die belgische Nationalhymne singen. Danach traten der Bürgermeister und Lindbergh auf den Balkon, um die Hochrufe der Menge zu erwidern.

Nach einer Woche mit 16-Stunden-Tagen voller diplomatischer Verpflichtungen war Lindbergh erschöpft. Die einzige Zeit, die er für sich hatte, waren die Stunden in der Luft. Er kehrte nach Evere zurück und flog weiter nach England. Über dem Friedhof von Werington in der Nähe von Gent, der letzten Ruhestätte für viele amerikanische Soldaten, ging er tiefer. Er ließ einen Blumenkranz auf das Meer aus weißen Kreuzen fallen, umrundete den Friedhof zweimal und flog dann bei klarem Himmel über den Kanal.

Nach seiner Kenntnis vom zurückhaltenden Wesen der Briten erwartete Lindbergh hier einen nicht weniger gesetzten Empfang als in Belgien. Und in der Tat hatte der amerikanische Botschafter Alanson B. Houghton einen angemessenen Festakt für den Flieger vorbereitet. Nach seinen Plänen sollte Lindbergh 13 Meilen südlich vom Parlament in Croydon landen, zuvor eine Ehrenrunde um den Flugplatz drehen, damit ihn die Menge hinter den Absperrungen besichtigen konnte, und dann in einer Ecke neben dem Gebäude, wo er den britischen Regierungsbeamten vorgestellt werden würde, aus dem Flugzeug steigen. Zweieinhalb Stunden, nachdem er Belgien verlassen hatte, wurde der Eindecker als Pünktchen über den Türmen von London sichtbar. Man hatte alles für Lindberghs Empfang vorbereitet, aber nicht mit 150 000 schaulustigen Engländern gerechnet.

Dieses erste silbrige Glitzern am Himmel reichte aus, um ein heilloses Chaos auszulösen. In Sekundenschnelle rasten alle über die Absperrungsseile auf das Feld, wo Lindbergh landen sollte. Über ihrem Geschrei zog die *Spirit of St. Louis* ihre Kreise, kam auf dem Boden auf, rollte aus ... und erhob sich wieder in die Lüfte. Lindbergh hatte aus dem Fenster gesehen und Angst bekommen, er könnte die Menschenmassen niedermähen. Die Ordnungshüter am Boden verschafften ihm Platz, und unter einer zweiten Jubelwoge landete er gerade außerhalb des Zugriffs der Menge. Erst als die Polizei das Flugzeug mit Seilen abgesperrt hatte, stieg Lindbergh aus und begab sich zu einem offiziellen Wagen. Der Botschafter und der Luftfahrtminister waren in dem Durcheinander verlorengegangen, und Lindberghs Chauffeur bahnte sich mühsam einen Weg zum Kontrollturm.

Auf dem Tower kletterte der Flieger über eine Leiter ganz nach oben und rief mit einem Megaphon begeistert hinunter: »Ich möchte euch nur sagen, das ist ja noch schlimmer als in Paris!« Die Tausenden in seinem Rücken verlangten ihn auch zu hören, also ging er auf die andere Seite der Plattform und schrie: »Ich habe gerade gesagt, das ist ja noch schlimmer als in Le Bourget – oder soll ich sagen ›besser‹?« Als sich der Jubel gelegt hatte, sangen alle: »For He's a Jolly Good Fellow.« Dann bat Lindbergh inständig, dem Botschafter ein bißchen Platz zu machen, damit alle wieder heimfahren konnten. Die offizielle Begrüßung wurde abgekürzt, und man kehrte gleich nach London zurück. An den Straßen stadteinwärts jubelten ihm Tausende zu.

Die nächsten drei Tage waren angefüllt mit Ereignissen, an die er jetzt schon gewöhnt war – Essen in der Botschaft mit Ehrengästen, Pressekonferenzen, ein Besuch am Grabmal des Unbekannten Soldaten. Am zweiten Abend in London war er Ehrengast bei einem riesigen Bankett von Journalisten im Abraham-Lincoln-Saal des Hotels *Savoy*. Auf Lindberghs Teller lagen fünf Sandwiches, daneben stand eine halbe Gallone Wasser; als er Platz nahm, verkündete der Toastmaster: »Captain Lindbergh nimmt nun die gewohnte Mahlzeit zu sich.«

Der nächste Tag verlief noch prunkvoller. Inzwischen war es beschlossene Sache, daß Lindbergh und sein Flugzeug per Schiff nach Amerika zurückkehren würden. Botschafter Houghton informierte ihn, daß Präsident Coolidge für seine Überfahrt ein Kriegsschiff »bestellt« hatte. Und so ließ sich Lindbergh am Dienstag, dem 31. Mai, kurz vor vier Uhr morgens nach Croydon fahren, von wo er die *Spirit of St. Louis* zu einem Flugplatz in der Nähe des Hafens von Southampton flog. Dort sollte sie für die Heimkehr in Kisten verpackt werden. Lindbergh erklärte, wie das Flugzeug auseinandergenommen und verstaut werden sollte, lieh sich ein Flugzeug für die Rückkehr nach London und kam gerade noch rechtzeitig an, um für die nächste Runde von Feierlichkeiten einen blauen Anzug anzuziehen.

Nach einem Kurzbesuch in Downing Street Nr. 10, wo er die Glückwünsche von Premierminister Stanley Baldwin entgegennahm, kam er um 10.45 Uhr im Buckingham Palace an. Er wurde König George V. vorgestellt, dann zogen sich die beiden in einen Salon zurück und unterhielten sich unter vier Augen. »Ich fühlte mich geschmeichelt, als ich an seinen Fragen merkte, daß er sehr viel über meinen Flug gelesen und ihn hervorragend nachvollziehen konnte«, sollte Lindbergh in der nächsten Folge seiner Reiseberichte in der New York Times »schreiben«. Und das fand er ziemlich bemerkenswert: »Den König interessierte an dem Flug über den Atlantik genau dasselbe, was auch alle anderen interessierte. Das Bild eines Königs als einer erhabenen, unnahbaren Persönlichkeit wird von König George eindeutig Lügen gestraft; er unterhielt sich ungezwungen und wie ein normaler Mensch mit mir.« Was Lindbergh rücksichtsvollerweise zu erwähnen vergaß, war einer der ersten Sätze im Gespräch, als Seine Majestät sich vorbeugte und sagte: »Eins möcht ich unbedingt wissen, Captain Lindbergh. Sagen Sie mal, wie haben Sie eigentlich gepinkelt?«

Nach einem viertelstündigen Gespräch unter vier Augen kam auch Königin Mary, um Lindbergh persönlich zu gratulieren. Sie schaute zu, als ihr Mann Lindbergh das Kreuz der Air Force verlieh, die höchste Auszeichnung in Friedenszeiten, die an Personen vergeben wurde, »die nicht im Dienst der Britischen Krone stehen und sich um die Luftfahrt in höchstem Grade verdient gemacht haben«. Ehe Lindbergh den Palast verließ, wurde er in einer Vorhalle der kleinen Prinzessin Elizabeth vorgestellt, der Enkelin des Königs. Lindbergh verbeugte sich, schüttelte ihr die Hand und tätschelte ihr die Wange. Die Menschenmenge draußen vor dem Palast jubelte ihm zu, als sein Wagen davonfuhr.

Um 11.15 Uhr besuchte er im York House den Prince of Wales. Ihm fiel auf, daß der liebenswürdige Prinz »weniger über meinen Flug wissen wollte als der König, dafür zeigte er ein großes Interesse an meiner Person«. Als der Mann, der einmal als Edward VIII. den Thron besteigen sollte, Lindbergh fragte, was er in Zukunft zu tun gedenke, antwortete dieser, er wolle »weiterfliegen«. Die Presse schrieb unter das Foto von dieser Begegnung: »Die beiden berühmtesten jungen Männer der Welt«, und als die Journalisten Lindbergh fragten, über was er mit dem Prinzen gesprochen hätte, antwortete er: »über zehn Minuten«.

Am Nachmittag besuchte Lindbergh als Gast von Lord und Lady Astor das Unterhaus. Die Begrüßungsrede des Sprechers löste anhaltenden Beifall aus, und Lindbergh wurde von einer Eskorte zur »Galerie für hochrangige Besucher« gebracht. Er hörte ein Weilchen bei der Debatte zu und zog sich dann zurück. Als er sich verabschiedete, wurde ihm ein höchst ungewöhnliches Zeichen der Bewunderung zuteil (manche meinen, es sei das einzige Mal, daß ein Amerikaner derart geehrt worden sei): Das gesamte Unterhaus erhob sich wie ein Mann. Lindbergh sprach ein paar Minuten mit dem Schatzkanzler Winston Churchill, und anderntags äußerte sich Churchill so über den prominentesten Gast der Nation: »Wir haben kaum etwas von ihm gesehen, und doch haben wir den Einruck gewonnen, daß er für all das steht, was ein Mann sagen, tun und sein sollte.«

Die Briten versuchten bei allen Veranstaltungen, die Lindbergh besuchte, Haltung zu bewahren – beim Lunch im British Air Council, bei dem er den Goldpokal der *Daily Mail* erhielt, beim Dinner des Royal Aero-Club im *Savoy*, beim Vorabendball des Derby in der Albert Hall und beim Derby selbst – aber sie konnten sich nicht beherrschen. Wo immer er hin kam, stimmten Kapellen spontan den »Yankee Doddle« an, schrien Männer auf der Straße, winkten mit den Taschentüchern und baten ihn um Autogramme, und Frauen liefern auf ihn zu, um ihn zu küssen.

Kurz nachdem in New York das erste Schiff aus Europa mit Filmen und Fotos von Lindberghs Ankunft in Paris angelegt hatte – mit einer Sondergenehmigung des Finanzministeriums, dank der die Fracht schneller durch den Zoll kam, so daß die Bilder innerhalb von Stunden im ganzen Land verbreitet werden konnten –, änderten sich die Pläne für Lindberghs Heimreise. Admiral G. H. Burrages Flaggschiff, der Kreuzer *Memphis*, der sowohl genug Laderaum für die *Spirit* als auch Kajüten für die Schar der mitreisenden Korrespondenten besaß, wurde »berufen«, ihn von Frankreich aus heimzubringen.

Zwei Wochen war Lindbergh bei Dutzenden von Veranstaltungen pünktlich erschienen – jetzt, als er den Ärmelkanal überqueren wollte, verspätete er sich zum erstenmal. Während die *Memphis* in Southampton anlegte, um die riesigen Kisten mit der *Spirit of St. Louis* an Bord zu nehmen, hielten Nebel und Regen Lindbergh eine Nacht länger als geplant in England fest. Er hatte schon schlimmerem Wetter getrotzt, aber die Diplomaten wollten ihn nicht fliegen lassen. Am Morgen des 2. Juni, einem Freitag, verließ er den Flugplatz Kenley in einem geliehenen Flugzeug und flog nach Le Bourget, wo sich wieder Tausende eingefunden hatten, um ihn noch einmal zu sehen. Nach einer kleinen Feierstunde in Paris brach Lindbergh am nächsten Morgen nach Cherbourg auf, um an Bord der *Memphis* zu gehen.

Trotz der grauen Kälte standen Zehntausende von Bürgern auf dem mit amerikanischen Flaggen geschmückten Marktplatz von Cherbourg. Zur Erinnerung an die Stelle, wo Lindbergh zum erstenmal über französischen Boden flog, wurde eine Gedenktafel enthüllt. Als die Barkasse ablegte, die ihn zur *USS Memphis* bringen sollte, schrie eine Stimme am Kai: »Komm bald wieder!« Lindbergh antworte: »Verlaßt euch drauf!«

Als die *Memphis* das offene Meer erreichte, nahm eine andere Reise über den Atlantik eben ihren Anfang. Nach Wochen der Auseinandersetzung startete in Roosevelt Field endlich die Bellanca *Columbia* mit Clarence Chamberlain als Piloten. Zum allseitigen Erstaunen stellte sich in letzter Minute heraus, daß der ungenannte Copilot niemand anderer war als Charles Levine, der Mann, der sich vor Monaten geweigert hatte, eben dieses Flugzeug an Lindbergh zu verkaufen. Um die dramatische Wirkung zu steigern, hielten Chamberlin und Levine ihr Ziel geheim. 46½ Stunden später mußte das Flugzeug bei Eisleben, 110 Meilen vor dem angestrebten Ziel Berlin, notlanden.

Tagelang wurde über Chamberlin und Levine in Riesenlettern auf den Titelseiten berichtet, denn sie hatten auf einen Schlag zwei von Lindberghs Rekorden überboten – die Entfernung (3905 Meilen) und die Zeit in der Luft. Viele Journalisten, vor allem die Berliner Korrespondenten, versuchten ihre bei Lindbergh eingesetzte Sprachgewalt noch zu überbieten, aber weder Diktion noch Distanz änderten etwas an Lindberghs Popularität. Von Anfang an schien die Öffentlichkeit die beiden Flüge nicht miteinander vergleichen zu wollen. Lindbergh blieb der erste, der die Kontinente mit Hilfe des Flugzeugs verbunden hatte, er hatte es allein geschafft und war genau da angekommen, wo er es vorgehabt hatte. Die Artikel über Chamberlin und Levine, die im Kampf mit den Elementen lagen, um Europa zu erreichen, mußten sich schließlich den Platz mit Lindbergh teilen, der in aller Ruhe mit dem Schiff nach Hause fuhr. Als Lindbergh sich der amerikanischen Küste näherte, verdrängten die Nachrichten über die Vorbereitungen für seine Ankunft Chamberlin und Levine aus dem Bewußtsein des Publikums.

Neun Tage lang rekapitulierte Lindbergh nun die fast unwirklichen Erinnerungen an die vergangenen zwei Wochen. Er holte Schlaf nach und arbeitete täglich mehrere Stunden mit Carlyle MacDonald: Er diktierte ihm Einzelheiten über seinen Flug und sein Leben für ein Buch, das, basierend auf Artikeln in der *Times*, mit seiner Einwilligung erscheinen sollte. »Nach dem Empfang in Le Bourget und Croydon… fragte ich mich nun, wie man mich wohl in New York empfangen würde.«

Lindbergh hatte noch nicht einmal die amerikanische Küste erreicht, da waren schon ein Dutzend Biographien in Arbeit, eine verklärender als die andere. Kein Amerikaner wurde so schnell zur Sagengestalt verklärt; mit den Abenteuergeschichten wollte man die Jugend inspirieren und aus dem Patriotismus Kapital schlagen. Ein erfolgreicher Band, *The Lone Scout of the Sky*, sollte von James E. West geschrieben werden, dem verantwortlichen Chief Scout der amerikanischen Pfadfinder. Am sehnlichsten jedoch wurde das Buch erwartet, das gerade an Bord der *USS Memphis* geschrieben wurde.

Da Lindbergh nicht vorhatte, wieder als Postbote zu fliegen, und auch den Orteig-Preis nicht kassieren wollte – der, so fand er, stand seinen Geldgebern zu –, überlegte er schon seit längerem, womit er seinen Lebensunterhalt verdienen sollte. Im zweiten Juni-Artikel in der *Times* stand, er sortiere die vielen Angebote, die ihm jetzt gemacht würden, nach einem ganz einfachen Maßstab: »Was der Luftfahrt dient, interessiert mich. Was der Luftfahrt nicht weiterhilft, interessiert mich überhaupt nicht.«

Zu Beginn der Überfahrt schrieb Lindbergh: »Wenn ich wieder Festland betrete, bin ich zu allem bereit.« Das sollte sich sechs Tage später als leeres Versprechen herausstellen.

Am 10. Juni 1927, um fünf Uhr nachmittags, passierte der Kreuzer die Virginia Capes, und Lindbergh bekam einen Vorgeschmack auf den Empfang, der ihm bevorstand. Ein Konvoi von vier Zerstörern, zwei Kleinluftschiffen der Army und 40 Flugzeugen begleitete die Memphis die Chesapeake Bay hoch. Während die Schauplätze seiner einsamen Kindheit näher rückten, stand der 25jährige Captain auf der Kommandobrücke und sagte zu Admiral Burrage: »Es ist ein großartiger und wundervoller Anblick, und ich frage mich, ob ich das alles wirklich verdiene.«

In Washington traf Evangeline Lindbergh als Gast des Präsidenten der Vereinigten Staaten ein. Calvin und Grace Coolidge luden sie ein, die Nacht in einem Gästezimmer im dritten Stock des Dupont Circle Nr. 15 zu verbringen, wo sie zur Zeit wohnten, da am Weißen Haus das Dach repariert wurde. Der einzige andere Gast in dieser Nacht war ein Freund des Präsidenten, Dwight W. Morrow, ein Partner von J. P. Morgan & Company, der seit kurzem die Luftfahrzeugbehörde des Präsidenten leitete. Kurz nach dem Abendessen mußten die Coolidges sich entschuldigen; sie hatten noch eine andere Verabredung und baten Morrow, Mrs. Lindbergh die Zeit zu vertreiben. Er freute sich über diese Gelegenheit und zeigte sich »höchst beeindruckt von ihrer ungekünstelten, noblen und geistvollen Art«. Bis in die Nacht hinein unterhielt sie Morrow mit »zahllosen Geschichten über ihren Sohn, lauter Lobeshymnen«.

An diesem Samstag war es schon frühmorgens heiß, als die Memphis den Potomac aufwärts in die Zielgrade einbog. Die Temperatur sollte auf über 30 Grad ansteigen. Die Bürger des Städtchens Alexandria sandten Lindbergh mit Pfeifen, Hupen, Glocken und Sirenen einen ohrenbetäubenden Gruß und winkten und riefen Hurra. Als das Schiff vorbeifuhr, legten alle die Köpfe in den Nacken, um die Lufteskorte über der Memphis hin- und herflitzen zu sehen, 88 Flugzeuge und das lenkbare Luftschiff Los Angeles.

Während der Kreuzer langsam die Flußbiegung vor dem Marinegelände umrundete, reckten Kabinettsmitglieder und Befehlshaber der Streitkräfte die Hälse, um einen ersten Blick auf den großen, schlanken jungen Mann mit dem blauen Anzug auf der Brücke werfen zu können, der in der einen Hand seinen Hut hielt und mit der anderen winkte. Eine Gewehrsalve zerriß die Luft und unterbrach das Johlen der Menge. Während der Anker heruntergelassen und die Gangway festgemacht wurde, führte Admiral Burrage Lindbergh zum Bug, wo er mit langanhaltendem Jubel begrüßt wurde. Dann verschwand er auf Anraten von Burrage im Innern des Schiffes.

Der Admiral ging die Gangway hinunter, und dort stellten ihm zwei Adjutanten aus dem Weißen Haus eine Frau in einem braunen Kleid und einem großen schwarzen Strohhut vor. Ohne viel Worte reichte Burrage ihr seinen Arm und begleitete die stolze Evangeline Lindbergh die Rampe hinauf. Als das Publikum merkte, um wen es sich handelte, ertönten sämtliche Pfeifen, Sirenen und Geschütze im weiten Umkreis. Alle wurden von Rührung übermannt, man dachte an die letzte Begegnung in Long Island, bei der niemand wußte, ob Mutter und Sohn sich noch einmal wiedersähen. Selbst erwachsene Männer fingen an zu weinen.

Nach einigen Minuten tauchten die beiden Lindberghs zusammen wieder auf. Unter dem Donner der Salutschüsse trat Lindbergh vor und begrüßte den Kriegsminister und den Marineminister. Dann nahmen er und seine Mutter auf dem Rücksitz des Präsidentenwagens Platz, und der bahnte sich einen Weg zur Rückseite des Kapitols. Zu Füßen des Hügels, in der Pennsylvania Avenue, traf der Konvoi auf eine Kavallerieeskorte, die ihn langsam zum Washington Monument begleitete. Kolonnen von Soldaten und Matrosen und dazwischen immer wieder Honoratioren schlossen sich an. Während Lindbergh im Ausland war, hatte Postminister New die Verwendung der Luftpost angepriesen, indem er die Öffentlichkeit ermunterte, Captain Lindbergh als Willkommensgruß einen Luftpostbrief nach Hause zu schicken; jetzt bildeten drei mit Planen verhängte Postlastwagen mit über 500 000 Päckchen und Briefen die Nachhut der Parade. Die Zuschauer am Straßenrand winkten und schrien und warfen ihre Hüte in die Luft. »Kein heimkehrender Held ist je mit größeren Ehren empfangen worden«, stellte die *New York Times* fest. An diesem Tag verhielt sich das politische Washington völlig unparteiisch.

Mehr als 250 000 Menschen standen in der diesigen Hitze Schulter an Schulter zu Füßen des großen Obelisken und bis in den Potomac Park, wo eine Tribüne aufgebaut worden war. Unter einem einfachen weißen Zeltdach saßen die Coolidges und ihre Gäste, die politischen, militärischen und wirtschaftlichen Größen des Landes. Als die Zuschauer Lindbergh entdeckten, übertönte ihr minutenlanger Beifall die riesige Blaskapelle. Dann hielt der Präsident mit dem Spitznamen »Cal der Schweigsame« eine untypische lange Rede, in der er Lindberghs Werdegang von den Anfängen bis zu seinen Besuchen an den europäischen Königshöfen aufzeigte. »Und jetzt, liebe Mitbürger«, sagte Coolidge, »ist dieser junge Mann zurückgekehrt. Er ist wieder hier. Er hat seinen makellosen Ruhm mit nach Hause gebracht.« Mit diesen Worten verlieh er Lindbergh das erste *Distinguished Flying Cross*, »als Zeichen der Anerkennung für das, was er ist und was er getan hat«, und verkündete seine Beförderung zum Oberst des *US Reserve Corps*. Es folgte endloses Hurrageschrei, während Lindbergh nur dastand. Er verbeugte sich nicht und lächelte nicht, er schaute nur bescheiden in die Menge.

Dann trat er zum Mikrophon und sprach mit seiner leicht abgehackten, jungenhaften Stimme klar und deutlich zu der still gewordenen Menge und zu weiteren 30 Millionen Radiohörern im ganzen Land. Etwa 500 Fotografen hielten den Augenblick fest, während schon Sonderzüge, Flugzeuge und Autos warteten, um die Filme auf schnellstem Wege in die Labors zu bringen und sie in der ganzen Welt zu verbreiten. Lindbergh sprach aus dem Stegreif, nicht mehr als 106 Worte, und sagte im wesentlichen etwa, er fühle sich als Botschafter zwischen Amerika und Europa, und die überschwengliche Liebenswürdigkeit ihm gegenüber spiegle nur »die Liebe des französischen Volkes zum amerikanischen Volk«. Die Menge stand einen Augenblick lang stumm da, verblüfft über die Kürze und Bescheidenheit dieser Worte. Anstelle von Bravorufen erklang nur verhaltener, ehrfürchtiger Beifall. Ein Rundfunksprecher schluchzte. Unter der glühendheißen Sonne stob ein Tageslichtfeuerwerk in den Himmel.

Lindbergh und seine Begleitung fuhren weiter zum Dupont Circle zu einem frühen Dinner mit dem Kabinett, gefolgt von einer Ordensverleihung vor 6000 Gästen bei einem Treffen des *National Press Club* im Washington Auditorium. Der Außenminister überreichte Lindbergh ein gebundenes Erinnerungsbuch mit der aus Anlaß von Lindberghs Flug geführten Korrespondenz zwischen dem Auswärtigen Amt und den Außenministerien der ganzen Welt. Dr. Charles G. Abbot vom *Smithsonian Institution* verlieh ihm die angesehene »Langley Medal of Pioneers.«

Die großartigste Geste des Abends aber kam vom Postministerium. Sie hätten weder Titel noch Orden zu verleihen, hieß es, und das Ministerium habe lange mit der Verordnung gekämpft, daß das Porträt eines lebenden Amerikaners nicht auf einer Briefmarke erscheinen dürfe. Aber nichts hielte sie davon ab, seinen Namen zu verwenden, erklärte Postminister New an diesem Abend. Und so habe sein Ministerium »eine spezielle Luftpostbriefmarke herausgegeben, die Ihren Namenszug zeigt sowie das Bild des anderen Mitglieds Ihrer kleinen Gemeinschaft, mit der Sie Ihren mittlerweile berühmten Flug über das Meer gemacht haben. Es ist das erste Mal«, erklärte New, ehe er Lindbergh und seiner Mutter die ersten beiden Exemplare von 560 000 Zehn-Cent-Briefmarken mit dem Bild der *Spirit of St. Louis* aushändigte, »daß eine Briefmarke zu Ehren eines noch lebenden Menschen herausgegeben wird – eine Anerkennung, die Sie sich weidlich verdient haben.«

Lindbergh begann den nächsten Tag mit einem Gottesdienstbesuch gemeinsam mit den Coolidges, dann legte er am Grabmal des Unbekannten Soldaten einen Kranz nieder, besuchte Kriegsversehrte im *Walter Reed Hospital* und nahm an der 150-Jahr-Feier der amerikanischen Flagge auf den Stufen des Kapitols teil. Der Festakt verwandelte sich in eine Feier zu Ehren Lindberghs, als der ehemalige Außenminister und zukünftige Oberste Bundesrichter Charles Evans Hughes ihm das Ehrenkreuz der *US Flag Association* überreichte. Hughes pries Lindbergh als »Amerikas erfolgreichsten Goodwill-Botschafter«.

Am Montag, dem 13. Juni, erschien Lindbergh zu einem Frühstücks-
empfang im Ballsaal des Hotels *Mayflower*, wo die *National Aeronautic
Association* ihn zum Mitglied auf Lebenszeit ernannte, eine Ehre, die den
Wrights, Chanute, Langley und Edison zuteil geworden war. Die warm-
herzigste Rede an diesem Morgen hielt Kommandant Richard E. Byrd,
Lindberghs ehemaliger Rivale auf der Startbahn von Roosevelt Field. »Als
wir die *America* für einen transatlantischen Flug bauten«, sagte er, »taten
wir das mit dem Ziel, den Kameradschaftsgeist und den Fortschritt in der
Luftfahrt zu fördern. Oberst Lindbergh hat beides in weit höherem Maße
erreicht, als wir je hoffen konnten. Die Welt hat Glück gehabt, daß Lindbergh vor uns ankam, und wir freuen uns darüber.«

Lindbergh fuhr nach Bolling Field und stieg dort in seinen Korbstuhl in
der *Spirit of St. Louis*. Das Flugzeug war eingestellt, doch als Lindbergh
den Motor anließ, hatte er nicht den richtigen Klang. Widerstrebend lieh
er sich einen Curtiss-P-1-Doppeldecker aus. Mit ein paar atemberaubenden Kunstflugfiguren nahm er der Menge auf dem Flugplatz die Befangen-
heit; er führte die Nummer mit dem Immelmann-Turn vor, bei der er fast
senkrecht hochstieg, einen halben Looping ausführte und kopfüber wei-
terflog. Dann drehte er ein paar Korkenzieherrollen und zog mit einer
Eskorte der *First Pursuit Group of Selfridge Field* unter dem Kommando
von Major Thomas G. Lanphier Richtung New York davon. Kommandant
Byrd saß in einem der anderen Flugzeuge.

Lindbergh flog über seiner Eskorte in 3000 Fuß Höhe, wahrscheinlich
zu hoch, um die Beifallskundgebungen am Boden zu sehen. In jeder Stadt
entlang seiner Route, in Baltimore, Wilmington, Philadelphia und Trenton, füllten Zehntausende von Menschen die Straßen und Dächer und
winkten ihm zu. Er landete auf Mitchel Field auf Long Island, wo er eilends in ein wartendes Auto verfrachtet und quer über den Flugplatz zur
San Francisco gebracht wurde, einem tiefblauen Amphibienflugzeug mit
goldenen Tragflächen. Bei Quarantine, dem Bahnhof auf Staten Island, wo
der Atlantische Ozean auf die Narrows trifft, glitt der Pilot mit Lindbergh
aufs Wasser hinunter.

Dort warteten mehr als 400 Schiffe, eine Marineparade, bei der jeder im
Hafen liegende Schiffstypus vertreten war. Eines von ihnen, eine Polizei-
barkasse, fuhr hinüber zur *San Francisco* und nahm deren Passagier an
Bord. Als man auf den Schiffen merkte, daß es sich um Lindbergh handelte, begann es überall zu pfeifen und zu tuten. Der Tusch war so laut,
daß ihn sogar die 20 000 Menschen entlang der Palisades am Hudson hörten, zehn Meilen entfernt. Lindbergh wurde zur *Macom* gebracht, der
Jacht des Bürgermeisters von New York. An Bord begrüßte ihn ein Komitee, aber vor lauter Lärm verstand man nicht viel, nicht einmal bei der
Pressekonferenz unter Deck. Als einer der Journalisten Lindbergh fragte,
ob er all dieser Empfänge nicht allmählich überdrüssig sei, erwiderte er:

»Das kann ich Ihnen jetzt wohl kaum beantworten.« Es dauerte eine Stunde, bis die *Macom* die Battery erreichte, und Lindbergh stand fast die ganze Zeit auf der Kommandobrücke, während 22 Flugzeuge in Schlachtformation über ihn hinwegflogen und 50 000 Blumen fallen ließen.

Als die *Macom* um 12.40 Uhr Pier A erreichte, warteten in der Battery 300 000 Menschen. Die Büros, Schulen und die New Yorker Börse waren zum »Zeichen der Ehrerbietung« geschlossen, es war »Lindbergh Day«, und auf den ersten Blick sah es aus, als hätte sich Manhattans gesamte Bevölkerung auf der Südspitze zusammengedrängt. Tatsächlich aber säumten weitere vier Millionen den Weg in die Stadtmitte. Lindberghs Mutter erwartete ihn am Pier, und sie setzten sich in zwei verschiedene Autos.

Ein überwältigendes, nicht enden wollendes Toben begleitete Lindbergh auf dem einstündigen Weg von Battery Park den Broadway hinauf bis zum Rathaus, und die Menschen füllten jeden Zoll der Gehsteige und jedes Fenster unterwegs. Durch die Schluchten der Gebäude an der Wall Street fielen die Konfettis und anderes zerschnipseltes Papier so dicht, daß Lindbergh oder die Skyline in diesem »Schneesturm« kaum auszumachen waren.

Mehr als 10 000 Soldaten und Matrosen marschierten an der Spitze der Parade zu den beiden großen Tribünen des Bürgermeisters vor dem Rathaus, auf der 3000 städtische Beamte und Ehrengäste saßen. Bürgermeister James J. Walker sagte im Namen seiner sechs Millionen Bürger, Lindbergh habe »an den Himmel einen schönen Regenbogen aus Hoffnung, Mut und Vertrauen in die Menschheit geschrieben. Oberst Lindbergh, die Stadt New York gehört Ihnen – ich schenke sie Ihnen nicht, Sie haben sie verdient.« Er heftete Lindbergh eine extra angefertigte Medaille der Stadt New York ans Revers. Für diese kunstvoll gearbeitete Auszeichnung waren Lindberghs Flugzeug und das Wort »We« in Platin geschlagen und in eine Goldmedaille eingefügt worden.

Lindbergh trat an die Mikrophone und erzählte von seinem Empfang in Europa und dem zunehmenden Drang, nach Amerika zurückzukehren. »Der Botschafter in London meinte, es gebe keinen Befehl, nach Hause zu fahren«, sagte Lindbergh, »aber in ein paar Tagen würde ein Schlachtschiff auf mich warten.« Er wartete ein Weilchen, bis sich das Gelächter gelegt hatte, dann erzählte er weiter: Er sei voller Bedauern abgereist; als er jedoch den Potomac hinaufgefahren sei, habe es ihm nicht mehr ganz so leid getan, daß er dem Rat des Botschafters gefolgt sei. »Nach einer Stunde in New York«, schloß Lindbergh, »weiß ich, daß ich es gar nicht mehr bedauere.« Sein Markenzeichen, das »Dankeschön«, löste einen Beifallssturm aus, der nur durch das Absingen der Nationalhymne beendet werden konnte.

Die Parade zog weiter die Fifth Avenue hinauf; Lindbergh saß mit dem Bürgermeister im ersten Wagen. Ab und zu mußten sie die Konfettis aus dem Auto schaufeln. »Wenn ich wieder weg bin«, schrie Lindbergh zu Bürgermeister Walker hinüber, »müssen Sie hier neue Telefonbücher drucken lassen.«

»Ja«, antwortete der Bürgermeister, »aber bevor Sie verschwinden, müssen Sie uns noch ein zweites Straßenreinigungsamt besorgen.« In der Tat mußten 2000 Straßenkehrer mobilisiert werden, um die fast 200 Tonnen Papier zu entfernen, die an diesem Tag zerrissen worden waren – die größte Menge, die je auf die Stadt herniederregnete.

Vier Stunden nach seiner Ankunft in der Battery sah sich Lindbergh 300 000 Menschen gegenüber, die sich zur offiziellen Ehrung durch den Staat New York auf die Sheep Meadow im Central Park ergossen hatten. Oben schrieb ein Flugzeug die Worte »Hoch Lindy!« an den Himmel. Bürgermeister Walker stellte Lindbergh dem Gouverneur Alfred E. Smith vor, der Lindbergh ein blaues Band mit der Tapferkeitsmedaille des Staates New York um den Hals hängte. Dieser Orden, entworfen von Tiffany und überreicht für »Unerschrockenheit und Mut in höchstem Grade«, war noch nie jemanden überreicht worden, der nicht aus diesem Staat stammte. »Der Staat New York«, erklärte Gouverneur Smith, »heißt Sie willkommen als ein Ideal und Vorbild für die Jugend Amerikas.« Dreißig Minuten dauerte es, bis die Nachhut der Parade vorbeigezogen war, dann wurden Lindbergh und seine Mutter zu einem Apartement in der Park Avenue Nr. 270 gebracht, das ihnen ein Freund des Bürgermeisters für die Dauer ihres Aufenthalts in der Stadt zur Verfügung stellte. In dieser Wohnung aß Lindbergh zum erstenmal etwas, seit er am frühen Morgen aus Washington abgeflogen war. Es waren die ersten ruhigen Minuten seit zehn Stunden.

Hunderte waren an diesem Tag in New York zusammengebrochen. So mancher wurde von der Menge und der berittenen Polizei niedergetrampelt, und eine 23jährige Frau erlitt einen tödlichen Herzschlag, als sie die Parade vom Dach des Hotels *Seville* ansah. Um 20.15 Uhr wurde ein erfrischter Lindbergh zum Landsitz von Clarence Mackay auf Long Island gefahren; der Vorsitzende der Post- und Telegrafengesellschaft, eines der prominentesten Mitglieder der New Yorker Gesellschaft, gab Lindbergh zu Ehren ein Dinner für 80 Personen; später kamen noch einige hundert Gäste zu einem Ball. Lindbergh kehrte erst nach Mitternacht in die Park Avenue zurück.

Zu diesem Zeitpunkt war Charles Lindbergh bereits zum meistfotografierten Menschen auf Erden geworden. Er war so unglaublich fotogen, daß eine schlechte Aufnahme von ihm gar nicht herstellbar war. Wenn er lächelte, strahlte er die gewinnende Unschuld eines amerikanischen Farmerjungen aus, und wenn er mit einem Stirnrunzeln erwischt wurde, besaß sein Gesicht die Ausdruckskraft eines nordischen Gottes. Drei Wochen zuvor hatte ihn noch kaum jemand gekannt, und jetzt, am Tag nach dem Empfang in New York, hatten bereits 2 265 000 Meter Wochenschaufilm jede seiner Bewegungen festgehalten, fast 600 000 Meter mehr, als vom Prince of Wales existierten, der bisher als der am häufigsten abgelichtete Mann der Geschichte galt. Aber Lindbergh ließ sich nicht den Kopf verdrehen. Wie Paul Garber, der Luftfahrthistoriker des *Smithsonian* schrieb: »Noch beeindruckender als Lindberghs Flug über den Atlantik war die Art, wie er sich nachher verhielt.«

In den nächsten vier Tagen waren die New Yorker und der Rest der Welt einer Meinung. Die Reden beschäftigten sich sowohl mit Lindberghs Charakter wie mit seiner Leistung. Mit wenig mehr als ein paar gemessenen Dankesworten reagierte Lindbergh bei einem Empfang nach dem anderen auf kreischende Fans und Lobreden – auch bei dem offiziellen Essen der Stadt New York, von dem das Hotel *Commodore* prahlte, es sei »das größte, das jemals in der modernen Geschichte für eine Einzelperson gegeben worden ist«: 3700 Gäste taten sich gütlich an 6000 Pfund Hähnchen, 2000 Köpfen Salat, 125 Gallonen Erbsen und 880 Litern Eiskrem. Nur Charles Evans Hughes, die würdigste Person des Landes, konnte der Größe dieses Abends Gerechtigkeit widerfahren lassen: »Wir messen Helden nach derselben Größenordnung wie Schiffe – nach ihrer Verdrängung«, erklärte er. »Oberst Lindbergh hat alles verdrängt.«

Mittwochnacht, nach einem Tag voller Empfänge und einer mitternächtlichen Benefizvorstellung von *Rio Rita* – dem Ziegfeld-Musical, das er vor Wochen versäumt hatte, als das Wetter über dem Atlantik plötzlich aufklarte –, setzte sich Lindbergh selbst ans Steuer eines Autos und fuhr rasch nach Mitchel Field auf Long Island. Der diensthabende Colonel hatte erst Bedenken, aber dann überließ er Lindbergh um drei Uhr morgens schließlich ein Jagdflugzeug der Army mit soviel Benzin, daß er bis Bolling Field kam. Er flog die Strecke in etwas mehr als zwei Stunden, und eine halbe Stunde später saß er schon wieder in seinem eigenen, reparierten Flugzeug auf dem Rückweg nach Long Island. Um 7.40 Uhr morgens flog er über Roosevelt Field und die Landebahn, von der aus er vor einem Monat Geschichte gemacht hatte, und landete dann in Mitchel Field. Ein Wagen brachte ihn in die Park Avenue, wo er duschte und seine Abendgarderobe gegen einen blauen Anzug vertauschte, um in Brooklyn den »Charles Lindbergh Day« zu begehen.

Dort empfing ihn ein Drittel der zwei Millionen Einwohner dieses Stadtteils. Bald darauf fuhr er weiter zu Feiern auf Roosevelt Field und von da zurück nach Manhattan zur Überreichung des Orteig-Preises im Hotel *Brevoort*. Er erhielt eine prächtige Schriftrolle, eine Medaille und seinen Scheck über 25 000 Dollar und bekannte, Orteigs Herausforderung sei der Anstoß für seinen Flug von New York nach Paris gewesen.

Nach drei weiteren Veranstaltungen ihm zu Ehren kehrte er in die Wohnung an der Park Avenue zurück. Am nächsten Morgen um 8.17 Uhr verließen die Räder der *Spirit of St. Louis* den Rasen von Roosevelt Field; Ziel war nun die Stadt, die Lindbergh zum Ruhm verholfen hatte.

Während des neunstündigen Flugs über den Mittelwesten regnete es immer wieder, aber das dämpfte keineswegs die Begeisterung am Boden. Er kreiste über den Städten Columbus, Dayton und Indianapolis, wo Flugzeugeskorten sich ihm anschlossen, und kam schließlich nach St. Louis. 5000 Menschen standen im Nieselregen auf Lambert Field, um ihn willkommen zu heißen, darunter auch seine ehemaligen Fliegerkumpel, die kaum an den Polizisten vorbeikamen, um ihn zu begrüßen. Die Nacht verbrachten er und seine Mutter im Haus des Sponsors Harry Knight.

Am nächsten Tag brach in eben dem Augenblick die Sonne durch, als sich eine sieben Meilen lange Parade durch die Straßen von St. Louis in Bewegung setzte. 500 000 Zuschauer säumten den Weg. Überall hingen amerikanische Flaggen und Wimpel mit Lindberghs Bild; »Slim hat's geschafft« war der Spruch des Tages auf Ansteckern und Hutbändern. Obwohl Lindbergh sichtlich müde war und dunkle Ringe unter den Augen hatte, hielt ihn St. Louis mit der mißtönendsten Parade wach, die er jemals erlebt hatte. Bei dem offiziellen Essen für 1300 Gäste bekam Lindbergh eine Urkunde und ein goldenes Schmuckkästchen mit den Schlüsseln der Stadt sowie eine Landkarte, auf der die Route von St. Louis nach Paris erhaben gedruckt war. Am nächsten Tag führte Lindbergh vor 100 000 Zuschauern im Forest Park Flugkunststücke vor und legte an der Statue des hl. Ludwig einen Kranz nieder.

Am Montag, dem 20. Juni, nahm er an keiner einzigen öffentlichen Veranstaltung oder Feier ihm zu Ehren teil. Zum erstenmal seit seinem Abflug nach Frankreich vor einem Monat tat Lindbergh an diesem Tag nichts, was des Aufzeichnens wert gewesen wäre. Als er in einem neuen Auto, einem Geschenk, in die Innenstadt von St. Louis fuhr, wurde er ohne das zeremonielle Drum und Dran nur von wenigen Passanten erkannt. Erst als jemand auf ihn zeigte, rannte er plötzlich vor der Menge davon, die nach seinen Kleidern oder seinem Körper zu greifen versuchte.

Evangeline Lindbergh fuhr mit dem Zug nach Detroit und unterrichtete wieder. Ihr Sohn blieb in St. Louis und ging einige der 3 500 000 Briefe, 100 000 Telegramme und 14 000 Päckchen mit Glückwünschen, Geschenken und Angeboten durch, die er seit seiner Rückkehr erhalten hatte.

Mit Lindberghs Ruhm wuchs auch das Verlangen, ihn zu sehen. Alexander Pantages versprach Lindbergh 105 000 Dollar, wenn er 15 Wochen lang in seinen Vaudeville-Theatern aufträte. Ein französischer Agent übertraf das noch: 250 000 Dollar für fünf Auftritte in Südamerika. Die *Recording Division of Thomas Edison* wollte eine Platte aufnehmen, auf der Lindbergh seinen Flug beschrieb, und die Tantiemen hätten gewiß eine sechsstellige Zahl erreicht. Eine konkurrierende Phonographengesellschaft bot ihm eine Pauschale von 300 000 Dollar für eine solche Erzählung; die

Platte sollte mit dem »Star-Spangled Banner« beginnen und mit der »Marseillaise« enden. Nach Lindberghs Landung in Paris hatte Carl Laemmle, der Begründer der *Universal Pictures*, 50 000 Dollar für den Auftritt des Fliegers in zwei Filmen geboten; einer davon, überlegte er, könnte vielleicht »Der große Raubüberfall in der Luft« heißen. Angesichts der meteorgleich ansteigenden Lindbergh-Manie erhöhte er sein Angebot wenig später auf 700 000 Dollar für einen Jahresvertrag. Eine andere Gesellschaft bot ihm sogar eine Million Dollar für einen Film, in dem er heiraten sollte.

Das üppigste Angebot kam von William Randolph Hearst, zu dessen Medienimperium auch die *Cosmopolitan Pictures* gehörte. Lindbergh sollte in einem Film über die Luftfahrt die Hauptrolle spielen, mit Marion Davies, der Geliebten von Hearst, als Partnerin. Hearst bot Lindbergh 500 000 Dollar plus zehn Prozent der Bruttoeinnahmen. Diese zusätzlichen Abmachungen waren wahrscheinlich mindestens ebensoviel wert wie seine Gage – damit hätte er für den Rest seines Lebens ausgesorgt. Hearst drängte Lindbergh, es nicht nur um seinetwillen zu überdenken, sondern es auch als Ermutigung für andere zu sehen.

»Ich wollte, ich könnte Ihnen den Gefallen tun«, wandte Lindbergh ein, »aber es geht nicht. Ich habe erklärt, ich werde nicht in Filmen auftreten.« Erst viele Jahre später sprach Lindbergh in seinen Memoiren aus, daß er an Hearst selbst Anstoß genommen hatte. Der Mogul, so schrieb Lindbergh, »kontrollierte eine Zeitungskette von New York bis Kalifornien, deren sittliche Maßstäbe sich von den meinen sehr unterschieden.

Sie schienen mir allzu sensationslüstern, unverzeihlich ungenau und übertrieben besessen von den Leiden und Lastern der Menschheit. Die Männer, die ihn vertraten und die ich kennengelernt hatte, waren mir fast alle zuwider, und ich wollte nicht mit dem Unternehmen in Verbindung gebracht werden, das er aufgebaut hatte.«

»Na gut«, sagte Hearst schließlich, »aber den Vertrag müssen Sie zerreißen, ich hab' nicht das Herz dazu.«
Verlegener als je, versuchte Lindbergh ihm den Vertrag zurückzugeben. »Nein«, sagte Hearst ruhig und maß den jungen Mann prüfend von oben bis unten, »wenn Sie keinen Film drehen wollen, zerreißen Sie das Papier und werfen Sie es fort.« Auf diese zweite Herausforderung hin riß Lindbergh die Seiten entzwei und warf sie in den Kamin. Hearst sah ihm »mit einem Ausdruck belustigten Staunens« zu, an den Lindbergh sich noch lange erinnerte.

Als er ging, blieb Lindbergh vor einem Tisch stehen und bewunderte ein Paar 14 Zoll hohe silberne Globen, einen Erd- und einen Himmelsglobus. Der Silberschmied war unbekannt, man vermutete jedoch, daß sie um 1700 in Hannover gefertigt worden waren. Es war das einzige existierende

Paar und damals etwa 50 000 Dollar wert. Am andern Morgen erschien ein Bote in Lindberghs Apartment in der Park Avenue und überbrachte ihm die beiden silbernen Kugeln als Geschenk.

Innerhalb eines Monats nach seiner Rückkehr erhielt Lindbergh Angebote im Wert von über fünf Millionen Dollar – zu einer Zeit, als die Einkommenssteuer weniger als fünf Prozent betrug und eine elegante dreigeschossige Dachterrassenwohnung in der Park Avenue 100 000 Dollar kostete. Doch die Vorschläge schienen Lindbergh wenig attraktiv neben den angedeuteten Angeboten der US-Regierung, Handelsminister Herbert Hoover und andere Politiker baten Lindbergh nach Washington, um zu besprechen, welche Rolle er beim Ausbau des Luftverkehrs spielen könnte. Man sprach davon, extra für Lindbergh den Posten eines Luftfahrtministers einzurichten.

Nach einer Woche voller Konferenzen in der Hauptstadt und in New York waren mehrere Ideen zur Förderung der Luftfahrt entwickelt worden, und es gab auch eine Gruppe von Beratern, die sie verwirklichen konnten. Sie kamen aus den verschiedensten Schichten, waren hochgebildete, äußerst wohlhabende Männer und besessen von dem Wunsch, der Allgemeinheit zu dienen.

Unter ihnen befand sich die vielleicht wichtigste und doch am wenigsten bekannte Gestalt in der Entwicklung der amerikanischen Luftfahrt, Harry Guggenheim. Sein Großvater, Meyer Guggenheim, ein jüdischer Hausierer, war aus der Schweiz nach Pennsylvania ausgewandert und hatte mit dem Geld, das er mit einem Ofenreinigungsmittel verdient hatte, ein Imperium aus Kupferminen und -hütten aufgebaut. Nur wenige Amerikaner waren jemals so rasch zu so viel Geld gekommen; er hatte in wenigen Jahren das wohl größte Vermögen im Lande angehäuft.

Keine der großen, nach Amerika eingewanderten jüdischen Familien hatte sich rascher angepaßt als die Guggenheims, die sofort ihre orthodoxe Lebensführung aufgaben und sogar Andersgläubige heirateten. Meyers sieben Söhne wählten sich lauter verschiedene Betätigungsfelder, auf denen sich das Geld vermehren, und verschiedene Wohltätigkeitsorganisationen, auf die sich das meiste davon wieder verteilen ließ. Daniel Guggenheim wurde der Industrieboß der Familie, und zu seinen vielen menschenfreundlichen Aktivitäten zählte auch ein »Fonds zur Förderung der Luftfahrt«, den er 1926 mit 500 000 Dollar ausstattete. Das hätte zu keinem günstigeren Zeitpunkt geschehen können, denn damals kämpfte sich die Fliegerei durch die von Lindbergh später so genannte »Periode des Übergangs zwischen Erfindung und Geschäft«. Guggenheim stellte das Geld zur Verfügung und überließ die Verteilung seinem Sohn Harry.

Er, Marinesoldat und Flieger aus dem Weltkrieg, und seine nichtjüdische Frau Caroline »Carol« Morton waren kurz zuvor auf ein Besitztum gezogen, das an das seines Vaters an der Nordküste von Long Island grenzte. Laut der Satzung des Fonds bestanden seine Pflichten darin, »die luftfahrttechnische Ausbildung im ganzen Land zu fördern, die Ausbreitung der Wissenschaft von der Luftfahrt zu unterstützen und die Entwicklung kommerziell genutzter Flugzeuge weiterzutreiben, besonders ihre Nutzung als regelmäßiges Beförderungsmittel für Güter und Personen«. Wie die anderen Beiratsmitglieder – darunter auch die Staatssekretäre Trubee Davison und Dwight Morrow – hatte Guggenheim das Gefühl, »daß niemand der amerikanischen Öffentlichkeit den Fortschritt in der Luftfahrt eindringlicher vor Augen stellen kann als Oberst Lindbergh«. Nach drei Wochen amerikanischer Empfänge empfand Guggenheim Lindbergh geradezu als Geschenk des Himmels für die Luftfahrt: jemand, der von Natur aus ein positives Echo in der Öffentlichkeit hervorrief. Der Fonds lud Lindbergh ein, mit der *Spirit of St. Louis* eine drei Monate lange Tour durch alle 48 Bundesstaaten zu machen.

Lindbergh nahm an. Während sie die Reise planten, stellte er sogar Guggenheims Anwalt, Henry Breckinridge, der unter Woodrow Wilson als stellvertretender Kriegsminister gedient hatte, als persönlichen Berater ein, der die zahllosen Angebote überprüfen und die ebenso zahllosen Geschäftsleute zur Rede stellen sollte, die Lindberghs Namen zu Werbezwecken mißbrauchten.

»Oberst Lindberghs Flugzeugtournee verfolgt hauptsächlich den Zweck, das öffentliche Interesse am Flugzeug als Transportmittel zu wecken«, stand in der Presseerklärung des Guggenheim-Fonds vom 28. Juni 1927. »Millionen von Menschen, die bisher nur die Gelegenheit hatten, von Oberst Lindberghs bemerkenswerter Leistung zu lesen oder zu hören, können jetzt ihn und sein Flugzeug in Aktion sehen.« Der Fonds hatte noch zwei weitere Ziele:

> Erstens will der Fonds die Benutzung unserer derzeitigen Luftfahrzeuge zum Zwecke der Beförderung von Expreßpost und Passagieren, der Luftfotografie und anderer Dienstleistungen anregen und hierdurch die Entwicklung dieses Verkehrsmittels fördern, und zweitens will er den Ausbau von Flughäfen und Flugverbindungen beschleunigen.

Während Guggenheim, Breckinridge und die Politiker die Reise vorbereiteten, entwickelte Dwight Morrow einen Plan, der sowohl dem Piloten als auch seinen Sponsoren zugute kommen und Lindbergh erlauben sollte, den Orteig-Preis zu behalten. Um die Männer, die das erfolgreiche Flugzeug bezahlt hatten, nicht zu übervorteilen, trieb Morrow unter seinen Partnern bei Morgan mit diplomatischem Geschick 10 000 Dollar auf, überwies sie an die Sponsoren und erstattete ihnen damit mehr als ihre ursprünglichen Investitionen. Er sorgte auch dafür, daß Lindberghs eigener

Anteil von 2000 Dollar wieder unauffällig auf sein Bankkonto überwiesen wurde. Schließlich empfahl Morrow Harry Guggenheim, der Fonds solle Oberst Lindbergh für die bevorstehende Tour 50 000 Dollar zahlen.

Da seine Angelegenheiten nun in den zuverlässigsten Händen des Landes lagen, konnte sich Lindbergh endlich seiner dringendsten Verpflichtung widmen, seinem Buch. Er war entgeistert, als er am 25. Juni Carlyle MacDonalds Manuskript las. McDonald hatte das Buch nicht nur in der ersten Person geschrieben, sondern war auch wieder in den schwülstigen Stil verfallen, von dem Lindbergh glaubte, sie hätten ihn drüben in Paris endgültig verworfen. Es steckte voller sachlicher Fehler und klang, wie Lindbergh fand, unecht und »billig«. Eine Korrektur schien aussichtslos angesichts des knappen Termins, an dem der Verleger George Putnam drucken wollte, um die riesige Nachfrage nach Exemplaren, die den Buchhandlungen eigentlich schon für den 1. Juli zugesagt waren, zu befriedigen. Lindbergh sah nur eine Lösung – er mußte das Buch selbst schreiben. Doch er wollte damit erst nach der dreimonatigen Überlandtour beginnen, eine Verzögerung, die seinen Verleger in eine schreckliche Lage gebracht hätte. Lindbergh rechnete sich aus, daß es ihm möglich wäre, ein fertiges Manuskript abzuliefern, wenn er sich in dem Monat vor seiner Tour völlig ungestört damit beschäftigen würde. Er wollte MacDonalds Entwurf als Gerüst verwenden und pro Woche 10 000 Wörter schreiben, selbst für einen erfahrenen Schriftsteller eine ungeheure Anstrengung. Lindbergh wollte gleich nach dem 4. Juli mit der Arbeit beginnen; diesen Tag jedoch, der in die Feiern zum diamantenen Jubiläum der kanadischen Föderation fiel, mußte er wie versprochen in Ottawa verbringen. Wieder einmal stand er den Menschenmengen gegenüber und erhielt eine ausdrücklich für ihn geprägte Goldmedaille mit den Profilen von König George und dem Prince of Wales.

Nach seiner Rückkehr ließ sich Lindbergh in *Falaise* nieder, Harry Guggenheims 26-Zimmer-Herrenhaus in Sands Point. Es war 1923 gebaut worden, aber wenn die Gäste den backsteinummauerten Hof betraten, fühlten sie sich ins Frankreich des Mittelalters zurückversetzt. Das Château war vollkommen – Eichenbalken an den hohen Zimmerdecken, akribisch gearbeitete Türen und Fenster, ein normannischer Turm und eine Loggia mit Arkaden an der Rückseite, praktisch genau an der Kante der Klippe, die in den Long Island Sound abfiel. Die Lage erinnerte an das Haus der Lindberghs in Little Falls, aber hier endete auch schon die Ähnlichkeit. *Falaise* war der Inbegriff luxuriösen Lebens, reichlich ausgestattet mit Antiquitäten und Kunstwerken – insbesondere mit Heiligen und Madonnen.

Lindbergh bezog das Gästezimmer an der Nordostseite, mit einem kleinen Balkon und Fenstern, aus denen man über den Sund bis Connecticut sah. Seine Suite garantierte ihm völlige Abgeschlossenheit. Die Gugggenheims beschränkten die Zahl ihrer Gäste in diesem Juli auf ein Minimum, denn jede Minute, die Lindbergh seinem Buch abknapsen konnte, wurde mit der Erörterung seiner bevorstehenden Tour verbracht. Er arbeitete täglich und fast den ganzen Tag; entweder saß er an dem Intarsienschreibtisch in seinem Zimmer oder an einem Holztisch draußen im Park östlich des Hauses. Er schrieb in einer möglichst großen, leserlichen Handschrift mit blauer Tinte und einem Füllfederhalter auf glattes, acht mal zehn Zoll großes, weißes, urkundensicheres Papier. Eingedenk seines Vertrages, demzufolge er mindestens 40 000 Wörter abliefern mußte, zählte er seine tägliche Leistung und schrieb die Endsumme jeweils oben auf die Seite.

Nach weniger als drei Wochen lieferte Lindbergh die letzte Seite ab, knapp unter dem vereinbarten Umfang. Niemand beklagte sich. In zweckdienlicher Prosa, in meist einfachen Sätzen, erzählte er die Geschichte seines Lebens von seiner Geburt bis Le Bourget; seine ruhige, sachliche Stimme erwies sich als besonders wirkungsvoll, wenn er die dramatischeren Episoden seines Fluges herunterspielte. Ohne Lindberghs Wissen oder Einwilligung wählte der Verleger Putnam den für ihn naheliegendsten Titel: *Wir*. Lindbergh sollte sich für alle Zeiten beklagen, er habe mit diesem Wort immer sich und seine Geldgeber gemeint und nicht sich und sein Flugzeug, wie die Presse ihre Leser glauben mache; aber sein häufiger, unbewußter Gebrauch dieses Wortes legte die andere Deutung nahe.

Lindbergh blieb keine Zeit, sein Manuskript noch einmal durchzulesen, und der geplante erste Flug für den Guggenheim-Fonds hinderte ihn daran, auf die Fahnenabzüge zu warten. Erstaunlicherweise lagen die Bücher schon nach knapp zwei Wochen in den Buchhandlungen. Innerhalb eines Monats hatte sich *Wir* fast 200 000mal verkauft, und es sah nicht so aus, als würde der Verkauf vor Weihnachten, wo Putnam eine Kassettenausgabe für Jungen herausbringen wollte, zurückgehen. Das Buch hielt sich bis weit ins nächste Jahr auf den Bestsellerlisten und brachte es auf mehr als 635 000 Exemplare. Es wurde in die meisten großen Sprachen übersetzt und von Deutschland bis Australien in hohen Auflagen verkauft. *Wir* brachte seinem Autor mehr als eine Viertelmillion Dollar ein, und das meiste davon wurde ihm im nächsten Jahr ausgezahlt.

Ein Teil des Erfolgs gründete sich auf die glückliche Zeitplanung der Guggenheim-Fonds-Tour, die strapaziöseste Autorenreise aller Zeiten. Es kam zu einem gewaltigen Publikumsansturm, der das ganze Land in einen Lindbergh-Rausch versetzte. Bisher war er ein Mirakel gewesen, das Menschen, die nicht in den paar Großstädten wohnten, nur aus zweiter Hand erleben konnten. Im Sommer 1927 jedoch erhielt jeder Amerikaner die Chance, an diesem Wunder teilzuhaben, da der Wahnsinn bei jeder Station die Begeisterung bei der nächsten noch anheizte.

Die Tour begann am 20. Juli in Mitchel Field, Long Island. Von hier aus flog Lindbergh die *Spirit of St. Louis* über Nantic, Connecticut, nach Hartford, wo ihm 100 000 Menschen zujubelten. Die Tour dauerte fast ohne

Unterbrechung bis zum 23. Oktober und verlief im Zickzack erst nach Norden bis Portland, Maine, dann durch die Nordhälfte des Landes nach Westen bis Seattle, weiter nach Süden bis San Diego, dann ostwärts bis Jacksonville und von da wieder Richtung Norden nach New York. Kein Amerikaner war mehr als 400 Meilen von der Lindbergh-Route entfernt, die meisten wohnten näher als 50 Meilen.

Es waren drei Monate grenzenloser Verherrlichung, eine Tour, die zwischen historischem und hysterischem Ereignis schwankte. In den meisten Orten, die Lindbergh überflog, oder in denen er landete oder die Nacht verbrachte, war dies für die Einwohner die aufregendste Begebenheit ihres Lebens. Er hatte gelernt, nicht mehr Einzelpersonen in die Augen zu schauen, sondern nur noch auf die Menge, und die Erfahrung lehrte ihn rasch, sein Frühstück von jemand anderem beim Zimmerservice bestellen zu lassen, denn seine Anrufe wurden meist mit langem Schweigen und anschließendem Gekicher seitens der Telefonistinnen beantwortet. Auch seine Wäsche gab er nicht mehr unter seinem Namen fort, denn sie kam nie mehr zurück.

Die meisten Tage begannen mit einem kurzen Flug in eine Stadt zu Parade, Lunch und Pressetermin. Dann überflog er vier oder fünf größere Orte, ließ in einem Baumwollsäckchen mit orangefarbenem Band Grüße fallen und war schon wieder unterwegs in die nächste große Stadt zu einem Dinner, einem Empfang, einem erneuten Pressetermin. Die größeren Städte inszenierten ausgefeilte Begrüßungsfeiern. Wo immer möglich, besichtigte er Grundstücke für Flugplätze und sprach mit Ingenieuren und den Honorationen aus Bundesstaat und Stadt. Wenn noch Zeit übrigblieb, besuchte er Krankenhäuser und Kinderheime, dann kam wieder die Presse.

Lindbergh machte zu alledem ein freundliches Gesicht. Er verlor die Geduld nur, wenn die Presse ihn über sein Privatleben ausquetschen wollte. Donald Keyhoe erinnerte sich an eine Frage: »Stimmt es, Oberst, daß sie keinerlei Interesse an Mädchen haben?« Darauf habe Lindbergh erwidert: »Wenn Sie mir erklären, was das mit der Luftfahrt zu tun hat, will ich Ihnen gern antworten.« Er flog keine Stunts auf dieser Tour und beschränkte seine Äußerungen auf die eine einfache Botschaft, »... daß die Luftfahrt eine glänzende Zukunft hat, bei der Amerika die führende Rolle spielen sollte.« Obwohl Lindbergh die tägliche Routine allmählich fürchtete, durchrieselte es ihn freudig, wenn er, nach eigenen Worten, »Amerika so sah, wie es noch kein Mensch erlebt hat«.

Lindberghs Ruhm breitete sich immer mehr aus und fraß sich immer tiefer ins Bewußtsein der Öffentlichkeit. Er war, so erklärten die Eltern ihren Kindern, »lebendige Geschichte«; und die Nation huldigte ihm und zollte ihm Tribut. Lindbergh tauchte in den Lesebüchern auf, die Schüler schrieben Aufsätze über ihn und widmeten ihm die Jahrbücher der Abschlußklassen, und viele Schulen erhielten seinen Namen. Berge, Seen, Parks, Boulevards, Inseln, Buchten und Strände in ganz Amerika und darüber hinaus wurden ihm zu Ehren umbenannt.

Lindbergh kehrte am 23. Oktober 1927 nach Mitchel Field zurück. Er hatte eine Strecke von 22 350 Meilen zurückgelegt, in 82 Städten haltgemacht, davon in 69 übernachtet, war dort auf Galadiners geehrt worden und hatte zahllose Darbietungen von »Lucky Lindy« über sich ergehen lassen müssen – ein Lied, das ihm nie gefallen hat, das aber die Kapellen unweigerlich spielten, wenn er den Saal betrat. Nur ein einziges Mal auf der ganzen Tour war er zu spät gekommen, und zwar in Portland, wo er vor lauter Nebel den Flugplatz nicht fand. Er war 260 Stunden geflogen, hatte 147 Reden gehalten und 1285 Meilen Paradefahrten hinter sich gebracht. Schätzungsweise 30 Millionen Zuschauer waren gekommen, um ihn zu sehen, ein Viertel der Nation.

Die Leute benahmen sich, als sei Lindbergh auf dem Wasser gewandelt, nicht darüber geflogen. Sie machten Stoffetzen von der Spirit of St. Louis ausfindig; alte Kolben und andere Teile des Wright-Motors wurden wie Reliquien aufbewahrt; die Vacuum Oil Company schickte Lindbergh drei Unzen von dem Originalöl, das bei der Ankunft in Le Bourget aus dem Ölbehälter abgelassen worden war, beschriftet und versiegelt in einer Glasampulle, damit man es ausstellen konnte. Ein Mann, der Lindbergh Jahre zuvor beim Zelten kennengelernt hatte, suchte jahrzehntelang nach dem Krug, aus dem er damals getrunken hatte. Und ebenfalls Jahrzehnte später, 1990, zahlte ein Mann in Maine 3000 Dollar für die Kiste, in der die Spirit of St. Louis nach Hause verschifft worden war, und verwahrte sie wie ein Heiligtum. Der Historiker Paul Garber versicherte: »Nach dem Flug bedeutete Charles Lindbergh... buchstäblich alles für alle Menschen.«

So lange sich Lindbergh in strittigen Fragen neutral verhielt, stimmte das. Er diente als blanke Leinwand, auf die jeder seinen eigene Idealvorstellung vom Menschen projizieren konnte. Nirgendwo wurde das deutlicher als bei einem Machwerk unbekannter Herkunft, das Lindbergh für den Rest seines Lebens verfolgte. Es handelte sich um eine Liste von »Lindberghs Wesenszügen«, 59 Charaktereigenschaften in alphabetischer Reihenfolge – von Altruismus bis Zielstrebigkeit –, auf der Lindbergh angeblich jeden Abend die zufriedenstellend beherzigten rot ankreuzte und die, gegen die er gesündigt hatte, schwarz. Ständige Selbstverbesserung war der offensichtliche Zweck, Vollkommenheit das Ziel. 50 Jahre lang zirkulierte diese Liste durch die Welt und wurde immer wieder gedruckt, von kirchlichen Gruppen, Jugendclubs und selbst in Wörterbüchern. Sie war, wie Lindbergh 1973 einem Redakteur der Cleveland Press versicherte, »purer Quatsch«.

»Ich bin überzeugt«, schrieb Harry Guggenheim Ende Oktober an Lindbergh, »daß nichts so sehr zur Förderung der Luftfahrt beigetragen hat wie diese Tournee – mit Ausnahme Ihres historischen Fluges nach Paris.« Schon jetzt bestätigten die Statistiken diese Behauptung. Wenige Wochen nach Lindberghs Flug hatte *Ryan Aircraft* 29 Bestellungen für neue Flugzeuge, meistens für das Fünfsitzermodell, und die Belegschaft war von 20 auf 120 gestiegen. Im Herbst fertigten sie drei Flugzeuge pro Woche. Im April waren noch 44 000 Kilo Post per Flugzeug verschickt worden, im September schon 66 000. In diesem Jahr stieg die Zahl der Anträge auf einen Flugschein in den Vereinigten Staaten um 300 Prozent und die der zugelassenen Flugzeuge um 400 Prozent an. Amerikas 1000 Landebahnen und Flugplätze verdoppelten sich praktisch in den nächsten drei Jahren, ein Drittel davon hatte Beleuchtung.

»Man kann unmöglich vorhersagen, wie die Zukunft der Luftfahrt aussieht«, hatte Lindbergh während seiner Tour erklärt, »aber ich glaube zuversichtlich, daß sie zu einer der wichtigsten Industrien im Land wird. Die Luftfahrt befindet sich heute in der gleichen Lage wie die Automobilindustrie vor 25 oder 30 Jahren.« Seit er zu fliegen begonnen hatte, glaubte er daran, daß St. Louis einmal der »Luftfahrtknotenpunkt« der Nation werden würde, und wenige Wochen nach seiner Tour erklärte die Stadtverwaltung von St. Louis, sie gedenke Grund für einen städtischen Flugplatz zu kaufen und beim Ausbau Lambert Field miteinzubeziehen. Städte, die über Anleihen für Flugplätze abstimmten, luden Lindbergh kurz vor der Wahl ein. Überall schossen »Lindbergh Fields« aus dem Boden.

»Lindberghs Bedeutung für die Wirtschaft scheint größer zu sein als die eines jeden Handels- oder Finanzmagnaten beiderseits des Atlantiks«, schrieb *Forbes* in diesem Jahr.

> Fortschrittliche Bankiers, Kaufleute, Fabrikanten und die gesamte Öffentlichkeit haben schon fast vergessen, daß es bis vor kurzem unmöglich war, Gerichtsbefehle, Postanweisungen und Geschäftsbriefe in weniger als einer Woche durch das ganze Land zu transportieren… Nach Lindbergh werden wir eine transatlantische Luftpost bekommen.

Als Lindbergh von seiner Tour zurückkehrte, war er einer Entscheidung über seine Zukunft noch keinen Schritt nähergekommen. In New York avancierte er zum Mittelpunkt der gesellschaftlichen Saison und wurde jeden Abend eingeladen. John D. Rockefeller jr. verlieh seiner Hoffnung Ausdruck, Lindbergh werde im Kreise seiner Familie zu Abend speisen, zusammen mit seinen fünf Söhnen, »die wie alle amerikanischen Jungen äußerst begierig darauf sind, Sie kennenzulernen«. Ein Herrenabend in kleiner Runde brachte ihn in einem Salon mit George Gershwin zusammen, der Lindbergh mit einer bravourösen Darbietung der »Rhapsody in

Blue« faszinierte, dann aber plötzlich sein Klavierspiel abbrach und ihn über die Gefahren seines langen und abenteuerlichen Fluges ausfragte, besonders, warum er im gefährlichsten Augenblick nicht umgekehrt sei.

Einen Monat lang blieb Lindbergh am Trudeln. Er legte sein Geld in die Hände von J. P. Morgan & Co., gerade als sein Ratgeber dort, Dwight Morrow, seine äußerst einträgliche Bankkarriere offiziell beendete und einen Posten als Botschafter in Mexiko annahm. Um Morrow für seine Hilfe in der letzten Zeit zu danken, schrieb Lindbergh, »wenn sich zufällig eine Gelegenheit ergeben sollte, wo ich Ihnen von Nutzen sein könnte, rufen Sie mich bitte an«. Fast sofort kam Morrow darauf zurück.

Ehe er seinen Posten antrat, überlegte Morrow, wie man die ernsten Spannungen zwischen Mexiko und den Vereinigten Staaten vermindern konnte. Angesichts der hohen amerikanischen Investitionen in Grundstücken und Erdöl und der beträchtlichen mexikanischen Schulden schrieb eine Zeitung: »Nach Morrow kommen die Marinetruppen.« Statt dessen lud Morrow Lindbergh in seine Wohnung nach New York ein und fragte ihn, ob er bereit sei, gegen Ende des Jahres mit der *Spirit of St. Louis* im Süden über die Grenze zu fliegen.

»Meines Erachtens wäre das eine hervorragende Sache für Mexiko, für die Luftfahrt und für den Fonds« schrieb Morrow an Harry Guggenheim, »und für ihn.«

»Einen langen Nonstopflug wollte ich noch machen, bevor ich das Flugzeug einmottete und in ein Museum stellte«, schrieb Lindbergh in seinen Erinnerungen. »Flugzeug und Motor waren praktisch neu, und in vieler Hinsicht war die *Spirit of St. Louis* besser als jedes andere Flugzeug für lange Flüge gerüstet.« So eine anspruchsvolle Mission erlaubte ihm auch, die eher profanen Zukunftspläne vor sich her zu schieben. Morrow schlug vor, daß Lindbergh die Karibik etappenweise anflog und Mexiko zu seinem »Stützpunkt« machte, aber der eigentliche Nervenkitzel lag für Lindbergh darin, noch einmal einen Riesensprung zu wagen.

Als Botschafter Morrow in Mexiko ankam, kümmerte er sich fast sofort um die politischen Interessen beider Länder, und er erwies sich dabei als fair und freundlich. Seine ungezwungene Art und die so gar nicht förmlichen Besprechungen führten zu einem unerwartet gelösten Umgang zwischen ihm und Präsident Plutarco Elías Calles, den die Presse in beiden Ländern erfreut als Ham-and-Eggs-Diplomatie bezeichnete. Aber nichts wertete Amerikas Ruf mehr auf als die Ankündigung, daß Charles Lindbergh zu Besuch kommen werde. Lindbergh war inzwischen in Fragen der Diplomatie ziemlich bewandert und meinte, sein Flug bekäme größere Symbolkraft, wenn er nonstop von einer Hauptstadt zur anderen flöge. Der vorsichtige Botschafter wehrte sich gegen etwas derart Gefährliches, aber Lindbergh erwiderte: »Sie verschaffen mir die Einladung, und ich kümmere mich um den Flug.«

Er verbrachte die zweite Dezemberwoche in Washington, wo der Oberste Bundesrichter Taft ihm die »Langley Medal« der *Smithsonian Institution* überreichte und der Kongreß beschloß, ihm die Kongreßehrenmedaille zu verleihen, die eigentlich für militärische Heldentaten gedacht war. Am 13. Dezember 1927 wurde die *Spirit of St. Louis* auf die Startbahn von Bolling Field bei Washington gezogen. Die Entfernung nach Mexiko betrug nur zwei Drittel von der nach Paris, aber das bedeutete noch immer einen 24stündigen Flug.

Um 12.25 Uhr hob Lindbergh an diesem Dienstag mit dem vollgetankten Flugzeug von einem durchweichten Flugplatz ab, flog die Ostküste von Texas entlang, dann in einem Bogen Richtung Mexico City. Als er das Hochbecken von Mexiko erreichte, hatte er durch den Flug über ein Nebelmeer den Weg verloren. Er navigierte nach einer ungenauen Karte und konnte sich nicht orientieren. Auf der Suche nach Eisenbahnlinien auf der Erde, die zu denen auf der Karte paßten, irrte er stundenlang über den Himmel. Schließlich folgte er einfach einer beliebigen Strecke und flog so niedrig, daß er die Schrifttafeln auf den Bahnhöfen lesen konnte. Er war müde und konnte sich keinen Reim darauf machen, daß die Städte hier alle »Caballeros« hießen. Er hatte sich schon ziemlich verspätet, da merkte er endlich, daß er immer die Hinweisschilder für die Herrentoiletten las. Schließlich flog er über eine Stadt, wo auf einer Mauer »Hotel Toluca« geschrieben stand, und Toluca war auf seiner Karte eingezeichnet, 30 Meilen westlich von seinem Ziel.

Unter einer hochsommerlichen Sonne warteten an diesem Nachmittag 150 000 Menschen auf dem Flugplatz Valbuena. Botschafter Morrow und seine Frau waren seit dem späten Vormittag da; die meisten anderen hatten auf dem Flugplatz übernachtet. Lindbergh war über Tampico und Toluca gesichtet worden, aber als sich der Flieger mehr als zwei Stunden verspätete, wurden Morrow und die Menge unruhig. Auf Mrs. Morrows Uhr war es 15.16 Uhr, als er schließlich ankam, und es war »wahnsinnig aufregend, als das Flugzeug den Boden berührte«. Morrow stellte ihn Präsident Calles vor, und der überreichte ihm die Schlüssel der Stadt. Der Flug hatte 27 Stunden und 15 Minuten gedauert; Lindbergh stellte fest, er habe sich zwar verspätet, aber die Morrows hätten für die gleiche Reise fast eine Woche gebraucht.

Die Mexikaner waren in ihrer Bewunderung nicht zu halten. Als Mrs. Morrow Lindbergh von der Tribüne zum wartenden Auto führte, fürchtete sie, die kreischende Menschenmenge werde ihm gleich die Kleider vom Leib reißen. Den ganzen Weg in die Innenstadt bewarfen ihn die Massen mit Blumen und schrien: »Viva Lindbergh!« In den nächsten Tagen, bei Empfängen, Dinners, Paraden, Stierkämpfen, Volkstänzen und Rodeos, waren die Mexikaner überschwenglicher als alles, was Lindbergh je erlebt hatte. Doch der Botschafter hielt ihm wohlweislich die meiste Zeit

Ein Skandal trieb Ola Månsson, Charles Lindberghs Großvater väterlicherseits, nach Amerika, wo er und seine Frau Louisa eine Familie gründeten. Sie änderten ihren Familiennamen in Lindbergh und nannten ihren Erstgeborenen (stehend) Charles August, später bekannt als C. A.

Charles H. Land, Lindberghs Großvater mütterlicherseits, bekannt als »Vater der Porzellanzahnheilkunde«, brachte dem jungen Charles nahe, daß »die Naturwissenschaft der Schlüssel zu allen Geheimnissen ist«.

C. A. Lindbergh galt 1901 als der klügste
Rechtsanwalt von Minnesota und der attraktivste Mann in Little Falls.

Evangeline Lodge Land kam als Lehrerin aus
Detroit nach Little Falls und verliebte sich
dort in C. A.

Evangeline Lodge Land Lindbergh und ihr
wenige Monate alter Sohn Charles Augustus
Lindbergh 1902.

Charles verbrachte eine einsame Kindheit und
hatte neben seinen Tieren nur wenige Freunde.
Hier sitzt er 1913 mit Dingo für den Fotografen.

Die Ehe der Lindberghs war eigentlich von
Anfang an unglücklich. Charles verbrachte
die meiste Zeit mit seiner Mutter, die ihn
abgöttisch liebte.

C. A. verfiel einer neuen Leidenschaft,
der Politik. Obwohl er und seine Frau während
seiner fünf Sitzungsperioden als Kongreßabgeordneter getrennte Wohnungen in
Washington hatten, drängte Evangeline
Charles immer, seine Vater zu besuchen.

C. A. auf Wahlkampfreise im Norden von Minnesota.

Die glücklichsten Stunden seiner Kindheit verbrachte Charles am Oberlauf des Mississippi.

1920 schrieb sich Charles Lindbergh an der University of Wisconsin ein. Seine Mutter zog nach Madison, um bei ihm zu sein.

Nachdem er im zweiten Jahr
aus dem College geflogen war,
fuhr Lindbergh mit seiner
Excelsior nach Nebraska und
lernte dort das Fliegen.

Mit seinem Freund Harlan
»Bud« Gurney tingelte er in
den zwanziger Jahren mit
Kunstflugdarbietungen
durch die Lande.

Leutnant Charles A. Lindbergh.

1924 trat Lindbergh in das *Army Air Corps* ein, das in Brooks Field, Texas, stationiert war.

November 1926. Als das Flugzeug des Luftpostpiloten Lindbergh auf der Route St. Louis–Chicago zum zweiten Mal abstürzte, träumte er bereits vom Orteig-Preis – 25 000 Dollar für den Piloten, der als erster nonstop von New York nach Paris fliegen würde.

Im nächsten Frühjahr ließ er sich sein Flugzeug bauen. Die 10 580 Dollar hatten Geschäftsleute in St. Louis aufgebracht.

Mai 1927. Von einer Startbahn auf Long Island hebt Lindbergh mit der *Spirit of St. Louis* zu einem Testflug ab. Die Presse machte bereits schon einigen Wind um die Geschichte.

Evangeline L. L. Lindbergh besucht ihren Sohn kurz vor dessen todesmutigem Flug. »Zum ersten Mal in meinem Leben«, sagte sie, »wird mir bewußt, daß auch Kolumbus eine Mutter hatte.«

22. Mai 1927, Paris. »Der Tag danach«. Mit Botschafter Myron T. Herrick.

13. Juni 1927. Broadway. Der Held kehrt heim.

Triumphaler Empfang
in New York.

St. Louis. Der große Sohn
der Stadt kommt nach
Hause.

Dwight W. Morrow 1926, kurz bevor er die Partnerschaft bei J. P. Morgan aufgab und Botschafter in Mexiko wurde. Im Uhrzeigersinn: Morrow mit seiner Frau Elizabeth und den Kindern Elisabeth, Anne, Constance und Dwight jr.

1930 brachte Anne ihr erstes Kind zur Welt, Charles A. Lindbergh jr.

Nach ein paar heimlichen Rendezvous heiratete der »Prinz der Lüfte« 1929 die Tochter des Botschafters. Selbst Annes alte Freundinnen beglückwünschten *sie* zu *ihm*.

Charles und Anne Lindbergh
wurden als »erstes Paar am
Himmel« international ge-
feiert.

Auf einer ihrer Blitzexkur-
sionen erkundeten sie 1929
Felsensiedlungen in New
Mexico.

Anne (fotografiert in Nanking) wurde Charles' Kopilot, Navigator und Funker.

Japan 1931, kurz bevor sie vom plötzlichen Tod von Annes Vater erfuhren, damals Senator des US-Bundesstaates New Jersey.

In den frühen dreißiger Jahren bemühte sich Anne, eine selbstän-
dige Persönlichkeit zu werden.

Ihr erstes Buch »Nach Norden
in den Orient« wurde der erste
von vielen Bestsellern.

Als Wegbereiter des Luftverkehrs
inspizierte Charles Lindbergh
zusammen mit Juan Trippe, dem
Gründer von *Pan American*,
Routen in Südamerika.

Die Anfänge des amerikanischen
Raumfahrtprogramms:
der Physiker Robert H. Goddard
zusammen mit seinen beiden
tatkräftigsten Förderern Harry
Guggenheim und Charles
Lindbergh.

Der Nobelpreisträger Dr. Alexis Carrel, Lindberghs Mentor und Vorbild.

Dr. Carrel und Lindbergh beim Lunch im *Rockefeller Institute*, wo sie eine Perfusionspumpe entwickelten, die bald weltweit als »Künstliches Herz« bekannt wurde.

Das »Lindbergh-Baby« am 22. Juni 1931, seinem ersten Geburtstag.

März 1932. Vor dem Kinderzimmer im Haus der Lindberghs in der Nähe von Hopewell, New Jersey. Zweieinhalb Jahre lang hatten die Behörden keine Ahnung, wer diese Leiter hochgestiegen war. (New Jersey State Police Museum)

Vor der Hysterie, die auf die verhängnisvolle Entführung ihres Sohnes folgte, flüchteten die Lindberghs in entlegene Gegenden. Grönland, Sommer 1933.

Kapverdische Inseln, bei der Reparatur von Schäden, die die Sonne verursacht hatte.

des Terminkalenders frei, so daß Lindbergh ein wenig Ferien machen konnte.

Um die Weihnachtszeit wohnte er in der Botschaft. Evangeline Lindbergh nahm die Einladung der Morrows, die Ferien bei ihnen zu verbringen, an und kam mit dem Flugzeug aus Detroit. Die Morrows lebten hier mit ihrer 14jährigen Tochter Constance und ihrem 19jährigen Sohn Dwight jr., und jetzt kamen auch die beiden älteren Töchter Elisabeth und Anne zu Besuch. Zum erstenmal, seit er berühmt geworden war, hatte Lindbergh ein paar Tage Zeit, um sich zu erholen; zum erstenmal seit seiner frühen Kindheit erlebte er ein altmodisches Weihnachten inmitten einer großen, liebevollen Familie; und zum erstenmal in senem Leben verbrachte er mehrere Stunden in der ruhigen Gesellschaft von gleichaltrigen weiblichen Wesen. Zwar senkte er oft den Kopf in ihrer Gegenwart; aber er konnte nicht umhin zu bemerken, wie unterschiedlich die Morrow-Töchter waren: Elisabeth, die älteste, schön, elegant und gesellschaftlich sicher; Constance, die jüngste, lebhaft und witzig, ohne Scheu, ihren berühmten Gast aufzuziehen; und Anne, 20 Jahre alt und befangen. Manchmal ertappte er sie dabei, wie sie den Blick abwandte, als wolle sie ihn nicht in Verlegenheit bringen. Ihr war wohler, wenn sie ihn aus der Ferne ansehen konnte; dann lief sie nach oben und vertraute ihrem Tagebuch an:

»Ich sah, gegen die große Steinsäule gelehnt, einen langen, dünnen jungen Mann im Abendanzug stehen – viel länger und dünner und gelassener, als ich erwartet hatte«, schrieb sie, nachdem sie ihn zum erstenmal zu Gesicht bekommen hatte. »Ein sehr vornehmes Gesicht, gar nicht wie diese grinsenden ›Lindy‹-Bilder – ein kräftiger Mund, helle, richtig blaue Augen, schönes Haar und eine angenehme Gesichtsfarbe.« In der folgenden Woche staunte sie, wie jung er war und wie wenig affektiert. Mrs. Lindbergh schenkte Anne und Elisabeth zu Weihnachten spanische Fächer und Karten mit der Unterschrift ihres Sohnes.

In dieser Woche kam Anne zu selten hinter ihrem Geschenk hervor, um viel über ihren Ehrengast zu erfahren. Und nach Weihnachten wurde Lindbergh vom nächsten Abschnitt seiner Reise in Anspruch genommen. Während seines Aufenthalts in Mexiko hatten Botschafter Morrow und das Außenministerium vereinbart, daß Lindbergh die Tour durch Mittelamerika und die Karibik fortsetzen sollte.

Die Morrows verabschiedeten sich am 28. Dezember morgens um 5.30 Uhr von ihm, als er nach Guatemala City aufbrach, sieben Stunden weit weg. Mitte Februar war er 9390 Meilen und 116½ Stunden durch Lateinamerika geflogen, von Guatemala nach Britisch-Honduras, Salvador, Honduras, Nicaragua, Costa Rica, Panama, in die Kanalzone, nach Kolumbien, Venezuela, St. Thomas, Puerto Rico, in die Dominikanische Republik, nach Haiti und Kuba. In den meisten Städten waren die Menschenmassen von der Polizei nicht zu bändigen; die Begrüßungsfeiern waren meist die größten Veranstaltungen, die das Land jemals erlebt hatte. Die Presse verwendete ständig den Begriff »Goodwill« auf diese Flüge durch den Golf von Mexiko und die Karibik, aber Lindbergh erklärte später nachdrücklich, die Werbung für die USA sei ein willkommenes Nebenprodukt, aber nicht einmal wesentlicher Bestandteil der Planung gewesen. Ihn interessierte hauptsächlich »das Abenteuer des Fliegens, die Demonstration dessen, was ein Flugzeug vermag, und die Entwicklung der Luftfahrt überhaupt«. Er finanzierte die Reise selbst.

Lindbergh wurde der Welt erster Botschafter der Lüfte und der jüngste Gesandte seines Landes. In allen 16 Ländern, die er in diesem Winter besuchte, wurde er mit den höchsten Orden ausgezeichnet und bekam wertvolle Geschenke: in Guatemala eine goldene Uhr, in der Kanalzone ein vergoldetes indianisches Götterbild, in der Dominikanischen Republik eine goldene Brosche, in Honduras eine Goldkiste mit Nuggets von den Eingeborenen, und in Haiti, wo eine Straße auf den Namen Lindbergh Avenue getauft wurde, einen Briefbeschwerer mit einem Stück Eisen aus dem Anker von Kolumbus' Flaggschiff *Santa Maria*. Mehr als alle anderen Regionen bestätigte das von Eselspfaden durchzogene Mittelamerika Lindbergh in dem Gedanken, daß die Luftfahrt für den Fortschritt der Menschheit unverzichtbar war.

Die Berichte für die *New York Times* über seine Lateinamerikatour schrieb Lindbergh selbst. Die international an mehrere Zeitungen verkauften Artikel, immer mit einem anderen Datum, boten für jedermann etwas. Faszinierend wie die Geschichten aus 1001 Nacht, verbanden Lindberghs Reportagen Abenteuer mit Beschreibungen der High Society, Geschichtsstunden mit Zukunftsvisionen. Eben flog er noch über tropische Berge, in der nächsten Minute saß er schon in einem Präsidentenpalast – und erzählte davon mit bescheidenen, respektvollen Worten. Dieser Actionheld aus dem wirklichen Leben war zum festen Bestandteil im Leben der Menschen geworden.

Nach zwei Monaten kehrte er von Havanna aus in die Vereinigten Staaten zurück. An diesem Dienstag schlossen die Schulen von St. Louis schon mittags, damit sich alle Schüler am Mississippi versammeln und Lindbergh gemeinsam willkommen heißen konnten. 60 000 Kinder, jedes mit einer amerikanischen Flagge, und fast ebenso viele Erwachsene erwarteten ihn und drängelten sich auf eine Länge von zehn Häuserblocks auf dem Deich. Lindbergh führte eine halbe Stunde lang Kunststücke vor und landete dann in Lambert Field. Dies, so beschloß er, sollte der letzte Auftritt seines Flugzeugs gewesen sein, und er gab bekannt, er werde sich ins Privatleben zurückziehen. Im Frühling brachte er sein Flugzeug in einem bemerkenswerten Flug von 725 Meilen in knapp fünf Stunden nach Washington und schenkte es dort der *Smithsonian Institution* für eine Dauerausstellung.

Aber die Ehrungen nahmen kein Ende. Er schöpfte von all den Angeboten nur den Rahm ab; er nahm den Ehrendoktor der Jurisprudenz von der Universität von Wisconsin an, aus der er vor sechs Jahren rausgeflogen war, die Kongreßehrenmedaille von Präsident Coolidge in einer Zeremonie im Weißen Haus, und einen Orden und 25 000 Dollar »für Beiträge zur internationalen Freundschaft« von der *Woodrow Wilson Foundation*. Lindy-Clubs mit eigenem Eid, Statuten und Grußformeln schossen aus dem Boden. Die Berichterstattung in der Presse wurde nicht weniger, ein Artikel zog den nächsten nach sich. Ein neues Magazin mit dem Namen *Time* versuchte Leser zu ködern und den Verkauf anzukurbeln, indem es einen »Mann des Jahres« wählte. Der erste solchermaßen Geehrte war Lindbergh.

Er versuchte, sich auf die Entwicklung des Luftverkehrs zu konzentrieren und führte Gespräche mit Fluglinien, der *Pennsylvania Railroad* und sogar mit Henry Ford – sie alle waren interessiert an der Zukunft der Personen- und Güterbeförderung. Er wurde bezahlter Berater des Daniel-Guggenheim-Fonds und der US-Regierungsbehörde für Aeronautik. Immer noch ohne festen Wohnsitz, war er dauernd unterwegs und flog durch das ganze Land. »Auf fast jedem Flugplatz drängelten sich die Reporter und Fotografen«, erinnerte sich Lindbergh später an diese Zeit. »Wagenladungen voller Schaulustiger folgten ihnen. Die Hotels, in denen ich übernachtete, wurden beobachtet. Ich konnte keine Straße entlanggehen, ohne verfolgt, fotografiert und angesprochen zu werden.« Er war der erste ständig von den Medien gejagte Mensch.

Und dann, als er eines Tages im südlichen Wyoming und östlichen Utah nach Westen über die Rocky Mountains flog, sah er eine Wüste vor sich liegen. Vor ihm ging die Sonne unter, und er wußte, daß in jeder Stadt, wo immer er landen würde, eine Bande Journalisten im Hinterhalt lag. Ohne nachzudenken, setzte er sein Flugzeug mitten in der Wüste auf. »Was für einen Frieden habe ich da gefunden«, erinnerte er sich später, »auf dieser warmen, schon langsam abkühlenden Oberfläche unseres Planeten!«

Lindbergh verbrachte die Nacht auf dem Grund eines ausgetrockneten Sees und erlebte eine Offenbarung. Er erkannte, daß er wie kein anderer Mensch vor ihm zu einem Leben als öffentliche Person verurteilt war. Er fühlte sich unerträglich zur Schau gestellt, ausgesprochen überfordert und übertrieben glorifiziert und hätte gern »zwei offenbar widersprüchliche Ziele in Einklang gebracht, nämlich an der Zivilisation meiner Zeit teilzuhaben, ohne durch deren allgegenwärtige Maßlosigkeit eingeengt zu werden«.

Es gab nur eine Lösung: alles vereinfachen. »Ich mußte meine Verpflichtungen reduzieren, Besitz verschenken, meine beruflichen und sozialen Interessen bündeln«, beschrieb er später seine neuen Ziele. »Ich wollte die Vorteile der Zivilisation nützen, in die ich hineingeboren worden war, aber die elementaren Werte des Lebens nicht verlieren, aus denen alles Menschenwerk entstehen muß.«

Die Historische Gesellschaft von Missouri hatte Lindbergh gefragt, ob sie seine Auszeichnungen ausstellen dürften. Er gab seine Einwilligung für zehn Tage, und in dieser Zeit kamen 80 000 Besucher. Da verlängerte er sein Einverständnis auf unbegrenzte Zeit, und im nächsten Jahr betrachteten 1½ Millionen Menschen die Schaukästen im Jefferson Memorial Building. Lindbergh bat nie mehr um die Rückgabe seines Schatzes; wenige Jahre später machte er das ganze Zeug der Historischen Gesellschaft in aller Form zum Geschenk.

Seine Trophäen konnte er mit jemandem teilen, aber er hatte niemanden, mit dem er sich über die Bewunderung von allen Seiten freuen konnte. Ab und zu war seine Mutter bei ihm, aber sonst hatte er das ganze Jahr mit all den Ehrungen allein durchlebt. Unter den Myriaden, die ihn als »Einsamen Adler« verherrlichten, gab es nur eine Handvoll Menschen, die er überhaupt wiedersehen wollte. Er lebte ständig unter den Augen der Öffentlichkeit; kaum vorstellbar, wie sich da jemals eine private Beziehung auf normalem Wege ergeben sollte. Freundschaften waren schwierig, eine Liebesgeschichte kam nicht in Frage. Das höchste der Gefühle war Einsamkeit, und sich die zu erkämpfen, war mühsam genug. Der Ruhm, den er nie begehrt hatte, drohte ihn in ein Ungeheuer zu verwandeln.

Lindbergh fühlte sich einsam im Frühling 1928 und sehnte sich nach Nähe. Im Alter von 26 Jahren fand er: »Es war Zeit, mit Mädchen zusammenzusein.« Unbewußt kehrten seine Gedanken immer wieder zu einer jungen Frau zurück, einer unter Millionen von Verehrerinnen, Botschafter Morrows Tochter, die schüchterne, die immer wegschaute. Auch Anne war von ihm angetan gewesen, wie sie ihrem Tagebuch nach seiner Abreise anvertraut hatte.

Der Gedanke an diesen klaren, gradlinigen, aufrichtigen jungen Mann – wie hat er alle anderen Männer aus meiner Bekanntschaft, all die Pseudointellektuellen, die Komplizierten, die Angeber, all diese Künstlertypen in der Versenkung verschwinden lassen! Mein ganzes Leben, ja, meine ganze Welt, meine kleine bestickte und bebänderte Welt ist zerbrochen.

8

ZWEI EINHÖRNER

*»Ein Mädchen sollte natürlich aus einer gesunden
Familie stammen. Meine Erfahrungen bei der Tierzucht
auf unserer Farm hatten mich gelehrt, wie wichtig
gutes Erbgut war.«*

C. A. L.

Dwight Whitney Morrow war der personifizierte amerikanische Traum, der lebende Beweis dafür, daß man durch harte Arbeit aus kleinsten Verhältnissen zur Machtelite der Nation aufsteigen konnte. Oft wurde vermutet, er stamme aus einer der ersten Familien Amerikas, aber in Wirklichkeit begann das Leben dieses einflußreichen Finanzmanns, Diplomaten und Politikers, den Walter Lippmann den »Getreuesten« seiner Zeit nannte, in sehr bescheidenen Verhältnissen in Westvirginia.

1873 wurde er buchstäblich in eine gebildete Welt hineingeboren – in ein Gebäude des Marshall College. Sein Vater James, ein Lehrerssohn, war kurz zuvor zum Leiter des Colleges ernannt worden, eine Stellung, bei der das freie Wohnrecht für ihn und seine wachsende Familie mehr wert war als das kümmerliche Gehalt. Kurz darauf zog die Familie James Morrow nach Allegheny in Pennsylvania, wo er im Lauf der Jahre zahlreiche Stellen als Lehrer annahm, am liebsten für Mathematik und Bibellesung. Dieser Vater von acht Kindern verdiente nie mehr als 1800 Dollar im Jahr.

Obwohl Dwight nicht einmal 1 Meter 70 groß wurde und mit chronischer Migräne, Verdauungsstörungen und einem leicht mißgebildeten Arm geschlagen war, schien ihm kein Hindernis zu hoch. Er träumte davon, wie sein älterer Bruder nach West Point auf die Militärakademie zu gehen, und schnitt bei der Aufnahmeprüfung als Bester in seinem Bezirk ab. Kurz nach der Meldung, er werde die Zulassung erhalten, stellte sich heraus, daß der junge Mann, der Zweiter geworden war, in Folge politischer Beziehungen ihm vorgezogen wurde.

Morrow schrieb an Benjamin Harrison, den Präsidenten der Vereinigten Staaten, und bat ihn um einen der zehn Studienplätze, die dieser alle vier Jahre persönlich vergeben konnte, erhielt ihn aber nicht. Zwar war er nun um die Möglichkeiten gebracht, die West Point einem armen Jungen wie ihm bot, aber er war entschlossen, diese Schwierigkeit zu überwinden und zu einem einflußreichen Mann zu werden. Auf den Rat eines früheren Lehrers, der dort Schüler gewesen war, bewarb er sich am Amherst College in Massachusetts. Er wurde angenommen und behielt ein Leben lang eine Vorliebe für dieses College. Finanziell wurstelte er sich eben durch, lieh sich Geld und gab Nachhilfestunden und galt bald als der fleißigste Schüler der Klasse von 1895. Nach dem Abschluß, so will es die Legende von Amherst, wurde Morrow einstimmig zum »erfolgversprechendsten Absolventen« gewählt – bis auf eine einzige Stimme, die seine, die er seinem Klassenkameraden Calvin Coolidge gab.

Amherst eröffnete ihm nicht nur einen geistigen Zugang zur Welt, sondern führte ihn auch mit Elizabeth Reeve Cutter aus dem nahen Smith College zusammen, einer jungen Frau im ersten Semester, die die gleiche Entschlossenheit bekundete, sich in schulischen und außerplanmäßigen Aktivitäten hervorzutun. Elizabeth – für die meisten Betty, für einige wenige Bee und für den kleinen jungen Mann mit der Römernase schließlich Betsey – war nicht größer als Morrow, und ihre dicken Augenbrauen, hohen Wangenknochen und fast porzellanweiße Haut ließen sie wie eine Eskimopuppe aussehen. Sie war keine Schönheit – das bedeutete Morrow nichts, aber sie war eine Persönlichkeit, und das war ihm sehr wohl wichtig. Obwohl die finanziellen Verhältnisse ihrer Familie gewiß nicht so miserabel waren wie die der Morrows, strebte sie mindestens genauso ehrgeizig nach Erfolg wie Dwight – unter anderem eine Folge des Todes ihrer Zwillingsschwester im Alter von neun Jahren. Ihr Leben lang stürmte Betty durchs Leben, »entschlossen, für zwei zu arbeiten«, wie ein Verwandter bemerkte.

Als sie 1903 heirateten, war Dwight Morrow bei einer renommierten Kanzlei in New York angestellt, und Betty hatte in einer Privatschule in ihrer Geburtsstadt Cleveland, Ohio, unterrichtet, an der Sorbonne und in Florenz studiert und in überregionalen Zeitschriften mehrere Gedichte veröffentlicht.

Die Morrows, deren Begabungen ihrem Ehrgeiz entsprachen, blickten immer weit voraus. Er erwies sich als ausgesprochener Glücksfall für seine Kanzlei, da ihm die Arbeit über das Vergnügen ging und er endlos über ein Thema nachgrübelte. Das »großzügige Vorstadtleben« gefiel den Morrows besser als der gesellschaftliche Druck von New York City, und sie entdeckten am anderen Ufer des Hudson River, gleich gegenüber dem Nordende von Manhattan, die erst kürzlich eingemeindete Stadt Englewood. Es zog zahlreiche Bankkaufleute dorthin, darunter Henry P. Davison und Thomas Lamont, Drahtzieher bei J. P. Morgan & Company.

An der Spring Lane, zu Fuß nicht weit von der Innenstadt und der presbyterianischen Kirche, war ein Haus zu vermieten. Die Miete war höher, als die Morrows gerechnet hatten, und das dreigeschossige Haus – mit kleinen Giebeln und Fenstern an den seltsamsten Stellen – hatte mehr Zimmer, als sie brauchten; aber sie beschlossen, auf die Zukunft zu vertrauen. Eines Nachts erwachte Morrow in ihrem »kleinen braunen Haus« aus einem, wie er sagte, »ganz schrecklichen« Alptraum – er hatte geträumt, sie wären »*ungeheuer* reich« geworden.

In wenigen Jahren hatte sich sein Einkommen verzehnfacht und Kinder füllten das Haus. Elisabeth Reeve wurde 1904 geboren, Anne Spencer zwei Jahre später und Dwight jr. noch einmal zwei Jahre danach. 1909 zogen die Morrows in ein größeres Haus im Zuckerbäckerstil auf einem Morgen Land an der Palisade Avenue, damals noch eine Landstraße. Es war ein weitläufiges Anwesen voller Bäume, und jedes Kind bekam ein Zimmer. Eine dritte Tochter, Constance, wurde 1913 geboren. »Wenn wir bei unseren derzeitigen Entschlüssen bleiben und uns kein Unglück zustößt«, schrieb Morrow damals, »werden wir für den Rest unseres Lebens hier wohnen.«

Morrow profilierte sich im Körperschaftsrecht und wurde in kurzer Zeit Partner bei Simpson, Thacher & Bartlett. Wegen seiner zunehmenden Verpflichtungen in öffentlichen Ausschüssen und örtlichen Wohltätigkeitsorganisationen verbrachte er immer weniger Zeit zu Hause. »Das ist nicht das richtige Leben für dich und mich, Betsey«, sagte er zu seiner Frau. »Wenn wir einmal 100000 Dollar auf die Seite gelegt haben, ziehen wir uns aus der juristischen Praxis zurück. Dann unterrichte ich Geschichte, du schreibst Gedichte, und die Kinder verdienen sich selbst ihren Lebensunterhalt.«

Dieser Traum erfüllte sich nie, aber der Alptraum wurde wahr. Ende 1913 tauchte Thomas Lamont bei seinem Nachbarn auf und bot ihm an, als Partner bei J. P. Morgan & Company einzusteigen. Es kam unerwartet, aber der Zeitpunkt war genau richtig, für Morrow wie für Morgan. Er suchte nach einer neuen Herausforderung, und das 52 Jahre alte Bankimperium – im Zenit seiner Macht und am Tiefpunkt seines guten Rufes – bot ihm diese Gelegenheit. Übrigens forderte genau zu dieser Zeit der Kongreßabgeordnete Charles A. Lindbergh aus Minnesota eine Untersuchung der Machtkonzentration an der Wall Street. Nach dem plötzlichen Tod von J. Pierpont Morgan suchte die Firma einen neuen Seniorpartner. Man wählte Morrow – »nicht nur wegen seiner Fähigkeiten, denn Fähigkeiten gab es im Überfluß und man konnte sie leicht kaufen«, erklärte Calvin Coolidge später, »sondern... wegen seines anständigen Charakters, der unbezahlbar war.«

Damit war Morrow, umgeben vom Glanz der Integrität, plötzlich in die höchsten Ränge der internationalen Finanzwelt aufgestiegen. Als er seine neuen Büros in der Wall Street Nr. 23 bezog, wurde er gleichzeitig Partner bei Drexel & Co. in Philadelphia, bei Morgan, Grenfell & Co. in London und bei Morgan, Harjes und Co. in Paris. Morrow verhandelte schon bald mit den Chefs von General Motors und Dupont; er half, den Kredit der Stadt New York unter Dach und Fach zu bringen; er suchte mit dem Finanzminister nach Geldquellen für den Krieg und arbeitete mit Jean Nonnet am Wiederaufbau von Nachkriegseuropa.

Die beruflichen Herausforderungen wurden von häuslichen Veränderungen begleitet. In Englewood wahrten Dwight und Betty den Anschein eines bescheidenen Lebensstils, aber seine neue Stellung zwang sie, auf Äußerlichkeiten mehr Wert zu legen. Die Morrows waren weiterhin in örtlichen Angelegenheiten aktiv, aber auch nationale Organisationen, Schulkomitees und Spendenaktionen baten immer öfter um ihre Mitarbeit im Vorstand. Wegen seiner Arbeit nahmen sie sich eine Wohnung in New York City, und obwohl sie an der Vorstellung von einem Leben in Englewood hingen, wurde der Neubau in der Eastside, 66. Straße Nr. 4, 11. Stock, die Adresse, wo sie sich normalerweise aufhielten. Morrow war Teileigentümer dieses eleganten Hauses.

Die Morrows wohnten in Manhattan und verbrachten den Sommer in Maine auf der Insel North Haven in der Penobscot Bay und die Winterferien im Bezirk Nassau auf den Bahamas. Morrows neue Arbeit erforderte zahlreiche Reisen nach Europa. Wenn möglich, nahm er die Kinder aus Bildungsgründen mit und las ihnen in England oder Frankreich die passenden Stellen aus Henry James vor. Sie speisten mit den Rockefellers und den Vanderbilts, mit Professoren und Richtern, Botschaftern und Generälen, Präsidenten und Premierministern, und keine Tür war der Familie von Dwight Morrow verschlossen.

Was immer sie in Angriff nahmen, verlief erfolgreich. Die Kinder hielten die Ehe für gut, und ihr Leben war außerordentlich privilegiert. In den ersten Jahren ihrer Mutterschaft ließ Betty Morrow um fünf Uhr nachmittags alles liegen und stehen, um den Kleinen vorzulesen. Später begannen die Kinder zu dieser Stunde selbst zu lesen und Gedichte und Tagebücher zu schreiben.

Von den Morrow Kindern wurde wenig gefordert, aber viel erwartet. Die Familie war ein Treibhaus des Erfolgs, und es gab kaum Platz für Unzulänglichkeiten. Am härtesten erwies sich das Leben für Dwight jr., den einzigen Sohn, der die Bürde des großen Namens trug. Er wurde automatisch nach Groton auf die Schule geschickt, um sich auf Amherst vorzubereiten, und er war noch nicht im College, als er schon anfing, unter dem Druck zu stümpern und zu stottern. Betty Morrow interessierte sich mehr für ihre Töchter.

Elisabeth übertraf ihre kühnsten Erwartungen. Gesegnet mit den besten Eigenschaften ihrer Eltern, wuchs sie zu einer edlen, blonden jungen Dame heran, zu einer zarten Schönheit und starken Persönlichkeit. Am Smith College tat sie es ihrer erfolgreichen Mutter gleich, und dazu kam noch der Glanz des angesehenen Elternhauses. »Sie war die Ballkönigin«, schrieb ihre jüngere Schwester Constance mehr als 60 Jahre später, »sie war elegant und anmutig, und die Männer lagen ihr zu Füßen.« Gesundheitlich war sie wenig stabil, doch ging ihre Mutter mit ihrer lebenslangen Angst vor Krankheiten auf ihr Leiden nicht ein. Elisabeth wußte, daß sie trotz ihres Herzklappenfehlers die Anerkennung ihrer Mutter nur gewann, wenn sie weiterarbeitete, als wäre sie vollkommen gesund. Diese Tapferkeit machte sie für ihre vielen Verehrer nur noch attraktiver. Der glühendste von allen war ein Sohn von Morgans Partner Thomas Lamont, Corliss, der auch behauptete, Elisabeth sie der »offenkundige Liebling ihrer Mutter« gewesen.

Die neun Jahre jüngere Constance folgte ihr auf die Milton Academy und später aufs Smith College und trat mit der gleichen Gelassenheit auf. Sie war klug und sah gut aus, war jung genug, um nicht mit ihren Schwestern konkurrieren zu müssen und entwickelte sich zur quirligsten von allen Morrows.

Anne steckte zwischen zwei Schwestern, die die Erwartungen der Eltern mit Anmut und Leichtigkeit zu erfüllen schienen. Nicht ganz so hübsch – dunkelhaarig und immer verlegen wegen ihrer etwas breiten Nase –, stand Anne in Elisabeths Schatten. Mehr als alle anderen in der Familie zog sie sich zurück und suchte Trost im Lesen und Schreiben. Schon mit 15 Jahren war sie eine unermüdliche Tagebuch- und Briefschreiberin.

Sie analysierte jede ihrer Stimmungen mit kritischem Blick. Sie lernte, sich selbst zu ducken, ehe das jemand anderer tun konnte, bereitete sich und die Familie auf ihr Versagen vor und verblüffte dann alle Welt mit ihren Erfolgen. Ständig entschuldigte sie sich für irgend etwas, meist unnötigerweise. Ihre Selbstversunkenheit machte sie schüchtern, aber stark. »Sie war kein Mauerblümchen«, beschrieb sie eine ihrer ältesten Freundinnen, »sondern eine richtige Treibhausorchidee – eine dieser seltenen, heiklen Pflanzen, die so empfindlich aussehen, in Wirklichkeit aber äußerst widerstandsfähig sind.« Als sie heranwuchs, lernte Anne, ihren Zorn in Stärke und ihren Schmerz in Mitgefühl zu verwandeln.

»Anne war die einzige Schülerin, die eine Seele hatte«, erinnerte sich eine ihrer Freundinnen aus Miss Chapins Schule in New York City. Sie war Mitglied einer energiegeladenen Gruppe von Teenagern, die aus den besten Familien stammten und an den richtigen Orten Urlaub machten. »Anne-Pan« Morrow versuchte nie, die Anführerin zu spielen, sie hielt sich im Hintergrund und zog die anderen mit Selbstlosigkeit und Bescheidenheit unversehens in ihren Bann, bis sie ihr folgten. Anne war alles andere als unsozial und genoß die Anerkennung durch die Freundinnen, die ihr die Familie, vor allem die Mutter nicht gewährte. Sie wurde die beste Briefschreiberin der Gruppe; sie begann jeden Brief unweigerlich mit einer Entschuldigung, daß sie so spät schreibe, und beendete ihn mit einer

Entschuldigung für ihre Weitschweifigkeit. Das war eine raffinierte Falle, denn die meisten Antworten taten ihre Selbstanschuldigung prompt als unberechtigt ab und spendeten ihr statt dessen um so größeres Lob. Ihre Leben lang wandte Anne diese Technik an und blieb unfähig, direkt um etwas zu bitten.

In den fünf Jahren bei Miss Chapin besuchte Anne in New York genügend kulturelle Veranstaltungen, um zu erkennen, daß ihr Provinzialismus sie zum Snob zu machen drohte wie ihre Schwester Elisabeth. Ihre Gedichte und Erzählungen aus dieser Zeit waren voller Sehnsucht nach »Abenteuern, die ich nie erlebt« und »Ländern, die ich nie gesehen«.

Anne glaubte ihre Ziele eher zu erreichen, wenn sie aus ihrer Familie ausbrach. Also wollte sie wie die meisten ihrer Freundinnen ans Vassar College gehen und nicht ans Smith. »Ich will etwas anderes tun«, schrieb sie ihrer Schwester Elisabeth, »woanders beginnen, vollkommen unabhängig handeln.«

Anne machte den Abschluß bei Miss Chapin 1924 als Klassenbeste. Sie war Kapitän der Hockeymannschaft, schrieb die besten Beiträge für das literarische Magazin und war Vorsitzende des Schülerbeirats. Beim Abschlußdinner gab Miss Chapin jeder jungen Dame einen Fragebogen, in dem unter anderem stand: »Was wollen Sie in ihrem Leben erreichen?« Mary »Melly« Walker erinnerte sich 40 Jahre später zwar nicht mehr an ihre eigene Antwort, behauptete aber, Anne Morrow habe geschrieben: »Ich möchte einen Helden heiraten.«

Schließlich schrieb Anne sich doch am Smith College ein. »Die Fesseln waren einfach zu stark«, erklärte ihre Schwester Constance. »In Wirklichkeit hatte niemand von uns eine Wahl.«

Das Smith College war schwierig, doch Anne absolvierte es mit Erfolg. Da sie Kurse in kreativem Schreiben nahm und als Hauptfach englische Literatur belegte, bekam sie Mina Kirstein Curtiss als Tutorin, und die wurde zu ihrer neuesten Heldin. Mrs. Curtiss, ehemalige Studentin des Smith College, war die Tochter von Louis Kirstein, einem der Teilhaber des Warenhauses *Filene's*. Die hochgebildete Jüdin – ihr Bruder Lincoln sollte des *New York City Ballet* gründen und ihr Bruder George *The Nation* herausgeben – hatte an der Columbia University ihr Lehrerdiplom in Englisch gemacht und war dann als Lehrerin ans Smith College gegangen. Sie war erst kurz verheiratet, und ihre Leidenschaft durchdrang ihre eigenen Texte – Bücher über Proust, Bizet und Degas – und die ihrer Studentinnen. Von der ersten Begegnung an bis zu Mina Curtiss' Lebensende empfand Anne sie als »inspirierende Lehrerin, die für eine ganze Generation von Studentinnen Maßstäbe in Gelehrsamkeit, Kreativität und schriftstellerischer Qualität setzte«. Sie half Anne Morrow, ihre klare und präzise literarische Stimme auszubilden.

Ermutigt von Mina Curtiss' Anerkennung, versuchte Anne das prägende Joch ihrer Familie abzuschütteln. Ihre Klassenkameradin Elizabeth Bacon erinnerte sich an manch schwärmerische Gespräche, und die Gedichte aus der Zeit ihres Examens, voller Anspielungen auf Vögel und Andeutungen auf keimende Sexualität, verraten ihre Sehnsucht, sich in die wirkliche Welt zu wagen. Oft versteifte sie sich auch auf ein anderes Bild, das Einhorn, Symbol für Keuschheit und Reinheit. Einer ihrer Verse aus dieser Zeit lautet:

Alles heut war
braun und schwer.
Bringt mir ein Einhorn her,
dann reit ich durch die Stadt.

Obwohl Anne sich unbeirrt selbst maßregelte und wegen ihrer physischen und geistigen Unzulänglichkeiten schlechtmachte, erblühte sie zu einer anziehenden jungen Frau mit strahlend blauen Augen, einem sensiblen Mund und einer angeborenen inneren Glut, einer »Aura«, wie es ihr Leben lang von ihr hieß. Zusammen mit Elisabeth ging sie auf Parties, und die Eltern luden immer wieder diskutable junge Männer nach Hause ein.

Einer von Annes ersten Verehrern war Corliss Lamont. Nachdem er bei Elisabeth gescheitert war, verliebte er sich über beide Ohren in Annes sanft leuchtende Schönheit und unterschwellig glühendes Wesen. Aber auch sie widersetzte sich seinen verliebten Absichten, obwohl es sie beeindruckte, daß er schon zum Freidenker geworden war und sich radikal von der konservativen Politik seiner reichen Familie losgesagt hatte.

Ein paar Jahre später sollte Corliss eine Karriere als leidenschaftlicher linker Schriftsteller und Philosoph einschlagen. Er konnte es sich nicht verkneifen, kurz vor seiner Hochzeit einmal mit Anne über seine Verlobte zu sprechen und gestand ihr: »Ich liebe sie nicht so sehr, wie ich dich einmal geliebt habe.« Er sollte sein Leben lang nach Anne schmachten, weitere drei Ehen hindurch.

1927 wurde die Welt der Morrows auf den Kopf gestellt, als Coolidge seinen Klassenkameraden von Amherst der Privatwirtschaft abspenstig machte und auf den Posten eines Botschafters in Mexiko berief. Diese Ernennung traf Betty Morrow sehr hart, denn daß er seine Partnerschaft bei J. P. Morgan aufgab, hieß auch, daß sie den Bau ihres Traumhauses in Englewood aufschieben mußten. »Ich wollte, ich könnte es für ein Abenteuer halten!« klagte sie in ihrem Tagebuch, aber vor ihrem Mann zeigte sie nur Begeisterung. Er war bereit für den Wechsel, auch wenn es ihn hart ankam. Lange schon hegte er den Wunsch, seinem Land zu dienen, und er hatte mehr als genug Geld verdient, um für den Rest seines Lebens für das Gemeinwohl zu arbeiten. In seinen zwölf Jahren bei Morgan hatte er ein Vermögen von beinahe zehn Millionen Dollar in bar, Wertpapieren und

Immobilien angehäuft. Um seiner Frau zu zeigen, daß er Englewood immer als ihre Heimat betrachten würde, verfügte er, daß das prächtige Haus auf einem Berg in den Wäldern bei Englewood weitergebaut werden sollte.

Gleich nach dem ersten Arbeitsfrühstück mit Präsident Calles besserten sich die Beziehungen zwischen Mexiko und den Vereinigten Staaten, und das hatte Bestand, lange über Morrows Wirken hinaus. Betty erwies sich als Hemmschuh bei seiner Karriere, da sie nur widerstrebend nach Mexiko umzog und Spanisch lernte. Sie und Dwight schickten Constance dort auf die Schule. Elisabeth, die damals in Englewood unterrichtete, ließ sich beurlauben, damit sie das Ganze miterleben konnte. Dwigth jr. blieb in Groton, wo er an heftigen Stimmungsschwankungen litt und Stimmen aus dem Nichts zu hören begann. Noch im selben Jahr sollte er einen schweren Nervenzusammenbruch erleiden.

Anne war nach ihrer eigenen Schilderung noch immer »das jüngste, schüchternste und befangenste junge Mädchen, das jemals gelebt hat«. Weiterhin damit beschäftigt, sich selbst zu finden, war sie auch stets auf der Suche nach irgendwelchen Helden. Im Frühjahr 1927 beschäftigte Erasmus ihre Phantasie, und an jenem 20. Mai, gegen Ende ihres ersten Jahres auf dem Smith College, schrieb sie tatsächlich einen Aufsatz über ihn. Am nächsten Tag spazierte Anne an dem Krankenhaus vorbei, in dem ihre Freundin Elizabeth Bacon mit Masern im Bett lag. Anne rief aufgekratzt durchs Krankenhausfenster: »Bacon, Bacon, ein Mann ist über den Atlantik geflogen. Er heißt Charles Lindbergh. Er ist allein geflogen. Er ist in Paris gelandet.«

Sieben Monate später, im Dezember, kam Oberst Lindbergh in die Botschaft der Vereinigten Staaten in Mexico City. Er war schon eine Woche zu Gast bei Dwight und Betty Morrow, als deren zweite Tochter mit dem Zug in die Weihnachtsferien gereist kam. Diese sieben Tage zwischen dem 21. und dem 28. erschütterte ihre Welt von Grund auf. »Das sollte ein sachliches Tagebuch werden«, schrieb Anne in dem neuen Haus ihrer Eltern. »Damit ist jetzt Schluß!

> Egal, wie sehr ich ins Schwärmen gerate – wenn ich nur dazu komme, die Erinnerung daran, was letzte Woche geschehen ist, *ein wenig* zu bewahren. Ich wünschte zu Gott, ich hätte es niedergeschrieben, als es passierte, aber ich war zu erregt – und schämte mich meiner Gefühle zu sehr.«

Zum erstenmal unterwarf Anne sich dem Leben in der Gegenwart.

Lindberghs Anwesenheit machte sie völlig konfus, ließ sie stottern und auf Schritt und Tritt stolpern. Ihre ältere Schwester hingegen steigerte sich von Mal zu Mal und machte unverkrampft und reizend Konversation. »Wie kommt es, daß Elisabeth bei attraktiven Männern zur Höchstform aufläuft, und ich immer nur in Panik gerate und mich von meiner schlimmsten Seite zeige?« fragte sich Anne.

Am Heiligen Abend gaben die Morrows für eine fröhliche Gesellschaft von 33 Gästen ein festliches Abendessen. Als Oberst Lindbergh das Eßzimmer betrat, suchte er seine Platzkarte neben der von Anne. Sie glaubte zu wissen, was er dachte. ›Die Ältere hat schon neben mir gesessen, jetzt ist die zweite dran. Heute abend muß ich neben ihr sitzen.‹ Aber seine Karte war nicht da, und als sie nach ihrer suchte, stieß sie regelrecht mit ihm zusammen. Beide entschduldigten sich verlegen.

Nach dem Essen wurde getanzt. »*Er* tanzte nicht, sondern stand seitab und sah zu – nicht neidisch, sondern mit einer Art benommenem Vergnügen«, schrieb sie. Instinktiv wußte sie auch aus der Ferne die ganze Zeit, wo er sich aufhielt. Nach einem leidenschaftlichen Rundtanz ließ sich Anne in der Halle auf ein Sofa fallen, neben eine Cousine und ein paar Freunde ihres Bruders. Sie verkleideten Anne mit einem Kamm, einer Mantille und einem Schal und steckten ihr eine rote Nelke ins Haar. »Ich kam mir leidenschaftlich und frivol vor«, gestand Anne in ihrem Tagebuch, »bis ich plötzlich den Oberst hinter mir sah und alles ablegte; ich kam mir dumm vor und riß mir die rote Nelke aus dem Haar.«

»Sie könnte aus Spanien stammen, nicht wahr?« sagte einer von ihnen zu Lindbergh. Seltsamerweise wurde auch Lindbergh verlegen und konnte kaum zustimmen. Anne blieb noch ein Weilchen sitzen, entschuldigte sich dann leise und ging zu Bett. Als sie entdeckte, daß sie anderntags beim Lunch neben Lindbergh saß, brachte sie keinen Ton heraus. Sie ahnte nicht, daß Lindbergh diese Stille sehr zu schätzen wußte und sich zum erstenmal neben einem Mädchen wohl fühlte.

Am Nachmittag des Weihnachtstages schlugen die Morrows vor, nach Xochimilco zu fahren, einer für ihre Wassergärten berühmten Stadt. Lindbergh wollte gern mitfahren, fürchtete aber, seine Anwesenheit könnte ihnen wegen der unvermeidlichen Schaulustigen den Ausflug verderben. Anne meinte: »Das beste, was wir für Sie tun können, ist wohl, Sie allein zu lassen.« Aber Lindbergh schloß sich ihnen an. Sie verbrachten den Nachmittag relativ ruhig, fuhren mit einem Kahn über die blumenbewachsenen Lagunen, an deren Ufer Riesenlilien und Pappeln aufragten. Die meisten Leute, die Lindbergh erkannten, hielten sich fern.

Am nächsten Tag lud Lindbergh die Damen Morrow zu einem Flug in dem silbernen Ford-Fünfsitzer ein, mit dem seine Mutter nach Mexiko gekommen war. Anne saß unmittelbar hinter Lindbergh und war hin- und hergerissen zwischen dem Erlebnis zu fliegen und dem Wunsch, den Piloten anzuschauen. Sie flogen über die Botschaft, an einem See vorbei und hinauf zu dem schneebedeckten Berg Ixtaccihuatl. »Es war eine tiefe, intensive Erfahrung«, schrieb Anne danach. »Ich bin erst wieder glücklich, wenn ich das noch einmal erleben darf.«

Obwohl sie es nie aussprach, hatte sich Anne an diesem Weihnachtsfest in Charles Lindbergh verliebt. Das war zwischen den Zeilen ihres Tagebuchs eindeutig zu lesen. Immer wieder hielt sie sich vor, wie unbedeutend sie ihm vorgekommen sein mußte, und daß sie schon für das Vorrecht, ihn kennengelernt zu haben, dankbar sein müsse. Als sie zu ihrem letzten Semester ans Smith College zurückkehrte, hatte Anne das Gefühl, als habe diese eine Woche sie mehr verändert als zwei Jahrzehnte Erziehung. »Wolken und Sterne und Vögel«, schrieb sie, »– ich muß zwanzig Jahre lang mit dem Blick auf die Pfützen am Boden durchs Leben gewandert sein!«

Anne war besessen von Lindbergh. Sie verschlang jedes Buch über ihn und jeden Artikel, dessen sie habhaft wurde. Wenn sie sich jetzt mit einem Jungen traf, dachte sie jedesmal: »Solche wie den gibt's *Tausende* – Gott sei gedankt für diesen einen Oberst L.«

»Oberst L. ist ›le seul saint devant qui je brûle ma chandelle (der einzige Heilige, vor dem ich eine Kerze anzünde)‹«, schrieb Anne in ihr Tagebuch und versuchte sich selbst zu erklären, warum sie von dieser neuen Lektüre gar so angetan war. »… der letzte Gott. Er ist unglaublich, und es ist aufregend, an das Unglaubliche zu glauben. Weil diese ganze Welt so gewaltig, neu und fremd für mich ist, bin ich nie weiter weg von mir, als wenn ich mich in ihr versenke.«

Seine Berühmtheit nicht für ein Ziel zu nutzen, wäre Lindbergh sinnlos vorgekommen, und so wurde der gewerbliche Luftverkehr zu seiner Mission. »Amerika hat seine Flügel entdeckt; jetzt muß es lernen, sie zu benützen«, schrieb er über dieses Jahr. In dieser »Eingewöhnungszeit« förderte keiner die Angelegenheit mehr als Charles Lindbergh. In den zwei Jahren nach der Stillegung der *Spirit of St. Louis* spielte sich in der amerikanischen Luftfahrt nur wenig ohne den Rat und die Hilfe des »Einsamen Adlers« ab.

Lindberghs neues Ziel war, eine transkontinentale Passagierfluglinie einzurichten, die New York mit Kalifornien verband. Um diese Vision zu verwirklichen, waren Spekulanten mit Weitblick nötig, die ein paar Jahre lang über die Verluste hinwegsehen konnten, bis ihre millionenschweren Investitionen vielleicht Gewinn abwarfen, und er ging wieder zu seinen Geldgebern in St. Louis zurück, zu Harold Bixby, Harry Knight und Bill Robertson. Zusammen stürzten sie sich auf jenen Mann im Lande, von dem sie glaubten, er wäre ihren geschäftlichen Ansprüchen gewachsen.

»Das Genie Henry Ford«, sollte Lindbergh später über den Erfinder und Industriellen schreiben, »verließ sich bei seinen geschäftlichen Unternehmungen nicht unbedingt auf das logische Denken. Die Intuition spielte bei seinem phänomenalen Erfolg eine größere Rolle.« Nachdem eines seiner Flugzeuge abgestürzt und der Pilot ums Leben gekommen war, verkündete Ford eine neue Strategie im Flugzeugbau. Von diesem Tag an sollten alle Flugzeuge von Ford Eindecker sein (weil sie »einfacher« waren), aus Metall gefertigt (weil »Metall das Material der Zukunft« war) und mehr als einen Motor haben (»weil wir keine Notlandungen mehr brauchen können«).

Ford war bereit, seinen Namen zur Verfügung zu stellen und seine Flugzeuge zu verkaufen, aber er wollte nicht in die geplante Firma investieren. Er glaubte an die Zukunft der Luftfahrt und betrieb sogar die Luftpostroute Detroit–Chicago, um für derartige Unternehmungen Erfahrungen zu sammeln. Aber er glaubte auch an Arbeitsteilung und fand, seine Belegschaft sei dafür ausgerüstet, etwas zu konstruieren und nicht dafür, es zu betreiben. Nun, da sie den berühmtesten Piloten und den berühmtesten Motorenhersteller im Vorstand hatten, hofften die Teilhaber, als nächstes mit einem Mann ins Geschäft zu kommen, der sich zum führenden Luftfahrtmagnaten entwickelt hatte.

Clement M. Keys, ein gebürtiger Kanadier und ein Schlitzohr, hatte sich über das Pfennigpoker der Schmalspurfliegerei bis zum Hauptgeschäftsführer der *Curtiss Airplane Company* hochgearbeitet. Er war ein As, wenn es ums Handeln und Fusionieren ging, und kontrollierte unter anderem eine Beteiligungsgesellschaft, die einen Betrieb namens *Transcontinental Air Transport (TAT)* besaß. Keys interessierte sich für Lindberghs Angebot und schlug vor, die Männer aus St. Louis sollten an die Eisenbahnen herantreten, bei denen es schon ein funktionierendes Betriebssystem gab – Fahrpläne, Kartenausgabe, Bahnhöfe, Gleise, nach denen man sich orientieren konnte, wenn die Navigation schwierig wurde, und Züge, in die die Passagiere bei schlechtem Wetter umsteigen konnten. Er arrangierte ein Treffen mit William W. Atterbury, dem Präsidenten der *Pennsylvania Railroad*.

Da das neue Flugunternehmen die Dienste der Eisenbahn beanspruchen wollte, bis die gesamte Strecke nachts beleuchtet werden konnte, und da die »Pennsy« im Westen nur bis St. Louis führte, waren beide Seiten aufeinander angewiesen. Gegen eine 20prozentige Beteiligung wurde die »Pennsy« in den Vorstand aufgenommen. Da Keys Barkapital in Höhe von fünf Millionen Dollar eingebracht hatte, wurde er zum Präsidenten der Firma gewählt, und Lindbergh wurde Vorsitzender des technischen Ausschusses.

Lindbergh verbrachte die meiste Zeit des nächsten Jahres damit, die *TAT*-Route einzurichten. In einer »Schwestermaschine« der *Spirit of St. Louis* wählte er die zehn Orte für die Zwischenlandungen aus und überprüfte jeden Halt wieder und wieder, um gewährleisten zu können, daß die Strecke zwischen den beiden Küsten sicher und das Geld wert war, das die Leute für ein paar eingesparte Reisetage ausgeben würden. Die meisten seiner Vorschläge wurden zum Standard in der Luftfahrt der Vereinigten Staaten und später in der ganzen Welt. In vielen Städten half er mit, die ersten modernen Flughäfen zu entwerfen.

Die wenigsten Zwischenhalts besaßen geeignete Landeplätze für die zehn dreimotorigen, 1200 PS starken Eindecker, die Lindbergh bei Ford bestellt hatte. Columbus, Ohio, zum Beispiel mußte auf 700 Acres Grund einen Flughafen bauen und ausstatten, um der neuen Fluglinie gewachsen zu sein. Dazu gab die Stadt öffentliche Anleihen im Wert von 850 000 Dollar aus, und die *Pennsylvania Railroad* mußte an der Stelle, wo ihre Schienen dem geplanten Flugplatz am nächsten kamen, einen neuen Bahnhof mit Bahnsteigen und Überführungen bauen, damit die Passagiere zwischen Flugzeugen und Zügen bequem umsteigen konnten. Lindbergh vermutete, daß den »Passagieren der Komfort eines Pullmanwagens vorläufig noch wichtiger war als die Zeit, die sie mit einem Nachtflug einsparten«. Aber da er die Zeit kommen sah, in der die Flugzeuge auch nachts flogen, bestellte er die Beleuchtung für 300 Meilen zwischen Waynoka, Oklahoma, und Clovis, New Mexico. In diesen beiden Städten sowie in Winslow und Kingman, Arizona, mußten neue Flugplätze gebaut und komplett ausgestattet werden. Los Angeles hatte zwar mehr als 30 Start- und Landebahnen innerhalb des Stadtgebietes, aber Lindbergh wählte einen privaten Flugplatz in Glendale aus, weil er von den Wohnorten aus am leichtesten zu erreichen und am wenigsten von den »seltsamen Nebelverhältnissen« dieser Gegend betroffen war.

Lindbergh bestand auf einem landesweiten meteorologischen System und ließ als erstes in regelmäßigen Abständen entlang der *TAT*-Route Wetterstationen aufbauen. »Wenn das Flugzeug den Flughafen verläßt«, schrieb Lindbergh in einer Stellungnahme für die Firma, »erhält es einen umfassenden Bericht der Wetterverhältnisse entlang der Route sowie eine Vorhersage für die gesamte Flugzeit.« In manchen Städten hieß das, daß der Bahnhofsvorsteher ins Freie treten und zum Himmel schauen mußte. Bald war jeder Bahnhof entlang der *TAT*-Route mit einer kompletten Wetterstation ausgestattet, und alle waren miteinander verknüpft. Die Firma schloß Verträge mit der *Radio Corporation of America*, damit Bodenstationen und Piloten direkt miteinander sprechen konnten, und beauftragte die *American Telephone and Telegraph Company*, zwischen den Bahnhöfen an der Strecke einen privaten Fernschreiberdienst einzurichten.

TAT gedachte ab Sommer 1929 einen 48stündigen Transkontinentalflug anzubieten, und Lindbergh rechnete damit, daß sie bis zur Eröffnung der Linie noch zwölf Stunden wegfeilen konnten. Während diese ersten Flugzeuge der *TAT*-Flotte zwölf Passagiere mit einer Geschwindigkeit von 105 Meilen pro Stunde transportieren konnten, prüfte Lindbergh schon die Pläne für andere Flugzeuge mit 32 Plätzen und einer Geschwindigkeit bis zu 130 Meilen und prophezeite Flüge quer durch den Kontinent in weniger als 24 Stunden!

Für einen hübschen Lohn – er bekam 10 000 Dollar pro Jahr für den Vorsitz im technischen Ausschuß, zuzüglich einem Abschlußbonus von 250 000 Dollar, mit dem er umgehend 25 000 Firmenaktien zu jeweils zehn Dollar kaufen konnte – arbeitete Lindbergh hart für seinen Anteil an der neuen Industrie. Er gewährte der *TAT* auch ein eingeschränktes Nutzungsrecht seines Namens für die Werbung. Nachdem der Werbemanager Harry Bruno in einer Reklamegeschichte die Firma beiläufig als »Lindbergh Line« bezeichnet hatte, gestattete er der Firma, diesen Begriff in Zukunft als Slogan zu benützen. Mit dieser Werbung wurde seine Verantwortung noch größer, denn Lindbergh wußte, daß jeder größere Unfall auf »seiner« Linie »mit dem Untergang der Titanic verglichen würde«.

In diesem Frühjahr knüpfte Lindbergh noch eine Geschäftsbeziehung zu einem anderen frühen Giganten der Luftfahrtindustrie, zu Juan Terry Trippe. Dieser unternehmungslustige Sohn eines New Yorker Bankiers wuchs in Greenwich, Connecticut, auf, machte 1920 seinen Abschluß in Yale und diente im Krieg als Fluglehrer bei der Navy. Mit der Unterstützung von wohlhabenden Klassenkameraden, darunter einem Whitney und einem Vanderbilt, baute er die *Eastern Air Transport* auf. Zwei Jahre später kaufte er zwei kleine konkurrierende Airlines auf, die *Pan American Incorporation* und die *Florida Airways*, die er zu *Pan American Airways* zusammenlegte – da war er noch keine 30 Jahre alt. Abwechselnd als Pionier und als Pirat bezeichnet, sicherte sich Trippe den Vertrag für die Luftpostroute zwischen den Vereinigten Staaten und Kuba. Rum und Glücksspiel machten Havanna zu einem beliebten Ferienversteck für die durch die Prohibition trocken gelegten Amerikaner, was die *Pan American* auszunutzen wußte, indem sie täglich ab Key West Passagiere mitnahm.

Ihre Motive unterschieden sich, aber Juan Trippe hatte die gleichen Visionen von weltweiten Flügen wie Charles Lindbergh. Als sich Lindbergh auf seiner Karibiktour fünf Tage in Havanna aufhielt, war er mit Trippe zusammengetroffen und hatte dessen Stützpunkt vor Ort besichtigt. Er flog sogar Passagiere für ihn und testete dabei eine der neuen *Pan American Fokkers*. Beide Männer stimmten darin überein, daß es nach der transkontinentalen Verbindung geboten sei, eine Brücke zwischen den beiden Amerikas zu schlagen, noch vor der über den Ozean. Mehr als jeder andere, dem Lindbergh begegnet war, besaß Trippe die Leidenschaft und die Kraft, dies zu ermöglichen. Wenige Monate nach seinem Vertrag mit *TAT* wurde Lindbergh auch technischer Berater bei *Pan American Airways* – wiederum für ein Gehalt von 10 000 Dollar im Jahr plus dem Recht, etwa ein Zehntel der Firmenanteile zur Hälfte ihres gegenwärtigen Wertes zu kaufen. Er sollte für diese Firma mehr als 40 Jahre lang tätig sein.

Lindbergh war für die Firmen nicht nur eine Schaufensterpuppe. Als Berater zweier Fluglinien flog er gern dorthin, wo noch kein Mensch gewesen war, wählte Routen aus und vermaß sie. Oft testete er neue Flugzeuge und entschied, welche die Firmen kaufen sollten. Er beschrieb die technischen Daten der *Pan-American*-Flugzeuge von der Sikorsky S-40 aus den Anfangszeiten der Flugboote bis zur Boeing 747 des Jetzeitalters. Da sich die Bedürfnisse der *Pan-Am* von denen der *TAT* unterschieden, gab es eine ewige Debatte um Holz- oder Metallkonstruktionen. Nach wenigen Jahren erkannte Lindbergh, daß Henry Ford recht gehabt hatte, und bestellte Ganzmetall-Eindecker für die gesamte *Pan-Am*-Flotte.

Lindbergh hatte aus den fünf Millionen Dollar, die ihm angeboten worden waren, wenn er für Produkte werben oder in Filmen auftreten würde, nie Kapital geschlagen, und doch hatte er 18 Monate nach seinem berühmten Flug mehr als eine Million Dollar verdient. Lindbergh erhielt Bezüge bis zu 10 000 Dollar pro Jahr für die Beratung der *Pennsylvania Railroad* und des Daniel-Guggenheim-Fonds, ständig trudelten sechsstellige Tantiemenschecks von *Wir* ein und fünfstellige von den international verkauften Zeitungsartikeln. J. P. Morgan & Co. beriet ihn bei seinen Geldanlagen; zwei Drittel waren in Aktien angelegt, zumeist sichere Papiere bei Firmen, zu denen er eine persönliche Beziehung hatte, wie Guggenheims *Kennecott Copper*, *Curtiss Flying Service* und ein neuer Flugzeugbauer, *Boeing*. Es wurde mitunter vermutet, daß Finanzfilous wie Keys und Trippe Lindbergh beibrachten, wie man Einkommenssteuer spart; aber die Steuersätze waren niedrig, und Lindberghs Steuererklärungen waren immer gewissenhaft und einfach. Er stellte seine Angaben selbst zusammen und ließ sie von Angestellten des Bankers' Trust und der Firma Morgan sowie von Oberst Breckinridge überprüfen, gab sein Einkommen an und zog nur die eindeutig geschäftlichen Ausgaben ab. Er wohnte nirgendwo, lebte beinahe von nichts und hatte mit 26 Jahren so viele Notgroschen zur Seite gelegt, daß er nie wieder ans Geldverdienen hätte denken müssen.

Er sorgte auch dafür, daß seine damals 52 Jahre alte Mutter für den Rest ihres Lebens finanziell abgesichert war. Obwohl Charles ihr halbjährlich 3000 Dollar überwies, unterrrichtete Evangeline L. L. Lindbergh weiterhin in Detroit. Sie sah keinen Grund, ihr Leben zu ändern. Dabei bekam sie zahlreiche Angebote, Artikel zu schreiben oder irgendwo aufzutreten. Doch im Sommer 1928 bot ihr das Constantinople Woman's College eine Chemiegastprofessur an. Neben der Möglichkeit, durch Europa und Asien zu reisen, sah Evangeline in dieser Stelle auch eine Chance, zu unterrichten und gleichzeitig zur »internationalen Verständigung« beizutragen. Sie nahm an und heuerte Dwight Morrows unverheiratete Schwester, mit der sie sich an Weihnachten in Mexico City angefreundet hatte, als Begleiterin an. Alice Morrow war Lehrerin in Pittsburgh gewesen, und das College stellte sie gern als offizielle Hosteß für das Wintersemester ein. Die beiden Frauen fuhren Anfang September los und kamen 14 Tage später in der Türkei an.

Erst als seine Mutter 7500 Meilen weit weg war, wagte sich Lindbergh an sein wichtigstes Vorhaben für dieses Jahr – zu heiraten und eine Familie zu gründen. Wie er selbst zugab, war Amerikas begehrtester Junggeselle »noch nie so sehr an einem Mädchen interessiert gewesen, daß ich es um ein Rendezvous gebeten hätte«. Während der Stuntfliegerei hatte er den promiskuitiven Beziehungen widerstanden, die so viele Flieger schnell und leichtsinnig mit Frauen eingingen, die »oberflächlich waren, und bei denen man nicht wählerisch sein konnte und kaum der Wunsch nach Dauer und Kindern aufkam«. Als er in der Army war, lag nahe beim Flugplatz ein schäbiges Dorf, wo sich Prostituierte anboten, aber dorthin war Lindbergh nie gegangen. Später schrieb er, dies sei »keine Umgebung gewesen, die der Entwicklung dienlich gewesen wäre«. Abgesehen von dieser verstandesbetonten Erklärung gab Lindbergh 50 Jahre später auch zu, daß er einfach schüchtern und unerfahren gewesen sei und sich nicht mit den Problemen befassen wollte, die sich durch Frauen ergaben. »Man mußte tanzen und ihre Sprache sprechen lernen und sie anständig in Restaurants und ins Theater ausführen.«

Lindbergh hat seine Schuljungenschüchternheit nie verloren. Gegen Ende seines Lebens schrieb er ausführlich über die genetische Ergänzung, die er in einer Partnerin gesucht hätte, und er begann mit den klar erkennbaren Eigenschaften: »Unverwüstliche Gesundheit, wohlgeformter Körperbau, gute Augen und ein scharfes Gehör.« Die näheren Einzelheiten gerieten ihm immer mehr zu einem Diskurs über Tierzucht als über menschliche Beziehungen. Er hielt es für trockenen Humor, wenn er bei der Brautschau weniger Gefühle zeigte als ein Bauer beim Kauf einer Kuh. In Wirklichkeit wurde er nie so selbstsicher, daß er die einzige Liebesgeschichte seines Lebens hätte beschreiben können. »Er war kein kalter Mensch«, beschrieb ihn eine Freundin von Anne in den ersten Tagen ihres Besuches in Mexiko, »er war nur unreif.«

Während Anne noch auf dem Smith College war, kam er nach Englewood zu Besuch, wo ihre Mutter und ihre Schwester Elisabeth den Bau des neuen Hauses inspizierten. Sie vereinbarten, Lindbergh solle die Familie im dem Sommerhaus besuchen, das sie in Deacon Brown's Point auf North Haven bauten. Als Mrs. Morrow kurz darauf mit Lindbergh telefonierte und dabei ihre Tochter erwähnte, fragte er: »Welche?« Elisabeth war baff – so schrieb sie Anne –, »daß er überhaupt wußte, daß es nicht nur mich gab.« Die Presse vermutete bereits eine Sommerromanze zwischen Elisabeth und Lindbergh.

Und Anne auch. »Ich glaube nicht, daß ich das mitansehen kann«, schrieb sie in ihr Tagebuch und stellte sich Lindberghs Besuch vor: »Er kommt. Ganz natürlich wendet er sich E. zu, die er mag und bei der er sich wohl fühlt. Ich gerate mehr und mehr ins Abseits und komme mir dabei überflüssig, dumm und nutzlos vor und hoffe (im Grunde meines eitlen

Herzens), daß das alles nicht stimmt und daß ich doch vermißt werde.«
Solche Gedanken nagten an ihr und steigerten sich bis zu einer leichten
Hysterie.

Als das Examen näherrückte, hegte Anne zwei glühende Wünsche, den
ersten hauptsächlich, um den zweiten aus ihrem Herzen zu verbannen:
Sie wollte unbedingt den Jordan-Preis gewinnen, der für die originellste
Arbeit in Prosa oder Versen vergeben wurde; und sie flehte darum, daß
Oberst Lindbergh sich für sie interessierte, daß »er mich mag«. Um sich
gegen Enttäuschungen zu schützen, arbeitete sie eine Taktik aus, die ihr
verbot, sich letzteres auch nur auszudenken. »Närrin, Närrin, Närrin!«
schrieb sie. »Du bist vollständig und unumstößlich anders als er. Ihr habt
nichts gemeinsam. Wenn du ehrlich bist, interessiert dich seine Welt überhaupt nicht. Du bist nur hingerissen durch die Kraft seiner Ausstrahlung.«

Ihr erster Traum wurde Wirklichkeit, und zwar ziemlich beeindruk-
kend. Beim Examen erhielt Anne nicht nur den Jordan-Preis, sondern noch
einen anderen für den besten Essay über Frauen im 18. Jahrhundert. Außerdem veröffentlichte sie ein Gedicht in *Scribner's Magazine*. Als diese
Triumphe hinter ihr lagen und die Morrows sich in dem neuen großen,
weißen Sommerhaus niederließen, das über 100 000 Dollar gekostet hatte,
konnte sie sich wieder über Lindberghs bevorstehenden Besuch übertriebene Gedanken machen.

Als Annes Angst vor Lindberghs Ankunft eben ein fieberhaftes Ausmaß
erreicht hatte, senkte sich eine Regenwand auf die Küste von Maine her-
nieder und ließ ihn nicht durchkommen. Anne war erleichtert, doch dann
erfuhr sie, daß Oberst Lindbergh seine Route geändert habe und jetzt nach
New York fliege. »Natürlich wieder Elisabeth«, schrieb sie. »Es war, wie
wenn man im Traum plötzlich ins Nichts fällt – kawumm!« Anne und
Constance diskutierten sommernächtelang über Elisabeths unvermeid-
liche Hochzeit mit Lindbergh. Die Zeitungen berichteten, ihre Verlobung
stünde unmittelbar bevor.

Im Herbst 1928 rief Lindbergh bei den Morrows in Englewood an, das
erste Mal, daß er telefonierte, um ein Mädchen zu einem Rendezvous zu
einzuladen. Aber er fragte nach Anne, nicht nach Elisabeth. Sie war nicht
da, und Mrs. Morrows Sekretärin Jo Graeme bat ihn, am nächsten Morgen
noch einmal anzurufen. Anne konnte nicht glauben, daß Lindbergh wirklich sie wollte, und hob voller Angst den Telefonhörer ab, als er wieder anrief. Er war genauso nervös wie sie und platzte heraus: »Hallo, Miss Anne
Morrow – ich bin's, Lindbergh.« Dann stürmte er vorwärts mit einem
offensichtlich vorbereiteten Satz, er habe doch versprochen, sie einmal
beim Fliegen mitzunehmen. Nach einem Gespräch, das mit jedem Satz zu
ersterben drohte, verabredeten sie sich für die nächste Woche.

Ein paar Tage später erschien Lindbergh, um »noch ein paar Punkte«
wegen des Treffens zu besprechen. »Tja«, erklärte er und dachte an die

Presse, »wir können nicht auf einen Flugplatz gehen, sonst sind wir am nächsten Tag verlobt. Ich war innerhalb einer einzigen Woche mit zwei Mädchen verlobt, die ich noch nicht einmal gesehen hatte.« Er lachte und errötete, und sie auch. Später gestand Anne, sie hätte ganz vergessen, wie groß er war und wie gut er aussah.

Am 16. Oktober trafen sie sich in der New Yorker Wohnung von Freunden der Morrows. Anne war kunterbunt angezogen: Reithosen von Constance, ein Wollhemd ihrer Mutter und dicke graue Golfsocken von ihrem Vater; dazu trug sie ihren eigenen Straßenhut, Schuhe mit hohen Absätzen und einen roten Ledermantel. »Meine Güte«, schrieb Anne später, »wie schrecklich hab ich ausgesehen!« Er kutschierte sie in seiner neuen schwarzen Franklin-Limousine nach Port Washington hinaus, wo er eine von Harry Guggenheims Pferdekoppeln als Start- und Landebahn verwenden durfte. Als sie hinausfuhren, verschwand die Verlegenheit aus ihrem Gespräch, und sie merkte, daß sie »ganz natürlich mit ihm umgehen und ihm alles sagen konnte«, daß sie »kein bißchen Angst mehr vor ihm hatte, nicht mal mehr Ehrfurcht«. Als sie nach der Ankunft in Falaise merkte, daß er sich in der glanzvollen Umgebung wie »zu Hause« bewegte und dafür sorgte, daß es ihr gutging, fühlte sie sich ihm noch näher.

Nach dem Lunch entschuldigte sich Lindbergh, er fahre jetzt nach Roosevelt Field, wo er eine De Havilland Moth gemietet habe. Harry und Carol Guggenheim überschütteten Anne mit Geschichten über »Slims« Streiche, dann begleiteten sie sie hinaus auf die Koppel, wo Lindbergh in dem kleinen, offenen Doppeldecker landete. Er half ihr in einen Fallschirm und gab ihr schnell etwas Unterricht im Steuern. Minuten später waren sie in der Luft, hoch genug, um beide Küsten von Long Island zu sehen. »Ich kann diesen Flug nicht beschreiben«, schrieb Anne später an Constance, »er war zu herrlich.« Wieder in New York, fand Anne: »Oberst Lindbergh ist der liebenswerteste Mann auf Erden – und zugänglich.« Ehe sie sich trennten, lud er sie zu einem weiteren Flug ein, vielleicht unten an der Küste von New Jersey.

Ende der Woche trafen Anne und Jo Graeme in Teterboro Airport mit ihm zusammen, in der Nähe von Paterson. Ein Reporter hate sich schon an Lindberghs Fersen geheftet und fragte: »In welche Richtung fliegen Sie ungefähr?« Lindbergh antwortete: »Nach oben«, und Anne unterdrückte ein Kichern. Dann flog er mit seinen beiden Passagieren über die Inseln von New York City und nach Süden bis Lakehurst, während die sinkende Sonne die ganze Stadt in goldenes Licht tauchte.

Als Anne und ihre Anstandsdame nach Englewood zurückgekehrt waren, riefen Reporter an und hatten sogar das Haus umstellt. Eine Zeitung in Mexiko vermutete, die Morrow-Tochter, die mit Lindbergh geflogen war, sei Elisabeth. Schlimmer noch: Botschafter Morrow und seine Frau hatten ungeschickterweise auf den Irrtum reagiert, anstatt ihn zu ignorieren, und zum Personal in der Botschaft gesagt: »Es war nicht Elisabeth, es war Anne – ist das nicht komisch?«

Der »Scherz« erntete sogar jenseits des Atlantiks Gelächter. Elisabeth Morrow hatte auf einer Auslandsreise Lungenentzündung bekommen und erholte sich in der Mayfair-Residenz von Edward Grenfell, dem englischen Partner von Morgan. »Bist das du, von der in einer Londoner Zeitung steht: Junges, hübsches, sprühendes, lebhaftes Mädchen fliegt mit ›einsamem Adler‹ und hat Ähnlichkeit mit Miss Elisabeth Morrow?« fragte Elisabeth ihre jüngere Schwester. »Mrs. Grenfell hat es mir gezeigt, und wir haben geschrien vor Lachen.«

Anne fühlte sich gedemütigt und wurde erst wieder fröhlich, als Lindbergh abends zu Besuch kam und sie mit den Presseberichten zum Lachen brachte. Nach dem Abendessen nahm er Anne in seinem Franklin auf eine Fahrt durch den dichten Nebel mit. Stundenlang sprachen sie miteinander über alle möglichen Themen, von der Politik bis zu seinem Bild in der Presse. Er sprach übers Fliegen, und zwar so, daß Anne klarwurde, er sah darin nur ein Mittel, größere Ziele zu erreichen. »Jetzt interessiert es mich«, sagte Lindbergh, »den Nationen die Vorurteile zu nehmen und sie durch die Luftfahrt einander näherzubringen.«

Als Anne ihre Zurückhaltung aufgab und ihm gestand, daß sie schreiben wolle, schien er ihre Leidenschaft zu verstehen. Er gestand sogar, er würde auch gern schreiben können. Immer wieder sprachlos über seine einfühlsamen Bemerkungen, empfand Anne das gemeinsame Schweigen als genauso angenehm wie ihre Gespräche. Als sie in die Palisade Avenue zurückkehrten, fühlte sie sich in seiner Gegenwart völlig sicher. Sie beschrieb den ganzen Abend in ihrem Tagebuch und in Briefen an Constance – alles bis auf zwei wesentliche Details: Charles Lindbergh hatte gefragt, ob sie ihn heiraten wolle, und sie hatte eingewilligt. Sie waren übereingekommen, niemandem davon zu erzählen, bis er selbst mit ihren Eltern gesprochen hatte.

Lindbergh hatte sich in Anne Morrow verliebt. Die Auswirkungen dieses Gefühls fegten alle nüchternen Überlegungen beiseite, von denen er später in seiner Autobiographie sprechen sollte. Die Anziehung zwischen ihm und Anne war so stark, daß er die physischen und mentalen Gesundheitsprobleme der Familie Morrow, die er früher als ernsthafte Hindernisse betrachtet hätte, völlig übersah.

Anne fuhr diese Woche nach Mexico City, und Charles überlegte sich, wie er ihr folgen konnte, ohne die Aufmerksamkeit auf sich zu ziehen. Zufällig lud ihn der Militärattaché in Mexiko zu einem Jagdausflug auf die Ebenen von Coahuila im Norden ein, und Botschafter Morrow bot ihm an, danach in der Botschaft zu wohnen. Charles legte in St. Louis eine Pause ein, um zu wählen (Herbert Hoover), und kam am Freitag, dem 9. November, in Mexico City an. Nach dem Abendessen gingen Anne, Charles und eine junge Botschaftsangestellte zu einem Ball. Anne hütete sorgsam ihr Geheimnis und amüsierte sich, als sie sah, wie die Frauen anbetend um ihren Verlobten herumflatterten.

Am nächsten Tag zeigten Dwight und Betty Morrow Anne und Lindbergh das Wochendhaus, das sie soeben in Cuernavaca, fünf Meilen weiter südlich, gekauft hatten. Das geräumige Haus der Morrows, das sie schlauerweise »Casa Mañana« genannt hatten, war bezaubernd – Terrassen und Dächer mit roten Ziegeln, tropisch bepflanzte Höfe und ein Schwimmbecken. Als Charles am Sonntag morgen allein mit dem Botschafter und Mrs. Morrow zusammensaß, erklärte er seine Absichten.

»Mich kann nie mehr etwas überraschen«, schrieb Betty Morrow an diesem Abend in ihr Tagebuch. »Ich bin völlig verblüfft.« Nachdem sie die Neuigkeit erfahren hatte, eilte sie zu ihrer Tochter und gönnte sich ein paar Minuten allein bei ihr im Mirador, einem Turm im dritten Stock, von dem aus man ganz Cuernavaca überblickte. »Anne«, sagte sie und kratzte all ihre guten Wünschen zusammen, »dir wird der Himmel gehören, der Himmel!« Dabei sah sie, daß ihre Tochter »zitterte und aufgeregt war und vor sich selbst Angst hatte«.

»Ich glaube, sie liebt ihn«, schrieb Betty Morrow weiter in ihr Tagebuch. Aber sie hatte ihre Zweifel. Anne und Charles hatten sich seit Weihnachten erst viermal gesehen, und sie schienen aus zwei verschiedenen Welten zu kommen. Ehe sie sich an diesem Abend schlafen legte, sah Betty noch einmal nach ihrer Tochter und fand Anne auf der Bettkante sitzen. »O Mutter«, sagte sie, »ich bin so glücklich!«

Lindbergh blieb zwei Wochen bei den Morrows in Mexiko, und alle versuchten, sich an die aufregende Neuigkeit zu gewöhnen. Der Botschafter, der ihn bis dahin nur bewundert hatte, soll mehr als einmal gegrummelt haben: »Was wissen wir eigentlich über diesen jungen Mann?« Er beschwor die jungen Liebenden, sich Zeit zu lassen und einander näher kennenzulernen. Lindbergh hatte keine Zweifel, aber er willigte ein, die öffentliche Verlobung so lange wie möglich hinauszuzögern, aus Angst vor der Presselawine.

»Er ist ganz, ganz anders als ich«, erzählte Anne immer wieder ihrer Mutter, »aber es ist gut so«. Nach 14 Tagen war Betty zwar noch immer nicht ganz überzeugt, aber sie war sicher, daß Anne es war. »Ich glaube nicht, daß sie sich noch einmal anders besinnt«, schrieb Mrs. Morrow. »Ich glaube, sie ist über beide Ohren in Lindbergh verliebt. Sie erkennt, daß sie sehr verschieden sind – das sieht sie klar. Einiges wird sie verlieren – aber er ist eine romantische Gestalt und ein feiner, männlicher Mann, der ihre Phantasie erobert hat. Ich kann es mir nicht vorstellen, aber ich muß es.« Anne und Charles erwogen eine Hochzeit im engsten Kreis auf North Haven. Doch bis sie wußten, wann das sein würde, wollten sie kein Wort von ihrer Verlobung verlauten lassen. Lindbergh meinte, wenn sie ihr getrenntes Leben wieder aufnähmen – er wollte zu seiner Fliegerei zurückkehren und sie sollte bei der Familie in Mexiko bleiben – brächte das die Presse am sichersten von ihrer Fährte ab.

Bis zur offiziellen Verlobung, forderte Charles, dürften außer ein paar Freunden, denen er und Anne selbst die Neuigkeit verrieten, niemand etwas erfahren. Das diplomatische Geschick der Morrows wurde noch in dieser Woche auf eine äußerst harte Probe gestellt, als sie die Nachricht vor ihrer Tochter Elisabeth geheimhielten, die gerade aus Europa heimkehrte und an den Kais auf Scharen von Reportern traf, die sie nach *ihrer* Verlobung mit Oberst Lindbergh fragten!

Charles benachrichtigte seine Mutter in Konstantinopel brieflich mit zwei kurzen Sätzen. »Wenn du glücklich bist«, schrieb sie zurück, »bin ich zufrieden, denn du verdienst das größte Glück, das das Leben zu bieten hat. Du warst immer so anständig zu mir, daß ich es nicht einmal beschreiben kann.«

Anne und Charles waren die nächsten drei Monate fast ständig getrennt, gebunden durch ihr großes Geheimnis und ihre wachsende Zuneigung. Mit Briefen, heimlichen Telefonaten und verschlüsselten Telegrammen spann Lindbergh seine erste romantische Beziehung fort. Trotz der Trennung spürte er Annes Liebe.

Das Gefühl war gegenseitig. »Die bloße Tatsache, daß ich geliebt wurde, war unglaublich und veränderte meine Welt, mein Lebensgefühl und mich selbst«, sollte Anne 45 Jahre später schreiben. »Der Mann, den ich heiraten wollte, glaubte an mich und an das, was ich konnte, und folglich entdeckte ich, daß ich mehr konnte, als mir bewußt war, sogar in dieser geheimnisvollen äußeren Welt, die mich faszinierte, mir aber unerreichbar vorkam. Er öffnete mir die Tür zum ›wirklichen Leben‹, und es ängstigte mich zwar, lockte mich aber auch. Ich mußte gehen.«

Im Dezember 1928 war das große neue Haus der Morrows fertig; sie nannten es »Next Day Hill«. Das weißgestrichene Backsteingebäude mit den steinernen Fenster- und Türrahmen, das über mehr als 75 Acres Land thronte, strahlte eine herrschaftliche Würde aus. Am Ende hatte es 400 000 Dollar gekostet, mit Frühstückszimmer, richtiger Bibliothek und einem piniengetäfelten Wohnzimmer aus einem alten englischen Herrenhaus. Eine weitere Viertelmillion wurde für Möbel und Gartengestaltung ausgegeben. Zum Garten hinterm Haus gehörten ein Dutzend riesige Blumenbeete, ein alter Obstgarten mit Apfelbäumen und Betty Morrows Lieblingsblumen, Akeleien und Rittersporn, in Hülle und Fülle. Am Silvesterabend zwischen vier und sieben Uhr gaben die Morrows ihre erste Gesellschaft in »Next Day Hill«, eine Einweihung mit fast 1000 Gästen, die einander zuraunten, daß womöglich Lindbergh erschiene und seine Verlobung mit Elisabeth bekanntgeben würde.

Im Lauf des Februars kam die Presse der Wahrheit schon näher. Endlich, am 12. Februar um 16.00 Uhr – Anne war in Mexico City und Charles in der Luft zwischen Belize, Honduras und Havanna und beförderte die erste Luftpost zwischen den beiden amerikanischen Kontinenten –, bat ein strahlender Botschafter Morrow die Journalisten in sein Büro. Als alle versammelt waren, beugte er sich über seinen Schreibtisch und reichte jedem Reporter in kleines Blatt Papier, auf dem mit Schreibmaschine geschrieben stand: »Botschafter Morrow und Gattin geben die Verlobung ihrer Tochter Anne Spencer Morrow mit Oberst Charles A. Lindbergh bekannt.« Auf die Frage nach Einzelheiten antwortete Morrow nur: »Bei solchen Dingen weiß man nie genau!« Als Lindbergh von Reporten aufgespürt wurde, meinte er ausweichend: »Na, gut, jetzt wißt ihr's. Ich hab' nichts dazu zu sagen.«

Zwei Stunden später rief ein Freund der Morrows aus Englewood an und erzählte, die Nachricht sei schon im Radio gekommen. In den nächsten Wochen erhielt die Botschaft Tausende von Briefen und Geschenken von Staatsmännern wie Fremden. Zumeist handelte es sich um Glückwünsche, wiewohl in aller Welt Millionen von Herzen gebrochen waren. Ein junges Mädchen schrieb, sie finde Anne eigentlich nicht hübsch genug. Wieder stand Lindberghs Name überall fett gedruckt: »›Wir‹ jetzt ein Trio!« Das ganze Land freute sich über diesen krönenden Höhepunkt der Zweijahresfeier für den triumphalen »Einsamen Adler«. Sechs Mädchen aus der Ziegfeld-Show boten sich als Brautjungfern an.

Anne Morrow wurde vor der Öffentlichkeit so versteckt gehalten, daß Zeitungen auf der ganzen Welt irrtümlicherweise ein Bild von Lindbergh veröffentlichten, wie er die Eltern seiner Verlobten besuchte und neben Constance saß. »Anders als bei den meisten Brautpaaren«, erzählte Anne später, »hat man *mir* zu *ihm* gratuliert, nicht umgekehrt.« Ein Botschaftsmitglied sang fröhlich vor sich hin: »She was only an Ambassador's daughter, but he was the Prince of the Air.« Anne sah in ihm weniger einen Prinzen als einen »Ritter in schimmernder Rüstung« und empfand sich selbst als seinen Knappen. »Die Pagenrolle war mir auf den Leib geschrieben«, erkannte Anne später. Sie betrachtete diese Rolle zwar nicht unbedingt als gute Basis für eine Ehe, fand aber, das sie ihrer eigenen Entwicklung gutgetan hätte. »Diese Rolle konnte ich spielen, bis ich erwachsen wurde.« Bis dahin durfte sie weiterhin im Schatten von jemand anderem leben.

Ihre Schwester Elisabeth schien aufrichtig erfreut, daß sie nur »Brautjungfer« war. »Es ist das Beste und Schönste, was je passiert ist«, schrieb sie ihrer Mutter, als sie die Neuigkeit erfuhr, zwei Wochen vor der öffentlichen Bekanntgabe. »Natürlich wird sie anstrengende und schwierige Zeiten erleben, aber das macht sie stärker und lebensfähiger. Sie wird *immer* von ihrem Mann beschützt und geliebt werden.« Und Constance

Morrow hatte an dem Abend, bevor die Nachricht bei den Zeitungen einschlug, auf der Milton Academy beim Essen an ihr Glas geklopft und ihren
Kameradinnen in Hathaway House von der Verlobung erzählt. Sie kreisch-
ten vor Überraschung und applaudierten begeistert. Beim nächsten Schul-
fest wunderte sich Constance, daß sie so beliebt war und zu jedem Tanz
aufgefordert wurde. Dwight jr. war erst kurz zuvor nach Amherst gekommen, aber seine psychische Verfassung zwang ihn, die Schule wieder zu
verlassen. Doch er war ganz aufgeregt, als er hörte, er dürfe an der Hochzeit teilnehmen.

Zwar war die Verlobung ein Ruhmesblatt für den Botschafter und seine
Frau, aber sie zeigten sich weiterhin recht besorgt um das Wohlergehen
ihrer Tochter. »Armes Kind!« schrieb Betty. »Obwohl ihr alle Welt gratuliert, durchlebt sie schwere Momente.« Ein paar Tage später kam Charles
zu Anne nach Mexiko geflogen, und jedesmal, wenn sie ihn ansah, durch-
fluteten sie »Zuversicht und Mut«. So wie er ihr Mut machte, schenkte
sie ihm Wärme.

Ende der Woche schlichen sich Charles und Anne aus der Botschaft fort
und flogen von Valbuena Field aus zu einem Picknick zu zweit in die
Steppe. Als sie nach dem Imbiß wieder starteten, schaute Lindbergh aus
dem Eindecker, den er sich geliehen hatte, und sah eines der Räder allein
über den Boden rollen. Zu allem Übel hatte das Flugzeug keine Sicher-
heitsgurte. Charles erklärte Anne das Problem, sagte aber nichts von den
möglichen Auswirkungen. Sie müßten jetzt mehrere Stunden fliegen, um
die Benzinlast zu verringern – und damit die Gefahr einer Explosion beim
Aufprall. Er polsterte Anne mit den beiden Sitzkissen und bat sie, das Fenster zu öffnen, damit sie rauskriechen konnten, wenn das Flugzeug um-
kippte. Schließlich kreisten sie über dem Flugplatz, wo sich eine Menge
versammelt hatte und ihnen entsetzt Zeichen gab, nicht zu landen – als
hätten sie eine Wahl gehabt! Charles und Anne sahen einander an und
lachten. Dann setzte er zum Landeanflug an und ging langsam nach unten. Mit einer Hand steuerte er das Flugzeug, mit der anderen klammerte
er sich an ein Rohr des Rumpfgerüsts. Er setzte das Flugzeug mit einem
Rad auf und konnte die andere Seite etwa 30 Yards lang hochhalten, bis
sich die Achse in den Boden bohrte und das Flugzeug sich überschlug.
Anne empfand nur einen Augenblick leise Panik und fragte sich, wie sie
in seinen Augen dastehen würde, wenn sie diese Prüfung nicht bestand.
Aber bis sie merkte, was geschehen war, da war sie schon aus dem Fenster
gekrabbelt, ganz unverletzt. Er hatte sich die Schulter ausgerenkt.

»Anne sehr gelassen & gefaßt«, vermerkte ihre Mutter, »& er ist furchtbar stolz auf sie. Dazu hat er aber auch allen Grund!« Obwohl er eine gute
Entschuldigung gehabt hätte, erschien Charles am Abend darauf mit Anne
auf einem großen Diplomatendinner in der Botschaft – mit dem Arm in
der Schlinge, gehalten von einem bunten Schal, der um seine Taille ge-

schlungen war. So schlimm der Flugzeugunfall gewesen war – Betty Morrow konnte nicht umhin festzustellen, daß die gemeinsame Erfahrung Anne und Charles einander nähergebracht hatte. »Ich glaube, vor ihnen liegt ein schönes, aufregendes Leben«, schrieb sie einer alten Freundin, »wenn nur die Zeitungen sie nach der Hochzeit in Ruhe lassen.«

Nach zehn Tagen verabschiedete sich Lindbergh, um als Pilot für *Pan American Airways* die Fluglinie Mexico City–Brownsville, Texas, zu eröffnen. Im März war er meist für die Fluggesellschaften unterwegs, während Anne in Mexiko blieb, außer Sichtweite. Inzwischen hegte sie keinen Zweifel mehr, daß sie die richtige Entscheidung getroffen hatte; nur *ein* Zugeständnis fiel ihr schwer. Ihr »um sein Privatleben äußerst besorgter« Mann war entschlossen, diese »privateste aller Beziehungen zu schützen«, und zu diesem Zweck hatte er seine Verlobte gewarnt: »Sag nie etwas, von dem du nicht willst, daß es die Spatzen von den Dächern pfeifen, und schreib nichts, was du nicht auf der Titelseite einer Zeitung lesen willst.« Anne hingegen fand, eine Erfahrung sei erst abgeschlossen, wenn sie niedergeschrieben oder in einem Gespräch mitgeteilt war, und so ließ sie keinen Gedanken unformuliert, sei es in Tagebüchern oder in den vielen Briefen, die sie ihr Leben lang an feste Briefpartner schrieb. Sie glaubte, dieser »über alle spontanen Äußerungen geklappte Schutzdeckel« sei die schwierigste Anpassung, die ihr bevorstand.

Die Zeitungen stellten allerlei Vermutungen über die Lindbergh-Hochzeit an, und die Gästeliste wuchs mit jeder Woche. Die Medien rechneten mit einer Junihochzeit auf North Haven und einer Hochzeitsreise mit dem Flugzeug. Weil die Presse den Arbeitern an fast allen Flugplätzen für jedes Wort über Lindberghs Flugaktivitäten Bargeld anbot, orderte Lindbergh bei einem Angestellten der *Elco Company* heimlich ein Schiff, ein 38 Fuß langes Motorboot. Dann bestellte er in der dritten Maiwoche seine Curtiss Falcon nach Rochester und gab Anweisung, sie gewartet in einem Hangar unterzustellen. Wie Lindbergh vermutete, pilgerte die Presse nach Roosevelt Field und ins nördliche New York und schaute sich die Augen aus nach einer größeren Ansammlung von Morrows und anderen Honoratioren. Sie zeigten sich nicht besonders interessiert, als Dwight Morrow am letzten Sonntag im Monat nach New Jersey zurückkehrte, um den Geburtstag seiner Frau zu feiern.

Das Geheimnis wurde sogar vor den wenigen geheimgehalten, die am nächsten Tag, einem Montag, zum Tee geladen waren, an dem 27. Mai, der Annes und Charles' Hochzeitstag werden sollte. Anne durchwanderte den Vormittag in einer Art Dämmerzustand und pflückte im Garten Maiglöckchen und Tulpen, um das Haus zu schmücken. Später ging sie mit der Mutter, den Schwestern und Vernon Munroe, einer Freundin aus Kindertagen, in das alte Haus an der Palisade Avenue, wo sie Vergißmeinnicht, weiße Akeleien und ein paar Stengel hellblauen Rittersporn schnitten. Elisabeth band die Blumen zu einem Brautbukett zusammen. Charles und seine Mutter kamen zusammen aus New York und setzten sich mit Annes Großmutter, zwei Tanten mütterlicherseits und den anderen Morrows zum Lunch. Anne war zu nervös, um zu essen.

Am frühen Nachmittag entschuldigte sich Charles und ging in die Bibliothek, wo er in wenigen Minuten ein zweieinhalb Seiten langes, handgeschriebenes Testament verfaßte. Im Falle seines Todes sollte für seine Mutter ein Treuhandvermögen von 200 000 Dollar bereitgestellt werden, der Rest seines Besitzes ging an Anne. Außerdem konnte sie sich aus der Ausstellung seiner Besitztümer im *Jefferson Memorial* in St. Louis aussuchen, was sie haben wollte, den Rest vermachte er der Historischen Gesellschaft für eine Dauerausstellung. Das Testament war in erster Linie zur Versorgung von Evangeline Lindbergh gedacht, da Annes eigenes Treuhandvermögen zu diesem Zeitpunkt schon eine halbe Million Dollar betrug.

Die anderen Gäste kamen gegen vier Uhr angefahren, vorbei an einem desinteressierten Reporterklüngel. Eine Stille liege über dem Haus wie bei einer Beerdigung, witzelte Elisabeth. Es waren eine Handvoll Verwandte von der Seite Dwight Morrows und ein paar von Betty Morrows engsten Freundinnen. Dwight jr. war leider zu krank, um das Sanatorium in Massachusetts zu verlassen. Charles hatte nur seine Mutter. Als Reverend Dr. William Adams Brown vom Union Theological Seminary auftauchte, wurde allmählich allen klar, daß eine Hochzeit stattfinden würde. Insgesamt waren nur 22 Personen anwesend, das Brautpaar eingeschlossen.

Anne machte sich in der Damengarderobe im Erdgeschoß fertig. Sie trug ein schlichtes Kleid aus cremeweißem Chiffon – genäht von einer Schneiderin in Englewood, die schon für die Morrow-Töchter gearbeitet hatte, als sie noch kleine Mädchen waren – und Pumps mit blauen Absätzen. Eine Zofe half Anne bei dem französischen Spitzenschleier, der ihr bis auf die Schultern fiel. Dann kam Charles in seinem blauen Anzug ins Zimmer, schloß die Tür und ging zu Anne, um sie zu beruhigen. In diesem Moment, schrieb Anne später, »wußte ich, daß alles gutgehen würde«. Dann kamen ihr Vater, ihre Mutter und die Schwestern herein. Die Frauen küßten sie, und sie gingen in den großen Salon, uneinsehbar von der Straße und mit Blick in den Garten.

Dwight Morrow lächelte Anne »sehr liebevoll & glücklich« an und reichte ihr den Arm. Zusammen traten sie vor die stille Gruppe vor dem Kamin. Reverend Brown feierte einen kurzen Gottesdienst. Anne und Charles antworteten ruhig auf die Fragen des Trauungsritus, und er streifte ihr den Ring auf den Finger. (Er war aus den Goldnuggets gemacht, die er in Honduras geschenkt bekommen hatte.) Danach traten die Gäste zu ihnen und küßten sie. Es wurden keine Fotos gemacht.

Alle gingen auf den Innenhof hinaus, wo es Erfrischungen gab und einen riesigen englischen Kuchen von Madame Blanche aus New York. Sie hatte ihn schon vor Wochen gebacken, und die Glasur war inzwischen steinhart. Niemand hatte Madame Blanches Anweisungen gelesen, in denen stand, man müsse das Messer in kochendes Wasser tauchen, ehe man sich an die einzelnen Scheiben wage. Und so sägte sich Charles durch einen schier ehernen Block.

Und nun erlebte Betty Morrow inmitten der allgemeinen Fröhlichkeit einen schrecklichen Augenblick. Als sie Charles zuflüsterte, sie wolle ein schärferes Messer holen, packte er sie am Handgelenk und knurrte »Nein! Nein!« in einem Ton, wie sie ihn noch nie gehört hatte, und den sie nie wieder vergaß. Er schaffte es, den Kuchen durchzuhacken, und die Stücke wurden herumgereicht.

Anne ging stillschweigend nach oben und zog sich um, ein französisches blaues Kostüm und einen blauen Filzhut. Mutter und Schwester folgten ihr, um sich zu verabschieden. Als die Neuvermählten um 16.30 Uhr hinten aus dem Haus schlichen und in ein Auto schlüpften, winkten alle. Charles und Anne fuhren an dem Reportertroß vorbei, der am Fuß des Hügels wartete, so wie sonst, wenn sie zu einer Fahrt aufbrachen. Der Pressetrupp verfolgte sie, aber die Frischvermählten entwischten ihm, indem sie in eine Sackgasse hineinfuhren, in der Henry Breckinridge mit Lindberghs Franklin wartete. Sie tauschten die Autos. Charles und Anne setzten sich Mützen und dunkle Brillen auf und begannen die lange Fahrt nach Long Island. Nur einmal hielten sie an, um Betty Morrow ein paar Zeilen zu schreiben. »Ich glaube nicht, daß man sich eine idealere Situation auch nur wünschen kann«, schrieb Charles an seine Schwiegermutter.

Die Gäste blieben noch bis 18.45 Uhr in »Next Day Hill«. Bis dahin war kein Wort über die Hochzeit nach außen gedrungen. Erst auf dem Heimweg sprach einer von Morrows Freunden mit den Reportern am Fuß der Auffahrt und ließ die Katze aus dem Sack. Um sieben Uhr kam es im Radio. Ein paar Minuten später gab Dwight Morrows Sekretär Arthur Springer den Reportern die Nachricht mit einem einzigen Satz offiziell bekannt und beantwortete keine Fragen. Mit zwei Stunden Vorsprung erreichten Charles und Anne ihr Ziel am Sund um zehn Uhr – unentdeckt. Wie geplant fanden sie ein Dinghi an einen Baum gebunden und zogen es im Schein einer Taschenlampe ins Wasser. Ein kalter Wind blies, als Charles seine Braut zu dem Motorboot hinausruderte, zur *Mouette*, die mit angezündeten Lichtern wartete und sie lockte, die gemeinsame Reise zu beginnen.

9

»WIR«

»Ich gedachte noch immer,
den größeren Teil meines Lebens,
den ich nicht mit meiner Familie verbrachte,
der Entwicklung der Luftfahrt zu widmen.«

C. A. L.

Sommerwetter empfing die *Mouette,* als sie den Long Island Sound überquerte, und die Flitterwöchner tuckerten genüßlich fast eine Woche lang durch glatte See, in völliger Einsamkeit. Nach ein paar Tagen legten sie in Woods Hole, Massachusetts, an, wo die Presse sie endlich entdeckte. Während der nächsten vier Tage fuhren die Lindberghs so schnell wie möglich die Küste von Maine hinauf.

Tag um Tag erlernte Anne mit Staunen die Regeln eines Daseins als Mrs. Lindbergh. Vier Jahre jünger als ihr Mann und ganz in seinem Bann, fügte sie sich jedem seiner Wünsche und versuchte, aus seiner gelegentlichen Unausgeglichenheit schlau zu werden. Sie war zum Beispiel mehr als überrascht, daß Charles, als sie an der Südspitze von Maine nach York Harbor einfuhren und dort eine Schar von Reportern und Ortsansässigen auf sie wartete, ungewöhnlich fröhlich wirkte und es zu genießen schien, Anne der Menge vorzuführen. Als sie dann auf die Gruppe der Inselchen zuhielten, die die Penobscot Bay sprenkelten, ging die Verfolgungsjagd wieder los.

Es war Lindberghs erster Besuch in der Gegend von North Haven, und er fand sie vom ersten Augenblick an hinreißend schön. »Wir umfuhren eine Insel nach der anderen mit ihren tiefgrünen Wäldern und gischtumtosten Felsen.« Ganz besonders gefiel den beiden eine der wildesten Inseln, Big Garden Island, die Dwight Morrow seiner Tochter soeben zur Hochzeit geschenkt hatte. Nach ein paar Tagen völligen Friedens zu zweit fuhren sie die gleiche Strecke wieder zurück und schlüpften unbemerkt ins *Berkshire*-Hotel in Manhattan.

Zwar waren ihre ersten drei Ehewochen bar all der Pracht gewesen, die sie sich hätten leisten können, aber sie hatten dabei den denkbar größten Luxus gefunden – Zeit für sich allein. Sie lebten von Konserven und Ginger Ale und von einem Kellogg's-Frühstücksprodukt namens ZO, und Anne wunderte sich über ihre Unverwüstlichkeit. Die körperliche Arbeit auf der Fahrt und die Härten des Matrosendaseins hatten ihr Spaß gemacht. »Ich finde das Navigieren absolut aufregend – man nimmt ein Kurslineal und die Kompaßrose, mißt den rechtweisenden Kurs, errechnet den mißweisenden und den Kompaßkurs, fährt exakt diesen Wert – *und kommt tatsächlich an!*« schrieb sie ihrem Bruder Dwight, der immer noch in ärztlicher Behandlung war. »Natürlich stellte sich am Ende der Fahrt heraus, daß ich mit meiner üblichen Schludrigkeit die falschen Striche auf der Windrose gezählt habe. Charles machte sich furchtbar lustig über mich und sagte, ich hätte das nur gemacht, weil diese Striche hübscher wären.« Wenige Tage vor ihrem 23. Geburtstag schrieb Anne ihrer Mutter einen glühenden Bericht von ihrer Hochzeitsreise – alles sei »ganz natürlich & kein bißchen erschreckend gewesen – keine mordsmäßige Veränderung oder auch nur seltsam – und sehr lustig!«.

Kaum waren die Lindberghs wieder an Land, bestiegen sie schon wieder ihr Flugzeug. *Transcontinental Air Transport* kündigte die Eröffnung der Überlandroute an, und als Vorsitzender des technischen Ausschusses bestand Lindbergh darauf, in jedem für Zwischenlandungen vorgesehenen Ort einen Tag lang Ausrüstung und Personal abschließend zu inspizieren. Seine junge Frau begleitete ihn auf dieser transkontinentalen Trockenübung, und mit jeder neuen Stadt gewöhnte sich Anne mehr an die Rituale des Daseins als Mrs. Charles Lindbergh.

Als sie in Kalifornien ankamen, gab Lindbergh der *TAT* grünes Licht. Am 7. Juli 1929 um 18.05 Uhr verließ die *Airway Limited* die New Yorker Pennsylvania Station Richtung Port Columbus, Ohio. Einige Fahrgäste, überwiegend Journalisten mit Freikarten, wollten nach Westen reisen, 48 Stunden in der Luft und auf Schienen bis Los Angeles. Charles und Anne Lindbergh fuhren am nächsten Morgen zum Grand Central Air Terminal in Glendale im San Fernando Valley. Die große dreimotorige *City of Los Angeles* aus einer geriffelten Aluminiumlegierung, die wie Wellblech aussah, schimmerte in der Sonne. 5000 Zuschauer und eine Kapelle standen bereit für die Eröffnungsfeier.

Eine ausgewählte Gruppe von zehn Personen, darunter auch Anne, stiegen in die von den Journalisten sogenannte »Blechgans«. Während der Kopilot die Motoren warmlaufen ließ, kam Charles Lindbergh aus dem Cockpit in die Kabine und schüttelte jedem Passagier die Hand. Er würde sie an diesem Morgen fliegen. Trotz seines beruhigenden Lächelns fanden manche, er sähe »müde und angespannt« aus. Die Presse heizte bereits die öffentliche Spannung an und schrieb lang und breit, daß Lindbergh seinen »Namen und seine Zukunft auf das Unternehmen« gesetzt habe, und daß »das geringste Mißgeschick eine Katastrophe« wäre.

Anne betätigte sich für *TAT* als inoffizielle Stewardeß und zeigte den

Mitreisenden, wie sie sich in der Luft entspannen konnten. In Briefen an Familie und Freunde schwärmte sie von jeder Einzelheit auf dem Flug – vom kühlen Graugrün der Kabine über die grünen Vorhänge an den Fenstern bis zu den blauverglasten Lämpchen über den verstellbaren grünen Ledersitzen. Ein weißuniformierter Flugbegleiter verteilte Briefpapier, Landkarten, Postkarten und Aluminiumtischchen. Nach zweieinhalb Stunden landete das Flugzeug in Kingman, Arizona; alle stiegen aus und vertraten sich die Füße unter einer langen Markise auf Rädern, die das Flugzeug mit dem »Bahnhof« verband. Nach 15 Minuten Pause gingen die Passagiere wieder an Bord, und als sie in der Luft waren, wurde ihnen eine Mahlzeit serviert, die das erste Haus am Platze extra für diesen Zweck zusammengestellt hatte. Der Steward baute jedem Passagier sein Tischchen auf und deckte es mit einem lavendelfarbenen Leinentischtuch. Auf Metalltellern wurde kalter Braten und Salat mit Ananas serviert, dazu Weißbrot und Schwarzbrot, als Nachtisch zerkleinerte Grapefruit, Kuchen und heißer Kaffee aus einer riesigen Thermoskanne. Knapp zwei Stunden später hatten sie die große Wüste im Südwesten überquert und landeten in Winslow.

Mit neuer Besatzung flog die *City of Los Angeles* weiter nach Osten, ohne die Lindberghs. Sie blieben in Arizona über Nacht, damit Charles die ersten Passagiere der demnächst eintreffenden *City of Washington* fliegen konnte. Unter ihnen war auch Amelia Earhart, die vor einem Jahr Weltruhm erlangt hatte, weil sie als erste Frau den Atlantik überflogen hatte (von Neufundland nach Südwales, zusammen mit dem Piloten Willmer Stultz und einem Mechaniker). Der Erfolg des neuen Unternehmens brachte bald manchen anderen dazu, 290 Dollar für einen Überlandflug zu zahlen.

Als Charles merkte, wie sehr es Anne anstrengte, für die Öffentlichkeit immer ein bestimmtes Gesicht aufzusetzen, verbrachte er mit ihr ein Wochenende allein in einem Blockhaus in Nordkalifornien. Sie fuhren Kanu und schwammen in einem Bergbach vor ihrer Tür. Anne beschreibt diese Zeit mit höchst romantischen Worten und zauberhaften Bildern in jeder Zeile. »Als wir heute über die Felder und Farmen fuhren, wirbelte ich goldenen Staub auf, wenn ich C. die Tore öffnete«, schrieb sie ihrer Mutter nach einem Tag voll einfacher Freuden. »Genauso fühlen wir uns, C. und ich, wenn wir zusammen verschwinden, allein – alles golden, über allem liegt ein besonderer goldener Schimmer!«

Aber Anne begriff bald, daß die Zeit, die sie mit ihrem Mann allein verbringen konnte, knapp bemessen war. Die Luftfahrt florierte in diesem Jahr genauso wie die Geschäfte an der Wall Street, und Lindberghs Auftreten in der Öffentlichkeit war für diese Industrie äußerst wichtig. Als die *TAT* ihre erste Strecke ausgebaut und wichtige Städte quer durchs Land miteinander verbunden hatte, konnten andere Fluggesellschaften aus allen Ecken und Enden der Nation sich dort einhaken und ein Netz aus Flugrouten knüpfen, das alle Staaten miteinander verband. Schon ein Jahr später überspannten mehrere Luftverkehrslinien den Kontinent, und Lindbergh spielte bei ihrer Entwicklung eine große Rolle, besonders als die Gesellschaften versuchten, nach dem Börsenkrach im Oktober wieder Fuß zu fassen.

Als ständig neue Routen dazukamen, wuchs von Monat zu Monat auch die Zahl der Passagiere, die sich in die Luft wagten. Aber entscheidend für das Überleben einer neuen Fluggesellschaft war der US-Postsack. So manche Firma, die sich mit einigem Glück einen Luftpostvertrag hatten sichern können, existierte nur davon. Der mächtigste Mann der kommerziellen Luftfahrt war folglich derjenige, der diese Verträge vergab – Postminister Walter Folger Brown.

Brown, ein emsiger, einflußreicher Republikaner, wurde zu einem Fachmann auf dem Gebiet des Luftverkehrs und stellte sein Können dem Personal und der Öffentlichkeit zur Verfügung. Er war rücksichtslos ehrgeizig und ein Visionär, der das Gemeinwohl im Auge behielt. Zu Beginn der Wirtschaftskrise glaubte Brown, die noch junge, unerfahrene Industrie brauche nicht viele kleine, schwache Firmen, sondern einige wenige starke, die sie durch schwere Zeiten zu finanzieller Stabilität führen könnten. Er maßte sich außergewöhnliche Macht an und legte nach eigenem Ermessen Routen zusammen und widerrief Zulassungen.

Lindbergh teilte in mancherlei Hinsicht Browns Ansichten über das Geschäft mit der Luftfahrt. Auch er erkannte die Notwendigkeit, so rasch wie möglich ein ausgedehntes Flugliniennetz zu errichten, und sah in Browns durchgreifenden Reformen eine Art aufgeklärten Kapitalismus. Aus diesem Grund traf sich Lindbergh in Kalifornien mehrmals mit Jack Maddux, einem geschäftstüchtigen Einzelgänger, der im Südwesten eine eigene Buslinie und ein Automobilgeschäft aufgebaut hatte. Seit zwei Jahren betrieb er eine Fluggesellschaft, die Los Angeles mit San Diego und San Francisco sowie mit anderen Ortschaften in Kalifornien verband. Allein 1929 hatte die Maddux-Line mehr als eine Million Meilen zurückgelegt. Am 16. November wollte sich die Firma mit der *TAT* zusammentun.

American Airways erhielt eine der beiden transkontinentalen Flugrouten, die Brown im Sommer 1930 versteigerte, die Südroute Atlanta–Dallas–Los Angeles. Anstatt nun den zweiten Vertrag für eine zentralere Route einem anderen Anbieter zuzuerkennen, beschloß Postminister Brown, eine neue Gesellschaft zu gründen, und erzwang damit geradezu eine Fusion von *TAT-Maddux* und *Western Air Express*. Er verwandelte diese Ehe in eine Ménage à trois, indem er noch die von der Mellon-Bank kontrollierte *Pittsburgh Aviation Industries Company (PAIC)* dazuspannte, nicht nur wegen deren Fähigkeit, die nordöstliche Etappe der Route zu fliegen, sondern auch, um ein paar Freunden einen Gefallen zu tun. Die neue *Transcontinental and Western Air* – *TW&A* – sollte von einem *PAIC*-Geschäftsführer namens Richard Robbins geleitet werden. Im Laufe der Zeit ließ die Firma das &-Zeichen weg und bezeichnete sich immer häufiger als »Lindbergh-Linie«.

Im September 1929 widerfuhr der »Lindbergh-Linie« das erste schwere Unglück, als eine der dreimotorigen *TAT*-Verkehrsmaschinen auf der Strecke von Albuquerque nach Los Angeles verschwand. Die Lindberghs wollten gerade nach Maine fahren, aber Charles erklärte Anne, die Öffentlichkeit – vor alle die Angehörigen der Flugzeugpassagiere – würden es ihm als Herzlosigkeit auslegen, wenn er sich scheinbar unbekümmert in die Ferien verziehen würde. Charles versuchte, so viele Fragen wie möglich über das Verschwinden des Flugzeugs zu beantworten. Dann nahmen er und Anne trotz des schlechten Wetters ein kleines, schnelles Flugzeug, eine Lockheed Vega, und beteiligten sich drüben im Westen an der Suchaktion. Auch wenn Lindbergh wenig tun konnte – daß er zu Hilfe geflogen kam, begleitet von seiner zarten Frau, war eine wichtige Geste, um den guten Ruf der Firma und des Luftverkehrs zu retten. Kaum waren die Lindberghs im Südwesten angekommen, wurde das abgestürzte Flugzeug am Mount Williams gefunden. Niemand hatte überlebt.

Der Name Lindbergh gehörte in Amerika mittlerweile zum Tagesgespräch. Auch nachdem ihre Hochzeit für die Öffentlichkeit den Reiz des Neuen verloren hatte, unternahmen Charles und Anne reihenweise berichtenswerte Taten, mit denen sie sich in den Schlagzeilen hielten. Das Land fand sie glamouröser als die Filmstars, weil ihre romantischen Abenteuer Wirklichkeit waren. Bei beruflichen Themen ließ sich Lindbergh bis zu einem gewissen Grad ausbeuten, doch er weigerte sich, Fragen über sein Privatleben zu beantworten, und erwähnte Anne nur insofern, als sie immer mehr zu seiner aktiven Partnerin beim Fliegen wurde.

Im Lauf des nächsten Jahres brachte Charles Anne privat das Fliegen bei, und sie lernte das Navigieren. Bei einem Besuch in Kalifornien verlegten sie sich aufs Segelfliegen, und Anne machte als erste Frau im Land einen Segelflugschein. »Frauen sind genauso in der Lage, ein Flugzeug zu bedienen wie Männer«, erklärte Lindbergh einem Reporter, »und der körperliche Unterschied, der für Frauen bei anderen Arbeiten von Nachteil sein kann, spielt beim Fliegen keine Rolle.«

Im vorangegangenen Jahr war Lindbergh von seinen Verhandlungen mit *Pan American Airways* in Mittelamerika über Yucatán zurückgekehrt. Dabei hatte er mitten im mexikanischen Dschungel die Ruinen eines alten Tempels liegen sehen. In Washington angekommen, telefonierte er mit Dr. Charles G. Abbot, dem Sekretär des *Smithsonian*, und dieser erklärte ihm, was er da gesehen habe, seien die neuen Ausgrabungen des »Tempels der Krieger« in der großen Mayastadt Chichén Itzá. Lindberghs Interesse an der Archäologie war geweckt. Er informierte sich über die präkolumbianische

Kultur und traf sich mit Dr. John C. Merriam, dem Präsidenten der *Carnegie Institution of Washington*, der andere Ausgrabungen früher Kulturen leitete. Lindbergh schlug vor, das Flugzeug als hilfreiches Werkzeug einzusetzen, nicht nur, um entlegene Orte zu erreichen, sondern auch, »um den Geist des Menschen mit den Augen der Vögel auszustatten«.

Dr. Merriam berichtete Lindbergh von zwei archäologischen Ausgrabungsstätten im entlegensten Winkel Amerikas, nicht weit entfernt von der Südwestroute der *TWA*. In diesem Sommer flogen Charles und Anne von Kalifornien aus in einem offenen Curtiss Falcon Doppeldecker über den Canyon de Chelly, einige hundert Meilen westlich der Hauptgrabungsstätte in diesem Gebiet. Dort sahen sie auf den Anhöhen mehrere kleine Ruinen, die vom Talgrund aus praktisch nicht zu sehen waren. Die Lindberghs flogen mehrmals über die vor langer Zeit aufgegebene Siedlung, die auf archäologischen Karten nicht eingezeichnet war, und machten von der Landschaft und den Ruinen Hunderte von Aufnahmen. Sie kletterten auf die Felsen und untersuchten die Ruinen, die laut dem *News Service Bulletin* der *Carnegie Institution* noch nie zuvor von weißen Menschen besucht worden waren.

Das *Bulletin* lobte die Lindbergh-Expedition aus mehreren Gründen. Vor allem gestatte das Flugzeug einem Beobachter, ein Gebiet, für das man auf dem Rücken eines Tieres mehrere Monate brauche, in wenigen Stunden zu erkunden. Die Fotos zeigten außerdem viel besser als jedes andere Verfahren topografische Eigenschaften der Umgebung auf, die das Leben der Einwohner entscheidend beeinflußt haben mußten. Die Auswirkung von Lindberghs Forschungsflug auf die Archäologie war unabsehbar. Die Berichterstattung in den Medien über dieses jüngste Abenteuer erzeugte ein neues Interesse an der Wissenschaft und den frühen Kulturen.

In diesem Herbst erkundeten die Lindberghs auch Mittel- und Südamerika. Als Charles kurz vor der Hochzeit dorthin geflogen war, hatte er Fluglinien vermessen und organisiert. Im September 1929 kehrte er mit seiner Frau und mit Juan und Betty Trippe in diese Gegenden zurück. Ende September landeten sie innerhalb von nur zehn Tagen in Kuba, Haiti, Puerto Rico, Trinidad, Venezuela, Kolumbien, Panama und Nicaragua. »Auf jedem Flugplatz standen Horden von Menschen«, berichtete Juan Trippe.

Vor jedem Start wanderte Lindbergh über den schmutzigen Flugplatz und prüfte, wie hart der Boden war. »Eine der Startbahnen war ein richtiger Schlammsee«, erinnerte sich Trippe. »Slim trottete von einem Ende bis zum anderen durch den Matsch, und nachdem wir abgehoben hatten, hängte er seine Socken zum Trocknen aus dem Kabinenfenster... aber eine wurde weggeweht. Bei der nächsten Landung in Curaçao gab es die übliche Schar von Fans, eine Kapelle und die Paradetribüne, und da stand Slim und begrüßte all diese würdigen Herrschaften mit nur einer Socke. Dabei bedeutete dieser Flug den Beginn der Luftpostbeförderung nach Südamerika. Er öffnete einen Kontinent.«

Lindbergh war gewarnt worden, »es sei tollkühn, über die Karibik zu fliegen; das Wetter sei zu schlecht und unwägbar, und die Regenschauer kämen zu häufig und zu schwer, um sie zu durchfliegen«. Doch die erfolgreiche Tour der Lindberghs und der Trippes im Jahr 1929 ebnete den Weg für Linienflüge in diesem Gebiet. Mehr noch, wie Trippe später befand: »Die Karibik war unser erstes Versuchsfeld für Flüge übers Meer. Ab seinem ersten Karibikflug war Lindbergh bei *Pan American* an praktisch jeder Entscheidung auf technischem Gebiet beteiligt, und er zeigte von Anfang an auch Verständnis für die wirtschaftlichen und politischen Schwierigkeiten, die wir überwinden mußten.«

Da den Lindberghs ihr archäologischer Einsatz soviel Freude gemacht hatte, beendeten sie ihre *Pan-American*-Rundreise mit einem Besuch des Mayagebietes. In einem zweimotorigen Wasserflugzeug von *Pan American*, der S-38, erforschten die Lindberghs fast die ganze Halbinsel Yucatán in fünf Tagen. Begleitet von Dr. Kidder flogen sie von Tikal nach Uaxactún in sechs Minuten – mit einer Mulikarawane wäre das eine lange Tagesreise gewesen. Von Chichén Itzá machte Lindbergh eine Luftaufnahme, die vielfach noch immer für die schönste Aufnahme der Stadt gilt. Sie erkundeten Quintana Roo, den südöstlichen mexikanischen Bundesstaat. »Das aufregendste Erlebnis auf unserem Flug war natürlich die Entdeckung von Mayaruinen, die auf alte Städte hinwiesen«, schrieb Dr. Kidder später. In einer knappen Woche fanden sie nicht weniger als sechs verlassene Siedlungen, die andernfalls vielleicht jahrzehntelang unentdeckt geblieben wären.

Charles Lindbergh verbrachte viel Zeit damit, die Vergangenheit zu erkunden, aber seine folgenreichsten wissenschaftlichen Forschungen in diesem Jahr waren in die Zukunft gerichtet. Schon vor Monaten, bei einem Alleinflug in seinem Ryan-Eindecker zwischen New York und St. Louis, hatte er zum erstenmal seine Gedanken in diese Richtung schweifen lassen. »Im Lauf vieler Jahrhunderte hat der Mensch das Rad erfunden, um über Land zu fahren«, überlegte er, »dann das Schiff, um übers Wasser zu segeln, und schließlich die Tragfläche, um durch die Luft zu fliegen.« Er verfolgte diesen Gedanken weiter und fragte sich, ob der Mensch wohl jemals in den Weltraum vorstoßen würde. »Wenn ja«, dachte er, »brauchen wir etwas anderes als Tragflächen und Propeller.« Lindbergh überlegte, wer ihn wohl über die Wissensgrundlagen für eine mögliche Weltraumfahrt informieren könnte.

Im August 1929 machten die Lindberghs in Falaise auf Long Island einen Tag Urlaub. Dort ereignete sich einer jener glücklichen Zufälle, die, nach Lindberghs Worten, »so oft den Verlauf eines Lebens und der Geschichte verändern». Anne hatte sich zurückgezogen, um Briefe zu schreiben, und Charles und die Guggenheims waren im großen Wohnzimmer, wo sich die Männer natürlich über die Luftfahrt unterhielten. Lindbergh stand am Fenster, schaute auf den Sund und dachte darüber nach, wie schnell doch ein Flugzeug war im Vergleich zu einer Kette von langsamen Schleppkähnen, als Carol plötzlich rief: »Hört mal!« und laut weiterlas – einen Artikel im *Popular Science Monthly* über eine kürzlich erfolgte Explosion in Worcester, Massachusetts.

Robert Hutching Goddard, der 47jährige Leiter des Fachbereichs Physik an der Clark University hatte als Kind die Bücher von H. G. Wells und Jules Verne gelesen. Er fand in der Physik ein kreatives Ventil für seine lebhafte Vorstellungskraft und war besessen davon, ein Verfahren zu entwickeln, mit dem man in extreme Höhen gelangen konnte. Er studierte am Worcester Polytechnic Institute, promovierte an der Clark University und forschte anschließend in Princeton. Seine Raketenpläne behielt er soweit wie möglich für sich. Aber er begriff schnell, daß Versuche auf diesem jungen Forschungsgebiet viel Geld kosteten und unausweichlich die Aufmerksamkeit der Umgebung auf sich zogen.

Die Presse umriß seine Arbeit oberflächlich als den Versuch, auf den Mond zu fliegen. Schlimmer als die Abstempelung zum Mondsüchtigen war für Goddard die übertriebene Aufmerksamkeit, die seinen Versuchen entgegenschlug; sie raubte ihm die für Versuch und Irrtum nötige Abgeschiedenheit.

Goddard hatte von der *Smithsonian Institution* ein Stipendium von 5000 Dollar erhalten und noch ein paar Tausender von der Clark University, aber durch seine Experimente mit Benzin und flüssigem Sauerstoff war dieser Fonds bald verfeuert. In dem Jahr, als Charles Lindbergh erstmals davon träumte, von New York nach Paris zu fliegen, hatte Robert Goddard einen zehn Fuß hohen Apparat aus einem Stahlschlauch innerhalb von 2,5 Sekunden 41 Fuß hoch in die Luft geschossen, mit einer Flugbahn von 184 Fuß. Drei Jahre später schickte er auf der Farm seiner Tante Effie Ward in Auburn ein etwas größeres Modell in die Luft, 20 Fuß höher als den 60 Fuß hohen Abschußturm, wo es nach rechts abdrehte, noch einmal zehn Fuß Höhe gewann und in 171 Fuß Entfernung landete. Dies war das Geschoß, »das den Mond nur um etwa 200 000 Meilen verfehlt« habe, witzelte er vor Journalisten, um sie von dem Bericht über seine Versuche abzulenken, von denen Carol Guggenheim gelesen hatte.

Lindbergh erfuhr, daß Professor Goddard ein hochangesehener Physiker war, nicht der verrückte Wissenschaftler, den viele in ihm vermuteten. Eines grauen Novembernachittags nahm Goddard das Telefon ab und hörte, wie sich am anderen Ende Charles Lindbergh meldete. Lindbergh bekundete Interesse an Goddards Arbeit über Raketen und fragte, ob sie sich nicht persönlich darüber unterhalten könnten. Erst nach dem Abendessen erzählte Goddard seiner Frau Esther wie nebenbei von dem ungewöhnlichen Anruf. »Ach ja«, erwiderte sie, »und ich habe mit der Königin Marie von Rumänien Tee getrunken!«

Am Samstag, dem 23. November 1929, fuhr Lindbergh nach Worcester. Der argwöhnische Goddard vertraute seinem Besucher auf den ersten Blick, er zeigte ihm sein Labor und nahm ihn mit nach Hause, wo Esther Goddard Milch und einen selbstgebackenen Schokoladenkuchen servierte. Sie saßen stundenlang auf der Veranda, und meistens redete Goddard – er verriet die Ergebnisse seiner Experimente mit Verbrennungsräumen aus papierdünnem Duraluminium anstelle von Schamottesteinen und mit flüssigem Brennstoff anstelle von Sprengpulver. »Ich war außerordentlich beeindruckt von Goddard«, erinnerte sich Lindbergh Jahre später, »von seinen Leistungen, seinem Wissen und seinem Vertrauen in die Zukunft des Raketenfluges.« Als Lindbergh fragte, ob er es für möglich halte, eine Rakete zu bauen, die den Mond erreiche, sagte Goddard, ja, mit einem mehrstufigen Geschoß – er habe hierfür bereits das Patent. »Aber«, fügte Goddard mit einem Grinsen hinzu, das noch wildere Pläne andeutete, »das würde eine Million Dollar kosten.«

Mal abgesehen davon, fragte Lindbergh, was bräuchte er, um näher liegende Ziele zu erreichen? Vier Jahre lang jeweils 25 000 Dollar, antwortete Goddard, damit könnte er ein Labor einrichten und einen Abschußturm bauen, fern von krittelnden Nachbarn, einengenden Vorschriften oder schnüffelnden Journalisten. Dann könnte er in vier Jahren schaffen, wozu er sonst vielleicht ein Leben lang brauchen würde. Als der Tag und Esthers Schokoladenkuchen zur Neige ging, war Lindbergh entschlossen, ihm dieses Geld zu verschaffen.

Lindbergh hatte am 1. November 1929, gleich nachdem er von Goddards Arbeit gehört hatte, Henry Du Pont, einen der größten Chemikalien- und Sprengstoffabrikanten der Welt, sowie dessen wichtigste Manager, Ingenieure und Wissenschaftler in der Firmenzentrale der Du Pont Company in Wilmington, Delaware, besucht. Er stieß auf Skepsis, als er seine Ideen vortrug, wie Raketenkraft genutzt werden könnte. Ein paar Wochen nach seinem ersten Besuch bei Goddard vereinbarte Lindbergh ein weiteres Treffen in Wilmington, zusammen mit dem Physiker. Lindbergh war überzeugt, daß Du Pont locker 25 000 Dollar jährlich für weitere Forschungen auf einem, wie er fand, faszinierenden und noch wenig bekannten Gebiet zur Verfügung stellen konnte. Aber das Treffen war ein Reinfall, da Goddard vor Leuten, die mehr an Schießpulver interessiert waren, mit Einzelheiten über seine Flüssigbrennstoffraketen nicht so recht rausrücken wollte.

Nachdem Lindbergh Goddard mit nach Norden genommen hatte – es war dessen erster Flug –, entlockte er der *Carnegie Institution* 5000 Dollar und kam zu dem Schluß, Goddard werde die nötige Unterstützung wahrscheinlich eher von einem einzelnen Investor als von einer Institution bekommen. Er gedachte Daniel Guggenheim anzusprechen, zögerte aber, weil Guggenheims Sohn Harry einer seiner besten Freunde geworden war. Außerdem fand Lindbergh, Daniel Guggenheim habe für den Fortschritt der Wissenschaft »mehr als genug getan, als er fünf Millionen Dollar in einen philanthropischen Fonds zur Förderung der Luftfahrt gesteckt hatte«.

Enthüllungen über Raketenexperimente in Deutschland zerstreuten Lindberghs Bedenken rasch. Er besuchte Daniel Guggenheim, der damals Mitte Siebzig war, und als Guggenheim ihn fragte, ob die Raketen denn Zukunft hätten, erklärte er, das könne man nicht sicher wissen, »aber wenn wir uns über Flugzeuge und Propeller hinausentwickeln wollen, müssen wir uns wahrscheinlich der Raketentechnik zuwenden«. Befragt nach Professor Goddards Fähigkeiten und finanziellen Bedürfnissen, antwortete Lindbergh, »ich glaube, er versteht mehr von Raketen als jeder andere im Land«, und für seine Forschungen benötige er 100 000 Dollar. Guggenheim ließ sich überreden, daß die Forschung eine so große Investition wert war, und willigte ein, das Unternehmen zu unterstützen, unter der Bedingung, daß ein Beraterkommitee eingerichtet werden und Lindbergh ihm angehören müsse. Lindbergh benachrichtigte Goddard per Telefon und sagte, jetzt könne er anfangen, die Zukunft zu planen.

Mit dem Löwenanteil von Goddards erstem Zweijahresbudget wurden Maschinenschlosser und Assistenten bezahlt und eine Werkstatt gebaut. Sich selbst bewilligte Goddard ein Jahresgehalt von 5000 Dollar. Ein Meteorologe von der Clark University wies ihn auf ein Hochplateau in der kargen Südostecke von New Mexico hin, wo es wenig Nebel, wenig Wolken und milde Temperaturen gab. Im Sommer 1930, genau ein Jahr nachdem Lindbergh Goddards Namen zum erstenmal gehört hatte, richteten der Professor und seine Frau in der kleinen Stadt Roswell ein Haus und ein Labor ein. 20 Meilen weiter draußen baute Goddard mit seinem kleinen Team aus dem ehemaligen Gerüst einer Windmühle einen Raketenabschußturm aus verzinktem Eisenblech.

Die Presseerklärung bezüglich Daniel Guggenheims Schirmherrschaft war so nüchtern wie möglich formuliert, damit das Forschungsvorhaben nicht nach Hirngespinsten klang. »Eine Vervollkommnung von Professor Goddards Rakete«, so sagte die Erklärung, »bedeutet, daß Thermometer, Barometer, elektrische Meßgeräte, Luftfallen zum Sammeln von Luftproben und andere Instrumente in extreme Höhen geschickt werden können und mit den dringend benötigten Informationen zurückkommen.« Lindbergh wußte jedoch, daß Goddard den Grundstein für eine Mondrakete legen wollte.

Als die Wirtschaftskrise sogar das Vermögen der Guggenheims zu zerrütten begann, bröckelte auch der Fonds für Goddards Unterstützung, und das zwang den Physikprofessor zurück an die Clark University. Lindberghs hartnäckiges Nachhaken bewirkte jedoch, daß Guggenheim Goddard erneut volle Unterstützung zusagte und ihn nach New Mexico zurückkehren ließ. Innerhalb weniger Jahren katapultierte er 15-Fuß-Raketen mit einem Gewicht von 85 Pfund 7500 Fuß hoch in die Luft; sie waren kreiselgesteuert und wichen nur um zwei Grad von ihrem Kurs ab.

Um die Guggenheimsche Geldquelle am Fließen zu halten, flog Lindbergh seinen Freund Harry nach Roswell, wo sie einen Raketenstart miterleben wollten. Doch während ihres Besuches gab es bei zwei Raketen Fehlzündungen, und Goddard war »so beschämt wie ein Vater, dessen Kind sich vor aller Welt danebenbenimmt«. Lindberghs Begeisterung wußte indes Guggenheims Interesse weiterhin zu schüren. Er überredete sogar den geheimnistuerischen Goddard, einige seiner neuesten Ergebnisse zu veröffentlichen, und das veränderte nicht nur die Ansichten der Öffentlichkeit über Raketen, sondern – so schrieb G. Edward Pendray, einer der Gründer der *American Rocket Society* – »es lenkte plötzlich auch die Aufmerksamkeit von angesehenen Wissenschaftlern und Ingenieuren auf die Rakete als mögliches Instrument«, in große Höhen vorzustoßen.

Es ist schwierig zu sagen, wann die Flitterwochen der Lindberghs endeten, da eine Reise in die andere überging. Nie blieben sie länger als ein paar Tage an einem Ort. Anfangs gefiel Anne das Leben unterwegs. Sie tauschte ihre »Isolation durch eine konventionelle Erziehung« gegen seine »Isolation durch Ruhm, Bekanntheit und ständiges Reisen«, aber sie hatte nie das Gefühl, daß sie und ihr Mann die Grenzen zu jener Vertrautheit durchbrachen, die ihnen erlaubt hätte, das »wirkliche Leben« menschlicher Beziehungen kennenzulernen.

Da gab es die wenigen Tage, an denen sie wenigstens in das Haus von jemandem ziehen durften; aber sogar Familienbesuche waren mit beruflichen Pflichten verbunden. Was aussah wie eine Gesellschaftseinladung ins Weiße Haus, endete zum Beispiel damit, daß Lindbergh ins *National Advisory Committee for Aeronautics* berufen wurde. Ein Besuch in Cleveland bei Annes Großmutter wurde so gelegt, daß Charles bei den Cleveland Air Races als Mitglied des *Navy »High Hat« Aerobatic Teams* auftreten konnte. Bei diesen Flugwettkämpfen traf er auch das deutsche Fliegeras Ernst Udet und Jerry Vultee, einen Ingenieur von Lockheed, bei dem er einen Tiefdecker für künftige Inspektionsflüge bestellte.

Als sie bereits fünf Monate unterwegs waren, sorgte Anne für einen guten Grund, sich niederzulassen. »Seit einer Woche oder länger fühle ich mich sehr elend, dauernd ist mir schlecht, und ich muß mich übergeben«, schrieb sie Ende Oktober ihrer Mutter aus New York. Eine Woche später bestätigte der Arzt der Familie Morrow, daß Anne schwanger war. »Charles ist so lieb zu mir«, versicherte sie ihrer Mutter, »ich bin furchtbar froh, daß ich ihn habe.«

Sie reisten weniger in den nächsten Monaten, unterließen es aber nicht ganz. Noch immer waren sie das rastloseste Paar auf Erden, und jetzt versuchten sie auf ihren Flügen auch noch eine Wohnung zu finden. Das *Berkshire* auf der 52. Straße East in New York blieb ihr Stützpunkt auf der Suche nach einem ständigen Wohnort – einer Suche aus der Luft, die sie nach Long Island führte, in die Blue Ridge Berge in Virginia, die Alleghenies in Pennsylvania und ins nördliche Connecticut. Wie der Rest der Familie Morrow kehrten sie immer wieder zurück nach Next Day Hill. Auf Drängen der Republikanischen Partei gab Dwight Morrow seinen Botschafterposten in Mexiko auf und kandidierte für den Senat, eine Wahl, die er mit 200 000 Stimmen gewann. Seine Frau war überglücklich, daß sie nach New Jersey zurückkehrten, wo sie an der Spitze des gesellschaftlichen Lebens der ganzen Stadt stehen würden. Ihr Sohn, der sich noch von seinem Nervenzusammenbruch erholen mußte, sollte wieder zu ihnen ziehen. Auch Elisabeth, zwar oft erschöpft und ihrem chronischen Herzfehler auf Gedeih und Verderb ausgeliefert, kam zurück nach Englewood und eröffnete dort mit einer Freundin »The Little School«, einen fortschrittlichen Kindergarten für Zwei- und Dreijährige.

In den ersten, von Übelkeit gezeichneten Monaten ihrer Schwangerschaft war Anne froh, daß sie in Next Day Hill wohnen konnte, und dankbar für den Luxus, wenn ihr das Personal das Frühstück ans Bett brachte und sie Nachmittage lang lesen und durch den Park spazieren konnte. Charles schätzte wegen seiner beruflichen Pflichten die Nähe zu New York, aber er fühlte sich in der Pracht des Morrowschen Anwesens nie richtig wohl. Anfang 1930 meldete die *Lockhead Company,* das Flugzeug, das er bei den Cleveland Air Races bestellt habe, sei fast fertig, und nach einem Monat unter dem Dach seiner Schwiegereltern brach er nur zu gern nach Los Angeles auf. Erstaunlicherweise kam Anne mit.

Die Lindberghs verbrachten die ersten Monate des neues Jahres an der Westküste; das Haus der Maddux' in Los Angeles nutzten sie als Stützpunkt. Sie besuchten Will Rogers und seine Familie auf dessen Ranch in Pacific Palisades. Und im April zahlte Lindbergh 18 000 Dollar und nahm seinen Tiefdecker in Empfang.

Gemäß Lindberghs Ausführungen war das Flugzeug in Technik und Komfort auf dem neuesten Stand. Er hatte ein Tandemcockpit bestellt, das nach beiden Seiten ungehinderte Sicht gewährte, und der schmale Rumpf erlaubte im Notfall die ungehinderte Benutzung von Fallschirmen. Ein noch nicht patentiertes Schiebedach aus erstarrtem Fischleim, entworfen von Lindbergh und Vultee, schützte die beiden Pilotensitze – das erste seines Typs in einem Flugzeug. Die Maschine hatte Doppelsteuerung, man konnte von beiden Sitzen aus fliegen, navigieren und fotografieren. Es gab auch einen kleinen Generator an Bord, so daß ihre neuen, elektrisch aufheizbaren Fliegeranzüge Strom bekamen. Lindbergh testete die Lockheed

Sirius ein paar Tage und verkündete dann, sie sei bereit für einen transkontinentalen Flug.

Am Ostersonntag, dem 20. April 1930, kletterte Lindbergh bei Sonnenaufgang in das vordere Cockpit der Sirius und ließ den 450 PS starken Pratt-&-Whitney-Motor warmlaufen. Seine Frau – im siebten Monat – setzte sich hinter ihn, und richtete ihre Navigationsinstrumente her. Die meisten Leute nahmen an, Lindbergh werde die Qualität seines Flugzeugs dadurch unter Beweis stellen wollen, daß er die Tanks bis zum Rand füllte und niedrig und langsam über Land flog. Statt dessen plante er heimlich, unterwegs einmal zwischenzulanden und aufzutanken – dann brauchte er weniger Treibstoff einzufüllen und konnte die ganze Strecke mit Höchstgeschwindigkeit über der Wetterzone fliegen. »C. meint (vernünftigerweise)«, schrieb Anne ihrer Mutter, »daß es bei einem solchen Flug nicht darauf ankommt, nonstop zu fliegen, sondern nur, wie schnell man das Land überquert.« Die Lindberghs verließen Los Angeles, landeten in Wichita und flogen mit Vollgas weiter nach Osten, oft in einer Höhe von 14 000 Fuß, immer auf der Suche nach den günstigsten Winden. Nach 14 Stunden, 45 Minuten und 32 Sekunden landeten sie in New York und hatten damit den Geschwindigkeitsrekord für Transkontinentalflüge um drei Stunden unterboten.

In Roosevelt Field erwarteten sie schon die Reporter. Als das Flugzeug stehenblieb, war es jedoch der schwangeren Anne so übel – von der Höhe, den Abgasen und einem Tag voller Lärm und Vibration –, daß sie das Flugzeug nicht verlassen konnte. Obwohl ihr seit vier Stunden der Kopf dröhnte, hatte Anne den Schmerz schweigend ertragen, um den Rekord nicht zu gefährden. Charles trat allein vor die Presse und vertrat seine an Bord gebliebene Frau so gut wie möglich. Die Reporter zerstreuten sich, aber dennoch erspähte jemand, wie man ihr aus dem Flugzeug und in ein Auto half, aschfahl bis auf die roten, verweinten Augen. Einige Zeitungen schrieben, sie hätte einen Nervenzusammenbruch gehabt.

Die Lindberghs zogen sich nach Next Day Hill zurück. Annes Abgeschiedenheit erzeugte weitere gräßliche Zeitungsenten. Eines Tages im Mai ging sie ans Telefon, und da fragte ein Reporter der *London Daily News*, was an dem in New York weitverbreiteten Gerücht Wahres sei, daß nämlich der »Erbe« im April geboren und ihm etwas zugestoßen sei. Anne spielte die Sekretärin und erwiderte ruhig, sie dürfe keine Auskünfte geben. Vor dem Tor der Morrows lauerte ein Heer von Reportern und Fotografen. »Ihre Zudringlichkeit wurde so widerlich«, äußerte Lindbergh später, »daß wir Tag und Nacht Wachposten aufstellen mußten.«

Charles und Anne verhängten eine möglichst lange Nachrichtensperre. Da auch Telefonistinnen und Telegrafenbeamte nicht gegen Bestechung gefeit waren – Lindbergh hatte gehört, es seien kürzlich 2000 Dollar für »jedes Geheimnis aus dem Haus« geboten worden –, wollte Charles seiner

Mutter eine verschlüsselte Botschaft kabeln, wenn das Baby kam. »RATE ZUM KAUF DES ANWESENS«, wenn es ein Junge war, und »RATE DIE VER-TRAGSBEDINGUNGEN ANZUNEHMEN« bei einem Mädchen. Charles wollte die Nachricht unter dem Namen eines Vorfahren schicken, »Reuben Lloyd«.

Next Day Hill wurde praktisch zum Sanatorium, nicht zuletzt wegen der Ärzte für Dwight jr. und Elisabeth, die vor Aufregung über die Eröff-nung ihrer »Kleinen Schule« einen leichten Herzschlag erlitten hatte. Für Anne wurden ein Entbindungsraum und ein Kinderzimmer eingerichtet, und Charles verstärkte seine Suche nach einem eigenen Zuhause und kon-zentrierte sich jetzt auf New Jersey.

»ANWESEN KAUFEN!« telegrafierte »Reuben Lloyd« am 22. Juni 1930, Annes 24. Geburtstag, an Evangeline Lindbergh. Eine Krankenschwester und drei Ärzte waren bei der Geburt dabeigewesen. Charles stand während der elfstündigen Wehen neben seiner Frau und hielt ihr die eine Hand, Betty Morrow die andere. Als die Schmerzen unerträglich wurden, bekam sie eine Vollnarkose. Anne freute sich um Charles' willen, daß sie einen Sohn geboren hatte, auch wenn er behauptete, für ihn sei das Geschlecht des Kindes belanglos. Als sie das gesunde, knapp sieben Pfund schwere Neugeborene zum erstenmal sah, dachte sie: »Meine Güte, es sieht aus wie ich, schwarze Haare und das ganze Gesicht eine einzige Nase.« Dann erkannte sie Charles' Mund und das »unverkennbare« Grübchen im Kinn und schlief glücklich ein.

Lindbergh und seine Schwiegereltern konnten sich nicht einigen, ob man die Neuigkeit bekanntgeben solle. Schließlich überredete ihn der di-plomatische Dwight Morrow zu einer knappen, förmlichen Erklärung, und Lindbergh schrieb eine kurze Notiz für Arthur Springer, Morrows Sekre-tär, die dieser den Nachrichtenagenturen vorlesen durfte. »Hier spricht Mr. Springer aus dem Haus von Botschafter Morrow«, sollte er sagen. »Heute wurde Mr. und Mrs. Lindbergh ein Sohn geboren. Dies zu ihrer In-formation. Mr. und Mrs. Lindbergh verschicken keine Geburtsanzeige.«

Aus aller Welt trafen Ströme von Telegrammen, Briefen, Blumen, Ge-schenken, Gedichten und Liedern ein – meist von wildfremden Men-schen. In ihrer verzweifelten Gier nach Informationen und einem Bild des Kindes wußte die Presse genau, wie sie die widerspenstigen Eltern aus-räuchern konnte: Geschichten tauchten auf, das Kind sei mißgebildet oder, schlimmer noch, sei eine Totgeburt gewesen. In Next Day Hill gin-gen alle in einem Zustand der Angst umher, jeder verdächtigte jeden, etwas an die Zeitungen zu verkaufen.

Endlich veranstaltete Lindbergh eine offizielle Pressekonferenz in New York. Dabei schloß er fünf Zeitungen aus, auch die von Hearst, wegen ihrer »menschenverachtenden« journalistischen Praktiken. Ein Polizist mußte erst einen Reporter aus dem Saal werfen, ehe Lindbergh Einzelheiten über das Baby mitteilte, das Charles Augustus Lindbergh jr. heißen sollte. Als er gefragt wurde, welche berufliche Laufbahn er sich für seinen Sohn wünsche, erwiderte er: »Ich will nicht, daß er etwas wird oder tut, wozu er keine Lust oder kein Talent hat. Ich glaube, daß jeder Mensch bei der Wahl seines Berufslebens völlig freie Hand haben sollte. Nur eines hoffe ich für ihn: Wenn er alt genug ist, um zur Schule zu gehen, soll kein Reporter ihm hinterherschnüffeln.«

Lindbergh verteilte ein Foto seines Sohnes, das er selbst aufgenommen hatte. Er wies die »konstruktive Presse« an, die Vergrößerungen urheberrechtlich zu schützen und bat sie, das Foto nicht an die fünf Zeitungen weiterzugeben, die er ausgeschlossen hatte. Doch innerhalb eines Tages hatten sämtliche Zeitungen auf der Welt eine Kopie des Bildes, auch die fünf auf der schwarzen Liste. Eine von ihnen klaute es bei *Associated Press*. Als ein Journalist Lindbergh darauf hinwies, erwiderte dieser, das sei ihm nicht so wichtig wie die Tatsache, daß er selbst die Zusammenarbeit mit ihnen verweigert habe. »Mir geht es eher ums Prinzip«, erklärte er.

Zum erstenmal, seit Lindbergh berühmt geworden war, reagierte die Presse negativ. Die Massen verehrten ihn noch immer wie einen Gott, aber so mancher Zeitungsschreiber, der meinte, diesen Helden mitgeschaffen zu haben, fühlte sich jetzt schändlich im Stich gelassen.

Viele Menschen, die die Härten der Wirtschaftskrise zu spüren bekamen, fanden nicht, daß das Lindbergh-Baby besondere Aufmerksamkeit verdiente. Leserbriefe spiegelten die veränderte Haltung angesichts der zerrütteten Wirtschaft. »Wie lange noch müssen Ihre Leser Bilder von der Familie Lindbergh anschauen?« fragte er, der mit »Angeekelt« unterzeichnete. »Nicht genug, daß Sie Lindbergh jeden Tag reinschieben, jetzt muß auch noch sein Kind auf den Titelseiten stehen!« Ein anderer Leser pflichtete dem bei: »Das Gör ist auch nicht besser als das von einem Hafenarbeiter, und taugt vielleicht weniger als manches andere.« Auch die Briefe an die Lindberghs spiegelten die schweren Zeiten. Was einst Autogrammwünsche waren, wurde jetzt zu Bitten um Geld. Mehr als 200 junge Eltern baten um die abgelegten Kleider des Kindes.

In diesem Sommer entdeckte Lindbergh 425 Acres Land, die zum Verkauf standen – zehn Meilen nördlich von Princeton, New Jersey, in den Sourland Mountains. Benannt wahrscheinlich nach dem kalkarmen Boden, zog sich dieser Bergrücken durch mehrere Bezirke und trennte den Hauptteil des Grundstücks im Bezirk Hunterdon vom Vorgarten im Bezirk Mercer. Die Kuppe lag 500 Fuß über dem Meeresspiegel, eine der höchsten Stellen in diesem Staat; sie hatte einen eigenen Bach, ein paar offene Felder und alte Eichenwälder. Diese Ecke von New Jersey war »praktisch nur auf dem Luftweg zugänglich«, meldete eine Nachrichtenagentur, und selbst für Ortsansässige war sie schwer zu finden. Die Stadt

Hopewell lag knapp drei Meilen entfernt, sonst war die Gegend unbewohnt bis auf ein paar arme Farmer. Innerhalb weniger Wochen hatten die Lindberghs das Gelände gekauft und angeordnet, ein Viertel des Landes zu roden und für einen Flugplatz einzuebnen. Sie beauftragten Chester Aldrich, den Architekten von Next Day Hill, ein Haus zu entwerfen.

Da bis zu dessen Fertigstellung noch ein Jahr vergehen würde, mieteten die Lindberghs ein altes, zwischen ihrem neuen Anwesen und Princeton gelegenes Bauernhaus mit 90 Acres Grund. Nach New York brauchte man mit dem Zug eine Stunde, mit dem Auto zwei. Weißgestrichen mit grünen Fensterläden, lag das dreigeschossige Haus mit seinen acht Zimmern hinter einem weißen Palisadenzaun an der Rosedale Road. Es wurde möbliert vermietet, und eines der Felder war groß genug, um den Bird-Doppeldecker mit den blauen Tragflächen, in dem Charles Anne noch immer Flugunterricht gab, dort aufzusetzen. Ein Butler, eine Köchin und ein Kindermädchen zogen mit ein; aber sie aßen ihre Mahlzeiten »nach Bauernart« und ließen sich nicht bedienen, genau wie es Charles als Kind erlebt hatte. »Unser eigenes Zuhause, stell dir vor!« schrieb Anne überschwenglich an ihre Schwiegermutter.

Anne gewöhnte sich daran, Mutter zu sein, aber die mütterlichen Gefühle stellten sich nicht von selbst ein. Sie las die neuesten Bücher über Kindererziehung, die trotz ihrer modernen psychologischen Theorien noch immer eine viktorianische Haltung einnahmen und es mißbilligten, wenn man Gefühle zeigte. Lindbergh fühlte sich offensichtlich zu unbehaglich mit dem Baby, um den körperlichen Kontakt zu suchen. Gegen Jahresende bekam das Kind goldene Locken und lernte die Ärmchen auszustrecken, wenn es hochgehoben werden wollte. Endlich gab Lindbergh nach und ließ ihn »zur Decke fliegen«, was »Little Charlie« zum Lachen brachte. Die Lindberghs gingen weiterhin fast jeden Abend aus und ließen das Kind in der Obhut der Dienstboten. Charles kam nie in die Nähe des Kinderzimmers.

Im Februar 1931 stellten die Lindberghs ein neues Kindermädchen ein, Betty Gow, so alt wie Anne, klug und verantwortungsbewußt. Sie zog zusammen mit Elsie und Aloysius »Olly« Whateley, dem englischen Ehepaar, bei Lindberghs ein. Annes einzige Sorge bezüglich ihres Personals war dessen Unerfahrenheit mit der Presse. »Keiner von ihnen ist schon lange hier«, schrieb sie an Charles' Mutter, »und sie sind mit vielen Bräuchen in den Staaten noch nicht recht vertraut. Mit dem Kind ist es nicht so wie mit anderen Kindern. Ich denke an Notsituationen, die entstehen können, weil uns jeder kennt. Das Haus liegt ziemlich ungeschützt. Das Baby schläft draußen. Wenn es nicht jede Sekunde bewacht wird, kann jeder daherspazieren und es fotografieren usw.«

Anne machte sich Sorgen, daß jeder Zeitungsleser das Tun und Treiben ihrer Familie verfolgen konnte. Ihre Schwester Constance war bereits das

Ziel eines mißlungenen Entführungsversuches in der Schule geworden; eine verrückte Frau war schon an ihre Tür gekommen und hatte behauptet, sie müsse das Baby sehen, es sei eine Frage »auf Leben und Tod«. Und eine andere hatte obszöne Briefe geschrieben, wurde aber schließlich von Postbeamten in New York gestellt. Ständige Gerüchte, die Lindberghs seien irgendwo abgestürzt, hielten die Fotografen die ganze Zeit einsatzbereit, um das erste Bild von dem »potentiellen Waisenkind« aufzunehmen. Noch vor Frühlingsbeginn wurde der Grundstein zu dem neuen, abgelegeneren Haus gelegt. Nachmittage lang fällte Charles dort Bäume, wo das Haus gebaut werden sollte.

Bis es fertig war, fühlte sich Anne am wohlsten in Next Day Hill. Aber selbst da drangen Legionen von Neugierigen in ihr Privatleben ein. Eines Tages raste ein Wagen in den vorderen Hof und überfuhr in der Eile Annes weißen Westhighlandterrier Daffin. Dann jagten die Schaulustigen mit quietschenden Reifen davon und ließen den heulenden Hund sterbend zurück.

Nicht nur die Belastungen durch den Ruhm – die Allgegenwart der Medien und Massen – trieben Lindbergh zu Beschäftigungen hinter verschlossenen Türen. Indirekt hatte seine Ehe damit zu tun, daß die Luftfahrt »vom ersten auf den zweiten Platz rückte«, sodann die Tatsache, daß er sich auf eine geistige Reise in das Gebiet der Biologie begab. Tatsächlich wäre Lindbergh in seiner Jugend gern Arzt geworden, so wie seine Vorfahren, die Lodges und Lands. »Aber es hieß«, schrieb Lindbergh später, »als Arzt müsse man Latein können. Meine erste Berührung mit Latein an der High-School machte mir jedoch klar, daß die Erfordernisse der Medizin jenseits meiner geistigen Wünsche und Fähigkeiten lagen.«

1928 war sein Interesse an der Biologie soweit gewachsen, daß er sich Lehrbücher kaufte. »Damals beschloß ich«, erinnerte er sich später, »meine Tätigkeit in der Luftfahrt soweit einzuschränken, daß mir in einem vernünftigen Maß Zeit blieb, um mich dem Studium der Biologie zu widmen.« 1929 kaufte er ein gutes Mikroskop und plante, sich ein Labor einzurichten, falls er sich jemals niederlassen sollte. Als er verheiratet war, blieb ihm der sich ständig verschlechternde Gesundheitszustand seiner Schwägerin Elisabeth natürlich nicht verborgen. Er erhielt sogar die Erlaubnis des Präsidenten von Princeton, in den Labors der Universität nach Antworten auf seine Fragen zu suchen.

Eines Tages erkundigte sich Lindbergh bei Elisabeths Arzt, warum man ihr schwaches Herz nicht operieren könne. Der Arzt erwiderte, man könne das Organ nicht lange genug stillegen, um die Operation durchzuführen. Lindbergh fragte, warum man nicht eine mechanische Pumpe benutzte, mit deren Hilfe der Blutkreislauf während einer Operation aufrecht erhalten werden konnte, und war »höchst erstaunt«, daß ein angesehener Arzt darauf keine Antwort wußte. »Ich hatte keine Ahnung von den damit verknüpften chirurgischen Problemen«, erinnerte sich Lindbergh, »mir schien es ganz einfach, eine mechanische Pumpe zu bauen, die das Blut für die kurze Zeit, die man für eine Operation brauchte, durch den Körper zirkulieren ließ.« Die Möglichkeit eines solchen »künstlichen Herzens« warf eine Reihe neuer Fragen auf: »Konnte nicht ein Teil des Körpers, zum Beispiel ein Arm oder sogar ein Kopf, unbegrenzt am Leben erhalten werden, wenn er an einem mechanischen Herzen angeschlossen war? Warum sollte ein mechanisches Herz nicht für gewisse Eingriffe von Nutzen sein?«

Auch Dr. Paluel Flagg, Annes Anästhesist, konnte Lindberghs Fragen nicht beantworten; er kannte aber einen Mann im *Rockefeller Institute of Medical Research*, der dazu in der Lage war. Am 28. November 1928 besuchten Charles Lindbergh und Dr. Flagg in dem imposanten Gebäudekomplex, der auf einem eigenen Vorgebirge zwischen der Avenue A (York Avenue) und dem East River lag, den legendären Dr. Carrel, vielleicht nicht die brillanteste Gestalt des Instituts, aber bestimmt seine umstrittenste.

Alexis Carrel war 1873 in Lyon geboren worden. Als Enkel eines Leinwandhändlers erlernte er schon als Kind die feinste Stickerei. Er absolvierte die dortige Universität mit 17, schrieb sich anschließend an der medizinischen Fakultät ein und entpuppte sich als geistig und manuell außergewöhnlich begabt. Er übte das Nähen mit Nadel und Faden auf Papier, bis er Stiche machen konnte, die man auf beiden Seiten nicht sah. Mit 20 veröffentlichte er seine erste Schrift über Gefäßchirurgie, damals eine maßgebliche Abhandlung. Oft vertrat er mystische Sehweisen, die ihn seinen Kollegen entfremdeten. Der temperamentvolle, energische kleine Arzt mit dem durchdringenden Blick wanderte nach Montreal aus, wo er eine umstrittene Abhandlung über die Anastomose (Querverbindung) der Blutgefäße veröffentlichte. 1905 verband er die Niere eines jungen Hundes mit der Halsschlagader eines erwachsenen Hundes und beobachtete die Funktion der Niere mehrere Stunden lang.

Carrels Arbeit weckte die Aufmerksamkeit von Amerikas Medizinern, darunter auch die von Simon Flexner, dem Mitbegründer und Leiter des *Rockefeller Institute*. Der brillante Jude aus Louisville, Kentucky, der nur eine sporadische akademische Ausbildung genossen hatte, erfaßte sofort die Bedeutung eines so unorthodoxen Geistes wie Carrel für eine Einrichtung, der an Quantensprüngen in der medizinischen Forschung gelegen war. Carrel wurde 1906 Mitglied der Einrichtung und einer der ersten Bewohner des neuen Hauptgebäudes. Carrel entwarf eine eigene, sehr scharfe, gekrümmte Nadel, bestrich sie und den Faden mit Vaseline, die sich in den Einstichlöchern abrieb, und entwickelte damit eine neue Methode der Blutgefäßanastomose, die zu einem standardisierten Operationsverfahren wurde. Für seine Arbeit beim Vernähen von Blutgefäßen und Verpflanzen von Organen erhielt er 1923 den ersten Nobelpreis für Medizin.

Als frommer Katholik ging Carrel jedes wissenschaftliche Problem von außen und innen an, war gleichzeitig Metaphysiker und Arzt. Durch seinen ganzheitlichen Ansatz brachte er die Bausteine des Kosmos mit der menschlichen Seele in Verbindung und dachte bei seinen Versuchen, das Menschenleben zu bereichern, stets an das Gleichgewicht zwischen Vererbung und Umwelt. »Der menschliche Körper liegt auf der Skala der Größenordnungen auf halber Strecke zwischen den Atomen und den Sternen«, schrieb Carrel. »Im Vergleich zu einem Elektron ist der Mensch riesig, wenn man ihn aber in Beziehung zu einem Berg setzt, ... ist er winzig.« Erbschäden und die Anpassung des Menschen an seine Umwelt faszinierten ihn und brachten ihn dazu, zahllose Theorien zu ersinnen. Eine handelte davon, wie gefährlich sich übermäßig viel Licht auf den Menschen auswirke. Um dies zu verdeutlichen, schrieb er: »Wir dürfen nicht vergessen, daß die am höchsten entwickelten Rassen, zum Beispiel die Skandinavier, weiß sind und seit Generationen in Ländern leben, wo es die meiste Zeit des Jahres an atmosphärischer Helligkeit fehlt. In Frankreich sind die Menschen im Norden denen von der Mittelmeerküste weit überlegen.«

Seine Arbeit im Labor war ebenso bemerkenswert wie viele seiner Behauptungen. Während er in Lyon Wundheilung studierte, zog er die Möglichkeit in Betracht, verletztes Gewebe zu heilen und wiederaufzubauen, indem er das kranke Gewebe entfernte, in einem anderen Medium erfolgreich weiterwachsen ließ und dann dieses neue Gewebe anstelle des verletzten wieder einpflanzte. Zu diesem Zweck entfernte er am 17. Januar 1912 ein winziges Stückchen Herzmuskel von einem Hühnerembryo und legte es in einer zugestöpselten Hartglasflasche, die er selbst entworfen hatte, in frische Nährlösung. Alle 48 Stunden nahm er das Gewebe heraus; nach dieser Zeit hatte es seine Größe verdoppelt und mußte zurechtgestutzt werden, ehe es in eine neue Flasche kam. Nach 20 Jahren – länger als die durchschnittliche Lebensdauer eines Huhnes – wuchs das Gewebe noch immer. An jedem 17. Januar feierten die Ärzte und Schwestern des *Rockefeller Institute* mit Carrel und sangen dem Hühnchengewebe »Happy Birthday« vor.

1913 heiratete Carrel bei einem Besuch in Frankreich Anne de la Motte, die Witwe eines Marquis. Es hieß, sie sei mit mystischen Kräften begabt und die Verbindung zwischen den beiden rein spirituell und kinderlos gewesen. Als im folgenden Jahr der Krieg ausbrach, trat Carrel ins Sanitätscorps der französischen Armee ein und wurde Major. Zusammen mit dem Chemiker Henry D. Dakin entwickelte er die Carrel-Dakinsche Methode eines keimtötenden Bades für infizierte Wunden, die ihm das Kreuz der

Ehrenlegion einbrachte. Nach dem Waffenstillstand kehrte Carrel ans *Rockefeller Institute* zurück und ließ seine Frau in Frankreich monatelang allein. In den zwanziger Jahren versuchte er nicht mehr nur Kulturen von Gewebeteilen anzulegen, sondern von ganzen Organen.

Dr. Flagg hätte keinen besseren Zeitpunkt wählen können, um Charles Lindbergh und Dr. Carrel miteinander bekanntzumachen. An einem der langen Tische im Speisesaal des Instituts wurde Flagg Zeuge, wie der Arzt und der Flieger, beide füreinander eingenommen, spontan Freunde wurden. Carrel glaubte an die psychologische Bedeutung von Helden, da sie in der »optimalen Entwicklung der Starken« eine förderliche Rolle spielten. In Dr. Carrel fand der Held einen Helden – dem ersten seit seinem Vater –, und Carrel fand einen Sohn. Lindbergh erkannte sofort, daß er mit einem Renaissancemenschen zusammensaß, der sich nicht nur der Aufklärung, sondern auch dem Okkulten verschrieben hatte, einem Gelehrten, der an die Existenz unbekannter Kräfte glaubte. »Carrels Geist«, stellte Lindbergh später fest, »raste mit Lichtgeschwindigkeit zwischen der logischen Welt der Wissenschaft und der mystischen Welt Gottes hin und her.«

Carrel hörte sich Lindberghs Fragen an. Geduldig erklärte er, daß eine mechanische Pumpe für die Blutzirkulation nicht verwendet werden konnte, wenn Elisabeth Morrow operiert werden sollte, weil »Blut beim Kontakt mit Glas oder Metall gleich gerinnen würde... und seine empfindlichen Zellen der Belastung durch die mechanischen Klappen nicht gewachsen wären.«

Nach dem Lunch führte Carrel Lindbergh und Flagg durch die Labors der Abteilung Experimentielle Chirurgie in den beiden obersten Geschossen des Hauptgebäudes. Er erklärte, er habe vor Jahren mit der Verpflanzung von Gliedern und Organen experimentiert, und zeigte Lindbergh Fotos und Proben von dieser Arbeit, wo die Übertragung immer mißlungen war. In keinem einzigen Fall war eine Transplantation von einem Lebewesen auf ein anderes erfolgreich verlaufen. Während sie zu dritt durch die Labors gingen, merkte Dr. Flagg, daß die Wissenschaftler ihre Arbeit unterbrachen und sich in »schweigender Ehrerbietung« vor ihrem Ehrengast erhoben.

Schließlich fragte Lindbergh, ob ganze Organe außerhalb des Körpers am Leben erhalten werden könnten, so wie das Teilchen aus dem Hühnerherzen weiter lebendig pulsierte. Das war nun genau eine der Fragen, mit denen Carrel selbst immer gerungen hatte, und er öffnete ein Schränkchen und zeigte ihm einen Apparat, der vor einigen Jahren in seinem Labor konstruiert worden war. Es war eine Perfusionspumpe, die Nährlösung über Gewebekulturen spülen sollte, um sie am Leben zu erhalten. Während Lindbergh sie ansah, schüttelte Carrel den Kopf. »Infektion«, sagte er, »immer gibt es eine Infektion.« Er habe gehofft, mit isolierten lebenden Organen experimentieren zu können, aber niemand sei fähig gewesen, eine brauchbare Pumpe zu bauen, die nicht zu Infektionen führte.

Lindbergh inspizierte diesen zerbrechlichen, verwickelten Apparat aus Glasröhren, elektrischen Drähten, Magnetspulen und Klappen nur kurz. Er war dermaßen primitiv konstruiert, daß ihn das Gefühl beschlich, das könne er besser. Gut, meinte Carrel, wenn Lindbergh eine neue Pumpe bauen wolle, bekomme er ungehindert Zutritt zu all seinen Einrichtungen. Dieses Angebot war unwiderstehlich. »Hier bot sich die Möglichkeit, mit einem großen Chirurgen und Biologen zusammenzuarbeiten, einem Mann, der von Ideen und philosophischen Begriffen nur so strotzte«, schrieb Lindbergh später über diese Gelegenheit, »in Labors, die weit besser ausgestattet waren, als ich sie mir in meinem Haus in New Jersey auch nur hätte erträumen können.« Zudem konnte er hier seiner Arbeit in aller Stille nachgehen.

Lindbergh entwarf noch in dieser Nacht eine Hartglasperfusionspumpe. Es war ein einfacher Entwurf, und Carrel gab ihn an Otto Hopf weiter, einen äußerst fähigen Glasbläser mit einer Werkstatt im Untergeschoß des Instituts. Carrel begann mit dieser Pumpe zu experimentieren, indem er ein Stück Halsschlagader von einer Katze in die Petrischalen-Organkammer einsetzte. »Zum erstenmal in der Geschichte der experimentellen Perfusion«, erinnerte sich Lindbergh stolz, »waren wir in der Lage, eine Entzündung zu verhindern.« Erfolgreich durchspülten sie eine Gewebeprobe einen Monat lang. Als jedoch ganze Organe durchströmt werden sollten, stellten sie fest, daß der Druck zu gering war, und als die Organe an die Kanülen angeschlossen wurden, kam es zu einer Infektion.

Lindbergh verbrachte viele Wochen in Carrels Labor. Er nutzte die zweistündige Fahrt über die Straßen von New Jersey und durch den Hollandtunnel für »Meditationen auf bewußter und unbewußter Ebene«, um wieder und wieder nachzudenken und zu entwerfen. Wenn er nicht genug Zeit hatte, um in die Stadt zu fahren, arbeitete er in einem der Labors in Princeton. (Er lehnte zwar weiterhin Preise und akademische Ehren ab, akzeptierte aber, daß ihn die Universität Princeton am 16. Juni ehrenhalber zum Magister der naturwissenschaftlichen Fakultät ernannte, für seine »Führungsrolle bei der Eroberung der Luft«. Zwischen den Inspektionsflügen und Besprechungen für die Fluggesellschaften arbeitete er oft bis weit nach Mitternacht mit Mikroskop und Lehrbüchern, baute einen Apparat nach dem anderen, die er allerdings alle verwarf. »Ich erfuhr von den Gefahren der Infektion, der Empfindlichkeit des Blutes, den komplizierten Eigenschaften des lebendigen Gewebes und den Erbanlagen in den Zellen.« Selbstvergessen beobachtete er durch das Mikroskop die langsamen Bewegungen lebender Zellen – »besonders nachdem ich Flaschen entworfen und gebaut hatte, wo die Gewebeteile in Quarzsand gebettet lagen, durch den eine Nährlösung floß. Das ermöglichte es einzelnen Zellen, zu wandern oder Gruppenstrukturen zu bilden.« Eines Nachts untersuchte er sein eigenes Sperma.

Carrel unterzog jeden von Lindbergh entworfenen Apparat einem Test. Der Schützling fand bei seinem Mentor »unermüdliche Bereitschaft, die chirurgischen Verfahrensweisen den Erfordernissen meiner sich ständig verändernden Apparate anzupassen. Gleichgültig, wie oft sich eine Infektion bildete oder die Mechanik versagte, er war bereit, es noch einmal mit einer anderen Methode zu probieren.« Carrel war seinerseits beeindruckt von Lindberghs Fleiß und Erfindungsgabe und staunte, wie dieser ungeschulte Geist nach einer so hochkomplizierten Disziplin griff. »Liebe Freunde«, sagte Carrel eines Abends augenzwinkernd zu seinen Gästen, »von diesem jungen Mann wird die Welt noch einmal hören!«

Lindbergh fand Carrel selbst »noch faszinierender« als jedes Projekt in der Abteilung für Experimentelle Chirurgie. »Seine Vielseitigkeit und sein Scharfsinn kannten keine Grenzen«, erinnerte sich Lindbergh. Er freute sich immer darauf, wegen der anregenden Gespräche an Carrels Tisch im großen Speisesaal zu sitzen. »An einem Tag erörterte er vielleicht die Zukunft der Organperfusion«, schrieb Lindbergh, »am nächsten sprach er mit einem Tierbändiger über die Intelligenz von Hunden und Affen und über die Schwierigkeit, einem Kamel das Rückwärtsgehen beizubringen.« Ein andermal gab er beim Lunch seiner Sorge Ausdruck, wie sich das Weißbrot auf die französischen Bauern und die Zivilisation überhaupt auf unsere menschliche Gattung auswirkte. »Niemand macht sich klar«, sagte er, »wie viele Erbschäden der moderne Mensch hat.« Man wußte nie, ob Carrel in eine seiner Tiraden verfiel – dann schimpfte er, alle Chirurgen seien Metzger und alle Menschen Dummköpfe –, oder ob er sich ruhig zurückzog, um zu schreiben und Sätze zu formulieren wie diesen: »Wir müssen uns von dem blinden Glauben an die Technik befreien und die Vielfalt und den Reichtum unserer eigenen Natur begreifen lernen.« Als Lindbergh einmal von der Arbeit aufblickte, sah er Carrel mit Albert Einstein in den Raum kommen. Sie sprachen gerade über außersinnliche Wahrnehmung.

Lindbergh merkte, daß sich Carrel mit seiner unverblümten Taktlosigkeit viele Feinde schuf. Aber er fand in diesem 57jährigen Arzt auch Wesenszüge, die die Liebe derer weckten, die ihn gut kannten. Niemand hat das Denken des erwachsenen Charles Lindbergh stärker beeinflußt als Alexis Carrel. Ihre Beziehung vertiefte sich im Lauf des nächsten Jahrzehnts, und Lindbergh kam am Ende seines Lebens zu dem Schluß, daß Carrel »der anregendste Geist gewesen ist, den ich gekannt habe«. Und so kam es, daß sich in der Erinnerung an den Winter 1930/31 in Lindberghs Kopf allmählich ein Gegengewicht zu dem Interesse an Flugzeugen bildete, nämlich »das Interesse an den Körpern, die sie konstruierten und flogen«.

In den drei Jahren seit Lindberghs Flug nach Paris waren Pilotenteams von Nordkalifornien nach Honolulu geflogen, zu den Fidschiinseln und nach Brisbane. Konteradmiral Byrd und Pilot Bernt Balchen flogen über den Südpol, die Franzosen Coste und Bellonte schafften den ersten erfolgreichen Flug von Paris nach New York, und ein anderes Team flog von Neufundland nach Tokio, mit Zwischenlandungen in Europa und Asien. Als Lindbergh zum erstenmal die normale Routine des Pendelns zwischen zu Hause und Arbeitsstätte erlebte, da reizte es ihn, noch einmal selbst eine große Expedition zu machen. Ehe er allzu fest an seine neue Arbeit gefesselt war und Anne allzusehr an dem Kind hing, wollte Charles eine Reise machen, die ihn und seine Frau über die nördlichsten Bereiche des Pazifiks bis Japan führen sollte.

Er hatte sein neus Lockheed-Flugzeug zu einem Wasserflugzeug umbauen lassen. Für 4000 Dollar bestellte er zwei Schwimmer aus Duraluminium, jeweils mit einem Tank für 150 Gallonen und ließ sie an die Stelle des Fahrwerks montieren. Da wegen des größeren Gewichts mehr Kraft nötig war, bat er die *Wright Aeronautical Corporation* um den neuen, 575 PS starken *Cyclone*-Motor und einen wirkungsvolleren Propeller. Zum erstenmal baute Lindbergh auch ein leichtes Langwellenradio ein, das die Kommunikationsabteilung von *Pan American Airways* konstruiert hatte. Anne, die gerade den Flugschein gemacht hatte, sollte den Funker spielen.

Von Mai bis Juli 1930 bereiteten sich die Lindberghs auf die Reise vor; Anne regelte Haushaltsfragen, und er legte die Einzelheiten für den Flug fest. Fasziniert sah Anne zu, wie Charles das Einpacken zu einer Wissenschaft über Dringlichkeitsgrade machte. In dem Wissen, daß jedes Gramm durch Nützlichkeit aufgewogen werden mußte, verglich er vitaminreiche Dosentomaten mit nährstoffarmem, aber sättigendem Schiffszwieback, warmes Bettzeug für eine Notlandung im Norden mit einem insektensicheren Zelt für den Süden. Mit den Babywaage wog Charles die sechs Pfund einer Schrotflinte samt den zwei Unzen pro Patrone gegen die Vögel ab, die sie damit schießen konnten, falls sie Essen brauchten. Meist fand er den Mittelweg, indem er von allem ein bißchen einpackte. Das Gewehr ließ er zu Hause und nahm statt dessen zwei Revolver mit. Lindbergh »plante, organisierte und finanzierte« den Flug selbst, wollte aber *Pan American* als deren Berater alle Informationen und Ergebnisse zukommen lassen.

»Ich wäre ganz gern zu Hause geblieben und hätte mich nur um das Kind gekümmert«, schrieb Anne später über das Jahr 1931. »Aber diese Inspektionsflüge lockten uns zu neuen Abenteuern. Ich war stolz, daß ich als Besatzungsmitglied mitfliegen konnte. Die Schönheit und das Geheimnis des Fliegens verloren für mich nie an Reiz, und ich war als Funkerin immer mit Leib und Seele dabei.« Die größere, unausgesprochene

Verlockung war der dringende Wunsch, mit ihrem Mann zusammenzusein. »Oh, wie sie ihren Lindy liebte«, erzählte das Kindermädchen Betty
Gow mehr als 60 Jahre später. »Sie wäre überallhin gegangen und hätte
alles für ihn getan... sogar das hübsche Kindchen alleingelassen.«

Nach einem Jahr hatte Anne sich mit dem Mutterdasein angefreundet.
Sie nahm den kleinen Charlie jetzt gern auf den Arm und freute sich, daß
er seinem Vater immer ähnlicher wurde. Zwei neue Hunde kamen ins
Haus, ein Foxterrier namens Wahgoosh (nach Charles' Hund aus Kinder-
tagen) und ein furchtloser Scotchterrier namens Skean; beide wichen dem
Kind nicht von der Seite.

An einem heißen Montag, am 27. Juli 1931, fuhren Charles und Anne
nach College Point, Long Island, und begannen dort ihre Tour. Am Ende
eines Kais in der Flushing Bay lag die schwarze Lockheed Sirius mit den
orangefarbenen Tragflächen auf ihren schimmernden Pontons. Ein Häufchen Zuschauer drückte sich an die Tore, als die Lindberghs den letzten
Proviant einluden. Bis zu ihrer Rückkehr sollten Charles und Anne fast jeden Tag in den Zeitungen stehen, oft auf der Titelseite. Die Sonntagsbei-
lagen waren randvoll mit Fotos von ihrer Reise und machten aus ihrem
Leben praktisch einen Comicstrip.

Sie flogen nach Süden und verbrachten einen Tag in Washington, um
Visa und Abfertigungen abzuholen. Das Baby war schon per Zug mit Betty
Gow angekommen, und seine Eltern spielten ein paar Minuten mit ihm,
ehe Anne es zu Bett brachte. Dann nahmen sie Betty zur Seite und gaben ihr besondere Anweisungen: »Sie sagten mir, ich dürfe nicht mit ihm
schmusen«, erinnerte sich das Kindermädchen, »er solle mich nämlich
nicht liebgewinnen.« Am nächsten Nachmittag, kurz nach zwei, hoben
die Lindberghs ab und flogen über die Pinien Richtung Camden Hills.

Von diesem Augenblick an wurde Klein-Charlie Betty Morrows Kindchen und hatte das ganze Haus auf North Haven zur freien Verfügung. Vor
dem Abflug hatten die Lindberghs überlegt, ob Charlie den Sommer nicht
teilweise bei seiner anderen Großmutter verbringen sollte. Aber Evangeline winkte mit Bedauern ab und erklärte: »Der Polizeischutz in Detroit
ist gleich null; es gibt viel zu viele Arbeitslose; die Bedingungen sind hier
genau wie in Chicago, wo es, wie ihr wißt, schlimm zugeht.«

Charlie war also den ganzen Sommer von Morrows umgeben; er spielte
am Strand, planschte im Becken und durfte Bootsausflüge zu den Nachbarinseln machen. Füttern ließ er sich nur von seiner Großmutter Bee oder
von Betty Gow; beide sagten Gedichte auf, lasen Bücher und sangen ihm
Lieder vor. Als sein Haar für einen Jungen zu lang wurde, schnitten sie
es ab und hoben jeden »goldenen Schnipsel« auf. In diesem Sommer plap-
perte der kleine Charlie die ersten Wörter und tat seine ersten Schritte.
Als die Morrows Ende der Saison nach Englewood zurückkehrten,
herrschte in New York gerade eine Kinderlähmungsepidemie. Man be-

schloß, daß Charlie und Betty Gow in Maine bleiben sollten, bis die Gefahr vorüber war.

Unterdessen flogen Charles und Anne von Ottawa die Westküste der Hudson Bay hinauf, von Moose Factory nach Churchill und weiter zum Baker Lake. Das Land dort war karg, es gab nur ein paar Häuser und eine Kirche am kahlen Ufer. Im Ort Baker Lake begrüßten sie ein berittener kanadischer Offizier im roten Rock, ein paar Weiße und einige Eskimos. Zwei Eskimojungen konnten den Blick nicht von Anne abwenden; sie war die erste weiße Frau, die sie zu Gesicht bekamen.

Die Lindberghs flogen eine ganze Nacht vom Baker Lake nach Aklavik, dem nordwestlisten Ort der Northwest Territories. Auf dem ganzen Flug – während sie zwischen den weißen Wolkenbänken hindurchschlüpften, die über dem arktischen Packeis zu ihrer Rechten und der grauen, baumlosen Küste zu ihrer Linken schwebten – wurde es nie dunkel. Sie trafen auf eine Siedlung mit 30 Häusern und wohnten dort bei dem einzigen Arzt dieses Landstrichs, der nur einmal im Jahr mit dem Hundeschlitten Patientenbesuche machte. Sie erlebten die freudige Aufregung mit, als am nächsten Nachmittag das Versorgungsschiff eintraf.

Nach Barrow steuerte Lindbergh durch einen Sturm, und Anne bat per Funk um die Wetterinformation, die sie zu einer Landung brauchten. Sie blieben drei Tage in Point Barrow und ließen sich ein »Thanksgiving dinner« schmecken, das bis zum frühen Morgen dauerte und an dem fast die ganze Stadt teilnahm, der Arzt, der Pfarrer, die Krankenschwester, der Lehrer und ein alter schottischer Walfänger. Dieser nördlichste Ort in Alaska, wo es im August so kalt war wie in Neuengland im November, lud die Lindberghs zu einem Bankett ein mit Rentierfleisch, Wildgans und eingemachten Süßkartoffeln, Erbsen, roten Rüben und sogar Sellerie. Charles und Anne verließen Point Barrow Richtung Nome, einer kleinen Bergarbeiterstadt an der Beringküste.

Als sie die Beringsee von Nordamerika nach Asien überquerten – von Nome nach Karaginski auf der russischen Halbinsel Kamtschatka – hatten die Lindberghs das Gefühl, als kehrten sie in die Zivilisation zurück. Aber nur aufgrund seiner außerordentlichen Erfahrung als Pilot waren sie imstande, im Nebel vor der hafenlosen, unbewohnten Insel Ketoi zu landen. Ein Taifun tobte in dieser Region und hielt sie einen Tag lang fest. Die ganze Reise lang waren Anne und Charles froh über seine Erfahrungen aus der Luftpostzeit. Da die Lockheed Sirius wie ein Fisch im Seegras gezappelt hatte, machten nun Antriebsprobleme zu schaffen. Anne meldete dies per Funk, und ein japanisches Marineboot kam ihnen zu Hilfe und schleppte sie in die Bucht von Buroton.

Einen Monat nach dem Start in New York kamen sie in Japan an, in Nemuro auf der Insel Hokkaido, wo sie sich das erste Bad seit Nome gönnten. Über eine Woche lang hatten sie sich nur aus einer Schüssel waschen können; jetzt saßen sie zusammen in der Wanne und begossen einander mit heißem Wasser. Am nächsten Tag flogen sie zu dem Marinestützpunkt Kasimigaura in Tokio. Da die Zeitungen auf der ganzen Welt über die Reise der Lindberghs in allen Einzelheiten auf den Titelseiten berichteten, war Japan auf ihre Ankunft vorbereitet.

»Blumensträuße, Kameras, Reporter, Menschenmengen…« schrieb Anne in ihr Tagebuch und ahnte zum erstenmal, was los gewesen sein mußte, als ihr Mann von Paris nach New York zurückkehrte. Ein Wagen brachte sie in die Stadt zur Botschaft und bahnte sich einen Weg durch 100 000 meist weißgekleidete Menschen, die »Banzai! Banzai!« riefen. Die Zeitungen schrieben, es sei »eine der größten Menschenansammlungen gewesen, die die alte Hauptstadt je erlebt« habe. Hunderte von Briefen und Karten mit schönen fernöstlichen Schriftzügen, ergänzt durch Übersetzungen von der Botschaft, warteten auf sie. Die meisten gratulierten den Lindberghs zu dem geglückten Flug über den Pazifik und versicherten, ihr Besuch werde nicht nur für die Luftfahrt förderlich sein, sondern auch für die Freundschaft zwischen den Vereinigten Staaten und Japan. Für viele Japaner kam Lindberghs Ankunft einem religiösen Erlebnis gleich, und das förderte den anschließenden Kult um ihn. Missionare aller Sekten in ganz Ostasien hofften, er möge sie besuchen. Auch der Premierminister empfing sie.

Die Lindberghs verbrachten mehr als zwei Wochen in Tokio und ergötzten sich an Teezeremonien und Banketten, wenn Charles nicht gerade Luftstützpunkte besuchte und ihre Weiterreise plante. Sie gedachten für zwei Wochen nach Nanking und Peking zu fliegen und anschließend auf die Philippinen. Wie es weitergehen sollte, war noch nicht sicher, obwohl Charles dazu neigte, über Afrika und Südamerika heimzukehren. Dies war nicht nur die »Gutwetterroute«, sondern sie war inzwischen auch so stark frequentiert, daß sich dort einiger Funkverkehr entwickelt hatte. Auf diese Weise könnten sie auch die südamerikanischen Länder besuchen, die sie noch nicht gesehen hatten – Argentinien, Brasilien und Chile.

Anne hatte Heimweh. Sie hatte damit gerechnet, im Herbst heimzukehren, und gestand in einem Brief an ihre Mutter, daß sie jede Nacht von »dem Baby« träume – »fast« jede Nacht. Aber sie sprach darüber kaum mit ihrem Mann, es schien ihr »nicht fair – da es ja wirklich eine wunderbare Erfahrung ist«. Außerdem, das gab sie zu, wollte sie vor dem Heimflug Peking sehen. Mitte September flogen sie auf die südliche Hälfte der japanischen Hauptinsel.

Nachdem die Lindberghs sich bei den Beamten von Osaka mit einem »Sayonara« verabschiedet hatten, überprüfte Charles zum letztenmal sein Gepäck. Er war so heikel, wenn es darum ging, die Ausrüstung in der Sirius zu verstauen, daß Anne beim letzten Packen nicht helfen durfte. Auf einmal merkte er, daß die Wasserkanister nicht an der richtigen Stelle standen, und als er sie zurechtrücken wollte, entdeckte er einen 18jährigen japanischen Jungen, der sich dort versteckt hatte, zusammengekauert auf dem Platz von zwei Achtliterkanistern. Die Lindberghs baten die Beamten, nachsichtig mit dem Jungen zu verfahren, der ihnen erklärt hatte, er sei daheim nicht glücklich und habe gehofft, der große Flieger aus Amerika werde ihn mitnehmen.

Nach einer weiteren Zwischenlandung in Japan, in Fukuoka, flogen die Lindberghs über das Gelbe Meer. Schon Meilen vor dem Festland veränderte sich die Farbe der See, da der Schlamm aus dem Jangtse das blaue Wasser verschmutzte. Der Jangtse hatte Hochwasser, das schlimmste seit Jahrzehnten, das schätzungsweise 50 Millionen Menschen aus ihren Häusern vertrieben hatte. Die Lindberghs landeten im Lotus Lake, direkt vor Nanking, wo der Fluß die große Stadtmauer bedrängte.

Da ihr Flugzeug als einziges in ganz China weit genug fliegen konnte, um die äußersten Grenzen der Flut zu beobachten, boten die Lindberghs dem nationalen Hilfskomitee für Flutkatastrophen ihre Dienste an. Sie trafen sich mit dem chinesischen Staatspräsidenten, Generalissimus Tschiang Kai-schek, und seiner Frau zum Tee. Alle anderen gesellschaftlichen Veranstaltungen sagten sie jedoch ab, um sich der unmittelbaren Notsituation zu widmen. Die Lindberghs überflogen das untere Jangtsetal und sahen riesige Seen zwischen schmalen Streifen von Reisfeldern, mußten aber feststellen, daß diese Seen nichts anderes waren als das Hochwasser des Flusses. Sie überlegten, wie viele Pfund an Hilfsgütern sie befördern konnten, und kamen zu dem Schluß, daß Medikamente und ein Arzt, der viele Menschen versorgen konnte, mehr wert waren als Nahrungsmittel für einige wenige.

Bei dem Versuch, diese Aufgabe auszuführen, erlebte Lindbergh am 21. September einen der schrecklichsten Augenblicke seines Lebens. Er startete in Nanking mit Dr. J. Heng Liu, dem Leiter des Amtes für Hygiene und Entwässerung, und mit Dr. J. B. Grant vom *Rockefeller Institute* in Peking. Sie wollten die größeren Städte im Überflutungsgebiet des nördlichen Jangtse inspizieren und mit Serum und Impfstoff versorgen.

Lindbergh wasserte auf ehemaligen Reisfeldern, ein paar hundert Yards vor der Stadtmauer von Hinghwa. Die ganze Stadt schien im Sinken begriffen. Als sie den Anker ausgeworfen hatten, näherten sich ein paar Sampans, und Dr. Liu ging an Bord des ersten. Doch dann glitten Hunderte von Booten aus allen Richtungen auf sie zu. Und nun tat Lindbergh das, was er im nachhinein als »verhängnisvollen Fehler« erkannte: Er reichte Dr. Liu eines der Medikamentenpakete. Die hungrigen und verzweifelten Chinesen glaubten, es enthalte Nahrungsmittel oder Geld. Eine alte Frau schnappte nach einem der quadratfußgroßen, in weißen Stoff gewickelten Päckchen und setzte sich drauf.

Inzwischen waren die Boote so dicht gedrängt, daß man von einem zum anderen springen konnte, und sie bedeckten einen halben Quadratkilometer. Mehrere Chinesen kämpften sich springend zum Flugzeug durch. Dr. Liu ging in der hysterischen Menschenmenge verloren, da Lindbergh all seine Aufmerksamkeit dem Flugzeug zuwenden mußte. Ein Sampan, in dem ein teilweise offenes Feuer brannte, schob sich direkt unter die linke Tragfläche des aus Holz konstruierten Flugzeugs. Dr. Grant schrie Lindbergh zu, er solle eine Waffe nehmen. So griff er nach der Smith & Wesson, die er neben das Sitzkissen geklemmt hatte, zögerte aber, sie jemanden sehen zu lassen, denn »eine Waffe zu ziehen, eine einzige gegen Hunderte von Sampans, die überfüllt waren mit verzweifelten Menschen, schien mir ein verrücktes Unterfangen«. Es hätte ohne Zweifel die Masse aufgewiegelt, unter der sich womöglich jemand befand, der zurückschoß. Als aber schließlich einige ausgemergelte, grimmige Chinesen auf die Pontons und die Tragflächen zu klettern begannen, befürchtete Lindbergh einen irreparablen Schaden.

Er zog seinen Revolver und feuerte einmal in die Luft. Die Menschen zogen sich langsam zurück und machten rings um das Flugzeug einen 20 Fuß breiten Raum frei. Nun wurde auch Dr. Liu mit einem Sampan zur Sirius zurückgebracht. Als Dr. Grant den Anker auf die Tragfläche zog, warf Lindbergh den Motor an. Während die Sampans ihm zu folgen versuchten, hob er ab. Aus Angst vor weiteren Zwischenfällen mit unkontrollierbaren Menschenmassen kehrten Lindbergh und die Ärzte nach Nanking zurück. Sie kamen überein, den Schuß nicht zu erwähnen, da er »dem chinesischen Volk einen falschen Eindruck vermitteln könnte«.

Anstatt Medizin zu verteilen, beschränkten sich die Lindberghs nun für die restliche Zeit darauf, Informationen zu sammeln. Anne flog, während Charles unter Wasser liegende, großflächige Gebiete skizzierte und vermaß. Sie flogen flußaufwärts bis Hankow, und legten neben dem britischen Flugzeugträger *Hermes* an, der ihnen vorübergehend als Wohnung diente. Da die Strömung zu heftig war, um die Sirius zu verankern, erbot sich die *Hermes*, sie wie ihre eigenen Wasserflugzeuge an Bord zu hieven. Am Tag ihres letzten Inspektionsfluges saßen die Lindberghs schon im Flugzeug, als es zu Wasser gelassen wurde. Es stellte sich heraus, daß die Trosse ein wenig zu kurz war, um den Kranhaken zu öffnen, und die Strömung trieb das Flugzeug schon flußabwärts. Lindbergh jagte die Drehzahlen seines Motors hoch, um das Flugzeug im Gleichgewicht zu halten, und sie versuchten, es vom Haken zu lösen, aber er konnte nichts an der Lage ändern. Im Kampf mit Trosse und Strömung geriet eine der Tragflächen unter Wasser, und das Flugzeug kenterte. Charles schrie Anne zu, sie solle in den Fluß springen. Da hatte sie wochenlang ihre Zähne vorsorglich mit abgekochtem Wasser geputzt, und jetzt schluckte sie plötzlich »ganze Eimer voller Jangtseschlamm!« Ein Rettungsboot, das stromabwärts lag, barg die beiden aus dem Fluß.

Das Flugzeug hielt sich erstaunlich gut, obwohl der Rumpf und eine der Tragflächen so gelitten hatten, daß die Lindberghs ihre Reise unterbrechen mußten. Die *Hermes* bot ihnen an, sie und das Flugzeug nach Shanghai zu bringen, wo sie die Sirius reparieren lassen konnten, um ihre Reise um die Welt fortzusetzen.

Doch am 5. Oktober – jenseits der Datumsgrenze war es schon der 6. –, noch an Bord des Flugzeugträgers, erhielt Anne ein Telegramm von ihrer Schwester Elisabeth, das alle ihre Pläne über den Haufen warf. Senator Dwight Morrow hatte in New York eine Rede vor der *Vereinigung zur Unterstützung jüdischer philanthropischer Gesellschaften* gehalten, war nach Next Day Hill zurückgekehrt und hatte im Schlaf einen Gehirnschlag erlitten, dem er am nächsten Nachmittag erlag.

Betty Morrow wollte die Begräbniszeremonien so schlicht wie möglich gestalten – ohne offizielle Prozession, ohne Ehrensargträger oder Lobeshymne. Trotzdem kamen zu der Trauerfeier für ihren Mann zwei Tage nach seinem Tod Vizepräsident Curtis, sein Amherst-Klassenkamerad Calvin Coolidge und ein Viertel des Senats der Vereinigten Staaten in die Erste Presbyterianische Kirche von Englewood. 4000 Trauergäste standen draußen vor der Kirche. An der Beerdigung nahmen nur Familienmitglieder teil; auch Evangeline Lindbergh war nach Englewood gekommen, um Sohn und Schwiegertochter zu vertreten. Die Zeitungen brachten lobende Nachrufe, die Schulen und viele Geschäfte am Ort blieben geschlossen, und die Fahnen wehten auf Halbmast.

Elizabeth Morrow lehnte das Angebot des Gouverneurs ab, den Sitz ihres Mannes im Senat bis zum Ende der Periode zu behalten. Nachdem die Colleges Amherst und Smith ausgedehnte Vermächtnisse erhalten und sie fast eine Million Dollar Erbschaftssteuern gezahlt hatte (die den hochverschuldeten Staat New Jersey wieder in die schwarzen Zahlen gebracht haben sollen), erbte sie den Großteil des Vermögens – fast neun Millionen Dollar, die ihr jährlich etwa 300 000 Dollar an Zinsen und Dividenden aus Aktien und Wertpapieren einbrachten. Das ungefähr brauchte sie, um die Häuser der Morrows zu erhalten und den von ihr bevorzugten Wohltätigkeitsorganisationen weiterhin außerordentlich großzügige Zuweisungen machen zu können. Mit frischer Kraft – sie sagte oft: »Das hätte Dwight auch gefallen!« – sollte Mrs. Morrow zu einem nationalen Vorbild werden, einer der ersten Frauen im 20. Jahrhundert, die ihr Leben dem freiwilligen Dienst an der Öffentlichkeit widmeten.

Lindbergh plante die Heimkehr so, daß sie drei Wochen dafür brauchten. Die chinesische Regierung dankte Lindbergh für seine Hilfe; Tschiang Kai-schek bedachte ihn mit dem Nationalorden, denn sie seien als erste Flieger der Neuen Welt nach China gekommen.

Statt das Flugzeug in Shanghai zu reparieren, ließen sie es in Kisten packen und direkt zu Lockheed nach Los Angeles verschiffen. Am 23. Oktober kamen sie in New Jersey an.

»Es tut gut, zu Hause zu sein«, schrieb Anne ihrer Schwiegermutter, als sie sich wieder in Next Day Hill niedergelassen hatten. »Und das Baby! Es ist ein Junge geworden, ein kräftiger, selbständiger Junge, der schon auf festen kleinen Beinen herumstolziert.« Das Kind erkannte seine Eltern nicht mehr, aber sie machten die Zeit wett, die sie verloren hatten. Anne staunte, wie sich ihr Mann mit dem kleinen Charlie beschäftigte. »Er spielt mit ihm, verwöhnt ihn morgens mit Cornflakes, Toast, Zucker und Marmelade von seinem Teller und wirft ihn in die Luft. Wenn er das ein paarmal getan hat, kommt der Junge mit ausgestreckten Armen auf ihn zu und ruft ›Nomma!‹ (›noch mal!‹).« Charles fand sogar, sein Sohn sehe »gut« aus und sei »recht vielversprechend«.

Lindbergh brach bald wieder auf und flog zwei Wochen lang für *Pan American* durch den Südosten und die Karibik; Anne dagegen beschloß, eine Weile zu Hause zu bleiben. Sie wollte mit Charlie soviel Zeit wie möglich verbringen. Obwohl er sechs Monate jünger war als die anderen Zöglinge der »Kleinen Schule«, wollte seine Tante Elisabeth ihn unbedingt aufnehmen. Jede Woche nahm sie ihn einige Tage mit in den Kindergarten, und die anderen Kinder wurden von seinen goldenen Locken magisch angezogen.

Der Hausbau brauchte zwar noch ein paar Monate, doch Anne, Charles und das Kind verbrachten an Halloween die erste Nacht in Hopewell. Auf unbeschilderten, manchmal ungeteerten Straßen fuhren sie in die Berge. Der Weg war selbst bei Tag schwer zu finden. An einem steinernen Brückchen, das über einen Bach führte, bogen sie links in ihr Grundstück ein. Die Einfahrt führte in vielen Kurven zu einer Lichtung, wo sich das Haus mit steilen, drei Stockwerke hohen Giebeln ausbreitete.

Der gekalkte Feldsteinbau mit dem massiven Schieferdach hatte zwei Flügel, die im rechten Winkel auf den Mittelteil zuliefen und dort etwas höher aufragten. Durch die Eingangshalle trat man ins dunkel getäfelte Wohnzimmer. Links lag eine Bibliothek mit einem dunklen Steinkamin und ein Gästezimmer; rechts kamen Eßzimmer und Küche, von dort ging es in die Zimmer des Personals und in die große Garage. Im ersten Stock gab es ein großes Schlafzimmer und drei Gästezimmer, und ganz hinten, am weitesten weg vom Eingang, lag das Kinderzimmer. Der Kamin hatte hübsche blaue Kacheln, und ein Tisch, ein Stuhl und ein Bettchen standen schon an ihrem Platz. Das Haus hatte Einbauschränke und -regale und vier Bäder. Die architektonischen Details waren reizvoll, aber nicht überspannt, und Stromversorgung, Installation, Heizung sowie Klimaanlage waren auf dem letzten Stand. Trotzdem hatte kein Zimmer die Geräumigkeit, die das hochragende Äußere vermuten ließ.

Sie verbrachten das Wochenende dort und spielten mit Charlie auf der

Terrasse, von wo man auf die Wälder blickte. Da sich die Bauarbeiten noch bis Ende Januar 1932 hinziehen würden, wohnten die Lindberghs weiterhin in Next Day Hill. Aber sie fuhren fast jeden Samstagnachmittag nach Hopewell und kehrten erst am Montag morgen nach Englewood zurück. Obwohl es noch ein paar Jahreszeiten dauern würde, bis an Gartengestaltung zu denken war, konnte Anne sich nicht verkneifen, ein paar seltene weiße Tulpenzwiebeln rings ums Haus einzubuddeln, ehe der Boden gefror.

Im Dezember fuhren die Lindberghs nicht mehr nach Hopewell, feierten vielmehr Weihnachten in Englewood. Charlies ganzes Glück war eine Arche Noah mit lauter Tierpaaren. »Er und Charles spielten lange damit«, erinnerte sich Betty Morrow, »sie ließen eine riesige Tierprozession über den ganzen Fußboden wandern.« Nach Weihnachten verging kaum ein Tag, an dem der Vater ihn nicht nach den Tiernamen fragte, und an Neujahr konnte er schon 30 Tiere aus der Arche unterscheiden.

Am Tag nach Weihnachten spielte Charlie mit Gummispielzeug im Bad, als Betty Morrow ein Platschen hörte und ein »Prusten und Heulen«. Er war in die Wanne gefallen. Betty Morrow bekam einen Wutanfall, war sie doch überzeugt, Charles habe ihn untergetaucht, »als Mutprobe«. Obwohl sie eines anderen belehrt wurde, machte sich Mrs. Morrow zu Recht Sorgen. Das Kindermädchen Betty Gow war noch vor der Großmutter bei dem Kind angekommen und hatte gesehen, wie »Oberst Lindbergh sich kaputtlachte. Er merkte, daß das Kind nicht verletzt war, sondern nur erschrocken. Trotzdem...«, berichtete sie Jahrzehnte später, »der Oberst hatte etwas an sich... ein Quentchen Sadismus.«

Es war die gleiche Erziehung zur Abhärtung, die er von seinem Vater genossen hatte. Als der Junge anfing, Daumen zu lutschen, bestand Lindbergh darauf, daß er nachts speziell angefertigte Daumenschützer trug, Metallvorrichtungen ähnlich den Drahtkappen auf Champagnerkorken, die am Betttuch festgesteckt wurden. Und eines Wintertags baute Lindbergh vor ihrem Wohnbereich in Next Day Hill aus feinmaschigem Drahtgeflecht einen riesigen Laufstall. Als er fertig war, befahl er Betty Gow, Charlie zu holen, ein Spielzeug auszusuchen und ihn hineinzusetzen – er müsse lernen, »allein zurechtzukommen«. Stundenlang war der kleine Junge dort allein und weinte immer wieder. Betty Gow lief zu Anne und bat sie inständig, mit ihr zusammen den Kleinen zu befreien. Aber obwohl Anne den Tränen nahe war, sagte sie: »Da können wir nichts machen, Betty.«

Am 4. Februar 1932 feierte Charles Lindbergh seinen 30. Geburtstag. Endlich hatte er das Gefühl, daß er zur Ruhe kam und das »wirkliche Leben« lebte, nach dem Anne sich sehnte, ein Leben, das er nie kennengelernt hatte. Zwar hatte er allein im letzten Jahr 20 000 abenteuerliche Meilen zurückgelegt, aber seine Zwanzigerjahre beschloß er doch in einer eher ruhigen Stimmung.

Nach der Orientreise war Lindberghs Popularität wieder gestiegen. Mehr denn je ließ er sich lieber aus der Ferne bewundern, und daher verbrachte er die meisten Tage zurückgezogen im *Rockefeller Institute*. Trotz der Wirtschaftskrise bezogen die Lindberghs fast 65 000 Dollar im Jahr aus Zinsen und Dividenden und an Beraterhonoraren. Anne war wieder schwanger, aber sie hatten das Feuer unter dem überkochenden Publicitytopf so geschickt kleingedreht, daß die Presse noch keinen Verdacht schöpfte.

Es war Anne sogar gelungen, ihren Mann zur Stubenreinheit zu erziehen und ihm die wenigen Angewohnheiten auszutreiben, die sie nicht ausstehen konnte: daß er auf den Boden spuckte und sich ohne Taschentuch schneuzte. Jetzt verbrachte er seine Abende am liebsten ruhig zu Hause, las und hörte Musik. Er war gern mit seinem Sohne zusammen und begrüßte ihn immer mit einem großspurigen »Na, Meister?«.

Zum erstenmal in seinem Leben fand Charles Lindbergh im Schoß seiner Familie Freude und zu Hause Behaglichkeit.

10
SOURLAND

»...und es geschah ein Unglück,
das unser ganzes Leben verändern sollte.«

C. A. L.

Gebt dem Lindbergh-Baby eine Chance!« forderte lauthals der neueste Artikel in der Beilage »Inlandsthemen« in der *Time*. Der Ruf war die Antwort auf ein Gerücht, das Ende 1931 umging: Charles Lindbergh jr. sei taub und könne nicht sprechen lernen. »Der Grund für dieses Gebrechen sei angeblich ein Trauma infolge des Dröhnens der Flugzeugmotoren, das er vor seiner Geburt ständig habe hören müssen, weil seine Mutter Anne Morrow Lindbergh während der Schwangerschaft weiterhin geflogen sei«, erklärte der Artikel. Das Gerücht war völlig unbegründet, aber so weit verbreitet, daß Amerikas hervorragendste Journalisten schriftliche Beweise beibringen mußten, um es zu widerlegen.

Die Lindberghs waren noch immer nicht in ihr Haus bei Hopewell gezogen. Das erste unangenehme Drittel von Annes Schwangerschaft ging gerade zu Ende, und sie ließ sich nur zu gern in ihrer Suite in Next Day Hill verwöhnen. Aber beim ersten Frühlingshauch war sie wieder auf den Beinen, in Anspruch genommen von zwei Projekten, die ihrem Mann angetragen worden waren, und die er an sie weitergeben wollte. Das erste war ein öffentlicher Spendenaufruf für die Opfer der Flutkatastrophe in China, das zweite ein Buch über ihre Orientreise. Eingeschüchtert von dem Umfang dieser zweiten Aufgabe, griff sie Charles' Vorschlag auf, die Reise in mehrere Abschnitte zu unterteilen und gleich zu der Episode »Baker Lake« zu springen, dem Augenblick, wo sie die Zivilisation hinter sich gelassen hatten und Anne als erste weiße Frau in dieser Gegend Nordkanadas aufgetaucht war. »Wenn ich in ausreichend kurzer Zeit genug geschrieben habe & wenn es nicht zu schlecht ist«, überlegte Anne, »dann reden wir mit Verlegern.«

Die meiste Zeit widmete Anne dem kleinen Charlie. Sie gewöhnte sich an, ohne Betty Gow in das neue Haus zu fahren. »Es macht soviel Spaß, wenn ich ihn ab und zu ›Mami‹ rufen höre anstatt ›Betty‹«, gestand sie ihrer Schwiegermutter. Seinen Vater nannte der Kleine »Hi«. An einem Februartag fuhr ihnen in New York von hinten ein Auto auf. Anne griff instinktiv nach dem Kind, und Charles stieg aus; der Verkehr stockte, und wütende Autofahrer gingen aufeinander los. Mitten in diesem Tohuwabohu piepste ein Stimmchen: »Hi is weg!«

Am Nachmittag des 27. Februar, es war ein Samstag, fuhr einer von Mrs. Morrows Chauffeuren Anne, das Kind und ein Dienstmädchen aus Englewood nach Hopewell. Sie kamen um 17.30 Uhr an und wurden von Olly und Elsie Whateley begrüßt, die schon in den Dienstbotenflügel gezogen waren. Anne zog sich um, fütterte den Jungen und brachte ihn um sieben Uhr zu Bett. Er schien sich erkältet zu haben, denn er hatte schon mehrmals niesen müssen. Gegen elf Uhr ging sie noch einmal ins Kinderzimmer und gab dem Kind Nasentropfen.

Am Montag war das Kind noch immer krank. Nach dem Lunch rief Anne in Next Day Hill an und teilte Betty Gow mit, sie würden nicht wie sonst nach Englewood zurückkommen. Der kleine Charlie müsse den ganzen Tag im Zimmer bleiben und Anne auch, außer für ein paar kurze Spaziergänge, während derer sie das Kind in Elsie Whateleys Obhut ließ. Gegen 19.00 Uhr rief Lindbergh aus New York an und sagte, er werde in der Stadt übernachten und erst am nächsten Abend wieder nach Hopewell kommen.

Am nächsten Tag, einem Dienstag, am 1. März, ging es dem Kind besser, aber es hustete immer noch stark. Als Anne aufwachte, war sie auch erkältet. Sie rief Betty Gow in Englewood an und bat sie, nach Hopewell zu kommen und auszuhelfen. Noch wußte niemand so recht, wo sie alle in den nächsten Nächten schlafen sollten. Kurz vor 15.00 Uhr gingen Anne und Betty in das mit Fensterläden verdunkelte Kinderzimmer, wo Charlie seinen Mittagsschlaf gehalten hatte; sein Zustand hatte sich merklich gebessert. Anne spazierte die lange Einfahrt hinunter und verbrachte am Nachmittag viel Zeit mit dem Kind unten im Wohnzimmer. Gegen 17.30 Uhr lief er in die Küche, wo Betty bei den Whateleys saß. Das Kindermädchen nahm den Jungen an die Hand, ging mit ihm nach oben, las ihm vor und gab ihm einen Haferbrei. Als Anne um 18.15 Uhr ins Kinderzimmer kam, war er mit seinem Abendessen schon fertig.

Zusammen mit Betty Gow machte sie das Kind für die Nacht fertig. Sie rieben Charlie die Brust mit Wick Vaporub ein und überlegten, daß er unter seinem Nachtgewand ein Flanellhemdchen brauchen könnte. Betty war eine geschickte Schneiderin und fabrizierte im Nu aus einem Rest cremefarbenen Baumwollflanell ein kurzärmeliges Hemdchen. Der Stoff hatte einen gesmokten, bestickten Saum. Die linke Schulter nähte sie nicht zu, so daß man dem Kind das Hemd leichter über den Kopf ziehen und anschließend feststecken konnte. Alles andere war mit einem blauen, merzerisierten Faden genäht. Darüber trug das Kind ein ärmelloses Jäckchen aus leichter Wolle, das an den beiden Windeln unter der Gummihose befestigt war, und über alledem einen grauen *Dr. Denton's*-Schlafanzug Größe 2. Betty legte ihn in sein Himmelbett aus dunklem Holz, das hinter einem tragbaren, mit Tieren bemalten grünrosa Schirm stand, befestigte die Daumenschützer und deckte ihn zu.

Dann wollten Anne und Betty die Fensterläden zumachen, aber wie ihnen schon früher aufgefallen war, hatten sich die Fensterläden an der Ecke zu sehr gebogen, um sich schließen zu lassen, selbst wenn beide Frauen daran zogen. Anne verließ das Zimmer gegen 19.30 Uhr, Betty blieb noch ein wenig länger, ging zur Südwand und schob das französische Fenster halb auf. Sie löschte das Licht, schloß die Tür und ging ins Bad, wo sie die Kinderkleider wusch. Dann trat sie noch einmal ins Zimmer, aber der kleine Junge schlief schon tief und atmete frei. Sie befestigte die Zudecke mit zwei großen Sicherheitsnadeln an der Matratze, verließ das Zimmer und knipste auch das Badezimmerlicht aus. Etwa zehn Minuten vor acht hängte sie im Keller die gewaschenen Kleidungsstücke auf, dann aß sie bei Elsie Whateley in deren Wohnzimmer zu Abend.

Anne wartete im Wohnzimmer auf Charles, der am Telefon angedeutet hatte, er werde etwas später heimkommen. Sein Tun und Treiben an diesem Tag war zwar nirgendwo aufgezeichnet, aber er hatte sich seit einer Woche fast immer in seine Arbeit im *Rockefeller Institute* vergraben, wo er Experimente für eine neue Technik durchführte, das »Waschen« von Blutkörperchen, das er für die Zeitschrift *Science* beschrieb. Einige Leute erwarteten ihn zu einem Dinner, das die New Yorker Universität unter anderem zu Ehren von Daniel Guggenheim im Waldorf-Astoria gab, aber seine Sekretärin mußte im Terminkalender etwas durcheinandergebracht haben – er hatte die ganze Zeit vor, nach Hopewell zurückzukehren.

Anne saß an ihrem Schreibtisch und schrieb. Das Licht in der Bibliothek am Ende des Hauses, direkt unter dem Kinderzimmer, war aus, die Türen zwischen diesem Raum und dem Wohnzimmer waren geschlossen, er war abgetrennt vom Rest des Hauses. Draußen ließ ein stürmischer Wind unter einem sternenlosen Himmel die Temperatur auf etwas über 0 Grad sinken. Einen Augenblick lang glaubte Anne das Geräusch von Autoreifen zu hören, aber es dauerte noch einmal 15 Minuten, bis Lindbergh etwa um 20.25 Uhr die Kieseinfahrt heraufgefahren kam, das Auto in die Garage stellte und das Haus durch den angrenzenden Hintereingang und die Küche betrat. Er wusch sich die Hände und aß dann um 20.35 Uhr mit Anne zu Abend.

Nach dem Essen setzten sie sich ins Wohnzimmer vor den Kamin. Kurz nach 21.00 Uhr hörte Charles ein Geräusch, als habe jemand in der Küche etwas fallen lassen, »so was wie eine Holzschachtel«. Etwa um 21.15 Uhr gingen die Lindberghs nach oben und unterhielten sich noch ein paar

Minuten, dann badete er, zog sich wieder an und setzte sich zum Lesen hinunter in die Bibliothek, und zwar an das Fenster, das genau unter dem Kinderzimmerfenster lag, dessen Läden sich nicht schließen ließen. Anne machte sich zum Schlafengehen fertig. Sie hatte ihr Zahnpulver im Kinderbad vergessen und holte es, ohne Licht zu machen. Als sie sich im großen Bad die Zähne geputzt hatte, klingelte sie nach Elsie und bat um eine heiße Limonade. Es ging auf zehn Uhr.

Während die Lindberghs zu Abend aßen, holte Whateley Betty Gow ans Telefon. Am Apparat war Henry »Red« Johnson, ein norwegischer Seemann, den sie im vorangegangenen Sommer auf North Haven kennengelernt hatte. Johnson war illegal im Land und arbeitete als Deckshelfer auf Thomas Lamonts Jacht. Er hatte sich mit Betty für diesen Abend verabredet, aber sie sagte ab, als Anne Lindbergh sie nach Hopewell rief. Es tue ihm leid, daß sie nicht zusammensein könnten, meinte er, er wolle ihr nur sagen, daß er jetzt nach Hartford zu seinem Bruder fahre. Betty legte auf, ging ins Dienstbotenwohnzimmer und schaltete das Radio ein; die Whateleys setzten sich zu ihr. Ein paar Minuten später ging Betty nach oben; Elsie wollte ihr ein Kleid zeigen, das sie sich gerade gekauft hatte. Sie schaute auf die Uhr. »Es ist zehn Uhr«, sagte sie, »ich muß zu dem Kind.«

Betty ging ins Kinderbad und machte Licht an. Sie wollte eigentlich Mrs. Lindbergh holen und mit ihr zusammen nach dem Kleinen sehen, aber Anne war noch beim Baden. Betty trat ins Zimmer, schob das französische Fenster zu und schaltete den elektrischen Heizofen an. Als sie auf das Kinderbett zuging, merkte sie, daß sie das Baby nicht atmen hörte. »Ich dachte, daß ihm etwas passiert war«, erzählte Betty später, »daß ihm vielleicht die Decke über den Kopf gerutscht war. In dem schwachen Licht sah ich, daß er nicht da war, und tastete im ganzen Bett nach ihm.«

Betty rannte durch den Flur ins Schlafzimmer, gerade als Anne aus dem Bad kam. »Haben Sie das Kind, Mrs. Lindbergh?« fragte sie. Verwirrt erwiderte Anne: »Nein.«

»Vielleicht hat es dann Oberst Lindbergh«, sagte Betty. »Wo ist er?« Anne ging ohne nachzudenken ins Kinderzimmer, während Betty nach unten rannte, durch das Wohnzimmer und zur Tür der Bibliothek, wo Lindbergh an seinem Schreibtisch saß. »Herr Oberst«, rief Betty und rang nach Luft, »haben Sie das Kind? Bitte keine Scherze jetzt.«

»Das Kind?« fragte er. »Ist es nicht im Bett?«

Noch ehe sie antworten konnte, sprang er auf und rannte nach oben ins Kinderzimmer, Betty immer hinterher. Schon beim Anblick des Bettzeugs spürte Lindbergh, »daß etwas nicht in Ordnung war«.

Er lief ins Schlafzimmer und streifte Anne, die ihn fragte, ob er das Kind habe. »Er gab keine Antwort«, erzählte sie später. »Irgend jemand hatte es ihm schon gesagt.« Charles ging zu seinem Schrank und lud das Gewehr, das er dort aufbewahrte. Er stürzte zurück ins Kinderzimmer, gefolgt von

Anne und Betty Gow. »Anne«, sagte er und sah seiner Frau jetzt in die Augen, »sie haben unser Kind gestohlen.«

Ein kalter Hauch drang ins Kinderzimmer. Lindbergh entdeckte, wo er herkam, vom Fenster an der Südostecke, das nicht verriegelt war und einen Spalt offenstand. Dort sah er auf der Heizkörperverkleidung, die das Fensterbrett bildete, einen kleinen weißen Umschlag liegen. Er vermutete, daß er eine Lösegeldforderung enthielt, und besaß die Geistesgegenwart und Selbstbeherrschung, ihn nicht zu berühren.

Lindbergh befahl Betty, Olly Whateley zu holen, und der kam die Treppe heraufgerannt. Auf Lindberghs Anweisung rief der Butler den Sheriff von Hopewell an; dann telefonierte Lindbergh mit Henry Breckinridge in New York und mit der Staatspolizei in Trenton.

Corporal J. A. Wolf war der erste Mann im Außendienst, der über Funk verständigt wurde, und er schlug vor, der Dienstleiter solle auch die Polizisten Cain und Sullivan schicken, die diese Nacht Streife fuhren. Um 22.46 Uhr wurde per Fernschreiber im ganzen Staat Alarm gegeben: »OBERST LINDBERGHS BABY ENTFÜHRT... BEKLEIDET MIT SCHLAFANZUG BITTE ALLE AUTOS DURCH POLIZEISTREIFEN KONTROLLIEREN.« Um 23.00 Uhr waren am Hollandtunnel, an der George-Washington-Brücke und an allen Fährhäfen am Hudson River Kontrollpunkte eingerichtet. In ganz New Jersey gab es Straßensperren, und die Krankenhäuser waren aufgerufen, die Einweisung von Kindern zu melden, auf die die Beschreibung von dem Lindbergh-Baby paßte. Entsprechende Nachrichten gingen an die Polizei von Pennsylvania, Delaware und Connecticut.

Zielbewußte Einsätze waren Lindberghs Spezialität. Er hatte im Augenblick nur die sichere Rückkehr seines Sohnes im Kopf und glaubte, ein überlegtes, systematisches Vorgehen werde ihn zurückbringen. Er verbat sich jede Panik und machte sofort seine Autorität geltend. Vom ersten Augenblick an handelte er als derjenige, der die Verantwortung trug – in einer Lage, die ihm immer mehr entglitt.

Er ordnete an, daß niemand ins Kinderzimmer oder auf das Grundstück gehen dürfe, ehe die Polizei gekommen sei. Betty Gow durchsuchte des Rest des Hauses vom Keller bis zum Dachboden, öffnete unterwegs wie wahnsinnig Schränke und Schubladen, bis sie sich irgendwo hinsetzte, in Tränen aufgelöst. Anne hatte noch einmal kurz das Kinderzimmer geprüft und ging wieder in ihr Zimmer. »Ohne zu wissen, was ich tat«, erinnerte sie sich, »schob ich das Fenster auf und lehnte mich weit hinaus.« Von rechts, ungefähr aus der Richtung des Holzstoßes, hörte sie etwas, das wie ein Schrei klang. Noch ehe sie sprechen konnte, sagte Elsie Whateley: »Das war eine Katze, Mrs. Lindbergh.« Wie betäubt zog sich Anne an und durchstöberte mechanisch das Haus. Draußen heulte der Wind.

Auch Lindbergh und Whateley suchten im ganzen Haus nach Spuren, dann liefen sie 15 Minuten lang über das Grundstück, fanden aber kein

Zeichen von dem Kind. Harry Wolfe und Charles Williamson, Sonderbeamte der Gemeinde Hopewell, Bezirk Mercer, kamen um 22.35 Uhr. Sie warfen einen Blick ins Kinderzimmer und entdeckten Schlammklümpchen auf einem Lederkoffer, der unter dem mutmaßlichen Einstiegsfenster lag. Daraufhin gingen sie ins Freie und fanden im Schlamm Eindrücke, Vertiefungen, die offenbar von einer dort aufgestellten Leiter herrührten. Etwa 75 Fuß südöstlich vom Haus stießen sie auf eine zweiteilige Holzleiter. Zehn Fuß weiter fanden sie einen dritten Teil. Sie ließen alles unberührt und kehrten zum Haus zurück.

Corporal Joseph A. Wolf von der Staatspolizei von New Jersey kam wenige Minuten vor elf. Er meldete, Polizeipräsident H. Norman Schwarzkopf – ein 37jähriger West-Point-Absolvent, der als erster die Leitung der zehn Jahre alten New Jersey State Police übernommen hatte – sei persönlich unterwegs, zusammen mit mehreren anderen Polizisten. Die beiden Beamten aus Hopewell waren im Grunde entlassen. Obwohl Teile des Lindberghschen Grundstücks in unmittelbarer Nähe von Hopewell und also im Bezirk Mercer lagen, stand das Haus selbst im Bezirk Hunterdon und fiel genaugenommen juristisch nicht in die Zuständigkeit von Hopewell.

Lindbergh hatte sein Haus und seine Gefühle vollkommen unter Kontrolle und erklärte Corporal Wolf ruhig, er habe niemanden im Verdacht und könne sich nicht an irgendein verdächtiges Verhalten erinnern. Wahgoosh, der Hund, sei an diesem Abend im entgegengesetzten Flügel des Hauses gewesen und habe, wie Anne später schrieb, »durch den heulenden Wind auf diese Entfernung nichts hören können«. Lindbergh zeigte Wolf den mutmaßlichen Lösegeldbrief, und der bugsierte ihn mit dem Taschenmesser zum Kaminsims. Auch er bemerkte Spuren gelblichen Lehms auf dem Koffer und auf dem Hartholzboden des Kinderzimmers. Er fragte Lindbergh nach den Personen, die sich im Haus befanden. Schwarzkopf traf kurz vor Mitternacht ein. Da er beim Militär ausgebildet worden war, handelte er mehr als Verwaltungs- und nicht so sehr als Kriminalbeamter. Diese Arbeit überließ er Captain John J. Lamb, der an der Spitze der Ermittlungsbehörden von New Jersey stand, und dessen Leutnant Arthur T. »Buster« Keaten, dem örtlichen Kriminalkommissar. Der Kriminalbeamte Lewis J. Bornmann begann mit der Befragung des Hauspersonals.

Henry Breckinridges Stiefsohn Oren Root, Student der nahe gelegenen Princeton University, hatte im Radio von der Entführung gehört, ignorierte sie aber, denn wenn es um die Lindberghs ging, war auf die Presse kaum Verlaß, und außerdem wußte er, daß sie jeden Montag nach Englewood zurückkehrten. Doch einige Stunden später wurde er von Henry und Aida Breckinridge geweckt; sie baten ihn, sie nach Hopewell zu chauffieren. Als sie dort gegen 2.30 Uhr morgens ankamen, brannten im ganzen Haus die Lichter, und durch die winterlich kahlen Waldbäume war das Gebäude meilenweit zu sehen.

Die Polizisten warteten aufs Tageslicht, um die Spurensuche auf die umliegenden Wälder ausdehnen zu können. Vorläufig konzentrierten sich all ihre Aktivitäten aufs Kinderzimmer. Oberst Frank A. Kelly staubte den Umschlag ein, um Fingerabdrücke zu nehmen, förderte aber nur einen wertlosen Flecken zutage. Dann schlitzte er den Umschlag auf und zog vorsichtig ein einzelnes, einmal gefaltetes Blatt Papier heraus, das er Lindbergh aushändigte.

Es war mit blauer Tinte beschrieben, in einer seltsam umständlichen, kindlichen Schrift, voll exzentrischer Schnörkel und unsicherer Federstriche. »Lieber Sir!« stand da:

Halten sie 50.000 $ bereid 25000 $ in
20 $ Scheinen 1.5000 $ in 10 $ scheinen und
10.000 $ in 5 $ Scheinen. In 2–4 Tagen
sagen wir wo sie das Gelt
hinbringen solln.
Wir warnen Sie, sagen sie
nix den Zeitungen und der polizei
das kind is gut aufgehoben.
Zeichen für alle Brife sind
Singnature
und 3 Löcher.

Noch schwieriger war ein seltsames Zeichen in der rechten unteren Ecke zu entziffern. Das Erkennungszeichen bestand aus zwei blauen, sich überschneidenden Kreisen in der Größe eines Silberdollars. Auf der ovalen Fläche, die durch ihre Überschneidung entstand, befand sich ein ausgemalter roter Kreis in der Größe eines Pennies. In den beiden Kreisen außerhalb des Ovals verlief senkrecht eine gewellte Linie. Links und rechts davon und in der Mitte dieses Tintenstempels waren drei quadratische Löcher ins Papier gestanzt, die eine gerade Linie bildeten, jeweils etwa einen ein Zoll voneinander entfernt. Dieses Zeichen mußte geheimgehalten werden, wenn die Lindberghs sichergehen wollten, daß ein möglicher Briefwechsel auch tatsächlich mit den echten Kidnappern geführt wurde.

Weder das Briefpapier noch das Zimmer erbrachten brauchbare Fingerabdrücke, aber der Brief selbst zeigte genug Eigentümlichkeiten, um Schlüsse über die Identität der Entführer ziehen zu können. Die Handschrift, die Position des Dollarzeichens und die Schreibweise ließen vermuten, daß es sich um einen Europäer handelte, wahrscheinlich einen Deutschen oder Skandinavier.

Bei Tagesanbruch verstärkten sich die Aktivitäten außerhalb des Hauses. Ein halbes Dutzend Polizisten durchkämmte die umliegenden Wälder. Nach zwölf Stunden vor Ort hatte die Polizei noch immer keine Spur

Sat 5./8

Dear Sir!

Have 50.000 $ ready, 25.000 $ in
20 $ bills 15000 $ in 10 $ bills and
10000 $ in 5 $ bills. After 2-4 days
we will inform you will be deliver
the money.

We warn you for making
anything public or for notify the Police
the child is in gute care.

Indication for all letters are
signature.

and 3 holes.

Ex 2

von dem Baby gefunden und nur drei Anhaltspunkte außer dem Brief. Unter dem Kinderzimmerfenster, neben den Kuhlen, die die Leiter hinterlassen hatte, befand sich im Schlamm ein Fußabdruck. Bei näherer Überprüfung zeigte er ein Stoffmuster; vermutlich hatte der Täter Socken oder Stoffsäckchen über die Schuhe gezogen, um keine Fußabdrücke zu hinterlassen, so wie er anscheinend auch Handschuhe trug, um Fingerabdrücke zu vermeiden. Der Kommissar hatte kein Lineal bei sich, versuchte aber doch, die Größe des Fußabdrucks vor Ort zu schätzen: 12½ Zoll lang und 4¼ Zoll breit. Niemand dachte daran, einen Gipsabdruck von dieser Spur zu machen.

Das zweite Beweisstück war ein 9½ Zoll langer Dreiviertelzollmeißel mit Holzgriff. Er wurde neben dem dritten und wichtigsten Beweisstück außerhalb des Hauses gefunden, der Leiter, die die Polizei ins Haus gebracht hatte, um sie näher zu untersuchen. Sie fürchteten, jemand könnte sie als Souvenir mitnehmen, und es schien ihnen wichtiger, das Beweisstück selbst zu retten, als den Tatort unangetastet zu lassen.

Selbst für ein ungeübtes Auge war die Ausziehleiter aufschlußreich. Sie war primitiv, aber raffiniert selbst gebastelt. Die drei Teile hatten jeweils eine Länge von 80½ Zoll und ergaben zusammengesteckt eine Leiter von mehr als 20 Fuß. Sie wog nur wenig mehr als 17 Kilogramm. Ihre Konstruktion ließ beträchtliches handwerkliches Geschick und einigen Weitblick erkennen. Die drei Teile waren unterschiedlich breit, so daß sie ineinandergelegt werden konnten und zusammengeklappt ein transportables Gebilde von 6½ Fuß ergaben.

Ein Leiterabschnitt war gebrochen. Ein Holm am Mittelteil war entlang der Faser gesplittert; vermutlich hatte der Kidnapper zwar erfolgreich in das Kinderzimmer klettern können, aber unter dem zusätzlichen Gewicht des Opfers war das Holz zerbrochen. Die Bruchstelle deutete darauf hin, daß der Entführer und das Kind womöglich aus einer Höhe von fünf Fuß auf den Boden gefallen waren.

Als Corporal Wolf das Haus verließ, um den ersten Bericht zu schreiben, glaubte er, daß mindestens zwei Täter am Werk gewesen seien. »Das Verbrechen wurde sorgfältig geplant«, schrieb Wolf, »und man hat die Lage des Hauses... und den Tagesablauf genau ausgekundschaftet.«

Gleichermaßen offensichtlich war es, zumindest für Oren Root, daß Lindbergh es für nötig hielt, die Oberaufsicht über den Fall zu führen. Niemand bei der New Jersey State Police, vom Chef bis zum kleinsten Beamten, war alt genug, um beim Lösen größerer Kriminalfälle viel Erfahrung zu haben. Ein Gegner Schwarzkopfs schrieb später, er hätte bis dahin nur »als Kaufhausdetektiv in Bamberger's Department Store« polizeiliche Erfahrungen gesammelt. Die meisten, die in dieser Nacht am Tatort waren, hatten bestenfalls Verkehrssünder vor Gericht gebracht. Corporal Kelly zum Beispiel, der den Erpresserbrief für die Fingerabdrücke einstaubte, war bis vor kurzem Streife auf Landstraßen gefahren. Obwohl sich die ganze Polizei nach Kräften bemühte, »war jeder einzelne schon durch Charles Lindberghs Nähe ziemlich nervös«, bemerkte Root.

Zum zweitenmal in weniger als fünf Jahren drehte sich die Welt um Charles Lindbergh. Überall wurden Rundfunkprogramme unterbrochen und Titelseiten neu gesetzt, und der Krieg zwischen China und Japan oder die Versuche des Kongresses, die Prohibition aufzuheben, wurden auf den zweiten Platz verdrängt. »LINDBERGH-BABY AUS DEM ELTERLICHEN LAND- HAUS BEI PRINCETON ENTFÜHRT – AUS DEM BETT GERISSEN – UMFANGREICHE SUCHAKTIONEN«, lautete die vier Spalten breite Schlagzeile auf der Titel- seite der *New York Times*. Auf den Landstraßen von New Jersey wim- melte es von Reportern. Noch vor Tagesanbruch hämmerte ein Journalist gegen die Tür von Paul T. Gebhardts »General Store und Hotel« in Hope- well. »Wach auf, Pop!« schrie er. »Gleich kommen 300 Leute zum Früh- stück!«

Lindbergh, der die Reaktion der Öffentlichkeit vorhersah, schärfte allen im Haus ein, wie wichtig es sei, genau zu überlegen, was man der Presse sage und was man ihr verschweige. »Ihr entschuldigt mich hoffentlich, Freunde«, bat Lindbergh die erste Reportergruppe, die in den Stunden vor der Dämmerung den Weg zu dem abgeschiedenen Haus gefunden hatte, »aber mir ist es lieber, die State Police beantwortet eure Fragen. Ihr ver- steht sicher, wie mir zumute ist.«

Lindbergh ließ das Haus in Hopewell sofort in eine Aushilfspolizeista- tion verwandeln. In der Garage, die zum Hauptquartier wurde, installierte man eine Telefonzentrale mit 20 Anschlüssen. Weil drei Dutzend Schutz- männer aus drei Bezirken geholt worden waren, um jeden Eingang zu Haus und Grundstück zu bewachen, wurde sämtliches im Haus verfügbare Bett- zeug ins Wohn- und Eßzimmer hinuntergeschleppt und das Erdgeschoß in einen improvisierten Schlafsaal verwandelt. Im Gästezimmer sollten die inoffiziellen Konferenzen stattfinden, während Lindberghs Arbeitszim- mer geheimen Besprechungen vorbehalten blieb. Betty Morrows Personal in Englewood kochte täglich für 40 Personen und lieferte die Mahlzeiten nach Hopewell.

Anne hatte in diesen ersten furchtbaren Stunden nur die Anweisung erhalten, sich von allen und jedem fernzuhalten. Inmitten des Chaos ver- suchte sie, getröstet von ihrer Mutter, in ihrem Schlafzimmer einiger- maßen die Fassung zu bewahren. Sie schrieb einen langen Brief an Char- les' Mutter, und die geistige Anstrengung, die Einzelheiten so gut wie möglich zu beschreiben, gab ihr Hoffnung. Daß die Entführer »das Kin- derzimmer kannten, keine Fingerabdrücke hinterließen und eine pas- sende Leiter gehabt hatten«, schrieb sie, »deutet auf *Profis* hin, was rela- tiv gut ist – das heißt nämlich, sie sind nur aufs Geld aus & werden dem Baby nichts tun«. Es nahm ihr ein wenig von der Angst, ein »Wahnsinniger« könnte das Kind geraubt haben. Charles, Henry Breckinridge und die Polizisten wirkten optimistisch, schrieb Anne, sie dächten, »die Entführer haben sich in ein fürchterliches Schlamassel gebracht – so ein gewaltiger Druck, so ein dichtes Netz über dem Land, soviel Mitgefühl für uns, & alle Welt weiß Bescheid«. Anne fand es »schrecklich«, daß sie »so gar nichts Nützliches« tun konnte, aber es tröstete sie schon, wenn sie ihren »ruhigen, klaren, wachen und umsichtigen« Mann sah.

Henry Breckinridge rief einen Freund in Washington an, J. Edgar Hoover, den Leiter des FBI. Da man anfangs annahm, Profis hätten das Verbrechen begangen, wollten Hoovers Agenten ihre Verbindungen zur Unterwelt anzapfen.

Die Reaktionen der Behörden auf das Verbrechen waren beispiellos; mit vereinten Kräften half die Regierung auf allen Ebenen bei der umfangreichsten Menschenjagd der Geschichte. Ein Reporter stellte fest: »An diesem Tag ließ die ganze Welt alles stehen und liegen und sprach entsetzt und wütend über das abscheulichste Verbrechen des Jahrhunderts.« Präsident Hoover und der Justizminister boten Oberst Schwarzkopf die volle Unterstützung jeder für Recht und Ordnung zuständigen Einrichtung an, nicht nur des FBI, sondern auch des Geheimdienstes, der Finanzämter und der Postprüfungsstelle. Die Küstenwachen hatten Sonderdienst. Das Handelsministerium befahl, die Flughäfen im ganzen Land zu kontrollieren, und F. Trubee Davison, Staatssekretär für Luftfahrt im Kriegsministerium, stellte Lindbergh das Air Corps der Army zur Verfügung. Die Fernmeldetruppe verlegte Telefonkabel auf dem kürzesten Weg zwischen Trenton und Hopewell, manchmal quer über Höfe und Felder. Die Zoll- und Einwanderungsbehörden von Kanada bis Texas, vom New Yorker Hafen bis nach Kalifornien waren in Alarmbereitschaft. Auch die Gouverneure von New Jersey und New York, A. Harry Moore und Franklin D. Roosevelt, boten ihre Polizeikräfte an.

24 Stunden nach dem Verschwinden des Babys waren nach grober Schätzung 100 000 Beamte und hilfsbereite Zivilpersonen an der landesweiten Großfahndung beteiligt.

Der Kongreß setzte einen Gesetzentwurf als ersten Punkt auf die Tagesordnung, daß Kidnapping mit der Todesstrafe geahndet würde, falls zwei oder mehr Bundesstaaten betroffen waren. Nach der Verabschiedung hieß es allgemein das »Lindbergh-Gesetz«.

Als nach einem Tag noch keine Spur von dem Kind und keine Nachricht von den Entführern aufgetaucht war, kam auf Lindbergh die schwierige Aufgabe zu, mit den Entführern Kontakt aufzunehmen. Die Medien sollten erfahren, daß eine Lösegeldforderung hinterlassen worden war und die Lindberghs auf jeden Fall zahlen wollten. Anne appellierte an das Herz der Kidnapper und veröffentlichte über die Presse, was das Kind zu essen bekommen sollte. Sie hoffte, »wer immer den Jungen geholt hat, wird vielleicht einsehen, wie wichtig es ist, ihn gut zu versorgen«, in Anbetracht der eben überstandenen Krankheit.

Am 2. März traf eine Postkarte aus Newark ein, adressiert an »Chas. Linberg, Princeton, N. J.«; die J-Schleife war verkehrt herum gemalt. Darauf stand: »KIND SICHER, ANWEISUNGEN SPÄTER, HANDELN SIE DANACH.« Obwohl die Karte weder das Identifizierungssymbol noch dieselbe Handschrift wie der Erpresserbrief auf dem Fensterbrett aufwies, wurde sie überhaupt nicht angezweifelt. Mehr als 500 Mann, praktisch die gesamte Polizeimacht von Newark und weitere fünf Kompanien, wurden auf dieses eine potentielle Beweisstück angesetzt. Die Karte war einem Postboten aufgefallen, als er in Newark in einem Viertel mit Pensionen und Gästehäusern einen Briefkasten leerte, und er hatte sie der Polizei gezeigt, die daraufhin 2000 Häuser auf einer Fläche von zwei Quadratmeilen durchsuchte.

Mittlerweile verfolgten Polizeibeamte im ganzen Land zahllose Autofahrer, die im Lauf des Tages als verdächtig gemeldet worden waren. Von besonderer Bedeutung war die Beobachtung von Benny Lupica, einem Schüler, der etwa eine Meile entfernt von den Lindberghs wohnte. Am Nachmittag des 1. März war er zu seinem Landpostbriefkasten am Straßenrand gegangen, gegenüber der Einfahrt zum Haus der Lindberghs. An dieser abgelegenen Straße stand er, als ein Wagen vorbeifuhr, ein Dodge, aus dessen Beifahrerfenster etwas herausragte, das wie zwei Teile einer Leiter aussah. Lupica sah auch den Fahrer aus dem Augenwinkel, einen Mann mit »einem schmalen Gesicht, der einen schwarzen Mantel und einen weichen Filzhut« trug.

Der Landpostbote aus Hopewell erschien täglich mehrmals im Lindbergh-Haus und brachte jedesmal Hunderte von Briefen. Die Kriminalbeamten überprüften jedes Blatt, zumeist von Fremden. Zu Tausenden kamen in dieser Zeit Erpresserbriefe von Verrückten oder von Menschen, die die Wirtschaftskrise zur Verzweiflung gebracht hatte, und die nun versuchten, an Geld zu kommen. Und wirklich zählten Entführungen inzwischen zu den Verbrechen, mit denen die Banden »das große Geld« machten – Entführungssyndikate schossen in jeder größeren Stadt aus dem Boden. Seit 1930 waren allein in Chicago 4000 solche Verbrechen gemeldet worden.

Ein Alkoholschmuggler, Hochstapler und Polizeispitzel aus New Jersey namens Morris »Mickey« Rosner telefonierte am Tag nach der Entführung des Lindbergh-Babys mit Henry Breckinridge. Er sei des schweren Diebstahls bei einem Aktienschwindel angeklagt, sagte Rosner, und verfüge über die Kontakte, herauszubekommen, wer dieses Verbrechen begangen habe. Am nächsten Morgen saß er mit den drei Colonels, die mit dem Fall befaßt waren, mit Lindbergh, Breckinridge und Schwarzkopf, in einer Ecke der Bibliothek des Hopewell-Hauses und schlug vor, zwei seiner Kumpane sollten als Mittelsmänner zu den Verbrechern fungieren.

Lindbergh war zu oft in gefährliche Situationen verwickelt gewesen, um nicht zu wissen, wie wichtig Ausweichpläne waren. Und so entschied er sich, inoffiziell mit Rosner weiterzuarbeiten. Schwarzkopf war dagegen, daß Breckinridge diesem berüchtigten Kriminellen 2500 Dollar »für seine Auslagen« gab, und er und »Buster« Keaten waren entgeistert, als Lindbergh ihm auch noch den Erpresserbrief mit dem ungewöhnlichen Identifizierungssymbol der sich überschneidenden Kreise zeigte, dem einzigen Prüfstein, mit dem sie die Echtheit weiterer Äußerungen der Entführer nachweisen konnten. Aber Lindbergh fühlte sich so hilflos, daß er glaubte, jeden Weg verfolgen zu müssen, selbst den des Verbrechens. Sein Instinkt sagte ihm, daß es auch eine Ganovenehre gab.

Am Tag nach der Entführung war es schon keine Frage mehr, daß Lindbergh überstürzt reagierte und bedauerte, dazu gezwungen zu sein. Anne, die sich fernhielt, fand, er sehe »verzweifelt« aus, so entmutigt, daß sie sich fürchtete, ihn auch nur anzusprechen. »Wahrscheinlich merkte sie zum erstenmal, daß ihr Lindy kein Gott war, sondern ein Sterblicher«, schrieb Betty Gow. »Wir waren alle so hilflos.« Anne überließ sich ihren Weinkrämpfen in der Abgeschiedenheit ihres Schlafzimmers.

Die Lindbergh-Entführung wirkte sich auf alle Kinder und Eltern in Amerika aus. Auch wenn reiche Leute die bevorzugten Ziele darstellten, war die Angst nicht auf sie beschränkt. Wenn das von Dienstboten bewachte »Baby Lindy« aus dem Haus geraubt werden konnte, war kein Kind in Amerika mehr sicher. Eltern geboten ihren Kindern, *drinnen* zu spielen, und viele durften von jetzt an nicht einmal mehr einen Block weit allein von zu Hause weggehen. Über Generationen diente die Geschichte von der Lindbergh-Entführung als erste Warnung für Kinder.

Zahllose Briefe strömten nach Hopewell, mit Theorien, die einer Agatha Christie würdig gewesen wären. Verrückte Anschuldigungen wurden vorgebracht und hielten sich bis ans Ende dieses Jahrhunderts. Eine lautete, Lindbergh habe sein Kind aus Versehen oder sonst irgendwie selbst getötet und mochte nun die Konsequenzen nicht tragen. Solche Annahmen waren eher auf einen Mangel an Information als an Beweisen zurückzuführen.

Agatha Christie selbst fühlte sich inspiriert und fing die Hysterie, die dieser Fall hervorrief, in ihrem klassischen Krimi *Mord im Orientexpreß* ein.

»Keine Geschichte war zu phantastisch, um ihr nachzugehen«, berichtete die *New York Times* am 4. März, »kein verdächtiges Haus zu entlegen, um durchsucht zu werden. Die ganze Nation war aufgewühlt, und immer wieder hieß es, Unschuldige seien festgenommen und verhört worden.«

»Das Durcheinander ist unbeschreiblich«, berichtete Anne ihrer Schwiegermutter am Samstag, dem 5. März, »tagsüber haben wir unten eine Polizeistation, es wimmelt von Kriminalbeamten, Polizisten und Geheimdienstlern, und nachts liegen im Eßzimmer und in anderen Räumen lauter Matratzen. Jederzeit kann ich aus dem Bett gerissen werden, damit ein paar Kriminalbeamte in diesem Zimmer eine Konferenz abhalten können. Es ist so schrecklich unwirklich, daß ich überhaupt nichts spüre.«

Anfangs wurde jeder vernünftig klingende Anrufer, der behauptete, er habe das Baby gesehen, zu Lindbergh persönlich durchgestellt. Aber niemand beschrieb das Kind zu seiner Zufriedenheit. Tausende von Schaulustigen wanderten in die Sourland Mountains, füllten von morgens bis abends die Straßen von Hopewell und drängelten sich vor der Einfahrt zu Lindberghs Grundstück.

Nach 48 Stunden fast ohne Schlaf gönnte sich Charles endlich eine Nacht Ruhe. Das änderte seine Verfassung merklich und infolgedessen auch die von Anne. »Er ist immer noch angespannt und besorgt«, schrieb sie seiner Mutter, »aber jetzt ist er weniger aufgeregt und hat wieder Auftrieb.« Charles' Optimismus, der seine und Annes schlimmste Befürchtungen ständig beiseite schob und immer nur das Beste hoffte, diktierte alle seine Unternehmungen. Er hatte das Gefühl, solange er etwas tat, blieb das Kind am Leben.

Als Versuch, die Entführer in Bewegung zu bringen, veröffentlichte Lindbergh eine Erklärung, in der er sie dringend bat, einen Vertreter ihrer Wahl zu entsenden, der sich mit einem ihnen genehmen Vertreter von ihm zu jeder Zeit und an jedem Ort, den sie vorschlügen, treffen sollte. Wenn sie dies akzeptierten, verpflichtete sich Lindbergh nicht nur zu Vertraulichkeit, sondern auch dazu, »diejenigen, die mit der Rückgabe des Kindes zu tun haben, in keiner Weise zu behelligen«.

Zu diesem Zeitpunkt begannen die Behörden einen Mann zu verdächtigen, bei dem sie überzeugt waren, sie seien auf der richtigen Spur. »Red« Johnson, Betty Gows Verehrer, war in West Hartford, Connecticut, festgenommen worden, als eine weitere, angeblich vom Entführer aufgegebene Postkarte im Postamt von Hartford auftauchte. Auch sie wies das verkehrt geschriebene J in New Jersey auf und lautete: »Baby in Sicherheit. Ruhe bewahren.« Er hätte wegen seiner Beziehung zu dem Kindermädchen nicht nur vom Haus der Lindberghs Kenntnis gehabt, sondern auch vom Tun und Treiben aller dort lebenden Personen. Die Polizei stürzte sich darauf, daß er ein illegal im Land lebender Ausländer war, und fand infolgedessen auch alles andere an dem norwegischen Seemann verdächtig. Für einige Polizeibeamte schien der Fall schon abgeschlossen, als sie in seinem grünen Chrysler Coupé, einem Auto, das mehrere Zeugen in der Nachbarschaft des Lindbergh-Hauses gesehen hatten, eine leere Milchflasche fanden. Ein milchtrinkender Seemann lag nicht im Bereich der Wahrscheinlichkeit, und erst mußten mehrere Personen bezeugen, daß Johnson ab und zu einen Becher Milch trank, bis man die Möglichkeit seiner Unschuld in Erwägung zog. Als Absender der Postkarten wurde bald darauf ein geistig verwirrter Junge identifiziert.

Nach mehreren Tagen erbarmungslos »strenger Verhöre und kritischer Untersuchungen« wurde auch Betty Gow von jedem Verdacht reingewaschen. Da sie die besten Bedingungen für das Verbrechen gehabt hätte, betrachteten sie viele zumindest als Komplizin, wenn nicht als Hauptverdächtige. Aber Betty fehlte jedes Motiv. Sie liebte das Kind, als wäre es ihr eigenes, und war bei seinem Verschwinden genauso verzweifelt gewesen wie die Mutter des Jungen. Ironischerweise hörte sie jahrelang nicht auf, sich Vorwürfe zu machen, die stets mit den Worten begannen: »Wenn ich nur...« Doch für Charles waren sie und alle anderen Dienstboten im Lindberghschen Haushalt über jeden Verdacht erhaben.

Am 4. März 1932 kam eine weitere, diesmal echte Lösegeldforderung, beglaubigt durch das Identifizierungszeichen der sich überschneidenden Kreise und eingestanzten Löcher. »Wir haben sie gewarnd nix an die zeitung oder Polizei«, stand in der gleichen zitterigen Handschrift in dem Brief; die kleinen »t«s hatten keine Querstriche, und Rechtschreibung, Handschrift und Ausdrucksweise wiesen viele andere Eigenarten auf. »Jetz müssen sie die folgen tragen.« Weil die Öffentlichkeit eingeschaltet worden wäre, müßte die Transaktion verschoben werden. »Keine angsd um das Kint«, fuhr der Briefschreiber fort und versicherte den Lindberghs, sie würden es gemäß dem Ernährungsplan füttern und wollten es »gesunt zurückgeben.« Diese Verzögerung bedeute jedoch, daß sie eine weitere Person in die angedeutete Verschwörung einschalten und deshalb ihre Forderung auf 70 000 Dollar erhöhen müßten. Ein Postscriptum fügte hinzu, die Entführung sei seit Jahren geplant und »deswegn wir sind vorbereidet auf ales«.

Eine fast wörtliche Abschrift dieses Briefes wurde nach New York geschickt, zu Händen von Henry Breckinridge. Die Sätze waren ebenso unsicher wie im ersten Brief, aber die Handschrift wirkte deutlich fester. Die grundsätzlichen Eigenheiten waren gleich geblieben, aber die Schrift wirkte weniger ungeschickt, als versuche der Schreiber nicht mehr, sich zu verstellen. Auch in diesem Brief stand, daß für den Jungen gut gesorgt werde, aber er machte klar: »Wir wolen keinen mitelsman von ihnen.« Die Lindberghs sollten auf Anweisungen warten, wohin das Geld zu liefern sei, aber das werde erst geschehen, »wen die polizzei draußen ist aus dem fall und die Zeitungen sint still«.

Diese Briefe, die nicht an die Öffentlichkeit drangen, jagten Lindbergh einen freudigen Schrecken ein, da sie das Gespräch fortsetzten, das zur Rettung seines Sohnes führen konnte. Über die Zeitungen gab er bekannt, wenn die Entführer nicht direkt mit ihm und seiner Frau verhandeln wollten, »bevollmächtigen wir ›Salvy‹ Spitale und Irving Bitz als unsere Stellvertreter. Wir gehen auch jeden anderen Weg, den die Entführer vorschlagen und von dem wir sicher annehmen können, daß er uns das Kind

236

zurückbringt.« Bitz und Spitale, erklärten die Zeitungen, seien ehemalige Kumpane von Jack »Legs« Diamond, einem kürzlich ermordeten Gangster. Daß Mickey Rosner die beiden in den Fall eingebracht hatte, erfuhr auch die Presse nicht, so daß sie als unabhängige Agenten gelten konnten.

Aufgebracht debattierte das ganze Land darüber, ob es moralisch zu rechtfertigen sei, mit Kriminellen zu verhandeln; Anne jedoch fühlte sich nach dem Treffen mit den »Königen der Unterwelt« diesen näher, weil sie bei ihnen aufrichtiges Mitgefühl spürte – anders den vielen Politikern, die nur um der eigenen Popularität willen auf dem Anwesen in Hopewell erschienen und sich neben der Leiter fotografieren ließen, die die Polizei wieder ans Haus gelehnt hatte, um den Vorfall zu rekonstruieren. Charles warnte Anne immer wieder: »Verlaß dich auf nichts, solange du es nicht *wirklich* hast«, aber selbst mit den Ganoven an ihrer Seite schrieb sie ihrer Schwiegermutter, alles sehe entschieden »gut« aus.

Charles war sichtlich »angeregt und lebendig«, endlich fähig, in dieses Katz-und-Maus-Spiel einzugreifen, von dem er glaubte, er könne es gewinnen, wenn er nur die richtigen Züge machte und fair spielte. Anne, die von seiner Stimmung abhängig war, fühlte sich »viel glücklicher«, und war überzeugt, daß ihr Baby in Sicherheit war. Sie schrieb Charles' Mutter fast täglich.

Anne wußte es zu schätzen, daß sie von hoffnungsvollen und disziplinierten Menschen umgeben war. »In meiner Familie und in der meines Mannes hatte man immer viel auf Selbstbeherrschung und Disziplin gehalten«, schrieb sie später. »Die Menschen in meiner Umgebung waren mutig, und ihr Mut hielt mich aufrecht. Das war auch notwendig, nicht nur um der Sicherheit des ungeborenen Kindes willen, sondern auch für die sichere Rückkehr des entführten Kindes.« Obwohl ihnen Hunderte von Menschen »hingebungsvoll« halfen, befanden sich die Lindberghs nach wie vor in der schrecklichen Lage, warten und sich der unmöglichsten Komplizen bedienen zu müssen.

In Washington saß ein schweinsköpfiger Mann mittleren Alters namens Gaston Means im Wohnzimmer von Mrs. Evalyn Walsh McLean, einer der reichsten Frauen der Welt. Means stammte zwar aus einer vornehmen Familie in North Carolina, hatte aber in seinem Leben des öfteren die Gesetze übertreten. Nachdem er als Ermittlungsbeamter beim Justizministerium rausgeflogen war, begann er zu schmuggeln und saß einige Zeit in Atlanta im Zuchthaus. Mrs. McLean war die Tochter eines Minenmagnaten aus Colorado und lebte getrennt von ihrem Mann, dem Verleger der *Washington Post* und Besitzer des Hope-Diamanten. Tief bewegt von der Notlage der Lindberghs, willigte sie ein, sich mit Gaston Means zu treffen, als er sie anrief, er habe wichtige Neuigkeiten zum Fall Lindbergh. Aber Mrs. McLean war keine Närrin, sie bat ihren Freund Jerry Land, Evangeline Lindberghs Vetter, als Zeuge dabeizusein.

In seiner Zeit als Krimineller, erklärte Means, habe er den Anführer des Verbrecherringes kennengelernt, der das Lindbergh-Baby entführt habe. Wenn er diesem 100 000 Dollar zahle, könne er die sichere Rückkehr des Kindes garantieren. Seine Erklärung steckte voller zwingender Einzelheiten, zum Beispiel, daß die Kidnapper auf einem katholischen Geistlichen als Vermittler bestünden. Mrs. McLean suchte sich einen Priester und war bereit, das Geld rauszurücken. Jerry Land fuhr nach Hopewell und verbürgte sich dort für die augenscheinliche Ehrlichkeit von Gaston Means. Da Means' Vermutungen bezüglich der Beteiligung der Unterwelt zu denen von Rosner, Bitz und Spitale zu passen schienen, befahl Lindbergh, seinem Plan zu folgen – unter der Bedingung, daß er Mrs. McLean das Geld erstatten wollte, wenn sich die Transaktion als erfolgreich erwies. Die Erbin hob das Geld in gebrauchten Scheinen von der Bank ab, zuzüglich 4000 Dollar, um Means »Ausgaben zu decken«.

Unterdessen ging in Norfolk, Virginia, John Hughes Curtis, Chef der ums Überleben kämpfenden *Curtis Boat Building Corporation* zum Dekan der Episkopalkirche, Hochwürden Harold Dobson-Peacock, und wartete seinerseits mit einer erstaunlichen Geschichte auf. In diesen finanziell schwierigen Zeiten habe er, Curtis, das Boot eines Rumschmugglers repariert, welcher nun behaupte, die Entführer des Lindbergh-Babys hätten ihn gebeten, Curtis vorzuschlagen, ob er nicht als Mittelsmann fungieren möchte. Curtis sei zwar ein angesehenes Gemeindemitglied, verfüge aber nicht über genug gesellschaftlichen Rückhalt, um selbst an die Lindberghs heranzutreten. Er wisse jedoch, daß Dobson-Peacok als Pfarrer in Mexico City die Morrows kennengelernt habe. Curtis' Geschichte überzeugte den Reverend so sehr, daß er die Lindberghs anrief. Er kam jedoch nicht weiter als bis zu einem Sekretär namens Morris Rosner. Die Hausbewohner hatten die Zügel an sich gerissen.

Unbeirrt schlug Curtis einen anderen Weg ein, um an Lindberghs Tür zu kommen. In Norfolk lebte der pensionierte Admiral Guy Hamilton Burrage, ehemaliger Kommandant der *Memphis*, des Kreuzers, auf dem Lindbergh 1927 aus Paris heimgefahren war. Curtis brachte Burrage dazu, Lindbergh anzurufen. Nachdem er sich ihm in Erinnerung gebracht hatte, holte Burrage Curtis ans Telefon. Aber Lindbergh blieb seltsam unverbindlich, und dem verdutzten Burrage blieb nichts übrig, als Curtis und Dobson-Peacock vorzuschlagen, sie sollten brieflich um ein Treffen in New Jersey bitten.

Der Grund für Lindberghs Zögern war der plötzliche Auftritt einer noch clowneskeren Figur auf der Bühne, die inzwischen zu einem Affenzirkus geworden war: John F. Condon. Der 71jährige Condon, ehemals Schulleiter und Mathematiklehrer mit Ehrendoktor, war ein Walroß von einem Mann mit struppigem, weißem Schnurrbart und dickem Bauch. Er trug fast immer schwarze, dreiteilige Anzüge und einen schwarzen Bowler, den er im Sommer durch einen Strohhut ersetzte. Er war ein glühender Patriot und Mitglied des YMCA, für den er bei lokalen athletischen Wettkämpfen den Schiedsrichter spielte. Condon war so erbost, daß sein Held Charles Lindbergh mit gemeinen Kriminellen verkehren mußte, um seinen Sohn zurückzubekommen, daß er beschloß, in dieser Sache tätig zu werden.

Unaufgefordert bot dieser Herr, der sein Leben lang in der Bronx gelebt hatte, in einem Brief an seine Regionalzeitung, die *Bronx Home News,* seine Dienste als Vermittler an. Pompös und an der Grenze zur Lächerlichkeit schrieb Condon mit purpurroter Tinte und in einer Handschrift, die so blumig wie seine Sprache war: »Ich biete alles an, was ich zusammenkratzen kann, damit eine liebende Mutter ihr Kind wiederbekommt und Oberst Lindbergh erfährt, wie dankbar das amerikanische Volk für die Ehre ist, die ihm dank seinem Mut und seiner Kühnheit zuteil wurde.« Er wollte auf das von den Lindberghs geforderte Lösegeld von, wie er meinte, 50 000 Dollar selber noch 1000 Dollar als Garnierung drauflegen. »Ich bin bereit, allein und auf eigene Kosten überallhin zu fahren, dem Entführer das Extrageld zu geben und zu versprechen, niemals jemandem seinen Namen zu verraten.« Weder Lindbergh noch die Polizei in New Jersey wußten von seinem Angebot.

Als Condon am 9. März abends in sein bescheidenes Haus in der Bronx heimkehrte, fand er einen Brief vor, der in sauberen, aber kindlichen gekritzelten Großbuchstaben an ihn persönlich adressiert war. »Werter Herr«, stand da:

Wenn sie bereid sind als Vermidler zu handeln
im Vall Lindbergh bitte folgen sie genau
Anweisung. Geben sie beiligenden Brief persönlich
an Mr.Lindbergh. Da stet ales drinn. Nimand
was sagen wen wir merken das die Presse
oder polizei erfärt wirt ales abgeblassen und es
gibt wider Verspetung. Wenn sie das Gelt habn
von Mr.Lindbergh sezzen sie die 3 Wörter in den New
York American
Gelt is fertig. Wenn gelesen wir geben ihnen
weiter Anweisung keine angsd wir sind nicht
aus auf ihre 1000 Dollar behalt sie. Handeln sie genau.
Sind sie jeden abend daheim von 6–12 da höhren sie von
uns.

Beigefügt war ein zweiter zugeklebter Umschlag, an Lindbergh adressiert. Wegen der unleserlichen Handschrift glaubte Dr. Condon, es handle sich um den Brief eines Verrückten. Aber er wollte doch den Rat von ein paar Freunden einholen.

Condon zeigte den Brief Max Rosenhain, einem befreundeten Gastwirt, der vorschlug, einen weiteren Freund ins Vertrauen zu ziehen, einen Textilvertreter namens Milton Gaglio, der ein Auto besaß. Sie überredeten Condon, im Haus Lindbergh in New Jersey anzurufen. Dort kam Robert Thayer, ein junger Rechtsanwalt, ans Telefon. Er bat Condon, den an Lindbergh adressierten Brief vorzulesen, und als er das seltsame, durchlöcherte Symbol am Fuß der Seite beschrieb, bat ihn Thayer, sofort nach Hopewell zu kommen.

Gegen Mitternacht fuhren die drei Männer in Gaglios Wagen los, riefen von Princeton aus bei Lindbergh an, um sich anzumelden und ließen sich von einem Polizisten den Weg nach Hopewell beschreiben. In dem Städtchen trafen sie auf Oberst Breckinridge, der sie zum Haus leitete. Kurz vor 3.00 Uhr morgens führte Breckinridge Condon, Rosenhain und Gaglio durch die Küchentür in Lindberghs Haus. Er brachte Condon nach oben ins Kinderzimmer, wo Lindbergh zu ihnen stieß. Condon zeigte ihm die beiden offensichtlich authentischen Briefe. Sie beschlossen einstimmig, daß Condon als offizieller Mittelsmann fungieren sollte.

Lindbergh forderte Condon auf, er solle im Haus übernachten. Für Gaglio und Rosenhain war kein Platz mehr, deshalb fuhren sie wieder. Condon verbrachte die Nacht sozusagen auf dem Fußboden im Kinderzimmer, auf einer Matratze mit Armeebettzeug.

Am nächsten Morgen entfernte Condon die beiden Sicherheitsnadeln von der Zudecke im Kinderbett und nahm ein paar Spielsachen mit, einen Löwen, ein Kamel und einen Elefanten. Er erklärte Lindbergh und Breckinridge, mit ihrer Hilfe wolle er die Entführer und das Kind identifizieren; er werde die Entführer fragen, wo sie zum letzten Mal diese Sicherheitsnadeln gesehen hätten, und beobachten, wie das Kind auf die Spielsachen reagiere. Als er fragte, ob der Junge die Tiere unterscheiden könne, meinte Lindbergh, seine Reaktion auf Löwe und Kamel würde nichts verraten, aber zu dem dritten Tier sage sein Sohn »Felefant«.

Nach dem Frühstück übergab Lindbergh dem Mann aus der Bronx einen Brief mit einem einzigen Satz, der Vollmacht, als Vermittler zu handeln. Breckinridge fuhr Mr. Condon heim und erlebte unterwegs seinen Fahrgast als flapsig, aber vertrauenswürdig. Wie angewiesen, setzte Condon die Anzeige in den *New York American*, aber weil ihn viele Leute kannten, benützte er nach allgemeiner Absprache ein Pseudonym. John F. Condon schlug ein Akronym aus seinen Initialen vor, »Jafsie«. Mit dem Erscheinen der ersten »Jafsie«-Anzeige kehrte Hoffnung in das Lindbergh-Haus zurück.

»Wir machen jetzt *wirklich* echte Fortschritte. Mir geht es heute *viel* besser. Es sieht aus, als ginge es vorwärts«, schrieb Anne nach einer tränenreichen Woche an Mrs. Lindbergh. Obwohl sie immer versuchte, ihr Schluchzen im Kissen zu ersticken, hatte Charles sie mehr als einmal gehört und sie »scharf« gerügt: Wer sich sorge, gebe die Hoffnung auf.

Am frühen Nachmittag des 11. März, einem Freitag, wenige Stunden, nachdem Jafsies erste Anzeige erschienen war, läutete bei Dr. Condon das Telefon. Er war nicht zu Hause. Mrs. Condon sagte dem Anrufer, der nach ihren Worten »mit starkem Akzent und tiefer, gutturaler Stimme« sprach, ihr Mann komme gegen 18.00 Uhr zurück. Etwa um 19.00 Uhr läutete es wieder, und ein Mann mit deutschem Akzent fragte: »Haben Sie mein Brief mit der *Sing-natur* gekriegt?« und verriet sich damit unabsichtlich als Autor der ersten Lösegeldforderung, in der das Wort so geschrieben stand, wie er es nun falsch aussprach. Sie unterhielten sich ein paar Minuten, und der deutsche Anrufer forderte Condon auf, in der kommenden Woche jeden Abend zwischen 18.00 Uhr und Mitternacht zu Hause zu sein; dann würde er die nächsten Instruktionen erhalten. Condon hörte im Hintergrund Stimmen, eine schrie auf italienisch: »State zitto!«, was soviel heißt wie: »Halt den Mund!« Breckinridge blieb bei den Condons über Nacht. An diesem Abend bat im Madison Square Garden der Ansager zwischen zwei Boxkämpfen die 15 000 Zuschauer, sich zu erheben und drei Minuten schweigend »für die sichere Rückkehr des Lindbergh-Babys zu beten«. »Es ist erschütternd und erhebend, wenn so viele Menschen von einem einzigen Gedanken beseelt werden«, schrieb Anne über dieses gemeinsame Gebet und erinnerte sich voller Zuversicht, daß ähnliche Fürbitten geholfen hatten, ihren Mann 1927 nach Paris zu bringen.

Am nächsten Abend um 18.00 Uhr erschienen Breckinridge und Al Reich wieder bei Condon in der Decatur Avenue Nr. 2974. Um 20.30 Uhr klingelte ein Taxifahrer namens Joseph Perrone an der Tür und lieferte einen Brief für Dr. Condon ab, auf dem Name und Adresse in der mittlerweile bekannten krakeligen Handschrift geschrieben standen. »Wir trauen ihnen aber wir kommen nicht in ihr Haus es ist viel gefehrlich«, stand darin. »sogar sie können nicht wissen, ob polizei oder Geheim dinst beobachtet sie.« Der Taxifahrer wartete vor der Tür, während Condon und Breckinridge die folgenden Anweisungen lasen: Condon solle zur letzten U-Bahn-Station an der Jerome Avenue fahren, 30 Meter weiter fände er auf der linken Seite eine leere Hot-dog-Bude mit einem offenen Vordach. Unter diesem Vordach läge ein Stein und unter dem Stein eine Notiz, die ihm sagte, wohin er als nächstes zu gehen habe. Der Brief befahl ihm auch, das Geld mitzubringen, und zwar in einer Dreiviertelstunde. Er war mit dem merkwürdigen Symbol beglaubigt.

Breckinridge war bestürzt. Es war Samstag, und es würde Tage dauern, bis er das Geld zur Verfügung hätte. Trotzdem meinte Condon, er müsse die Verabredung einhalten. Er stieg in Al Reichs Ford Coupé, und Breckinridge bat ihn, vorsichtig zu sein, schließlich verhandle er mit Verbrechern. Von dem Taxifahrer erfuhr Breckinridge, daß ihn ein Mann mit braunem

Überzieher und braunem Filzhut an der Gun Hill Road bei Knox Place angehalten habe. Er habe mit deutschem Akzent gefragt, ob er, Perrone, die Decatur Avenue Nr. 2974 finden könne, und ihm dann den Brief und einen Dollar ausgehändigt.

Die Station »Woodlawn« am Ende der Jerome Avenue war nur eine gute Meile entfernt. Problemlos fand Condon die weiterführenden Anweisungen. Auf dem Rückweg zum Auto blieb Condon unter einer Straßenlampe stehen und las den Brief laut, so daß Al Reich ihn gut hören konnte. »Überqueren sie die Strase und folgen sie dem zaun von dem Friedhof Richtung 233. strase. Ich treffe sie.« Der hohe Eisenzaun bezeichnete die Westgrenze des Woodlawn-Friedhofs und trennte den historischen Friedhof vom Van Cortlandt Park. Als Al Reich Condon zum Haupteingang des Friedhofs fuhr, witzelte er nervös: »Wenn Sie erschossen werden, braucht man Sie zur Beerdigung wenigstens nicht weit zu tragen.«

Condon wartete vor dem großen Haupttor, las noch einmal die Anweisungen und blickte auf die Uhr. Es war 21.15 Uhr. Ein Mann näherte sich auf der Jerome Avenue, ging aber vorbei. Nach weiteren 15 Minuten in der Kälte sah Condon durch die Torstreben von innen ein weißes Tuch winken. Condon trat näher, da der Mann mit dem Tuch im Dunkel zwischen den Grabsteinen schwer zu sehen war. Er war in einen Mantel gehüllt, hatte die Krempe seines Filzhutes über die Augen gezogen und hielt sich das Taschentuch über Mund und Nase. »Haben Sie meinen Brief gekriegt?« fragte er. »Haben Sie Geld?« Condon erkannte die Stimme vom Telefon, sagte, nein, er könne das Geld erst bringen, wenn er das Kind gesehen habe. Plötzlich hörten die beiden Männer Schritte im Friedhof. Der Mann im Schatten befürchtete, es könnte die Polizei sein. Condon versicherte, er habe sie nicht mit hineingezogen, doch der Fremde fand es zu gefährlich, kletterte im nächsten Augenblick über den Zaun und rannte die Jerome Avenue hinauf.

Es war ein uniformierter Friedhofswächter gewesen. Condon beruhigte den Wachmann, alles sei in Ordnung, und verfolgte den Mann auf eigene Faust. Weit drinnen im Van Cortlandt Park, am Südende des Sees, ließ der Mann sich von Condon einholen. »Sie sollten sich schämen«, will Condon gesagt haben. »Niemand will Ihnen was tun.« Aber der Mann sagte ängstlich, wenn man ihn fasse, könne er zu 30 Jahren verurteilt werden, müsse vielleicht sogar auf dem elektrischen Stuhl »brennen«. Außerdem sei er nur ein Bote der eigentlichen Entführer.

Den Hut heruntergezogen und den Mantelkragen aufgestellt, ging der Mann mit Dr. Condon zu einer Bank in der Nähe eines Tennisclubs, und sie setzten sich. »Was ist, wenn das Baby tot ist?« fragte der Mann und sprach damit einen Gedanken aus, den bisher noch niemand geäußert hatte. »Muß ich brennen, wenn das Baby tot ist?« Erschrocken fragte Condon, warum sie sich dann träfen. Der Mann mit dem vermummten Ge-

242

sicht versicherte ihm, das Baby sei nicht tot, es werde vielmehr besser versorgt, als der Ernährungsplan in der Zeitung vorschreibe. Und doch fragte er seltsamerweise wieder: »Muß ich brennen, wenn ich es nicht getötet habe?« Er beeilte sich hinzuzufügen, der Oberst brauche sich keine Sorgen zu machen, dem Baby gehe es gut.

Condon versuchte sich zu vergewissern, daß er mit jemandem sprach, der direkten Kontakt zu dem Kind hatte. »Sie haben doch meinen Brief gekriegt mit der *Singnatur*«, sagte der Mann. »Sie ist gleich wie in dem Brief mit der *Singnatur* im Kinderbett.« Condon zögerte, er hatte gehört, die Lösegeldforderung habe auf dem Fensterbrett gelegen. Aber das brachte ihn auf die Sicherheitsnadeln, die er aus dem Kinderbett mitgenommen hatte, und er fragte den Mann, ob er die schon einmal gesehen habe. Der Mann erkannte sie richtig als die Nadeln, mit denen die Bettdecke an die Matratze geheftet war.

Nach Condons Aussage plauderten sie nun ganz freundlich miteinander. Der Mann teilte mit, sein Name sei John, er stamme aus Boston, sei Seemann und Skandinavier, kein Deutscher. Condon versuchte nach Kräften, »John« durch das Gespräch festzuhalten; er hoffte, ihn soweit aus der Reserve zu locken, daß er Informationen erhielt und vielleicht einen richtigen Blick in sein Gesicht werfen konnte.

Sie unterhielten sich über eine Stunde lang. John ließ in seiner Wachsamkeit selten nach, aber Condon konnte schließlich immerhin erkennen, daß der Mann vor ihm etwa Mitte Dreißig war, hager, knapp 1,80 groß, ein Mittelgewicht von gut 70 Kilo mit einem glattrasierten, narbenlosen Dreiecksgesicht – hohe Wangenknochen, ein kleiner Mund und tiefliegende, mandelförmige, blaugraue Augen. John sagte, das Kind befinde sich auf einem »Schief«, ungefähr sechs Stunden Luftlinie weit weg, in der Obhut von zwei Krankenschwestern. Die Bande habe einen Anführer, der 20 000 Dollar von dem Lösegeld verlange, während seine drei Komplizen und die beiden Krankenschwestern jeweils 10 000 wollten. Weder »Red« Johnson noch Betty Gow seien in das Verbrechen verwickelt. Condon versuchte, John zu überreden, er solle der Gang den Rücken kehren und bei der Polizei auspacken, aber er weigerte sich. Das Verbrechen sei ein Jahr lang geplant worden, und er stehe zu seiner Aufgabe, über Dr. Condon das Lösegeld einzutreiben. Um dem Anführer zu beweisen, daß er, John, seine Aufgabe erfüllt habe, solle Condon bitte noch einmal eine Anzeige in die *Bronx Home News* einrücken: »Baby lebt und ist gesund. Geld liegt bereit.« Weil Condon auf einem Handel »gegen Nachnahme« bestand, wollte John am Montag ein Beweisstück dafür schicken, daß diese Bande das richtige Baby in Händen habe. Zur Bekräftigung ihres Abkommens schüttelten sich die beiden Männer die Hand. Um 22.45 Uhr stahl sich John zwischen den Bäumen davon, fast so geheimnisvoll, wie er erschienen war.

Reich fuhr Condon heim in die Decatur Avenue, wo Henry Breckinridge auf ihn wartete und jede Einzelheit hören wollte. Der Rechtsanwalt war beeindruckt von Johns Behauptung, das Verbrechen sei ein Jahr lang geplant worden, denn damit wiederholte er, was in einem der Lösegeldbriefe gestanden hatte, die Condon nie gesehen hatte. Breckinridge war überzeugt, daß sie mit den echten Entführern in Verbindung standen. Al Reich fügte hinzu, er habe den deutlichen Eindruck, der Mann, der auf der Jerome Avenue an Condon vorbeigegangen sei – er beschrieb ihn als mittelgroßen Italiener – stecke mit John unter einer Decke und habe ihm wahrscheinlich Condons Kommen gemeldet. Obwohl er Johns Gesicht nie ganz gesehen hatte, versicherte Condon, er würde ihn wiedererkennen.

Lindbergh machte sich keine allzu großen Hoffnungen, sagte aber seiner Frau und seiner Schwiegermutter, er beurteile die Lage als »sehr, sehr gut«. In dieser entscheidenden Phase geheimer Verhandlungen spuckte die Presse neue Geschichten aus, bei denen die Gefahr bestand, daß sie die Kidnapper in ihren Bau zurückjagten. Der Gangster Mickey Rosner behauptete plötzlich in Interviews, dem Baby gehe es gut. Dann, ohne daß jemand etwas davon geahnt hatte, kündigte der New Yorker *Daily Mirror* an, der prominente Anwalt Dudley Field Malone werde als offizieller Unterhändler 250 000 Dollar Lösegeld übergeben. Das würde die Entführer mit Sicherheit von dem Hungerlohn abbringen, mit dem sie sich gerade noch zufriedengeben wollten. Weitere Gerüchte gingen um, die *Daily News* habe die Entführung selbst in die Wege geleitet, denn, wie Betty Morrow in ihrem Tagebuch schrieb, »die Boulevardzeitungen hassen C.!«.

Einige Tage lang warteten alle. Wie angeordnet setzte Condon eine Anzeige in die *Bronx Home News* vom 13. März: »BABY LEBT UND IST GESUND. GELD IST BEREIT. RUFEN SIE AN, WIR TREFFEN UNS. JAFSIE.« Es kam keine Antwort. Am 14. März gaben sie wieder eine Anzeige auf, diesmal mit dem Text: »GELD IST BEREIT. KEINE BULLEN. KEIN GEHEIMDIENST. KEINE PRESSE. ICH KOMME ALLEIN, WIE BEIM LETZTENMAL. BITTE ANRUFEN. JAFSIE.« Als keine Antwort kam, ließen sie dies am nächsten Tag noch einmal drucken. Wieder kam keine Antwort, und sie führten näher aus: »ICH NEHME AN. GELD IST BEREIT. SIE WISSEN JA, WENN ICH DAS PAKET NICHT KRIEGE, DARF ICH NICHT ZAHLEN. BITTE, WIR BRAUCHEN EINE ART NACHNAHMEGESCHÄFT... SIE WISSEN, SIE KÖNNEN MIR TRAUEN. JAFSIE.«

Vielleicht hatten die Entführer Zweifel angemeldet. In diesen Tagen ängstlichen Wartens hatten Condon und Breckinridge zwei leicht verdächtige Erlebnisse. Eines Tages kam ein kleiner, junger Italiener ans Haus, um Nadeln zu verkaufen. Beide Männer öffneten die Tür, und Condon kaufte ihm etwas ab. Als der Italiener fortging, sah Breckinridge, daß er bei keinem einzigen anderen Haus in diesem Block stehenblieb. Eine Stunde später erschien ein zweiter Italiener bei den Condons, diesmal mit

einem Schleifstein. Breckinridge fand, er sehe durchaus wie ein Scherenschleifer aus; sie gaben ihm ein Messer und ein paar Haushaltsgegenstände
zum Schleifen, und Condon zahlte ihm einen Vierteldollar. Genau wie der
Nadelverkäufer verließ auch der Scherenschleifer den Block, ohne seine
Arbeit noch woanders anzubieten. Breckinridge nahm an, einer oder beide
seien von den Entführern geschickt worden, um zu ermitteln, ob das Haus
bewacht war.

Drüben in New Jersey versuchte H. Norman Schwarzkopf unterdessen, die Öffentlichkeit zu beschwichtigen. Er hatte Lindberghs Forderung
nachgegeben und nichts von der verdeckten Operation in der Bronx erzählt, und jetzt sah es aus, als mache er im Fall Lindbergh keine Fortschritte. Alle Quellen seiner Staatspolizei, die legitimen und die aus dem
Untergrund, versiegten. Spitale, Bitz und Rosner standen mit leeren Händen da. Immer wieder überprüften Polizisten aus New Jersey angeblich in
Maryland, Tennessee oder Kentucky aufgetauchte Lindbergh-Babys, aber
nie gab es ermutigende Nachrichten. Schwarzkopf bediente sich sogar des
Radios und bat die Nation um Hilfe. Lindbergh vertraute ihm weiterhin
»rückhaltlos«, er fand es wunderbar, wie er »Hunderte von Komplikationen und Schwierigkeiten, Druck von seiten der Presse, kleinliche Eifer-
süchteleien, Einmischungen der Politiker usw. usw.« verächtlich beiseite
schob. In den ersten warmen Märztagen strömten Touristen zum Haus der
Lindberghs. Kunstflieger starteten von einem Aushilfsflugplatz in Hopewell und boten an, Schaulustige für 2,50 Dollar über das Grundstück zu
fliegen.

Am 16. März 1932 traf ein in Brooklyn aufgegebenes Päckchen bei Dr.
Condon ein. Er erkannte die Handschrift und gab Breckinridge Bescheid.
Dieser kam aus seinem Büro und öffnete das Päckchen. Es enthielt einen
grauen, wollenen Dr.-Denton-Schlafanzug Größe 2, gewaschen und gebü-
gelt. Breckinridge rief Lindbergh an und bat ihn, in die Bronx zu kommen
und das Kleidungsstück zu identifizieren. In einem Begleitbrief mit dem
unmißverständlichen Kennzeichen stand, daß sich unter den derzeitigen
Umständen der von Condon vorgeschlagene direkte Tausch verbiete; das
Kind sei gesund, und acht Stunden nach Erhalt der 70 000 Dollar würden
die Entführer Condon mitteilen, wo das Kind zu finden sei. »Wenn es eine
Fale ist«, schloß der Brief, »sind sie verandwortlich für die folgen.« Um
1.30 Uhr morgens traf Lindbergh – mit Jägerhut und großer Sonnenbrille,
um den Reportern zu entkommen – bei Dr. Condon ein. Er musterte den
Schlafanzug und sagte: »Er sieht genauso aus wie das Kleidungsstück meines Sohnes.«

Lindbergh war so aufgeregt, daß er das Lösegeld sofort bezahlen wollte.
Condon fragte, ob sie nicht erst das Kind sehen wollten, aber der Vater des
Jungen fand, die Zeit sei allmählich ihr schlimmster Feind, sie mache die
Entführer wütend und gebe der Presse die Möglichkeit, die geheimen Ver-

handlungen aufzudecken. Sie mußten sich auf das Ehrenwort der Entführer verlassen. Condon wandte ein, ihre Anzeige deute zumindest die Notwendigkeit »einer Art Nachnahmegeschäft« an, aber Lindbergh blieb hart. Am 18. März druckte die *Bronx Home News* die denkbar einfachste Antwort: »ICH NEHME AN. GELD LIEGT BEREIT. JOHN, IHR PÄCKCHEN IST ANGEKOMMEN UND O. K. BITTE UM ANWEISUNGEN.«

In dem ängstlichen Bestreben, den Tauschhandel voranzutreiben, wandte sich Lindbergh mit einer inständigen Bitte an die Presse. Dadurch, daß die Presse landesweit dem Fall so viel Platz einräume, verzögere sich die Rückkehr des Kindes. Er bitte in diesem höchst kritischen Augenblick darum, daß »die Zeitungen ab sofort ihre Berichte über den Fall auf dreihundert Worte pro Tag beschränken, und daß diese kurzen Berichte einspaltig erscheinen, um typographisch möglichst wenig aufzufallen«. Eine Zeitlang entsprach man seiner Bitte. »Es kommen weniger Telefonanrufe und weniger Briefe; die Reporter jagen uns nicht mehr«, schrieb Anne ihrer Schwiegermutter, »die Aufmerksamkeit der Öffentlichkeit läßt nach... täglich wird es ruhiger, und so sitzen wir da & warten & hoffen. C. ist guter Dinge.«

Was Anne betraf, so hatte sie im Grunde jedes Gefühl verloren und lebte ohne Zeitbegriff. Sie hatte das emotionale Auf und Ab seit der Nacht des 1. März kaum miterlebt, da sie aus Selbstschutz in eine Art Trancezustand verfallen war. Charles ließ sie über die meisten Bemühungen im ungewissen und bestand darauf, daß sie nur weinte, wenn sie allein war – wenn sie überhaupt die Kraft dazu aufbrachte. »Ich habe unaufhörlich ein Gefühl – wie ein hoher Ton auf einer Orgel, die hängengeblieben ist – in mir drinnen«, schrieb sie ihrer Schwester Elisabeth. »Die Zeit seither hat immer dieselbe Stimmung oder Farbe, ohne Variation... Sie ist nur verlängert worden. Natürlich gibt es oberflächliche Unterschiede. Mit jeder Sekunde verfliegt, schmilzt, wechselt die Szene, wie in einem Traum. Personen verändern sich von schwarz nach weiß, Gesichter schauen anders aus, Töne klingen anders, das Tempo der Aktivitäten beschleunigt oder verlangsamt sich, aber immer höre ich diesen hohen Ton, der seit Dienstagnacht in der Orgel hängengeblieben ist!«

Jafsies Anzeigen wurden weiter in die Zeitungen der Bronx eingerückt, aber es kam keine Antwort. Inzwischen hatte Condon eine Holzschachtel nach den Anordnungen der Entführer anfertigen lassen, und Lindbergh verhandelte mit der Morgan Bank über ihren Inhalt. Lindbergh sprach nur mit dem Teilhaber Thomas W. Lamont, der damals als der mächtigste Mann der Wall Street galt, und ließ sich von der Bank die ersten 50 000 Dollar Lösegeld bündeln wie in den Briefen verlangt. Drei ruhelose Tage hatte Condon das Geld zu Hause liegen. Dann brachte er es zur Fordham-Filiale der Corn Exchange Bank; er brauchte dafür kein eigenes Konto zu eröffnen, das Geld lag einfach abrufbereit da.

Der Fall ging nun in den zweiten quälenden Monat, und Lindbergh hatte noch immer das Sagen. Er hörte zwar dem engeren Kreis der Ratgeber zu, aber der einzige, der ihn zu einer Verhaltensänderung bewegen konnte, war am Ende der unscheinbare Chef der Steuerfahndung. Elmer Irey verstand Lindberghs Wunsch, das Geld ohne jede Garantie zu übergeben. Aber er bestand darauf, daß die Seriennummern der Banknoten registriert wurden.

Außerdem deutete Irey an, daß Amerika wahrscheinlich bald vom Goldstandard abgehen und alle Goldmünzen und alles in Gold einlösbare Papiergeld einziehen werde. Aus diesem Grunde schlug er vor, das Lösegeld in Goldzertifikaten zu zahlen, die bis auf ein rundes, gelbes Siegel eigentlich wie normales Papiergeld aussahen. Auch wenn das Land nicht von der Goldkernwährung abgehe, meinte Irey, seien diese Zertifikate leichter wiederzufinden. Wenn das Baby erst einmal zurückgebracht sei, hielt Irey Lindbergh vor, gebe es für den Staat natürlich keinen Grund, seiner Pflicht nicht nachzukommen, und er werde die Verbrecher verfolgen. Lindbergh ließ zu, daß das gebündelte Geld von der Bronx wieder zu J. P. Morgan & Co. zurückgebracht wurde, wo mehr als ein Dutzend Bankangestellte und Finanzbeamte noch einmal 5150 Banknoten, aufgeteilt in zwei Päckchen, bündelten und mit einer Banderole versahen. Sie behielten Muster von den Schnüren und Papierstreifen zurück, damit sie das Geld identifizieren konnten, falls es wiederauftauchte.

Da Charles merkte, daß alle Verhandlungen Anne zwangen, der Realität des Verbrechens ins Auge zu schauen, schirmte er sie nach Kräften ab und enthielt ihr die Einzelheiten weitgehend vor. So wußte sie zum Beispiel fast nichts von Charles' Treffen mit Admiral Burrage, Reverend Dobson-Peacock und John Curtis, die aus Norfolk gekommen waren. Lindbergh glaubte nicht, daß Curtis Kontakt zu den wirklichen Entführern hatte, aber wie immer wollte er sich selbst andere Wege offenhalten. Er bat Curtis, entweder eine neue Fotografie des Kindes beizubringen oder eine Nachricht mit einem Zeichen, das bewies, daß er an die richtige Gruppe geraten war. Wenn sein Treffen mit den drei Männern aus Virginia auch sonst nichts einbrachte, so zog es immerhin die Augen der Öffentlichkeit auf sich und lenkte von den heimlichen Verhandlungen in der Bronx ab.

Anne nahm an einer Séance im Kinderzimmer teil, mit einem Medium aus der *New York Society for Psychical Research*, das faszinierend von drei Männern und zwei Frauen erzählte, die in den Fall verwickelt seien, Italiener, Deutsche und Skandinavier; aber diese Veranstaltung veranlaßte sie nur, die näheren Einzelheiten noch mehr zu ignorieren. Sie beschloß, sich statt dessen auf die Zukunft zu konzentrieren. Sie befand sich in der Mitte ihrer Schwangerschaft, und nur so konnte sie zum Wohle ihres zweiten Kindes gesund bleiben. Sie dachte an die weißen Tulpen, die sie gesetzt hatte – »so rein und klar und frisch« –, und konnte es kaum erwarten, daß sie blühten, als seien es Vorboten glücklicherer Zeiten. Als der März zu Ende ging, nahm sie, so gut es ging, das »normale Leben« wieder auf. Als die ersten Blumenspitzen durch den sich erwärmenden Boden drangen, übte sie sich in Geduld, auch wenn Jafsies täglich erscheinende Anzeigen »GELD LIEGT BEREIT« seit einer Woche unbeantwortet blieben. Ihre Mutter erzählte ihr nicht, daß eines Nachmittags eine schwarze Krähe ins Kinderzimmer geflogen war und sich auf das Kinderbett gesetzt hatte.

Der letzte Märztag strotzte nur so von guten Vorzeichen, auch wenn sie einander widersprachen. In Washington gab Gaston Means Evalyn Walsh McLean allen Grund zu der Annahme, daß die 100 000 Dollar, die sie ihm ausgehändigt hatte, demnächst das Lindbergh-Baby heimbrachten. Gleichzeitig behauptete John Curtis, er habe soeben einen Brief von der Bande erhalten, mit der er verhandle, und sie hätten die Forderung auf 25 000 Dollar heruntergeschraubt. Am selben Abend erzählte Oberst Schwarzkopf Anne und ihrer Mutter, die Polizei habe mit einem Mann Kontakt aufgenommen, der das Kind gesehen haben wollte, es sei »gesund und munter«, sie wüßten nun, wer der Entführer sei, und warteten nur noch die Rückkehr des Kindes ab, ehe sie ihn festnahmen. Und nachdem einen Monat lang Hunderte von Menschen das Grundstück der Lindberghs abgesucht hatten, fand Betty Gow neben der Kiesauffahrt einen der Daumenschützer, was jeder als gutes Omen auffaßte. Lindbergh selbst fuhr unbemerkt in ein Stadthaus der Morrows in der 72. Straße East Nr. 2., um dort einige Tage zu bleiben – das sicherste Zeichen für Anne, daß der Austausch unmittelbar bevorstand.

Am Freitag, dem 1. April, erhielt Condon einen Brief, in dem ein zweiter, an Lindbergh adressierter steckte. Es hieß, er solle das Geld (in *einem* Bündel) für den folgenden Abend bereithalten, dann bekäme er weitere Instruktionen. Wenn er dies akzeptiere, solle er im New Yorker *American* schreiben: »Ja alles o. k.«. Die Anzeige erschien am nächsten Morgen. Lindbergh informierte Oberst Schwarzkopf, daß die Übergabe unmittelbar bevorstehe, untersagte aber dem Polizeichef, sich in irgendeiner Weise an der Aktion zu beteiligen. Lindbergh verbrachte die Nacht in Hopewell und fuhr am frühen Samstagnachmittag in die Bronx. Er hatte 50 000 Dollar bei sich. Sicherheitshalber lag das Paket mit den anderen 20 000 Dollar in einem anderen Auto. Lindbergh versuchte, das gesamte Lösegeld in Condons Holzschachtel zu stecken, aber es paßte nicht hinein. Alle 70 000 Dollar ließen sich nur verstauen, wenn man den Deckel offenließ und die Schachtel mit einer Kordel verschnürte. In den nächsten sechs Stunden konnten Lindbergh, Condon, Breckinridge und Al Reich nur warten. Wie Condons Frau fürchtete auch Lindbergh um das Leben des alten Mannes und bot ihm an, seine Aufgabe zu übernehmen. Aber Condon wollte nichts vom Aussteigen hören und sagte: »Ich will diese Ärmchen um den Hals der Mutter sehen.« Lindbergh, der ihn chauffieren wollte, hatte eine kleine Pistole bei sich.

Um 19.45 Uhr kam per Taxi ein Brief – Anweisungen an Condon, zu einem Blumengeschäft an der Tremont Avenue Nr. 3225 in der östlichen Bronx zu fahren, wo weitere Anordnungen unter einem Stein lägen. Lindbergh fuhr mit Al Reichs Ford zu der Adresse, J. A. Bergen Greenhouses, und Condon fand dort die nächste Botschaft. Er ging zum Auto zurück, und sie lasen den Zettel im Schein einer Taschenlampe. Einige Leute gingen vorbei, einer von ihnen – ungefähr 30 Jahre alt, knappe 1,80 m groß, etwa 70 Kilo, dunkle Gesichtsfarbe –, weckte Lindberghs Aufmerksamkeit. Er trug einen braunen Anzug und einen braunen Filzhut mit hinten hochgebogener Krempe. »Er hatte eine ungewöhnliche Art zu gehen, ziemlich linkisch und übertrieben nach vorne gebeugt«, erinnerte sich Lindbergh später in einer vertraulichen Mitteilung an die Polizei von New Jersey. »Den Hut hatte er über die Augen gezogen. Als er am Auto vorbeikam, bedeckte er den Mund und die untere Gesichtshälfte mit einem Taschentuch und schaute Dr. Condon und mich an.« In dem Schreiben hieß es, Condon solle die Straße überqueren, bis zur nächsten Ecke gehen und dann der Whittemore Avenue folgen.

Lindbergh wollte Condon begleiten, aber der verwies auf das Schreiben, das ihm gebot, allein zu kommen. Entgegen den Anweisungen nahm Condon das Geld nicht mit. Er ging zur Ecke Tremont und Whittemore, ans Nordende des St.-Raymond-Friedhofs. An der nicht beschilderten Kreuzung fragte er einen Mann mit einem kleinen Mädchen, ob dies die Whittemore Avenue sei, aber sie wußten es nicht. Sonst sah er niemanden, und so ging er wieder zum Auto zurück. Als er die Straße schon halb überquert hatte, kam aus dem Friedhof eine Stimme: »Hey, Doktor!« – »Ich konnte ihn deutlich hören«, sollte Lindbergh später bekunden, obwohl er ein paar hundert Fuß weit weg gewesen war, »das ›Doktor‹ wurde mit eindeutigem Akzent ausgesprochen.« Condon ging auf der Friedhofsseite in die Whittemore Avenue.

Condon sah, wie der Mann im Friedhof eine Straße überquerte. Als sie auf gleicher Höhe waren, rief der Mann: »Hier bin ich, Doc.« Er stand nur ein paar Schritte von ihm entfernt, und Condon erkannte »John« vom Woodlawn-Friedhof. »Haben Sie das Geld?« fragte er. »Ja«, erwiderte Condon, »es ist im Auto.«

John fragte, wer im Auto sitze, und Condon erklärte, das sei Oberst Lindbergh. Ob der allein sei, fragte John, und Condon erwiderte, er halte immer Wort. Er fragte ihn, wo sie sich früher getroffen hätten, und John antwortete völlig korrekt, im Woodlawn-Friedhof. Als sich John nach den 70 000 Dollar erkundigte, erklärte Condon, die Zeiten seien hart, und Lindbergh sei es schon ziemlich schwergefallen, die 50 000 aufzutreiben, die die Entführer anfangs gefordert hätten. »Gut, ich nehme an, wir sind auch mit 50 000 zufrieden«, meinte John. »In sechs Stunden schick' ich Ihnen den Brief, wo das Kind ist.« Damit sei er nicht einverstanden, sagte

Condon, lieber gehe er als Geisel mit. Oder, schlug Condon vor, sie könnten die Ortsangaben einfach gegen das Geld austauschen.

Wieder am Auto erklärte Condon Lindbergh, er habe John die restlichen 20000 ausgeredet. Lindbergh wußte die Geste zu schätzen, wollte aber die Entführer auf keinen Fall aufregen. Condon kehrte zur Hecke zurück und wartete auf John. Von seinem Aussichtspunkt aus konnte Lindbergh keinen der beiden sehen, aber auf der anderen Straßenseite sah er denselben Mann wie vorher bei Bergen Greenhouses. Der Mann putzte sich mit seinem Taschentuch die Nase – laut genug, daß Lindbergh es hören konnte, und, so nahm er an, jeder andere in der näheren Umgebung ebenfalls.

Drüben in der Whittemore Avenue reichte Condon über die Hecke hinweg John mit der linken Hand die Schachtel mit den 50000 Dollar und nahm mit der rechten einen verschlossenen Umschlag entgegen. John dankte ihm und sagte, alle wären »mit seiner Arbeit zufrieden«. Er kniete sich auf den Boden, prüfte das Geld und zog aus der Mitte der Schachtel ein Bündel Banknoten. Dann stand er wieder auf und sagte Condon, er dürfe den Umschlag erst in sechs Stunden öffnen. Er schüttelte Condon über die Hecke hinweg die Hand, dankte ihm und verschwand in der Dunkelheit zwischen den Grabsteinen. Als Condon zum Auto zurückhastete, merkte Lindbergh, daß der Mann, der sich die Nase geputzt hatte, das Tuch nicht in die Tasche steckte, sondern wegwarf, neben den Gehsteig. Dann verschwand er.

»Das Kind – wo ist das Kind?« fragte der besorgte Vater. Condon gab Lindbergh den zugeklebten Brief und erzählte, er habe versprochen, mit dem Öffnen zu warten. Zu Condons Überraschung widerstand Lindbergh der Versuchung, den Umschlag aufzureißen, sogar als sie wegfuhren. Nicht weit vom Friedhof schlug Condon vor, an den Straßenrand zu fahren. Er selbst habe zwar sein Wort gegeben, den Umschlag nicht aufzumachen, doch Lindbergh habe nichts dergleichen versprochen. Aus dem Umschlag zog er einen Papierfetzen, sechs mal fünf Zoll, mit fünf kurzen Sätzen: Seit 32 Tagen der erste konkrete Hinweis, wo sich sein Sohn befand.

Der Junge ist auf dem schief Nelly. Es ist ein kleines Schif
28 Fuß lang. Zwei Personen sind am Schif. Sie
sin unschuldig. Sie finden das Bood zwishen
Horseneck Beach und gay Head bei Elizabeth Island.

Lindbergh kannte diese Gewässer zwischen Martha's Vineyard und dem Festland von Massachusetts von seiner Hochzeitsreise.

Sie kehrten zu Condons Haus in der Bronx zurück und berichteten Breckinridge und Al Reich von der Transaktion. Nach New Jersey wurde eine verschlüsselte Nachricht übermittelt, das Geld sei übergeben worden. Aber die Leute in Hopewell verstanden nicht, daß »kein Zahn« bedeutete, sie hätten das Kind noch nicht.

Lindbergh, Breckinridge, Condon und Reich fuhren ins Stadthaus der Morrows in der 72. Straße, wo sie sich mit Ermittlungsbeamten der Steuerfahndung trafen. Ein vergnügter, zufriedener Condon brüstete sich damit, Oberst Lindbergh 20 000 Dollar gespart zu haben, weil er das kleinere Paket behalten habe. Elmer Irey, Verbrechensprofi der Steuerfahndung, erklärte, Condon habe einen Bock geschossen, das kleinere Paket enthielte nämlich 50-Dollar-Noten, die man absichtlich eingepackt habe, weil sie leichter zu finden seien.

Lindbergh ging ans Telefon, um die Navy um Hilfe bei der Suche nach der *Nelly* zu bitten. Er fragte, ob man ein Sikorsky-Wasserflugzeug zum Flughafen bei Bridgeport bringen könne. Um 2.00 Uhr morgens fuhren Breckinridge, Irey, Condon und Reich mit ihm zu der Startbahn in Connecticut und hoben dort bei Sonnenaufgang ab. Al Reich blieb am Boden und brachte Lindberghs Wagen zum Aviation Country Club auf Long Island, wo der vertrauensvolle Lindbergh mit seinem Kind zu landen hoffte.

Den ganzen Morgen lang brummte Lindbergh übers Wasser, rings um die winzigen Elizabeth Islands, niedrig genug, damit seine Begleiter jedes Boot, das nur annähernd der Beschreibung der *Nelly* entsprach, gut sehen konnten. Ein halbes Dutzend Kutter der Küstenwache beteiligten sich an der Suche. Gegen Mittag wurden sie weniger wählerisch und jagten allem hinterher, was auf dem Wasser schwamm. Als die Nacht einbrach, landeten sie in Long Island und zwängten sich ins Auto, schweigend und mit leeren Händen. Lindbergh setzte seine Fahrgäste in New York ab, ehe er allein nach New Jersey weiterfuhr. Als Condon und Reich ausstiegen, sprach er endlich. »Wir sind reingelegt worden«, sagte er.

In Hopewell angekommen, schonte er Anne soweit wie möglich und hüllte die Ereignisse des vergangenen Tages in beschönigend zuversichtlichen Nebel. Er meinte, die Entführer hätten die Geschichte mit der *Nelly* erfunden, um sich mit dieser List Zeit für die Flucht zu verschaffen, oder vielleicht als Druckmittel, um noch mehr Geld aus ihnen herauszuholen.

Am nächsten Tag starteten Lindbergh und Henry Breckinridge in Lindberghs Lockheed Vega von Teterboro Airport. Sie flogen wieder in das Gebiet, das sie am Tag zuvor durchkämmt hatten, und vergrößerten den Radius ihrer Suche mit jeder Stunde. Bei Einbruch der Dämmerung befanden sie sich schon an der Grenze zu Virginia.

Nach Charles' zweitem Tag vergeblichen Suchens veränderte sich Annes Verfassung dramatisch. Zum erstenmal in den fünf Wochen, seit das Baby verschwunden war, »verhielt sie sich, als habe sie alle Hoffnung aufgegeben«, stellte ihre Mutter fest. Mit Lindberghs Einwilligung setzte

Dr. Condon eine neue Anzeige in die *Bronx Home News*, die in den nächsten zwei Wochen täglich erschien: »Was ist los? Haben Sie mich betrogen? Bitte genauere Anweisungen, Jafsie.«

Die Presse begann sich das Szenarium der vergangenen Woche zusammenzustückeln. Reporter hatten einen verzweifelten Lindbergh gesichtet; und Leute in der Bronx fragten sich, ob der Jafsie, dessen kryptische Botschaften seit einem Monat in der Zeitung erschienen, nicht John F. Condon war.

Lindbergh wußte, daß er der Presse eine Erklärung schuldete. Oberst Schwarzkopf gab offiziell zu, daß ein Lösegeld von 50 000 Dollar gezahlt worden sei und die Entführer das Kind weder zurückgegeben noch seinen Aufenthaltsort korrekt angegeben hätten. Lindbergh besprach sich hinter verschlossenen Türen mit den großen Presseagenturen und bat sie, die Geschichte herunterzuspielen, besonders die Tatsache, daß das Finanzministerium hinter den notierten Scheinen her sei und eine 57seitige Broschüre mit den Seriennummern an die Banken verschicke. Es dauerte keinen Tag, da stand die Entführung schon wieder auf den Titelseiten. »Daß nichts privat bleibt, treibt mich zur Verzweiflung«, schrieb Anne an Charles' Mutter. »Auch wenn es schlimm steht, so ist es doch nicht hoffnungslos«, fügte sie hinzu und klammerte sich an den felsenfesten Optimismus ihres Mannes.

Der geheimnisvolle Jafsie kam aus seinem Versteck und gedieh mit jeder Minute im Rampenlicht prächtiger. Damit sein Telefon nicht ständig klingelte, bekam er eine Geheimnummer. Lindbergh schätzte es zwar, daß Condon die Aufmerksamkeit von Hopewell ablenkte, bedauerte jedoch, daß er damit als Mittelsmann unbrauchbar wurde.

Niemand verfolgte die Flut neuer Geschichten aufmerksamer als Evalyn Walsh McLean. Nachdem sie von Jafsies Geldübergabe in der Bronx gelesen und von John Curtis in Norfolk gehört hatte, verlangte sie von Gaston Means Rechenschaft über ihre 100 000 Dollar. Means erzählte ihr, Curtis' Bande, Jafsies Bande und die, bei der er als Zwischenträger fungiere, seien ein und dieselbe, und das Kind sei nur deshalb noch nicht zurückgegeben worden, weil die Gang gemerkt habe, daß das Geld »heiß« sei. Er behauptete steif und fest, er habe das Lindbergh-Baby tatsächlich in seinen Armen gehalten, und bot Mrs. McLean an, sie könne mitkommen, wenn er den Jungen bei seinem nächsten Einsatz abhole. Sie fuhr also mit Means nach South Carolina und El Paso, erfuhr aber nur, daß die Bande weitere 3500 Dollar verlange. Allmählich dämmerte ihr, daß sie betrogen worden war. Als sie ihre 100 000 Dollar zurückforderte, sagte Means, es sei zu spät, er hätte das Geld gerade einem der Entführer gegeben. Mrs. McLean rief ihren Anwalt an, und der telefonierte mit J. Edgar Hoover. Kurz darauf wurde Means angeklagt.

Tagelang tauchten keine wichtigen Hinweise auf, und Verzweiflung bemächtigte sich des Lindberghschen Hauses. Dann verkündete am 13. April John Curtis aus Norfolk, das Kind sei in Sicherheit!

Am nächsten Tag empfing Lindbergh Curtis in seinem Arbeitszimmer in Hopewell und bekam eine Fortsetzung seiner Geschichte von der Bande zu hören – vier Skandinavier, mit denen er in Verbindung stehe. Wie Gaston Means legte er dar, es gebe nur eine Bande, und der Mann namens John, mit dem sich Dr. Condon getroffen habe, sei der Anführer. Zu der Verschwörung gehöre auch eine deutsche Frau, eine ausgebildete Krankenschwester, die die Lösegeldforderungen schreibe. Curtis sagte, er habe John in seinem Haus in Cape May getroffen, an der Südspitze von New Jersey.

Curtis zufolge habe John erzählt, der Plan zu der Entführung sei »im Haus« zusammen mit einer Angestellten ausgeheckt worden, und die Entführer seien vor dem 1. März mehrmals am Tatort gewesen. Er und ein zweiter Mann seien auf die Leiter gestiegen, hätten das Kind betäubt und durchs Haus und geradewegs aus der Haustür hinausgetragen. Das Baby sei sofort nach Cape May gebracht worden und später per Schiff in die Gegend von Martha's Vineyard. Als Curtis John gegenüber darauf bestanden habe, er brauche einen Beweis für Lindbergh, habe ihm John das Lösegeld gezeigt und die Seriennummern mit den in der Zeitung abgedruckten verglichen. Curtis gab zu, daß er kein greifbares Beweisstück von dem Kind oder den Entführern besitze. Außerdem verlange John noch einmal 25 000 Dollar, und zwar bald, denn es gebe neue Komplikationen.

Wie Lindbergh später schrieb: »Die Entführer teilten Curtis mit, eine äußerst mächtige Unterweltorganisation versuche das Kind zu kriegen und biete riesige Geldsummen.« Infolgedessen werde man das Kind bald woanders hinbringen, von dem kleinen Boot bei Martha's Vineyard zu einem größeren, 80 Fuß langen Zweimaster näher bei Block Island. Weder Schwarzkopf noch seine Männer glaubten an Curtis' Geschichten, auch nicht Oberst Breckinridge oder Anne. Aber Lindbergh meinte, sie müßten mitspielen.

Am Abend des 19. April fuhr Lindbergh zu einem Hotel in Cape May Court House. Curtis fuhr voraus, um das Treffen zu organisieren. Schwarzkopf fand, solch ein Hokuspokus werde keinen Schaden anrichten, hielt seine Truppen zurück und ließ Curtis und Lindbergh so viel Spielraum wie möglich. In den nächsten drei Wochen wurde dieser Plan, nach dem Lindbergh mit den Entführern und seinem Sohn in Verbindung treten sollte, immer wieder umgeändert, und nach jeder Enttäuschung schürte Curtis mit einer Fülle von glaubhaften Einzelheiten erneut Lindberghs Hoffnungen.

Obwohl Lindbergh tief drinnen spürte, daß Curtis log, zwang ihn der Mangel an Alternativen, sich auf seine weithergeholten Geschichten einzulassen. Charles »zeigt, daß er weiter daran glaubt«, stellte Anne fest,

»wenn auch *nicht unbedingt.* Auf ihn wirkt er immer noch ziemlich aufmunternd.« Anne dagegen begann gewissen Realitäten ins Auge zu blicken, aber ihr Vertrauen in Charles war so groß, daß sie noch ein wenig länger aushielt. »Ich habe natürlich großes Vertrauen in sein Urteil«, schrieb sie an Charles' Mutter, »aber ich wage kaum mehr zu hoffen, besonders nicht angesichts des enormen Beweismaterials, das zu sagen scheint: ›Trau diesen Leuten nicht.‹ Sonst gibt es hier nichts mehr.«

Mittlerweile hatte sich herausgestellt, daß Oberst Schwarzkopfs Ermittlungen in New Jersey nichts wert waren. Von der Bande in der Bronx hatte niemand mehr ein Wort gehört. Am 8. Mai, am Muttertag, übernachtete Lindbergh mit Anne in der Wohnung der Morrows in New York – es war ihr erster Abend allein, seit das Martyrium begonnen hatte. Tags darauf ging Anne zum Arzt, und der bescheinigte ihr, sie und das Kind, das in drei Monaten geboren werden sollte, seien offensichtlich gesund. In dem Glauben, das Treffen mit den Entführern stehe unmittelbar bevor, fuhr Charles an die Küste von New Jersey.

In Atlantic City traf er sich mit Curtis und einem Freund, der ihnen seine 85 Fuß lange Ketsch lieh, die *Cachalot.* Curtis erklärte, sein Verbindungsmann habe ihm vorgeschlagen, die Bande vor Cape May in der Nähe der Five Fathom Bank zu treffen; die Gang befinde sich an Bord eines Gloucester-Fischerbootes mit schwarzem Rumpf namens *Mary B. Moos.* Um 19.00 Uhr legte die *Cachalot* an diesem Montag ab. Fünf Stunden später erreichten sie den Treffpunkt und segelten die nächsten sechs Stunden im Kreis herum. Als die *Cachalot* am Dienstag morgen in den Hafen zurückkehrte, blieb Lindbergh an Bord, damit ihn die Reporter nicht sahen.

Den Mittwoch verbrachte er größtenteils allein auf dem Schiff und wartete, während Curtis angeblich versuchte, den Kontakt wiederherzustellen. Er berichtete, die Bandenmitglieder stritten, ob sie sich mit so wenig Geld zufrieden geben sollten. Donnerstag, der 12., war regnerisch und windig. Nachdem Curtis mit Lindbergh mittags auf der *Cachalot* gegessen hatte, fuhr er nach Atlantic City. Es sah aus, als wolle es aufklaren, und er sprach von einem Treffen an diesem Abend.

An diesem nieseligen Nachmittag, am 72. Tag der – laut *Trenton State Gazette* – »ausgedehntesten Suche der Polizeigeschichte«, fuhren gegen 15.15 Uhr zwei Männer auf der Landstraße von Hopewell nach Mt. Rose. Es war eine wenig befahrene, schlammige Straße. An einem besonders abgelegenen Fleck in der Nähe einer Hügelkuppe, ungefähr eine halbe Meile vor dem Weiler Mt. Rose und zwei Meilen südöstlich von Hopewell, bat der Beifahrer, ein 46jähriger Mann namens William Allen, den Fahrer Orville Wilson, an den Straßenrand zu fahren, er müsse mal eben verschwinden. Allen ging etwa 60 Schritt weit in den dichten, feuchten Wald. »Ich ging unter einem Ast durch und schaute nach unten«, erzählte Allen später, »und da lugte ein Schädel aus dem ringsum aufgewühlten Morast. Ich glaubte ein Kind zu erkennen, dessen Fuß aus dem Boden ragte.« Allen rief Wilson zu dem makabren Fund. Dann fuhren sie zurück in die Stadt und machten den Polizisten Charles Williamson beim Friseur ausfindig. Als dieser Allens Bericht hörte, sprang er vom Stuhl. Bereits nach ein paar Minuten führten Allen und Wilson eine Gruppe von Polizisten zur Fundstelle.

Von dort, am äußersten Rand des Bezirks Mercer, hatte man einen deutlichen Blick auf das Haus der Lindberghs, das etwa vier Meilen entfernt lag. Als sie aus den Autos stiegen, fanden zwei Beamte auf dem Boden gleich neben dem Straßenrand einen zerschlissenen, blutbefleckten Leinensack. Allen führte sie in den Wald. Die Polizisten warfen einen kurzen Blick auf den Boden und baten Allen, heimzufahren, später würden sie ihn dort befragen.

Die Beamten hatten den stark verwesten Leichnam eines Kindes vor sich, das mit dem Gesicht im Schlamm lag. Die Körpergröße, die Schädelform, die immer noch goldblonden Locken legten die Vermutung nahe, daß es sich um das Lindbergh-Baby handelte. Weitere Polizisten wurden zur Fundstelle geholt. Als sie den Leichnam vorsichtig umdrehten, erwies er sich als unvollständig. Der Körper war nicht nur schon bedenklich schwarz, auch das linke Bein fehlte vom Knie an abwärts, ebenso der linke Arm unter dem Ellenbogen und die rechte Hand. Wahrscheinlich waren diese Körperteile wie auch die meisten Eingeweide von Tieren gefressen worden. Aber Augen, Nase und das Kinn mit dem Grübchen ließen kaum Zweifel über die Identität der Leiche zu. Die Kleidung war in schlechtem Zustand, aber vollständig.

Bevor sie ihren Fund den Lindberghs meldeten, schlug einer der Inspektoren vor, sie sollten sich eine Beschreibung von der Kleidung des Kindes am Abend seines Verschwindens verschaffen. So fuhren zwei Beamte zum Haus der Lindberghs, wo Betty Gow ihnen nicht nur jedes einzelne Kleidungsstück auflistete, sondern ihnen auch einen Rest von dem Flanell und die blaue Garnrolle, mit der sie das Hemdchen genäht hatte, aushändigte.

Als sie zu der Leiche zurückkehrten, war Oberst Schwarzkopf bereits angekommen. Unter seiner Anleitung schnitt und schälte ein Inspektor die Kleidung lagenweise ab und drehte dabei den Leichnam mit einem Stock hin und her. Zufällig stach er dabei in den schon aufgeweichten Schädel und verursachte ein kleines Loch unter dem rechten Ohrläppchen. Jedes Kleidungsstück bis hin zu dem Flanellhemd mit dem blauen Faden war genau wie von Betty Gow beschrieben. Ein sichtbarer Schädelbruch ließ vermuten, daß ein heftiger Schlag auf den Kopf den Tod herbeigeführt hatte.

Wieder in seinem Büro im Haus Lindbergh, rief Oberst Schwarzkopf den amtlichen Leichenbeschauer an, dann ging er mit den beiden Hemdchen, die sie gerade vom Körper des Kindes entfernt hatten, zu Betty Gow. Sie erkannte sie auf der Stelle und fragte, woher sie kämen. Er erklärte es ihr, und sie war fassungslos. Kurz vor fünf Uhr ging Schwarzkopf zu Annes Mutter, die erst sechs Monate zuvor ihren Mann zu Grabe getragen hatte. Sie nahm die Nachricht ruhig auf und erfaßte sofort, daß das Kind schon von der ersten Nacht an tot gewesen war und die Entführer den Schlafanzug als Verhandlungspfand behalten hatten.

Mit Oberst Schwarzkopf ging sie nach oben zu Anne ins große Schlafzimmer. Sie trat zu ihr und sagte: »Das Kindchen ist bei Daddy.« Anne hielt sich tapfer, während ihre Mutter sie tröstete. Dann gestand sie, sie habe seit der ersten Nacht angenommen, daß Charlie tot sei.

Lindbergh tappte noch im dunkeln, allein auf der *Cachalot* vor Cape May, und wartete auf Nachricht von John Curtis. Oberst Schwarzkopf erzählte Anne, es seien Männer unterwegs in den Süden von New Jersey, um ihm die Nachricht persönlich zu überbringen. Als Lindbergh erfuhr, daß sein Sohn tot aufgefunden worden sei, fragte er, ob seine Frau es schon wisse, und wie sie es aufgenommen habe. Dann fuhr er heim.

Oberst Schwarzkopf beorderte die Reporter in die Garage der Lindberghs, er wolle etwas Wichtiges bekanntgeben. Es dauerte fast eine Stunde, bis auch die Kollegen aus Trenton gekommen waren. Erst als alle versammelt waren, las der Polizeichef mit finsterem Blick die Presseerklärung vor. Er hatte den ersten Satz noch nicht beendet, als einige Männer schon auf die Tür zustürzten; doch Schwarzkopf bestand darauf, daß niemand den Raum verließ, bevor er nicht die gesamte Erklärung verlesen hatte. Noch vor der Abendessenszeit wurde die Geschichte landesweit über die wichtigsten Sender ausgestrahlt.

Die Leiche des Kindes wurde nach Trenton in die Greenwood Avenue 415 überführt, ins Begräbnisinstitut Swayze & Margerum. Walter H. Swayze war sowohl Bestattungsunternehmer als auch amtlicher Leichenbeschauer bei ungeklärten Todesursachen. Weil das Opfer einen gewaltsamen Tod erlitten hatte, forderte das Gesetz eine Autopsie vom Bezirksarzt. Während man auf ihn wartete, identifizierte Betty Gow die Überreste im Einbalsamierungsraum. Sie war auf den grotesken Anblick dort keineswegs vorbereitet und erkannte das Kind dennoch, nicht nur an den Gesichtszügen und am Haar, sondern auch an den 16 Zähnen, besonders den Eckzähnen, die gerade durch den Kiefer gebrochen waren, und daran, wie der zweite Zeh über den großen Zeh gewachsen war. »Es gab keinen Zweifel«, erinnerte sich Betty Gow 60 Jahre später, »es war mein Lindbergh-Baby.« Auch Dr. Philip Van Ingen, der Kinderarzt, der den Jungen kurz vor der Entführung untersucht hatte, identifizierte die Leiche.

Die Autopsie von Dr. Charles H. Mitchell brachte keine Würgespuren oder Kugeln zutage. Bei einer so weit fortgeschrittenen Verwesung konnte er wenig feststellen, nur annehmen, daß die Todesursache wohl »eine

Schädelfraktur auf Grund äußerlicher Gewalteinwirkung« gewesen sei. Nirgendwo am Tatort wurden Blutspuren gefunden, nicht einmal auf dem zurückgelassenen Meißel, und so lag es nahe, daß das Kind, als die Leiter brach, auf den Zementboden gestürzt und dabei zu Tode gekommen war. Lindbergh kam erst um zwei Uhr morgens heim und ging sofort zu seiner Frau. Inzwischen hatte das Entsetzen sie überwältigt, und sie weinte hemmungslos. Dieses eine Mal bemühte sich Lindbergh nicht, sie daran zu hindern. Er sprach wenig, aber Anne klammerte sich an jedes seiner wohlüberlegten Worte. »Er sprach so schön und ruhig über den Tod, daß es mir große Kraft gab«, schrieb sie später an seine Mutter. Er griff nach jedem tröstenden Strohhalm, den er finden konnte. Daß ihr Kind von Anfang an tot gewesen sei, bedeute doch, daß sie sein Leben mit keiner ihrer Handlungen hätten retten können. Als sie erfuhren, daß er an einem Schlag auf den Kopf gestorben war, meinte Charles: »Er hat bestimmt nichts mehr gespürt.«

Anne verbrachte eine lange, schlaflose Nacht im Bett, und fand dennoch mehr Ruhe als ihr Mann. Charles saß die ganze Zeit neben ihr in einem Sessel und beobachtete sie. »Seine ungewöhnliche Ruhe und seine Liebenswürdigkeit und sein Schweigen – das war entsetzlich«, schrieb sie am nächsten Tag.

Lindbergh dachte auch an die unmittelbare Zukunft und sagte Oberst Schwarzkopf an diesem Freitag, dem 13., er wünsche, daß sein Sohn verbrannt werde. Schon jetzt verkauften fliegende Händler Essen an die Touristenschlange auf der Straße nach Mt. Rose, und er wußte, eine Beerdigung würde zur Sondervorstellung eines Vergnügungsparks verkommen. Das Schrecklichste war, daß ein Fotograf ins Leichenschauhaus eingedrungen war, einen Schnappschuß von dem toten Kind gemacht hatte und nun die Abzüge für fünf Dollar das Stück verhökerte.

Lindbergh äußerte den Wunsch, die Leiche zu sehen. Oberst Schwarzkopf versicherte ihm, sie sei eindeutig identifiziert, aber Lindbergh bestand darauf. So fuhren Schwarzkopf, Breckinridge und Lindbergh am Nachmittag durch eine Allee zum Hintereingang von Swayze & Margerum, da sich vorne eine Schar von Trauernden versammelt hatte. Lindbergh befahl, das Tuch von dem kleinen Körper auf dem Untersuchungstisch zu ziehen, beugte sich darüber, inspizierte die Zähne und Zehen und verließ schweigend den Raum. In Gegenwart mehrerer Beamter erklärte Lindbergh dem Bezirksanwalt: »Ich bin absolut sicher, daß es mein Kind ist.«

Die Leiche wurde in ein Tuch gehüllt, in einen kleinen Eichensarg gelegt und mit dem Leichenwagen zum Friedhof und Krematorium Rosehill in Linden, New Jersey, gebracht. Als das Auto vorbeifuhr, versuchten die Schaulustigen einen Blick durchs Fenster zu werfen. Lindbergh und Breckinridge blieben in der Leichenhalle, bis sich die Menge zerstreut hatte, dann gingen sie in das Haus des Friedhofverwalters. Schwarzkopf folgte dem Sarg, um sicherzustellen, daß dem Inhalt nichts passierte. Lindbergh bat darum, die Asche in Rosehill lassen zu dürfen, bis er in die Luft steigen und sie verstreuen konnte.

Tagelang durchlebte Anne wieder und wieder jede einzelne Minute mit dem Kind. »Ich bin froh, daß ich ihn an diesem letzten Wochenende, als er krank war, verwöhnt habe, daß ich ihn auf den Schoß nahm, in den Armen wiegte und ihm vorsang. Froh, daß er mich in diesen letzten Tagen gebraucht hat…« Sie hörte auf Charles und fand es einen Segen, daß das Kind die erste Nacht nicht überlebt hatte: »Er war so ein fröhlicher, entschiedener, selbstbewußter kleiner Junge, der immer geliebt worden war und wie ein König in unseren Herzen regiert hatte. Ich hätte es nicht ertragen, wenn er von anderen verängstigt, verletzt, verstümmelt worden wäre. Ich hoffe, er war sofort tot und hat nicht mehr leiden müssen und um Hilfe geschrien – nach mir.« Sie konnte kaum sprechen, ohne zu weinen.

Charles' Kummer, das spürte Anne, war anders als der ihre. Er sah die Dinge in einem größeren Zusammenhang, sprach immer davon, daß sie einen Weg finden müßten, »wie sich die Zeit zurückdrehen« ließ, damit sie wieder so wurden wie vor der Katastrophe. Er fühlte sich durch die ganze Geschichte entwürdigt, genarrt und gedemütigt. »Und in welcher Sicherheit glaubten wir zu leben!« rief er und beschloß, niemals wieder so naiv zu sein. »Alles ist Zufall«, sagte er. »Man kann sich zu einem hohen Prozentsatz gegen den Zufall wappnen, aber nicht gegen den Zufall an sich.« Vielleicht, dachte er, war Amerika so barbarisch geworden, daß ein Lindbergh dort nicht länger leben konnte. In einem der seltenen Momente, in denen er sich nicht in der Gewalt hatte, sagte er zu Anne: »Ich hatte so sehr gehofft, ich könnte das Kind zurückbringen.«

Charles bestand darauf, daß sie ihr Leben neu aufbauten. Anne nahm sich vor, sich auf ihr neues Kind zu konzentrieren; Charles wollte zu seiner wissenschaftlichen Arbeit zurückkehren. Natürlich konnten zukünftige Kinder nicht Charlies Platz einnehmen, aber Anne spürte, daß er »unsere Ehe zu etwas ungeheuer Starkem gemacht hatte, das nicht mehr zerstört werden konnte. Und vielleicht brachte dieses Opfer auch der Welt etwas«. Anne und Charles waren sich nie so nah gewesen wie bei seiner Geburt – und, wie sie jetzt feststellte, bei seinem Tod.

Zwei Bilder aus dieser grauenhaften Zeit sollten Anne für immer verfolgen. Das erste waren ihre weißen Tulpen, die sich endlich durch den festgetretenen Boden kämpften, nachdem zahllose Polizisten über die Blumenbeete getrampelt waren. Es war so schrecklich, schrieb Anne Jahre später, »daß sie alle verkrüppelt rauskamen, krumm, mißgestaltet und verschrumpelt, nur halb ausgebildet, gesichtslos – keine einzige war aufrecht und vollkommen und unversehrt«.

Das zweite Bild war noch beängstigender: Anne Lindbergh hat ihren Mann kein einziges Mal weinen sehen.

11
FESTNAHME

·

»Die einzelnen Wesen sind Bewahrer des Lebensstromes – flüchtige Äußerungen
eines viel größeren Daseins, die aus dieser Substanz entstehen und in sie
zurückkehren wie so viele Träume.«

C. A. L.

E ine Welle von Mitleid ergoß sich über sie – manche behaupteten, so habe die Öffentlichkeit seit Lincolns Ermordung nicht mehr getrauert. Andere, wie zum Beispiel Henry Breckinridge, vermuteten, die Gefühle gingen noch tiefer und weiter als damals, weil »Lindberghs Popularität keine Grenzen kannte. Dies berührte alle: Das berühmteste Baby der Welt war brutal getötet worden.«

Über 100000 Telegramme und Briefe und Hunderte von Blumensträußen trafen in Hopewell ein. Lindbergh hörte von seinen alten Tanten in Minnesota und sogar von seiner ihm entfremdeten Halbschwester Eva, die schrieb: »Vater sagte einmal, ein Kind zu verlieren, sei das größte Leid auf Erden. Und der sinnlose Verlust eures hübschen kleinen Sohnes scheint mir der grausamste in der Geschichte.«

Die Öffentlichkeit teilte ganz allgemein dieses Gefühl. Tausende von Fremden schickten den Lindberghs Briefe und Zeichen des Mitgefühls, viele deuteten an, der Junge sei für ihre Sünden gestorben. Es kamen Bibelzitate, Bilder von Jesus und Ansichten wie die, daß ihr Sohn sich geopfert habe »als Retter der Menschheit, so wie Christus, als er in der Gestalt Jesu Mensch geworden ist«.

Eine Frau aus Kanada war so erschüttert, daß sie den Lindberghs Fotos von ihrem einjährigen Sohn schickte – »der dem kleinen Engel 100%ig gleichsieht« und ihnen anbot, sie könnten ihn adoptieren!

Die Lindberghs schlafwandelten durch die nächsten Tage und versuchten die Staatspolizei zu ignorieren, die noch immer in ihrer Garage stationiert war und täglich stundenlang versuchte, mit Hilfe einer nachgebauten Leiter unter dem Kinderzimmerfenster das Verbrechen zu rekonstruieren. Anne mußte unaufhörlich jeden Augenblick nachspielen, den sie mit dem Kind verbracht hatte; sie holte ihn zurück, indem sie

seine Kleidung berührte und sich vorstellte, wie sich seine Locken an-
fühlten. Charles dagegen konnte sich nicht verkneifen, die Polizei zu kontrollieren, die reihenweise Theorien aufstellte. Ihm halfen gerade die
nüchternen Daten.

Am Samstag, dem 21. Mai 1932, fuhren Charles und Anne übers Wochenende zu den Guggenheims nach Long Island. Die heitere Atmosphäre
auf *Falaise* weckte in ihnen einen Wust von Gefühlen. Vor genau fünf Jahren war der junge Luftpostpilot in Paris gelandet, 33 Stunden nach dem
Start in Long Island, und heute nacht würde Amelia Earhart die Aufmerksamkeit der Nation auf sich lenken, weil sie als erste Frau allein über
den Atlantik flog, von Neufundland nach Irland. Die Wahl des Datums
war kein Zufall. Earharts Ehemann und Förderer George Putnam hatte es
ganz augenscheinlich ausgesucht, um das Feuer der öffentlichen Aufmerksamkeit zu schüren.

Die Lindberghs kannten Amelia Earhart zwar nicht gut, mochten sie
aber, denn sie war eine lebhafte Gesprächspartnerin, wenn auch keine besonders fähige Pilotin. Ihr Erfolg würde der Fliegerei und den luftfahrt-
technischen Fortschritten seit Lindberghs wesentlich kühnerer Atlantiküberquerung noch mehr öffentliches Aufsehen einbringen. Zwar hatte sie
sich mit Kappe und Montur ein wenig zu sehr wie Lindbergh ausstaffiert,
aber er war dankbar, daß »Lady Lindy«, wie die Presse sie nannte, die
Titelseiten füllte. Es erschien ihm unglaublich, daß sich jemand nach solcher Aufmerksamkeit sehnte.

Auf langen Spaziergängen in *Falaise* sprachen die Lindberghs über ihre
Zukunft. »Wir sehnen uns so sehr nach einem ruhigen Leben, das frei von
Publicity ist – um jeden Preis«, schrieb Anne. »Mir wird schlecht, wenn
ich Zeitungen sehe. Wir fangen neu an – keine Bindungen, keine Hoffnungen, keine Pläne.« Seit drei Jahren stand sie selbst im Scheinwerferlicht, wenn auch im Schatten ihres Mannes, und mittlerweile teilte sie
seinen Widerwillen gegen den Ruhm und den dafür geforderten Preis. Sie
wünschte, ihr Mann könnte sich von dem Entführungsfall lösen. »Ich
möchte, daß er zu seiner Arbeit im Institut zurückkehrt«, schrieb Anne
an seine Mutter, »das käme seinem Privatleben entschieden zugute. Es ist
eine ruhige, fesselnde Arbeit, und zur Zeit wirkt er am glücklichsten,
wenn er darüber spricht.« Charles mußte nicht überzeugt werden. Er
sprach bereits davon, all seine Verbindungen zur Luftfahrt zu lösen, weil
sie unvermeidlich zu öffentlicher Aufmerksamkeit führten. Auf 16 000
Dollar Jahresgehalt von der *TWA* und der *Pan American* zu verzichten,
schien ihnen ein geringer Preis für ein ungestörtes Privatleben.

Fast über Nacht wandelte sich Charles' und Annes Liebe zu dem neuen
Haus in starke Abneigung. Es erinnerte sie nicht nur ständig an Charlie,
sondern hatte sich auch zu einem Magneten für krankhaft Neugierige entwickelt. Nach einigen Wochenenden in *Falaise* kehrten sie nicht mehr

nach Hopewell zurück, sondern nach Englewood – wo sie jedoch das Unglück weiter verfolgte.

Elisabeth Morrow war in den letzten Monaten fast immer im Bett gelegen, trotzdem begann ihr Herz verrückt zu spielen. Charles hatte einen Arzt vom *Rockefeller Institute* empfohlen, der sie untersuchte, und dessen Diagnose außerordentlich entmutigend klang. Ein zweiter Arzt sagte, die 28jährige Elisabeth habe krankhaft veränderte Herzklappen, und sie werde wohl keine 40 Jahre alt werden. Wieviel Zeit ihr auch blieb, Elisabeth mußte ihre Aktivitäten einschränken und durfte sich auf keinen Fall anstrengen. Sie beschloß, sich in England zu erholen, wo sie seinerzeit bei Freunden in Somerset Frieden und Ruhe gefunden hatte.

Sechs Monate nach dem Tod ihres Vaters und drei Monate nach dem ihres Sohnes war Anne von dieser Nachricht wiederum wie betäubt. »Nichts auf der Welt kann mir noch Freude machen«, schrieb sie in ihr Tagebuch und fragte sich, welche Auswirkungen diese schreckliche Apathie von Geist, Seele und Körper auf ihr ungeborenes Kind haben mochte. Charles kehrte in das Labor im *Rockefeller Institute* zurück und konstruierte dort eine neue Zentrifuge.

Auch wenn sich Charles in dem hektischen Gesellschaftsleben seiner Schwiegermutter in Englewood nie wohl gefühlt hatte, so wußten er und Anne doch die Tore und Wachposten von Next Day Hill zu schätzen. Aber selbst dorthin verfolgten sie die Auswüchse der Entführung. Violet Sharpe, ein Zimmermädchen, dessen Alibi zur Zeit der Entführung nicht ganz hieb- und stichfest gewesen war, wurde noch einmal verhört. Sie war furchtbar aufgeregt und weigerte sich, viele Fragen zu beantworten, weil sie ihr Privatleben berührten. Am Freitag, dem 10. Juni, sollte sie sich im Lauf des Tages noch einmal für eine Befragung bereithalten. Doch ehe die Beamten sie auf die Wache nach Hopewell mitnehmen konnten, ging sie mit einem Putzmittel – Chlorzyan – in den ersten Stock und schluckte es. Als sie in den Anrichteraum zurückkam, wurde sie ohnmächtig und starb. Weitere Nachforschungen ergaben, daß Violet nichts verheimlichte, was mit der Entführung zu tun hatte, sondern nur eine peinliche Beziehung zu einem Butler der Morrows.

Ende Juni 1932 kehrten die Lindberghs nach Hopewell zurück. Charles war aufgerufen, in der Verhandlung gegen John Curtis auszusagen, die in Flemington in dem kleinen Gerichtsgebäude des Bezirks Hunterdon stattfand. Es war ein kurzes, aber bizarres Verfahren, bei dem die Anklage ihre Beweisführung erst ummodeln mußte, damit sie den gesetzlichen Besonderheiten im Staat New Jersey entsprach. Curtis war zwar zusammengebrochen und hatte Lindbergh gestanden, daß er die ganze Entführerbande nur erfunden hatte, aber es war nicht strafbar, der Polizei falsche Informationen zu geben. Lindbergh sagte als Zeuge der Anklage aus. Das Gericht befand Curtis für schuldig, die Justiz behindert zu haben, und der Richter verurteilte ihn zu 1000 Dollar Strafe und einem Jahr Gefängnis.

Damit verschwand der Fall Lindbergh aus den Zeitungen. Es gab keine Verdächtigen und keine Hinweise, und die schlechte Wirtschaftslage zwang den Staat New Jersey, Dutzende von Polizisten vorübergehend zu entlassen. Der Fall war zwar keineswegs abgeschlossen – das FBI arbeitete mit der Stadt New York und den Polizeikräften New Jerseys zusammen –, aber die Ermittler jagten hinter Phantomen her. Oberst Schwarzkopf schickte Schriftproben aus den Erpresserbriefen an Polizeibehörden und Gefängnisdirektoren im ganzen Land und bat sie, sie mit den Handschriften ihrer Insassen zu vergleichen. Als in New York allmählich kleinere Scheine aus dem Lindbergh-Lösegeld auftauchten, versuchte das Finanzministerium, Zusammenhänge herzustellen.

Schwarzkopf setzte sogar Hoffnungen auf einen fleißigen Mann namens Arthur Koehler, den Leiter des *Forest Service Laboratory* im Ministerium für Landwirtschaft in Madison. Schwarzkopf hatte ihm Holzsplitter von der Entführerleiter geschickt, aus denen Koehler ableiten zu können glaubte, wer sie gebaut hatte. Obwohl Koehlers Fachbereich noch nicht als exakte Wissenschaft anerkannt war, hatte er sich schon bei mehreren Gelegenheiten als zuverlässiger Zeuge in Gerichtsverhandlungen erwiesen. Er hatte ausgesagt, daß Holz bestimmte Merkmale besaß, genauso unverkennbar wie Fingerabdrücke, aus denen er seine Geschichte ablesen konnte – wo es gewachsen, zersägt und verkauft worden war.

Nach dem Verfahren gegen Curtis gaben die Lindberghs dem Haus in Hopewell noch einmal eine Chance. Charles sprach ständig von den baulichen Vorzügen, als versuche er sich selbst zu überzeugen. Anne gewöhnte sich an einen festen Tagesablauf aus Klavierstunden, Spaziergängen und sogar Schriftstellerei; sie versuchte sich an der Chronik ihrer Orientreise. Aber jedesmal, wenn sie in die Stadt fuhren, mußten sie an der Stelle vorbei, wo die Überreste ihres Kindes gefunden worden waren.

Lindbergh plante, um das Haus in Hopewell für seine Frau und das erwartete Kind sicher zu machen, einen Polizeihund anzuschaffen. Zusammen mit Anne machte er einen Züchter von deutschen Schäferhunden ausfindig, und dieser suchte ihm sein klügstes Tier aus. Es hieß Pal. Charles, der von Kindheit an mit Hunden umgehen konnte, ging auf den »Wolf« zu und versuchte ihn zu streicheln, aber Pal fletschte nur die Zähne und knurrte. Lindbergh war beeindruckt.

Der Züchter deutete an, es werde zwei Wochen dauern, bis Pal Lindbergh als Herrn anerkenne, und warnte ihn, sich Pal in den ersten Tagen nicht allein zu nähern, der Hund würde ihn übel zurichten. Jede Warnung freute Lindbergh nur noch mehr. Tags darauf kam der Züchter mit einer kleinen grünen Minna angefahren, mit Pal in einem kleinen Käfig. Sie entließen ihn in eine der Garagen in Hopewell, die zu einem großen Zwinger mit festem Drahtgitter umgebaut worden war. Als der Hundeführer fort war, ließ Lindbergh die beiden kleinen Hunde Skean und Wahgoosh zu Pal hinein, damit sie sich aneinander gewöhnen konnten. Charles folgte ihnen. Am Ende des Tages hatte er den Schäferhund soweit, daß er jedem Befehl gehorchte. Lindbergh nannte ihn Thor.

Nicht nur Sicherheit, auch Freude brachte Thor in das Haus in Hopewell. Charles verbrachte die nächste Woche fast nur damit, ihm neue Kunststücke und Kommandos beizubringen. Er dressierte den Hund darauf, bestimmte Gegenstände aufs Wort zu apportieren, zum Beispiel eine Leine, die Lindbergh dann Skean und Wahgoosh anlegte, so daß Thor die beiden spazierenführen konnte. Der Hund wurde zu Annes glühendem Beschützer, er weckte sie morgens, indem er seine Nase neben ihr aufs Bett legte, und wich tagsüber kaum von ihrer Seite. »Die Hingabe dieses Hundes, der mir überallhin folgt, ist aufregend schön«, schrieb Anne in ihr Tagebuch, »wie wenn man einen neuen Kavalier hat.«

Im August 1932 machten sich die Lindberghs bezüglich ihrer Gefühle für das Haus in Hopewell nichts mehr vor und zogen – zumindest vorübergehend – zurück nach Next Day Hill. Kaum hatten sie sich in ihrem Flügel des Herrenhauses – mit eigenem Personal – niedergelassen, liefen die kleinen Hunde davon. Als er sie suchte, merkte Lindbergh, daß er von acht Reportern verfolgt wurde. Nach diesem kleinen Zwischenfall schloß sich Anne Charles' Sicht der Dinge an: Wenn sie nicht unablässig von neugieriger Presse umgeben gewesen wären, »hätten wir ihn vielleicht noch«.

Am 15. August erschien Lindbergh auf einem Flugplatz in New Jersey und testete einen Northrop Ganzmetalltiefdecker. Es war Lindberghs erster Flug nach der Entdeckung der Leiche seines Sohnes vor drei Monaten. Er stieg für eine Stunde auf und erklärte der fragenden Presse, der kurze Flug habe »keine besondere Bedeutung«. Außer seiner Frau erfuhr niemand, daß er auf den Atlantischen Ozean hinausflog, meilenweit übers Meer, und dort die Asche seines Erstgeborenen verstreute.

Später an diesem Abend, kurz nach Mitternacht, setzten bei Anne die Wehen ein. Angesichts der öffentlichen Hysterie in den letzten sechs Monaten waren die Lindberghs und ihre Ärzte übereingekommen, daß Anne das Kind am besten in der Abgeschiedenheit der Morrowschen Stadtwohnung zur Welt bringen sollte. So fuhren an diesem Morgen um 3.45 Uhr Anne, Charles und ihre Mutter von New Jersey über leere Landstraßen nach New York in die 66. Straße East. Der Geburtshelfer Dr. E. M. Hawks, der Anästhesist Dr. Flagg und eine Krankenschwester trafen wenig später ein.

Flagg verordnete sofort Lachgas, doch Anne hatte trotzdem in den nächsten dreieinhalb Stunden einiges durchzustehen. Immer schien sie sich Charles' Anwesenheit bewußt zu sein, da er ihre Hand hielt und ihr Handgelenk mit dem Zeigefinger streichelte. Sie merkte nicht, daß sie während der Wehen zu bluten begann, und Dr. Hawks dachte: »Mein Gott, ich habe das zweite Lindbergh-Baby umgebracht!« Flagg betäubte sie schließlich völlig, und nach einer halben Stunde gebar sie einen gesunden, sieben Pfund schweren Jungen mit großen Augen, der Morrow-Nase und dem Lindbergh-Grübchen am Kinn.

Den ganzen Tag seufzte Anne immer wieder vor Glück, daß das Kind gesund war, bis Charles sagte: »Aber er hat eine Warze am linken Zeh!« Solche Frotzelei war ein deutliches Zeichen seiner eigenen Erleichterung. »Du nutzt das Baby ab, wenn du es dauernd anschaust!« sagte er. Aber sie wollte ihre freudigen Gefühle nicht so schnell unterdrücken. »Der Bann war gebrochen durch dieses lebendige, berührbare, vollkommene Baby... ein Wunder«, schrieb sie. »Mein Glaube war wiedergeboren.«

In dem Bemühen, die Hysterie zu vermeiden, die sein erstes Kind verfolgt hatte, gab Lindbergh für die Presse eine Geburtsanzeige seines zweiten Sohnes heraus, die eine Bitte enthielt:

> Mrs. Lindberghs und mein Zuhause liegt in New Jersey. Natürlich würden wir auch weiterhin gern dort leben, in der Nähe unserer Freunde und beruflichen Verbindungen. Aber es wäre eindeutig untragbar, wenn das Leben unseres zweiten Sohnes die gleiche öffentliche Aufmerksamkeit erregte, die unserer Meinung nach in hohem Grade am Tod unseres ersten Kindes mitschuldig ist. Unsere Kinder haben das Recht, zusammen mit anderen Kindern normal aufzuwachsen. Ständige Publicity macht das unmöglich. Ich appelliere an die Presse, unseren Kindern das Leben eines normalen Amerikaners zu ermöglichen.

Lindbergh ließ die Presse glauben, das Kind sei in Englewood geboren. In die Geburtsurkunde trug er keinen Namen ein, und diplomatisch informierte er die *Times* und die *Tribune* von dieser Tatsache. Er sagte auch, es würden keine Fotos herausgegeben.

Die meisten angesehenen Zeitungen im Land respektierten Lindberghs Wunsch nach einem ungestörten Privatleben. Manche schrieben sogar an die Familie und versicherten, sie würden sich nicht um Fotos bemühen und keine Geschichten über die Lindberghs schreiben außer solche, die auf offiziell herausgegebenen Verlautbarungen beruhten. Lindbergh freute sich, als er mehrere Artikel über den gefährlich bissigen Thor las.

Doch schon in der Nacht, nachdem sie in die Sicherheit von Next Day Hill zurückgekehrt waren, erschien am Fenster des Kindermädchens im ersten Stock ein Schwachsinniger aus der Nachbarschaft. Anne bekam Angst. Charles rief der Form halber die Polizei an und schlug ruhig vor, das Kind nicht allein schlafen zu lassen, nicht einmal tagsüber auf der Veranda. »Wir geben auf«, schrieb Anne in ihr Tagebuch. »Wird uns das allezeit verfolgen?«

In der nächsten Woche fuhr Anne in die Stadt; sie wollte zum Arzt und sich einen neuen Hut gönnen. Als sie in einen Spiegel blickte, konnte sie kaum glauben, wie alt, blaß und bekümmert sie aussah. Plötzlich erkannten sie andere Kunden und fielen buchstäblich über sie her. Anne floh.

Charles ließ nicht zu, daß seine Frau ihren Ängsten erlag. Er akzeptierte ein Leben voller Vorsicht, aber keines im Verfolgungswahn. Obwohl sich die Saison in North Haven dem Ende zuneigte, schien es ihm am besten, Anne dorthin zu bringen, auch wenn das hieß, daß sie ihren vier Wochen alten Sohn zu Hause lassen mußten. Er brachte Thor den Befehl bei: »Paß auf das Baby auf!« Dann legte der sich neben die Wiege und fiel jeden an, der sich näherte, außer Elsie Whateley und das Kindermädchen, das jede Nacht bei dem Jungen schlief. Mindestens zwei Männer aus dem Personal mußten immer in seiner Nähe sein, und es wurde ein Wachmann angestellt. Natürlich tat es Anne leid, das Kind zurückzulassen, das noch nicht einmal einen Namen hatte, aber Dr. Van Ingen fand es besser, wenn es nicht von Englewood fortgebracht wurde. Am Nachmittag des 13. September startete Charles vom Long Island Country Club zusammen mit seiner Frau in seinem Doppeldecker.

Sie hatten zehn Tage geplant, blieben aber 16. Wenn er und Anne nicht Tennis spielten oder über ihre eigene Insel Big Garden Island wanderten, flog Charles, fällte Bäume und las. Anne holte sich Kraft bei ihrer Familie. Dwight jr. hatte eine archäologische Exkursion nach Europa hinter sich und wollte bald wieder nach Amherst; Con kehrte in Kürze ins Smith College zurück, und Elisabeth, aus England heimgekehrt, gedachte demnächst ihre Verlobung mit Aubrey Niels Morgan anzuzeigen, dessen Familie in Cardiff das Kaufhaus David Morgan besaß. Sie hatten vor, in Wales zu leben. Lindbergh sprach es zwar nicht aus, aber er erfuhr zum erstenmal die heilenden Kräfte einer Familie in Zeiten des Leids. Es erfüllte das Herz seiner Frau mit tiefer Freude, als er eines Abends in North Haven bemerkte: »Ich weiß mir kein Haus, das ich so liebe wie dieses.«

Gestärkt kehrten die Lindberghs nach Englewood zurück. Sie einigten sich endlich auf einen Namen für das Kind – Jon –, auf den sie in einem Buch über skandinavische Geschichte gestoßen waren. Er hatte nichts mit den beiden Familien zu tun, war ungewöhnlich, aber nicht seltsam, und – worauf Charles gern hinwies – »man schreibt ihn, wie man ihn spricht!« Sarkastisch fügte er hinzu: »Mal sehen, was die Leute dazu sagen! Das ist bestimmt zum Schreien, wenn sie spekulieren, wo wir ihn herhaben.«

Lindbergh schlug vor, das Haus in Hopewell dem Staat New Jersey zu stiften, der daraus eine Art Kinderheim machen sollte. Das schien ihnen der einzige Weg, schrieb Anne, »es dem Jungen wiederzuschenken«.

Das schreckliche Jahr endete mit einem Hoffnungsschimmer. Die Lindberghs und die Morrows versammelten sich drei Tage nach Weihnachten zur Hochzeit von Elisabeth Morrow und Aubrey Morgan. Dichter Nebel lag über Englewood, aber die paar Dutzend Gäste in der von Kerzen erhellten Bibliothek in Next Day Hill hatten es warm und fröhlich. Charles hatte den Bräutigam sehr gern und wußte das Auftreten eines zweiten Mannes im Matriarchat der Morrows zu schätzen. Die Frischvermählten schifften sich zu ihrer Hochzeitsreise nach Südfrankreich ein und wollten sich anschließend in Cardiff niederlassen.

Einige Wochen gesellschaftlichen Lebens gaben den Lindberghs das Gefühl, daß sie zu einem normalen Leben zurückkehrten. Sie gingen zu einem Dinner mit George und Amelia Earhart Putnam und speisten mit Vita Sackville-West und ihrem Mann Harold Nicolson, dem die Familie Morrow die offizielle Biographie von Dwight Morrow in Auftrag zu geben erwog. Aber alle Gefühle von Sicherheit waren illusorisch. Wenn nachts die Hunde bellten, lagen beide wach.

Als sich der Tag der Entführung zum erstenmal jährte, wärmten die Zeitungen die Geschichte wieder auf. Artikel rekapitulierten das Verbrechen, und Kommentare tadelten die Staatspolizei von New Jersey. Entführungsdrohungen gegen Jon wurden vor der Presse geheimgehalten, da sie Versuche, den ungeklärten Fall zu lösen, stören konnten. In seinem Kampf gegen die Niedergeschlagenheit seiner Frau griff Lindbergh auf sein lebenslang bewährtes Heilmittel zurück, das Reisen.

Ein erfolgreicher zehntägiger Ausflug mit dem Auto nach Detroit, auf dem sich Anne mit Brille und einer blonden Perücke verkleidete und er sich das Haar mit auswaschbarer schwarzer Farbe anklatschte, ermutigte die Lindberghs, mehr zu reisen. »C. fühlte sich zum erstenmal seit sechs Jahren völlig frei«, schrieb Anne, »seine Freiheit wurde ihm zurückgegeben. Und das Gefühl, daß sie jetzt immer da ist, als heimlicher Vorrat! Wir können *weg*!« Charles plante schon die nächste Reise.

Lindbergh als technischer Direktor der »Lindbergh-Linie« *TWA* hatte seit über einem Jahr keine Route mehr inspiziert. Am 19. April 1933 starteten er und Anne in Newark Richtung Burbank, wo sie ihre Lockheed Sirius abholen wollten, die nach ihrem Sturz in den Jangste 1931 generalüberholt worden war. Sie flogen nach Camden, Baltimore, Washington, Pittsburgh und Columbus und entdeckten eine Reihe neuer Funkfeuer, die sich quer über den Kontinent zogen. In St. Louis hatten beide das Gefühl, nach Hause zu kommen, da Freunde und Fans zu ihrer Begrüßung erschienen waren. Wieder einmal hießen bei jeder Landung Menschenmassen die Lindberghs willkommen; sie genossen es, ihre Götter wieder am Himmel zu haben. Charles und Anne gönnten sich eine Woche in Los Angeles, dann flogen sie Richtung Osten und waren froh, als sie in ihrem vertrauten orangeschwarzen Flugzeug saßen, das wieder ein Fahrwerk anstelle der Schwimmer hatte. Am 6. Mai gerieten sie im Norden von Texas in einen Sandsturm und blieben über Nacht in der Maschine. Sechs Flugzeuge suchten nach den »Vermißten«. Als sie »gefunden« wurden, standen sie einmal mehr auf der ersten Seite der New York Times.

Wieder in Englewood, plante Lindbergh schon die nächste Reise, diesmal ähnlich weit wie die in den Orient. Die Luftfahrtrouten traten weltweit »in die letzte Phase ihrer Entwicklung ein«, schrieb Lindbergh. »Die Länder waren überquert, die Kontinente miteinander verbunden. Nur die Ozeane mußte noch überspannt werden. Die riesigen Entfernungen übers Wasser bildeten die letzte große Hürde im Luftverkehr.« So war der offizielle Zweck dieser Reise die Vermessung möglicher Transatlantikrouten und Zwischenlandestationen zwischen Nordamerika und Europa. Es gab drei Möglichkeiten: im Norden die Route Grönland–Island, in der Mitte die von Neufundland nach Irland und im Süden die Strecke von den Bermudas zu den Azoren. Die nördliche reizte Lindbergh am meisten, denn hier war das Sicherheitsnetz an festem Land unter ihnen am größten; nie waren mehr als 700 Meilen Wasser zu überqueren.

In einer Fabrik in Caldwell, New Jersey, ließ Lindbergh seine Lockheed Sirius umrüsten. Mechaniker bauten einen neuen Wright-Cyclone-F-Motor mit 710 Umdrehungen sowie einen Hamilton-Standard-Propeller mit Anstellwinkelsteuerung ein. Mit diesen Umbauten vergrößerte sich die Reichweite des Flugzeugs, und es konnte noch schwerer beladen vom Wasser abheben. Nach einem Test am 1. Juli ließ Lindbergh das Fahrwerk wieder gegen Schwimmer austauschen. Wie bei ihrer vorigen Expedition finanzierten die Lindberghs den Flug selbst. Pan American lieferte das beste damals verfügbare Funkgerät und schickte ein Schiff nach Grönland, das als Operationsbasis dienen sollte.

Die Wahl der Ausrüstung für diese Reise fiel ihnen mindestens so schwer wie bei der Reise 1931 in den Orient. Sie verließen zwar New York im Hochsommer, hatten aber keine feste Reiseroute und wußten nur, daß sie wahrscheinlich weiter nach Norden und Süden kommen würden als je zuvor. Wieder mußten sie sich gegen mögliche Notwasserungen oder Notlandungen auf der grönländischen Eisdecke wappnen. Sie nahmen zwei komplette Funkausrüstungen mit, davon eine wasserdichte in einem Schlauchsegelboot. Diesmal gefährdeten sie die Leistung des Flugzeugs, indem sie Gewehre, ein insektensicheres Zelt und Notrationen einpackten. Mit vollen Tanks wurde die Sirius so schwer, daß sie sowohl günstigen Wind als auch eine lange, geschützte Wasserfläche zum Abheben benötigte.

Ohne großes Tamtam begannen sie ihre Expedition am 9. Juli 1933. Lindbergh kam um 8.00 Uhr am Glenn Curtiss Airport an und ließ die Sirius einen Großteil des Tages die abschließenden Tests durchlaufen. Seine Anwesenheit lockte in Windeseile die Presse herbei, und fast wäre er in ein Flugzeug voller Kameraleute gekracht, die ihn aus der Nähe fotografieren wollten.

Nachdem noch ein Gewitter vorbeigezogen war, traf Anne mit den Guggenheims und Aida Breckinridge am Flughafen ein. Gegen 15.30 Uhr glitt die große Maschine über die Rampe ins Wasser. 45 Sekunden fuhr das Flugzeug spritzend dahin, dann hob es Richtung Nordosten ab. »Die Lindberghs haben keine eindeutige Route festgelegt und auch keine bestimmten Landeplätze und Zwischenstationen ausgesucht«, schrieb die *New York Times.* »Außerdem haben sie keinen Zeitpunkt für ihre Rückkehr angegeben. Zwar soll der Flug der Vermessung einer Strecke dienen, die vielleicht eines Tages von *Pan American Airways* als Luftfahrtroute nach Europa benutzt wird..., aber das Paar beabsichtigt auch, die Reise zu genießen und will sich nicht um Terminpläne kümmern müssen.« Die *Jelling,* ein dänischer Dampfer, den *Pan American* als eines von mehreren Hilfsschiffen gemietet hatte, war eine Woche zuvor aus Philadelphia abgefahren und hatte in Halifax und St. John's bereits Treibstoff und Ansteuerungstonnen für die Lindberghs deponiert. Das Schiff sollte ihnen auf ihrer Reise als Wetterbeobachtungsstation, erster Funkkontakt, Reparaturwerkstatt und gelegentlich auch als Hotel dienen.

Die Lindberghs legten in North Haven einen Zwischenstopp ein, um sich von ihrem Sohn und ihren beiden Müttern zu verabschieden. Mehr als je zuvor machte es Anne angst, ihren Sohn zu verlassen – aber nicht so sehr, daß sie die Möglichkeit, mit ihrem Mann zu fliegen, dafür aufgegeben hätte. Und Charles ließ nicht zu, daß die Reisen der Zukunft von den Sorgen der Vergangenheit beeinträchtigt wurden. Am Nachmittag des 11. Juli brachen sie nach Neuschottland auf. In den nächsten elf Tagen inspizierten sie Neufundland. Annes Tagebuch vermerkte erfreuliche Begegnungen mit ihren Gastgebern an Bord der Hilfsschiffe und an der Küste, während Charles sich mit der Topographie beschäftigte.

In den nächsten 24 Tagen erkundeten die Lindberghs Grönland – Godthåb, Holsteinsborg, Ella Island, Eskimonaes, Angmagssalik und Julianehå. Charles fischte und fuhr mit den Grönländern im Kajak, wenn der Nebel Erkundungsflüge verhinderte. In den kleinen Städten, die zwischen Felsen, Fjorden und (wie Anne schrieb) »Eisberghen« lagen, ließen sie sich's gut gehen. Und sie überflogen das ewige Eis – »ein riesiger Kontinent aus Eis«, auf dem prähistorisch aussehende Moschusochsen und Eisbären lebten.

»In diesen winzigen, einsamen Vorposten im Norden« erinnerte sich Anne später, »fiel die Last des Ruhms von uns ab, und wir bekamen einen Begriff von der Anonymität. Wir waren Fremde, waren Gäste, aber keine Berühmtheiten, die sich von der Menschheit abhoben.« Sie fühlten sich eins werden mit dem normalen Leben, hatten aber keine Ahnung, wie sehr die Presse noch immer jede ihrer Bewegungen verfolgte.

Eines Augusttages, als die Lindberghs gerade nicht fliegen konnten, verloren die Medien sie völlig aus den Augen. Gegen Abend hatten sich die

268

ersten Gerüchte von ihrem Tod verbreitet, und Reuters meldete per Fernschreiber: »Hier heißt es, die Lindberghs seien abgestürzt und in Grönland ums Leben gekommen.« Das sensationelle Gerücht überrollte den Erdball wie eine Lawine, als Nachricht von größter Wichtigkeit – die aber wieder zurückgenommen werden mußte, und der Presse vor Augen führte, wie bedenkenlos sie sich teilweise verhielt, wenn sie über die Lindberghs schrieb.

Als Charles eines Tages in Holsteinsborg von einem Flug über die Fjorde zurückkehrte, sah Anne, wie Kinder winkend auf das Flugzeug zuliefen, das sich aus dem Himmel auf die Meerenge von Davis herabsenkte. »Tingmissartoq! Tingmissartoq!« schrien sie, was in der Sprache der Eskimos hieß: »Der wie ein Vogel fliegt.« Die Lindberghs hörten dieses Wort während ihres Grönlandaufenthalts immer wieder, und so baten sie an ihrem letzten Tag dort einen jungen Eskimo, das Wort auf den Rumpf der Lockheed Sirius zu schreiben.

Am 15. August verließ die *Tingmissartoq* Grönlands Ostküste Richtung Reykjavik. Nach dem fünfstündigen Flug über die Dänemarkstraße war das Wasser im Hafen zu rauh, um in die Hauptstadt zu gelangen. Ein britischer Pilot, der damals gerade über die Nordroute von England nach Amerika flog, kam ihnen zu Hilfe. Er beschlagnahmte eine Fähre und brachte die Lindberghs und ihr Flugzeug zu einer Anlegestelle in der Nähe des Hangars.

Sie blieben eine Woche in Island und umfuhren das ganze Land, ehe sie zu den Färoern und den Shetlandinseln weiterflogen. Ein fünfstündiger Flug über die Nordsee brachte sie nach Kopenhagen. Kaum hatte sich die Nachricht von ihrer Ankunft in Dänemark verbreitet, wuchsen innerhalb einer Woche die Menschenmassen lawinenartig an. Charles wollte gern nach Schweden, wußte aber, daß die Ankunft des geliebten »Sohnes« dort festliche Veranstaltungen auslösen würde, nach denen ihm keineswegs der Sinn stand. Um die Presse abzuschütteln, steuerten er und Anne die *Tingmissartoq* erst einige Minuten nach Süden, ehe sie einen radikalen Kurswechsel vollzogen und Richtung Stockholm flogen.

Ein paar Tage lang konnten die Lindberghs in der Stadt Restaurants, Parks und Museen besuchen, dann waren ihnen wieder Fotografen und Neugierige auf den Fersen. Daraufhin organisierte Charles den Besuch im Haus seiner Vorfahren in aller Stille. Am 17. September flogen sie auf die Insel Karlskrona in Südschweden. Ein Mann holte sie mit einem Motorboot ab, brachte sie an Land und fuhr sie nach Schonen. Am Abend erreichten sie das Dorf Gårdlösa, ein Häufchen weißer Häuser mit roten Dächern und grünen Türen. Es war noch hell genug, um grüne Felder zu erkennen und in der Ferne auf den Hügelkämmen Windmühlen. Endlich kamen sie an ein weißes Haus, das zusammen mit drei Scheunen einen gepflasterten Innenhof umfaßte. Ohne alle Reporter stand Lindbergh vor dem Haus von Ola Månsson.

Zwei Monate lang reisten die Lindberghs durch Europa – durch Finnland, Rußland, Estland, Norwegen, England, Irland, Schottland, Frankreich, Holland, die Schweiz, Spanien und Portugal, alles potentielle Ausgangspunkte für Flüge in die Neue Welt. Charles widmete viel Zeit der Inspektion von Flugplätzen und traf sich mit den Chefs fremder Fluggesellschaften, und Anne spielte genüßlich die Rolle der Touristin. Miteinander sahen sie aus der Königsloge in der Leningrader Oper ein Ballett an, besuchten ein ihnen zu Ehren veranstaltetes Bankett in Moskau und trafen mit dem König von Norwegen in Oslo zusammen. Sie blieben eine Woche in Wales bei Annes Schwester und ihrem Mann, die Elisabeths Gesundheit zuliebe allerdings nach Kalifornien umziehen wollten. Im *Berkeley Hotel* in London lief ihnen Jean Monnet über den Weg, ein alter Freund der Morrows, der davon sprach, daß ihm Amerika unter dem neuen Präsidenten Sorgen mache: »Roosevelt versucht in einer Periode des Wiederaufbaus soziale Reformen durchzusetzen«, sagte der französische Wirtschaftswissenschaftler, »und das ist verhängnisvoll.«

Charles' glücklichste Augenblicke waren die, wenn er mit seiner Maschine allein war. In Inverness kam er eines Nachts ins Haus, nachdem er am Flugzeug, das auf dem Ness vor Anker lag, sechs Stunden im kalten Regen ein zerrissenes Kabel repariert hatte. Müde und naß bis auf die Knochen, sagte er zu Anne: »Lieber hundert solche Abende als ein einziger in New York.«

Am 26. Oktober glitten die Lindberghs in den Marinestützpunkt Les Mureau an der Seine; aber nachdem sie die Hotelhalle des *Crillon* in Paris betreten hatten, gab es für Charles im Lauf der nächsten Woche kaum einen unbeobachteten Augenblick. »Tiens! C'est Lindbergh!« riefen die Pariser auf den Boulevards. »Sie sehen in ihm immer noch den romantischen jungen Mann, den Märchenprinzen«, schrieb Anne an Elisabeth kurz nach ihrer Ankunft. »Frauen hämmern gegen seine Autotür, Horden versammeln sich, wenn er aus dem Hotel geht.« Mit gemischten Gefühlen merkte Anne, daß sie oft ignoriert wurde, denn die Franzosen brachten sie nicht mit Lindbergh in Verbindung. »Sie können ihn sich einfach nicht verheiratet vorstellen«, stellte sie fest. »Es ist wie bei einem berühmten Filmstar. Er steht für romantische Liebe.« Die unablässige Hysterie in Frankreich ließ Lindbergh ernsthaft überlegen, ob er die Fliegerei nicht aufgeben, ob er jemals noch eine größere Stadt besuchen sollte.

Er legte die Route nach Hause fest. Die *Tingmissartoq* brachte sie auf die Azoren, von Lissabon aus mehr als acht Stunden über das offene Meer. Dort mußte Charles allerdings feststellen, daß der Hafen von Horta zu klein für sie war; sie hätten mit der Ladung, die sie brauchten, um bis Neufundland zu kommen, dort nicht abheben können. Er hoffte, auf einer der anderen Inseln einen größeren Hafen zu finden, beispielsweise in Ponta Delgada. Als sich auch der als ungeeignet erwies, änderte Lindbergh die

Route und verlegte sich auf die Äquatorialgewässer zwischen Afrika und Südamerika.

Anne hatte inzwischen genug. »Ich habe Heimweh nach meinem Kind«, erzählte sie der Presse in Horta auf der Azoreninsel Fayal. »Es wird Zeit, daß mein Mann mich heimbringt.« Aber Lindbergh blieb den Reportern und seiner Frau gegenüber seltsam zurückhaltend. Er sagte nur: »Meine Zeit gehört mir.« Als sich die Lindberghs jedoch endlich entschlossen hatten, ihre Reise zu beenden, türmte sich ironischerweise ein Hindernis nach dem anderen vor ihnen auf.

Sie wandten sich nach Süden und landeinwärts, auf die Ausbuchtung des afrikanischen Kontinents zu, wo er Südamerika am nächsten kommt. Sie machten Halt auf den Kanarischen Inseln und in der damaligen spanischen Kolonie Rio de Oro in Afrika und flogen dann weiter zu den Kapverdischen Inseln, die 200 Meilen näher an Südamerika lagen als jeder afrikanische Hafen. Riesige Brecher machten die Wasserung extrem schwierig, und Lindbergh erkannte, daß sie mit ihrem überladenen Wasserflugzeug hier unmöglich nach Südamerika abheben konnten.

Er beschloß, den Vorteil der 200 Meilen zu verschenken und mit weniger Treibstoff zurück zur westafrikanischen Küste zu fliegen, nach Dakar im Senegal. Die Lindberghs wollten eben starten, als sie telegrafisch von einer dort herrschenden Gelbfieberepidemie erfuhren. Nur 100 Meilen weiter südlich gab es jedoch einen sicheren Hafen, wo sie landen konnten, Bathurst in British Gambia, wo der Fluß Gambia in den Ozean mündete. Ohne das geringste Problem setzten sie die *Tingmissartoq* auf dem ruhigen Flußwasser auf. Doch diese Stille sollte sich noch als verhängnisvoll herausstellen.

Im Gegensatz zu dem Dilemma auf den Kapverden brauchte die *Tingmissartoq* hier mehr Wind oder Wellengang, damit die Schwimmer »auf die Beine kamen«, besonders angesichts der zusätzlichen Last an Extratreibstoff für den 16stündigen Flug. Die Lindberghs verringerten die Ladung und ließen unnötiges arktisches Zubehör wie Stiefel aus Seehundfell und sogar ihren Anker zurück.

An diesem Tag versuchten sie fünfmal von ihrer glasklaren Startbahn abzuheben. Bei jedem Versuch bediente Charles die Steuerungsvorrichtungen schweigend und verbittert und sprach nicht einmal mit seiner Frau. Es blieb so windstill, daß sie am nächsten Tag nicht einmal einen Versuch unternahmen. Den Tag darauf, den 5. Dezember, verbrachte Lindbergh damit, die Ladung noch einmal zu verringern: Nahrungsmittel, Werkzeug, Schlafsäcke, praktisch alle Kleidungsstücke. Er ging sogar mit einer Metallschere ins Flugzeug und schnitt einen Treibstofftank aus dem Rumpf. Als Anne später am Abend spazierenging, merkte sie, daß ihr Taschentuch im Wind flatterte. Ein paar Stunden später, als der Mond aufging, unternahmen sie ihren letzten Versuch – im Falle eines Fehlschlags hätten sie die Route geändert. Auf einem ungewöhnlich langen Anlauf im Halbdunkel spritzte das Flugzeug übers Wasser, schlug ein paarmal klatschend auf, und dann lösten sich die Schwimmer vom Meer.

Sechzehn Stunden später und 1875 Meilen westlich von Bathurst sichteten die Lindberghs vor dem brasilianischen Natal die Barkasse der *Pan American*. Es war 15.00 Uhr Ortszeit und dampfend heiß. Anne war ganz benommen, als sie aus dem Flugzeug stieg, und zwang sich, an ein Weihnachten zu Hause mit ihrem Sohn Jon zu denken.

Lindbergh erfuhr jedoch sofort, Juan Trippe wünsche, daß er auf Umwegen nach New York heimflog – über Rio de Janeiro, Montevideo, Buenos Aires und all die anderen großen Niederlassungen von *Pan American*. Angesichts der Unruhe seiner Frau sagte Lindbergh, auch er würde gern auf direktem Weg heimfliegen, und sie würden nur halten, wo es nötig war. Doch auch so dauerte es noch fast eine Woche, bis sie allein Brasilien hinter sich ließen. Und obwohl Anne verzweifelt das Ende der Reise herbeisehnte, verkündete Charles, sie würden noch nach Manaos fliegen, 100 Meilen flußaufwärts am Amazonas entlang.

Vielleicht hätten sie sich noch länger im Dschungel aufgehalten, wenn sie nicht vor einer Gummifabrik eine unangenehme Begegnung gehabt hätten. Ein Amerikaner trat auf die Lindberghs zu und blökte gedankenlos: »Wir waren die ersten, die hier von der Entführung gehört haben!« Das war ein unangenehmer Geschmack von Realität nach sechs Monaten, in denen sie praktisch unberührt vom Rest der Welt gelebt hatten.

Am nächsten Tag verließen die Lindberghs trotz sintflutartigen Regens Brasilien Richtung Trinidad. Es war eines der wenigen Male, wo Charles zugab, dieses Wetter sei so »schlimm«, daß er normalerweise nicht fliegen würde. Trotz Annes Besorgnis nahm sich Charles noch eine weitere Woche Zeit und flog über Puerto Rico und Santo Domingo nach Miami. Wenige Stunden, nachdem sie am 16. Dezember amerikanischen Boden betreten hatten, erhielten sie ein Telegramm aus dem Weißen Haus. »WILLKOMMEN ZU HAUSE UND GLÜCKWUNSCH ZUM ERFOLGREICHEN ABSCHLUSS DIESES NEUEN FLUGES IM INTERESSE UND ZUR FÖRDERUNG DER AMERIKANISCHEN LUFTFAHRT«, drahtete Franklin D. Roosevelt. »ICH HOFFE, DASS SIE AUS DIESER INSPEKTION NEUE UND WERTVOLLE PRAKTISCHE HILFEN FÜR DEN LUFTVERKEHR GEWONNEN HABEN UND DIE VERBINDUNGEN ZUSTANDE KOMMEN.« Die Lindberghs dankten dem Präsidenten für das unerwartete Interesse an ihrer Reise.

Am Abend des 19. Dezember 1933 um 19.37 Uhr wasserte die *Tingmissartoq* in der Flushing Bay, Long Island, und die Medien nahmen ihr Bombardement wieder auf. Eine Flotte von Schnellbooten mit Kameramännern, Fotografen, Journalisten und Radioreportern rückte ihnen auf den Leib, und eines der Boote kam so nah, daß ihr Flugzeug gefährlich ins Schwanken geriet. Obwohl sie auf die Minute fünf Monate und zehn Tage fort gewesen waren und in dieser Zeit 29 781 Meilen zurückgelegt und vier Kontinente miteinander verbunden hatten, war es, als wären sie nie fort gewesen.

Angesichts des raschen technischen Fortschritts bezeichnete diese Reise das Ende einer Periode der Luftfahrt, die, wie Lindbergh glaubte, »wahrscheinlich interessanter war als jede andere, die uns die Zukunft bringt.« Die Vervollkommnung der Maschinen, so bemerkte er nur wenige Jahre später, »führt dazu, daß der Mensch von den Elementen, in denen er lebt, abgesondert wird. Die ›Stratosphären‹-Flugzeuge der Zukunft werden den Ozean überqueren ohne jedes Gefühl für das Wasser unter ihnen.« Starts bei Wind, Hitze oder Mondlicht würden die transatlantischen Passagiere nicht weiter beunruhigen. Noch vor Jahresende rief Lindbergh seinen Freund F. Trubee Davison an, den Präsidenten des amerikanischen Museums für Naturgeschichte in New York, und bot ihm die *Tingmissartoq* samt der gesamten Ausrüstung an – bis hin zu der Dose mit Insektenschutzmittel. Jahrelang hing sie in der Halle »Leben im Ozean« und zählte zu den größten Attraktionen des Museums. Nach ein paar Jahren im Air Force Museum in Ohio fand sie im *Smithsonian Institute* als Teil der Flugzeugsammlung ein ständiges Zuhause.

Trotz seiner Abneigung gegen die Stadt New York hatte Charles in letzter Zeit öfter gesagt: »Der einzige Platz, wo ich ein Kind beruhigt allein lassen würde«, sei eine Wohnung. Und so zogen die Lindberghs im Januar 1934 in die 86. Straße East Nr. 530. Ihr Penthouse mit Blick auf den Fluß hatte zwei Terrassen und gab ihnen das Gefühl von Abgeschlossenheit und Sicherheit. Jon, damals 16 Monate alt, schlief im Zimmer neben seinen Eltern. Um die Ecke hatte Anne einen Kindergarten ausfindig gemacht, zu dem sie jeden Morgen mit Jon und den Hunden spazierte. Die Wohnung erleichterte es ihr, das Buch über den Orientflug zu beenden und einen Artikel über die Grönlandreise für den *National Geographic* zu beginnen. Beschäftigt mit dem Einrichten, lehnten die Lindberghs eine Einladung zu einem formlosen Empfang am Abend des 1. Februar im Weißen Haus ab. Wäre Charles politisch gewitzter gewesen, wäre er hingegangen, denn der Präsident beschäftigte sich offensichtlich mit der Luftfahrt. Wie sehr, merkte Lindbergh schon eine Woche nach der Einladung.

Am 9. Februar 1934 annullierte Präsident Roosevelt ohne jede Vorwarnung die inländischen Luftpostverträge zwischen der Regierung und mehr als 30 Fluggesellschaften. Er behauptete, bei der Zuteilung der Verträge habe es strafbare Absprachen gegeben, und er beauftragte die Army mit der Postbeförderung. Die Wurzel des Problems liege in der Günstlingswirtschaft – insbesondere, meinten die Vertreter des New Deal, bei ihren bestochenen Vorgängern, den Republikanern.

Eine Untersuchung des Kongresses enthüllte, daß Postminister Walter Folger Brown in seinem Eifer, mit Luftpostverträgen die Entwicklung der zivilen Luftfahrt zu beschleunigen, grobe Unregelmäßigkeiten zugelassen hatte. Der daraus resultierende Widerruf der Verträge durch Roosevelt hatte schreckliche Auswirkungen auf die Fluggesellschaften, die Millionen investiert und im Lauf der Jahre, wenn überhaupt, nur wenig Gewinn gemacht hatten. Das Einkommen aus den Luftpostverträgen hatte Gesellschaften wie die *TWA* befähigt, ihr amerikanisches Liniennetz auszubauen; Finanzpläne für weiteres Wachstum hingen ganz und gar von diesen Einnahmen ab.

Der berühmteste Angestellte und Aktionär der *TWA* war wütend und überzeugt, daß der Präsident das Kind mit dem Bade ausgeschüttet hatte. Lindbergh glaubte an die Integrität der *TWA*-Betreiber und wußte, welche Opfer sie gebracht hatten, um die Gesellschaft auf die Beine zu stellen. Er hatte sich nie an Vertragsgeschäften beteiligt, fand aber, er könne »nicht schweigen angesichts einer so unüberlegten, drastischen und unfairen Handlungsweise«.

»Was Sie gestern getan haben, trifft die Industrie, der ich die letzten zwölf Jahre meines Lebens gewidmet habe, empfindlich«, schrieb Anne in ihrem Entwurf für ein Telegramm, das Lindbergh beenden wollte. Er bestand darin auf einem Punkt, der nicht nur ihn oder die *TWA* betraf – dem Recht auf ein faires Gerichtsverfahren, bei dem ehrliche Parteien ihre Unschuld beweisen konnten. »Die Verurteilung des Luftverkehrs durch die Annulierung aller Luftpostverträge und den Einsatz der Army auf kommerziellen Fluglinien«, schloß Lindbergh mit Überzeugung, »fügt der ganzen amerikanischen Luftfahrt unnötigen und empfindlichen Schaden zu.« Lindbergh schickte sein 275-Wörter-Telegramm an den Präsideten und gleichzeitig eine Kopie an die Presse.

Stephen T. Early, der Sekretär des Präsidenten, wurde beauftragt, den Botschafter anzugreifen, nicht die Botschaft. Er berichtete der Presse, der Präsident habe Lindberghs Telegramm, noch ehe es auf seinem Schreibtisch lag, schon in der Morgenzeitung gelesen, und Lindbergh habe damit die Regeln der Höflichkeit verletzt, nach denen der Präsident sämtliche Anschreiben vor den Medien erhalten müsse. Weil die Regierung Roosevelt an Lindberghs Argumenten nur wenig aussetzen konnte, warf Early Lindbergh vor, er habe den Brief »aus reinen Werbezwecken« geschrieben.

Anfangs stand Washington überwiegend auf der Seite der Macht und des Präsidenten. Aber trotz anfänglicher Bemühungen, Lindberghs Angriff als das Werk eines Lobbyisten abzutun, wagte niemand, die Wahrheit seiner Aussage anzuzweifeln.

Der Lindbergh-Verweis wurde zum Gesprächsthema der Nation. Ein »einfacher Bürger« telegrafierte beispielsweise an Stephen Early: »Wer in Amerika Sinn für Humor hat, kann über den Vorwurf, Lindbergh buhle um öffentliche Aufmerksamkeit, nur lachen.« Im Rundfunk äußerte sich Will Rogers sehr positiv über Lindberghs Fähigkeiten und

Kenntnisse in der Luftfahrt und drängte ihn und den Präsidenten, »die beiden beliebtesten Männer Amerikas«, sich zu treffen und das Problem auszudiskutieren. Aber Roosevelt wich nicht von seiner Position ab.

Am 18. Februar 1934 beurlaubte der Präsident der *TWA* sein gesamtes Personal und versuchte einen minimalen Passagierfahrplan aufzustellen, der die Gesellschaft am Leben erhalten würde. Andere große Fluggesellschaften machten ähnliches durch. Und die Army hatte noch größere Probleme.

Wie Lindbergh ausgeführt hatte, fehlten dem Heer für den Luftposttransport geeigente Flugzeuge und Piloten mit der nötigen Erfahrung. Als ein Army-Flugzeug nach dem anderen abstürzte und sich die tödlichen Unfälle unter den Piloten häuften, gab Roosevelt endlich nach und schränkte den Luftpostdienst ein – aber er weigerte sich, ihn wieder den Fluggesellschaften zu überantworten.

Als Lindbergh vor den Ermittlern der Regierung aussagte, antwortete er gelassen auf die hartnäckigen Fragen nach kaufmännischen Regelwidrigkeiten; er bestand darauf, daß »den Vertragspartnern das Recht auf ein Verfahren zusteht, ehe sie verurteilt werden«. Vergeblich versuchte die Regierung, Lindbergh auf die Seite der Roosevelt-Administration zu ziehen. Und die öffentliche Zustimmung zu Lindberghs Standpunkt wuchs, besonders nachdem die Regierung versucht hatte, ihn als unglaubwürdig darzustellen.

Am 20. April 1934 berief Postminister Farley – der Nutznießer dieses politischen Schnitzers der Regierung – eine Konferenz der Fluggesellschaften ein, um neue Angebote für die alten Luftpostrouten entgegenzunehmen. Um das Gesicht zu wahren, sagte Farley, keine Gesellschaft werde einen Vertrag erhalten, die bei der »Bestechungskonferenz« von 1930 dabeigewesen sei, wo Walter Brown die ursprünglichen Verträge verteilt hatte. Die großen Gesellschaften reagierten mit einer Neuorganisation und meist auch mit einer Umbenennung: *American Airways* wurde zu *American Airlines, Eastern Air Transport* zu *Eastern Airlines, United Aircraft* hieß ab jetzt *United Airlines* und *Transcontinental and Western Air* nannte sich nun *Trans World Airlines*.

Vom führenden Personal der einzelnen Gesellschaften mußten bei dieser »Säuberung« einige geopfert werden, darunter auch Lindberghs Freund Richard Robbins bei *TWA*. Lindbergh schrieb selbst einen Kündigungsbrief, denn er wollte nicht zu einer Gesellschaft gehören, die auf »Ungerechtigkeiten aufbaut und die Kündigung von Mitarbeitern erzwingt, die so entscheidend zu ihrer Entwicklung beigetragen haben«. Aber die Geschäftsleitung überredete ihn zu bleiben. Am 8. Mai 1934 flog *TWA* wieder Post, und Charles Lindbergh war zu einem Menschen geworden, den Öffentlichkeit und Industrie als ihren Beschützer glaubten benützen zu können.

Das »Luftpostfiasko« wirkte sich nachhaltig auf den Präsidenten aus. Zum erstenmal seit der Amtsübernahme war seine Autorität spürbar in Frage gestellt worden, und er hatte sich fehlbar und verstockt gezeigt. Weder Roosevelt noch Lindbergh vergaßen jemals das Verhalten des anderen in diesem Geplänkel und vergaben einander nie.

Im Sommer war Lindbergh schon wieder ruhelos. Die New Yorker Wohnung interessierte ihn nicht mehr, und er bestellte bei der *Monocoupe Corporation* in St. Louis ein neues Flugzeug, einen einmotorigen 125-PS-Schulterdecker mit zwei Plätzen. Im August holten die Lindberghs die Maschine ab und flogen weiter an die Westküste zu Annes kranker Schwester. Doch schon nach drei Tagen, am Mittwoch, dem 19. September 1934, wurden die Lindberghs unversehens wieder nach Osten abberufen. Oberst Norman Schwarzkopf rief aus New Jersey an und berichtete Lindbergh, daß der Entführungsfall aufgeklärt und ein Mann festgenommen worden sei, der seiner Meinung nach eindeutig an dem Verbrechen beteiligt gewesen sei – ein deutscher Zimmermann aus der Bronx. »O Gott«, sagte Anne bei dieser Nachricht, »jetzt geht alles wieder von vorne los!« »Ja«, erwiderte Charles, »aber sie haben ihn endlich.«

Die Lindberghs zogen wieder nach Next Day Hill, immer noch der sicherste Zufluchtsort vor der Presse. Die Medien waren so rasend in ihren Berichten über das »Jahrhundertverbrechen«, daß jede neue Enthüllung ein Lauffeuer aus Gerüchten entzündete, das manche Teile der Geschichte sogar für immer in Qualm hüllte. Aber als sich der Rauch verzog, traten doch gewisse greifbare Wahrheiten über diesen Fall zutage:

Seit dem Frühjahr 1932 hatte der Dendrologe Arthur Koehler die Entführungsleiter analysiert. Er nahm sie völlig auseinander und numerierte jeden Holm und jede Sprosse. Verschiedene Holzarten – Kiefer, Birke, Tanne – waren beim Bau der Leiter verwendet worden, jede mit den ihr eigenen inneren Kennzeichen aus Jahresringen und Ästen und den äußeren Merkmalen von den Maschinen, die das rohe Holz zu Bauholz zersägt hatten, und von den Werkzeugen, mit deren Hilfe die Leiter gebaut worden war. Ein Stück Holz, bezeichnet als Nummer 16, war besonders interessant, denn es hatte vier Nagellöcher, die in keiner Verbindung zu dem Bau der Leiter standen, und daraus ließ sich ableiten, daß es früher schon einmal benützt worden war. Es war minderwertiges Splintholz ohne Zeichen der Verwitterung; vermutlich war der Holm früher in einem Innenraum angenagelt gewesen und für grobe Konstruktionen benützt worden, vielleicht in einer Garage oder auf einem Dachboden.

Koehler blieb noch Dutzenden von anderen Hinweisen auf der Spur. Die Sprossen dieser selbstgebauten Leiter beispielsweise waren aus weicher Ponderosa-Kiefer, zeigten aber keinerlei Gebrauchsspuren, was darauf hinwies, daß die Leiter nur für diesen besonderen Zweck gebaut worden war. Die Hobelspuren auf diesen Sprossen deuteten auf eine ungewöhnliche Kombination von Hobelmessern hin. Koehler schickte einen Brief an 1600 Sägewerke an der Ostküste und fragte, ob ihre Hobelmaschinen vielleicht diese Merkmale aufwiesen. 25 Sägewerke bejahten und wurden gebeten, Musterbretter zu schicken. Daraufhin konnte Koehler die *Dorn Lumber Mill* in McCormick, South Carolina, als Quelle der Bretter für die Leiterholme benennen. Seit Herbst 1929 hatten 25 Holzhöfe Ladungen mit Dorns südlicher Kiefer erhalten. Aufgrund wissenschaftlicher Schlußfolgerungen reduzierte Koehler diese Liste, bis nur noch die *National Lumber and Millwork Company* in der Bronx übrigblieb, die im Dezember 1931, drei Monate vor der Entführung, eine Ladung gekauft hatte.

Im November 1933, nach 18 Monaten Ermittlung, brauchte Koehler nur noch die Verkaufsbelege des Holzhofes in der Bronx, um den mutmaßlichen Erbauer der Leiter ausfindig zu machen. Leider hatte die *National Lumber* hauptsächlich bar zahlende Kunden und befleißigte sich keiner so detaillierten Buchführung. Dort, mitten in der Bronx, schienen Koehlers Forschungen in einer Sackgasse zu enden.

In der Zwischenzeit hatte das FBI, die Polizei des Staates New Jersey und die Polizeibehörde der Stadt New York jede Spur verfolgt. Ein langsamer, aber stetiger Strom von Hinweisen waren die Scheine aus dem Lösegeld, die zwei Wochen nach der Übergabe im Friedhof St. Raymond in der Bronx aufzutauchen begannen. Jede Spur wurde so weit wie möglich zurückverfolgt – normalerweise von einer New Yorker Bank zu einem Geschäft, und von da zu einem Kunden, der dann befragt wurde. Am 5. April 1933 beschleunigte eine Anordnung des Präsidenten den Fluß des Lindbergh-Geldes: Um der durch die Wirtschaftskrise hervorgerufenen Unsitte des Goldhortens gegenzusteuern, befahl Roosevelt, daß alle Goldmünzen und Goldzertifikate mit einem Wert von mehr als 100 Dollar bis zum 1. Mai bei einer Bundeszentralbank hinterlegt oder umgetauscht werden mußten. Es wurde dann zwar nicht strafbar, Goldzertifikate zu sparen oder auszugeben, strafbar war nur der Besitz von Werten über 100 Dollar; aber sie wurden mit einem Schlag seltener und waren deshalb leichter zu finden.

Am 1. Mai erhielt die New Yorker Bundeszentralbank 2980 Dollar von einem Mann, der mit J. J. Faulkner unterschrieb. Als die Bank merkte, daß es sich um Lindbergh-Lösegeld handelte, suchte die Polizei nach der Adresse vom Einzahlungsbeleg. Aber dieser Faulkner wurde nie gefunden. Im Lauf des Jahres tauchten weitere zehn Scheine auf, die meisten in Manhattan. Wenn sich die Empfänger der Banknoten überhaupt erinnern konnten, von wem sie sie erhalten hatten, wiederholten sie immer die gleichen Merkmale: Ein Weißer, mittelgroß, blaue Augen, hohe Wangenknochen, spitzes Kinn, deutscher Akzent.

Am 18. September 1934 verglich ein Kassierer der Corn Exchange Bank in der Bronx eine 10-Dollar-Note mit der Lösegeldliste und stellte fest, daß die Nummern übereinstimmten. Er benachrichtigte seine Vorgesetzten, und denen fiel auf, daß auf dem Rand des Scheines eine Autonummer stand: 4U-13-14 N.Y. Die Kriminalbeamten vermuteten, daß der Schein aus einer der Tankstellen in der Nachbarschaft stammte. Einer der Bankkunden war die Warren-Quinlan-Tankstelle Ecke Lexington Avenue und 127. Straße. Der Pächter Walter Lyle erinnerte sich an den Kunden, der für 98 Cents Benzin gekauft und mit diesem Schein bezahlt hatte. Auf Lyles fragenden Blick hin hatte der Kunde mit erkennbar deutschem Akzent erwidert, das Geld sei echt, er habe daheim noch ungefähr 100 weitere solche Banknoten. Die New Yorker KFZ-Zulassungsbehörde lieferte der Polizei den Namen des Eigentümers dieses Wagens: Bruno Richard Hauptmann, 222. Straße East Nr.1279 in der Bronx. Zusätzlich zu den Informationen über seine dunkelblaue 1930 Dodge-Limousine vermerkte die Karteikarte auch, daß er in Deutschland geboren und Zimmermann war.

Die Polizei umstellte sein Haus, das nur wenige Minuten entfernt lag vom Woodlawn-Friedhof, von St. Raymond's, von Dr. Condons Haus, von der *National Lumber and Millwork Company* und dem Gebiet, wo das meiste Lösegeld aufgetaucht war.

Am Morgen des 19. September parkten in dieser Straße drei schwarze Limousinen, in denen unter anderem der Sonderbevollmächtigte Thomas Sisk vom FBI, »Buster« Keaten von der Staatspolizei von New Jersey und James Finn von der New Yorker Polizeibehörde saßen. Als Hauptmann das Haus verließ, beobachteten die Beamten ihn durch ein Fernglas; er ging um die Ecke zu einer verschlossenen Garage und holte sein Auto. Sie folgten ihm, als er die Tremont Avenue hinauffuhr, und um ihn nicht im Verkehr zu verlieren, drängte ihn einer der Beamten an den Straßenrand. In Sekundenschnelle war der Verdächtige von Polizisten umgeben, die ihre Pistolen auf ihn richteten. Sie nahmen ihm die Brieftasche ab und stellten fest, daß es sich um Bruno Richard Hauptmann handelte und daß er ein 20-Dollar-Goldzertifikat bei sich hatte, dessen Seriennummer sich sofort auf der Hauptliste fand. Als sie ihn fragten, wo er die Goldnote herhabe, sagte er, von zu Hause, dort lägen noch mal 300. Die Polizei fragte, ob er nicht vor kurzem einem Tankwart erzählt habe, daß er 100 solcher Scheine zu Hause habe, und Hauptmann gab zu, er habe den Tankwart angelogen.

In einem durchsichtigen Versuch, seine Ehrlichkeit zu demonstrieren, verriet Hauptmann sehr bald, daß er illegal eingewandert sei, und zwar bei seinem dritten Versuch als blinder Passagier. Seit seiner Ankunft habe er in verschiedenen Berufen gearbeitet, dann eine in Deutschland geborene Kellnerin geheiratet, ein Kind gezeugt und regelmäßige Arbeit als Zimmermann gefunden.

Auch wenn Hauptmann den Eindruck erwecken wollte, er sei einst auf krummen Wegen gewandelt, gehe jetzt aber gerade Pfade, wuchs der Verdacht bei den Polizisten, als sie ihn wieder in seine Fünfzimmerwohnung im 2. Stock zurückbrachten. Die meisten Möbel sahen neu und teuer aus und paßten nicht zu der bescheidenen Umgebung. Bestes Stück im Raum war zum Beispiel ein luxuriöses Stromberg-Carlson Radiomöbel, das Hunderte von Dollar kostete. Als Hauptmanns Frau Anna in die Wohnung kam und ihren Mann in Handschellen sah, versuchte er sie auf deutsch zu beruhigen: Die Polizei sei wegen eines Vorfalls da, der mit seinen Börsenspekulationen zusammenhinge. Ein Beamter, der Deutsch verstand, trat näher, als er die Ausrede bemerkte. Eine Durchsuchung des Schlafzimmers förderte Schuldscheine im Wert von mehreren hundert Dollar zutage, neue Damenschuhe, fünf 20-Dollar-Goldstücke und ein teures Fernglas. Die Polizei fragte Hauptmann rundheraus, wo er den Rest des Lindberghschen Lösegelds habe. Der Verdächtige leugnete, mehr von dem Geld oder Fall zu wissen als das, was er in der Zeitung gelesen habe. Die Polizei schlitzte die Matratze auf, fand aber nur Polstermaterial.

Hauptmann erklärte, seine Vermögensverhältnisse hätten sich in letzter Zeit gebessert, er arbeite schon länger nicht mehr als Zimmermann, und erfolgreiche Investitionen an der Wall Street hätten es ihm ermöglicht, die wenigen Luxusgüter zu kaufen. Im Wohnzimmer fand die Polizei Kontoblätter von Aktiengeschäften, außerdem Straßenkarten von New Jersey und anderen Staaten an der Ostküste. Hauptmanns Vermieterin wurde heraufgeführt; sie hatte zwei 10-Dollar-Goldnoten, mit denen Hauptmann die Miete bezahlt hatte. Es war Lindbergh-Geld. Während die Polizei seine Wohnung auf den Kopf stellte, saß Hauptmann teilnahmslos da und warf nur ab und zu einen Blick aus dem Fenster.

Sisk vom FBI trat näher. Es war nichts Interessantes draußen zu sehen, nur die kleine, primitive Garage, 15 Meter entfernt. »Haben Sie das Geld etwa da?« fragte er. Er habe kein Geld, entgegnete Hauptmann. Trotzdem gingen Sisk, Keaten und Finn die Garage durchsuchen.

Finn bemerkte, daß zwei Dielenbretter locker waren, und als er sie mit einem Brecheisen anhob, lag frisch aufgewühlte Erde darunter. Er nahm eine Schaufel und grub, bis er auf ein Gefäß stieß. Es war nur Wasser darin. Überzeugt, daß hier einmal das Lösegeld versteckt gewesen war, beschuldigte Finn Hauptmann aufs neue. Wieder sagte Hauptmann, er habe kein Lösegeld und wisse nicht, wovon Finn rede. Daraufhin packten sie Papiere mit Hauptmanns Handschrift ein und führten ihn zum Verhör ab. Ein paar Stunden später wurde auch Anna Hauptmann dorthin gebracht.

Man entließ sie jedoch nach ein paar Stunden wieder, da sie von den kriminellen Aktivitäten ihres Mannes nichts zu wissen schien. Als sie heimkam, durchkämmten die Polizisten noch immer ihre Wohnung nach Hinweisen. Zwei wichtige hatten sie schon entdeckt. In einem Notizbuch fand sich die Skizze einer Leiter von derselben primitiven Bauart wie die auf dem Anwesen der Lindberghs. Außerdem fehlte in Hauptmanns ansonsten kompletter Werkzeugkiste der zur Standardausrüstung gehörende Dreiviertelzollmeißel, eines der wenigen Beweisstücke am Tatort.

Die Polizei unterzog Hauptmann einem 24stündigen strengen Verhör. Er leugnete beharrlich jede Beteiligung oder Kenntnis. Er habe am 1. März 1932, am Tag der Entführung, mit einer Baukolonne am Hotel *Majestic* gearbeitet und diesen Job den ganzen Monat lang behalten, anschließend habe er die Zimmerei aufgegeben. Am späteren Abend wurde Joseph Perrone, der Taxifahrer aus der Bronx, der einen der Lösegeldbriefe zu Dr. Condon gebracht hatte, in den Verhörraum gebracht. Von der Polizei unter Druck gesetzt, identifizierte er Hauptmann als den Mann, der ihn zwei Jahre zuvor zum Haus von Dr. Condon geschickt hatte.

Kurz vor 1.00 Uhr morgens, als Hauptmann hungrig und müde war, baten sie ihn um Proben seiner Handschrift. Bereitwillig schrieb er etwas in Druckschrift und Schreibschrift. Die Schriftzüge variierten, als ob er sie zu verstellen suchte. Trotzdem tauchten in der Rechtschreibung und der Form der Buchstaben Dutzende von Eigentümlichkeiten auf, die den Lösegeldforderungen verblüffend ähnelten. Nach einem Tag und einer Nacht ununterbrochener, erbarmungsloser Befragung brach der Verdächtige über dem Schreibtisch zusammen.

Am Morgen erschien in der Bronx eine frische Mannschaft aus FBI-Agenten und Polizisten, um Hauptmanns Garage auseinanderzunehmen. Hinter einem Brett, das über der Werkbank an zwei Balken genagelt war, fand ein Kriminalbeamter zwei in Zeitungspapier gewickelte Pakete. Eines enthielt 100 Zehndollargoldnoten, das andere 83. Sämtliche Seriennummern stimmten mit der Lösegeldliste überein. Die Polizie löste noch mehr Bretter von den Balken und fand ein weiteres verstecktes Regalbrett, diesmal mit einem Eingallonen-Schellackkanister. Darin steckten zwischen einigen Lumpen ein Dutzend Päckchen mit Goldnoten, Zehnern und Zwanzigern, noch einmal 11 930 Dollar des Lösegelds. Als man Anna Hauptmann das Geld zeigte, war sie wie vom Donner gerührt. Auch die Polizei in der Innenstadt wurde informiert, und sie fragten Hauptmann, ob er noch mehr Goldnoten versteckt habe. Dreimal leugnete er, bis sie ihm von ihrem Fund erzählten.

Einer weiteren Lüge überführt, begann Hauptmann das Vorhandensein von mehr als einem Viertel des Lindberghschen Lösegeldes in seiner Garage zu erklären. Er sagte, ein schwindsüchtiger Freund aus Deutschland namens Isidor Fisch, mit dem zusammen er in Aktien spekuliert und als Nebenerwerb in einen Pelzhandel investiert habe, sei im letzten Winter zu seinen Eltern nach Leipzig heimgefahren. Vor der Abreise habe er zwecks sicherer Aufbewahrung mehrere Behältnisse mit persönlichem Eigentum bei ihm verstaut, darunter eine Schuhschachtel, die er in das oberste Fach des Besenschrankes in der Küche geräumt habe. Als es neulich einmal geregnet habe, sei Wasser durch die Küchendecke eingedrungen und in den Schrank gelaufen. Als er nachschaute, ob Schaden entstanden sei, stieß er auf die vergessene Schuhschachtel, öffnete sie und entdeckte 40 000 Dollar in Goldzertifikaten. Daraufhin, sagte Hauptmann, habe er das Geld eilends in die Garage gebracht, um es zu trocknen. Und weil Fisch ihm 7000 Dollar schuldete, habe er keine Skrupel gehabt, diese Summe auszugeben. Leider konnte Fisch diese Geschichte nicht bestätigen. Er war im vorangegangenen März gestorben. Fischs Familie berichtete später, Isidor sei nicht nur ohne einen Pfennig heimgekehrt, sie hätten obendrein im Lauf des folgenden Jahres von mehreren Leuten erfahren, bei denen er Schulden gemacht hatte.

Nach dieser Geschichte erfuhr die Polizei von weiteren belastenden Einzelheiten, die Aussagen Hauptmanns widerlegten. Der Verdächtige hatte behauptet, im Jahr 1932 zwei oder drei Monate am *Majestic* Hotel gearbeitet zu haben; am 1. März, dem Tag der Lindbergh-Entführung, habe er angefangen. Die Polizei von New York deckte jedoch auf, daß Hauptmann erst am 21. März mit der Arbeit am *Majestic* angefangen hatte... und daß er der den Job am 2. April schon wieder aufgab, wenige Stunden vor der Lösegeldübergabe im Friedhof St. Raymond's. Es war sein letzter Tag als Zimmermann, danach begann er an der Börse zu spekulieren.

Fast gleichzeitig bestätigte Albert S. Osborne, der hervorragende »Prüfer der fraglichen Dokumente«, der seit Mai 1932 die Handschrift der Erpresserbriefe untersuchte, was jedem, der die Lösegeldforderungen mit Hauptmanns Handschrift vor und nach seiner Festnahme oberflächlich verglich, ins Auge sprang: Er sagte, sie seien von ein und derselben Person verfaßt. Sein Sohn und Kollege pflichtete ihm bei.

Mehrere Nebenzeugen marschierten durch die Wache, alle erkannten Hauptmann bei der Gegenüberstellung – nur der, auf den die Polizei die größten Hoffnungen gesetzt hatte, wich aus. John F. Condon verbrachte Stunden auf der Polizeiwache, viele davon in Gegenwart von Hauptmann. Obwohl er das sichere Gefühl hatte, daß es sich um »Friedhof-John« handelte, sträubte sich Jafsie, dies zu bestätigen. Condon wiederholte beharrlich, man müsse vorsichtig sein, es hänge ein Menschenleben davon ab, womit er nicht nur Hauptmann meinte. Wenn er einen Verdächtigen identifiziert habe, sagte Condon, dann sei sein eigenes Leben »keine fünf Cents mehr wert«, weil »sie« ihn umbrächten.

Hauptmanns Charakter wurde immer fragwürdiger, als die Polizei am Donnerstag nachmittag Informationen von ausländischen Behörden erhielt. Im Gegensatz zu Hauptmanns beharrlicher Aussage, er sei nicht vorbestraft, berichtete die deutsche Polizei, daß er wegen schweren Diebstahls und bewaffneten Raubüberfalls verurteilt worden sei. In einem Fall war er mit Hilfe einer Leiter durch ein Fenster im zweiten Stock in ein Haus eingedrungen. In einem anderen hatte er zwei Frauen mit einem Gewehr bedroht und ihnen aus den Kinderwägen Lebensmittel weggenommen. Er war fast vier Jahre in einem deutschen Gefängnis gesessen. Kurz nach seiner Freilassung, noch innerhalb der Bewährungsfrist, wurde er wegen einer neuen Diebstahlserie wieder festgenommen. Kaum inhaftiert, floh er und versuchte als blinder Passagier nach Amerika zu entkommen.

Der Polizei fehlte noch ein Geständnis; die Beamten fesselten den erschöpften Hauptmann mit Handschellen an einen Stuhl, knipsten das Licht aus und drohten, sie würden ihm »das Hirn rausprügeln«. Sie machten die Drohung fast wahr, traten und prügelten ihn und versetzten ihm, wahrscheinlich mit einem Hammer, Schläge auf Schultern, Arme, Unterleib und Kopf. Mehrere Verhöre folgten, aber er gestand nie, von der Lindbergh-Entführung gewußt oder an ihr teilgenommen zu haben.

Während die einen Polizisten seine Geschichten zerlegten, taten die anderen ein Gleiches in seiner Wohnung. In der 222. Straße in der Bronx häuften sich die Beweise. Auf der Innenverkleidung einer Wandschranktür im Hauptmannschen Kinderzimmer entdeckte ein Kriminalbeamter mit Bleistift geschrieben: »Decatur Nr. 2974« und »Sedgwick 3-7154«. Das waren Jafsies Adresse und frühere Telefonnummer. Das Brett wurde weggestemmt und dem inhaftierten Hauptmann gezeigt. Er gab mehrmals zu, das sei seine Handschrift, und lieferte auch eine Erklärung dafür, daß er Condons Adresse notiert hatte, die ebenso merkwürdig war wie sein Eingeständnis unerwartet. »Ich muß sie gelesen haben in der Zeitung über die Geschichte«, sagte er. »Ich war interessiert ein bißchen und hab aufgeschrieben ein bißchen und vielleicht ich war grad im Schrank und les die Zeitung und schreib auf die Adresse.«

Noch eine Entdeckung wurde in dem Haus gemacht. Der leitende Kriminalbeamte aus New Jersey war zwar schon mehrmals auf Hauptmanns Dachboden gewesen, aber bisher war ihm nicht aufgefallen, daß eine der Kieferndielen in der Südwestecke um gut acht Fuß kürzer war als die anderen. Er erinnerte sich plötzlich an den Holzexperten Arthur Koehler und seine Darlegung, daß der Leiterholm, das Stück mit der Nummer 16, früher schon einmal verwendet worden sei. Holm Nr. 16 wurde in die Bronx gebracht und über die Querbalken des Speicherbodens gelegt. Vier Löcher im Holm stimmten genau überein mit vier Nagellöchern in den Bodenbalken.

Man holte Arthur Koehler. Obwohl etwas mehr als ein Zoll zwischen dem Holm und der ursprünglichen Diele fehlte, verrieten ihm Zahl, Farbe, Größe und Anordnung der Jahresringe, daß das eine Holzstück aus dem anderen herausgeschnitten worden war. Koehler untersuchte auch einen Handhobel aus Hauptmanns Garage, und die Spuren am Messer bezeugten, daß er beim Bau der Leiter benützt worden war.

Die Polizei suchte nach einem Werkzeug, mit dem die Löcher in dem merkwürdigen Zeichen der sich überschneidenden Kreise auf den Erpresserbriefen gestanzt worden sein könnten, aber niemals wurde solch ein Werkzeug gefunden oder die Bedeutung des Symbols geklärt. Man entdeckte jedoch ein weiteres Geldversteck in der Garage, diesmal ein Stück Holz, das zwischen zwei Wandbalken klemmte und in das sechs Löcher gebohrt waren. In fünfen steckte Lösegeld. In dem sechsten, etwas größeren, fand sich eine kleine, geladene Pistole. Wieder fragten die Beamten Hauptmann, ob er noch mehr Geld versteckt habe, bevor sie ihm ihre Schätze unter die Nase hielten.

Als die Lindberghs nach New Jersey zurückgekehrt waren, berichtete ihnen Oberst Schwarzkopf von dem Beweismaterial gegen Hauptmann. Zweieinhalb Jahre lang hatten Polizei und Presse von den Übeltätern immer im Plural gesprochen. Seit Hauptmanns Festnahme wurden entsprechende Sätze im Singular formuliert. Anna Hauptmann behauptete zwar, sie habe nicht gewußt, daß ihr Mann noch einen anderen Vornamen habe als Richard, aber die Presse nannte ihn jetzt »Bruno«.

Am Mittwoch, dem 26. September 1934, erschien Lindbergh vor einem Großen Geschworenengericht im Bezirksgerichtshof in der Bronx. Er hatte den Beweisen gegen Hauptmann wenig hinzuzufügen, aber seine bloße Anwesenheit erinnerte die 23 Geschworenen daran, warum es so wichtig war, der Gerechtigkeit zu dienen. Nach 15minütiger Befragung – meist ging es um das Lösegeld – fragte einer der Geschworenen, ob Lindbergh die Stimme von »Friedhof-John« wiedererkennen würde. »Das wäre schwierig, hier zu sitzen und einen Mann nur nach der Stimme herauszufinden«, sagte Lindbergh – bei den paar Silben, die er vor über zweieinhalb Jahren aus einer Entfernung von gut 200 Fuß gehört habe. Doch als er mit seiner Zeugenaussage fertig war, fragte ihn Bezirksanwalt James Foley, ob er den festgenommenen Mann sehen und seine Stimme hören wolle. Lindbergh willigte ein.

Hauptmann wurde an diesem Nachmittag der Erpressung angeklagt. Am nächsten Morgen wurde er in das Büro des Bezirksanwalts in der Bronx gebracht, wo schon einige Kriminalbeamte warteten. Hauptmann mußte an verschiedenen Stellen im Raum rufen: »Hey, Doktor! Hier, Doktor! Hierher!« Als Hauptmann wieder in seine Zelle geführt wurde, trat der große Mann mit der Mütze und der Sonnenbrille, der zwischen den Kriminalbeamten gesteckt hatte, an Foleys Schreibtisch und versicherte: »Das ist die Stimme, die ich an jenem Abend gehört habe.«

Im Oktober 1934 tagte eine Anklagejury im Gerichtsgebäude des Bezirks Hunterdon in Flemington, New Jersey, um festzustellen, ob es genug Beweismaterial gab, um Hauptmann des Mordes anzuklagen. In den Gesetzen von New Jersey war nämlich verankert, daß falls während eines Verbrechens jemand zu Tode kam, der Verbrecher für diesen Tod verantwortlich gemacht wurde, auch wenn der Tod durch Zufall oder Fremdeinwirkung eingetreten war. Der Staat mußte nur beweisen, daß Hauptmann das Haus betreten hatte, um einen Diebstahl zu begehen, und daß das Kind in Folge dieses Verbrechens zu Tode gekommen war. Statt fünf bis 30 Jahre für Entführung konnte der Generalstaatsanwalt David Wilentz die Todesstrafe beantragen. Unter Wilentz' Regie traten die Hauptdarsteller des Falles vor die Geschworenen, in einer Nebenrolle auch Charles Lindbergh. Er bestätigte, daß er Bruno Richard Hauptmanns Stimme wiedererkannt habe.

Hauptmann wurde des Mordes angeklagt, und die paar Dutzend, die sich in der kleinen Stadt vor dem Gerichtsgebäude versammelt hatten, jubelten. Hauptmann plädierte bei dieser Anklageerhebung auf »nicht schuldig«, und die Verhandlung wurde für den 2. Januar 1935 anberaumt. Bis dahin durften die Polizisten, die ihn rund um die Uhr bewachten, nicht mit ihm sprechen. Während der Haft brannte das Deckenlicht in seiner Zelle Tag und Nacht.

Vor allem aus finanziellen Gründen wechselte Hauptmann den Anwalt. Seine Frau hatte einen ihm wohlgesinnten, aber unbrauchbaren Anwalt für Zivilrecht mit der Verteidigung beauftragt, aber dann trat ein Reporter des *New York Journal* mit einem verlockenden Angebot an sie heran. Für die Exklusivrechte an Anna Hauptmanns Geschichte erklärte sich das *Journal* bereit, den bekannten Strafverteidiger Edward J. Reilly mit dem Fall zu beauftragen. Die Hearst-Zeitung wollte auch »verschiedene Nebenkosten« übernehmen, zum Beispiel Anna Hauptmanns Quartier in New Jersey während der Verhandlung. Das Angebot war außerordentlich verlockend, auch wenn der ehemalige »Bulle von Brooklyn« inzwischen »Death House Reilly« hieß, weil er so viele Mordverdächtige verteidigte. Hauptmann wußte nicht, daß der 52jährige Reilly, der sich gern auffällig kleidete und große Worte liebte, Syphilitiker und Alkoholiker war. Für die Rolle als Verteidiger eines Mannes, den die Presse schon verurteilt hatte, war er mithin denkbar ungeeignet. Reilly hatte nicht nur ein Foto seines Helden Charles Lindbergh auf dem Schreibtisch stehen, sondern mochte Hauptmann auch nicht, hielt ihn für schuldig, wie er einem FBI-Agenten erzählte, und »war sorgsam bedacht, daß er auf den Stuhl kam.« Als er zu Hauptmanns Verteidiger ernannt wurde, ließ Reilly sich für diesen Rechtsfall extra Briefpapier drucken, mit einer roten Leiter im geprägten Kopf.

Reilly sammelte Zeugen für Hauptmanns Alibis und baute seine Verteidigung in der Hauptsache darauf auf, daß er am Abend der Entführung in New York gewesen sei, um seine Frau von der Arbeit abzuholen, und am Abend der Lösegeldübergabe auf einer Einladung bei Freunden in der Bronx, und daß das Geld in der Garage von Isidor Fisch stamme. Unterdessen versuchten die Lindberghs, in Next Day Hill wieder ein normales Leben zu führen. Als der Fall sie aufs neue aufzufressen drohte, tauchte zum Glück für Charles und Anne ein Gast auf.

Harold Nicolson, den die Lindberghs im vergangenen Jahr kennengelernt hatten, war zum offiziellen Biographen Dwight Morrows bestellt worden. Er zog für zehn Wochen nach Next Day Hill, um Morrows Papiere durchzugehen und Freunde und Verwandte zu befragen. Obwohl er sich auf sein Thema zu konzentrieren versuchte, befand sich Nicolson plötzlich in einer Situation, in der er vertrauteren Zugang zu Lindbergh hatte als jemals ein Mensch außerhalb der Familie. Nicolson sollte zwar die Vergangenheit aufzeichnen, aber es war unmöglich, von dem laufenden Rechtsstreit nichts mitzubekommen.

»Das ist das einzige Haus in den Vereinigten Staaten, in dem nicht über das Lindbergh-Baby gesprochen wird«, schrieb Nicolson an seine Frau Vita Sackville-West. Nicolson hatte gehört, Lindbergh sei schweigsam und hochmütig, und er war überrascht, als er ihn umgänglich und sogar redselig fand. Mit seinem etwas nervösen »Schwatzen, Schwatzen, Schwatzen« beim Frühstück lenke er sich von dem einen verbotenen Thema ab. »Ich wette, daß ich eines Tages in einem Schwall von Vertrauen die ganze traurige Geschichte zu hören bekomme«, schrieb Nicolson an seine Frau. »Aber man hat das Gefühl, daß die Wunde noch immer furchtbar frisch ist und nicht berührt werden darf. Er ist unterhaltsam, wenn es um Amerika geht, das er sehr gut kennt. Ich finde ihn, zusätzlich zu seinem tatsächlich anziehenden Äußeren, einen wirklich angenehmen Zeitgenossen.« Nicolson war einer der wenigen, die den Humor seines Gastgebers gleich verstanden. Als Lindbergh ihn vor dem Hund warnte und sagte, wenn er an ihm vorbeigehe, werde Thor ihn packen, fragte Nicolson: »An der Gurgel?« »Nicht unbedingt«, erwiderte Lindbergh. »Und wenn er Sie dann hat, dürfen Sie sich nicht mehr bewegen und müssen so laut brüllen, wie Sie können.«

Nicolson war selbst überrascht, wie sehr er Lindberghs Ausstrahlung erlag. Annes frühere Mentorin, Mina Curtiss, fand anfangs, er sei »wirklich nicht mehr als ein Mechaniker, und ohne den ›Flug des einsamen Adlers‹ wäre er jetzt Pächter einer Tankstelle am Stadtrand von St. Louis.« Nicolson hingegen entdeckte »einen klugen, vorurteilsfreien Mann, der ohne Umwege an die Dinge herangeht«. Seine Bewunderung stieg noch, als er Lindberghs ungewöhnliche Anständigkeit erkannte. Er war immer wieder beeindruckt von der Bescheidenheit des berühmten Mannes, der »nie prahlt oder großspurig daherredet«. Er durchschaute, daß Lindberghs berühmt-berüchtigtes Bocken und seine schlechten Manieren nur darauf zurückzuführen waren, daß die Öffentlichkeit ihn nach ihrem Geschmack zurechtbiegen wollte. »Das Schlimmste ist«, erzählte Lindbergh Nicolson eines Tages, »wenn so dämliche Weiber an den Bahnhöfen ihre Kinder anschleppen, damit sie mir die Hand geben. Das ist peinlich für mich und peinlich für die Kinder. Da wird mir ganz schlecht.« Nach zehn Tagen empfand der eher heikle Gast Lindbergh als so »einfach und erfrischend wie einen Bach im Wald«. Einen Monat später bezeichnete er Lindbergh rundweg als amerikanischen Hochadel, er sei »auf diesem Kontinent wirklich ein Held und benimmt sich nie würdelos«.

Auch Anne bewunderte er. Nicolson las ihren Artikel »Flug um den Nordatlantik« in *National Geographic* und bezeichnete ihn als »hervorragend«. Zu Charles sagte er: »Sie sollten wieder verreisen, damit sie noch so eine Geschichte schreiben kann. Wenn der schriftstellerische Impuls einmal geweckt ist, ist er stärker als der fliegerische!« Anne fühlte sich geschmeichelt und ein paar Wochen später noch mehr ermutigt, als Nicolson berichtete, auch seiner Frau habe der Artikel gefallen.

Am Morgen des 3. Dezember 1934, noch vor Tagesanbruch, klopfte der Nachtwächter in Next Day Hill an die Schlafzimmertür der Lindberghs. »Oberst, ein Anruf aus Pasadena«, meldete er. Mrs. Morrow war in Kalifornien, denn Elisabeth war vor kurzem wegen einer Blinddarmentzündung operiert worden, und dieser Anruf im Morgengrauen verhieß nichts Gutes. Lindbergh nahm den Hörer entgegen und sagte: »Das sind leider schlechte Nachrichten.« Anne stand neben ihm und schrieb auf einen Block: »Sag ihr, ich komme.« Aber Charles konnte nur noch den Kopf schütteln. Sie gingen wieder ins Bett, und er versuchte sie zu trösten. Nach alledem, was Anne in den letzten zwei Jahren durchgemacht hatte, war es schwer für sie, schon wieder einen Trauerfall in der Familie hinnehmen zu müssen. Ihr Schmerz wurde noch größer, als Mrs. Morrow, nach Englewood zurückgekehrt, in Annes Gegenwart völlig gedankenlos herausplatzte: »Warum mußte es von allen Kindern ausgerechnet Elisabeth sein?«

Der Tod der Schwester ließ Annes hingebungsvolle Liebe zu ihrem Mann noch wachsen. Während er die Vorbereitungen für das Begräbnis übernahm, machte sie sich bewußt, daß »ich zu Charles gut sein und ihn immer lieben muß, und was ich hegen und pflegen und was ich unterdrücken muß«. Wie er begann Anne sich gefühlsmäßig abzuhärten, weil sie merkte, daß »auf nichts Verlaß war.« Sie schwor sich, ihr Leben wieder Charles zu widmen, beschloß, »das Buch für ihn fertig zu schreiben, ihm ein Zuhause und das Gefühl von Freiheit, Kraft und Erfüllung zu geben«. Aber zuerst einmal nahm sie sich vor, Charles bei der Verhandlung nicht zu enttäuschen.

Den Lindberghs blieb wenig Zeit zum Trauern; nur ein paar Wochen, dann mußten sie wieder vor die Öffentlichkeit treten. Hunderte von Reportern, Fotografen, Kolumnisten, Rundfunksprechern und Technikern strömten von überallher nach Flemington zusammen. Einen Monat lang war keines der 50 Zimmer im *Union Hotel* frei, und die Mehrheit der Besucher balgten sich um Schlafplätze. Jedes zweite Haus in Flemington öffneten den Fremden Tür und Tor; in einem wohnte auch Anna Hauptmann. Country Clubs, Kneipen und Spielhallen vermieteten Zimmer und

Schlafplätze auf dem Fußboden. An Silvester versuchten Tausende von Touristen, einen Logenplatz zu ergattern. Auf den Straßen wurden Gelage gefeiert.

In Hörweite des ganzen Aufruhrs versuchte Bruno Richard Hauptmann, auf seiner Pritsche liegend, ruhig zu bleiben, Zigaretten zu rauchen und zu lesen. Die meiste Zeit jedoch ging er in seiner Zelle hin und her. »Er las immer nur kurze Zeit, dann ging das Wandern wieder los«, berichtete einer der Wachtposten. »Er sah sehr beunruhigt aus.«

12

CIRCUS MAXIMUS

»Sich nicht mit Geheimnissen umgeben – darunter verstehen die Zeitungen,
daß man ihnen sagt, was sie hören wollen. Und das hatte ich nicht vor.«

C. A. L.

Hört! Hört! Hört!« verkündete der Gerichtsdiener am Mittwoch, dem 2. Januar 1935, um 10.10 Uhr. Mikrophone und Kameras waren für die Dauer der Verhandlung aus dem Gerichtssaal verbannt, aber an der vom Schnee matschigen Kreuzung von Main Street und Court Street mitten in Flemington, New Jersey, schickte ein Telegrafenmast einen Strahlenkranz von Drähten in alle Richtungen und verband die ganze Welt mit den Vorgängen in dem schneebedeckten, jahrhundertealten Gerichtsgebäude.

Die sieben Steinstufen an der Seite der Main Street, der Platz hinter den vier dicken dorischen Säulen, praktisch jeder Quadratzoll des zweieinhalbstöckigen, weißen Gebäudes im Kolonialstil wurde von den Berichterstattern mit Beschlag belegt. Die *Associated Press* hatte vier Fernschreiber mit der erstaunlichen Sendeleistung von jeweils 3600 Wörtern pro Stunde installiert. Die *Western Union* hatte 132 Leitungen eingerichtet, die täglich drei Millionen Wörter übertragen konnten. Für die *Postal Telegraph and Cable Company* arbeiteten 50 Telefonisten an 36 Leitungen mit einer Kapazität von einer Million Wörtern pro Tag.

Es war zwar verboten, die Vorgänge im Gerichtssaal direkt zu übertragen, aber viele wichtige Kolumnisten waren aus dem ganzen Land nach Flemington gekommen, um nachts ihre Berichte über die Tagesereignisse im Gerichtssaal zu schreiben. Die wichtigen Sender in New York City beschäftigten berühmte Anwälte und Rechtsgelehrte als Kommentatoren.

Zeitungen stellten Teams zusammen, die aus jedem Blickwinkel über die Verhandlung berichten sollten. Im Städtchen wurden berühmte Autoren aus dem ganzen Land gesichtet, die das sogenannte *Verfahren des Jahrhunderts* beschrieben. H. L. Mencken ging sogar noch weiter und nannte es – mit einem Hauch von Ironie – »die tollste Story seit der Auferstehung«.

»Der Vorsitzende Richter Trenchard«, verkündete der Ausrufer, und der 71jährige Thomas W. Trenchard aus Trenton betrat den Gerichtssaal. Normalerweise wirkte der 10 mal 15 Meter große Raum mit der hohen Decke, den großen Fenstern und den elektrischen Lampen, die von der Decke hingen, geräumig. Aber jetzt zwängten sich gut 500 Personen auf eine Fläche, die nur für ein Drittel davon vorgesehen war. Trenchard, mit grauem Haar und Schnurrbart, war bei den meisten Anwesenden dafür bekannt, daß seine Urteile in Mordprozessen nie aufgehoben wurden.

Kurz vor zehn Uhr morgens hatten die anderen Darsteller des Dramas ihre Plätze eingenommen. Erst kamen die Vertreter der Anklage und setzten sich um einen Tisch vor der Balustrade an der Geschworenenbank. Der kleine, dünne Generalstaatsanwalt David T. Wilentz, noch nicht 40, aber schon ein Star im Staat New Jersey, ging an der Spitze. Als Sohn lettischer Juden war er mit vier Jahren nach Amerika gekommen, wo sein Vater in Perth Amboy eine Zigarrenfabrik gegründet hatte. David war nicht aufs College gegangen, sondern hatte Vorlesungen in der juristischen Fakultät in New York besucht. Als gewandter Redner wurde er in seiner Heimatstadt bald zu einem der erfolgreichsten Rechtsanwälte. Er wurde aktives Mitglied der Demokraten im Bezirk Middlesex und zog die Aufmerksamkeit der Parteigrößen auf sich. Nachdem er die Wahl von A. Harry Moore zum Gouverneur von New Jersey erfolgreich unterstützt hatte, wurde er zum Generalstaatsanwalt ernannt. Wilentz, ein Anhänger des Rennsports, war mit seinen flotten Anzügen, der heruntergeklappten Hutkrempe und der ewigen Zigarre ein Liebling der Presse, immer gut für ein dramatisches Foto und einen schlagfertigen Spruch. Sein Sohn Robert meinte später, persönlich sei sein Vater gegen die Todesstrafe gewesen, und wahrscheinlich hätte er Hauptmann nicht angeklagt, wenn er von seiner Schuld nicht restlos überzeugt gewesen wäre.

Die Kollegen an seiner Seite waren sich genauso sicher: Sein Stellvertreter Anthony Hauck jr., Bezirksanwalt von Hunterdon, der auch John Hughes Curtis angeklagt hatte, Joseph Lanigan, Mitarbeiter des Generalstaatsanwalts, und George K. Large, ehemaliger Richter und Anwalt in Flemington.

Gleich hinter ihnen kamen die Verteidiger. Der feiste, rotgesichtige Hauptanwalt Edward J. Reilly und sein Kollege Frederick Pope trugen dunkelgraue Cuts und graugestreifte Hosen. Ihre Begleiter, Egbert Rosecrans aus Blairstown und C. Lloyd Fisher, der John Curtis verteidigt hatte, kamen im Straßenanzug.

Sekunden, nachdem Richter Trenchard die U-förmige Richterbank bestiegen und sich auf den hochlehnigen Stuhl gesetzt hatte, ging ein Murmeln durch den Saal. Bruno Richard Hauptmann kam herein, in einem graubraunen Zweireiher mit einem Taschentuch in der Brusttasche. Er trug keine Handschellen. Blaß, aber sauber und gepflegt ging er langsam zu dem Stuhl in der Mitte der Reihe, gleich innerhalb der Abgrenzung. Hauptmann wechselte ein Wort mit seinem Anwalt, dann sah er auf und merkte, daß ihn tausend Augen anstarrten.

Ehe die Zuschauer über seine verdutzte Miene nachdenken konnten, wurde ihre Aufmerksamkeit von dem am sehnlichsten erwarteten Auftritt dieses Vormittags abgelenkt. Lange war gemunkelt worden, Charles Lindbergh werde nur als Zeuge auftreten, aber nun kam er, im grauen Anzug ohne Weste, mit großen Schritten in den Gerichtssaal, ging zwischen den Tischen der Anwälte und der Abtrennung hindurch, direkt an Hauptmann vorbei. Ohne einen Blick auf ihn zu werfen, setzte er sich vier Plätze weiter nieder. Wenn Lindbergh sich nach vorne beugte, um mit den Staatsanwälten zu sprechen, konnte man erkennen, daß er in einem Schulterhalfter eine Pistole trug. Durch die zwölf hohen Fenster des Gerichtssaals fiel die Sonne. Draußen in der Januarkälte standen Hunderte auf der Main Street, und viele drückten sich die Nasen an den Fenstern des Gerichtsgebäudes platt.

Die einst ruhige Stadt, Marktplatz der umliegenden Hühnerfarmer, war zu einem regelrechten Vergnügungspark rund um den Hauptmann-Prozeß geworden. Die Presse beherrschte die sozialen Aktivitäten, sie verwandelte einen Salon im rückwärtigen Teil des *Union Hotel*, eines vierstöckigen Backsteinbaus, in »Nellie's Tap-Room«, ihren privaten Aufenthaltsraum, wo man trank, Stories austauschte und jede Einzelheit des Falles diskutierte. Touristen schwärmten durch das Städtchen in New Jersey, und Straßenhändler verhökerten Bilder von den Lindberghs mit gefälschten Unterschriften, Bücherstützen in Form des Gerichtsgebäudes und Nachbildungen der Entführungsleiter, die man an grünen Bändern um den Hals tragen konnte. Ein findiger Blondschopf hatte sich die Haare abgeschnitten und verkaufte sie päckchenweise zu jeweils fünf Dollar als Locken des Lindbergh-Babys. Die Geschmacklosigkeiten steigerten sich noch im Laufe der nächsten Wochen.

Lindberghs sachliches Auftreten an diesem ersten Morgen machte klar, daß er mit der Presse oder der Öffentlichkeit nichts zu tun haben wollte. Schwarzkopf, der ihn chauffierte, hatte den Wagen auf der Main Street geparkt, und sie waren feierlich und ernst durch die Menge hindurchgegangen. Für Lindbergh stand in diesem Monat nicht nur Hauptmanns Schicksal auf dem Prüfstand, er urteilte über Amerika.

»Einige Wochen lang werde ich die meiste Zeit dem Prozeß in Flemington widmen müssen«, schrieb er in einer privaten Notiz. »Danach wird es für mich und meine Familie wohl ratsam sein, auf unbestimmte Zeit aus der Gegend von New York wegzuziehen. Unter den gegenwärtigen Umständen zweifle ich daran, daß wir in der Nähe von New York einigermaßen sicher und friedlich leben können. Die Verbindung aus dem heute üblichen Pressewesen und einer unkontrollierbaren Kriminalität zwingt uns, extrem bewacht und zurückgezogen zu leben, und ich halte es – abgesehen von anderen Auswirkungen – für schädlich, wenn mein Sohn unter solchen Bedingungen aufwächst.« Lindbergh hoffte, daß sich mit der Zeit die Lebensbedingungen für ihn und seine Familie besserten, aber, fügte er hinzu, »bis dahin muß ich ein Zuhause finden, wo meine Familie sicher und unter Bedingungen leben kann, die konstruktive Gedanken und Taten ermöglichen«. Lindbergh hoffte, daß die Bürger von Flemington – abgesehen von dem Höllenspektakel da draußen – einen fairen Prozeß führten. Andernfalls, fürchtete er, käme der Fall nie zur Ruhe.

Mit höchster Aufmerksamkeit beugte sich Lindbergh in seinem Stuhl vor und stützte das Kinn auf die Hand, als Richter Trenchard dem Sheriff befahl, mit der Wahl der Geschworenen zu beginnen. Die Namen ortsansässiger Bürger wurden auf Zettel geschrieben, in einen Behälter aus Holz und Glas gelegt, und der Sheriff zog jeweils einen heraus. Jede Person wurde vereidigt und setzte sich dann auf einen »normalen Küchenstuhl«, wie der im Saal anwesende englische Autor Ford Madox Ford schrieb.

Sechs Männer und vier Frauen waren gewählt worden, zumeist zwischen 30 und 50 Jahren. Es war ein Querschnitt durch die Stadt – ein Maschinist, ein Versicherungskaufmann, ein Arbeiter aus einem Naturschutzlager, ein Eisenbahner, zwei Farmer, eine Witwe, eine Stenotypistin und zwei Hausfrauen.

Richter Trenchard hatte vorgehabt, den Tag um 16.00 Uhr zu beenden, aber die alte Uhr an der Galerie war zehn Minuten vor vier stehengeblieben. Es dauerte noch fast eine Stunde, bis er es merkte. Dann befahl er vier Polizisten, die Geschworenen ins *Union Hotel* zu begleiten, wo sie für die Dauer des Verfahrens im vierten Stock untergebracht waren. Hauptmann schickte er über die »Seufzerbrücke« in seine Zelle zurück, er blieb in Untersuchungshaft.

Auf den Straßen der Stadt konnte man buchstäblich die Fernschreiber ticken hören, als die Journalisten ihre Berichte für die Morgenzeitungen zurechtfeilten. Wie die Romanautorin Kathleen Norris in einem Artikel für die *New York Times* schrieb: »Die große Story ist unterwegs in alle Himmelsrichtungen. In Afrika, China, Sowjetrußland und im faschistischen Italien wird man lesen, was die amerikanische Justiz heute zuwege gebracht hat … in den nächsten Wochen wird hier Geschichte geschrieben, die nie mehr aus den Annalen gestrichen wird.«

Am zweiten Tag kamen noch mehr Menschen nach Flemington als am ersten; Hunderte standen in der Kälte des frühen Morgens nach Eintrittskarten an. Die Menge hoffte, einen Blick auf Lindbergh werfen zu können. Als sie die Absperrungen durchbrachen, um auf das vorfahrende Auto zuzulaufen, fuhren Lindbergh und Schwarzkopf hinter das Gefängnis und betraten das Gerichtsgebäude durch den Hintereingang.

Bis mittags gesellten sich zu den Geschworenen noch ein Zimmermann im Ruhestand und ein arbeitsloser Buchhalter. Die einzige Unterbrechung bei dieser Prozedur ereignete sich während des vorläufigen Zeugeneides, als die schon lange nicht mehr in der Öffentlichkeit gesichtete Anne Morrow Lindbergh den Gerichtssaal betrat.

Gekleidet in ein schwarzes Seidenkostüm und eine Bluse in gelblichem Rosa, auf dem Kopf ein schlichtes, schwarzes Seidenbarett und um die Schultern einen Blaufuchspelz, trat die winzige Gestalt zusammen mit Mrs. Norman Schwarzkopf aus einer Tür hinter der Geschworenenbank. Als sie in der zweiten Reihe hinter ihren Ehemännern Platz genommen hatten, flüsterten die Zuhörer hörbar ihren Namen. Manche standen sogar auf, um besser sehen zu können. Richter Trenchard mußte mit dem Hammer klopfen und die Hand heben, damit sie sich wieder setzten. Charles beobachtete seine Frau, merkte aber, daß sie vollkommen gefaßt war, und wandte den Blick wieder der Wahl der Geschworenen zu.

Als der zwölfte gewählt war, schickte der Richter die anderen zum Schöffenamt bereiten Bürger heim, und damit wurden im Gerichtssaal Dutzende von Plätzen frei. Als der Sheriff die Türen öffnete, um noch jemanden hereinzulassen, strömten Hunderte an ihm vorbei, stellten sich in die Gänge, lehnten sich an die Rückwände und hängten sich über die Balkonbrüstung.

Richter Trenchard wandte sich an die Geschworenen und ermahnte die acht Männer und vier Frauen, keine Zeitung zu lesen, nicht Radio zu hören und keine Versammlungen zu besuchen, »besonders keine, wo irgendwelche öffentlichen Ansprachen gehalten werden«. Damit eröffnete er die Verhandlung.

Staatsanwalts Wilentz' Eröffnungsplädoyer erklärte das Gesetz von New Jersey, das den Tod einer Person während eines Verbrechens als Mord ansah. In den nächsten 45 Minuten stellte Wilentz im einzelnen dar, wie Hauptmann das Verbrechen seiner Ansicht nach begangen hatte. Dann beschrieb er Hauptmanns Flucht mit dem »toten Bündel«. Anschaulich schilderte er die zufällige Entdeckung der Kinderleiche im Wald neben einer Landstraße in New Jersey. Lindbergh zeigte hierbei keinerlei Gefühlsregung und hielt den Blick auf Wilentz gerichtet. Seine blasse Frau senkte den Kopf und schlug die Augen nieder. Als sie wieder aufschaute, war sie noch bleicher geworden.

Inzwischen beschrieb Wilentz Hauptmanns Festnahme und was nach dessen Verhaftung alles entdeckt worden war. Hauptmann habe Geld gewollt, um ein luxuriöses und bequemes Leben führen zu können und nicht arbeiten zu müssen. Tatsächlich, so führte Wilentz aus, habe er genau an dem Tag gekündigt, als er die 50 000 kassiert hatte. Mitten in der schlimmsten Wirtschaftskrise des Landes, im Mai 1932, habe er 400 Dollar für ein Radio ausgegeben und Tausende von Dollar für Aktien. Wilentz versprach den Geschworenen, die Staatsanwaltschaft werde all diese Behauptungen beweisen, und forderte die Höchststrafe für Mord. Hauptmann saß während der offiziellen Anklage die meiste Zeit mit verschränkten Armen da und schaute Wilentz zu, der vor den Geschworenen auf und ab ging. Als der Staatsanwalt geendet hatte, klatschten einige Zuschauer.

Edward Reilly erhob sich und wollte einen Protestantrag wegen Verfahrensmängel stellen, »weil die leidenschaftliche Ansprache des Staatsanwalts keine angemessene Prozeßeröffnung darstellt. Mit diesem Plädoyer beabsichtigt er die Geschworenen gegen den Angeklagten aufzubringen, noch ehe das Verfahren begonnen hat.« Richter Trenchard lehnte den Antrag ab, mahnte aber die Geschworenen, »unvoreingenommen zu bleiben, bis das letzte Wort in diesem Gerichtssaal gesprochen ist«.

In den paar Minuten bis zur Mittagspause rief Wilentz seinen ersten Zeugen auf, einen Bauingenieur und Landvermesser, der die genaue Lage des Lindberghschen Anwesens beschrieb. Eine Stunde nach Beginn der Nachmittagssitzung trat Anne Lindbergh in den Zeugenstand. In ihrer Nervosität setzte sie sich, noch ehe sie vereidigt war. Sie verließ das Podest wieder, legte den Eid ab und kehrte dann auf den Holzstuhl zurück. Ihre Aussage war zwar nicht besonders wichtig, aber die Staatsanwaltschaft wußte, daß das Auftreten der jungen Mutter wirkungsvoll sein würde. Sie konnte den Schlafanzug ihres Sohnes identifizieren, das von Betty Gow genähte und an der Leiche im Wald gefundene Unterhemd und den Daumenschützer des Babys. Sie schilderte den letzten Tag mit dem Kind und berichtete auch, daß sie unter dem Fenster gestanden hatte, womit die Frauenfußspuren dort im Schlamm erklärt waren. Sehr gefaßt betrachtete sie eine Fotografie ihres Kindes und lächelte ein wenig, als sie es identifizierte. Dann beschrieb sie, wie sie in jener Nacht im ganzen Haus wie wahnsinnig nach dem Kind gesucht hatten. Annes Stimme war leise, aber fest und fesselte alle im Saal, auch Hauptmann, der kaum jemals den Blick von ihr wendete. Charles war sichtlich stolz auf die »vollkommene Selbstbeherrschung« seiner Frau während der 40 Minuten im Zeugenstand.

Edward Reilly trat vor das Gericht und sagte nur, der Kummer von Mrs. Lindbergh verbiete ihm ein Kreuzverhör durchzuführen.

Um 15.30 Uhr rief Wilentz seinen nächsten Zeugen auf. Charles Lindberghs große, schlaksige Gestalt im grauen Anzug, grauen Hemd und grauer Krawatte schien fast zu groß für den Zeugenstuhl. Er war nicht mehr bewaffnet. Wilentz ging mit ihm die ersten Tage nach dem Verbrechen durch, bis zur zweiten Lösegeldforderung, die mit der Post gekommen war. Da schon ein eindrucksvoller Tag hinter ihnen lag, hinderte Wilentz seinen Starzeugen daran, irgendwelche Bomben platzen zu lassen.

Am nächsten Morgen jedoch machte Lindbergh eine der explosivsten Aussagen. Auf Wilentz' Fragen berichtete er von den Ereignissen am

Abend des 22. April, als er vom Friedhof »sehr deutlich« eine Stimme gehört habe. Zum erstenmal schaute er jetzt zu dem Angeklagten hinüber und sagte: »Es war Hauptmanns Stimme.« Es wurde völlig still im Gerichtssaal, dann ging ein hörbares Aufatmen durch die Reihen.

Oberst Breckinridge, der wegen der Zeugenaussage seines Klienten anwesend war, erzählte später seinem Stiefsohn Oren Root: »In dem Augenblick, als Lindbergh ›mit dem Finger auf Hauptmann zeigte‹, war der Prozeß gelaufen. ›Jesus Christus‹ in eigener Person hatte seine *Überzeugung* geäußert, dies sei der Mann, der seinen Sohn getötet habe. Wer konnte da zweifeln oder ihm die Gerechtigkeit verweigern?« Aber es verging noch ein ganzer Monat mit Zeugenaussagen.

In der nächsten Stunde versuchte Edward Reilly Boden zu gewinnen. Statt aber Lindberghs Zeugenaussage anzufechten, versuchte er nur, an anderer Stelle Zweifel aufkommen zu lassen. Er fragte nach den Dienstboten der Lindberghs und Morrows und nach deren mysteriösem Ableben, nach Betty Gows Beziehung zu »Red« Johnson, er fragte, warum der Hund Wahgoosh nicht gebellt habe, ob es in den Sourland Mountains nicht feindselige Nachbarn gegeben habe, und ob der Entführer möglicherweise das Kind genommen habe und durch die Vordertür rausgegangen sei. Nichts davon schien von Bedeutung. Einmal versuchte Reilly, Kritik an der Polizei zu üben, aber als Lindbergh antwortete: »Ich finde, wir haben eine sehr gute Polizei«, gab es großes Gelächter und Beifall im Saal.

Auch später focht Reilly nie den Teil von Lindberghs Aussage an, der ebenso angreifbar wie belastend war. Er fragte kein einziges Mal nach den drei Silben »Hey, Doktor!«, die Lindbergh gehört haben wollte. Tatsächlich hatte Lindbergh vor den Geschworenen ausgesagt, die Stimme habe zwei Silben gesprochen, »Hey Doc!«, und Wilentz hatte im Eröffnungsplädoyer gesagt, Lindbergh habe den Satz zweimal gehört, nicht einmal, wie Lindbergh jetzt aussagte. Selbst angesichts dieser Abweichungen brachte Reilly das Gespräch nicht auf Lindberghs Verläßlichkeit oder seine Fähigkeit, sich drei Jahre lang an drei in einiger Entfernung gesprochene Silben zu erinnern.

Die Lindberghs verbrachten das Wochenende in Next Day Hill, aber der Prozeß ließ sich nicht aus dem Haus verbannen. Das Thema füllte die Zeitungen und Radiosendungen; darüber hinaus beherbergten die Lindberghs Betty Gow, die eigens zur Zeugenaussage aus Schottland angereist war, weil sie wußte, ihr Fernbleiben würde nur den Verdacht schüren, sie könnte in das Verbrechen verwickelt gewesen sein.

Mehr als 60 000 Touristen pilgerten an diesem Sonntag nach Flemington. Viele fuhren zu der Stelle auf der engen Landstraße nach Mount Rose, wo der Leichnam des Babys entdeckt worden war. Mehr als 5000 Menschen besichtigten das Gerichtsgebäude, und Schutzmänner ließen Gruppen von 200 Personen in den Gerichtssaal und gestatteten ihnen, in der

Gechworenenbank, auf dem Zeugenstuhl und dem Richterstuhl zu sitzen. Die schaurigste Sehenswürdigkeit auf dieser Tour war jedoch das angrenzende Gebäude. Das Licht, das aus einem der Fenster fiel, kam von der Glühbirne über Hauptmanns Pritsche.

Die wichtigste Zeugin der zweiten Prozeßwoche war Betty Gow. Reillys Versuche, Betty zu verdächtigen, mißlangen völlig. Doch die Aussage hatte Miss Gow viel abverlangt; nachdem sie den Zeugenstand verlassen hatte, brach sie in einem Nebenraum des Gerichtsgebäudes zusammen.

Am nächsten Tag wurde Hauptmann von zwei Zeugen identifiziert. Als erster behauptete Amandus Hochmuth, ein 86jähriger Mann, der in der Nähe des Lindberghschen Anwesens lebte, er habe am Morgen des 1. März 1932 einen Mann gesehen, der in einem grünen Auto mit einer Leiter in das Grundstück der Lindberghs eingebogen sei. Als er gefragt wurde, ob er den Mann im Auto von damals identifizieren könne, zeigte Hochmuth mit zitterndem Finger auf Hauptmann. In diesem Augenblick ging plötzlich das Licht im Saal aus, und Reilly donnerte: »Das ist die Strafe des Herrn für einen lügenden Zeugen!« Die Zuschauer lachten, und Trenchard forderte Ruhe im Gerichtssaal. Wilentz stellte seine Frage noch einmal und diesmal trottete der alte Mann vom Zeugenstuhl zu Hauptmann und berührte ihn am Knie. Hauptmann schüttelte nur den Kopf, dann drehte er sich zu seiner Frau um und sagte auf deutsch: »Der Alte ist verrückt!«

Vielleicht war er es, und nicht nur das. Der Brillenträger hoch in den 80ern hatte offensichtlich den grauen Star. Aber im Kreuzverhör prüfte Reilly die Zurechnungsfähigkeit des Zeugen, nicht seine Sehkraft. Und der rüstige Alte wirkte glaubwürdig, als er Hauptmann für den Tag des Verbrechens in die Umgebung des Lindberghschen Grundstückes verpflanzte.

Die zweite Identifizierung geschah durch Joseph Perrone, den Taxifahrer aus der Bronx, der den Brief an Dr. Condon überbracht hatte, der zu dem ersten Treffen mit »Friedhof-John« führte. Als die Anklage fragte, ob der Auftraggeber im Saal anwesend sei, ging Perrone zu Hauptmann hinüber, klopfte ihm auf die Schulter und sagte laut zu den Geschworenen: »Das ist der Mann.« Hauptmann starrte ihn an und knurrte: »Sie sind ein Lügner.«

Am nächsten Morgen erwarteten 600 in den Gerichtssaal gepferchte Zuschauer einen Tag voller dramatischer Zeugenaussagen. Jafsie trat in den Zeugenstand. Wie ein geborener Schmierenkomödiant stolzierte Dr. John F. Condon langsam zum Zeugenstuhl und erwies sich als unfähig, auch nur die einfachste Frage schnörkellos zu beantworten. Als er zum Beispiel gefragt wurde, wo er seine 74 Jahre verbracht hätte, erwiderte Condon: »Im schönsten Stadtviertel der Welt!«

Fünf Stunden lang quälte sich David Wilentz mit Condon durch diesen

Schwulst und versuchte, den Zeugen zu knappen Antworten zu bewegen. Edward Reilly, selbst ein Freund geschraubter Ausdrucksweise, ermunterte ihn zu dem Geschwafel und hoffte, ihn bei der eigenen Zeugenvernehmung zurechtzustutzen. Am Ende des Tages blieben jedermann drei Momente dieses Auftritts im Gedächtnis, nämlich die dreimal, wo Wilentz Condon gebeten hatte, John zu identifizieren.

»John«, brüllte Condon jedesmal mit Stentorstimme und betonte jede Silbe, während er dem Angeklagten in die übernächtigten Augen starrte, »ist Bruno Richard Hauptmann!« Hauptmann saß mit gekreuzten Armen und Beinen da und starrte zurück. Lindbergh beugte sich vor, stützte die Ellbogen auf die Knie und hielt den Blick auf den Zeugen gerichtet. Nach der Nachmittagssitzung deutete der Verteidiger der Presse gegenüber an, Condons spärliche, ungeschickte Antworten hätten deutlich gemacht, daß er unzuverlässig, möglicherweise sogar in das Verbrechen verwickelt sei. Doch im allgemeinen herrschte die Ansicht, Condon sei ein eindrucksvoller Zeuge gewesen.

Im Lauf der nächsten Woche begann der Prozeß mit der Vorlage der Beweise. Auch wenn die Experten bei ihren Aussagen manchmal in wissenschaftlichen Jargon verfielen, behielt der Lindbergh-Prozeß seine Vorrangstellung in den Medien. Die *New York Times* druckte die Protokolle der Verhandlungstage fast vollständig ab. Wilentz merkte, daß die Geschworenen einer wissenschaftlichen Erklärung nicht länger als zwei Stunden zuhören konnten. So trieb er seine Zeugen an, ihre Argumente so rasch wie möglich darzulegen, und unterbrach die eintönige Expertenbefragung durch das Auftreten anderer Zeugen.

Diese Strategie erwies sich als sehr wirksam, als die Geschworenen Albert Osborns detaillierte und überzeugende Vergleiche der Handschrift in den Erpresserbriefen und der von Hauptmann nachvollziehen mußten. Obwohl die Anklage noch eine weitere Woche Zeugen befragen wollte, war Reilly nun gezwungen, in die Offensive zu gehen; er informierte die Presse über geplante Taktiken, verriet sogar Fragen, die er Hauptmann stellen wollte, und betonte immer wieder, sein Ziel sei nicht, das Verbrechen aufzuklären, sondern Hauptmanns Unschuld zu beweisen. Reilly präsentierte in Trenton acht Handschriftenexperten, ein Team, das seiner Ansicht nach bezeugen würde, daß Richard Hauptmann die Lösegeldforderungen nicht geschrieben haben könne.

Die Lindberghs ruhten sich am Wochenende in Next Day Hill aus. Mit Anne war nicht viel anzufangen, da der Prozeß sie in tiefe Niedergeschlagenheit versetzte. Charles mit seiner nordischen Kaltblütigkeit konnte jeden Tag beim Prozeß auftauchen und ihn mit Objektivität verfolgen, aber Anne war dazu nicht imstande. Tagelang wanderte sie über das eingezäunte Grundstück, setzte sich auf einen Baumstumpf und weinte. Viele Nächte wimmerte sie sich in den Schlaf. Sie hatte oft Alpträume, nicht nur wegen ihres Erstgeborenen, sondern auch wegen ihres Vaters und Elisabeth. Oft wachte sie tränenüberströmt auf.

Obwohl Anne scheinbar einen gefühlsmäßigen Rückschlag erlitt, begann für sie eine zwar schmerzliche, aber heilsame Zeitspanne, wie sie später erkannte. Der Prozeß hatte Gefühle wie Reue, Selbstmitleid und Wehmut aufgewühlt, die normalen, gesunden Stationen der Trauer.

Charles hingegen blieb starr bei seiner Weigerung, sich den Schmerz einzugestehen. Anne kam zu der Überzeugung, daß solch ein Stoizismus »tapfer« war, aber nur eine Zwischenstation auf der langen Straße der Genesung. »Es ist ein Schutzschild, zulässig nur für kurze Zeit«, schrieb sie in späteren Jahren, eindeutig mit Blick auf ihn. »Am Ende muß man den Panzer abwerfen und offen und verletzlich sein. Sonst versperrt vernarbtes Fleisch die Wunde, und es wächst nichts Neues nach. Um zu wachsen, um wiedergeboren zu werden, muß man verletzlich bleiben, offen für die Liebe, aber insgeheim auch offen für die Möglichkeit noch größeren Leids.«

Daß sie in dieser schrecklichen Zeit schrieb, rettete Annes geistige Gesundheit. »Wenn ich Stimmungen, die ich niemandem gestehen durfte, niederschreiben konnte, wurden sie beherrschbarer, als seien sie sauber auf einem Regalbrett verstaut«, erinnerte sie sich mehrere Jahrzehnte später. »Im keimfreien Licht der weißen Seiten eines Tagebuchs schrumpften die riesigen Giftpilze.« Es war ein Wendepunkt in ihrer Entwicklung als Künstlerin, und ihr Selbstvertrauen wuchs, während sie zu ihrer literarischen Sprache fand.

Mit Beginn der dritten Verhandlungswoche setzte die Anklage ihren »Prozeß der Identifizierungen« fort. Welche Wendung die Entführungsgeschichte auch nahm, Wilentz brachte Hauptmann immer damit in Verbindung. Als Überraschungszeugin rief er Hildegarde Alexander in den Zeugenstand. Die in Pelz gehüllte 26jährige Miss Alexander, Mannequin und Verkäuferin für Abendmode, bot einen bezaubernden Anblick. Sie sagte aus, sie habe an einem Abend im März 1932 in der Fordham Station der New York Central Railroad in der Bronx Dr. Condon gesehen, den sie oberflächlich kannte. Merkwürdigerweise sei ihr an jenem Abend aber auch ein anderer Mann auf diesem Bronx-Bahnhof aufgefallen, der Dr. Condon recht sonderbar angestarrt habe. Dieser Mann sei Hauptmann gewesen, den sie später auf einem Foto nach seiner Festnahme wiedererkannt habe. Es gab kaum eine Möglichkeit, ihre Erinnerung zu widerlegen.

Genausowenig Glück hatte Reilly, als er versuchte, die nachfolgenden Handschriftenexperten anzuzweifeln – zwei an diesem Tag, zwei am nächsten. Als noch einmal vier erschienen, verkündeten zwei von den Experten der Verteidigung, sie würden sich aus dem Fall zurückziehen, Reilly erklärte der Presse, er hätte sie nicht bezahlen können, aber beide wurden am nächsten Tag mit der Begründung zitiert, ihre Analysen wären für die Verteidigung ungünstig gewesen.

Der Prozeß nahm Hauptmann arg mit. Den Berichten der Wachen zufolge lief er noch mehr in seiner Zelle auf und ab und weinte. Nach dem Auftritt der Männer, die die Kinderleiche gefunden, und dem der Ärzte, die sie untersucht hatten, verschlechterte sich Hauptmanns Lage. Edward Reilly gab vor Gericht kund, er werde nicht behaupten, der Leichnam könne auch der eines anderen Kindes sein. Seine Mitarbeiter fanden, er hätte keine einzige Schwachstelle des Falles ohne Angriff lassen dürfen. Lloyd Fisher zum Beispiel sprang auf und rief: »Sie schicken diesen Mann auf den elektrischen Stuhl!« Als er aus dem Saal stürmte, sagte der Angeklagte zu seinem Anwalt: »Sie bringen mich um.«

Hauptmann war wütend. Nach zwei Dutzend Zeugenaussagen an diesem Tag explodierte er schließlich. Der Sonderbevollmächtigte Thomas Sisk hatte Hauptmanns Festnahme beschrieben, und wie seine verstohlenen Blicke aus dem Fenster zur Entdeckung des Lösegelds in der Garage führten. Der Angeklagte, normalerweise undurchschaubar wie eine Sphinx, zog ein finsteres Gesicht und schüttelte nachdrücklich den Kopf. Dann sprach Sisk von dem Wasserkrug, den er in der Garage ausgegraben hatte. Er selbst habe kein Geld in dem Krug gefunden, aber beim Verhör am nächsten Tag räumte der Angeklagte ein, drei Wochen vor der Verhaftung habe er das Geld noch dort gehabt. Das erklärte auch, warum das Geld so feucht gewesen war. Hauptmann hatte allerdings immer behauptet, es sei in dem undichten Schrank naß geworden, wo es angeblich jahrelang gelegen habe.

»Mister, Mister, hör auf mit lügen!« schrie er, sprang auf den Zeugenstand zu und fuchtelte mit dem Finger. Polizisten hielten ihn zurück, aber er wand sich los und schrie: »Das sind Märchen!« Zum zweitenmal in den vielen Stunden, die das Gericht schon tagte, schaute Lindbergh zu Hauptmann hinüber. Aber noch bevor Richter Trenchard den Saal zur Ordnung gerufen hatte, blickte Lindbergh wieder auf den Zeugenstand.

Hauptmanns Mißachtung des Gerichts war ansteckend. Am nächsten Morgen rief die Anklage Ella Achenbach als Zeugin auf, eine frühere Nachbarin der Hauptmanns. Sie bekundete, daß die Hauptmanns sie wenige Tage nach der Entführung besucht und ihr erzählt hätten, sie kämen gerade von einem Ausflug. Da kreischte Anna Hauptmann von ihrem Platz am Tisch der Verteidigung herüber: »Sie lügen, Mrs. Achenbach!«

Generalstaatsanwalt Wilentz machte sich die Situation zunutze und verwehrte sich gegen »diese Demonstrationen, ob sie nun inszeniert sind oder nicht«. Es folgte juristisches Getuschel, da die Verteidigung Wilentz' versteckte Anschuldigung zurückwies. Als Richter Trenchard die Ruhe im Gerichtssaal wiederhergestellt hatte, legte Mrs. Achenbach weiter dar, Mrs. Hauptmann habe ihr auch erzählt, daß Richard sich den Knöchel verstaucht habe, und sie selbst habe gesehen, daß ihr Nachbar hinkte. »Lügen, Lügen – alles Lügen«, murmelte Mrs. Hauptmann während der ganzen Zeugenaussage.

Die Woche endete mit noch belastenderen Beweisen. Die Geschworenen bekamen das Brett aus Hauptmanns Wandschrank mit Dr. Condons Telefonnummer zu sehen; sie ließen sich Hauptmanns Aussage vor Bezirksanwalt Foley in der Bronx vorlesen, in der er zugab, dies sei seine Handschrift und er habe sich die Notizen gemacht, weil ihn der Fall interessiere. »alle sind gegen uns«, klagte Anna Hauptmann vor der Presse, als sich das Gericht zurückgezogen hatte. »Niemand hat ein gutes Wort für uns. Sie lügen – lügen – lügen.«

Ein Kälteeinbruch suchte in der vierten Januarwoche den Osten heim, und mit ihr kamen die unerfreulichsten Zeugenvernehmungen im Hauptmann-Prozeß. Zum Schaden des Angeklagten schien seines Anwalts Glauben an ihn gleichzeitig mit dem des Publikums zu schwinden. Sei es, weil er unzureichend vorbereitet war, sei es, weil er einfach die nächste Prozeßphase herbeisehnte – Reilly ließ Zeugen reihenweise unbefragt ziehen.

Ein Ermittler des Finanzministeriums ging Hauptmanns Finanzen auf den Grund und stellte fest, daß sein Vermögen nach der Lösegeldzahlung unerklärlicherweise auf 44 846 Dollar angewachsen war. Der Arbeitszeitkontrolleur der *Reliance Property Management Company* bestätigte, daß Hauptmann erst am 21. März für die Firma zu arbeiten begonnen hatte, am Tag der Lösegeldübergabe nicht erschienen war und auch danach nur noch einen Tag gearbeitet hatte. Eine Kinokassiererin erinnerte sich, daß sie Hauptmann am 26. November 1933 eine Eintrittskarte verkauft hatte, am Abend seines Geburtstages, den er angeblich mit seiner Frau und mit Freunden begangen hatte. In manchen Punkten hätte man diese Zeugenaussagen durchaus hinterfragen können, aber Reilly ließ die Gelegenheit ungenutzt verstreichen.

Am nächsten Tag berichteten noch einmal zwei Zeugen, sie hätten Hauptmann in Hopewell und Umgebung gesehen. Dann sagte der Vermieter aus, er habe nach Hauptmanns Festnahme gemerkt, daß auf dem Dachboden über Hauptmanns Wohnung ein Dielenbrett fehlte. Dies war schon die Überleitung zur Ankunft des 87. und letzten Zeugen der Anklage, des Holzspezialisten Arthur Koehler. Seine Aussage, notgedrungen lang und detailliert, schlug jede Person im Gerichtssaal in ihren Bann, sogar Hauptmann. Nach diesem faszinierenden Auftritt kehrte der Angeklagte mit gesenktem Kopf und niedergeschlagenen Augen in seine Zelle zurück.

Die Temperaturen sanken in dieser Nacht auf etwa 15 Gad unter Null, und es kam zu meterhohen Schneeverwehungen im ganzen Staat New Jersey. Am nächsten Morgen blieb Lindbergh auf der üblichen Strecke von

Englewood nach Flemington in den Schneewehen stecken. Polizisten kamen ihm zu Hilfe, er konnte den Wagen stehenlassen, und sie brachten ihn ins Gerichtsgebäude. Obwohl er eine halbe Stunde zu spät kam, hatte er nicht viel versäumt. Richter Trenchard hatte sich ähnlich verspätet, und die ersten Verhandlungsminuten an diesem Vormittag waren für die abschließende Befragung Arthur Koehlers durch die den Zeugen stellende Anklagevertretung reserviert. Koehlers Erläuterungen waren schließlich so verblüffend in ihrer Genauigkeit, daß es für die Verteidigung wenig anzuzweifeln gab.

Der Verteidiger Fred Pope brachte Koehler immerhin soweit einzuräumen, die Leiter sei stümperhaft gebaut. Pope hoffte, die Geschworenen würden daraus den Schluß ziehen, so etwas könne kaum das Werk eines Berufszimmermanns sein. Nach einigen Fragen von beiden Seiten zog sich die Staatsanwaltschaft zurück.

Egbert Rosecrans von der Verteidigung stellte den Antrag auf Freispruch. Er behauptete, kein Beweis hätte gezeigt, daß das Verbrechen in dem Bezirk verübt worden sei, in dem das Gericht zusammentrete (das Corpus delicti sei im Bezirk Mercer gefunden worden), der Staatsanwaltschaft sei es nicht gelungen, nachzuweisen, daß es sich um ein vorsätzlich begangenes schweres Verbrechen handle (»Diebstahl von Kinderkleidung, einem Schlafanzug?«), und es fehlten Beweise, daß sich sein Klient am Tatort aufgehalten habe. Wilentz wollte noch nicht sein Schlußplädoyer abhalten, ging aber auf jeden von Rosecrans' Vorwürfen ein und betonte, daß es »nicht nur genügend Beweise gibt, sondern überwältigend viele..., die von diesem Angeklagten eine Erklärung verlangen«. Er erörterte die gesetzlichen Bestimmungen, nach denen eine »Tötung..., die im Zusammenhang mit tatsächlichem oder versuchtem Diebstahl oder Raub stattfindet, als Mord behandelt wird«. Das Gericht bestätigte dies.

Am Nachmittag trat Lloyd Fisher eine halbe Stunde ins Rampenlicht; er hielt das Eröffnungsplädoyer der Verteidigung. Die ganze Stadt rechnete damit, daß dies der aufregendste Tag des Prozesses würde. Reihenweise und Schulter an Schulter standen die Pressebeobachter bis an die Geschworenenbank. Fisher versprach der dichtgedrängten Menge, daß die Verteidigung Alibis für drei wichtige Abende liefern werde, den 1. März 1932, den 2. April 1932 und den 26. November 1933, den Abend, an dem die Kinokassiererin angeblich – laut eidesstattlicher Erklärung – von Hauptmann eine Fünfdollarnote erhalten habe, die sich als Lösegeld herausstellte. Er verhieß auch Handschriftenexperten – allerdings aus Geldnot nicht so viele wie von seiten der Anklage – und weitere belastende Nachrichten über Isidor Fisch. Fisher war der Meinung, die Leiter sei seit dem Verbrechen durch so viele Hände gegangen, daß sie kaum ein brauchbares Beweismittel darstelle, überdies seien viele der wichtigsten Zeugen der Anklage anfechtbar.

Dann posaunte um 15.09 Uhr Edward Reilly: »Bruno Richard Hauptmann in den Zeugenstand!«

Polizisten stellten sich zu beiden Seiten neben ihm auf, dann durfte der Mann in dem graubraunen Anzug mit dem losen Jackett vortreten. Trotz der schlaflosen Nächte ging er mit federndem Schritt, und der muskulöse Körper und das scharf geschnittene Gesicht besaßen eine animalische Anziehungskraft. Er sprach mit leiser, oft kehliger Stimme. Reilly bat den 35jährigen Zeugen, lauter zu sprechen, als er seine Herkunft schilderte. Er führte aus, er sei im Krieg verwundet worden und habe eine Gasvergiftung erlitten, dann habe er einige Zeit im Gefängnis gesessen und sei illegal eingewandert. Hier unterbrach ihn sein Anwalt, um zwei andere Zeugen zu Wort kommen zu lassen. Der Besitzer der Bäckerei, in der Anna Hauptmann arbeitete, sowie dessen Frau wurden vereidigt und glaubten sich zu erinnern, daß Hauptmann am Abend des 1. März 1932 in ihrem Laden gewesen sei. Sie entpuppten sich jedoch als wenig förderlich für den Angeklagten, da ihre Erinnerungen unter Wilentz' Kreuzverhör zu vagen Vermutungen schrumpften.

Hauptmann fuhr mit seiner Aussage fort und legte den Grundstein für seine Alibis. Er sprach über sein Arbeitsverhältnis 1932, lieferte aber, bis auf den Vormittag, nur eine dürftige Schilderung des 1. März 1932. Er stolperte über das Datum, zu dem er bei *Majestic* angefangen hatte, und mußte sich von seinem Anwalt korrigieren lassen.

Am nächsten Tag, am Freitag, dem 25. Januar 1935, sollten Hauptmanns erfolgversprechendste Ausssagen stattfinden. Für die prompten Antworten auf die Fragen, die sein Anwalt ihm zuspielte, damit er sich unter Eid verantworten konnte, waren sechs Stunden veranschlagt. Aber er machte zwei schwere Fehler. Im einen Fall ging es um das Wort »Signatur«, das in den Lösegeldforderungen falsch geschrieben worden war. Reilly ließ Hauptmann erzählen, er habe das Wort für die Polizei absichtlich falsch aufschreiben müssen. In Wirklichkeit hatte die Polizei ihn nie darum gebeten, dieses Wort zu schreiben. Schlimmer noch: Als Reilly ihn bat, es im Zeugenstand zu buchstabieren, mißlang es ihm. Der zweite Fehler unterlief ihm gegen Ende der Befragung durch seinen Anwalt, als Hauptmann beschrieb, wie die Polizei ihn zusammengeschlagen habe, »ein paar Schläge... in die Rippen, als ich nicht schreiben wollte«. Daß er geschlagen worden war, stand außer Frage, aber Hauptmann hatte damals versichert, er liefere »gern« Schriftproben, sie würden seine Unschuld beweisen.

Der Tag endete mit einem 30minütigen Kreuzverhör von Wilentz, der keine Zeit verlor und Hauptmann mit Fragen überschüttete: Bezüglich seiner illegalen Einreise in die Vereinigen Staaten, über das Auslieferungsverhör in der Bronx, bei dem er zugegeben habe, er sage nur bis zu einem gewissen Grad die Wahrheit, über sein Strafregister in Deutschland, seine Geschäftsverbindungen mit Fisch und über das versteckte Lösegeld samt Pistole in der Garage. Und schließlich legte der Generalstaatsanwalt Hauptmann eines seiner alten Notizbücher vor, in dem das Wort »Schiff« stand – geschrieben »Schief«.

Reporter bemerkten, daß Hauptmann sich mehrmals mit dem Taschentuch über das Gesicht tupfte und die Hände abwischte und daß ihm jedesmal, wenn er das Wort »Baby« hörte, die Hände zitterten und die Lippen zuckten.

»Die Spannung vertieft sich, der Schrecken wächst im Gerichtsgebäude von Flemington, da dort der unglücklichste Mann der Welt um sein Leben kämpft«, schrieb die Romanautorin Kathleen Norris in der *New York Times* an diesem Abend. »Gleichgültig, was gegen ihn vorgebracht wird oder wie sehr ihn das amerikanische Volk verabscheut, es gibt keinen Zweifel, daß Bruno Richard Hauptmann unglücklich ist, erbärmlich unglücklich. Wie ein Gewitter schiebt sich die drohende Gefahr über ihm zusammen, über der wichtigsten Person in einem wahren Drama, das als *der* Entführungsprozeß in unsere Geschichte eingehen wird…«

Das Stehplatzpublikum am Montag bekam die beste Vorstellung zu sehen – als Wilentz den Angeklagten fünf Stunden lang eingehend verhörte. Bei manchen Fragen kam Leben in Hauptmanns wachsbleiches Gesicht, er schob den Unterkiefer vor und seine Augen blitzten. Aus dem ewig gleichen Tonfall platzte plötzlich ein spöttisches Lachen hervor oder ein ärgerlicher Ausruf. Aber Hauptmann behielt die Beherrschung, er brach nie zusammen und machte kein Geständnis, worauf die Anklage gehofft und womit die Zuschauer gerechnet hatten. Manchmal schien er das Wortgefecht sogar zu genießen, denn er lächelte, wenn Wilentz' Hiebe einmal nicht saßen. Aber er mußte eine Menge belastender Punkte eingestehen.

Die Geschworenen hörten, wie Hauptmann eingestand, mehrere Falschaussagen gemacht und Informationen verschwiegen zu haben. Er gab zu, daß er die Polizei bei seiner Festnahme angelogen hatte, als er die 20-Dollar-Goldnote in seiner Brieftasche als unschuldige Schutzmaßnahme gegen die Inflation bezeichnete. Dennoch bat er die Geschworenen, ihm zu glauben, daß die 15 000 Dollar, die die Polizei bei ihm gefunden hatte, seinem Freund Fisch gehörten. Er gab zu, daß er gelogen hatte, als er der Polizei weismachte, das Lösegeld im ersten Geheimlager in der Garage sei alles, was er besitze – schließlich entdeckte die Polizei kurz darauf weitere 840 Dollar. Er gab zu, daß seine erste Aussage, er habe Fisch in der Bronx im Mai 1932 getroffen, eine Lüge gewesen sei, und dennoch bat er jetzt die Geschworenen, ihm zu glauben, daß er ihn durch Vermittlung eines Freundes im März oder April jenes Jahres getroffen habe. Er gab auch zu, daß er Fischs Familie nach dessen Tod nichts von dem Geldbündel gesagt hatte.

Als ihm das Holzstück aus seinem Wandschrank mit Jafsies Adresse und Telefonnummer vorgehalten wurde – Bleistiftnotizen, die er vor dem Bronx-Gericht als die seinen anerkannt hatte –, sagte Hauptmann jetzt, er hätte sie nicht geschrieben. Wilentz versuchte Hauptmann zu einer Erklärung dieses Widerspruchs zu bewegen, aber er wich immer aus. Endlich erläuterte er, er sei »sehr aufgeregt« gewesen, als ihm dieses Beweismittel (das manche lange für eine Fälschung hielten, möglicherweise für den Scherz eines Journalisten) zum erstenmal vorgehalten wurde, und er habe deshalb fälschlicherweise zugegeben, es sei seine Schrift. Nun ließ er sich zu der Aussage herbei, die Schrift gleiche der seinen, er könne sich aber nicht erinnern, diese Zahlen geschrieben zu haben, und er würde »bestimmt nie was auf die Innenseite einer Schranktür notieren«.

Wilentz hatte Hauptmanns Halsstarrigkeit allmählich satt und sagte: »Das Gespräch mit mir macht Ihnen wohl großen Spaß, hm?« Hauptmann verneinte, aber Wilentz machte ihn darauf aufmerksam, daß er ihn alle paar Minuten angrinste. Dann griff Wilentz auf die Ausführungen eines staatlichen Psychiaters zurück, der ein psychologisches Profil des Delinquenten erstellt hatte, und sagte: »Sie halten sich vermutlich für einen ganz tollen Kerl?«

»Nein«, erwiderte Hauptmann. »Soll ich vielleicht heulen?«

»Nein, natürlich nicht. Sie meinen, Sie sind schlauer als alle anderen, nicht wahr?«

»Nein, aber ich bin unschuldig.«

Obwohl er saß und durch sein dürftiges Englisch behindert wurde, ließ sich Hauptmann von Wilentz, der sich vor den Zuschauern in Positur warf, nicht einschüchtern. »Zu lügen, nachdem Sie vor Gott geschworen haben, die Wahrheit zu sagen! Eine Lüge bedeutet für Sie gar nichts«, sagte der Generalstaatsanwalt voller Abscheu und schlug Kapital aus der Situation.

»Aufhören!« rief der Angeklagte.

Der Tag brachte noch mehr belastende Beweise. Es gab Eigenheiten in Hauptmanns Handschrift, die mit denen in den Lösegeldforderungen übereinstimmten – daß er New York mit einem Bindestrich schrieb, daß er in Worten wie Wright und light g und h vertauschte. Und dann war da Hauptmanns kleines Rechnungsbuch mit der Skizze für eine Leiter, ähnlich der am Lindbergh-Haus zurückgebliebenen.

Und noch etwas kam hinzu. Hauptmanns Erklärungen über seine finanziellen Verhältnisse klangen manchmal so haarsträubend, daß sie bei den Zuschauern großes Gelächter hervorriefen. Am Ende des Tages teilte die Verteidigung der Presse mit, daß sie im Falle einer Verurteilung dieses Gelächter und Wilentz' unlautere Fragen als Argumente für eine Berufung benützen würde. Richter Trenchard gab bekannt, er werde von jetzt an keine Stehplätze mehr im Gerichtssaal zulassen und damit die Zahl der Zuschauer begrenzen.

Am nächsten Tag ertappte die Staatsanwaltschaft den Angeklagten bei einer weiteren Lüge. Während Hauptmann früher ausgesagt hatte, er und Isidor Fisch hätten ihre Partnerschaft zwecks Börsenspekulationen 1932 begründet, gestützt auf Fischs Geld, zog Wilentz nun zwei Briefe hervor, die Hauptmann an Fischs Bruder geschrieben hatte und aus denen hervorging, daß ihre Partnerschaft erst 1933 begonnen und Hauptmann den Löwenanteil eingebracht hatte. Der Rest des Tages war Hauptmanns »plötzlichem Reichtum« im Frühjahr 1932 gewidmet. Er mußte zugeben, daß er Fischs Bruder angelogen hatte: 5500 Dollar seien von einem privaten Bankkonto gekommen. In den 17½ Stunden im Zeugenstand, elf davon im Kreuzverhör, ließ Hauptmanns Gedächtnis ihn allzuoft im Stich. »Hauptmann war ein guter Zeuge«, berichtete Wilentz der Presse nach Beendigung des Kreuzverhörs, »wenn man bedenkt, daß er so viele verschiedene Geschichten erzählen und so viele belastende Wahrheiten und Unwahrheiten eingestehen mußte.«

Die nächste im Zeugenstand war Hauptmanns Frau, die in der Öffentlichkeit immerhin einiges Mitgefühl geweckt hatte. Aber ihr elender Zustand sollte sich letzten Endes zu seinen Ungunsten auswirken. »Wie lange soll eine Frau eigentlich zu ihrem Mann halten?« schrieb Kathleen Norris, die sich über Anna Hauptmanns Vertrauen wunderte. Als die »dünne, kraushaarige, häßliche, langnasige, blasse Frau« aussagte, wußte schon die ganze Welt, daß ihr Mann seine Geldangelegenheiten meist vor ihr verheimlichte, »daß er seine Frau täuschte, selbst dann noch, als sie hart um seine Rettung kämpfte«.

In dem zweistündigen Verhör bestätigte Anna Schoeffler Hauptmann die drei Alibis ihres Mannes für die Abende der Entführung, der Lösegeldübergabe und der Bezahlung im Kino. Sie widersprach auch Mrs. Achenbach und bestritt, daß sie erzählt habe, sie und Richard seien von einem Ausflug zurückgekommen, bei dem er sich den Fuß verstaucht habe. Im Kreuzverhör bezweifelte ein höflicher Wilentz, daß sie die Schachtel mit dem Geld, die angeblich im obersten Fach ihres Besenschrankes lag, nie gesehen hatte. Dann erinnerte er sie an das Verhör vor wenigen Monaten in der Bronx, bei dem sie ausgesagt hatte, sie könne sich nicht erinnern, ob ihr Mann am Abend des 1. März 1933 bei ihr gewesen sei. Als Mrs. Hauptmann in der nächsten kurzen Pause zu ihrem Mann ging, drohte ihr der mit dem Finger und sagte: »Hör auf mit diesem Nichterinnernquatsch.«

Während der nächsten Prozeßtage erschien ein bunt zusammengewürfelter Haufen von Zeugen der Verteidigung, die dem Angeklagten eher schadeten als nutzten. Ein Mann namens Elvert Carlstrom behauptete, er habe Hauptmann am Abend des 1. März 1932 in Fredericksens Bäckerei gesehen, aber um ihn zu widerlegen, präsentierte die Anklage einen Zeugen, der versicherte, an diesem Abend mit Carlstrom in Dunellen, New

Jersey, gewesen zu sein. Noch ein weiterer Mann wollte Hauptmann an diesem Abend getroffen haben, aber er entpuppte sich als zwielichtiger Charakter, der schon zweimal seinen Namen geändert hatte und eine Flüsterkneipe betrieb. Der Zeuge Louis Kiss sagte aus, auch er sei an jenem Abend bei Fredericksen gewesen und habe Hauptmann gesehen; er erinnere sich daran, weil er eigentlich zwei Flaschen Rum hätte liefern sollen, die er an diesem Abend aufgetrieben, aber wieder verloren hatte. Auch er wurde später widerlegt, da der Freund, der den Rum kaufte, bezeugte, die Auslieferung sei mehr als eine Woche später erfolgt. Die Zuschauer amüsierten sich schon darüber, wie gut besucht Fredericksens Bäckerei war – da sei ja mehr los als auf dem Hauptbahnhof von New York, spottete ein Anwalt.

Viele andere Zeugen der Verteidigung waren dermaßen fragwürdig, daß man oft kaum noch wußte, wer eigentlich angeklagt war. Reilly bot einen ehemaligen Mönch auf, einen »Berufszeugen«, einen Geisteskranken und noch andere, deren Aussagen mühelos angefochten wurden. Ein Taxifahrer mit schauspielerischen Ambitionen, der aussagen sollte, daß er am Abend der Lösegeldübergabe auf dem St.-Raymonds-Friedhof eine ganze Gruppe von Menschen gesehen habe, imitierte plötzlich Will Rogers. Wieder in seiner Zelle, fragte Hauptmann Lloyd Fisher: »Wo haben die solche Zeugen her? Die schaden mir doch nur.«

Einige wenige nützten Hauptmanns Sache. Zwei glaubwürdige Personen bestätigten sein Alibi für den Abend seines Geburtstags 1933. Und Dr. Erastus Mead Hudson, ein Arzt, der Fingerabdrücke zu seinem Hobby gemacht hatte, erzählte, er habe der Polizei von New Jersey seine neue Silbernitratmethode vorgeführt, mit deren Hilfe er mehr als 500 brauchbare Fingerabdrücke von der Entführungsleiter gewonnen habe. Keiner davon stammte von Hauptmann. Das von der Verteidigung bestellte Team der Schriftexperten war zwar auf einen einzigen Fachmann zusammengeschrumpft, aber John M. Trendley machte seine Sache gut; er brachte vor, Hauptmanns Schreibweise ähnele der von vielen Deutschen, für die Englisch die zweite Sprache war.

Die Verteidigung wußte, es war nicht damit getan, die Anklage zurückzuweisen, sie mußte auch alternative Szenarien anbieten. Reilly tat alles, um die Schuld auf Isidor Fisch zu schieben. Leider scherten sich mindestens ein Dutzend Zeugen der Verteidigung, die den Fall vielleicht gerettet hätten, nicht um ihre Vorladung und erschienen einfach nicht. Wer noch an die »Fisch-Story« der Verteidigung glaubte, wurde von mehreren Zeugen der Anklage zum Schweigen gebracht, unter anderem von Isidor Fischs Schwester, die berichtete, bei seinem Tod habe er ganze 1500 Mark, 500 Dollar, besessen.

Am Ende der 5. Prozeßwoche liefen eines Abends in den großen Kinos von New York Szenen aus den Verhandlungen in der Wochenschau. Die

Zuschauer sahen die beiden Lindberghs und Dr. Condon, außerdem Hauptmann und Wilentz, die gereizt miteinander stritten. Die Filme stammten von *Fox Movietone News*, die zusammen mit *Universal, Paramount, Hearst Metrotone* und *Pathé* eine große Filmkamera auf die Galerie geschmuggelt hatten in einer schallgedämpften Kiste, das Objektiv fest auf den Zeugenstand gerichtet. An einem Fenster war in halber Höhe ein Mikrophon montiert, ungefähr 35 Fuß vom Zeugenstand entfernt.

Obwohl es unwahrscheinlich war, daß Anwälte, Richter und Polizei nichts von den Filmaufnahmen gewußt hatten – gleich neben der Kamera war ein Polizist postiert, um sicherzustellen, daß man sie nicht hörte –, verweigerten die Behörden die Aufführungserlaubnis. Die wenigen öffentlich gezeigten Minuten sympathisierten zwar mit der Anklage, doch der Justizminister pfiff den Film zurück und verbot weitere Aufführungen der Wochenschau. Der Richter ließ die Ausrüstung aus dem Gerichtssaal entfernen und gab bekannt, man werde nicht gerichtlich vorgehen – unter der Voraussetzung, daß von den bereits gedrehten 4000 Metern Film für die Dauer des Prozesses keiner gezeigt werde. Daß Filme imstande gewesen waren, die Gefühle im Lindbergh-Fall zu beeinflussen – sowohl bei den Auftritten innerhalb des Gerichtssaals als auch bei den Reaktionen draußen –, hatte zur Folge, daß Kameras für die nächsten 60 Jahre aus praktisch jedem Prozeß in Amerika verbannt waren.

Als die Verteidigung ein letztes Mal versuchte, das Personal der Morrows und Lindberghs mit hineinzuziehen, ließ Lindbergh die Anklage wissen, daß er zu dessen Entlastung noch einmal in den Zeugenstand treten wolle. Wilentz meinte jedoch, daß weitere Aussagen zu diesem Thema nicht nötig seien, zumal er eine, wie er fand, wirkungsvollere Schlußzeugin hatte. Am Samstag, dem 9. Februar 1935, rief er Elizabeth Morrow in den Zeugenstand ... Annes Mutter konnte nicht viel beitragen, aber ihr Erscheinen vor Gericht verlieh dem historischen Schauspiel ein kultiviertes Finale. Anne begleitete sie ins Gericht und litt mehr als am Tag ihrer eigenen Aussage, denn diesmal war die Hysterie ringsumher nicht mehr zu übersehen. Wilentz mußte bei Betty Morrows Auftritt nur den »verstorbenen Senator« erwähnen, um den Geschworenen vor Augen zu führen, was New Jerseys vornehmste Familie zu erdulden gehabt hatte.

Der Prozeß hinterließ Spuren bei den Lindberghs. Anne war so verzweifelt wie eh und je, aber Charles gestattete ihr nicht, das in seiner Gegenwart zu zeigen. Da sie nun nicht nur in der Öffentlichkeit, sondern auch vor ihrem Mann ein munteres Gesicht aufsetzen mußte, wurde sie vollkommen verkrampft«, fühlte sich eingeengt und hätte die Wände hochgehen können. Sie wanderte niedergeschlagen durch den Park und fühlte sich immer elend, wenn sie nicht gerade mit Jon zusammen war. An ihrem Buch arbeitete sie nur unregelmäßig. Nur im Tagebuch glaubte sie ihre Gefühle ausdrücken zu können. »Ich darf nicht reden. Ich darf nicht weinen… Ich darf nicht träumen«, schrieb sie am 20. Januar 1935. »Ich muß meinen Verstand beherrschen, meinen Körper, meine Gefühle – ich muß mein Buch fertig schreiben – ich muß für C. eine zumindest ruhige Miene aufsetzen.« Nachts im Bett verzog sie sich in eine Ecke, »und ich versuchte, nicht zu weinen…, um C. nicht zu wecken, mich nicht hin und her zu wälzen, zu liegen wie ein Stein, schwer und still und starr, bis auf meine Tränen.« Andere Tagebucheinträge aus diesem Jahr sind noch verzagter, so düster, daß Charles später darauf drang, daß Anne sie verbrannte. Überzeugt, daß sie mit diesem Opfer auch ihr Leid verringerte, tat sie es.

Unterdessen konzentrierte sich Charles weiterhin völlig auf den Prozeß und fraß alle Qual in sich hinein. Auch wenn er meinte, nie etwas zu zeigen, trauerte er doch nicht weniger als seine Frau. Schon in jungen Jahren war er die emotionale Stütze seiner Familie gewesen, nun aber brauchte er jemanden, an den er sich anlehnen konnte. Doch diese menschliche Schwäche einzugestehen, war er nicht in der Lage. Sein Kummer und sein Selbstmitleid äußerten sich in Form von Wut. Und weil Anne ihm am nächsten stand, wurde sie unausweichlich das eigentliche Opfer seiner Verzweiflung.

An einem frühen Montagmorgen, am 11. Februar, platzte ihm der Kragen. Kurz bevor er zu den ersten Plädoyers ins Gericht fuhr, verlor er die Beherrschung und ließ die in Jahren aufgestaute Unzufriedenheit an seiner Frau aus. Er warf Anne vor, sie habe sich zu sehr in sich selbst zurückgezogen und lasse sich von ihren Gefühlen dirigieren. Er zeigte kein Erbarmen mit ihrem labilen Gemütszustand; er schalt sie, daß sie ihren Verstand nicht benütze, daß sie nicht an ihrem Buch arbeite. Er nannte sie eine »Niete«, und fuhr dann nach Flemington. Dies war eines der wenigen Male, wo Anne Trost bei ihrer Mutter fand.

»Mit Mutter gesprochen, hat mir Kraft gegeben«, das war alles, was Anne ihrem Tagebuch mitteilte. Betty Morrows Tagebuch ist aufschlußreicher. »Anne kam mit Tränen in den Augen in mein Zimmer«, schrieb sie und zitierte dann die Beschimpfungen ihres Ehemanns. »Ach, Mutter«, habe Anne fortgefahren, »Elisabeth war mir bei Charles eine so große Hilfe.« Zum erstenmal erkannte Mrs. Morrow, daß »Charles nicht fähig ist, sie zu verstehen – nicht begreift, wie schön ihr Geist und ihre Seele sind«, und daß Anne sich seit Jahren in zwei Menschen spalten mußte, in ihr eigentliches Ich und in die Frau, die Charles sich wünschte. »Er liebt sie«, erkannte Mrs. Morrow, »aber er will sie *verbessern,* will sie nach seinem eigenen nüchternen, wissenschaftlichen Vorbild verändern. Armer Charles, was für ein Armutszeugnis!« Betty Morrow begriff, daß sie Anne mehr unterstützen mußte als bisher. Aber sie wußte nicht recht wie, denn sie konnte nicht mit ihrem Schwiegersohn streiten, »egal, wie dumm er ist«.

Charles saß zum 30. Mal im Gerichtssaal von Flemington. Anthony Hauck eröffnete das Schlußplädoyer der Staatsanwaltschaft mit einer Rede von 45 Minuten und erinnerte die Geschworenen schließlich: »Wir brauchen kein Bild des Mannes, der mit dem Lindbergh-Baby die Leiter heruntergekommen ist. Wir haben ihnen vielmehr schlüssig, überzeugend und über jeden vernünftigen Zweifel erhaben vorgeführt, daß Bruno Richard Hauptmann schuldig des Mordes an Charles A. Lindbergh jr. ist.«

Edward Reilly in seinem altmodischen schwarzen Rock und den gestreiften Hosen begann sein Plädoyer mit einem Bibelzitat aus Matthäus: »Richtet nicht, auf daß ihr nicht gerichtet werdet.« In besonnenem, leicht gönnerhaftem Ton, die Hände meist auf dem Rücken gefaltet, bat der New Yorker Anwalt die Geschworenen, sich auf ihren »gesunden Menschenverstand« und ihre »mütterliche Intuition« zu verlassen, nicht auf die Aussage »bezahlter Techniker und Fachleute«. Er fragte sich laut, wie ein Mann allein solch ein Verbrechen zuwege gebracht haben sollte. Am Ende unterstellte er eine Verschwörung aus einer Personenzahl beliebiger Größe und begann mit den »treulosen« Dienstboten der Morrows und Lindberghs. Er beschuldigte Violet Sharpe, Olly Whateley und Betty Gow. Dann bezichtigte er Isidor Fisch, »Red« Johnson und Dr. Condon der Mittäterschaft. Er warf sogar der Polizei vor, Beweismaterial gefälscht und manipuliert zu haben: die Diele im Dachboden, die gar so gut zu dem Leiterholm paßte, das Schrankbett mit der Adresse von Dr. Condon, das Beschäftigungsverzeichnis, das bewies, daß Hauptmann am Tag der Lösegeldübergabe nicht gearbeitet hatte. Er stapelte die Aussagen seiner Schrift- und Holzsachverständigen neben die der Anklage. Schließlich zweifelte er sogar Charles Lindbergh selbst an:

Oberst, ich sage Ihnen: Es ist unmöglich, daß Sie, der Sie seit Jahren fliegen, seit Jahren das Dröhnen der Motoren in den Ohren haben, bei all dem Motorenlärm und den verschiedenen klimatischen Bedingungen, unter denen sie seit Ihrem wunderbaren Flug gelebt haben mit absoluter Sicherheit behaupten können, daß Sie sich nach zweieinhalb Jahren an die Stimme eines Mannes erinnern, an eine Stimme, die Sie vorher noch nie gehört haben…

»Ich bin sicher«, sagte Reilly abschließend, »nicht einmal Oberst Lindbergh würde von Ihnen erwarten, daß Sie etwas anderes tun als Ihre Pflicht und sich dabei an das Gesetz und die Beweise halten.«

Am nächsten Tag hielt Generalstaatsanwalt Wilentz sein Plädoyer, das laut *United Press* »durch Schmähungen wettmachte, was ihm an logischen Argumenten fehlte«. Viereinhalb Stunden lang ersuchte er die Geschworenen, über Hauptmann den Stab zu brechen, denn seit seiner Festnahme sei »nichts zum Vorschein oder ans Tageslicht gekommen, das etwas anderes beweise als die Schuld des Angeklagten... und von sonst niemanden. Bei den Beweisen führte jede breite Straße, jeder kleine Durchschlupf, den wir verfolgten, zu selben Tür«.

Dann überhäufte er Hauptmann mit Beleidigungen, nannte ihn einen »Burschen, dem Eiswasser statt Blut durch die Adern rinnt«, einen »Egomanen, der sich für allmächtig hält«, einen »Heimlichtuer...«, der niemandem was erzählt«, die »ekelhafteste und abscheulichste Schlange, die je durchs Gras gekrochen ist«, ein »Tier..., das niedriger ist als das niedrigste im Tierreich, der Staatsfeind Nr. 1 auf dieser Welt«.

Um auf die Unterstellungen der Verteidigung bezüglich unlauterer Praktiken der Polizei zu antworten, bat der Generalstaatsanwalt Oberst Schwarzkopf aufzustehen. »Sieht er wie ein Gauner aus?« fragte Wilentz. »Hat er solch eine Behandlung verdient wegen dieses Diebes, dieses Mörders und Sträflings?« Mitgerissen von der eigenen Raserei, wagte er eine völlig neue Darstellung vom Tod des Kindes, ganz anders als der Mord den er vor sechs Wochen bei seinem Eröffnungsplädoyer beschrieben hatte. Wilentz hatte ursprünglich behauptet, das Kind sei gestorben, als die Leiter gebrochen war. Nun unterstellte er, das Kind sei schon vorher getötet worden. »Denn wozu sonst war der Meißel gedacht? Um das Kind schon oben im Zimmer bewußtlos zu schlagen.«

Wilentz nahm sich fast den ganzen Tag, um das Beweismaterial noch einmal wirkungsvoll vorzuführen. Eine Prozession lebender Zeugen sei gekommen, um gegen Hauptmann auszusagen, während die Verteidigung bequemerweise Toten die Schuld in die Schuhe schob. Wer Reillys Beweisführung akzeptiere, müsse »die Verschwörer in den Gräbern« suchen. Am Ende des Tages spielte er seine Trumpfkarte aus, »Oberst Lindberghs Identifizierung seiner Stimme«. Wilentz sagte nur: »Wenn es für Oberst Lindbergh, der unter Eid steht, genügt, wenn er zu Ihnen sagt: ›Das ist der Mann, der mein Kind umgebracht hat‹, dann, meine Damen und Herren, *ist* das genug.«

Am nächsten Morgen hielt Richter Trenchard eine 70 Minuten währende feierliche Ansprache an die Geschworenen. Lindbergh aß mittags mit Breckinridge und Schwarzkopf in der Stadt bei Anwalt George Large, dann fuhr er heim nach Englewood. Dort hatte die Spannung wegen eines erneuten Besuchs von Harold Nicolson zum Glück etwas nachgelassen.

Nach zwei Monaten in England war Nicolson gerade an diesem Vormittag nach Englewood zurückgekehrt, um seine Recherchen zu Dwight Morrow fortzuführen. Am Nachmittag nahm er mit Betty Morrow, Aubrey Morgan und Anne Lindbergh den Sherry. Kurz nach Charles' Rückkehr aus Flemington wurde das Dinner serviert. Sie setzten sich und stellten zwei Radios an, eines im Anrichteraum, das andere im Salon. »So gab es Jazz und Witzeleien, während wir aßen und die ganze Zeit die Ohren spitzten, ob wir nicht den Ansager aus dem Gerichtsgebäude hörten«, schrieb

Nicolson später an seine Frau. Nach dem Essen zog er sich in die Bibliothek zurück, und die Morrows und Lindberghs setzten sich in ein anderes Zimmer.

Fast 7000 Menschen hatten sich vor dem Gerichtsgebäude des Bezirks Hunterdon versammelt und verstopften die Main Street von Flemington. Um 22.27 Uhr wurde ein Gehilfe des Sheriffs auf den Turm geschickt und mußte die Glocke läuten. Minutenlang brüllte die Menge in Erwartung des Urteils in Sprechchören: »Tod für Hauptmann! Tod für Hauptmann!«

Um 22.31 Uhr wurde Hauptmann an einen Polizisten gekettet, aus der Zelle geführt, begleitet von fünf weiteren Polizeibeamten. Die Geschworenen betraten den Gerichtssaal, und keiner von ihnen schaute in seine Richtung. Erst um 22.45 Uhr kehrte Richter Trenchard an seinen Platz zurück und bat die Geschworenen und den Angeklagten, sich zu erheben. »Wie lautet der Spruch der Geschworenen?« fragte der Richter. »Halten Sie den Angeklagten für schuldig oder nicht schuldig?« Der Sprecher antwortete, sie hätten ihn für »schuldig des Mordes« befunden.

Laufburschen stürzten zur Tür, aber Richter Trenchard verbot allen, den Saal zu verlassen, ehe das Gericht fertig war. Die Geschworenen wurden befragt, und auf Vorschlag des Gerichts stellte der Generalstaatsanwalt einen Antrag auf sofortige Urteilsverkündung. Trenchard blickte den Verurteilten durch seine Hornbrille an und verlas, daß er den »Tod erleiden muß. Zeitpunkt, Ort sowie Art und Weise werden vom Gesetz verfügt«. Um 22.50 Uhr wurde der Verurteilte aus dem Gerichtssaal geführt, das Gesicht »weiß wie eine Totenmaske, die Augen eingesunken«, bemerkte ein Reporter. Anna Hauptmann saß auf ihrem Platz, schaute zu Boden und hob den Kopf erst, als ihr Mann den Saal verlassen hatte, da begann sie zu weinen. Wenige Minuten später warf sich Hauptmann mit dem Gesicht nach unten auf seine Pritsche und schluchzte hemmungslos. Inzwischen hatte die Nachricht die Straße erreicht; ein Laufbursche hatte sie aus einem Fenster im zweiten Stock geschrien. Die Menge brüllte auf.

In Next Day Hill steckte Betty Morrow den Kopf durch die Bibliothekstür und berichtete Harold Nicolson: »Hauptmann ist ohne Aussicht auf Strafmilderung zum Tod verurteilt worden.« Als er sich zu den anderen gesellte, die im Salon vor dem Radio saßen, hörte er das, was Anne in der Erinnerung als »brüllenden Pöbel« bezeichnete. Sie saßen schweigend da und lauschten dem Radiosprecher. »Sie hörten soeben den Spruch der Geschworenen im berühmtesten Prozeß aller Zeiten. Bruno Hauptmann ist schuldig gesprochen, schuldig eines der niederträchtigsten...« Endlich sprach Anne. »Schalte es aus, Charles, schalt' es aus.«

Sie gingen in den Anrichteraum und tranken Ingwerlimonade, und Charles sprach mit Nicolson über den Prozeß. »Es gibt nicht den geringsten Zweifel, daß Hauptmann es getan hat«, sagte er. »Jahrelang habe ich befürchtet, sie würden jemanden schnappen, bei dem ich mir nicht sicher wäre. Bei diesem Mann bin ich mir sicher, ganz sicher.« Dann nahm er den Fall Punkt für Punkt auseinander. »Er tat, als erläutere er ihn mir«, schrieb Nicolson, »aber in Wirklichkeit versuchte er, die quälende Anspannung zu lindern, in der sich Betty und Anne befanden. Er gab einem das Gefühl, daß es sich nicht um persönliche Rache oder Rechtfertigung handelte, sondern um den feierlichen Vorgang, wenn das Gesetz unerbittlich und unpersönlich den Schuldigen bestraft.« Als sie zu Bett gingen, bemerkte Charles beim Hinausgehen: »Die Leute hätten ihn gelyncht.«

»Der lange Prozeß in Flemington, die Anklage des Richters und der Spruch der Geschworenen haben ein Verbrechen dokumentiert«, schrieb die New York Times am nächsten Tag in ihrem Leitartikel, »aber nicht das Geheimnis aufgeklärt.« Ein Grund für die allgemeine Faszination dieses Falles, meinte die Zeitung, sei die tägliche Hoffnung gewesen, daß »entweder Beweise der Polizei oder Geständnisse von Hauptmann eindeutig belegen würden, wer der Entführer war, und wie er die Tat vorbereitet und durchgeführt hat«. Wegen dieses Mangels an handfesten Beweisen kam die Debatte um den Fall nie zur Ruhe.

Da es offensichtlich keinen Zeugen der eigentlichen Entführung gibt, können manche Fragen nicht mit absoluter Sicherheit beantwortet werden. Niemand wird je wissen, wer das Kind aus dem Bett nahm. Selbst wenn man Hauptmanns Schuld nicht anzweifelt, wird man nie wissen, ob er allein gehandelt hat oder nicht, ob Fisch oder andere beteiligt waren (was war mit der italienisch sprechenden Stimme, die Condon am Telefon im Hintergrund gehört hatte?), ob Hauptmann selbst auf die Leiter stieg (und ob er die Leiter überhaupt benützte), ob das Kind zufällig oder absichtlich getötet wurde. Aber die schwache Verteidigung und die starke Anklage ließen den Geschworenen wenig Spielraum, anders zu entscheiden. Schon bei der ersten geheimen Abstimmung waren sie sich über Hauptmanns Schuld einig und uneins nur über die Strafe. Im Lauf von vier Abstimmungen veränderte sich das urspüngliche Verhältnis von sieben zu fünf, bis sie einstimmig für die Todesstrafe votierten. Ethel Stockton, die letzte Überlebende der Geschworenen, erklärte mehr als 50 Jahre später: »Das Beweismaterial war überwältigend…«

Das Gewicht von Lindberghs Zeugenaussage war nicht zu leugnen. Bei der geringsten Unsicherheit von seiner Seite hätten vielleicht auch die Geschworenen vernünftige Zweifel geäußert. Aber er war sich seiner Sache sicher, bis an sein Lebensende. Die wenigen Male, in denen er später mit der Familie oder mit Freunden über den Prozeß sprach, schwankte er nie in seiner Überzeugung.

Noch 60 Jahre später tauchten immer wieder neue Theorien über den Lindbergh-Fall auf, und sie argumentieren damit, daß Hauptmann nur auf Grund von Indizienbeweisen verurteilt wurde; es gab keinen Zeugenbeweis, nach dem sich Hauptmann unwiderleglich am Tatort aufgehalten hätte. Wie der berühmte Berufungsanwalt Alan M. Dershovitz später feststellte. »Es wird heute kaum noch geleugnet, daß der Prozeß unfair verlief – nicht nur nach heutigen Maßstäben, sondern auch nach den weit weniger strengen der 30er Jahre. Aber viele, die den ungerechten Prozeßverlauf erkennen, halten Hauptmann dennoch für eindeutig schuldig.« Sechs Punkte im Verfahren erlaubten Lindbergh, nachts ruhig zu schlafen, in dem sicheren Bewußtsein, daß der einzige Täter der Gerechtigkeit übergeben worden war. Fünf Sachverständige hatten festgestellt, daß Hauptmann zweifelsfrei die Lösegeldforderungen geschrieben hatte, und das war auch für das Auge eines Laien deutlich. Unbestreitbar hatten Arthur Koehlers Ermittlungen ihn zu Hauptmanns Holzhof in der Bronx geführt, und zwar mehr als ein Jahr, bevor der Zimmermann verdächtigt wurde. Hauptmann hatte nie zufriedenstellend erklären können, warum Dr. Condons Adresse und Telefonnummer in seinem Schrank geschrieben standen. Hauptmann hatte zu einer Zeit, wo er kaum seinen Lebensunterhalt verdiente, mit großen Summen aus dem Lindberghschen Lösegeld um sich geworfen. Seine Alibis waren alle fadenscheinig. Und schließlich hatten Condon, der Taxifahrer Perrone und Lindbergh selbst Hauptmanns Stimme wiedererkannt, die Lindbergh als »sehr eigenartig« und »unverwechselbar« schilderte. In den vergangenen 60 Jahren tauchte kein einziges Geständnis auf, nicht die Spur eines Beweises oder Zeugnisses, das jemand anderen als Bruno Richard Hauptmann mit dem Verbrechen in Verbindung gebracht hätte.

»Der Prozeß ist vorüber. Wir müssen ein neues Leben anfangen, müssen versuchen, uns etwas Sicheres aufzubauen, C. und Jon und ich«, schrieb Anne am Valentinstag 1935. »Ich muß neu anfangen, ohne Elisabeth, mit offenen Augen, ohne Verwirrung und Selbsttäuschung, ehrlich und geduldig, und muß klar erkennen, was wichtig ist: Charles, ein Zuhause, Jon – und Arbeit.«

Ein »höchst erstaunlicher Brief« des Smith College, das Anne den »Master of Arts« ehrenhalber anbot, munterte sie eine Woche später auf. Erst wollte sie nicht annehmen, sie fand, Smith solle »Leute auszeichnen, die selbst und auf eigene Verantwortung etwas geleistet hatten, Frauen, die einen Beruf haben«. Aber ihr stolzer Mann bestand darauf, daß sie annahm.

Mit einer Entschlossenheit, die ihr seit Monaten gefehlt hatte, kehrte Anne zu ihrer Schriftstellerei zurück. Seit ihrem Artikel im *National Geographic* hatten Verleger sie immer wieder aufgefordert, ihnen Texte vorzulegen. Einer davon war der Verlag Harcourt Brace, für den Harold Nicolson arbeitete. Ende April 1935 traf sie sich mit Alfred Harcourt, dem sie erklärte, es sei an der Zeit, daß ein professioneller Lektor ihr erstes langes Manuskript las: *North to the Orient*. Charles redigierte jede Seite, bevor Anne sie abschickte. Ein paar Tage später rief Harcourt an und sagte: »Ich würde es auch nehmen, wenn es von Lieschen Müller geschrieben wäre. Es ist eine gute Geschichte, sie ist bewegend und gut aufgebaut und hat manchmal etwas Poetisches.« Daß er das Manuskript annahm, war eines der befriedigendsten Ereignisse in ihrem Leben. Als Charles die Nachricht am Abend erfuhr, »strahlte er vor Stolz«... und bestellte sofort im voraus 900 Exemplare.

Das Manuskript bedurfte kaum der Korrektur und sollte im Sommer erscheinen. Die Vorbesprechungen waren so positiv, daß das Gerücht aufkam, das Buch müsse von einem Ghostwriter geschrieben sein. 15000 Exemplare lagen am Erscheinungstermin, am 15. August, in den Buchhandlungen. Innerhalb von vier Monaten druckte Harcourt Brace 185000 Exemplare, und das Buch wurde zur Nummer eins auf der Sachbuch-Bestsellerliste von 1935. Der Erfolg ermutigte Anne, ihre Tagebücher von der Reise durch Grönland, Europa und Afrika noch einmal zu lesen und sich Notizen für ein zweites Buch zu machen.

Für Charles erwiesen sich Frühling und Sommer 1935 als mindestens genauso produktiv und lohnend. Er kehrte in sein Labor im *Rockefeller Institute* und zu seinen Experimenten bei Dr. Carrel zurück. Fern von der Öffentlichkeit hatte Lindbergh Ende 1934 eine Pumpe konstruiert, »mit der man ein Organ in ständigem, pulsierendem Kreislauf mit einer Nährflüssigkeit durchspülen konnte, die entsprechend mit Sauerstoff angereichert war«. Mit Hilfe von Lindberghs Gerät führte Dr. Carrel Operationen durch, die zeigten, daß der Blutkreislauf selbst in so lebenswichtigen Organen, wie den Nieren, bis zu zwei Stunden ohne nachhaltigen Schaden unterbrochen werden konnte. Aber trotz peinlich genau befolgter Normen und strikter Bedingungen wurden Apparate und Organe noch immer von bakteriellen Infektionen befallen.

Im Frühjahr 1935 vervollkommnete Lindbergh seine Erfindung und entwarf einen neuen Typus eines Organbehälters. Es war eine komplizierte moderne Glasskulptur – Ballone und Röhren, die aussahen wie ein Saxophon auf einer Weinflasche. Am 5. April 1935 wurde mit Hilfe der Lindbergh-Pumpe zum erstenmal ein ganzes Organ erfolgreich *in vitro* konserviert. Dr. Carrel ließ eine betäubte Katze verbluten, entfernte ihre Schilddrüse und legte sie in den Behälter. Sie wurde 18 Tage lang durchspült, und zum erstenmal konnte ein ganzes Organ außerhalb des Körpers überleben. So war eine Idee, die mindestens auf das Jahr 1812 zurückging – als der französische Physiologe Le Gallois davon schrieb, »auf künstlichem Wege eine Flüssigkeit durch ein Organ kreisen zu lassen« –, dank der Lindbergh-Pumpe endlich verwirklicht worden.

In den nächsten zwei Monaten führten Carrel und Lindbergh mehr als zwei Dutzend Experimente durch. Sie untersuchten Milzen, Eierstöcke, Nieren und Herzen. In fast allen Fällen hatten sie Erfolg, die Organe blieben gänzlich lebensfähig und frei von Infektionen. Diese Arbeit erhellte zwei neue medizinische Tatsachen: Kultivierte Organe bleiben am Leben, und ihre Strukturen und Funktionen verändern sich je nach der Zusammensetzung der Perfusionsflüssigkeit.

»Ein neues Zeitalter hat begonnen«, erklärte Carrel. »Physiologie und Medizin haben... ein sehr nützliches Werkzeug bekommen, um die komplizierten Beziehungen zwischen Organen und Blut zu erforschen... Nun ist die Anatomie in der Lage, die Bestandteile des Körpers in ihrer ganzen Lebendigkeit zu erfassen, nachzuvollziehen, wie die Organe den Organismus aufbauen, wie der Organismus wächst, altert, seine Wunden heilt, Krankheiten abwehrt und sich mit wunderbarer Leichtigkeit einer veränderten Umgebung anpaßt.« Die Auswirkungen dieser Versuche verzweigten sich endlos, sie reichten in die Welt der Pathologie, Physiologie und Anatomie. Zum Beispiel konnten nun Organe mit bösartigen Tumoren studiert werden, die am Leben blieben, obwohl sie vom menschlichen Körper getrennt waren. Die Wirkungen verschiedener Perfusionslösungen wurden ausgewertet. Defekte Organe konnte man aus dem Körper entfernen, reparieren und wieder einpflanzen. Vielleicht konnte eine ähnliche Pumpe einen ganzen Körper am Leben erhalten, während ihm die Organe eines anderen Körpers, vielleicht sogar künstliche, eingepflanzt wurden!

»Keiner der 22 großen Mediziner am *Rockefeller Institute for Medical Research* in Manhattan ist dem Mann auf der Straße so gut bekannt wie ein unmaßgeblicher, freiwilliger Mitarbeiter des Instituts namens Charles Augustus Lindbergh«, schrieb *Time* im Spätsommer 1935. »Lindbergh wird... ausschließlich als Flieger gesehen«, schrieb Dr. Carrel in dem Artikel, »...aber er ist viel mehr. Er ist ein bedeutender Wissenschaftler. Menschen, die so etwas schaffen, sind zu Leistungen auf allen Gebieten fähig.« Diese neuen Leistungen zogen natürlich noch mehr öffentliche Aufmerksamkeit nach sich und verschafften den Medien einen neuen Ansatzpunkt, über den Schlagzeilenkönig der Nation zu berichten.

Er bedauerte es, daß die Öffentlichkeit von seinem einzigen Zufluchtsort erfahren hatte, aber es freute ihn, daß Dr. Carrel endlich die – wie Lindbergh fand – gebührende Anerkennung erhielt. Im Laufe des Jahres veröffentlichte Carrel die amerikanische Ausgabe von *Der Mensch, das unbekannte Wesen*, eine persönlich gefärbte Abhandlung über Körper und Seele des Menschen voller wissenschaftlicher Fakten und metaphysischer Theorien. Zum erstenmal bekam die Öffentlichkeit eine ausführliche Vorstellung von den kontroversen Gedanken, die lange den wenigen Auserwählten seines Kreises vorbehalten gewesen waren. Zweifellos wegen Carrels enger Verbindung mit Lindbergh wurde das Buch in diesem Jahr – neben dem von Anne – sofort ein Erfolg. Im Jahr darauf verdrängte es Annes *North to the Orient* von der Spitze der Bestenliste und wurde zum Sachbuch-Bestseller des Jahres 1936.

Lindbergh war entschlossen, New Jersey zu verlassen, und verbrachte den Sommer zumeist in der Luft, auf der Suche nach der eigenen Orientierung und einem neuen Platz, wo er sich niederlassen konnte. Um ihre angeknackste Ehe zu kitten, flog er mit Anne zweimal nach Little Falls, das sich seit seinem Weggang nur geringfügig verändert hatte, bis auf das prahlerische Schild auf dem Wasserturm: »Willkommen in Charles A. Lindberghs' Heimatstadt«. Er führte Anne durch die aufgegebene Farm und das leere Haus, die mittlerweile in einem öffentlichen Park lagen. Er stellte sie alten Freunden, Nachbarn und Verwandten vor, auch seiner Halbschwester Eva, mit der er seit Jahren nicht gesprochen hatte. Es war eine vorsichtige Begegnung ohne Bitterkeit. Ein Besuch bei seiner Mutter in Detroit löste in Charles eine Flut von Erinnerungen aus, doch es gab keinen Grund, jemals hier zu leben. Sie fuhren mehrmals nach Long Island, und Lindbergh erwog flüchtig Harry Guggenheims Angebot, etwas von seinem Grund bei Port Washington zu kaufen.

Im August erhielten die Lindberghs in North Haven ein Telegramm aus Henry Breckinridges Büro, daß Will Rogers tödlich verunglückt war, als er mit dem Piloten Wiley Post in einem Wasserflugzeug aus einer Lagune bei Point Barrow in Alaska abheben wollte und abgestürzt war. Charles setzte alle Hebel in Bewegung, um Rogers Leiche für das Begräbnis in Forest Lawn von Alaska nach Los Angeles transportieren zu lassen. Die Presse konnte sich nicht verkneifen, in allen Nachrufen auch Lindbergh zu erwähnen.

Lindbergh gehörte weiterhin zum Tagesgespräch der Nation, auch wenn er selbst nicht für Neuigkeiten sorgte, denn nach wie vor zogen Berichte rund um den Prozeß das Interesse des Publikums auf sich. Hauptmanns angeschlagene Verteidigungsmannschaft begann den Berufungsprozeß, ein erschöpfter Edward Reilly wurde nach einem »Nervenzusammenbruch« in der Zwangsjacke in ein Krankenhaus eingeliefert, Jafsie ging mit einem Varietétheater auf Tournee, und Mrs. Hauptmann hielt Reden, um Geld für die Verteidigung ihres Mannes durch Lloyd Fisher aufzutreiben. Seine Berufung focht 193 Punkte aus dem ersten Verfahren an. Die Geschworenen von Flemington kündigten ein Buch an, zu dem jeder von ihnen ein Kapitel beitragen wollte. Hauptmann verfaßte eine kurze Autobiographie, aber das Gefängnis in Flemington wollte die Veröffentlichung nicht zulassen, solange das Appellationsgericht seinen Fall verhandelte. Lloyd Fishers Ermittler behaupteten, sie hätten auf Long Island das Lindbergh-Baby gefunden.

Am 9. Oktober 1935 bestätigte das Revisionsgericht von New Jersey einstimmig das Mordurteil der ersten Instanz und gab damit dem Streit über Richard Hauptmanns Schicksal neue Nahrung. Die Auseinandersetzungen wüteten überall und fanden auch den Weg ins Büro von Gouverneur Harold G. Hoffman. Ein Kriminalbeamter namens Ellis Parker machte den 39jährigen Gouverneur so neugierig, daß dieser Hauptmann besuchte. Das heimliche Treffen lieferte zwar keine Antworten, aber so viele neue Fragen in bezug auf das Verbrechen, daß Hoffman weiter ermitteln wollte. Nachrichten über die Begegnung sickerten durch, und die New Yorker *Daily News* verkündete: »LINDBERGH-FALL WIEDERAUFGENOMMEN.« Anfang Dezember brachte der *Daily Mirror* »HAUPTMANN: MEIN LEBEN« in Fortsetzungen. Während Hauptmanns Anwälte den Begnadigungsantrag vorbereiteten, schrieb Hauptmann selbst einen Brief an Hoffman, berief sich auf seine Unschuld und bot an, sich einem Test mit einem Lügendetektor zu unterziehen oder eine Wahrheitsdroge einzunehmen. (Die Handschrift in diesem und späteren Gnadengesuchen Hauptmanns zeigten Ähnlichkeit mit den Lösegeldforderungen an Lindbergh.) Richter Trenchard legte den Hinrichtungstermin fest: 17. Januar 1936.

Sympathisanten sammelten sich – einige grundsätzliche Gegner der Todesstrafe und andere, die Hauptmanns Verfahren für unfair hielten. »Auf der ganzen Welt warten Millionen von Menschen darauf, daß Sie vortreten und diesen Mann retten, den Sie mit ihren vorschnellen Worten verurteilt haben«, schrieb jemand anonym an Charles Lindbergh. Und ein anderer meinte: »Hör zu, Lindy,... hoffentlich fällst du das nächste Mal, wenn du mit deiner schlitzäugigen Frau in die Luft steigst, runter und verbrennst.« Lindbergh wurde zur Zielscheibe für völlig neue, aberwitzige Angriffe. Er bekam Hunderte von Briefen mit Morddrohungen gegen seinen zweiten Sohn. Die Postbehörden nahmen in diesem Zusammenhang 14 Personen fest.

Obwohl Next Day Hill eingezäunt war und ein Nachtwächter seine Runden drehte, hörte Lindbergh eines Abends, während er oben in einem Schlafzimmer saß, draußen einen Schrei. Er öffnete das Fenster und blickte auf das bläßliche Gesicht eines lallenden Schwachsinnigen hinunter; die Polizei mußte ihn abholen. An einem anderen Abend kehrten die Lindberghs gerade aus Manhattan nach Englewood zurück, als ein Auto versuchte, sie auf einen schmalen Weg abzudrängen. Lindbergh bremste jäh und bog scharf nach links ab, und das andere Auto schoß geradeaus weiter. Örtliche und staatliche Polizei habe ihnen gegen solche Angriffe nach Kräften geholfen, schrieb Lindbergh später, »aber es ereigneten sich ständig weitere erschreckende Zwischenfälle«.

Jon ging in Englewood in die von Elisabeth Morrow gegründete »Kleine Schule«. Eines Morgens rief eine Lehrerin bei Anne an, vor dem Schulhof parke ein verdächtig aussehender, mit Planen bedeckter Lastwagen. Als die Kinder nach der Pause ins Haus gerufen wurden, fuhr der Laster fort. Polizisten fingen ihn nach wenigen Meilen ab – er steckte voller Zeitungsfotografen, die durch Schlitze in den Planen Schnappschüsse von Jon Lindbergh gemacht hatten. »Sie wurden nicht festgenommen«, schrieb Lindbergh, »weil keine eindeutige Gesetzesübertretung vorlag, und die Presse war politisch so mächtig, daß die Polizeibehörden vorsichtig vorgehen mußten. Die Festnahme eines Fotografen oder Reporters führte unweigerlich zu der Behauptung, die Pressefreiheit werde unterdrückt.«

Als dann eines Tages im Spätherbst Jons Lehrerin ihn von der Schule heimfuhr, wurde sie von einem anderen Auto voller Männer eingeholt und an den Randstein gedrängt. Die entsetzte Lehrerin umklammerte Jon, der zu schreien anfing. Ein Mann sprang aus dem Auto, lief auf sie zu und hielt dem Jungen eine Kamera vors Gesicht. Es war nicht der erste derartige Vorfall. Lindbergh ließ seinen Sohn nicht mehr in den Kindergarten gehen und stellte einen Kriminalbeamten im Ruhestand an, der mit einer abgesägten Schrotflinte in der Hand den Jungen beschatten mußte.

Dieser jüngste Überfall der Presse, schrieb Charles seiner Mutter, sei »läppisch im Vergleich zur Gesamtsituation«. Es gab keine Gesetze, die ihn vor der amerikanischen Presse schützten; und wenn er zurückschlüge, würde das seine Familie nur noch mehr ins Rampenlicht stellen, sie noch angreifbarer machen angesichts der fortgesetzten Entführungsdrohungen. Obendrein hatte er das Gefühl, daß einige Beamte in New Jersey aus dem Fall Hauptmann politischen Nutzen zu ziehen versuchten – insbesondere Gouverneur Hoffman, der offenbar eine Begnadigung Hauptmanns erwog und Oberst Schwarzkopf unbedingt von seinem Posten entfernen wollte. Lindbergh konnte sich nicht mehr auf seine Arbeit konzentrieren, und die Familie während seiner beruflich bedingten Reisen allein zu lassen, war undenkbar geworden. »Zwischen Politik, Boulevardpresse und Verbrechen«, schrieb er seiner Mutter Mitte Dezember, »ist das Leben für uns unerträglich geworden.«

Lindbergh bereitete sich heimlich darauf vor, seine Familie wegzubringen. Am 7. Dezember bat Charles Anne, sie solle sich und Jon innerhalb von 24 Stunden darauf vorbereiten, daß sie den ganzen Winter, wenn nicht länger, im Ausland leben würden. In den nächsten 14 Tagen besorgte er in Washington stillschweigend Pässe und schmiedete Reisepläne Richtung England, denn er glaubte, »die Engländer haben mehr Respekt vor Recht und Ordnung als alle anderen Nationen der Welt«. Dr. Carrel gab ihm ein Empfehlungsschreiben an einen angesehenen Chirurgen mit, der ihm in England Zutritt zu Medizinerkreisen verschaffen konnte. Aubrey Morgan fuhr mit einem schnellen Schiff voraus, damit er sie bei der Ankunft abholen und in sein Haus nach Wales bringen konnte. Und am 19. Dezember rief Lindbergh Deak Lyman in der Lokalredation der New York Times an. Er lud den Reporter nach Englewood ein; er wolle etwas besprechen, was fürs Telefon zu vertraulich sei.

In Next Day Hill erklärte Lindbergh, er werde seine Familie wegen der Morddrohungen nach England bringen. Er wolle nicht seine Staatsbürgerschaft wechseln, nur seinen Wohnsitz. Lyman erkannte die Brisanz dieser

Story und fragte Lindbergh, warum er nicht mehr angesehene Journalisten angerufen habe. Lindbergh erklärte, er wünsche sich den Bericht möglichst solide und genau, und die *Times* habe sich in den zurückliegenden schwierigen Jahren am kooperativsten erwiesen. Er bot Lyman diese Geschichte exklusiv und mit allen Einzelheiten seiner Flucht aus Amerika an, unter der Bedingung, daß die *Times* die Story zurückhielt, bis das Schiff mit den Lindberghs 24 Stunden auf See war. Der Reporter schlug ein.

Am Samstag, dem 21. Dezember 1935, rief Lindbergh Lyman an und sagte, das Schiff lege um Mitternacht ab. Am späten Abend, als die Zeitung unwiderruflich im Druck war, enthüllte der Reporter seinen Knüller dem Lokalredakteur. Dieser wollte die Geschichte sofort rausbringen, aber Lyman überredete ihn, die mit Lindbergh vereinbarten Bedingungen einzuhalten.

Am Samstag abend um 22.30 Uhr verabschiedeten sich Charles, Anne und Jon von Großmama Bee, Constance Morrow und dem Personal von Next Day Hill und stiegen in die Limousine mit Chauffeur. Nur von Annes neuer Sekretärin Margaret Bartlett »Monte« Millar begleitet, fuhren sie schweigend zu einem völlig verlassenen Kai in der 20. Straße West in Manhattan, und ihre geisterhaften Gesichter tauchten aus dem Dunkel ins helle Licht der Straßenlampen und verschwanden wieder. Nicht einmal die Mannschaft der *American Importer* wußte um die Identität ihrer einzigen Passagiere, als die Lindberghs in völligem Schweigen die Gangway hinaufgingen und hinunter in die Korridore der Vorderdecks zu ihren Kabinen.

Monte Millar drückte den Lindberghs die Hand; sie sollte die nächsten zehn Tage in Lindberghs Haus wohnen. Als sie vom Schiff ging, dachte sie unwillkürlich: »Das Ganze hat etwas Biblisches …« Bis die *American Importer* ablegte, dauerte es noch Stunden, in denen Anne wach lag und auf die Geräusche anderer Schiffe lauschte.

Deak Lyman blieb in der Lokalredaktion, bis die Nachricht eintraf, daß das Schiff abgelegt hatte. Am nächsten Tag kam er wieder und schrieb seinen Artikel. Lyman war der einzige Mensch, der wußte, warum der Held der Nation sich gezwungen fühlte, sein Vaterland zu verlassen, und er schrieb, die Drohungen gegen Lindbergh hätten sich seit seinem Flug nach Paris im Lauf der Jahre beängstigend vermehrt. Sein Bericht verschwieg nur die näheren Einzelheiten von Lindberghs »Fluchtplan«. Lymans Text wurde mit äußerster Geheimhaltung behandelt und unter Umgehung der Laufburschen direkt zum vertrauenswürdigsten Schriftsetzer der Zeitung gebracht. Später hieß es, während die Geschichte in Druck ging, habe man bei der *Times* nur innerhalb der Redaktion telefonieren dürfen.

Die Lindberghs hatten ihren ersten Tag auf See genossen – sie saßen auf dem sonnigen Deck und nahmen die Mahlzeiten in ihrer Kabine ein, als die Montagsausgabe der *New York Times* wie eine Bombe einschlug.

LINDBERGH-FAMILIE FÄHRT NACH ENGLAND
SUCHT SICHEREN, EINSAMEN WOHNSITZ
MORDDROHUNGEN GEGEN SOHN ERZWINGEN ENTSCHEIDUNG

lautete die vier Spalten breite Schlagzeile auf der Titelseite, die Deak Lymans Beschreibung von der Überfahrt der Lindberghs krönte. »Wieder kommen Briefe, Geldforderungen, Entführungs- und Morddrohungen«, schloß der beredte, 1750 Wörter lange Artikel, der Lyman den Pulitzerpreis brachte, »und der Mann, der vor acht Jahren als internationaler Held umjubelt worden ist und als Goodwill-Botschafter zwischen den Völkern der Erde, nimmt jetzt Frau und Kind und sucht für sie in einem fremden Land einen sicheren Zufluchtsort.«

TEIL III

13

DIE FLUT STEIGT

»Die westliche Kultur – wie selbstverständlich hatte ich sie hingenommen,
bevor ich nach Europa kam!
Sie kam mir so unsterblich vor wie einem kleinen Kind das Leben.«

C. A. L.

D ie Lindberghs waren auf See.
Die Überfahrt sollte neun Tage dauern; darüber hinaus war ihre Zukunft vollkommen offen.

Mitten auf dem Atlantik geriet die *American Importer* in einen schweren Sturm, so daß die drei Passagiere sich meist in ihren Kabinen aufhielten. Charles blickte keinen Augenblick zurück. Wie er Henry Breckinridge schrieb, hatte er nicht die Absicht, in die Staaten zurückzukehren, ehe er nicht das Gefühl hatte, daß sein dreieinhalbjähriger Sohn dort sicher und unter normalen, vernünftigen Bedingungen zu Hause leben und in die Schule gehen konnte.

Der Sturm, den die Lindberghs mitten im Ozean erlebten, war nicht so heftig wie der, den sie hinter sich ließen. Deak Lymans Bericht über die heimliche Abreise von Amerikas Held löste in der Öffentlichkeit eine mächtige Diskussion über die traurigen Zustände im Land aus. Selbst Randolph William Hearst, dessen Zeitungen zu den aggressivsten zählten, fand es »höchst ärgerlich und entmutigend, daß unser großes Land dermaßen von Geisteskranken, Kriminellen und Kommunisten überlaufen ist, daß ein großartiger Mitbürger wie Oberst Lindbergh seine Familie ins Ausland bringen muß, um sie vor Gewalttaten zu schützen«.

Am 31. Dezember 1935, im Hafen von Liverpool, standen die Lindberghs früh auf. Auf einmal schien die ganze Flucht vergebene Liebesmüh gewesen zu sein, denn an der Gangway hatte sich ein Spalier wildgewordener Fotografen versammelt. Anne ging ein paar Schritte voraus, dann kam Charles mit Jon auf dem Arm. Sie hatten dem Jungen die Hutkrempe tief ins Gesicht gezogen. Auf dem Weg in die Stadt zum Hotel *Adelphi*, wo sie übernachten wollten, hörte Anne die Zeitungsjungen in den Straßen schreien: »Lindbergh in Liverpool!«

Am nächsten Tag fuhr Aubrey Morgan die Lindberghs nach Brynder-wen, Llandaff, in Wales, genau westlich von Cardiff. Inmitten von Gärten, in der Abgeschiedenheit einer eigenen Wohnung in Morgans Landsitz, ge-wöhnten sie sich rasch an die neue Umgebung. »Keine Angst, daß die Presse in das Grundstück eindringt – kein Belauschtwerden – keine Angst am Abend, wenn ich Jon ins Bett bringe – & dann wieder hochrenne, um nachzuschauen, ob es ihm gutgeht«, schrieb Anne an Charles Mutter schon nach wenigen Tagen Landleben in Wales. »Wir sind kaum gestört worden; anscheinend werden wir hier in Ruhe gelassen, von den Leuten & von der Presse.«

Wochenlang blieben die Pläne der Lindberghs unbestimmt, da Charles erwog, in England, vielleicht aber auch in Schweden oder Frankreich zu leben. Charles und Anne übernachteten ein paarmal in London, wo Lind-bergh verwundert feststellte, daß er unbelästigt durch die Straßen gehen konnte. Einmal schauten sie aus ihrem Fenster im *Ritz* dem Begräbnis-umzug von König George V. zu, ein andermal speisten sie mit Harold Nicolson, der erwähnte, er besäße eine knappe Stunde von London ein Haus, das er vermieten wolle. Lindbergh wollte nicht gern so nahe an der Stadt leben, aber da in London offenbar nicht viele Gewaltverbrechen vorkamen, faßte er diese Möglichkeit allmählich doch ins Auge. Nach wochenlanger, entmutigender Haussuche auf dem Land erklärten sie sich bereit, Long Barn zu besichtigen, das »eingestürzte... Bauernhaus« der Nicolsons in Weald mit seinen 1000 Einwohnern.

Die 25 Meilen lange Fahrt nach Südosten in dieser letzten Februarwo-che war nicht so idyllisch, wie sie gehofft hatten, aber hinter Sevenoaks sah die Zukunft freundlicher aus. Nur Vogelgesang begrüßte sie, als sie das Tor zu dem alten, weitläufigen Haus öffneten, »das durch niedriggewach-sene leichtblättrige Bäume von der Straße abgeschirmt ist«. Anne und Charles gingen hinters Haus und entdeckten, daß die beiden Hauptge-bäude einen Hof bildeten. Als sie von ihrem Standort den Hügel hinab blickten, sahen sie schöne Gärten, Felder und Höfe, einen Tennisplatz und ein Schwimmbad – »alles ruhig, alles Land, alles still«.

Harold und Vita Sackville-West hatten fast 20 Jahre in Long Barn ge-wohnt und waren erst kurz zuvor in das nahe Sissinghurst Castle umge-zogen, einen Haufen elizabethanischer Ruinen, den sie renoviert und in eine Sehenswürdigkeit verwandelt hatten. Auch Long Barn zeigte sie als fähige Renovierer. Das zweistöckige Haus, ein Sammelsurium aus drei Bauernhäusern und einer Scheune, zog sich planlos und weitläufig hin. Es war im Jahr 1360 aus den Eichenbalken geborgener Schiffe erbaut worden, das alte Dach hing durch, der Boden war schief, die Wände neigten sich, und die Flure schlängelten sich zwischen Wendeltreppen hindurch. Oben gab es keine Diele, so daß die sieben Schlafzimmer ineinander übergingen, oft in seltsamen Winkeln.

Nach zwei Wochen hatten die Lindberghs einen Mietvertrag für ein halbes Jahr unterzeichnet – 45,15 Pfund pro Monat – und richteten sich häuslich ein. Zwar paßten die Stecker nicht in die Steckdosen, die Türen schlossen nicht, die Ketten der Toilettenspülungen funktionierten nur ab und zu, und durch die meisten Möbel hatten sich die Holzwürmer gefressen – aber die Lindberghs gewöhnten sich bald daran. Sie stellten die Möbel um, räumten ein paar persönliche Habseligkeiten ein und machten sich Long Barn zu eigen. Sie stellten nur wenig Personal ein, unter anderem eine häßliche, rothaarige Kinderfrau, die, wie Charles witzelte, »unseren Standard herabsetzt«. Harold Nicolson versicherte ihm, die Dorfbewohner würden sie nicht stören. Und abgesehen von einem einzigen Handgemenge mit Fotografen ließ auch die Presse sie in Ruhe. Winston Churchill bat Nicolson, Lindbergh auszurichten, er sei jederzeit willkommen zum Lunch auf Chartwell, seinem nahe gelegenen Landsitz. Aber die Lindberghs folgten der Einladung nie.

Seit er die Universität verlassen hatte, um fliegen zu lernen, hatte Lindbergh nicht mehr so sehr das Gefühl einer Gelegenheit zum Neuanfang gehabt. Er war abgeschnitten von den meisten früheren beruflichen und sozialen Verbindungen, und er beschäftigte eigens einen Sekretär, um die Verpflichtungen der Vergangenheit zu sortieren. In seinem Arbeitszimmer in Long Barn tat Lindbergh wochenlang nichts anderes, als Briefe zu diktieren, manchmal stundenlang. Spätabends ging er oft in Annes kleineres Arbeitszimmer, um weitere anstehende Post zu erledigen; dort schrieb er mit der Hand Privatbriefe.

Er führte eine lebhafte Korrespondenz mit Harry Guggenheim; zum Beispiel schrieb er über das Bürgerkomitee zur Verbrechensbekämpfung in New York, bei dem Guggenheim der Vorsitz angetragen worden war. Auch ihr Gespräch über Raketen setzten die beiden Männer brieflich fort. Mehrere Institutionen, darunter das *California Institute of Technology*, versuchten, etwas von der Unterstützung abzubekommen, mit der Guggenheim Professor Goddard überhäufte. Doch Lindbergh überzeugte seinen Freund, daß Goddard allein die Rakete besser entwickln würde als jedes Team.

Lindbergh war der Meinung, daß sich die Rakete in ihrer interessantesten Entwicklungsphase befand, und korrespondierte so viel wie eh und je mit Goddard. Schon nach kurzer Zeit im Ausland hatte er genug von den politischen Unruhen mitbekommen, um einen Krieg in Europa für möglich zu halten. Und so bat Lindbergh Goddard, über eine kriegerische Anwendung der Rakete nachzudenken, denn sie könne »Sprengstoff schneller als Flugzeuge und weiter als Geschosse transportieren«. In ihrer unbekümmerten Korrespondenz fanden Lindbergh und Goddard einstimmig, die Rakete sei »ihrer Natur nach eher eine offensive als eine defensive Waffe«, speziell auf dem Gebiet der Langstreckenbomber und Hochgeschwindigkeitsflugzeuge. Zu keiner Zeit teilte Goddard mit Lindbergh seine Vision einer »Flüssigkeitstreibstoffrakete mit Hochgeschwindigkeit, wie wir sie hier (in Roswell) testen, deren Flug vom Boden aus per Funk oder im Flug automatisch durch Infrarotstrahlen gesteuert werden kann, und deren Sprengstoff aus dem Rest der Treibstoffladung besteht«.

Die dritte wichtige Beziehung, die Lindbergh aus dem Ausland aufrechterhielt, war die zu Dr. Carrel. Man hatte Carrel mit sanftem Zwang in den Ruhestand versetzt. Seine Bewunderung für Mussolini zum Beispiel, der »eine große Nation aufbaut«, hörten sich jetzt, wo Mussolini in Äthiopien eingefallen war, anders an. Bemerkungen über den Zusammenbruch der Zivilisation, über moderne Nationen, die gesundeten, weil sie »die Starken züchteten« und nicht, weil sie »die Schwachen beschützten«, und seine Sorge um das Wohl der weißen Rasse klangen beängstigend wie Äußerungen Hitlers.

Carrel bewies gern Kühnheit in allem, was er sagte, und sei es nur, um andere zu schockieren. (Laut einem Kollegen im *Rockefeller Institute* hatte Carrel einmal gewitzelt, wenn er noch einmal leben dürfte, wollte er Diktator in Südamerika werden.) In Wahrheit war Carrel zwar elitär, er glaubte an eine disziplinierte Gesellschaft, doch Völkermord und Antisemitismus entsetzten ihn. Er war einfach beunruhigt von dem in seinen Augen rapiden Verfall der Demokratien in der Welt, den er auf ein Nachlassen des Glaubens zurückführte. »Er hatte keine Schwäche für den Nationalsozialismus, Faschismus oder Kommunismus«, schrieb ein Freund, »aber er erkannte, daß diese Ideologien für die Nationen eine unerschöpfliche Energiequelle darstellten. Im Gegensatz dazu hatten die Demokratien offenbar ihren Glauben aufgegeben, und hierin sah er den Grund für ihre Schwäche und Machtlosigkeit.«

Nach seinem Abschied aus dem *Rockefeller Institute* ging Carrel in sein Geburtsland Frankreich zurück; er besaß eine Wohnung in Paris, lebte aber am liebsten auf einer Insel vor der bretonischen Küste. In Briefen diskutierte er mit Lindbergh über das *Institute for Man* und alles nur Erdenkliche; eine von Lindberghs Episteln war 56 Seiten lang. Wenn Lindbergh sich mit wissenschaftlichen Studien beschäftigte, eilte er mit den Ergebnissen unweigerlich zu Carrel.

In letzter Zeit umfaßten seine wissenschaftlichen Tätigkeiten ein breites Spektrum. Er verbesserte seine Perfusionspumpe, untersuchte Infrarotstrahlen, um ein Instrument zu ihrer Darstellung und Messung zu entwickeln, und beschäftigte sich mit Vererbungslehre. Sein wachsendes Interesse für Immunologie führte ihn zu Forschungen mit Gibbons und Gorillas und in der Folge zu Texten über Tiere in Afrika. Er verknüpfte seine Liebe zur Luftfahrt und zur Medizin und korrespondierte mit Ärzten, Krankenhäusern und Regierungsvertretern auf der ganzen Welt, ob sich das Flugzeug möglicherweise zur Kontrolle von Heuschrecken in der

Savanne, Tsetsefliegen in Tanganjika und zur Gelbfieberforschung in Entebbe nutzen ließ. Seine Arbeit an der Organperfundierung brachte ihn auf den Gedanken eines »künstlichen Winterschlafs«, der die Atmung und den Pulsschlag eines Tieres reduzierte und verschiedene Bewußtseinszustände hervorrief. Er informierte sich über Schlaf, Hypnose und Anästhesie und sogar über indischen Mystizismus, Yoga und Meditation.

So gefesselt war Lindbergh von seinen neuen Studien, daß er das alles beherrschende Thema zu Hause in den Staaten praktisch vergaß. In den Monaten nach der abgelehnten Berufung im Oktober 1935 fand Bruno Richard Hauptmanns Fall zunehmend Unterstützung in der Öffentlichkeit. Als Gouverneur Harold Hoffman die elf Bände des Prozeßprotokolls gelesen hatte, leitete er von sich aus neue Ermittlungen ein.

Einen Tag vor Hauptmanns Hinrichtung auf dem elektrischen Stuhl gewährte ihm Hoffman einen Strafaufschub von 30 Tagen. Der nächste Monat brachte keine neuen Erkenntnisse, es wurden nur die Diskussionen über das Beweismaterial und die bereits gehörten Zeugen immer lauter. Die Hinrichtung war nun für die Woche, beginnend mit dem 30. März 1936 geplant. Das Geständnis Hauptmanns, auf das so viele seit seiner Festnahme gewartet hatten, kam nie – nicht einmal, als ihm eine Zeitung fast 100 000 Dollar für die künftige Versorgung seiner Frau anbot, und auch nicht, als der Gouverneur ihm in Aussicht stellte, das Urteil, wenn er gestand, in lebenslange Haft umzuwandeln.

Dann, fünf Minuten vor zwölf, kam ein Geständnis – aber nicht von Hauptmann. Am 27. März erhielt jedes der acht Mitglieder des Begnadigungsausschusses von New Jersey eine Abschrift einer 25 Seiten langen, maschinengeschriebenen Erklärung, in der ein gewisser Paul Wendel gestand, das Verbrechen begangen zu haben. Es handelte sich um einen wegen Meineid verurteilten und zeitweise geisteskranken Anwalt, dem man die Lizenz entzogen hatte. Das Geständnis erwies sich als erlogen, erforderte aber eine mehrtägige genaue Prüfung, und Hauptmanns Hinrichtung wurde in letzter Minute noch einmal 48 Stunden hinausgeschoben. Als Gouverneur Hoffman dem Generalstaatsanwalt darlegte, eine weitere Verzögerung würde vielleicht zu dem langerwarteten Geständnis führen, widersprach ihm Wilentz. Hauptmann habe jede Menge Gelegenheiten in letzter Minute gehabt, von diesem Mann käme nie ein Geständnis. Als Hoffman nach möglichen Komplizen fragte, hielt Wilentz dagegen, wenn Hauptmann sie nennen sollte, müßte er erst sich selbst bezichtigen, und das würde er nie tun.

Einen Tag später erhielt Hauptmann die denkbar beste Fürsprache von André Maurois, der gegen die Grausamkeit wetterte, daß ein Mann dreimal auf die Exekution vorbereitet wurde. »Es geht nicht mehr darum, ob Hauptmann schuldig ist oder nicht«, schrieb er in einem Artikel des *Figaro*, der um die Welt ging. »Der Tod eines Schuldigen mag zum Besten der Gesellschaft nötig sein. Aber alle zivilisierten Menschen müssen zugeben, daß ein Mann, dessen Hinrichtung im letzten Moment abgesagt wurde, nicht mehr sterben muß.«

Am Freitag, dem 3. April 1936, um 20.44 Uhr wurde Bruno Richard Hauptmann im hellerleuchteten Exekutionsraum im Staatsgefängnis von Trenton auf einen Stuhl geschnallt und bekam drei Elektroschocks von 2000 Volt. Um 20.47 Uhr erklärte der Gefängnisarzt ihn für tot. »HAUPTMANN... SCHWIEG BIS ZUM SCHLUSS«, lautete die Schlagzeile der New York Times am nächsten Morgen, wenngleich der Hingerichtete eine Erklärung hinterlassen hatte, die er nach seinem Tod veröffentlicht haben wollte. Er beteuerte darin seine »Unschuld an dem Verbrechen, für das ich verurteilt wurde«, und sagte: »Sollte... mein Tod dazu beitragen, die Todesstrafe abzuschaffen, wo diese nur auf Grund von Indizienbeweisen verhängt wird, dann ist er nicht umsonst gewesen.«

Weil der Lindbergh-Entführung letztendlich etwas Ungeklärtes anhaftet, werden die Meinungsverschiedenheiten über diesen Fall anhalten. Bis zu ihrem Tod 60 Jahre später reichte Mrs. Hauptmann Bittschriften ein, der Staat möge den Fall erneut aufgreifen, aber sie fand keine Unterstützung, weder bei den späteren Gouverneuren noch bei den Richtern an den Obersten Gerichtshöfen. (Einer von ihnen war der Sohn von Generalstaatsanwalt David Wilentz.)

»ENTSCHULDIGUNG FÜR DIE STÖRUNG – UNITED PRESS OF AMERICA BIETET IHNEN JEDE MÖGLICHKEIT, WENN SIE SICH ZU HAUPTMANNS HINRICHTUNG ÄUSSERN WOLLEN«, informierte die Nachrichtenagentur Lindbergh. Aber er äußerte sich nicht. Harold Hoffman fuhr unbeirrt in seinen Privatermittlungen fort, noch lange, nachdem er abgewählt worden war. Mit einer gewissen rachsüchtigen Genugtuung beschloß er im Juni 1936, Oberst Norman Schwarzkopf als Leiter der New Jersey State Police nicht im Amt zu bestätigen, da er seiner Meinung nach für die »stümperhafteste Polizeiarbeit der Geschichte« verantwortlich war.

In den Vereinigten Staaten glaubten viele, die Hinrichtung werde Lindbergh zur Rückkehr veranlassen; die nachträglichen Erörterungen stießen diesen aber nur noch mehr ab. »Wir sind sehr glücklich in England«, erklärte Lindbergh. »Zumindest können wir angenehme und interessante Sachen lesen und erfahren.« So sicher fühlten sich die Lindberghs in Long Barn, daß sie sich sogar in die Öffentlichkeit wagten. Seit ihrer Ankunft waren sie immer wieder von einflußreichen Personen aus Luftfahrt, Medizin und Politik eingeladen worden. Ein Dinner beim amerikanischen Botschafter Robert Bingham schloß gewöhnlich eine Übernachtung in der Botschaft ein. Und sie wurden häufige Gäste von Lady Astor, die sie zum Tee oder Dinner an den St. James Square Nr. 4 und übers Wochenende auf ihren herrlichen Landsitz in Cliveden einlud.

Am 12. Mai 1936 trafen die Lindberghs bei einem »Tee« in der Botschaft der Vereinigten Staaten in London den König. Edward VIII. kam mit einer Freundin, Mrs. Ernest Simpson, einer Amerikanerin, die Anne »nicht schön« fand, »aber lebendig und natürlich, eine der seltenen echten Persönlichkeiten im gesellschaftlichen Leben – eine von denen, die Moden *kreieren* und nicht nachahmen«. Lindbergh und dem König blieben nur wenige Minuten zu einem Gespräch unter vier Augen, dann waren sie schon von den anderen Gästen umringt. Drei Tage später kam aus dem St. James Palast eine Einladung zum Dinner.

Der 27. Mai war der Tag des Derbys, und der König feierte dies mit einer Einladung für 18 Personen, darunter Lord und Lady Mountbatten, Premierminister Stanley Baldwin und seine Frau sowie Mr. und Mrs. Simpson. Obwohl Anne an diesem Abend bestimmt die am umfassendsten gebildete Frau in York House war, fiel sie in ihre frühere Unsicherheit zurück und hatte das Gefühl, »nichts, was ich gesagt habe, war irgendwie von Belang«. Charles, ganz entspannt trotz Frack und weißer Krawatte, sagte wenig und stand wie immer im Mittelpunkt. Nachher sagte Charles zu Anne, er habe das starke Gefühl, »daß Edward VIII. sich manchmal wünscht, er müßte nicht mehr König sein und hätte ähnlich viel Freiheit wie andere Menschen«.

Wenn er mitunter am gesellschaftlichen Leben nippte, wußte Lindbergh wieder, warum er lieber enthaltsam lebte. Charles und Anne genossen in ihrer Ehe soviel Privatleben wie noch nie und erwachten aus ihrem vierjährigen Alptraum. Hand in Hand wanderten sie jeden Abend meilenweit über die Felder und freuten sich an Blumen und Vögeln. Er fand wieder zu seinem trockenen, wenn auch etwas hausbackenen Humor zurück.

Long Barn wurde all das, was Hopewell hätte sein sollen. Anne begann ein neues Buch, einen Bericht ihrer Reise 1933 von Afrika nach Amerika. Charles befaßte sich intensiver mit der Fliegerei als in den letzten Jahren. Die geschäftliche Seite hatte zwar durch die Luftpostkrise von 1934 gelitten, aber die Technik hatte sich stürmisch weiterentwickelt. Die Flugzeuge der Firmen, die wieder Fuß faßten, erlangten ganz andere Höhen, Geschwindigkeiten und Reichweiten.

Pan American Airways und *Trans World Airways* baten Lindbergh, wieder als technischer Berater für sie zu arbeiten. Er lehnte in beiden Fällen ab, er wollte eine solche Stellung nicht annehmen, solange »ich keine Möglichkeit für ein Zuhause in den Vereinigten Staaten sehe, wohin ich meine Familie bringen will«. Doch seine Anteilnahme an den beiden Firmen verringerte sich kaum. Eher nahm seine Korrespondenz zum Thema Luftfahrt noch zu, während er in Europa war, besonders mit *Pan Am*, deren Mitarbeiter er über die jüngsten europäischen Entwicklungen bei Flugzeugen, Flugstrecken und Flughäfen auf dem laufenden hielt. Außerdem überredete er *Pan Am* und *TWA*, bei der Lösung von Problemen mit Druckkabinen zusammenzuarbeiten. Und Ende des folgenden Jahres – nur zehn Jahre, nachdem die *Spirit* über den Atlantik geflogen war – überprüfte Lindbergh Angebote von acht Fabriken, die Maschinen für 100 Passagiere konstruieren wollten, mit denen man genau diese Atlantiküberquerung schaffen konnte – Flugzeuge, deren Reisegeschwindigkeit 200 Meilen pro Stunde betragen sollte, mit einer Reichweite von mindestens 5000 Meilen und einer Nutzlast von über 11 000 Kilogramm.

Neben seinen anderen wissenschaftlichen Aktivitäten nutzte Lindbergh seine Zeit in England, um Flugzeugfabriken und Flugplätze zu besichtigen. Es entsetzte ihn, daß »das Land der industriellen Revolution« seine Luftfahrtindustrie dermaßen verkümmern ließ. Das Land schien lieber auf den Ruhm seiner Flotte zurückzublicken als nach vorn auf die Bedeutung der Luftstreitkräfte. Und doch entdeckte Lindbergh Ansätze von Fortschritt, insbesondere bei militärischen Konstruktionen, die zum Teil die amerikanischen Flugzeuge übertrafen. In diesem Frühling bestellte Lindbergh für 1800 Pfund bei *Phillips & Powis Aircraft Ltd.* in Reading einen Tiefdecker mit einem amerikanischen Menasco-Motor mit 250 UpM. Dieser Nachbau eines bereits existierenden Modells – mit Verbesserungsvorschlägen von Lindbergh – sollte zwei hintereinander angeordnete Cockpits haben, ein Schiebedach, orangefarbene Tragflächen und einen schwarzen Rumpf. Die Reisegeschwindigkeit sollte 170 Meilen pro Stunde betragen bei einer Reichweite von 1000 Meilen. Die Fabrikanten versprachen, im August zu liefern.

Vom 23. bis 26. April und noch einmal an einem langen Wochenende im Juni besuchten die Lindberghs Pierre Lecomte du Noüy, einen Biophysiker, Philosophen und ehemaligen Kollegen von Dr. Carrel, in seinem Landhaus bei Paris. Dort lernten sie auch Carrels Frau Anne kennen, eine stattliche Dame mit ausgeprägten Gesichtszügen und dichtem grauen Haar, das sie in der Mitte gescheitelt und zurückgekämmt trug. Beide Lindberghs fühlten sofort eine Geistesverwandtschaft mit ihr. »Sie hat das Gefühl, die rasche Auffassungsgabe und das Verständnis einer Frau«, schrieb Anne in ihr Tagebuch, »und dabei den toleranten Geist, weiten Horizont, klaren Blick und die unpersönliche (wissenschaftliche) Einstellung eines Mannes.«

Charles hingegen war mehr von Mme. Carrels unvermutetem Interesse an Okkultem beeindruckt. Als er an diesem Sonntag spazierenging, traf er sie, wie sie gerade ihren Ehering suchte. Mme. Carrel zeichnete, um ihn wiederzufinden, eine Karte des Grundstückteils, auf dem sie vorher spazierengegangen war, dann hielt sie über das Papier ein kleines Pendel – ein Gewicht an einer Schnur –, das eine bestimmte Stelle einkreiste. Lindbergh und Anne Carrel gingen den Weg entlang, der zu dieser Stelle führte. »Bald übernahm Mme. Carrel die Führung«, berichtete Lindbergh später von diesem Vorfall, »das Pendel in der ausgestreckten Hand. Ungefähr 200 Yards vom Haus entfernt, in der Ecke, die sie ermittelt hatte, begann das

Pendel zu kreisen.« Mme. Carrel meinte, nun könne der Ring nicht mehr weit sein. Binnen zwei Minuten »schwang das Pendel sehr heftig«, und als sie zu Boden blickten, lag der Ring da. Am Nachmittag zeigte Mme. Carrel Lindbergh, wie man ein Pendel handhabe, und als der Besuch zu Ende ging, hatte er sich als ungewöhnlich begabt erwiesen. Er fühlte sich von mystischen Phänomenen zunehmend angezogen.

Doch anders als die Carrels und ihre Freunde machte Frankreich auf Lindbergh keinen besonders positiven Eindruck. Die blühende Nation, die ihn vor einem Jahrzehnt gefeiert hatte, war heruntergekommen. »Noch nie habe ich in einem Land so deutlich den Eindruck gehabt, daß sich etwas ändern muß«, schrieb er an Henry Breckinridge. »Allenthalben spürt man eine mutlose, nachlässige Stimmung, und die Menschen scheinen geradezu täglich darauf zu warten, daß etwas geschieht.«

Unübersehbar waren die verwahrlosten Bauten in den französischen Städten, die politische Korruption, die Arbeiterunruhen, die Benzinknappheit, die bankrotten Geschäfte und der allgemeine Mangel an Führung.

»In England hat man ein wunderbar friedliches, stabiles Gefühl«, schrieb Lindbergh am 4. Juli 1936 einem früheren Kollegen vom *Rockefeller Institute*, »das aber etwas erschüttert wird, wenn man nach Frankreich hinüberfährt und in einem so nahen Land solche Angst vor militärischer Invasion mitbekommt, solche Niedergeschlagenheit und Instabilität. Mir scheint, England bräuchte jetzt im Osten einen Ozean, nicht nur einen Kanal.« Die größere Gefahr lag jedoch jenseits von Frankreich.

Kurz bevor die Lindberghs ins Ausland gezogen waren, hatte die Armee der Vereinigten Staaten Major Truman Smith, einen Yale-Absolventen und Berufsoffizier mit einem langjährigen Interesse an der deutschen Geschichte, als Militärattaché an die amerikanische Botschaft nach Berlin entsandt. Die Hauptaufgabe des gutaussehenden, 1,90 Meter großen Berufssoldaten lag darin, »Washington vom Ausbau des deutschen Heeres zu berichten und von der Entwicklung neuer Waffen und Gefechtstaktiken«. Bald merkte Smith erschrocken, daß Deutschland eine neue militärische Streitkraft in der Luft aufbaute, die »Luftwaffe«, und daß der amerikanische Geheimdienst darüber kaum Bescheid wußte. Schlimmer noch, der Botschafter William Dodd, ein Akademiker, zeigte wenig Interesse für das Militär, und folglich konnte Washington das Ausmaß der deutschen Propaganda nicht richtig einschätzen. Smith wußte, daß er als Infantrist die Hilfe eines Fachmanns brauchte, um die Luftwaffe zu beurteilen.

Eines Sonntagmorgens im Mai 1936 zeigte seine Frau auf eine Kurznachricht auf der Titelseite des *Paris Herald*, demzufolge Charles Lindbergh soeben eine französische Flugzeugfabrik besichtigt hatte. Smith kam der Gedanke, daß Lindbergh vielleicht genausogern deutsche Flugzeugfabriken besichtigen würde.

Er brachte das Thema im Deutschen Luftfahrtministerium zur Sprache und erfuhr noch am selben Tag, daß die Einwilligung zu einem solchen Besuch von höchster Ebene erteilt worden sei, von der Nummer zwei nach Hitler, dem Reichsminister der Luftfahrt Hermann Göring, und seinem Staatssekretär Erhard Milch. Da Major Smith befürchtete, die Deutschen könnten den Besuch für eigene Propagandazwecke nutzen, ohne etwas Neues zu enthüllen, bat er seinen deutschen Partner, aufzulisten, welche Kampfeinheiten, Fabriken und Stützpunkte sie einem so angesehenen Besucher wie Lindbergh zeigen würden. Die Liste enthielt eine Reihe von Luftfahrteinrichtungen, die noch kein Amerikaner gesehen hatte. Da Smith Lindbergh nicht persönlich kannte, schickte er seine Einladung zu Händen des stellvertretenden Luftfahrtattachés in London und versicherte Lindbergh, sein Besuch werde interessant, privat und höchst wichtig für das Vaterland sein.

Lindbergh wurde neugierig. »Man weiß vergleichsweise wenig über den gegenwärtigen Stand der Luftfahrt in Deutschland«, schrieb er seiner Mutter über die einzigartige Gelegenheit. »Deshalb freue ich mich darauf und bin sehr gespannt. Trotz der Schwierigkeiten, mit denen Deutschland seit dem Krieg kämpfen muß, ist es inzwischen in vielen Bereichen der Luftfahrttechnik führend, bei Metallkonstruktionen, Tiefdeckern, Luftschiffen und Dieselmotoren. Wenn der Krieg nicht gewesen wäre, hätte es wahrscheinlich noch viel mehr produziert. Andererseits – ohne den Krieg wäre die Luftfahrt zweifellos noch nicht so hoch entwickelt.«

Erst im vorangegangen Monat hatte Lindbergh um seine Wiedereinstellung ins Reservecorps gebeten, um »sich unmittelbar nützlich machen zu können, falls unser Land einmal in einen Krieg verwickelt wird«. Wegen seines militärichen Status' wurde er als ziviler Gast der *Lufthansa* eingeladen, nicht so sehr als Gast der Luftwaffe. Im Programm des Reichsluftfahrtministeriums betraf vieles den zivilen Luftverkehr; aber dem Mann zufolge, der Lindberghs Besuch veranlaßt hatte, stand es außer Frage, daß es sich um eine militärische Mission handelte.

Lindbergh flog mit seiner Frau am 22. Juli von England nach Berlin und landete auf dem Militärflughafen Staaken. 15 riesige deutsche Bomber und eine Phalanx hackenschlagender Offiziere waren zur Stelle, um ihn zu begrüßen.

Während Anne eine Woche mit luxuriösen Besichtigungstouren durch Berlin genoß, folgte Charles einem strengen militärischen Plan und absolvierte reihenweise seine Besichtigungen. Begleitet vom stellvertretenden Militärattaché der Air Force, Theodore Koenig, besuchte Lindbergh den Zivilflughafen Tempelhof, wo er eine Junkers »JU« 52 fliegen durfte, den Standardbomber der Luftwaffe, und die Hindenburg, ein großes, viermotoriges Versuchspassagierflugzeug. Einen Tag verbrachte er beim Geschwader Richthofen, der Elitetruppe der Luftwaffe. An einem Tag besuchte er zwei Heinkel-Flugzeugwerke und sah die neuesten Stukas, Bomber, Jagdflugzeuge und Aufklärer – alle, wie Lindbergh fand, hervorragend konstruiert. An einem anderen Tag fuhr er in die Junkers-Werke nach Dessau und bekam dort den neuen wassergekühlten JU-210-Motor zu sehen, der wesentlich weiterentwickelt war, als er und Koenig erwartet hatten, und eine JU 86, einen Ganzmetallbomber und Tiefdecker, der schon serienmäßig hergestellt wurde. Ein Tag war für die Versuchsanstalt für Luftfahrt in Adlershof vorgesehen, wo die Wissenschaftler so lange freimütig über ihre Arbeit sprachen, bis Lindbergh das Gespräch auf Raketen brachte.

Aus all den neuen Konstruktionen schloß Lindbergh, »daß Deutschland Militärflugzeuge zur Zeit schneller bauen kann als jedes andere europäische Land. In den ersten Wochen vielleicht sogar schneller, als wir dies in den Staaten könnten, wenn wir in einen Wettbewerb träten. Bestimmt haben wir keine Fabriken, die es an Größe mit Heinkel oder Junkers aufnehmen können«, schrieb er an Harry Davison. Noch großartiger als die Fabriken und ihre Belegschaften sei »ein Geist in Deutschland, wie ich ihn in keinem anderen Land erlebt habe. Es gibt eindeutig eine große Tüchtigkeit und – zu dieser Sicht neige ich – eine klügere Führung, als man allgemein wahrhaben will. Man muß schon blind sein, um nicht zu erkennen, daß sie bereits eine gewaltige Stärke erreicht haben«, schrieb er an Henry Breckinridge.

Lindbergh nahm während seiner Woche in Deutschland an drei wichtigen gesellschaftlichen Ereignissen teil. Das erste fand einen Tag nach seiner Ankunft bei einem ihm zu Ehren gegebenen Lunch in einem Fliegerclub statt. Vor einer Schar von Fliegern und Diplomaten hielt Lindbergh eine Rede, an der er wochenlang gefeilt hatte. Sie war länger als erwartet und wurde noch länger, weil sie Satz für Satz übersetzt werden mußte. Was zwischen den Zeilen zu hören war, klang noch lange nach. »Wir, die wir mit der Luftfahrt zu tun haben, tragen eine große Verantwortung auf unseren Schultern«, sagte Lindbergh. »Wir haben zwar die Welt im Frieden enger zusammengerückt, doch im Kriegsfall haben wir die Nationen ihrer Rüstung beraubt. Das Herz eines Landes kann nicht mehr durch das Heer geschützt werden. Die Heere können einen Luftangriff genausowenig abwehren wie ein Kettenhemd eine Gewehrkugel... Unsere Bibliotheken, unsere Museen, alle die Einrichtungen, die wir so schätzen, sind einem Bombardement ungeschützt ausgesetzt.«

Lindbergh mit seinem einzigartigen diplomatischen Status ergriff die Gelegenheit, ein schlichtes, bisher unausgesprochenes Gefühl auszudrücken. »Mit dieser Rede«, erklärte er später, »versuchte ich vor der Gefahr zu warnen, die mit der militärischen Entwicklung der Nazis verbunden war, und gleichzeitig im Gedächtnis zu behalten, daß ich Deutschlands Gast war auf Grund einer Einladung, die auf dem Umweg über die militärische Abteilung einer amerikanischen Botschaft ergangen war.« Er wollte es beiden Seiten recht machen und schloß seine Tischrede mit den Worten: »Die Luftfahrt hat der Welt umwälzende Änderungen beschert, unter deren Nachwirkungen sie noch immer taumelt. Nun sind wir verpflichtet, dafür zu sorgen, daß wir nicht gerade das zerstören, was wir zu schützen wünschen.«

Die Reaktion im Saal und in der deutschen Presse war zurückhaltend. Obwohl angeblich Hitler selbst angeordnet hatte, die Rede ungekürzt zu veröffentlichen, verfaßte keine Zeitung einen Kommentar dazu.

Die Reaktion in den anderen Ländern war weit weniger verhalten. Der *Literary Digest* sprach von einem neuen Charles A. Lindbergh: »Das ist der reife Lindbergh – nicht mehr schüchtern, sondern bereit, seinen Platz als Weltbürger unter den einflußreichen Persönlichkeiten auf diesem Planeten einzunehmen. In einer zehnminütigen Rede... und im Alter von 34 Jahren hat er wohlüberlegt und bewußt die Rolle des Privatmanns für immer aufgegeben, an die er sich verzweifelt und vergeblich geklammert hat, seit er mit 25 in Paris aus der *Spirit of St. Louis* gestiegen war.« »Oberst Lindberghs freie, aufrichtige und mutige Worte haben Europa und vielleicht der ganzen Welt einen bemerkenswerten Dienst geleistet«, schrieb der britische Experte Henry Wickham Steed. Die Pressekommentare in den Staaten waren fast einstimmig wohlwollend.

Einige Juden hätten sich allerdings gewünscht, Lindbergh wäre nicht nach Deutschland gefahren. »ICH BIN ÜBERZEUGT, DASS DAS DEUTSCHE PROPAGANDAMINISTERIUM VERSUCHEN WIRD, IHREN BESUCH ALS ANERKENNUNG SEINES REGIMES AUSZULEGEN«, telegrafierte Harry Guggenheims Schwager Roger Straus. »ICH BITTE SIE DRINGEND, ALLES ERDENKLICHE ZU TUN, UM EINE SOLCHE INTERPRETATION INNERHALB ODER AUSSERHALB VON DEUTSCHLAND ZU VERHINDERN.« Die Welt wußte bereits von den unverhohlen antisemitischen staatlichen Maßnahmen in Deutschland. Die Nürnberger Gesetze von 1935 verwehrten den Juden die deutsche Staatsbürgerschaft und verboten die Ehe mit Ariern, spätere Gesetze schränkten ihre Arbeitsmöglichkeiten ein und schlossen sie von öffentlichen Ämtern, von jeder Mitarbeit bei den Massenmedien und von der Börse aus. Guggenheim selbst jedoch schrieb Lindbergh, er vertraue ihm »uneingeschränkt, daß Du Dich so verhältst, daß Du dem Antisemitismus keine Hilfestellung gibst«.

Lindberghs zweites wichtiges gesellschaftliches Ereignis in Berlin fand am 28. Juli 1936 statt, als Hermann Göring ihm zu Ehren einen Empfang in seiner feudalen offiziellen Residenz in der Wilhelmstraße gab. Die Lindberghs wurden – vorbei an einer sich verbeugenden und salutierenden Front – nach oben in einen langen Saal geführt, wo Frau Göring sie begrüßte, in grünem Samt gekleidet und mit einer blitzenden Brosche, einem diamantenen, in Smaragde gefaßten Hakenkreuz. Die wichtigsten

Persönlichkeiten der deutschen Luftfahrt, darunter der Leiter des technischen Büros der Luftwaffe, Oberst Ernst Udet, den Lindbergh vor Jahren bei einem Flugzeugrennen in Amerika getroffen hatte, verfielen plötzlich in Schweigen, als sich am einen Ende des Raums eine Flügeltür öffnete und eine eindrucksvolle Gestalt erschien.

General Göring trug eine weiße Uniform, geschmückt mit Goldtressen und Orden. Sein Körper verwandelte sich bereits in Schlagsahne, aber das Gesicht verdiente noch immer in Stein gehauen zu werden: markant, gutaussehend und jugendlich. »1936 zweifelten in Berlin nur wenige Menschen daran, daß Göring ein gefährlicher ›Killer‹ war«, beschrieb Truman Smith den treuesten Gefolgsmann des Führers – er war zweifellos in die blutigen »Säuberungen« vom 30. Juni 1934 und andere mörderische Grausamkeiten verwickelt gewesen.

Beim Lunch plauderte Göring charmant mit Anne über die Oper in Bayreuth, den guten Wein und ihre Rolle in der Luftfahrt; aber eigentlich war er nur an ihrem Mann interessiert. Seit jeher fasziniert von allem Schwedischen, wollte Göring mit Lindbergh allein sein.

Nach dem Essen wanderte er mit den Lindberghs durch Galerien voller Kunst in ein weniger offizielles Zimmer, wo er sich auf ein Sofa setzte und mit seinem kleinen Löwen spielte, bis ihm die kleine Bestie auf das weiße Hosenbein urinierte. Während Göring sich umzog – eine Golfhose –, wurde den Lindberghs die Ehre zuteil, sein Arbeitszimmer besichtigen zu dürfen, einen langen Salon in Scharlachrot und Gold, mit Büchern an den Wänden, Gobelins, Madonnen und anderen Kunstgegenständen, die er aus deutschen Museen »geliehen« hatte. Göring gesellte sich wieder zu ihnen und prahlte mit seinem Besitz, unter anderem mit einem kostbaren Schwert. Er wollte es Lindbergh zum Ausprobieren reichen, aber der lehnte höflich ab. Endlich zog er Lindbergh allein zu einem Seitentisch, auf dem ein Photoalbum lag. »Das sind unsere ersten 70«, sagte er beim Umblättern; auf jede Seite war das Foto eines Militärflughafens geklebt. »Von meinen Besichtigungstouren durch deutsche Fabriken wußte ich«, schrieb Lindbergh später, »daß Kriegsflugzeuge gebaut wurden, um diese Flugplätze zu füllen.«

Truman Smith schrieb später über diesen Nachmittag: »Ohne Frage war der ›Staatsempfang‹ bei Göring ein Meilenstein für die erfolgreiche Geheimdienstarbeit im Büro des amerikanischen Luftfahrtattachés.«

Beim dritten wichtigen gesellschaftlichen Ereignis an seinem letzten Tag in Deutschland konnte Lindbergh einen Blick auf Adolf Hitler werfen. Am 1. August erlebten die Lindberghs inmitten von 100 000 Zuschauern die farbenprächtige Eröffnungszeremonie der Olympischen Spiele. Die überwiegend deutschen Besucher jubelten wie wild, als Hitler ins Stadion kam und von einem blonden Mädchen einen Strauß Rosen erhielt. Lindbergh hatte einen erstklassigen Platz, von dem aus er die Vorgänge beobachten konnte. Obwohl Truman Smith mit Billigung der Botschaft gehofft hatte, ein Treffen zwischen Lindbergh und Hitler zu arrangieren, kam Lindbergh dem Führer nie näher als an diesem Tag auf der grauen Steinbank der Ehrentribüne.

Am nächsten Nachmittag flogen die Lindberghs nach Kopenhagen, wo Charles und Dr. Carrel vor dem Internationalen Kongreß für experimentelle Zytologie sprachen. Sie blieben zwei Wochen, in denen Lindbergh und sein Mentor in einem kleinen Raum des *Carlsbad-Biologie-Instituts* vor jeweils zehn Wissenschaftlern ihre Pumpe an der Schilddrüse einer Katze vorführten. Es war Lindberghs erster Auftritt vor einer Gruppe von Wissenschaftlern; er erklärte jeden Teil des Apparates, und Dr. Carrel übersetzte ins Französische. Nachdem sie den Mechanismus gesehen und die Pumpe in Aktion erlebt hatten, meinten viele der 250 Wissenschaftler, »an Lindberghs naturwissenschaftliche Arbeit wird man wahrscheinlich noch denken, wenn sein Flug nach Paris nur eine verschwommene Erinnerung in der Geschichte der Luftfahrt ist«.

Lindbergh selbst befaßte sich allerdings mehr mit der unmittelbaren Zukunft, und er brachte während seines Aufenthalts in Kopenhagen einige Gedanken zu Papier. »Seit ich durch Europa reise«, schrieb er, »mache ich mir mehr Sorgen über die zerstörerischen Kräfte, die in Flugzeuge eingebaut werden; aber es ist wohl nicht so sehr die Kraft, die gefährlich ist, wie die Tatsache, daß sie so blitzschnell eingesetzt werden kann. Auch früher ist manche gewaltige Militärmacht aufgebaut worden, aber sie konnte nur vergleichsweise langsam in Gang gesetzt werden. Die Flamme des Krieges war nie schwer zu entzünden; aber wenn sie in der Vergangenheit gebrannt hat, so wird sie in Zukunft wahrscheinlich explodieren.«

Trotz seiner Befürchtungen wurde Lindbergh das Gefühl nicht los, daß Deutschland »heute die interessanteste Nation der Welt ist, und daß es versucht, für grundlegende Probleme eine Lösung zu finden«. Manche Lösung konnte er nur mit Mühe akzeptieren, wie es der Fall war bei einem brillanten jungen Arzt, den er in Kopenhagen kennenlernte: Richard Bing, ein deutscher Staatsbürger mit teilweise jüdischer Herkunft, war gerade »als Jude gebrandmarkt« worden. Lindbergh und Carrel eilten Bing zu Hilfe und verschafften ihm ein Stipendium der *Rockefeller Foundation*, mit dem er nach New York auswandern und die amerikanische Staatsbürgerschaft erlangen konnte. Aber Lindbergh konnte der Tatsache, daß man mit dem Antisemitismus der Nazis gemeinhin schwerer fertig werden dürfte als in diesem Fall, nicht ins Auge sehen.

»Ich brauche Ihnen nicht zu sagen, daß ich mit der Situation der Juden in Deutschland nicht einverstanden bin«, schrieb er Harry Guggenheim nach seinem Besuch in Deutschland. Noch erkannte er nicht, daß das, was er hörte, mitnichten Gerücht oder Propaganda war, und hatte das unterschwellige Gefühl, »daß die deutschen Juden auf der Seite der Kommunisten standen«.

»Obwohl ich noch viele Vorbehalte habe«, schrieb Lindbergh an Truman Smith aus Dänemark, »bin ich abgereist mit einem Gefühl großer Bewunderung für das deutsche Volk. Die Zustände im Land und die äußere Erscheinung des Durchschnittsbürgers, den ich gesehen habe, hinterließ bei mir den Eindruck, daß Hitler weit mehr Persönlichkeit und Weitblick haben muß, als ich es bei dem deutschen Führer für möglich hielt, der in amerikanischen und englischen Berichten auf so viele verschiedene Weisen geschildert wird.«

»Bei allem, was man kritisieren kann«, äußerte Lindbergh weiter, diesmal an Harry Davison bei J. P. Morgan, »er ist zweifellos ein großer Mann und hat, glaube ich, viel für das deutsche Volk getan. Er ist in mancher Hinsicht ein Fanatiker, und jedermann kann sehen, daß es heute in Deutschland einen gewissen Fanatismus gibt – weniger als ich erwartet habe, aber er kommt vor. Andererseits hat Hitler Ergebnisse erzielt (gute wie schlechte), die ohne Fanatismus kaum erreicht werden können.«

Im Widerschein der Berliner Olympiade stand Lindbergh mit seinen Gefühlen für Deutschland keineswegs allein da. Anne war noch empörter als Charles über die »strenge puritanische Anschauung in den Staaten, daß Diktaturen notwenigerweise schlecht, böse und unberechenbar sind und zu nichts Gutem führen – dazu kommt unser Witzblattbild von Hitler als Clown – dazu kommt die äußerst heftige (natürlich) jüdische Propaganda in den Zeitungen, die im Besitz von Juden sind«. Obwohl Anne den Rat ihres Lektors annahm und die überschwenglichsten Ergüsse über die »absolut aufregenden« zehn Tage in Berlin tilgte, zeigen ihre Veröffentlichungen ihre Begeisterung für die neue Lebendigkeit in Deutschland. »Ich glaube allmählich«, schrieb sie am 5. August 1936 ihrer Mutter, »daß Hitler ein überaus bedeutender Mann ist, so etwas wie ein genialer religiöser Führer, und als solcher ziemlich fanatisch, aber nicht intrigierend, nicht selbstisch, nicht machtgierig, sondern ein Mystiker, ein Visionär, der wirklich das Beste für sein Land will und *im ganzen gesehen* einen ziemlich weiten Blick hat.«

Es ging nicht nur den Lindberghs so, daß sie von Hitlers Charisma überwältigt wurden. Arnold Toynbee und Lloyd George hatten ähnliche Meinungen geäußert. Aus Lindberghs Sicht konnten »Europa und die ganze Welt von Glück reden, daß zur Zeit zwischen dem kommunistischen Rußland und dem demoralisierten Frankreich ein Nazideutschland liegt. Bei den derzeitigen extremen Regierungsformen sollte dringender denn je verhindert werden, daß eine von ihnen über Europa hinwegfegt. Aber wenn wir wählen müßten – dann darf es auf keinen Fall der Kommnismus sein.« Schließlich hatte Lindbergh das Gefühl, daß den Deutschen »eine freundliche Beziehung zu England besonders am Herzen liegt, daß sie nicht die Absicht haben, Frankreich – wenn überhaupt – in den nächsten Jahren anzugreifen, und daß sie sich aufrichtig gute Beziehungen zu den Vereinigten Staaten wünschen, aber das ist für sie natürlich weniger wichtig.«

»Was Sie getan haben, hätte wohl niemand auf Erden so erfolgreich tun können«, schrieb Major Smith an Oberst Lindbergh nach dessen Besuch. »Sie haben allen gefallen, der deutschen und der amerikanischen Öffentlichkeit.« Nach diesem Besuch hatte Captain Koenig im Corps der Attachés eine privilegierte Stellung inne, stellte Truman Smith fest. In den nächsten zwölf Monaten besuchte er mehr Fabriken und Flugplätze als jeder andere ausländische Attaché, vielleicht mit Ausnahme der schwedischen und italienischen. Ein noch größerer Vorteil war, meinte Smith, daß gegen Ende des Jahres im Hauptquartier des Air Corps in Washington ein Interesse für das »beeindruckende Aufrüstungsprogramm in Deutschland« erwachte.

Auch in Lindbergh erwachte etwas, ein Geist, der seit der Entführung seines Sohnes geschlummert hatte. Sein Fernweh kehrte zurück. Im nächsten Jahr verbrachte er mehr als 200 Stunden in der Luft, die meisten in seiner neuen Miles Mohawk mit ihrem Menasco-B6-Motor. Diese Flüge über drei Kontinente – immer im Namen der professionellen Luftfahrt, aber genausogut zu seiner persönlichen Erbauung – hatten ihre Fähigkeit, die Welt zu begeistern, nicht verloren.

Im November 1936 flog er allein nach Irland, um für *Pan Amercian* einen Flugplatz zu besichtigen. Was als dreitägiger Ausflug geplant war, verlängerte sich auf zehn Tage, da ein hartnäckiger Nebel Lindbergh die längste Verzögerung aus Witterungsgründen aufzwang, der er jemals ausgesetzt gewesen war. Er machte das Beste daraus in der Heimat seiner Vorväter, der Lodges und Kissanes. »Irland hatte immer eine seltsame Anziehungskraft für mich«, schrieb Charles seiner Mutter. »Vielleicht, weil ich den Anblick der Hügel von Kerry aus der *Spirit of St. Louis* nie vergessen werde, vielleicht, weil die Iren auch an ferne Nachfahren eine Liebe zu dem alten Land weitergeben.«

Lindbergh verhalf Eamon de Valera, dem Premierminister der Republik Irland, zu seinem ersten Flug, und der begeisterte Passagier lud Lindbergh zu einem Dinner ein, das er für den US-Postminister Farley gab. Auf dem Weg dorthin dachte Lindbergh, es könnte seinen Gastgeber amüsieren, wenn er erfuhr, daß er und Farley kürzlich im Luftpoststreit Gegner gewesen waren. »Oh, das braucht Sie nicht zu bekümmern«, erwiderte dieser in seinem irischen Singsang. »Der Oppositionsführer ist heute abend auch anwesend. Er hat vor ein paar Jahren 79 unserer Leute hingerichtet. Wir haben es nicht vergessen, aber vor Gästen aus anderen Ländern bringen wir die Politik nicht aufs Tapet.« Anne war froh, daß sie diese Reise ausgelassen hatte, denn seit kurzem wußte sie, daß sie zum drittenmal schwanger war; das Baby sollte im Mai kommen.

An Weihnachten waren die Lindberghs in Long Barn und bereiten eine größere Reise vor, auf der ihn seine Frau begleiten sollte. Auf ihren vielen Stationen in Asien, Afrika und Europa Anfang 1937 fiel ihnen auf, was Charles später als »erste Symptome des Zusammenbruchs des britischen Weltreiches und der schwindenden Macht der westlichen Kultur im Osten« bezeichnete.

In Rom erschrak Lindbergh über die Allgegenwart von Mussolinis Soldaten und war fasziniert von den enormen Ausgrabungen in der Stadt, die ihre große Vergangenheit zur Schau stellte und ihre Zukunft aufbaute. »Der Diktator des 20. Jahrhunderts prophezeite, Italien werde ein drittes Mal zur führenden westlichen Kulturmacht aufsteigen«, schrieb Lindbergh. »Er wollte die Eisenbahnen elektrifizieren, die Pontinischen Sümpfe trockenlegen, die Geburtenrate anheben und das Römische Imperium wieder ausrufen. Was für ein Plagiat! Diktatur, Eroberung und Macht, Heere, die nach Afrika und Spanien marschierten, riesige Gebäude – damit beschreibt man das alte Rom, nicht das moderne Italien.«

Die Lindberghs flogen die tyrrhenische Küste entlang über die Ruinen von Pompeji hinweg. Charles blickte auf das Skelett des herrlichen griechischen Jupitertempels von Segesta auf Sizilien hinunter und dachte unwillkürlich, »daß ein Volk, das aus Stein solch geheimnisvolle Schönheit bauen konnte, über Perversionen wie Krieg und Feindschaft hätte erhaben sein müssen. Dabei lagen die griechischen Stadtstaaten in ständigem Streit miteinander, und ihre Kultur mußte der zentralistischen Macht Roms weichen.«

Im März überquerten sie Indien genau in der Mitte von Gadwar nach Kalkutta, mit Zwischenstopps in Karachi, Jodhpur, Udaipur, Bombay, Nagpur und Raipur. Gern hätten sie das Land auch von Kaschmir im Norden bis Ceylon im Süden überflogen, wenn nicht ein Teil des Motors ausgefallen und das Flugzeug über zwei Wochen am Boden festgehalten worden wäre. Sie nützten diese Zeit überwiegend für Kalkutta, was ohnehin Lindberghs letztes Ziel gewesen wäre. Ein Grund für diese weite Reise war der Ausbau des Flugverkehrs – »einerseits war es Zeit, Fluglinien um den ganzen Erdball einzurichten, und in dem Bereich zwischen Osteuropa und China wollte ich Erfahrungen aus erster Hand sammeln.«

Und andererseits interessierte er sich für die Phänomene der indischen Mystik. In Londoner Bibliotheken hatte Lindbergh medizinische Berichte über Jogis gelesen, »die ihren Pulsschlag und ihren Atem kontrollierten, von einem Inder, der Salzsäure getrunken hatte und noch immer lebte, von anderen, die sich tagelang lebendig begraben ließen oder unverletzt über glühende Kohlen wandelten. Es gab auch Veröffentlichungen aus zweifelhaften Quellen, die von Wundern wie Levitation und Hellseherei berichteten.« Er hoffte, in Indien »Geheimnisse zu erfahren, die von der westlichen Wissenschaft noch nicht entdeckt sind..., womöglich Brücken zwischen physischen und spirituellen Welten zu finden. Schließlich wußte man vor gar nicht so vielen Jahren auch noch nichts von Radiowellen. Warum sollte es nicht eine Möglichkeit geben, Ergüsse des menschlichen Geistes aufzuzeichnen?«

Lindbergh wollte sich auch mit einem seiner englischen Nachbarn treffen, mit Sir Francis Younghusband, einem Forscher, Autor und Mystiker, der 1904 die britische Expedition in die verbotene Stadt Lhasa geleitet hatte und gerade ein »Parlament der Religionen« besuchte, das zu Ehren des östlichen Heiligen und Mystikers Ramakrishna einberufen worden war.

Mehrere Sitzungen lang saßen die Lindberghs in einem Vortragssaal in Kalkutta in der ersten Reihe vor einem riesigen Bildnis Ramakrishnas. Konzentriert lauschte Charles Sir Francis, der »für die Vereinigung der Religionen unter einer Bruderschaft der Menschen« plädierte, und die Zuhörer »gaben sich alle Mühe, die religiösen Schranken abzubauen«. Anne konnte kaum ernst bleiben, wenn sie ihren agnostischen Mann vor Transparenten sitzen sah, auf denen stand:»Religion ist die höchste Ausdrucksform des Menschen«, inmitten von barfüßigen indischen Mönchen, heiligen Männern, Studenten und ein paar verirrten, dürren Gestalten aus Pasadena, London und Boston im Gefolge eines indischen Gurus im orangefarbenen Turban.

Lindbergh begann Kalkutta zu erkunden und sah Armut, Schmutz und Krankheit. Kaum zu glauben, daß dieses Land »einmal eine Kultur hervorgebracht hat, Kunst, Architektur und Religion – oder daß die Zustände vor der Übernahme durch die britische Regierung – noch schlimmer gewesen sind«.

Am 18. März 1937 starteten die Lindberghs in ihrem reparierten Flugzeug Richtung Heimat und kamen Anfang April in Athen an. Sie hatten die Überreste von Dutzenden anderer Kulturen gesehen, und als sie nun zwischen den zerbrochenen Säulen der Akropolis herumwanderten, kam es wie eine Offenbarung über Lindbergh. »In diesen Ruinen«, wurde ihm klar, »liegt eine zeitlose Warnung. Man spürt gleichzeitig, wieviel der Westen geleistet und wie sehr er versagt hat. Man merkt, wie leicht Stärke in Auflösung umschlägt, und daß menschliche Weisheit für die Mauern eines Tempels wichtiger ist als der Felsen, auf dem er steht.« Lindbergh dachte an Athen und Sparta und daß sie miteinander Krieg geführt hatten, bis ganz Griechenland zusammengebrochen war. Dann überlegte er, daß England und Deutschland dieselbe Haltung einnahmen. »Krieg! Krieg!« schrieb er später. »Was für sinnlose Streitereien hat es im Laufe dieser Jahrhunderte gegeben!« Er sah, daß sich die Spirale schon wieder höherschraubte, und der Gedanke, sie anzuhalten, ergriff von ihm Besitz.

Anne und Charles kehrten am 9. April 1937 nach Long Barn zurück. Nach seinen Reisen sah er England nun in einem neuen Licht. Die bevorstehende Krönung George VI., der nach der Abdankung von Edward VIII.

im vorausgegangenen Dezember den Thron bestiegen hatte, bedrückte ihn. »Das Leben eines Monarchen sollte für seine Untertanen ein Vorbild sein«, schrieb Lindbergh. »Ein guter König muß entweder sehr stark sein oder einen tadellosen Ruf haben.« Seiner Meinung nach hatte die Monarchie infolge der Affäre viel von ihrem Ansehen verloren.

Lindbergh wußte zu schätzen, was England ihm und seiner Familie geboten hatte. Sie hatten »unbehelligt von Politik, Presse oder Fantismus« gelebt, schrieb er Oberst Schwarzkopf nach New Jersey. Und dennoch kam ihm England jetzt rückständig vor – ein weiteres bröckelndes Reich. »Es war, als ob sich die Errungenschaften der Engländer im Lauf der Jahrhunderte als Last auf ihren Schultern angesammelt hätten, bis Tradition, Besitz und Stolz zu schwer wurden für den geistigen Elan«, schrieb er später.

Am Abend des 11. Mai 1937, am Vorabend der Krönung, fuhr Charles Anne in die Stadt. Seit zwei Tagen hatte sie Wehen, und jetzt im Auto wieder, gerade als sie merkten, daß Oxford Street wegen des morgigen Umzugs gesperrt war. Als Lindbergh aus einem riesigen Verkehrsstau in der Wigmore Street ausscherte, wurde er gefragt, ob er eine Durchfahrtserlaubnis habe. »Ich habe etwas Besseres«, sagte er dem Polizisten, »ich habe meine Frau, die gerade ein Kind bekommt.« Anne wurde in der London Clinic als »Mrs. Charles« eingetragen, und sie lag ruhig noch die ganze Nacht und den ganzen Tag. Ärzte und Schwestern glaubten einstimmig, daß das Kind nicht mehr am Krönungstag kommen werde; aber gegen 23.00 Uhr setzten die Wehen ein. Bei der Geburt 45 Minuten später war Charles in Kittel und Mundschutz dabei. »Schließlich doch noch ein Krönungsbaby!« schrieb Anne in ihr Tagebuch. Der Kleine hatte blaue Augen, den von Anne so genannten Morrow-Zinken und das unverkennbare Lindbergh-Grübchen.

Da die Aufmerksamkeit der Öffentlichkeit abgelenkt war, dauerte es mehrere Tage, bis die Presse Wind von der Geburt bekam. Eines Abends, während Reporter den Haupteingang der Klinik umstellten, stahl sich Charles mit Anne und dem Neugeborenen aus dem Ärzteeingang und schlüpften in ein wartendes Auto. Sie erfreuten sich noch einiger ruhiger Tage in Long Barn, bis die Presse sie dort entdeckte. Charles hatte es geschafft, die normalen Vorschriften zur Eintragung ins Geburtsregister zu umgehen, und schickte erst am 24. Mai eine Presseerklärung an die amerikanische Botschaft. Den Namen seines Sohnes trug er erst am 21. Juni ein: Land, Evangeline Lindberghs Mädchenname.

Den Frühling über hatte es bei den Morrows mehrere freudige Ereignisse gegeben, und Anne spürte das sanfte Locken ihrer Familie. Ihre Mutter erhielt vom Smith College den Ehrendoktor für humanistische Literatur, ihre Schwester Constance war 21 geworden und heiratete Aubrey Morgan, den Witwer ihrer verstorbenen Schwester Elisabeth, und der Bruder

Dwight jr. war nach vielen Jahren psychiatrischer Behandlung wieder auf dem Damm und heiratete Margot Loines, eine Freundin von Constance. Aber Anne wußte, daß jetzt für Charles der schlechteste Termin für eine Rückkehr nach New York gewesen wäre, denn am 20. auf den 21. Mai jährte sich zum zehntenmal sein Transatlantikflug.

Während einige namhafte Amerikaner in New York, Paris und St. Louis Feiern inszenierten, um an den Flug und seine nachhaltige Wirkung auf die Entwicklung der Luftfahrt und die ganze Welt zu erinnern, verbrachte Lindbergh den Jahrestag lieber in aller Stille in England und dachte nicht über die Vergangenheit nach, sondern über die Zukunft.

Die Lindberghs fuhren fort, Europa zu erkunden; sie machten zwei Ausflüge zu der Privatinsel der Carrels vor der bretonischen Küste und nahmen im Oktober eine zweite Einladung nach Deutschland an, offiziell, um den Kongreß der *Lilienthal-Gesellschaft für Luftfahrtforschung* in München zu besuchen, und inoffiziell, um für die Army der Vereinigten Staaten Informationen über die Luftwaffe zu sammeln.

Charles und Anne flogen mit ihrer Miles Mohawk am 11. Oktober 1937 nach München und blieben die nächsten fünf Tage in der Stadt und ihrer Umgebung. Während des Lilienthal-Kongresses waren die Lindberghs als Gäste eines Barons und Nazigegners in einem Schloß aus dem 13. Jahrhundert untergebracht, das tief in den bayrischen Alpen eingebettet lag. Lindbergh traf bei dieser Reise keine Machthaber des Dritten Reiches, und er verließ Deutschland noch beeindruckter als beim letztenmal. »Hitler ist in Deutschland offenbar beliebter denn je«, schrieb Lindbergh an Dr. Carrel, »und so sehr mir manche Handlungsweisen widerstreben – ich kann seine Beliebtheit verstehen. Er hat viel für Deutschland getan.« Annes Freundin Amey Aldrich schrieb er, er sehe in Deutschland heute »Jugend, Hoffnung und Energie – und eine Kraft ..., die auf eines der stärksten Fundamente gegründet ist: die Niederlage«.

Wie schon zuvor besichtigte Lindbergh Fabriken und Flughäfen. Noch beeindruckender als das Aufgebot schimmernder Flugzeuge fand er das riesige, dezentrale System kleiner Fabriken, die jederzeit noch viel mehr Maschinen herstellen konnten. Lindbergh war der erste Amerikaner in der Fabrik Focke-Wulf in Bremen, wo die Deutschen eine Flugmaschine vorführten, die senkrecht starten und landen und ohne jede sichtbare Bewegung schweben konnte; sie flog vorwärts und rückwärts und ließ sich auch bei seitlichen Bewegungen sehr gut steuern. »Ich habe noch nie so eine gelungene Vorführung einer Versuchsmaschine erlebt«, schrieb er über den Hubschrauber.

Das Wichtigste aber war, daß Ernst Udet von der Luftwaffe Lindbergh die Luftfahrtversuchsanstalt Rechlin in Pommern zeigen durfte. »Dies war eine der geheimsten Einrichtungen in Deutschland«, erklärte Truman Smith, »und soweit damals bekannt, hatten ausländische Gesandte keinen Zutritt.« Lindbergh durfte sich also als erster Amerikaner die Messerschmitt (ME) 109 anschauen, das wichtigste einmotorige Jagdflugzeug der Luftwaffe, sowie die Dornier (DO) 17, das neueste, bewaffnete Aufklärungsflugzeug. Aus seinen Besuchen schloß er, daß die Luftwaffe eine Messerschmitt 110 plante, ein zweimotoriges Jagdflugzeug mit 1200 PS starken Daimler-Benz-Motoren – und das war auch der Fall. Ehe Lindbergh abreiste, half er Truman Smith beim Abfassen des Reports Nr. 15 540, »Allgemeine Einschätzung (der Deutschen Luftstreitkräfte) vom 1. November 1937«.

»Deutschland ist in der Luft wieder eine Weltmacht«, berichtete der vierseitige Überblick. »Luftstreitkräfte und Luftfahrtindustrie sind aus den Kinderschuhen herausgewachsen. Bis sie das volle Mannesalter erreichen, wird es allerdings noch drei Jahre dauern.« Der Bericht beschrieb detailliert die Pläne, die Lindbergh gesehen hatte, und versuchte die Stärke der ganzen Luftwaffe zu schätzen, die er nicht gesehen hatte. Er meinte, Deutschland habe Frankreich in der technischen Entwicklung bereits überflügelt und werde England bald eingeholt haben. »Ein äußerst kompetenter Beobachter« schrieb Truman abschließend und meinte damit Lindbergh, schätze, »wenn sich die derzeitigen Fortschrittskurven Amerikas und Deutschlands so weiterentwickeln wie in den letzten beiden Jahren, wird Deutschland 1941 oder 1942 mit den USA gleichziehen.« Am Jahresende machte Truman Smith Urlaub in Amerika und stellte fest, daß sein Bericht fotokopiert worden war und weit herumgereicht wurde. Deshalb enttäuschte es ihn, daß der Kongreß die erbetenen Mittel des Kriegsministeriums für das Air Corps der Army eher kürzte als aufstockte.

Auch andere amerikanische Botschaften luden Lindbergh ein, Luftwaffenstützpunkte in ihren Ländern zu besichtigen. Aber Ende 1937 wollte er unbedingt sehen, welche Fortschritte Amerika in der Luftfahrt machte. Lindbergh war sich seiner Stellung in diesen offensichtlich historischen Zeiten so sehr bewußt, daß er ein Tagebuch zu führen begann. Zum erstenmal in seinem Leben machte er tägliche Einträge; und er behielt diese Gewohnheit fast sieben Jahre bei.

Am 25. November feierten die Lindberghs mit ihren beiden Kindern ein ruhiges und verfrühtes Weihnachten in Long Barn. Am 27. schifften sich Charles und Anne auf der *S. S. President Harding* ein; sie wollten mehrere Monate fortbleiben. Offenbar lag System dahinter, daß Charles nach jeder Geburt auf eine lange Reise ging – das war seine Methode, seine Frau von der Mutterschaft zu entwöhnen.

Sie blieben während der Überfahrt für sich und schrieben meistens. Anne machte Fortschritte bei *Horch, der Wind!*, ihrem Bericht über den Flug von Afrika nach Amerika; und Charles entwarf Kapitel für ein medizinisches Buch, das er zusammen mit Dr. Carrel schrieb, *Die Kultur von Organen.* Kurz bevor das Schiff anlegte, erfuhren die Lindberghs, daß sich scharenweise Reporter zu ihrem Empfang versammelt hatten. Charles führte Anne über die Gangway der Dritten Klasse zu einem Lastenaufzug und entkam auf diese Weise dem Heer von Fotografen und Journalisten, die am Fuß der Gangway für die Erste Klasse warteten. Die Zeitungsleute rannten hinter ihnen her, aber sie entkamen in Mrs. Morrows Auto, das schon gewartet hatte.

Kaum hatten sie Next Day Hill erreicht, waren die Presseautos schon wieder da und lauerten vor dem Tor. Ein Wachmann mußte eingestellt werden, den die Medien zu »zwölf Polizisten mit direkter Telefonverbindung zum Hauptquartier der Staatspolizei« aufbauschten. »Nehme an, wir haben jetzt wieder ständig Ärger mit der Presse«, schrieb Lindbergh in sein neues Tagebuch. »Gerüchte, Lügen und die ganze Sensationslust des amerikanischen Journalismus in seiner schlimmsten Form.«

Die meiste Zeit auf dieser Reise war alten Freunden und beruflichen Beziehungen gewidmet. Die folgenreichste Begegnung war die mit einem gutaussehenden, bebrillten 32jährigen Mann namens James Newton. Der rührige Immobilienmakler aus Fort Myers in Florida, ein Freund von Thomas Edison und Henry Ford, wechselte zu einem anstrengenden Job bei Harry Firestone, bis er dort schließlich vor Überarbeitung zusammenbrach. Lindbergh lernte Newton über Dr. Carrel kennen, eine starke Persönlichkeit mit einer sanften Seele. Er sollte bis an sein Lebensende Lindberghs treuester Freund bleiben. Lindbergh kam nicht dazu, die Fortschritte der amerikanischen Luftfahrt zu überprüfen, wie er gehofft hatte; aber das wenige, was er sah, überzeugte ihn davon, »daß Deutschland uns hinsichtlich der Stärke der Luftstreitkräfte bald eingeholt haben wird«.

Am 20. Februar 1938 sprach Hitler vom Reichstag von den zehn Millionen Deutschen, die gleich jenseits der Grenzen lebten, und trug damit seinen Traum vom »Anschluß« vor. Als die Lindberghs knapp drei Wochen später an Bord der *Bremen* Richtung England fuhren, waren die Nazis schon in Österreich einmarschiert. Schon jetzt fürchtete Lindbergh, Amerika und Deutschland könnten am Ende die Klingen kreuzen. »Wenn wir kämpfen, werden unsere Länder nur ihre besten Männer verlieren«, notierte Lindbergh wie ein Echo auf die Gefühle seines verstorbenen Vaters. »Wir gewinnen nichts... Es darf nicht geschehen.«

An die Engländer waren solche Gedanken verschwendet, wie Lindbergh merkte. Ihm schien, sie waren zwar besorgt wegen Deutschland, aber ebenso unfähig, etwas zu unternehmen. Abgesehen von ein paar Leuten, die er in Cliveden traf, kreiste die Konversation beim Tee um die Moorhuhnjagd und die Unbezwingbarkeit der Royal Navy. »Und es sieht nicht so aus, als würden sich die Menschen ändern«, schrieb er. »Es bräuchte einen völlig neuen Geist, wenn die britische Größe überleben soll.« Er erstickte buchstäblich an dem rauchigen Nebel Londons und verzehrte sich nach frischer Luft.

Das anregendste Zusammenspiel von Erde, Wasser und Luft, das Lindbergh je erlebt hatte, lag keine 200 Meilen entfernt über dem Ärmelkanal, wo die bretonische Côte du Nord dem Meeresarm von Pellinec bildet. Auf diesem nordwestlichen Sporn Frankreichs spielen riesige Kumuluswolken, die vom Atlantik herüberwogen, mit dem Licht und tauchen einen kleinen Archipel aus winzigen Inseln in Rosa, Orange und Purpur. Die meiste Zeit sitzen diese Felsgebilde wie Inselflecken vor der Küste; aber zweimal am Tag zieht sich die Flut zurück und saugt soviel Wasser aus dem Meeresarm, daß die Inseln als seltsame, zerklüftete Hügel zwischen den Ebbenpfützen daliegen – eine nasse Wüste, totenstill bis auf die Vögel und den ständigen Wind.

Kein Wunder, daß sich die Carrels auf der Île Saint-Gildas niedergelassen hatten, der größten Insel dieses geheimnisvollen Archipels. Seit dem 11. Jahrhundert überragte eine Kapelle das Häufchen Häuser, das auf der 100 Acres großen Insel hinter Schutzmauern errichtet worden war – »eine Kreuzung aus einem alten französischen Bauernhof, einer Insel vor Maine und dem Mond«. Nichts hatte Lindbergh in Europa so sehr gefallen wie seine Besuche dort, und er genoß die Ankunft nicht weniger als den Aufenthalt.

Wenn er allein nach St. Gildas wollte, überflog Lindbergh die Insel und ließ eine Nachricht fallen, die an ein Band gebunden und mit einem Stein beschwert war, um seine Ankunft anzukündigen. Dann stellte er seine Maschine auf einem Flugplatz in Morlaix oder Dinan ab und ließ sich in einem Auto mit Chauffeur über die kurvigen bretonischen Straßen schleusen und am Rand der kleinen Stadt Port-Blanc absetzen, wo die gepflasterte Straße als Sackgasse am Wasser endete. Bei seinem ersten Besuch kam Lindbergh erst kurz vor Mitternacht und beim Höchststand der Flut an dieser Stelle an, was die meisten Besucher über Nacht an Land festgehalten hätte. Aber Lindbergh hatte in seiner Reisetasche auch ein Schlauchboot; das blies er auf und paddelte damit durch das phosphoreszierende Wasser zu der Insel.

Ein paar Inseln weiter – zehn Minuten mit dem Boot, bei Ebbe ein Kilometer zu Fuß – lag Illiec. Kaum vier Acres groß, war es kleiner, aber höher als die umliegenden Inselchen und vollständig eins mit den Elementen – »ein Teil der See«, schrieb Lindbergh in sein Tagebuch – »wie ein Schiff im Sturm.« Verrückterweise saß mitten auf dieser bizarren natürlichen Granitskulptur, gegen einen hohen Felsen gedrückt, dessen eine Seite steil ins Wasser abfiel, ein majestätisches, dreistöckiges bretonisches Herrenhaus. Unter dem Schieferdach hatte das steinerne Gebäude ein Dutzend Zimmer, auch eine winzige Kapelle und zwei Türme mit spitzen Hauben. Es war um 1860 von Ambroise Thomas gebaut worden, der hier seine Oper *Mignon* komponiert hatte. Es fehlte jeder moderne Komfort – Heizung, Elektrizität und Installation, allerdings gab es eine Zisterne mit Trinkwasser.

Sofort als Lindbergh erfuhr, daß es zum Verkauf stand, bevollmächtigte er Mme. Carrel, den Kauf abzuschließen. Für den geforderten Preis von 16 000 Dollar gehörte es den Lindberghs. Er wußte, es war verrückt, wußte »nur zu gut, daß die Verhältnisse in Frankreich schlecht sind – daß sie vielleicht sogar zu einer Revolution führen«, gestand er am 31. März 1938 seinem Tagebuch. »Aber schon ein einziger Sommer auf Illiec würde den Kauf rechtfertigen. Allein die Erinnerung an einen solchen Sommer würde mich für den Rest meines Lebens stärken. Ich habe noch nie einen Ort gesehen, wo ich so gern leben würde.«

Innerhalb einer Woche flogen Charles und Anne in die Bretagne und besichtigten die im Sack gekaufte Katze. Anne war von der Lage ebenso hingerissen wie ihr Mann, aber das Innere des Hauses war noch trübseliger, als sie befürchtet hatte: dunkle, mit Matten verhängte Wände, schwere viktorianische Möbel, billige Gobelins. Doch bis zum Abend hatte Anne schon einige Ableger aus Long Barn zwischen die Heide und den Stechginster gepflanzt, und ihr brummte der Kopf vor lauter Plänen: alles umstellen, Schränke bauen, chemische Toiletten kaufen. Auf einer Seite des Hauses lag ein Cottage, wo der Hausmeister, die Köchin und ihr 13 Jahre alter Sohn lebten. Schon am nächsten Tag begannen Männer drinnen und draußen auf dem Anwesen zu arbeiten.

Für den Rest des Frühlings kehrten die Lindberghs nach England zurück, und in dieser Zeit schloß Charles sein Buch *Die Kultur von Organen* ab, und auch Anne wurde fast fertig mit *Horch, der Wind!*, zu dem Charles ein Vorwort schrieb und mehrere Karten zeichnete. Außerdem versuchten sie, in die sechs Wochen soviel Geselligkeit wie möglich zu packen.

In Sissinghurst diskutierten die Lindberghs mit Vita Sackville-West und Harold Nicolson über Politik. (»Lindbergh ist äußerst pessimistisch«, schrieb Nicolson ein paar Wochen später in sein Tagebuch, und er führte Lindberghs Vorschlag, England »solle einfach nachgeben und sich mit Deutschland verbünden«, irrigerweise auf dessen mutmaßlichen Glauben »an die Theologie der Nazis« zurück, »in Verbindung mit seinem Haß gegen Degenerierung und seinem Haß gegen die Demokratie, wie sie die freie Presse und die amerikanische Öffentlichkeit verkörperte«.) In derselben Woche waren sie auch bei den Astors in Cliveden zu Gast, wo Anne auffiel, daß Charles »alle zu Tode erschreckte, als er Deutschlands militärische Stärke beschrieb«. Und sie besuchten Lady Astor am St. James Square zum Lunch mit George Bernard Shaw. Zu den anderen Gästen zählten der amerikanische Botschafter in Frankreich, William C. Bullitt, Botschafter Joseph Kennedy und Thomas Jones, Lloyd Georges Vertrauter und Minister im britischen Kabinett. Das Gespräch an diesem Tag drehte sich hauptsächlich um ein provokatives, hektografiertes Rundschreiben aus London namens *The Week*, dessen Herausgeber Claud Cockburn den Begriff »Cliveden-Bande« geprägt hatte, eine geringschätzige Bezeichnung, mit der er auf die nazifreundlichen Neigungen der Astors und ihrer Freunde anspielte. (Die amerikanische Botschaft schenkte dem Bulletin schon lange keinen Glauben mehr, da es voller Klatsch, Skandale und unzuverlässiger Information steckte.)

Ende des Monats luden die Astors die Lindberghs zu einem Ball mit dem König und der Königin ein. In der Unterhaltung mit Anne sagte die Königin, sie habe gehört, das Kind der Lindberghs sei am Krönungstag geboren. »Ein schöner Gedanke«, meinte Queen Elizabeth, »wenn man selbst etwas Großartiges erlebt, daß gleichzeitig auch jemand anderem etwas Großartiges widerfährt.«

Zwei Tage später kam eine Einladung aus dem Buckingham Palast zu einem Ball am 1. Juni. Die Lindberghs nahmen im *Claridges* ein Zimmer für den Abend, wo sie sich für den offiziellen Anlaß um 22.30 Uhr umziehen konnten. Kurz bevor sie zum Palast aufbrachen, saßen Anne und Charles an einem kleinen Tisch in ihrem Zimmer einander gegenüber, tranken Sherry und aßen einen Toast Melba, er in Kniehosen und weißer Weste, und sie mit einer Tiara, und plötzlich mußten beide lachen.

Anne tanzte bis drei Uhr früh. Charles ließ alle Tänze ausfallen, fand aber das Ereignis weniger quälend als befürchtet, hauptsächlich dank der Gespräche mit Lady Astor. Er gab zu, daß niemand offizielle Ereignisse würdevoller durchzuführen verstand als die Engländer. Bei alledem war nicht zu übersehen, daß seine Frau eindeutig »trunken vor Glück« war, glücklicher, als er sie je gesehen hatte. Vielleicht dämmerte es ihm einen Augenblick lang, daß die Tochter von Botschafter Morrow, wenn er sie nicht vor einem Jahrzehnt verschleppt hätte, wahrscheinlich solch ein Leben geführt hätte.

Statt dessen flog Lindbergh am 7. Juni seine Frau und seine beiden Söhne zu ihrer Privatinsel – wo Wärme nur aus dem Kamin kam, Licht nur von Kerosinlampen und Wasser aus einem Brunnen vor dem Haus. Am 23. konnten sie aus ihrem Gästequartier in Saint-Gildas aus- und in ihr eigenes Haus auf Illiec einziehen. Die Arbeiten dauerten noch den ganzen Sommer, unter anderem wurden auf der Ostseite der Insel 500 Zypressen gepflanzt und auf der Westseite 500 Kiefern.

Illiec erwies sich als Fluchtburg für Lindberghs Träume, eine körperliche und geistige Herausforderung. Die Insel eignete sich gleichermaßen zum Arbeiten wie zum Wandern, fanden er und Anne. Jon war bereits enorm unabhängig und fasziniert vom Leben am Meer. Er schwamm viel, sammelte Muscheln und sorgte oft fürs Abendessen, mit Garnelen, Krabben und sogar Abalonen, die er unter den Felsen herausschnitt.

Illiecs größte Anziehung blieb Dr. Carrel. Lindbergh verbrachte jede freie Minute mit seinem Mentor; und monatelang prägte Carrel sein Denken. Die beiden Männer saßen in dem hochummauerten Garten des Arztes oder bis spät in die Nacht vor dem Kamin und erörterten, wie sich die

Eigenschaften der Gattung Mensch und der Bevölkerung im allgemeinen durch Ernährung und Fortpflanzung verbessern ließen. »Rassenhyiene«, schrieb Carrel in *Der Mensch, das unbekannte Wesen*, »ist für das Überleben des Stärkeren unverzichtbar. Eine gute Rasse muß sich über ihre besten Abkömmlinge vermehren.« Er und Lindbergh führten den ganzen Sommer solche Gespräche und befaßten sich eingehend mit dem Thema der »Rassenverbesserung«. Unglücklicherweise wüteten solche Theorien auch überall im Dritten Reich, eine Übereinstimmung, die späteren Gegnern Carrels oder Lindberghs nicht verborgen blieb.

Lindbergh hatte eigentlich vor, seine Nachforschungen zu den Fragen des Lebens in diesem Sommer in der Bretagne – und nicht nur dort – fortzusetzen. Er wollte die regionalen Bräuche und den Aberglauben auf den benachbarten Inseln und Provinzen erkunden und noch einmal nach Indien fliegen und den Himalaja sehen. Aber »es stieg nicht nur die Meeresflut in Saint-Gildas, sondern weltweit eine Flut des Krieges«.

Auf Anraten von Oberst Raymond L. Lee, dem Militärattaché für die Luftfahrt in der US-Botschaft in London, erklärte sich Lindbergh bereit, eine Inspektion des Flugwesens in der Sowjetunion zu unternehmen. Er und Anne flogen für die letzten beiden Augustwochen 1938 nach Rußland und folgten der von den Sowjets vorgeschriebenen Reiseroute: Mogilew, Kiew, Odessa, Rostow und Moskau.

Was Lindbergh nicht sah, beeindruckte ihn auf dieser Reise mehr als das, was er sah. Es war bald klar, daß Stalins Rußland seine Luftstreitkräfte vor ausländischen Augen nicht herzeigen wollte – hauptsächlich aus Verlegenheit, meinte Lindbergh. Die wenigen aeronautischen Anlagen, die er zu sehen bekam, waren weit unzulänglicher als die vielen anderen Sehenswürdigkeiten, die sie stolz vorführten – die neue U-Bahn, ein Theater in Form eines riesigen Traktors, eine neue Speiseeisfabrik und ein Landwirtschaftskollekiv. Obwohl Lindbergh nicht genug sah, um die Produktionskapazität des Landes einzuschätzen, schloß er, daß die russischen Luftstreitkräfte wahrscheinlich ein paar 1000 Flugzeuge besaßen, die man in einem modernen Krieg wirksam einsetzen konnte, die sich aber mit der deutschen Luftwaffe weder qualitativ noch quantitativ messen konnten. Das Leben in Rußland fand er trostlos – gezeichnet von Heimlichtuerei, Mangel und Unterdrückung.

Sie verließen die Sowjetunion auf dem Umweg über die Tschechoslowakei, wo Lindbergh sich mit Präsident Beneš und dessen militärischem Stab traf und flugtechnische Einrichtungen besichtigte. »Dieses Land ist jederzeit auf eine deutsche Invasion gefaßt«, schrieb er seiner Mutter. Er fand, das Heer sei stark und modern, aber »für die Luft nicht gut gerüstet«.

Am 8. September 1938 flogen sie nach Paris und nahmen sich ein Zimmer im *Crillon*. Im Nu versammelte sich die Presse vor dem Hotel. Wegen einer privaten Einladung bei Botschafter Bullitt verschoben die Lindberghs ihre Rückkehr nach Illiec um einen Tag. Bei dem Dinner, zu dem auch der französische Luftfahrtminister Guy la Chambre geladen war, unterhielt man sich stundenlang über die Luftfahrt. Lindbergh versuchte Guy la Chambre davon zu überzeugen, daß »Frankreich in einer verzweifelten Situation« sei, wie er im Tagebuch schrieb. »Unmöglich auf Jahre hinaus, wenn überhaupt, Deutschland einzuholen.« Frankreich fertigte zur Zeit 50 Kriegsflugzeuge pro Monat, etwa ein Zehntel der deutschen Produktion.

Charles und Anne hatten nur ein paar Tage in Illiec, ehe sie wieder nach England flogen. Die dritte Septemberwoche verbrachten sie in London, oft in Gesellschaft von Botschafter Kennedy. Mehr denn je hatte Lindbergh das Gefühl, daß »die Engländer nicht in der richtigen Verfassung für einen Krieg sind... Früher hatten sie immer eine Flotte zwischen sich und dem Feind, und sie begreifen nicht, welchen Wandel das Fliegen herbeigeführt hat«.

Auf Kennedys Bitten brachte Lindbergh am nächsten Tag seine Gedanken zum militärischen Flugwesen in Europa zu Papier, so daß sie dem Weißen Haus und Whitehall übermittelt werden konnten. Kennedy kabelte den Großteil des Schreibens umgehend an Außenminister Cordell Hull, mit Lindberghs Schätzungen der deutschen Produktion und seiner Überzeugung, daß »Deutschland zur Zeit über die Mittel verfügt, London, Paris und Prag zu zerstören, wenn es will. England und Frankreich haben nicht einmal zusammen genug moderne Kriegsflugzeuge für eine wirksame Verteidigung oder einen Gegenangriff.« Unter diesen Umständen sei er, Lindbergh, der festen Meinung, »daß es klüger ist, Deutschland die Expansion nach Osten zu gestatten, als England und Frankreich zu diesem Zeitpunkt unvorbereitet in einen Krieg zu stürzen«.

Doch so draufgängerisch fühlte sich Deutschland gar nicht. Lindbergh konnte es nicht wissen, aber Göring erhielt an ebendiesem Tag einen Geheimbericht von seinem General Helmuth Felmy, der ihm mitteilte, kein Bomber oder Jagdflugzeug könne über England »sinnvoll operieren. Angesichts unserer derzeitigen Möglichkeiten«, stellte der Bericht fest, »können wir bestenfalls auf einen Störeffekt hoffen... Ein Vernichtungskrieg gegen England kommt nicht in Frage.«

Die Lindberghs hörten am 26. September Hitler im Radio. Selbst für die Zuhörer, die kein Deutsch verstanden, war es eine dramatische Rede, die das aggressive Land an den Rand des Krieges brachte. Als die Lindberghs tags darauf nach London fuhren, sahen sie, wie in den Parks Gräben ausgehoben wurden, Sandsäcke vor Türen und Fenster gehäuft wurden und Leute um Gasmasken anstanden. Beim Tee mit David Lloyd George erzählte ihm dieser, der Krieg sei unvermeidlich, und das System der Nazis sei genauso schlimm wie das der Russen. Lindbergh, der kurz zuvor beide Länder besucht hatte, ärgerte sich, daß der ehemalige Premierminister

»keinen Unterschied sieht zwischen einem Bündnis mit dem europäischen Deutschland und dem asiatischen Rußland. Er macht sich offenbar keine Gedanken über die Auswirkungen der asiatischen Kultur auf die europäische.«

Lindbergh hielt sich die nächsten beiden Tage vorwiegend in der Botschaft bei Joseph Kennedy auf, der seinerseits einem ohnehin überzeugten Neville Chamberlain Abwiegelung predigte. Der Premier flog zu einer Konferenz nach München und traf sich dort mit Hitler, Mussolini und dem französischen Ministerpräsident Daladier. Bei seiner Rückkehr versprach Chamberlain der jubelnden Nation »Frieden für unsere Zeit«.

Im nächsten Monat reiste Lindbergh als Minister ohne Portefeuille im Auftrag seiner Regierung durch die Hauptstädte Europas. Sein einziges Anliegen war der Dienst an der Allgemeinheit. Ihn gelüstete es nicht nach Macht oder Aufmerksamkeit, und er zahlte alle diese Flüge aus eigener Tasche. Auf einen Wink Botschafter Bullitts hin flog er zuerst nach Paris, wo man ihn um seine Hilfe bei der Ausrüstung Frankreichs mit Militärmaschinen bat. Die Franzosen hätten gern Kriegsflugzeuge von den Vereinigten Staaten gekauft, aber das Neutralitätsgesetz von 1935 machte dies unmöglich. Bullitt schlug vor, amerikanische Fabriken in Kanada zu bauen, wo man das Gesetz umgehen und Flugzeuge fertigen konnte.

Dieses private Treffen mit Daladier, la Chambre, Bullitt und Jean Monnet stürzte Lindbergh in eine Gewissenskrise. »Abgesehen von den damit verbundenen persönlichen Problemen«, erzählte Lindbergh später, »erhoben sich ernste Fragen hinsichtlich der Loyalität gegenüber meinem Land einerseits und gegenüber der Kultur, zu der es gehörte, andererseits. Frankreich war mir nach Amerika das liebste Land, und in Europa hatte ich mich sowieso verliebt. Schon als mir der kanadische Plan zum ersten Mal vorgelegt wurde, hatte ich Bedenken wegen der möglichen Auswirkungen auf Amerika und Europa.« Lindbergh kam es vor, als sollten »die Vereinigten Staaten auf einem Umweg erneut in Europas Kriege hineingerissen werden – entgegen den Wünschen des Kongresses und des amerikanischen Volkes«.

Lindbergh fand, daß England und Frankreich das Spielbrett falsch betrachteten und nur die kurzfristige Auswirkung von Zügen bedachten. Für ihn war der schlimmste Feind der Totalitarismus, und wenn sich England und Frankreich zurückzögen, »könnte man eine Expansion Hitlers Richtung Westen immer noch durch eine Verbindung aus Diplomatie, strategischer Übereinkunft und militärischer Verteidigung verhindern«. Lindberghs größte Angst war, daß »die potentiell riesige Macht Amerika, geführt von einem ahnungslosen, stümperhaften Idealismus, einen Kreuzzug nach Europa antreten könnte, um Hitler zu vernichten, und dabei nicht erkennen würde, daß Hitlers Untergang Europa der Vergewaltigung,

350

Plünderung und Barbarei der sowjetrussischen Streitkräfte preisgäbe und damit der westlichen Kultur womöglich den Todesstoß versetzte«.

»Ich war weit davon entfernt, die Philosophie, Politik und Handlungsweise der Naziregierung zu billigen«, beschrieb Lindbergh später seine Position, »aber es schien mir wichtig für Frankreich und England und sogar für Amerika, daß Deutschland als Bollwerk gegen die Sowjetunion erhalten blieb.« Lindbergh verblüffte seine Gesprächspartner mit dem Vorschlag, Frankreich solle seine Bomber nicht in Kanada, sondern in Deutschland kaufen. Er vertrat den Standpunkt, Hitler müsse eigentlich »die Gelegenheit zu einer Geste begrüßen, mit der er seine Grenze im Westen schützen kann«.

Lindbergh flog nach Illiec, um seine Rolle in dem kanadischen Plan zu überdenken. Nach drei Tagen Felsenklettern und Wattwandern entschied er sich für die Vaterlandsliebe und empfahl den Franzosen Männer in der amerikanischen Luftfahrt, an die sie sich vertrauensvoll wenden konnten. Er schrieb ihnen Empfehlungsbriefe und entzog sich späteren Besprechungen zum kanadischen Plan, der sich bald auflöste. Dann flog er nach Berlin, wohin ihn der Millitärattaché der amerikanischen Botschaft zum drittenmal eingeladen hatte, offiziell zum Kongreß der *Lilienthal-Gesellschaft*. Noch ehe er dort ankam, erhielt Lindbergh die erste Ohrfeige wegen seiner neuen Rolle in der Weltgeschichte.

In Rotterdam wurde er vom Wetter eine Nacht lang aufgehalten und erfuhr in einem Telefongespräch mit Truman Smith, daß es in Moskau Ärger gegeben habe wegen eines Artikels in dem Londoner Blättchen *The Week*. Darin wurde behauptet, Lindbergh habe den Mitgliedern der »Cliveden-Bande« erzählt, »die deutsche Luftwaffe könne es mit den Luftflotten der Briten, Franzosen, Sowjets und Tschechoslowaken aufnehmen und sie im Alleingang vernichten«, und er wisse »alles über die russischen Luftstreitkräfte, weil ihm bei seinem kürzlichen Besuch in Moskau die Leitung der sowjetischen zivilen Luftfahrt« angeboten worden sei. Letzteres war blanke Erfindung und das andere eine Vereinfachung von Lindberghs Eindruck von der deutschen Luftwaffe.

Die *Prawda* druckte den Artikel ab, als stammte er aus einer angesehenen Zeitung, und ermöglichte damit der russischen Regierung, Lindbergh als Lügner hinzustellen. Lindberghs Gastgeber aus der russischen Botschaft telegrafierten, er müsse diesen Artikel unbedingt richtigstellen. Aber Lindbergh blieb bei seiner altbewährten Methode und äußerte sich nicht dazu – was noch größeren Ärger heraufbeschwor.

Als Charles anderntags nach Berlin flog, war er beeindruckt, wie sehr sich das Land seit seinem Besuch vor einem Jahr verändert hatte. Berlin besaß alle Merkmale »einer gesunden, geschäftigen, modernen Stadt«. Die Luftfahrttechniker wirkten überschwenglicher als gewöhnlich und führten bereitwillig die neuesten Flugzeuge und Fabriken vor, und zwar nicht nur Lindbergh, sondern auch vielen namhaften Kongreßgästen, darunter Lindberghs Freund Igor Sikorsky. Eine ganze Woche lang besichtigte Lindbergh alle möglichen Anlagen.

Am 18. Oktober 1938 fuhr er nach einem langen Tag – er hatte die Junkers Motorenfabrik in Magdeburg besucht, war dann zu den Junkers-Werken nach Dessau geflogen und wieder zurück nach Berlin – von Truman Smith' Wohnung zu einem Herrenabend in der amerikanischen Botschaft. Der neue Botschafter Hugh Wilson sah in Lindberghs Anwesenheit die Gelegenheit, eine persönliche Bekanntschaft mit Hermann Göring zu knüpfen und damit die amerikanisch-deutschen Beziehungen zu verbessern. Außerdem hatte Wilson Truman Smith erzählt – was Lindbergh nicht wußte –, er »hoffe bei einem solchen Dinner auf Görings Unterstützung für bestimmte Maßnahmen, die besonders das Außenministerium wünscht, um die finanzielle Misere der zahlreichen Juden zu erleichtern, die zur Zeit ohne einen Pfennig auswandern müssen«.

Lindbergh befand sich an diesem Abend unter Herren von Rang und Namen: die Generäle Milch und Udet, der italienische und der belgische Botschafter, mehrere amerikanische Militärattachés und drei bedeutende Köpfe der deutschen Luftfahrt, Ernst Heinkel, Adolf Bäumker und Dr. Willy E. Messerschmitt. Göring kam als letzter. Lindbergh stand ganz hinten im Empfangsraum, als der Marschall auf ihn zuging. Kurz bevor er bei Lindbergh ankam, ließ sich Göring von seinem Adjutanten eine rote Lederschachtel reichen und begann eine Rede zu halten.

Darauf war niemand vorbereitet. Weil Lindbergh kein Deutsch sprach, bot sich der amerikanische Generalkonsul in Berlin, Raymond Geist, als Dolmetscher an. Zur Überraschung zumindest aller Amerikaner im Saal wurde Lindbergh für seine Verdienste um die Luftfahrt in aller Welt und insbesondere für seinen Flug 1927, zu dem sich das Nachkriegsdeutschland nie geäußert hatte, mit dem »Verdienstkreuz Deutscher Adler« ausgezeichnet. »Auf Befehl des Führers«, sagte Göring und öffnete die Schachtel.

Drinnen lag ein goldenes, in weißes Email gefaßtes Kreuz mit vier kleinen Hakenkreuzen an einem roten Band mit weißem und schwarzem Rand. Dazu gab es eine von Hitler unterzeichnete Erklärung auf Pergament. Lindbergh wurde von der Ehrung überrascht, dachte sich jedoch nicht viel dabei und meinte, sie sei »in der besten Absicht vergeben worden und mit nicht mehr politischen Motiven im Hintergrund als jeder andere Orden in Europa«. (Tatsächlich hatten der französische Botschafter und Henry Ford vor kurzem dieselbe Auszeichnung erhalten.) Lindbergh nahm den Orden so unfeierlich entgegen, wie er überreicht worden war, und die Herren setzten sich zum Dinner.

Botschafter Wilson saß am Kopfende der Tafel, Lindbergh ihm gegenüber. Während des Essens sprach Lindbergh zumeist mit dem Reichsluftfahrtminister Milch über Flugzeuge. Dieser fragte ihn allerdings auch, weshalb er nicht den Winter in Berlin verbringe. In der Tat war Anne in dieser Woche schon auf Haussuche gegangen, da Charles der Meinung war, Berlin werde in den nächsten Monaten die aufregendste Stadt der Welt sein. Und Botschafter Wilson hatte Lindbergh unter vier Augen angedeutet, solch ein Umzug wäre für ihn »hilfreich«.

Nach dem Essen trat Göring wieder auf Lindbergh zu und führte ihn in ein Zimmer, um sich privat mit ihm zu unterhalten. Botschafter Wilson begleitete sie, um zu übersetzen. Göring fragte Lindbergh sofort nach seiner Rußlandreise, und noch ehe eine zweite Frage zu diesem Thema gestellt wurde, verwies Wilson diplomatisch auf die Übersetzungsdienste von Generalkonsul Geist; er wisse wohl, daß die Anwesenheit eines Botschafters bei einem privaten Gespräch über Weltpolitik hinderlich sein könne, wenn nicht sogar peinlich. Lindbergh sprach frei heraus, er fände die Zustände in Rußland nicht gut, die Leute wirkten weder gut ernährt noch glücklich.

Göring lenkte das Gespräch auf die deutsche Luftfahrt. Die amerikanischen Diplomaten waren zwar dankbar für jede Information, bedachten aber auch die Möglichkeit, daß die Deutschen Lindbergh benutzten, ihm Sand in die Augen streuten und ihn falsch informierten. (Später hieß es, die Deutschen hätten nachts heimlich Maschinen von einem Flugplatz zum anderen transportiert, um ihn mit der Größe ihrer Flotte zu beeindrucken. Solche Geschichten waren unwahr und unnötig, denn Lindbergh ging es zu diesem Zeitpunkt weniger um die Potenz als um das Potential der Luftwaffe. Ihn interessierten mehr Forschung und Entwicklung als die bereits existierende Anzahl von Flugzeugen.) Und als Göring von einem neuen Junkers-88-Bomber sprach, den noch kein Amerikaner gesehen hatte, zog Lindbergh die prahlerischen Behauptungen des Marschalls, diese Maschine könne 500 Stundenkilometer fliegen, nicht in Zweifel. (Tatsächlich sollte die JU 88 bald zum Herzstück der Bombenflugzeuge der Luftwaffe werden; Deutschland produzierte im Lauf der nächsten sechs Jahre 15 000 Stück davon.) Lindbergh verließ die Botschaft wenige Minuten nach Göring. Es war ihr zweites und letztes Gespräch.

Anne Lindbergh und Kay Smith plauderten miteinander, als ihre Gatten aus der Botschaft zurückkehrten. Die Männer hatten Görings Orden nicht viel Aufmerksamkeit geschenkt, und Charles zeigte ihn Anne kommentarlos. »Sie warf bloß einen flüchtigen Blick darauf«, beobachtete Truman Smith, »und sagte dann ohne jede Regung: ›Der Albatros.‹«

So sah ihn Lindbergh nie; er bestand noch fast 20 Jahre später darauf, daß der Orden »mir nie Sorgen gemacht hat, und ich zweifle daran, daß er mir zusätzliche Schwierigkeiten bereitet hat«. Als Kay Smith jedoch an diesem Abend zu Bett ging, prophezeite sie ihrem Mann: »Dieser Orden wird Lindbergh noch viel Ärger einbringen.«

Zwei Wochen später schrieb Lindbergh an General H. H. »Hap« Arnold, den Leiter des Air Corps, und bat ihn dringend, Deutschland sofort zu besuchen, um die militärische Lage dort selbst zu beurteilen. Arnold antwortete, er sei »für eine Reise, wie Sie sie vorschlagen, 100%ig zu haben«. Auch Lindbergh bereitete sich auf eine Rückkehr nach Deutschland vor, um noch mehr Einblick zu gewinnen. »Ich bin außerordentlich erpicht darauf, mehr über Deutschland zu erfahren, und glaube, ein paar Monate in diesem Land wären aus vielen Gründen interessant«, schrieb Lindbergh an Joseph Kennedy am 9. November 1938. Anne fand in Berlin-Wannsee ein »durchaus geeignetes« Haus. Sie kehrten nach Frankreich zurück, um in Illiec einzupacken und die Kinder abzuholen.

In ebender Nacht, als Lindbergh an Kennedy schrieb, fand in Deutschland der schlimmste Pogrom des Dritten Reiches statt, eine landesweite Serie »spontaner Demonstrationen«. Mehr als 100 Synagogen wurden niedergebrannt, Tausende von jüdischen Geschäften und Häusern zerstört, Zehntausende von Juden festgenommen und in Gefangenenlager abtransportiert und Dutzende von Juden umgebracht. Die sogenannte »Kristallnacht« öffnete der Welt die Augen über die Barbarei, auf der das Deutsche Reich gegründet war. »Meine Bewunderung für die Deutschen wird ständig gegen solche Klippen geschleudert«, schrieb Lindbergh auf Illiec in sein Tagebuch. Und er gestand, daß er solche Verfolgungen überhaupt nicht begreife.

Mit einem Mal warf das »Verdienstkreuz des Deutschen Adlers« einen üblen Glanz auf seinen Empfänger. Die Presse, die Lindberghs unkooperative Haltung allmählich übelnahm, überarbeitete die Geschichte sofort. Im Dezember zum Beispiel berichtete das *Liberty Magazine*, Lindbergh sei ausdrücklich nach Berlin geflogen, um den Orden in Empfang zu nehmen; die *New York Times* schrieb, er trage den Orden stolz jeden Abend. »Mit gemischten Gefühlen«, schrieb *The New Yorker* am 26. November 1938, »verabschieden wir uns von Oberst Charles A. Lindbergh, der nun in Berlin leben will, vermutlich in einem Haus, das vorher Juden gehört hat... Wenn er weiterhin mit künstlichen Herzen experimentieren will, ist dies die ideale Umgebung.« Harold Ickes, Roosevelts Innenminister, griff in einer Rede vor einem Zionistentreffen in Cleveland im Dezember Lindbergh an und behauptete, jemand, der von Deutschland einen Orden annehme, »verwirkt sein Recht, Amerikaner zu sein«.

Während in den Vereinigten Staaten ein schon lange schwärender Groll gegen Deutschland zum Vorschein kam, wurde es für Lindbergh zunehmend schwieriger, nicht gegen das Dritte Reich Stellung zu beziehen. Aubrey Morgan theoretisierte gegen Jahresende in einem Brief an Lindbergh, jetzt habe die kochende Bevölkerung »ein bequemes Ventil für ihre aufgestaute Wut gefunden: Sie steinigt einen Mitbürger. Du bist nun ihr Sündenbock. Die Presse macht Dich bestimmt zu einem richtigen Schurken und machiavellistischen Intriganten hinter den europäischen Kulissen.«

»Die Menschen in diesem Land haben aufgehört zu denken«, schrieb Dr. Carrel aus New York – wo sich die Nichtjuden fast ebensosehr über die deutschen Übergriffe erregten wie die Juden, berichtete er. »Die Zeitungen haben über Ihren Plan, in Berlin zu bleiben, irreführende Artikel veröffentlicht«, fuhr er fort und vermerkte ihre verheerende Wirkung. »Das macht viel böses Blut gegen Sie.« Freunde und Verwandte drängten die Lindberghs in Briefen, nicht in Berlin zu bleiben und den Orden zurückzugeben. »Wir wissen, daß Charles nie etwas dementiert, was die Zeitungen drucken, und wir wissen auch, daß haarsträubende Dinge über ihn gedruckt worden sind«, schrieb ihm die Frau eines Vetters von Anne. »Aber dieser Fall scheint uns doch anders zu liegen. Zum erstenmal wird Charles einer bestimmten Seite zugeordnet, wird er in Verbindung zu etwas gebracht, was dieses Land unrecht und böse findet, und das könnte schwächere Menschen, die mit der falschen Seite liebäugeln, anregen und ermutigen.«

Lindbergh brauchte keine Ratschläge, um den Plan eines Umzugs nach Berlin aufzugeben. Da er unmittelbaren Zugang zu den Schalthebeln der Diplomatie wollte und eine geeignete Schule für seinen Sohn Jon suchte, beschlossen Charles und Anne, Illiec zu verlassen und in eine Wohnung in der Avenue Maréchal Maunoury Nr. 11 im 16. Arrondissement in Paris zu ziehen. »Ich mache mir keine großen Sorgen über die Geschichten in den Zeitungen und suche und schätze keinen Ruhm, der von der Presse abhängt«, erklärte er Dr. Carrel Anfang Dezember. Der Umzug nach Paris, erklärte er, habe nur einen wichtigen Grund, »die Tatsache nämlich, daß ich keinen Umzug will, der die deutschen Ausschreitungen gegen die Jugen gutzuheißen scheint«. Er gab zu, daß er die deutsche Vorgehensweise noch immer nicht verstand, und solange er sie nicht verstehe, wolle er »weder unsere Regierung noch die deutsche in Verlegenheit bringen. Ein Umzug nach Berlin unter den gegebenen Umständen könnte dies leicht zur Folge haben.«

Von seinem Stützpunkt Paris aus führte Lindbergh in den nächsten vier Monaten seine Pendeldiplomatie fort. Er stattete England mehrere Besuche ab und konferierte mit Botschafter Kennedy, den Astors und den britischen Luftfahrtbeamten. Auf Bitten der Luftfahrtminister von Frankreich und Deutschland begab er sich zweimal in geheimer Mission nach Berlin – eine Woche lang Mitte Dezember und drei Tage Mitte Januar – und machte hier den gleichen Vorschlag wie bei den Gesprächen über den Kanadaplan. Daladier und la Chambre erkannten mittlerweile die Notwendigkeit eines Ausbaus ihrer Luftstreitkräfte und teilten Lindbergh mit, sie seien bereit, zwar keine Flugzeuge, aber immerhin Motoren von Deutschland zu kaufen, wenn das Dritte Reich einwillige. Lindbergh erfuhr nie, ob Hitler dem Plan selbst zugestimmt hatte, aber Reichsluftfahrtminister Milch berichtete Lindbergh, sie könnten das Geschäft abschließen. Da seine Arbeit getan war, zog sich Lindbergh von dem Projekt zurück. Bald darauf erfuhr er, daß auch die Franzosen sich zurückgezogen hatten, denn die Spannungen zwischen den beiden Ländern nahmen wieder zu.

Während seiner Besuche in Berlin suchte Lindbergh beharrlich nach Antworten auf die beschönigend so genannte »jüdische Frage«. Wann immer möglich, schnitt er das Thema an und fand keinen einzigen Deutschen, der sich der jüngsten Gesetzwidrigkeiten gegen die Juden nicht zu schämen schien. Aber er begegnete auch keinem einzigen Deutschen, der die Juden nicht aus dem Land haben wollte. Die ganze Nation schien der Nazipropaganda zu glauben, daß »überwiegend der Jude für den inneren Zusammenbruch und die Revolution nach dem Krieg verantwortlich ist. Zur Zeit der Inflation sollen die Juden einen Großteil der Immobilien in Berlin und anderen Städten besessen haben – sie lebten in den schönsten Häusern, fuhren die besten Automobile und verkehrten mit den hübschesten deutschen Mädchen.« Lindbergh traf sich mit George Rublee, einem alten Freund von Dwight Morrow, der Vorsitzender des Internationalen Flüchtlingskomitees geworden war und in Berlin auf die Deutschen einzuwirken suchte, ihre Verhalten gegenüber den Juden zu mäßigen. Lindbergh rühmte Rubless Tugenden vor Milch und Udet und machte ihn mit Otto Merkel von der *Lufthansa* bekannt, von dem er annahm, er werde Rublees Ansinnen vielleicht gewogen sein.

Nazideutschland, ein immer höher aufragendes Monument der Technokratie, war ein Ideal, zu dem sich Lindbergh nach wie vor gern bekannt hätte. Solange er imstande war, seine Gefühle mit dem Verstand zu kontrollieren, konnte er auch glauben, daß ein neues Regierungssystem, eine neue Ordnung, die entgleisende Welt retten würde. »Ich teilte den Widerwillen der demokratischen Völker angesichts der Demagogie von Hitler, der manipulierten Wahlen, der Geheimpolizei«, äußerte er später. »Und doch sah ich in Deutschland bei aller Rohheit die zwingende Alternative zum Verfall – eine Herausforderung, die sich trotz geltendem ›Recht‹ und Gesetz mehr auf den Drang zum Erfolg stützte.« Statt sich den Preis anzusehen, der für diesen »Erfolg« gezahlt wurde, steckte Lindbergh den Kopf in den Sand, wenn er mit den unmenschlichen Verbrechen konfrontiert wurde, die so viele andere abstießen.

Nach Lindberghs Ansicht würde das letzte Gefecht in Europa nicht zwischen Faschismus und Demokratie stattfinden, sondern zwischen zwei Diktatoren, Stalin und Hitler. Nichts von dem, was den Nazis zugeschrieben wurde, kam auch nur annähernd der »Brutalität und dem Terror« der Russen gleich, von denen das Gerücht ging, sie hätten seit der Revolution 40 Millionen Menschen abgeschlachtet. »Meine größte Hoffnung« schrieb Lindbergh als Erklärung für seine politische Linie der nächsten Jahre, »lag darin, daß sich ein Krieg womöglich auf einen Kampf zwischen Hitler und Stalin begrenzen ließ. Es schien denkbar, daß Deutschland in eincr solchen Auseinandersetzung als Sieger hervorging, und bis dahin wären Frankreich und England schon stärker. Ich glaubte, daß ein Sieg der europäischen Deutschen unter allen Umständen einem der halbasiatischen Russen aus der Sowjetunion vorzuziehen wäre. Hitler würde nicht ewig leben, und ich war überzeugt, daß die Deutschen die Ausschreitungen des Naziregims eindämmen würden.«

Noch im April 1939, als Deutschland schon die Tschechoslowakei vereinnahmt hatte, war Lindbergh bereit, Hitler zu entschuldigen. »So sehr ich vieles mißbillige, was Deutschland getan hat«, schrieb er am 2. April 1939 in sein Tagebuch, »so glaube ich doch, daß es als einziges Land in Europa in den letzten Jahren eine konsequente Politik verfolgt hat. Ich kann nicht gutheißen, daß es seine Versprechungen gebrochen hat, aber das Land ist hierin nur um weniges weiter gegangen als andere Nationen. Recht und Unrecht ist eine Sache vor dem Gesetz und eine andere im Angesicht der Geschichte.« Nach seiner Mission im Januar 1939 betrat Lindbergh erst wieder deutschen Boden, als das Dritte Reich in Trümmern lag.

Die Lindberghs nutzten ihren Winter in Paris und besuchten Museen und Galerien. Eines Abends gingen Anne und Charles in das Restaurant *Tour d'Argent* an der Seine. Das köstliche Essen wurde ihnen verdorben durch eine Gruppe von Amerikanern und Franzosen am Nebentisch, die sie erkannten. Allzu laut besprachen sie Lindberghs feindseliges Verhältnis zur Presse – »Zeitungsgerüchte, die Entführung unseres Kindes, den Prozeß in Flemington, lauter Dinge, die ein diskreter Mensch am Nachbartisch nicht erwähnt«, schrieb Lindbergh in sein Tagebuch. Er war kein weltweit unangefochtener Held mehr.

Manche Leute verachteten ihn regelrecht. Familie und Freunde hinterbrachten ihnen, es sei eine Kampagne gegen sie im Gange. In den Kinos zischten die Zuschauer, wenn Lindbergh in der Wochenschau erschien, viele jüdische Buchhändler boykottierten Annes von der Kritik gelobten Bestseller *Horch, der Wind!*, und im Dezember 1938 erschienen Anzeigen von TWA ohne den Slogan »Die Lindbergh-Linie«. Dieses Grollen verstörte Anne tief, denn sie fand: »C. ist kein Antisemit und ist es nie gewesen.« Sie hoffte, diese Mißliebigkeit würde sich als flüchtig erweisen, aber sie wußte auch, daß »die Kugel des Gerüchts und der Kritik, einmal ins Rollen gebracht, schwer aufzuhalten ist«.

Nach drei Jahren im Ausland fragte sich Lindbergh, welchen Beitrag er für die Verbesserung der Beziehungen unter den Völkern Europas noch leisten konnte. Falls ein Krieg ausbrach, dachte er, »war mein Platz in meinem eigenen Land. Mir schien, ich konnte in Amerika einen heilsamen Einfluß ausüben, indem ich das Volk vor der gefährlichen Sowjetunion warnen und erklären könnte, daß Hitlers Vernichtung, selbst wenn sie durch Einsatz der amerikanischen Mittel erreicht werden könnte, womöglich eine Steigerung der noch schlimmeren Bedrohung durch Stalin zur Folge haben würde.« Als einer der wenigen Menschen, die die Brennpunkte der Weltpolitik besucht hatten, fühlte er sich gedrängt, sich für eine amerikanische Politik der »Stärke und Neutralität einzusetzen, die die europäischen Nationen ermutigen sollte, die Verantwortung für ihre Beziehungen und Schicksale selbst zu übernehmen. Wenn sie sich aufs neue in einen mörderischen Krieg stürzten, bliebe zumindest eine starke westliche Nation übrig, die die westliche Kultur beschützte.«

Lindbergh buchte eine Überfahrt auf der *Aquitania*. Die Entscheidung, ob er seine Familie nach Amerika nachkommen ließ, hing davon ab, so schrieb er in sein Tagebuch, »was ich dort tun kann, falls ich den Sommer über dort bleibe«.

14

DER GROSSE STREIT

»Mein Vater hat sich dem Eintritt der Vereinigten Staaten in den Ersten Weltkrieg widersetzt ... Ich war nicht alt genug, um die wesentlichen Themen des Krieges zu verstehen, aber ich war doch stolz, als ich merkte, daß mein Land jetzt mächtig und einflußreich genug war, um in den Weltkrisen eine bedeutende Rolle zu spielen.«

C. A. L.

Viele Gerüchte von gestern wurden zur Geschichte von heute. Am 1. Januar 1939 zum Beispiel legte Walter Winchell einige Bemerkungen Joseph P. Kennedys etwas großzügig aus und berichtete seinem Publikum über Zeitung und Radio, es sei Lindberghs »inzwischen berühmter Bericht über Deutschlands starke Luftwaffe gewesen, der sich als ausschlaggebender Faktor für Premierminister Neville Chamberlains Politik in München erwiesen hat«. Schätzungsweise 50 Millionen Menschen erhielten diese »Information«. Mehr als ein Historiker hat Winchell später zitiert und behauptet, den Bedingungen in München wäre nie zugestimmt worden, wenn Lindbergh die militärische Stärke Deutschlands nicht so falsch eingeschätzt hätte. Ein anderer vergrößerte diesen Irrtum noch, indem er ihn mit der Aussage eines bedeutenden britischen Historikers in Verbindung brachte, es sei »sehr wohl bekannt«, daß die Deutschen für Lindberghs Besichtigungstouren immer dieselben Flugzeuge von einem Flugplatz zum anderen verschoben hätten – noch so eine Klatschgeschichte. Manche gingen soweit, daß sie andeuteten, es hätte vielleicht gar keinen Zweiten Weltkrieg gegeben, wenn Lindbergh nicht nach Deutschland gefahren wäre!

Im Jahre 1939, als Hitler sein Reich ausweitete, gelangten die Begriffe »München« und »Chamberlain« als Synonyme für Beschwichtigung und Nutzlosigkeit in die Lexika. In Amerika war Lindbergh für manche ein Schwarzmaler, ein von den Nazis Genarrter, sogar ein »Kollaborateur«.

Nach monatelangen widersprüchlichen Berichten über Lindberghs Reisen durch Europa versuchte der Washingtoner Korrespondent Arthur Krock die Dinge richtigzustellen. Während die Regierung der Vereinigten Staaten endlich die Luftflotte modernisierte, erklärte der angesehene Kommentator der *New York Times*, sie schulde ihre neue Größe und

Durchschlagskraft nicht zuletzt Lindbergh, da man endlich auf seine Warnungen gehört habe. »Kritik an seinen Aktivitäten, sei es in Deutschland oder anderswo«, schrieb Krock, »ist ebenso dumm wie unfair.«

In seiner Kolumne vom 1. Februar 1939 schilderte Krock detailliert die Ergebnisse von Lindberghs Missionen in Berlin und betonte für die Kritiker, daß Lindbergh »die ganze Zeit über offizieller amerikanischer Berichterstatter und Berater in Sachen Luftfahrt war«, und daß der wichtigste Nutznießer seiner Informationen und technischen Beurteilungen die amerikanische Regierung gewesen sei. »Oberst Lindbergh ist kein gewöhnlicher Mann«, schloß Krock, »und das gilt auch für sein Temperament und seine Methoden. Dieser Individualismus hat ihm persönlich einige Abneigung eingebracht. Aber soweit sie sich auf die Annahme beruft, er sei gar kein so schätzenswerter Patriot, ist sie unbegründet.« Nicht alle lasen die *Times*.

Am Samstag, dem 8. April 1939, sagte Lindbergh seiner Frau und den beiden Kindern in Paris adieu, nahm den Zug nach Cherbourg, ging dort an Bord der *Aquitania* und fuhr nach New York. Während der Überfahrt blieb er soviel wie möglich in seiner Kabine, weil er an einem neuen Buch arbeitete, wieder einem Bericht über seinen Flug nach Paris. Am ersten Abend ging er schon früh in den Speisesaal, in der Hoffnung, so der Menge zu entkommen. Nur ein anderer Passagier gesellte sich zu ihm, einer der vielen jüdischen Flüchtlinge an Bord. Es war eine hübsche Rumänin von 20 Jahren – und das schuf neue Probleme. Er unterhielt sich höflich mit ihr und fand ihre Gesellschaft angenehm; aber er wußte sehr wohl, daß er ihr für den Rest der Reise aus dem Weg gehen mußte, sonst »kriegen sie die Zeitungen in Amerika in die Klauen, fotografieren und interviewen sie und werfen sie dann in die Gosse, wie üblich«. Andererseits, vermutete Lindbergh, wenn er den Tisch wechselte, müßte sie annehmen, er tue das, weil sie Jüdin sei.

In der Einleitung zu Lindberghs *Kriegstagebüchern*, die 1970 veröffentlicht wurden, schrieb William Jovanovich, daß die Einträge genauso abgedruckt worden seien, wie er sie geschrieben habe, abgesehen von privaten Äußerungen über noch lebende Personen, Wiederholungen und Material, das »nicht für wichtig genug erachtet wurde, um eine zusätzliche Erweiterung des umfänglichen Werkes zu rechtfertigen«. Das stimmte größtenteils. Aber es gab auch Auslassungen in der Veröffentlichung, die eigentlich wesentlich gewesen wären. Wie bei der späteren Edition von Annes Tagebüchern kreiste der Großteil dieser gestrichenen Stellen um ein Thema: die Juden.

Keiner der Texte enthält eine offene Verunglimpfung von Juden. Im Grunde drückten die meisten Zuneigung und Bewunderung aus. Aber gerade indem er über ein bestimmtes Volk so schrieb, sonderte er sie innerlich vom Rest der Nation ab, und insofern war er wie viele seiner Landsleute Antisemit. Zum Beispiel wurde der folgende Absatz aus Lindberghs Tagebucheintrag vom 10. April 1939 – nach ein, zwei stürmischen Tagen, in denen die meisten Passagiere ihre Kabinen nicht verlassen konnten – nie veröffentlicht:

> Der Steward sagt mir, daß die meisten jüdischen Passagiere seekrank sind. Man stelle sich vor, daß die Vereinigten Staaten diese Juden aufnehmen, zusätzlich zu denen, die wir schon haben. In Städten wie New York gibt es schon zu viele. Einige wenige Juden sind der Kraft und Eigenart eines Volkes förderlich, aber zu viele erzeugen Unruhe. Und wir kriegen zu viele. Die derzeitige Einwanderung wird Auswirkungen haben.

Lindbergh richtete sich mit diesem Angriff nicht ausdrücklich und ausschließlich gegen die Juden, er hätte ein Gleiches über jede andere Minderheit schreiben können. Aber man kann sich nur schwer vorstellen, daß er denselben Kommentar über protestantische Engländer abgefaßt hätte.

Nach mehr als drei Jahren im Ausland war Lindbergh überzeugt, daß die Welt auf ein Chaos zu taumelte. Er hoffte nur, daß es noch nicht zu spät war, einen größeren Krieg abzuwenden, denn der würde »vermutlich eher die westliche Kultur zerstören als unsere Probleme oder die der europäischen Nationen lösen«. Bei seiner Rückkehr beschloß Lindbergh, »jede denkbare Rolle zu übernehmen, um einen Krieg in Europa zu verhindern, und falls ein Krieg ausbricht, dagegen zu kämpfen, daß mein Land sich einmischt«.

Amerika erwartete seine Ankunft, besonders jene Amerikaner, die ein Interesse an der Luftfahrt hatten – darunter auch Politiker in Washington. General Arnold bat Lindbergh noch während der Überfahrt per Funk, nach seiner Ankunft so bald wie möglich mit ihm Kontakt aufzunehmen.

Noch ehe die *Aquitania* angelegt hatte, sprangen ganze Schlepperladungen von Reportern an Bord. Lindbergh sperrte sich in seiner Kabine ein und gestattete niemandem den Zutritt – außer drei unerwarteten Gästen, den Carrels und Jim Newton, die den Presseansturm vorausgesehen und die Erlaubnis bekommen hatten, auf dem Lotsenboot mit den Zollbeamten hinauszufahren, um Lindbergh vom Schiff zu helfen. Pausenlos hämmerten die Reporter an die Kabinentür. Von der Nachbarkabine kam ein Fotograf, der einen Steward bestochen hatte, in den Raum, schoß mit Blitzlicht ein Foto und rannte davon. »Es ist lächerlich, daß man nicht in sein Land zurückkehren kann, ohne die Keilerei der Fotografen und die Lügen und Beleidigungen der Presse über sich ergehen lassen zu müssen«, sinnierte Lindbergh. »Das nimmt der Freiheit der Demokratie ihre Köstlichkeit und bringt einen zum Grübeln, wo Freiheit endet und Unordnung beginnt.«

Nachdem die Gangway heruntergelassen worden war, kamen zwei New Yorker Polizeibeamte in Lindberghs Kabine und boten ihm an, einen Kordon zu bilden. Lindbergh wollte lieber allein hinausgehen, und als alle anderen Passagiere von Bord gegangen waren, versuchte er es. 150 Fotografen und Reporter säumten den Korridor zu beiden Seiten, drängelten sich an ihn ran und ließen Blitzlichtbirnen vor seinen Augen platzen. »Den ganzen Weg über Deck liefen die Fotografen vor und hinter uns her, versperrten uns den Weg, wurden von der brüllenden Polizei beiseitegeschoben und stolperten übereinander«, beschrieb Lindbergh seine Ankunft. Das zerborstene Glas Hunderter ausgeworfener Blitzlichtbirnen knirschte unter den Füßen von ihm und seiner Eskorte. Der Chauffeur der Morrows, der vor der Gangway wartete, brauste mit ihm über den neuen Henry Hudson Parkway davon und über die George Washington Bridge nach Englewood. Kaum war er in Next Day Hill angekommen, rief er General Arnold an.

Am nächsten Morgen fuhr er nach West Point, wo er mit Arnold die Lage in Europa besprach. Da Lindbergh schon »das genaueste Bild der Luftwaffe, ihrer Ausrüstung, Befehlshaber, offensichtlicher Pläne, Exerziermethoden und derzeitiger Mängel« geliefert hatte, wie Arnold es anerkennend beschrieb, sprach der General jetzt von einem neuen Auftrag für Lindbergh. Als sie sich zwei Tage später in Washington trafen, fragte Arnold Lindbergh, ob er wieder aktiv in den Heeresdienst eintreten und Untersuchungen anstellen wolle, wie sich »die Effektivität der amerikanischen [aeronautischen] Forschungseinrichtungen steigern« ließe. Am nächsten Morgen nahm Lindbergh die Aufforderung zum aktiven Dienst als Oberst im Air Corps der Army an. Er schrieb Dr. Carrel, er müsse die gemeinsame medizinische Forschung für einen unbegrenzten Zeitraum unterbrechen, und telegrafierte Anne in Paris, sie und die Kinder sollten mit dem nächsten Schiff kommen.

Am Morgen des 20. April 1939 sprach Lindbergh eine halbe Stunde mit Kriegsminister Harry Hines Woodring über die Luftstreitkräfte Europas und Amerikas und ging dann ins Weiße Haus zu einem Treffen mit seinem obersten Dienstherrn. Die beiden berühmtesten Amerikaner hatten sich zwar 1934 wegen der Luftpost duelliert, aber dies war Lindberghs erste Begegnung von Angesicht zu Angesicht mit Franklin D. Roosevelt.

Der Präsident saß an einem Schreibtisch am Ende eines großen Raumes. »Er beugte sich auf seinem Stuhl vor, um mich zu begrüßen«, schrieb Lindbergh später ins ein Tagebuch, »und erst jetzt stutze ich, und mir fällt ein, daß er gelähmt ist. Während unseres Zusammenseins habe ich es nicht bemerkt und nicht daran gedacht.« Roosevelt erkundigte sich sofort nach Anne, die mit seiner Tochter in die Schule gegangen war. »Er ist ein gewandter, liebenswürdiger, interessanter Gesprächspartner«, notierte Lindbergh. »Ich mochte ihn und merkte, daß ich gut mit ihm zurechtkam. Eine nähere Bekanntschaft wäre gewiß angenehm und interessant.«

»Aber«, fügte er ebenso überzeugt hinzu, »er hatte etwas an sich, dem ich nicht traute. Er war ein wenig zu glatt, zu angenehm, zu ungezwungen. Doch er ist unser Präsident, und bei der Arbeit, die ich jetzt erledige, gibt es keinen Grund zur Feindseligkeit.« Obwohl er FDR »hauptsächlich als Politiker« sah und meinte, daß sie »in vielen Grundsatzfragen nie übereinstimmen würden«, diente Lindbergh ihm und seinem Land gern. »Es ist besser, wir arbeiten zusammen, solange wir können«, sagte sich Lindbergh, »allerdings habe ich das Gefühl, daß es vielleicht nicht lange dauert.«

Nach 15 Minuten beim Präsidenten vertauschte Lindbergh den einen Fotografenpulk auf den Stufen des Weißen Hauses gegen einen anderen in den Büros des *National Advisory Committee for Aeronautics.* Lindbergh sagte dem Komiteesekretär, er werde den Raum für die Vorstandssitzung erst betreten, wenn die Fotografen fertig seien. Diese jedoch protestierten, sie wollten keine Bilder ohne Lindbergh. Schließlich schlugen die Fotografen vor, sie würden ihn – auf ihr »Ehrenwort« – in Zukunft in Ruhe lassen, wenn sie nur ein einziges Bild von ihm machen dürften. »Man stelle sich vor, ein Pressefotograf, der von seinem Ehrenwort spricht!« dachte Lindbergh, und blitzartig kam ihm ein Bild aus der Vergangenheit in den Sinn, das er nie hatte verdrängen können. »Die Sorte Mensch, die durch das Fenster des Leichenschauhauses in Trenton eingebrochen ist, den Sarg meines Kindes geöffnet und den Leichnam fotografiert hat – *die* kommt mir mit Ehre.« Er wartete in einem Nebenzimmer, bis der letzte Fotograf den Raum verlassen hatte, erst dann begann die Sitzung.

Am Nachmittag schilderte Roosevelt der Presse sein Gespräch mit Lindbergh und behauptete, Lindberghs Zahlen bezüglich der deutschen Luftmacht seien »dieselben, die wir schon seit München kennen«. Außerdem, fügte der Präsident hinzu, habe er »hinsichtlich der Konstruktionsmöglichkeiten bestätigt, womit sich unser Volk schon im letzten September abgefunden hat«.

Am Tag darauf fuhr Lindbergh nach Bollling Field, wo ihm eine Curtiss P-36 A zugeteilt wurde, ein Einsitzer und Eindecker, das modernste Jagdflugzeug des Air Corps. Er machte sich ein paar Stunden lang mit dem Flugzeug vertraut. Am nächsten Morgen begann er eine drei Wochen lange Inspektionstour mit 23 Stationen. Den ganzen Sommer lang reiste er von Küste zu Küste und besichtigte Labors, Ausbildungsstätten, Fabriken und Flugplätze. Auf einem nächtlichen Umweg über Roswell besuchte er Robert Goddard und stellte fest, daß der Raketentechniker »in diesem Jahr mehr zuwege gebracht hat als in jedem vergleichbaren Zeitraum zuvor«. Er machte Fortschritte mit Leichtgewichtpumpen, röhrenumwundenen Brennkammern, Kreiselsteuerung und beweglichen Steuerflossen. Lindbergh erzählte Goddard, was er in Deutschland gesehen hatte, und daß das Gespräch jedesmal abgebogen wurde, wenn er auf Raketen zu sprechen kam. »Ja«, meinte Goddard, »die müssen Raketenpläne haben. Wann haben unsere Leute in Washington endlich ein Einsehen!«

»Das amerikanische Potential war eindeutig enorm«, erinnerte sich Lindbergh später an seine Besichtigungstour, »aber die existierenden Fabriken und Forschungseinrichtungen waren unzureichend im Vergleich zu denen in Deutschland.« Er widmete die nächsten Monate nach Kräften einer Verbesserung dieser Situation. Ein Weg dorthin war der Vorsitz im NACA-Komitee zur Koordinierung der zwei Dutzend unterschiedlichen Organisationen, die sich in Amerika damals mit der Luftfahrtforschung befaßten. Auf General Arnolds Bitte saß er auch in einem Ausschuß, der das Forschungs- und Entwicklungsprogramm des Air Corps' überarbeiten und detaillierte Vorschläge für Militärflugzeuge machen sollte, die in den nächsten fünf Jahren angeschafft werden konnten. Das ganze restliche Jahr 1939 »sprach ich mit Senatoren, Kongreßabgeordneten, Diplomaten, Managern, Wissenschaftlern und Ingenieuren über die notwendigen Schritte für die Entwicklung der amerikanischen Luftfahrt und, das war unvermeidlich, über die Kriegsgefahr in Europa und die Haltung Amerikas hierzu«, berichtete Lindbergh später. Dem *National Geographic* schwärmte er derart von Dr. Goddard vor, daß die Redaktion einen Artikel über dessen Arbeit in Roswell in Angriff nahm. Wie schon seit einem Jahrzehnt empfand er es als seine vordringlichste Aufgabe, Amerika zur führenden Luftmacht in der Welt zu machen. Pro Arbeitsmonat ließ er sich nur zwei Wochen von der Regierung bezahlen.

Es dauerte nicht lange, da empfahl der Präsident, 300 Millionen Dollar für den Ausbau der Luftstreitkräfte in Army und Navy zur Verfügung zu stellen. »Und wenn die neue Luftflotte der Vereinigten Staaten sich in die Lüfte erhebt,« schrieb Arthur Krock, »dann gehört zu denen, die für ihre Größe, Modernität und Schlagkraft verantwortlich sind, auch Oberst Charles A. Lindbergh.«

Lindberghs neue militärische Pflichten hinderten ihn daran, Anne am Kai abzuholen, als sie im Morgengrauen des 28. April 1939 nach Amerika zurückkehrte. Außerdem, schrieb er in einem Briefchen, das sie noch an Bord der *Champlain* erreichte, würde seine Anwesenheit nur mehr Aufmerksamkeit erregen. Mit Zollbeamten, einem Polizeischutz von fast hundert Mann und einem Chauffeur als Beschützer gingen Anne und die Kinder relativ ungestört von Bord. Als sie in Next Day Hill ankamen, fand sie Charles im ersten Stock schlafend, da er nachts aus Washington herübergefahren war. Er wachte jedoch sofort auf, und sie freute sich, als sie ihren Mann infolge seiner neuen Aufgaben so beschwingt sah. »Es ist wunderbar, ihn so erfüllt und aktiv zu erleben«, schrieb sie in ihr Tagebuch, »er steckt all seine Energie in etwas Erfolgreiches.«

Am 27. Mai 1939 versammelten sich die Morrows um den Eßtisch in Next Day Hill, um Annes und Charles' zehnten Hochzeitstag zu feiern.

»Alles ging gut, bis ich um ein Glas Champagner bat, um einen Trink-
spruch auszubringen«, schrieb Betty Morrow an diesem Abend in ihr Tagebuch. »Ich sagte nicht, auf wen, aber C. schüttelte den Kopf und sagte
laut und entschieden: ›Nein, nein, sonst feiern wir hier nie mehr einen
Jahrestag.‹« Plötzlich fiel seiner Schwiegermutter wieder jener drohende
Ton vor zehn Jahren ein, als sie ein schärferes Messer für den Hochzeits-
kuchen hatte holen wollen. »Natürlich sprach ich nicht weiter«, erinnerte
sie sich, »aber etwas später bot sich die Gelegenheit, ihm zu sagen, ich
hätte nicht vorgehabt, seine bekannten Gefühle gegen Jahrestage zu ver-
letzen.« Später am Abend kam Charles in ihr Zimmer und entschuldigte
sich. Es sei nicht absichtlich geschehen, erklärte er, er habe unrecht und
es tue ihm leid. »Er war sehr lieb«, beschrieb Mrs. Morrow diese Entschuldigung, die erste von ihm, an die sie sich erinnern konnte. »Ach, wie
sehr hat er sich in diesen zehn Jahren verändert!«

Drei Tage später – zwischen den Reisen für die Regierung – gingen
Charles und Anne auf Haussuche. Sie hatten schon mit dem ersten Objekt
Glück, einem großen, weißen, mit Schindeln gedeckten Haus auf einem
Hügel in Lloyd Neck, an der Nordküste von Long Island. Es lag hoch, mit
Blick über den Sound – eine Lage, die an Little Falls und Illiec erinnerte.
Und Charles schätzte daran, daß es »weder allzu leicht erreichbar noch
allzu abgelegen war«, und daß es mehrere Flugplätze in der Umgebung
gab. Sie mieteten es im Namen ihrer Sekretärin Christine Gawne für 2000
Dollar bis zum 1. November und zogen gleich ein, mit Miss Gawne und
einer Schweizer Gouvernante für die Kinder. Es sollte jedoch fast zwei Monate dauern, bis Charles ein ganzes Wochenende dort verbringen konnte.

Angesichts der Ernsthaftigkeit, mit der Lindbergh seine neue Arbeit für
die Regierung erledigte, ließen ihm die großen Zeitungen eine gewisse
Ellbogenfreiheit, damit er seinen Pflichten nachkommen konnte. *TIME*
schrieb sogar einen Artikel, der in dem »jahrelangen, dunklen Krieg« mit
Presse und Öffentlichkeit verständnisvoll seine Partei ergriff. »Zwölf
Jahre lang war Charles Lindbergh ein Held, und zwölf Jahre sind zuviel«,
stand in dem Artikel. »Es ist nicht zu übersehen, daß die Beziehung
zwischen Charles Lindbergh und dem Volk der Vereinigten Staaten tra-
gisch gescheitert ist, und das geht auf das Konto der Heldenverehrung...
Entweder zwingt ihn die Verfolgung der Öffentlichkeit zu einem fast
mönchischen Leben, und er muß auf die Welt verzichten, an der sich
andere Menschen freuen, oder die Heldenverehrung stirbt vielleicht endlich eines natürlichen Todes.« Die Zeitschrift, die das eine wollte und das
andere nicht lassen konnte, setzte sein Bild auf die Titelseite.

Lindbergh achtete nicht auf den Krieg, von dem *TIME* sprach, sondern
nur auf das Säbelrasseln an den europäischen Grenzen. Noch vor seiner
Rückkehr hatte Italien Albanien vereinnahmt. Wenige Tage später trat
Ungarn aus dem Völkerbund aus und erließ in Kumpanei mit Deutschland

antisemitische Gesetze. Lindberghs Befürchtungen wuchsen stetig, da die Bemühungen Frankreichs, Englands und Rußlands, eine »Friedensfront« gegen Deutschland zu errichten, in eine Sackgasse geraten waren. Noch besorgter machte ihn, daß die Nazis den Nichtangriffspakt mit Polen und das Flottenabkommen mit England kündigten und einen Nichtangriffspakt mit den Sowjets unterzeichneten. Mittlerweile hatte Präsident Roosevelt König George VI. und Königin Elizabeth von England eingeladen, um die Freundschaft beider Länder zu dokumentieren. Kurz nach ihrem Besuch in Amerika stellte FDR den Antrag auf Widerruf des Waffenembargos gegen kriegsführende Parteien, so daß die Vereinigten Staaten Großbritannien zu Hilfe kommen konnten, und er bat den Kongreß, das Neutralitätsgesetz zu überarbeiten. Lindbergh wandte all seine Aufmerksamkeit der weltpolitischen Lage zu.

Anne hatte ihren Mann noch nie so vital erlebt. Voll Neid und Ehrfurcht sah sie, wie er sich seinen politischen Kurs zurechtlegte, und manchmal fragte sie sich, warum sie nicht gleichermaßen leidenschaftlich empfand. Weil Anne durch die Ehe in fast allen Gefühlen und Taten von Charles abhängig geworden war, erlaubte sie sich kaum die Einsicht, daß sie seine politische Sicht nicht unbedingt in allen Punkten teilte. Sie lebte weniger *mit* Charles als *durch* ihn, und es wurde ihr bewußt, daß sie sich unvollkommen, unerfüllt und leicht niedergeschlagen fühlte. In diesem Sommer jedoch bekam Anne völlig unerwartet neuen Schwung, ja mehr als das: Sie verliebte sich in einen anderen Mann.

Antoine de Saint-Exupéry war noch keine vierzig, aber weltweit schon eine Legende. Als einen der ersten Luftpostpiloten hatte ihn die Sehnsucht nach Abenteuern durch die Städte Europas, die Berge Südamerikas und die Wüsten Afrikas geführt. In eine verarmte Adelsfamilie hineingeboren, war er ohne Vater aufgewachsen und stand seiner Mutter ungewöhnlich nahe. Dieser 1,88 große Nomade mit seiner Liebe zur Natur war schüchtern, besaß aber eine natürliche erotische Anziehungskraft. Anne Lindbergh hatte noch nie so jemanden erlebt.

Anders als Charles Lindbergh war »Saint-Ex« nicht nur ein Mann der Tat und der Wissenschaft, sondern auch der Philosophie und der Kunst – ein Flieger, der keine Angst hatte, seine Gefühle auszudrücken. In seinem Heimatland Frankreich wurde er als erster Prosa-Poeta laureatus der Lüfte gepriesen – der gefeierte Autor von *Nachtflug* und *Wind, Sand und Sterne*. (Bald sollte er *Der kleine Prinz* schreiben und zeichnen, einen jahrelangen Bestseller, der ihn zu Frankreichs meistübersetztem Autor machte.) Und er führte gern Kartenkunststücke vor.

Anne las *Wind, Sand und Sterne*, als es im Sommer 1939 in Amerika erschien, und fand, es enthielt »alles – und mehr –, was ich schon immer über das Fliegen, die Zeit und über menschliche Beziehungen hätte sagen wollen«. Ihre französischen Verleger sahen eine Verwandtschaft zwischen den beiden Büchern und baten Saint-Exupéry, ein Vorwort zu der bevorstehenden Ausgabe von *Horch, der Wind!* zu schreiben. Doch nachdem Saint-Exupéry Mrs. Lindberghs Buch gelesen hatte, schrieb er neun Seiten, eine tiefgehende Analyse des Buches und der Autorin. Als sie erfuhr, daß er in New York war, fand sie den Mut, ihn nach Lloyd Neck zum Abendessen und Übernachten einzuladen.

Da Charles auf einer Sitzung war, holte sie ihn am *Ritz* ab und war erstaunt über seine schlechte Haltung und beginnende Glatze; sie fand, daß er »keineswegs gut aussah«. Nichtsdestoweniger verfiel sie sofort dem Zauber seines »unergründlichen« Gesichts und seiner ernsten, dunklen Augen. Anne war erst einen Block weit gefahren, als der Motor abstarb und nicht wieder anspringen wollte. Sie ließen das Auto in eine Werkstatt bringen und nahmen ein Taxi zur Pennsylvania Station. Während sie auf den Zug nach Long Island wareteten, saßen sie auf Barhockern an der Theke und tranken Orangeade, wie ein Teenagerpärchen bei einem Rendezvous. Sie schwatzten die ganze Fahrt bis Huntingdon auf französisch dahin, über alles mögliche von der Fliegerei bis zu ihrer einmütigen Bewunderung für Rilke. Trotz Annes eingerostetem Französisch sprachen sie dieselbe Sprache. Es dauerte nicht lange, da beendeten sie gegenseitig ihre Sätze.

»Es war sehr aufregend«, schrieb Anne in einem der längsten Einträge, die sich im Lauf der Jahrzehnte in ihrem Tagebuch finden.

Vielleicht kam es daher, daß fast zum erstenmal jemand mit mir nur über mein *Können* sprach. Nicht weil ich eine Frau war, zu der man höflich sein, die man mit oberflächlichen Komplimenten umgarnen mußte, nicht weil ich die Tochter meines Vaters oder C.s Frau war – nein, nur wegen meines Buches, meines Verstandes, meines *Könnens*. Ich *kann* etwas! Und nun findet ein Meister dieses Fachs, der so schön schreibt, ich wisse genug Bescheid über meine Arbeit, daß er mit mir Erfahrungen austauschen und mit meinem Verstand fechten will, Klinge an Klinge.

Es sprang nicht nur ein Funke über. »Sommerlicher Blitzschlag«, schrieb sie in ihr Tagebuch.

Charles erwartete sie weder am Bahnhof noch zu Hause. Merkwürdigerweise blieb er an diesem Abend im Verkehr stecken und kam erst um 22.00 Uhr heim. Anne und Saint-Exupéry setzten ihre angeregte Unterhaltung fort und ließen sich durch Lindbergh, der fast kein Wort französisch sprach, kaum stören. Sie blieben bis Mitternacht auf, und Anne beendete ihren 2000 Wörter langen Tagebucheintrag mit dem Ausruf: »Was für ein unglaublicher Tag!«

Am nächsten Morgen brachte Charles das Gespräch auf den Krieg – auf

Deutschlands militärische Stärke, Englands Strategie und Frankreichs An-strengungen. Nachdem sie Saint-Exupéry zu einem Freund zum Lunch ge-fahren hatte, sagte Anne zu Charles, sie habe Angst, daß der Franzose, wenn er weiterhin fliege, womöglich getötet wurde.

Um 17.00 Uhr holten sie ihn zu sich nach Hause zum Schwimmen, zum Abendessen und zu einem Spaziergang am Strand. Wieder dauerte ihr Ge-spräch Stunden. Als sich alle zurückzogen, wieder gegen Mitternacht, stand Anne praktisch neben sich. »Wenn man einen Menschen findet, der dasselbe denkt wie man selbst«, schrieb sie so hemmungslos glücklich wie seit Jahren nicht mehr, »weint man vor Freude, geht zu ihm und er-greift seine Hand. Das Herz hüpft einem, wie wenn man in einem frem-den Land auf der Straße die eigene Sprache vernimmt oder in einem Raum voller fremder Menschen den eigenen Namen hört.« Es war ein äußerst ungewöhnliches Wochenende gewesen, eines der wenigen Male in der Lindberghschen Ehe, wo Charles nicht im Mittelpunkt gestanden hatte. Als sie sich trennten, freute sich Charles, seine Bekanntschaft gemacht zu haben. Anne war für immer verändert.

»An Saint-Exupéry«, gestand später eine ihrer ältesten Freundinnen, »sah Anne, daß ein Mann der Technik auch ein Mann der Dichtung sein konnte. Ja, sie verliebte sich, kein Zweifel, nicht nur in Saint-Exupéry, sondern in alle Möglichkeiten, die er verkörperte. Zum erstenmal begriff sie, daß sie nicht für alle Zeiten unter dem Pantoffel ihres Mannes stehen mußte, und daß zu ihrem Ehevertrag auch eine Ausbruchsklausel ge-hörte.«

Anne hatte wohl kaum vor, ihren Mann zu verlassen; außerdem hatte Saint-Exupéry schon eine Frau und eine Geliebte. Sie investierte vielmehr ihre neuen Gefühle in die zehn Jahre alte Ehe und erneuerte das Gelübde, das sie sich gegeben hatte: Sie wollte eine Künstlerin werden. »Mein Geist, mein Blick und meine Gefühle sind beflügelt«, schrieb sie in ihr Tagebuch, als die Erinnerung an ihn noch frisch war. »Seit einer Woche ist die Welt nun unerträglich schön. Alles schreit es heraus, wohin ich mich auch wende. Ein zerbrochener Zweig zereißt mir das Herz. Eine vertrock-nete Weinranke scheint mir ein Bild unendlichen Jammers. Schwerer, peitschender weißer Regen verleiht mir Flügel, und Bäume, eingetaucht in die schläfrige abendliche Dunkelheit, stehen da wie verwurzelte Göt-ter und reichen bis zum Himmel.«

Charles merkte noch nichts von dem Eindruck, den Saint-Exupéry hin-terlassen hatte, so versunken war er in seine Arbeit. Während seiner häu-figen Besuche in Washington – er hatte eine kleine Erdgeschoßwohnung in einem Apartmenthaus namens *The Anchorage* gemietet – erneuerte Lindbergh eine alte Bekanntschaft mit William R. Castle. Der ehemalige Botschafter und Staatssekretär im Außenministerium hatte den Lind-berghs bei den diplomatischen Vorbereitungen für die Orientreise gehol-

Anne in Porto Praia.

Abschied von den Shetlandinseln.

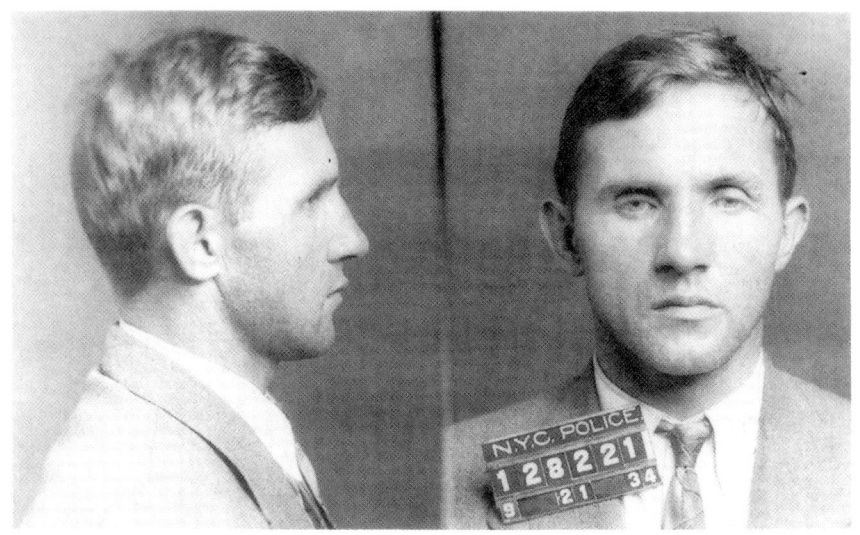

Bruno Richard Hauptmann, verhaftet wegen des Verdachts, das »Jahrhundertverbrechen« begangen zu haben. (New Jersey State Police Museum)

Im Januar 1935 war die ganze Welt an das Gericht in Flemington, New Jersey angeschlossen. (UPI/Corbis-Bettmann)

Lindbergh mit dem Chef
der New Jersey State Police,
H. Norman Schwarzkopf,
dessen Sohn sich ein halbes
Jahrhundert später im Golf-
krieg hervortun sollte.

Die »Mutter des Lindbergh-
Babys« kommt zur Zeugen-
aussage.

Vertreter der Anklage waren der Generalstaatsanwalt von New Jersey, David T. Wilentz, und »Jafsie« John F. Condon, der Vermittler, der Lindberghs Lösegeld auf einen Friedhof in der Bronx brachte.

Hauptmann und sein Anwalt, Edward »Death House« Reilly. (New Jersey State Police Museum)

Lindbergh im Zeugenstand. Nachdem er ausgesagt hatte, so sein Anwalt später, sei das Verfahren beendet gewesen. (UPI/Corbis-Bettmann)

»Das Gerichtsverfahren des Jahrhunderts«. Die Anwälte beider Seiten machen gerade eine Verschnaufpause, Hauptmann blickt skeptisch, und Lindbergh schaut absichtlich zur Seite.

Anne versucht, mit dem schrecklichen Ereignis fertig zu werden.

Charles, Anne und ihr zweiter Sohn
Jon konnten nie in der Öffentlichkeit auftreten, ohne fotografiert zu
werden. Auch Jons Leben wurde
wiederholt bedroht.

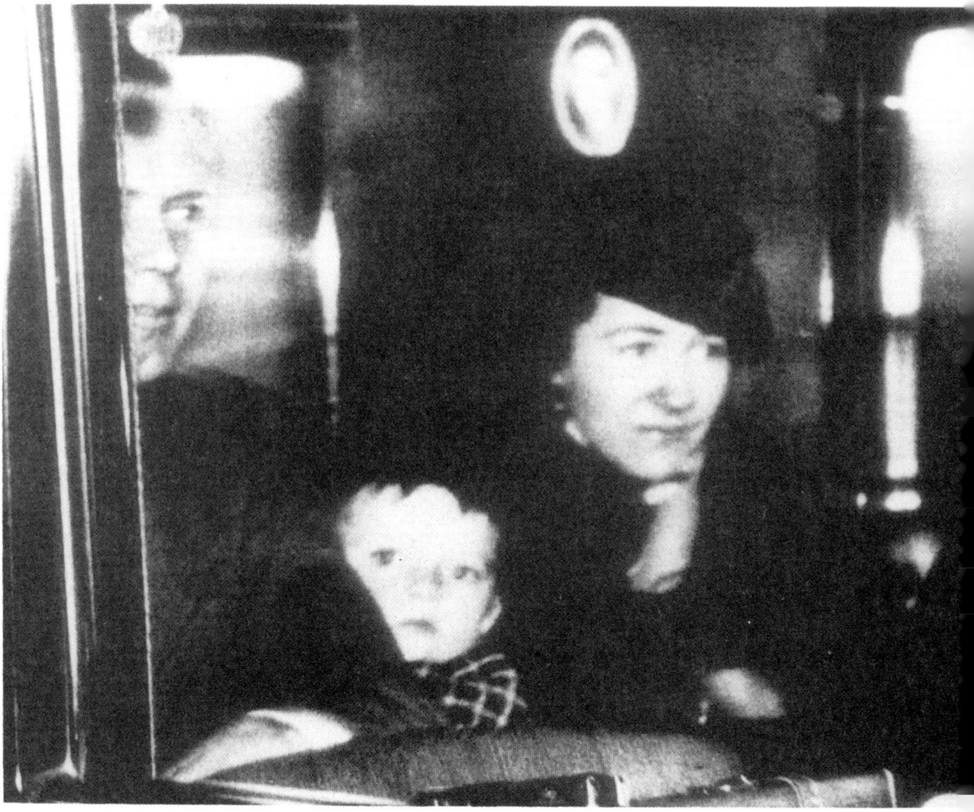

Flucht. Die Lindberghs wurden Exilanten. Am 31. Dezember 1935 kamen sie in Liverpool an.

In Long Barn in England fanden die Lindberghs ein sicheres Zuhause. Jon und Anne mit den Hunden Skean und Thor.

Wieder begannen die Lindberghs zu fliegen. Der irische Premierminister Eamon De Valera erlebt mit Lindbergh seinen ersten Flug.

Auftanken in Raipur 1937.

Illiec. 1938 kauften sich die Lindberghs eine eigene Insel vor der bretonischen Küste.

Lindbergh besuchte Deutschland
zwischen 1936 und 1938 sechsmal –
eine Faszination, die ihn für den
Rest seines Lebens teuer zu stchen
kommen sollte.

Charles und Anne besuchen
Hermann Göring. (Foto Bayerische
Staatsbibliothek, München)

Nach drei Jahren im Ausland kehrte Lindbergh in die Vereinigten Staaten zurück, um sich gegen einen Teilnahme der USA am Zweiten Weltkrieg auszusprechen. Er wurde der führende Sprecher von America First, einer großen politischen Organisation, bei der sich so unterschiedliche Persönlichkeiten wie Burton K. Wheeler, der demokratische Senator von Montana, Mrs. Kathleen Norris, eine populäre Romanautorin, und der amerikanische Sozialistenführer Norman Thomas zusammenfanden, hier in New York 1941. (Brown Brothers)

Lindbergh 1941 auf der Rednertribüne in Fort Wayne, Indiana. (AP/Wide World Photos)

Charles mit seinen Söhnen Land und Jon in Lloyd Neck auf Long Island 1940.

Ferien in Florida 1941.

Wegen seiner Reden, in denen er vor dem Kriegseintritt warnte, ließ ihn Franklin Delano Roosevelt nicht zu den Streitkräften zu; nach Pearl Harbor fand Lindbergh jedoch andere Wege, seinem Land zu dienen. Als menschliches Versuchskaninchen testete er 1942 in der Mayo Klinik die Auswirkungen extremer Höhe.

Als »technischer Vertreter« flog er inoffiziell bei fünfzig Bombenangriffen im Südpazifik mit. Emirau Island, im Mai 1944.

Anne und Charles in Bayern.
Ihre Ehe war nicht die mär-
chenhafte Romanze, wie die
Welt sie sich vorstellte.

Die beiden Anne Lindberghs.
Westport.

Lindbergh war nie in der Lage, lange an einem Ort zu bleiben. Er flog weiter um die Welt und kämpfte für den Umweltschutz. Luzon, 1969.

In Indonesien 1967.

Saigon 1967.

Präsident Lyndon B. Johnson und Vizepräsident Hubert H. Humphrey schauen zu, wie Lindbergh 1968 im Weißen Haus den Astronauten der *Apollo* Autogramme gibt.

Brasilien 1969.

Lindbergh läßt sich mit Präsident Richard M. Nixon fotografieren, um der Sache des Umweltschutzes zu dienen.

Er fühlte sich den Bäumen nahe.

Oktober 1969. Anne Morrow Lindbergh im »Kleinen Haus«, wo sie den Dauerbestseller *Muscheln in meiner Hand* und mehrere Bände ihrer sich gut verkaufenden Tagebücher schrieb.

Jon Lindberghs Karriere spielte sich
vorwiegend am und unter Wasser ab.
(New Jersey State Police Museum)

Land Lindbergh wurde Vieh-
züchter, seine Schwester Ansy
(Anne S. Lindbergh) schrieb
Kinderbücher.

Scott Lindbergh, hier vor dem Schweizer
Chalet der Familie, studierte Verhaltensforschung bei Tieren.

Lindbergh 1968 als Brautführer seines jüngsten Kindes, seiner Tochter Reeve, die auch Schriftstellerin wurde.

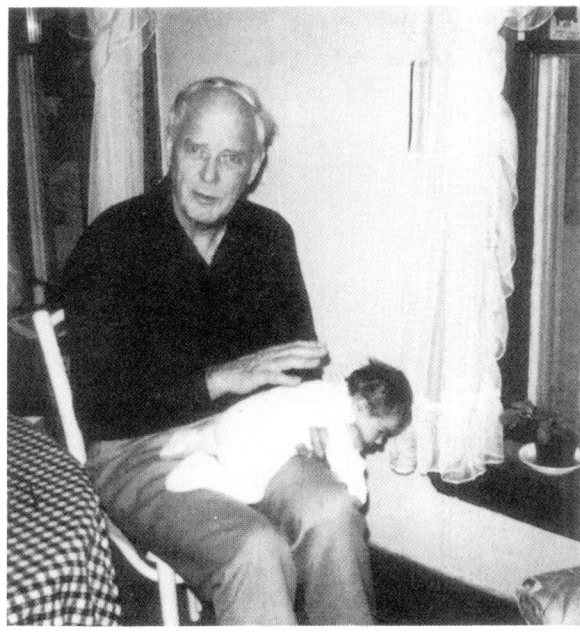

Großvater Charles mit Reeves
Tochter Elizabeth.

Tonga, 1972. (Copyright Tom Nebbia)

fen. Als stockkonservativer Politiker arbeitete Castle damals im republikanischen Nationalkomitee. Während eines gemeinsamen Essens erzählte Lindbergh ihm, er habe »ein Häuflein Leute zur Hand, die jederzeit einspringen, wenn in Europa ein Krieg ausbricht, damit dieses Land nicht in Schwierigkeiten gerät.«

Castle hätte nicht verständnisvoller sein können und schrieb ihm anschließend, er würde Lindberghs Gedanken gern einem anderen Freund mitteilen, dem konservativen Nachrichtenkommentator Fulton Lewis jr. Die drei Männer trafen sich allein zum Dinner in Castles Haus am 23. August und waren sich einig über die Notwendigkeit, zu handeln, falls es in Europa Krieg gebe – und der schien unmittelbar bevorzustehen.

Insgeheim stimmten sie auch bei einem anderen Thema überein. »Wir sind beunruhigt über den jüdischen Einfluß in Presse, Rundfunk und Film«, gestand Lindbergh an diesem Abend seinem Tagebuch. »Das kann sehr ernst werden. Lewis erzählte uns von einem Beispiel, wo jüdische Werbeagenturen drohten, alle Anzeigen zurückzuziehen, wenn eine bestimmte Sendung ausgestrahlt würde. Die Drohung war so überzeugend, daß man die Sendung zurückgezogen hat. Ich werfe den Juden ihre Haltung gar nicht so sehr vor, finde aber, daß sie in ihrer derzeitigen Lage unklug ist.«

Eine gereinigte Fassung vom Eintrag dieses Abends verrät, daß die drei Männer zu diesem Thema mehr zu sagen hatten.

Wir müssen allerdings den jüdischen Einfluß in den erzieherisch wirksamen Medien in diesem Land, d. h. Presse, Radio und Film, auf ein vernünftiges Maß beschränken. Ich fürchte, daß in dieser Hinsicht Unangenehmes auf uns zukommt. Wenn der jüdische Prozentsatz in der Bevölkerung zu hoch wird, kommt es unweigerlich zu einer Gegenbewegung. Das ist schlimm, denn ein paar Juden vom richtigen Schlag sind meines Erachtens von Vorteil für jedes Land, sie mehren seine Kraft eher, als daß sie sie mindern. Wenn in den Vereinigten Staaten eine antisemitische Bewegung aufkommt, kann sie weit gehen. Und sie betrifft sicher die guten Juden genauso wie die anderen. Wenn eine solche Bewegung beginnt, ist es aus mit der Mäßigung.

Am 1. September fiel Deutschland in Polen ein. »Was für einen Standpunkt soll Amerika in diesem Krieg einnehmen?« fragte Lindbergh am nächsten Tag sein Tagebuch. »Das ist jetzt unser drängendstes Thema. Wir haben genug innenpolitische Probleme und brauchen nicht auch noch einen Krieg. Ich sehe selbst in Friedenszeiten Schwierigkeiten. Ein Krieg würde chaotische Verhältnisse hinterlassen – und die besten Männer kosten.« Am nächsten Tag hielt Roosevelt eine Rede an die Nation und versprach die Neutralität Amerikas. Lindbergh gefiel die Ansprache, aber er sagte sich: »Ich wollte, ich könnte ihm mehr trauen.«

Nach den drei Jahren, in denen er die Verhältnisse in Europa aus erster Hand beobachtet hatte, gedachte Lindbergh nicht, »danebenzustehen und zuzuschauen, wie dieses Land in einen Krieg gestoßen wird, wenn er nicht für das künftige Wohlergehen der Nation unbedingt nötig ist«. Seinem Tagebuch bekannte er: »So sehr ich es verabscheue, an der Politik und am öffentlichem Leben teilzunehmen, will ich es doch tun, sobald es nötig wird, sich einer Tendenz in den Weg zu stellen, die sich in diesem Land abzeichnet.« Radio und Zeitschriften betrachtete er als die wirkungsvollsten Foren für seine Ansichten.

Lindbergh begann damit, daß er über die Auswirkung der Luftfahrt auf die Welt nachdachte – sie hatte nicht nur die militärische Schlagkraft erhöht, sondern auch den Planeten schrumpfen lassen. Mit seinem olympischen Blick auf die Erde, unter dem ihm die Völker der Kontinente als bloße Menschenmassen erschienen, schrieb Lindbergh: »Wir, die Erben der europäischen Kultur, stehen am Rand eines verheerenden Krieges, eines Krieges innerhalb unserer eigenen Nationenfamilie, eines Krieges, der die Kraft der weißen Rasse mindern und ihre Schätze zerstören wird, eines Krieges, der vielleicht sogar das Ende unserer Kultur herbeiführt.« Zweifelsohne hatte Dr. Carrel hierzu Gedankengut beigesteuert, aber die Worte selbst stammten von Lindbergh – mit Bleistift handgeschrieben und dann redigiert auf getippten Entwürfen.

Frieden könne nur so lange herrschen, fand Lindbergh, »wie wir uns zum Schutz unseres kostbarsten Gutes zusammenschließen, unseres ererbten europäischen Blutes – nur so lang, wie wir uns gegen den Angriff fremder Heere und gegen die Auflösung durch fremde Rassen schützen«. Er sah das Fliegen als »eine Gabe des Himmels an jene westlichen Nationen, die bereits zu den Führern ihrer Zeit geworden sind… ein speziell für die westliche Hand gebautes Werkzeug, eine wissenschaftliche Kunst, die andere nur mittelmäßig kopieren, eine weitere Schranke zwischen den Millionen und Abermillionen Asiaten und dem griechischen Erbe Europas – einem jener unschätzbaren Besitztümer, die der weißen Rasse angesichts einer anschwellenden See aus Gelb, Schwarz und Braun das Leben ermöglichen.«

Lindbergh hielt die Sowjetunion für das schlimmste Reich auf Erden und glaubte, die westliche Kultur hinge davon ab, daß sie dieses Land und die asiatischen Mächte jenseits seiner Grenzen – die »Mongolen, Perser und Mohren« zurückschlüge. Er schrieb, »sie hängt auch davon ab, daß wir unsere Kräfte vereinigen zu einer Stärke, die zu gewaltig ist, als daß fremde Heere sie herauszufordern wagen; ein Westwall aus Rasse und Waffen, der sowohl einen Dschingis-Khan fernhalten wie auch das Einsickern minderwertigen Blutes verhindern kann; sie hängt ab von einer englischen

Flotte, einer deutschen Luftwaffe, einer französischen Armee und einer amerikanischen Nation, die zusammenstehen als Wächter unseres gemeinsamen Erbes, stark im Verbund, alle gleich einflußreich.« Er glaubte nicht, daß die westlichen Nationen »durch einen Konflikt untereinander rassischen Selbstmord begehen« durften; lieber sollten sie sich an frühere Bruderkriege erinnern wir den Peloponnesischen, in dem sich Athen und Sparta bekämpften, bis Griechenland in Trümmern lag.

Lindbergh verarbeitete diese Gedanken in einem Artikel für die Novemberausgabe von *Reader's Digest*, den er »Luftfahrt, Geographie und Rasse« überschrieb. DeWitt Wallace, Gründer und Herausgeber des Magazins, veröffentlichte ihn stolz. Er schickte Lindbergh einen Scheck über 2.500 Dollar und schrieb: »Niemand im Land kann einen maßgeblicheren Einfluß auf die öffentliche Meinung ausüben als Sie.« Im darauffolgenden März veröffentlichte *The Atlantic Monthly* eine Fortsetzung von Lindberghs Gedanken, einen Artikel mit der Überschrift: »Was tun statt Krieg?«

Aus seiner Sicht »ist der gegenwärtige Krieg nur eine Fortsetzung des alten Kampfes unter den westlichen Nationen um die materiellen Güter dieser Welt. Das deutsche Volk kämpft um Land und Macht, die Engländer und Franzosen kämpfen, um zu verhindern, daß eine andere europäische Nation so stark wird, daß sie anteilig Einfluß und Macht fordern kann.« Ein starkes Deutschland, behauptete er, sei jedoch für ein starkes Europa ebenso wichtig wie England und Frankreich, »denn nur Deutschland wird entweder den asiatischen Horden Einhalt gebieten oder ihre Speerspitze bilden, wenn sie in Europa eindringen«.

»Das durch Krieg entzweite Europa«, dachte Lindbergh, »tut der Größe unserer Kultur Abbruch und schwächt die Sicherheit aller westlichen Nationen. Der Krieg zerstört Leben und Kunst und das geistige Wachstum, das aus dem friedlichen Austausch der Menschen untereinander entspringt.« Er mußte an die große Indienreise 1937 denken, als er und Anne nur »die marmornen und bronzenen Skelette sahen, die die Größe Roms, Griechenlands, Ägyptens und Babylons verkörperten«.

Beißendere Rhetorik sparte sich Lindbergh für seine erste Radioansprache auf, in der er die Menschen in Amerika davor warnte, sich in die europäische Bündnispolitik verwickeln zu lassen, und die Monroe-Doktrin zitierte, die sich jede Einmischung der Europäer in die Belange der westlichen Hemisphäre verbat. Er wollte seine Zuhörer dazu bringen, die Weltlage mit seinen Augen zu sehen – äußerst distanziert und ohne zuzulassen, »daß Rührseligkeit, Mitleid oder persönliches Mitgefühl das Problem überschatten und das Leben unserer Kinder gefährden. Wir müssen so unpersönlich handeln wie ein Chirurg mit seinem Messer«. Klipp und klar forderte Lindbergh: »Wir sollten nie in einen Krieg eintreten, wenn es für das künftige Wohlergehen unseres Landes nicht unbedingt nötig ist.« Für eine Teilnahme an dem gegenwärtigen Krieg sehe er keinen zwingenden

Grund. »Wir müssen uns entweder völlig aus den europäischen Kriegen raushalten«, warnte er, »oder uns ständig an der europäischen Politik beteiligen.«

Lindbergh wollte die Amerikaner auffordern, sein in Jahren gewachsenes fremdenfeindliches Gedankengut zu akzeptieren. »Diese Kriege in Europa sind nicht so geartet, daß sich unsere Kultur gegen einen asiatischen Eindringling zur Wehr setzen muß«, schrieb er im denkwürdigsten Teil der Rede. »Kein Dschingis-Khan oder Xerxes marschiert auf unsere westlichen Nationen zu. Hier geht es nicht darum, die weiße Rasse Schulter an Schulter gegen eine Invasion zu verteidigen. Es handelt sich nur um eine der alten Streitereien innerhalb unserer eigenen Nationenfamilie – ein Streit, der aus den Fehlern des letzten Krieges entstanden ist, aus dem Versagen der Sieger, die keine konsequente Politik der Gerechtigkeit oder Stärke verfolgten.« Lindbergh glaubte, in diesem Krieg gehe es um nichts weniger als um die westliche Kultur, und »solange Amerika sich nicht hineinziehen läßt, brauchen wir keine Invasion zu befürchten«.

Anne fand die Rede gut, fürchtete aber, »sie könnte verfälscht, von den Politikern verteufelt und auf das Problem des Neutralitätsgesetzes reduziert werden«. Sie sorgte sich, ihr Mann werde »unter starken Beschuß aus vielen Ecken« geraten, von Freunden und Feinden. »Er weiß das & schert sich nicht darum«, schrieb Anne an Charles' Mutter, denn er sei »überzeugt, daß er den richtigen Weg weiß«.

Am Mittwoch, dem 13. September, nahm Lindbergh den Frühzug von der Pennsylvania Station nach Washington. »Wäre das nicht seltsam«, schrieb Anne an Mrs. Lindbergh, »wenn Charles den gleichen Kampf wie vor Jahren sein Vater ausfechten würde?«

Am Donnerstag morgen besuchte Lindbergh General Arnold und berichtete ihm von der geplanten Radioansprache. Arnold merkte, wie sehr sich Lindbergh engagierte, und schlug ihm deshalb vor, seinen derzeitigen Status eines »aktiven Reservisten« im Air Corps für einige Zeit aufzuheben, solange er sich politisch betätigte. Lindbergh war einverstanden. Um das Air Corps nur ja nicht in Verlegenheit zu bringen, gab er Arnold eine Kopie seiner Rede zu lesen. Der General fand nichts, was im Zusammenhang mit Lindberghs Verbindung zum Air Corps als ethisch nicht vertretbar ausgelegt werden könnte, und Lindbergh nehme »nur seine Rechte als amerikanischer Bürger wahr«, wenn er diese Äußerungen über den Rundfunk verbreite. Arnold und Lindbergh besprachen, ob sie die Rede Kriegsminister Woodring zeigen sollten. Lindbergh wollte es lieber nicht, wenn es nicht unbedingt notwendig wäre.

Am nächsten Tag traf sich Lindbergh mit Truman Smith, der mittlerweile aktives Mitglied des G-2 war (Generalstab des Militärischen Nachrichtendienstes), und zwar auf dessen Veranlassung. Der Oberst hatte eine dringende Botschaft auszurichten, wußte jedoch schon, wie Lindberghs

Antwort ausfallen würde. Smith berichtete, die Regierung sei über Lindberghs Absicht, seinen Widerstand gegen den Eintritt des Landes in einen europäischen Krieg per Rundfunk zu verbreiten, sehr beunruhigt ... und es werde für Lindbergh der Posten eines Luftfahrtministers geschaffen, wenn er sich zurückzöge. »Da sehen Sie«, lachte Smith, »wie besorgt die sind.«

Um 21.45 Uhr hielt Lindbergh seine Rede in den drei landesweit ausgestrahlten Programmen. Er war nicht glücklich über seine hohe Stimme und den monotonen Vortrag, aber seltsamerweise unterstrich der leidenschaftslose Ton seine Ernsthaftigkeit. Nachdem sie sich eine Wiederholungssendung angehört hatten, stiegen die Lindberghs um 2.00 Uhr früh in den Zug nach New York.

Als sie dort ankamen, stand Lindbergh schon wieder in den Schlagzeilen der Morgenzeitungen. Die Öffentlichkeit reagierte überwiegend zustimmend. General Arnold schrieb, Minister Woodring fände die Rede »sehr gut formuliert und vorgetragen« (das fand Arnold auch). Anne teilte die allgemeine Meinung mit ihrer Schwiegermutter und sagte, wie ermutigend es sei, »von allen möglichen Menschen Unterstützung zu erfahren – von dankbaren Müttern und Vätern, Lehrern und Erziehern, Geschäftsleuten, Bauern und Viehzüchtern und kleinen Ladeninhabern ... als hätte C.s Rede ein echtes Bedürfnis befriedigt, wie ein klarer Ruf in der Verwirrung«. Andere dagegen widersprachen heftig, besonders Dorothy Thompson, die Lindbergh noch vor wenigen Monaten dafür gelobt hatte, daß er dem mutigen Pfad seines Vaters folge. In ihrer in mehreren Zeitungen abgedruckten Kolumne tat sie seine Ansprache als wirres Gerede eines »trübsinnigen Narren« ab, eines »Mannes ohne Gefühl«, eines »Nazifreundes, der einen deutschen Orden angenommen hat«. Außerdem war sie von der fixen Idee besessen, daß Lindbergh sich gern als amerikanischen »Führer« gesehen hätte. Sie gab zu, daß sie für diese Theorie keinen Beweis habe, griff ihn aber in diesem Jahr noch in drei weiteren Artikeln an, im Jahr 1940 sechsmal und 1941 viermal – immer mit dem Ziel, daß die Leser in ihm mehr sehen sollten als nur »Amerikas Sorgenkind Nr. 1«. Sie hielt ihn für einen Nazi.

Knapp einen Monat nach seiner ersten Rede, am 13. Oktober 1939, sprach Lindbergh ein zweites Mal zur Nation. »Neutralität und Krieg«, wie er die Rede überschrieb, gab sich nicht so philosophisch, sondern eher pragmatisch und hatte ein ganz bestimmtes Programm. Die amerikanische Politik, so sagte er, solle sich weniger an Europa als an Amerika orientieren, und die Vereinigten Staaten müßten »zwischen Neutralität und Krieg eine scharfe Trennungslinie ziehen«. Das bedeute, daß man kriegführenden Staaten oder ihren Vertretern jeden Kredit verweigern solle. Wie schon sein Vater glaubte Lindbergh, wenn amerikanisches Geld erst einmal in die Wirtschaft eines kriegführenden Landes investiert war, »finden viele Interessengruppen es wichtiger, daß jenes Land den Krieg gewinnt, als daß unser Land den Krieg vermeidet. Es ist traurig aber wahr, daß es in Amerika Kreise gibt, die lieber das Leben von Amerikanern aufs Spiel setzen als ihre eigenen Dollars.«

»Diese Rede wird auf mehr Kritik stoßen als die letzte«, prophezeite Lindbergh am Tag der Sendung. »Sie nennt Einzelheiten und ist unbequemer. Aber mir liegt daran, daß die Menschen über grundlegende Fragen nachdenken, und ich will das anstehende Thema ›Neutralität‹ deutlich ansprechen. Die daraus erwachsende Kritik ist völlig nebensächlich.« Bis zum nächsten Montag waren schon Tausende von Briefen angekommen, 90 Prozent davon anscheinend zustimmend. Aber nach ein paar Tagen trafen auch Drohbriefe ein. »Das sind ja reizende Zustände in einem angeblich zivilisierten Land«, beklagte sich Lindbergh in seinem Tagebuch. »Wenn es den Leuten nicht paßt, was man tut, drohen sie einem, die Kinder umzubringen.« Lindbergh überlegte, wie er sich verhalten sollte, aber nie erwog er, die Feder aus der Hand zu legen.

»Ich vertrete den Standpunkt, daß dieses Land nicht in den Krieg eintreten sollte«, schrieb Lindbergh nach seiner zweiten Rede an Mme. Carrel, denn er ahnte, daß jeder vernünftige Franzose seine Einstellung ablehnen würde; »und ich finde, daß Qualität, Ansehen und Einfluß unserer westlichen Kultur nur durch Frieden in unmittelbarer Zukunft gewahrt werden können.«

Infolge von Lindberghs Überzeugung flaute der Briefwechsel zwischen den Carrels und den Lindberghs ab, und sie sahen sich seltener. Die Türen des *Rockefeller Institute* hatten sich zwar hinter Carrel geschlossen, aber er hätte gern weiterhin in Amerika gearbeitet. Dennoch sagte er eines Abends im Gespräch mit Lindbergh und Jim Newton: »Es fällt mir zunehmend schwerer, in New York zu sitzen und zu wissen, daß mein Land in Hunger und Krankheit schlittert. Ich habe das Gefühl, daß ich zurückkehren muß. In Frankreich kann ich bestimmt mehr tun als hier.« Er hoffte, als »Rettungsleine« für Frankreich zu dienen, als Vermittler für vielleicht notwendige Hilfe aus Amerika.

Unterdessen wurde Lindbergh zum landesweiten Symbol für Neutralität. Seine Einstellung, schrieb Anne an Mme. Carrel, »wird gröblich mißverstanden und falsch zitiert, und wie üblich wird er verleumdet und ihm werden unzutreffende Motive unterstellt.« Er kümmerte sich um die öffentliche Meinung so wenig wie eh und je, und das wunderte sie nicht. »Ich für mein Teil genieße die Situation fast«, gestand Lindbergh seiner Mutter im November 1939, »denn das Ziel ist die Anstrengung wert.«

Um dieses Ziel zu erreichen, traf sich Lindbergh in Washington mit Regierungsmitgliedern jeglicher Couleur, schloß sich aber keiner politischen Partei oder Organisation an. An einem Nachmittag sprach er mit einem halben Dutzend demokratischer Senatoren, Befürwortern der bevorstehenden Neutralitätsgesetze, die einen Kriegseintritt Amerikas weniger wahrscheinlich machen würden. Einen anderen Tag verbrachte er mit Republikanern, darunter Expräsident Herbert Hoover, der Lindbergh aus vollem Herzen beipflichtete. Lindbergh wußte, daß seine zunehmende Antipathie gegen Roosevelt der Ansicht Vorschub leistete, er und der Präsident würden oppositionellen Parteien angehören, aber das Etikett bedeutete ihm nichts. »Was mich persönlich betrifft«, schrieb Lindbergh in sein Tagebuch, »so ängstigt es mich nicht besonders, für längere Zeit als Republikaner eingestuft zu werden. Politik und Ruhm interessieren mich zu wenig. Das Wertvollste ist für mich das Recht, zu sagen, was ich denke, und zu tun, was ich will. Genau das habe ich vor, und ich weiß, daß es Ärger bringt. Dann werden mich die Politiker ohnehin recht schnell fallenlassen... Ich gedenke nicht, meine Ideen oder Ideale zurechtzubiegen, damit sie in ein Parteiprogramm passen. Gewisse Kompromisse muß man machen, das bringt das Zusammenleben mit sich, aber ein Kompromiß ist nur gerechtfertigt, wenn das angestrebte Ziel wichtiger ist als das, was man durch den Kompromiß aufgibt.« Er stellte klar, daß ihm seine Unabhängigkeit wichtiger war als jeder Kompromiß, den er eingehen müßte, um für irgendein Amt zu kandidieren, und sei es die Präsidentschaft.

Am 4. November 1939 unterzeichnete FDR das Neutralitätsgesetz. Es gestattete den Verkauf von Waffen an kriegführende Parteien, wenn sie sie bar bezahlten und auf nichtamerikanischen Schiffen abtransportierten. Obwohl dieses Gesetz eine Politik der Unparteilichkeit zu vertreten schien, sah Lindbergh darin nur das Bemühen der Amerikaner, Großbritannien und Frankreich zu helfen. Abgesehen von seinem Artikel »Was tun statt Krieg?« in der Märzausgabe des *Atlantic Monthly* wandte er sich ein halbes Jahr lang nicht an die Öffentlichkeit.

Sein Schweigen fiel mit einer Pause bei den Kämpfen im Ausland zusammen – dem sogenannten »Sitzkrieg«. Wenn er nicht über die Verhältnisse im Ausland nachgrübelte, widmete sich Lindbergh familiären Aufgaben, allen voran »unserem ständigen Problem«, wo man wohnen sollte – »wie wir unsere einzigartigen Verhältnisse dieser sich wandelnden Welt am besten anpassen konnten.« Er überlegte, wo Jon und Land ein normales Leben führen konnten, wo Anne schreiben konnte, wo sie weit genug weg waren vom »tödlichen Leben einer modernen Stadt und doch nicht abgeschnitten von den Kontakten und Verbindungen, die ein zivilisiertes Leben ausmachen«. Die Lage wurde noch komplizierter durch die immer häufigeren Drohbriefe – man nannte ihn einen Nazi und drohte, seine beiden Söhne zu entführen. Als der Mietvertrag in Lloyd Harbour auslief, zogen sie wieder nach Next Day Hill.

Am 21. Januar 1940 schlichen sich Charles und Anne im »Florida West Coast Special« davon, um Ferien zu machen. Sie hatten Fahrkarten bis Tampa, stiegen aber schon in Haines City aus dem Zug, um der Presse zu entkommen. Nur ihr Gastgeber Jim Newton holte sie ab und brachte sie hinter Fort Myers an die Küste und an Bord einer winzigen Fähre nach Sanibel Island; am Nordende der Insel überquerten sie schließlich eine kleine Brücke nach Captiva, wo eine schmale Straße zu Newtons Ferienhäuschen in einem Palmen- und Pinienhain führte. Das Dreizimmerhaus lag auf einem Streifen Land, der so schmal war, daß man aus der Eingangstür den Golf von Mexiko sah und nach hinten hinaus die Bucht.

Die nächsten zehn Tage waren zauberhaft. Ungewöhnlich kaltes Wetter suchte diesen tropischen Zufluchtsort heim, aber das hielt die Lindberghs nicht vom Wasser ab. Newton mietete ein zehn Meter langes Motorboot, und Anne und Charles fuhren mit ihm und einem Wildhüter die Küste hinunter und in die Everglades, den Shark River hinauf und an den Keys entlang. Fast eine Woche lang erkundeten sie exotische Altwasser und Mangrovensümpfe, und niemand sah sie, abgesehen von Hunderten von Pelikanen, Silberreihern, Fischadler, Enten und Ibissen.

Charles war verjüngt, Anne hingerissen. »Die Menschen brauchen die Wildnis«, entfuhr es ihm eines Tages im Gespräch mit Jim Newton, »und sie vermissen sie. Wie beängstigend ist der Gedanke, daß unsere Kinder und Kindeskinder vielleicht in ein paar Jahren diese Erfahrung nicht mehr machen können. Sie ist Nahrung für die Seele.« Dann verblüffte er Jim Newton mit der Behauptung, er selbst habe zu ihrem allmählichen Verschwinden beigetragen. Obwohl er gehofft habe, das Fliegen werde »die Welt vereinen«, seien die daraus erwachsenden Probleme nicht zu übersehen, weil es dem Menschen ermögliche, an entlegene Orte vorzudringen und sich dort aufzuhalten, wo er nicht hingehöre. Nachts ruderte er seine Frau hinaus auf die ruhige See, und sie genossen die Schönheit und Stille und Einsamkeit ihrer Umgebung. Anne erkannte, wie wichtig es war, ihrem Mann zu folgen, wenn er sie in ein Abenteuer lockte: »Ich sollte immer mitgehen, wenn Charles mich ruft«, schrieb sie während dieses romantischen Beisammenseins, »und meine Kruste aus Trägheit oder Furcht durchbrechen, denn dahinter liegt das Leben.« Als die Lindberghs nach New Jersey zurückkehrten, war Anne schwanger.

Der Gedanke an ein viertes Kind zwang Anne, sich Gefühlen zu stellen, denen sie seit Jahren auswich. »Ist es für eine Frau nicht möglich, Frau zu sein und außer Kindern noch etwas anderes Greifbares zu produzieren – etwas, das sich auch in der Welt des Mannes behauptet?« hatte Anne während ihrer letzten Schwangerschaft an eine Cousine geschrieben. Selbst für das anbrechende neue Jahrzehnt waren das kühne Gedanken. Sie wurde jetzt 30 und hörte eine psychologische Uhr ticken. »Es wird Zeit, daß ich etwas ›in Angriff nehme‹, ich bin ›zu alt‹, um als ›vielversprechend‹ zu gelten.« Sie schlug sich mit feministischen Gedanken herum.

Mehr als je zuvor wollte Anne schreiben – »nicht weil ich etwas zu geben hätte… nicht weil das Künstlertum an erster Stelle käme (so ist es nicht), auch nicht, weil meine Aussagen für irgendwen wichtig wären.«

Sie hatte einfach das Gefühl, daß ihr Lebensfaden »ohne diesen Strang nicht stark genug« sein würde. Die Bilderwelt von Captiva und Umgebung hatten sie zu einem neuen Menschen gemacht, und bis an ihr Lebensende sollte sie sich dorthin gezogen fühlen, wenn sie nach Metaphern suchte. Aber anders als ihre feministischen Heldinnen Virginia Woolf, Vita Sackville-West und Rebecca West wollte Anne neue Rollen für Frauen finden, ohne die traditionellen der Ehefrau und Mutter zu opfern.

Sie war zu einem Magneten für sich ähnlich mühende Frauen im ganzen Land geworden, von denen ihr viele das Herz ausschütteten. Obwohl ihr nur wenige intellektuell oder gesellschaftlich ebenbürtig waren, fand Anne Trost in diesen Briefen. Sie füllten eine emotionale Lücke, die ihr Mann nicht schließen konnte. Über Jahrzehnte hinweg pflegte sie eine ausgedehnte Korrespondenz mit diesen armen Frauen. »Vielleicht heißt meine Aufgabe jetzt nicht, Bücher zu schreiben«, schrieb sie einer solchen Bittstellerin, »sondern mein Kind zu bekommen, für Frieden im Haus zu sorgen und zu versuchen, meinem Mann die richtigen Gedanken, Ermutigung und Gleichgewicht zu schenken und eine Atmosphäre zu schaffen, die ihm hilft, mit den Problemen in der Welt fertig zu werden.«

Sie zogen in ein anderes Haus in Lloyd Neck, solider als das vorige, ein dreigeschossiges hölzernes Bauernhaus aus dem Jahr 1714, geschichtsträchtig und voller Charme. Der Blick von dort ging auf einen Priel und auf Cold String Harbor. Den ganzen Vorfrühling hindurch hatte Anne hier viel zu leiden; zu ihrer morgendlichen Übelkeit kamen die entmutigenden Nachrichten, daß die Deutschen Dänemark, Norwegen, Holland und Belgien überrannten. Nun näherten sich die Nazis Paris.

Anne, die lange Stunden im Bett verbrachte, hing alten Gedanken nach und schrieb viele intellektuelle Texte. Sie wollte Europas derzeitiges Mißgeschick nicht Hitler allein in die Schuhe schieben, als ob er eine »vom Himmel gefallene Geißel« wäre, »die mit den anderen Ereignissen in der Welt in keinem Zusammenhang steht – als sei er allein für alles verantwortlich«, und wenn er ausgelöscht wäre, würde alles wieder gut. »Der Nazismus«, schrieb Anne in ihr Tagebuch im April 1940, »kommt mir vor wie schmutziger Schaum auf der Woge der Zukunft. Ich verurteile wie andere Menschen die Methoden der Nazis, aber ich glaube nicht, daß sie die Welle *sind*. Sie kommen nur zufällig auf ihr dahergeschwommen.«

Der Druck auf Amerika, in den Krieg einzutreten, wuchs, und Lindbergh verspürte wieder den Drang zu einer Ansprache an die Nation. Er schrieb eine Rede mit dem Titel »Die Luftverteidigung Amerikas« und hielt sie am 19. Mai um 21.30 in den Studios von *Columbia Broadcasting System* in Washington. Seine einfache Botschaft brauchte nur zwölf Minuten Sendezeit. »Wir sind heute in Kriegsgefahr, nicht weil die Europäer sich in die inneren Angelegenheiten Amerikas einzumischen versucht haben«, sagte er, »sondern weil Amerikaner versuchen, sich in die Angelegenheiten Europas einzumischen.« Er rief sein Land auf, sich auf den Krieg vorzubereiten, und empfahl als besten Angriff eine richtige Verteidigung. Ohne Namen zu nennen, erklärte Lindbergh seinen Zuhörern, es gebe »nur einen Grund, warum wir in Gefahr sind, in diesen Krieg hineingezogen zu werden: Mächtige Elemente in Amerika wollen unsere Teilnahme. Sie machen nur einen kleinen Teil des amerikanischen Volkes aus, aber sie beherrschen weitgehend die Maschinerie der Einflußnahme und Propaganda. Sie ergreifen jede Gelegenheit, uns näher an den Abgrund zu stoßen.« Einen Monat später sprach Lindbergh noch einmal und bat die Nation, der Propaganda, die Amerika in die Schlacht treiben wolle, zu widerstehen.

Die eintreffenden Briefe äußerten sich im Verhältnis 20:1 zu seinen Gunsten, und Anne glaubte, daß ihr Mann einer schweigenden Mehrheit im Land seine Stimme lieh. »Er spricht für das weniger wortgewandte Amerika«, befand eine von Annes Freundinnen. Immer häufiger mußte Lindbergh feststellen, daß er auch für das weniger tolerante sprach.

Lindbergh hatte keinen glühenderen Gefolgsmann als Father Charles Edward Coughlin, einen katholischen Priester, der sich übers Radio und ein landesweit verkauftes Revolverblatt namens *Social Justice* eine große Anhängerschaft erworben hatte. Um seine eigene Botschaft mit eindeutig antisemitischem Ziel besser verkaufen zu können, eignete er sich Lindberghs Bild an, druckte es auf die Titelseite seiner Wochenzeitschrift und zitierte Lindberghs Andeutung von der ungenannten »Kriegstreiber*clique*«. Je mehr solche Eiferer Lindbergh anzog, desto mehr beurteilten ihn die Leute nach diesen Mitläufern.

Am 27. Mai 1940, ihrem Hochzeitstag, fuhren Anne und Charles nach Huntingdon Bay zu der Stelle, wo sie vor elf Jahren zum Schiff ihrer Hochzeitsreise hinausgerudert waren. Es war eine klare Nacht, Hartriegel und Kastanien standen in voller Blüte. Später gingen sie an den Strand von Lloyd Neck, wo sie im vorangegangenen Jahr gewohnt hatten. Charles machte einen einsamen Spaziergang am Strand entlang, und Anne saß unterdessen auf einem Floß. Selbst in diesem friedlichen Moment war sie niedergeschlagen und mußte an all die Menschen in England und Frankreich denken, um die sie sich Sorgen machte. Dann sah sie in der Ferne als Silhouette die Gestalt ihres Mannes näher kommen, und auf einmal faßte sie Mut. »Und ich denke: Ja, genau das hält einen in solchen Zeiten am Leben«, schrieb sie in ihr Tagebuch, »der Gedanke, die Erkenntnis, daß es hie und da einige wenige Menschen in der Welt gibt, die über dem Schicksal stehen, und die man kennengelernt hat. Ich glaube nicht, daß sie immer siegen, aber sie werden trotz allem nicht von den Umständen zu Fall gebracht.«

Als Charles sich nach diesem Spaziergang wieder zu seiner schwangeren Frau gesellte, erzählte ihm Anne von ihren Gedanken, von ihrem

Glauben, daß es in Europa starke Menschen gibt, Überlebende, die »nicht verbittert sein werden, die etwas daraus lernen, etwas daraus machen – wenn sie nicht getötet werden«. Obwohl Anne und Charles niemals über das Ausmaß ihrer unglücklichen Romanze im Jahr davor gesprochen hatten, erkannte er den Schmerz seiner Frau. Nach einem Augenblick des Schweigens versuchte er sie zu trösten: »Ich hoffe, daß Saint-Exupéry überlebt.«

Anne hatte Saint-Exupérys Tun und Lassen über die Presse verfolgt – seine Rückkehr nach Frankreich, die Testflüge und die Ausbildung der Piloten. Ein Artikel von Dorothy Thompson in der ersten Juniwoche 1940, der seine Flugeinsätze gegen die Deutschen rühmte, rührte Anne zu Tränen. »Heutzutage hat niemand das Recht, ein Wort zu schreiben, der nicht bis aufs letzte am Leid seiner Mitmenschen teilnimmt«, schrieb Saint-Exupéry an Dorothy Thompson. »Wenn ich nicht mit meinem Leben Widerstand leisten würde, wäre ich unfähig zu schreiben. Der christliche Gedanke, daß das Wort Fleisch geworden ist, muß gelebt werden. Man muß mit seinem Leib schreiben.« Wenige Wochen nach Frankreichs Kapitulation vor den Deutschen, als der ältliche Marschall Henri Pétain die Regierung in Vichy übernommen hatte, wurde der Reserveoffizier Saint-Exupéry aus dem Kriegsdienst entlassen. Oft mußten Anne und Charles an ihr zweites Zuhause denken, wenn sie sich eine Aufnahme von *Mignon*, der auf Illiec komponierten Oper, anhörten. Auch ihre Nachbarn in Frankreich, die Carrels, schlossen sie in ihre Gebete ein.

Carrel fand es im Interesse seiner Landsleute geraten, mit der Vichy-Regierung zusammenzuarbeiten, und stellte seine medizinischen Fähigkeiten zur Verfügung, um kriegsbedingte Krankheiten und Verletzungen zu heilen. Besessen von der »moralischen Verderbtheit«, die er als Wurzel von Frankreichs Problemen sah, nahm er Pétains Angebot zur Unterstützung seines »Institute of Man« an, eines Unternehmens, das bei der Schulmedizin auf Widerstand stieß. Diese Versuche, seine Vorstellungen von richtiger humanitärer Arbeit zu verwirklichen, sollten später bei den Kräften der Résistance um de Gaulle ernste Kritik hervorrufen.

Eines Tages wurde Carrel im Gebäude der deutschen Botschaft gesehen. Eigentlich war er gekommen, um Hilfe für hungernde französische Kinder zu erbitten, doch traf er dort zufällig ein, als gerade eine gesellige Veranstaltung in vollem Gange war. Die Carrels zogen sich so schnell wie möglich zurück, aber dennoch verbreitete sich das Gerücht, die Deutschen hätten sie eingeladen. »Sie kennen doch Alexis' Einstellung zu den Nazis aus der Zeit in New York«, erklärte Mme. Carrel später Jim Newton. »Diese Ablehnung verstärkte sich noch, als er im besetzten Frankreich lebte. Viele unserer Angestellten im Institut waren Mitglieder der Résistance, und wir schützten sie.« Als er als Kollaborateur angeklagt wurde, verschlechterte sich der Gesundheitszustand des Siebzigjährigen.

Auch Saint-Exupéry geriet wegen der deutschen Besetzung Frankreichs in ein Dilemma. Für die antijüdische Vichy-Regierung empfand er nur Feindseligkeit und für den egomanischen de Gaulle hegte er nicht viel freundlichere Gefühle, und so versuchte er, von New York aus einen Überblick zu gewinnen. »Hast du es gelesen?« fragte Anne Charles eines Morgens. »Saint-Exupéry ist hier, aber er fährt bald wieder zurück.«

»Ja«, antwortete Charles, »ich sehe es mit Eifersucht.« Erschrocken fragte Anne, warum mit Eifersucht. »Weil du gar so interessiert an ihm zu sein scheinst«, erwiderte er.

Anne warf rasch ein, sie habe ein rein literarisches Interesse an ihm, sie bewundere ihn – »und ich suche noch immer jemanden, der so wie er von *meiner Welt* beeindruckt ist, meiner Welt des Schreibens«.

Charles hatte lange versucht, als Muse seiner Frau zu fungieren, aber seine Methoden schlugen meist fehl. »Er geht meine Publikationsliste durch«, schrieb Anne in ihr Tagebuch, »neun Jahre und nur zwei Bücher, und er fragt sich, wie das kommt. Ob er mir nicht die richtigen Bedingungen verschafft hat?« Als reiche es nicht, sie zu beschämen, unterzog er sie noch einem Treuetest. Annes Mutter packte Pakete für England und hielt Radioansprachen zugunsten der Alliierten, Annes Schwester Constance, verheiratet mit einem Waliser, unterstützte die britische Sache – und da drängte Lindbergh seine Frau ständig, sie müsse ihm beweisen, ob sie eine Morrow oder eine Lindbergh sei.

Und da gelang Anne ein Durchbruch. Sie fand einen Weg, Saint-Exupéry ein literarisches Geschenk zu machen und gleichzeitig ihrem Mann ihre Treue zu beweisen. Innerhalb weniger Tage sprudelte ein Artikel aus ihr heraus.

Er handle, schrieb sie ihrer Mutter, um sie auf die Veröffentlichung vorzubereiten, »von all den inneren Kämpfen des Winters, all den Argumenten & Gegenargumenten ... er baut eine Brücke zwischen Charles' Glauben und meinem – und nicht zuletzt meiner tiefen Überzeugung, daß ihm und seiner Seite Unrecht geschieht«. Aber das war noch nicht alles. »Ich würde es nicht tun, wenn ich nicht von seiner Integrität und der seines Standpunkts überzeugt wäre«, schrieb sie, »und wenn ich nicht das Gefühl hätte, daß es Dinge gibt, über die er nicht verfügt – & die er wahrscheinlich nicht gut darstellen *kann*. Die ich besser darstellen kann. Und wenn ich nicht glaubte, daß die Darstellung dieser Dinge ihm und seiner Sache helfen könnte.« Der Artikel gelang ihr nicht – nicht als exakte Geschichtsbetrachtung noch als ernstzunehmende Philosophie. Er blieb der rührende Mischmasch einer Frau, die versuchte, aus ihren widerstrebenden Gefühlen schlau zu werden.

»Am deutlichsten kann man den Artikel so beschreiben: Er versucht, dem Isolationismus *moralische* Argumente zu liefern, wie sie wohl noch niemand vorgebracht hat«, schrieb Anne ihrer Mutter am 4. September 1940. Bei dieser Schilderung brach Betty Morrow in Tränen aus.

Das 5000-Wörter-Manuskript war kaum zu Papier gebracht, da erhielt Annes Verleger Alfred Harcourt schon eine Abschrift von Lindbergh. Er las den Text auf der Stelle, nannte ihn »schön« und wollte ihn gern veröffentlichen. Nach knapp einem Monat hielten die Lindberghs schon die ersten Exemplare des 41-Seiten-Taschenbuchs in Händen. Anne beschloß, die Einkünfte aus dem Traktat dem *American Friends Service Committee* zu überlassen, das sich bemühte, in Europa, besonders in Frankreich, die Auswirkungen des Krieges erträglicher zu machen.

Die wichtigste Metapher des Buches, die »Woge der Zukunft«, wurde zu seinem Titel: *The Wave of the Future*. Wie Anne es im Kernstück des Textes erklärte, erschien ihr der Krieg in Europa nicht als Kampf zwischen den »Kräften des Guten und des Bösen«, sondern vielmehr als Auseinandersetzung zwischen den »Kräften der Vergangenheit und denen der Zukunft«. Sie ergriff keineswegs die Partei der neuen totalitären Systeme, fand aber, daß »die Führer in Deutschland, Italien und Rußland irgendwie entdeckt haben, wie man neue gesellschaftliche und wirtschaftliche Kräfte nutzt. Sehr oft haben sie sie schlecht genutzt«, schrieb sie, »aber sie haben sie immerhin erkannt und verwertet. Sie haben den Wandel gespürt und ausgebeutet. Sie haben die Woge der Zukunft kommen gefühlt und haben sich von ihr weitertragen lassen. Die Übel, die wir an ihren Systemen mißbilligen, haben nicht eigentlich mit der Zukunft zu tun, sie sind nur der schmutzige Schaum auf der Welle«.

Anne verurteilte die Tyrannei des Nazismus und versicherte, niemals könnte sie »einem System, das ich ablehne, oder der Barbarei, die ich aus tiefstem Herzensgrund verabscheue, einen Treueid schwören, auch nicht, wenn sie auf der Woge der Zukunft dahergeschwommen kommen«. Aber es sei sinnlos, deutete sie an, »zu einem aussichtslosen ›Kreuzzug‹ aufzubrechen, um die Kultur zu ›retten‹«; diese Aufgabe könne ein Krieg nicht lösen. Statt eine Revolution in Europa anzuzetteln, solle Amerika lieber Reformen zu Hause einleiten, indem es »unsere Familie und Nation« beschütze und bewahre.

»Gegen die Woge der Zukunft kann man nicht ankämpfen«, schrieb sie gegen Ende ihres Essays, »genausowenig wie man als Kind gegen die gigantischen Brecher ankämpfen konnte, die sich plötzlich vor einem auftürmten.« Abschließend bot Anne nur unverbindliche Gemeinplätze an: Amerika brauche eine neuerliche Bekräftigung seiner grundlegenden Überzeugungen. Constance Morrow Morgan meinte, dieses Buch ihrer Schwester sei ein deutliches Abbild ihrer Identitätskrise: »Sie war hin-und hergerissen zwischen einem Dasein als Anne Morrow und einem als Mrs. Charles Lindbergh.«

Wenige Bücher in der Geschichte des Verlagswesens haben eine derartige Aufnahme gefunden wie Anne Morrow Lindberghs *Die Woge der Zukunft: Ein Glaubensbekenntnis*. Es wurde sofort zum Sachbuchbestseller

Nr. 1 im ganzen Land – 50 000 Exemplare allein in den ersten beiden Monaten – und erhielt überall aufsehenerregende Kritiken. Das Buch fand viele Bewunderer, vor allem unter der wachsenden Zahl von Amerikanern, die gegen ein Eingreifen in den europäischen Krieg waren. DeWitt Wallace von *Reader's Digest* kürzte den Text für seine Leser und veröffentlichte ihn unter der Überschrift »Der Artikel des Jahres«. Selbst der in England geborene Dichter W. H. Auden nannte es ein »schönes Buch«. Er hielt Anne vor Augen, daß »alles, was man schreibt, hilflos in die Welt hinauszieht, um in Gutes und Böses verwandelt zu werden, und jedes Kunstwerk ist gegenüber Mißbrauch machtlos«.

Dies war auch der Fall bei *The Wave of the Future*, das über Nacht zu einem hingebungsvoll verhaßten Buch wurde. In der modernen Literaturgeschichte vielleicht nur noch von *Mein Kampf* übertroffen, wurde es eines der am meisten geschmähten Bücher seiner Zeit. Annes hoffnungsvolle, unschuldige Botschaft, die die Gegner durch ihre allgemein gültigen Bilder zu einigen gedacht, trieb den Keil zwischen ihnen nur noch tiefer. Sie wurde prompt zitiert – und ständig falsch. Immer mehr Buchhändler und Kunden boykottierten das Buch oder schickten Exemplare an den Verleger zurück. Ein Buchhändler schrieb Alfred Harcourt, er finde, die beiden Lindberghs »gehörten hinter Stacheldraht!«. Ein halbes Jahrhundert später bleibt *The Wave of the Future* ein Buch, an das sich niemand gern erinnert – nicht einmal die Autorin, die später viel von seinem Inhalt, den sie ihrer Naivität zuschrieb, zurücknahm.

Franklin Roosevelt bewarb sich mit einem Nichteinmischungsprogramm um eine dritte Amtszeit. Wenige Tage vor der Wahl 1940 versicherte er den Stimmberechtigten, daß keine jungen Amerikaner in Kriege fremder Länder geschickt würden. Zwei Monate später, nach seinem überwältigenden Wahlsieg über Wendell Willkie (den Lindbergh gewählt hatte), sprach er davon, er werde aus Amerika das »große Arsenal der Demokratie« machen. Bei seiner Amtseinführung drei Wochen später zitierte er Anne Lindberghs Buch und meißelte ihre Metapher ins Bewußtsein der Öffentlichkeit. »Es gibt Menschen, die glauben, daß ... Tyrannei und Sklaverei die haushohen Wogen der Zukunft darstellen und Freiheit nur Ebbe ist«, verkündete er. »Aber wir Amerikaner wissen, daß das nicht stimmt.«

Die zunehmenden Angriffe ließen Anne zurückweichen, nicht nur vor weiteren politischen Äußerungen, sondern vor dem Veröffentlichen überhaupt. »Ich bin verletzt, nicht eigentlich von den Kritiken«, schrieb Anne in ihr Tagebuch, »sondern von dem wachsenden Riß zwischen mir und den Menschen, von denen ich dachte, ich gehöre zu ihnen. Die Künstler, die Schriftsteller, die Intellektuellen, die Empfindsamen, die Idealisten – von ihnen fühle ich mich verstoßen. Ich bin verbannt für immer und ewig, ohne es gewollt zu haben, wirklich. Meine Ehe hat mich aus meiner Welt gezogen und mich so verändert, daß ich mich nicht mehr zurückverwandeln kann.« Annes wenige Vertraute – ihre Familie und ein Häufchen Freunde – erkannten die Einsamkeit, die sie um sich geschaffen hatte, indem sie in aller Öffentlichkeit die Partei ihres jetzt umstrittenen Ehemanns ergriffen hatte. »Weißt Du, Anne«, schrieb ihr der frühere Verehrer Corliss Lamont, »einige Deiner alten Freunde zögern sogar, sich mit Dir zu treffen, um Dich nicht in Verlegenheit zu bringen; obwohl Du zweifellos fürchtest, Du könntest sie in Verlegenheit bringen.« Als Charles Anne riet, Saint-Exupéry während seines Aufenthalts in New York im Januar 1941 zu besuchen, lehnte sie es aus ebendiesem Grund ab. Sie war unglücklich, weil sie ihn nicht sehen konnte; aber leider, schrieb sie in ihr Tagebuch, »bin ich jetzt die Beulenpest unter den Schriftstellern und C. ist der Antichrist!« Obwohl die Politik viele ihrer Beziehungen strapazierte, ließ ihre Familie sie und ihren Mann nie fallen.

Mitten in dieser Debatte wurde Anne ein weiterer Grund geschenkt, sich aus der Öffentlichkeit zurückzuziehen. Am 2. Oktober 1940, um 2.00 Uhr, wachte sie in Lloyd Manor mit Wehen auf. Charles brachte sie eilends ins Hospital in Manhattan, wo sie ein paar Stunden später niederkam. Charles und Anne hatten auf ein Mädchen gehofft, und als ihr Wunsch jetzt in Erfüllung ging, bestand der Vater darauf, das Kind nach der Mutter zu nennen. Um Verwirrung zu vermeiden, sollte das neugeborene Kind – Anne Spencer Lindbergh – Ansy genannt werden. Da schon wieder Reporter das Lindberghsche Haus umstellt hatten, und weil *Die Woge der Zukunft* so viele widrige Unterströmungen verursacht hatte, hielt Lindbergh es für das Beste, wenn sich Anne mit ihrer Tochter gut zwei Wochen im Krankenhaus von der Welt zurückzog. Sie tat es, und nahezu jeden Abend besuchte er Mutter und Tochter, die beide wohlauf waren.

In vielen Bürgerinitiativen gegen den Kriegseintritt gab es auch Veteranenvereinigungen, die Lindberghs Aufruf, Amerikas Verteidigung auszubauen, befürworteten, auch wenn sich ihre Mitglieder bei den strittigen Fragen nicht immer einig waren. Lindbergh nahm eine Einladung nach Chicago an, wo er vor einer Versammlung sprechen sollte, die offiziell von Veteranen getragen wurde, in Wirklichkeit aber von einer Gruppierung aus der Stadt finanziert wurde, deren Chef Avery Brundage war, Vorsitzender des amerikanischen Olympischen Komitees. Am 4. August 1940 sprach Lindbergh 20 Minuten lang vor einer 40000köpfigen Zuhörerschaft. »Ich unterbreite Ihnen meine Meinung nicht als Experte«, betonte er, »sondern als Bürger, der besorgt ist über den Zustand, in den unser Land in diesem Zeitalter der Experten geraten ist.« Sogar jetzt, während der Luftschlacht um England, bat Lindbergh sein Publikum, »ein von Deutschland beherrschtes Europa« in Erwägung zu ziehen, und hielt die

Zusammenarbeit mit einem siegreichen Nazideutschland nicht für unmöglich. Um Amerika aus dem Krieg herauszuhalten, drängte er auf »ein uneinnehmbares Verteidigungssystem«.

Da er bei derartigen öffentlichen Versammlungen als Redner auftrat, wurde Lindbergh zum Ziel von Angriffen, deren Schärfe und Gehässigkeit dramatisch zunahmen. Viele sahen in ihm einen ausgemachten Nazifreund, der »verräterische« Lehren predigte, und zwar so sehr, daß das FBI die Akte über ihn wieder öffnete, die es zur Zeit der Entführung zur Materialsammlung angelegt hatte. Doch das FBI entdeckte nichts, was gegen ihn verwendet werden konnte.

In der Öffentlichkeit ließ FDR andere aus dem Weißen Haus an seiner Stelle sprechen. Der Pulitzerpreisträger, Dramatiker und Redenschreiber Robert Sherwood hielt eine Radioansprache, in der er Lindbergh angriff und auch Henry Ford, einen weiteren Interventionsgegner, der schon lange als Antisemit galt. Ford müsse man teilweise entschuldigen, er sei ein Genie; Lindbergh hingegen bezichtigte er als »vergifteten Geist«, als Verräter und »ahnungslosen Verbreiter von Nazipropaganda«. Die Lindberghs erhielten so viele obszöne Briefe, meist ohne Unterschrift, daß das Postamt vorsichtshalber Einsicht in ihre Post nahm.

Nach Presseberichten, die die veränderte Einstellung der Öffentlichkeit gegenüber ihrer lebenden Legende wiedergaben, erhielt er nach einer Radioansprache mehr Post als jede andere Person, auch mehr als Roosevelt. Die überwältigende Mehrheit dieser Briefe befürwortete seinen Standpunkt. Selbst seine Gegner mußten seine Zugkraft als Fürsprecher des Isolationismus anerkennen. Die einen fragten sich, wer Lindbergh ermutigt haben könnte, diese Position so unverblümt zu vertreten, andere glaubten, er spreche aus eigener tiefer Überzeugung.

Während Amerikaner aus allen sozialen Schichten hofften, Lindbergh werde ihr Fürsprecher gegen den Krieg sein, fühlte er sich besonders zu einer Gruppe junger Männer in New Haven, Connecticut, hingezogen, überwiegend Jurastudenten an der Yale University. Zu ihnen gehörte auch Gerald R. Ford, späterer Präsident der Vereinigten Staaten, Potter Stewart, ein künftiger Richter am Obersten Bundesgericht, und Sargent Shriver, Schwager von John F. Kennedy und erster Direktor des vom Präsidenten ins Leben gerufenen Peace Corps. Stewart und Shriver gehörten zu jenen sechs jungen Männern, die Lindbergh nach dessen erster Antikriegsansprache einluden, in Yale zu sprechen. Im Frühjahr 1940 verschickten Ford und andere ein vervielfältigtes Bittschreiben an die Studenten und Absolventen der Universitäten im ganzen Land, »um die Unterstützung jener zu gewinnen, die so denken wie wir, daß nämlich die Politik der Vereinigten Staaten die Verteidigung der westlichen Hemisphäre zum Ziel haben sollte und nicht eine Intervention in Europa, und die für die Verwirklichung dieser Politik arbeiten wollen«. In diesem Brief versicherten sie, daß sie weder Pazifisten seien noch irgendeiner politischen Partei angehörten. Für vier militärische Anliegen setzten sich diese jungen Kampfhähne besonders stark ein:

1. Die Vereinigten Staaten müssen eine uneinnehmbare Verteidigung Amerikas aufbauen.
2. Keine fremde Macht und keine Machtgruppierung kann ein vorbereitetes Amerika erfolgreich angreifen.
3. Die amerikanische Demokratie kann nur bewahrt werden, wenn man sich aus dem Krieg in Europa heraushält.
4. Hilfe, die beinahe an Krieg grenzt, schwächt die nationale Verteidigung zu Hause und droht Amerika in den Krieg im Ausland zu verwickeln.

Der führende Kopf in dieser Gruppe war R. Douglas »Bob« Stuart. Er hatte nach Lindberghs erster Rundfunkansprache im November 1939 Kontakt zu ihm aufgenommen und war dann nach Chicago gegangen, um Unterstützung für seine Organisation zu suchen. Er gewann einen Freund seiner Familie, General Robert S. Wood, als Vorsitzender der Gruppe zu fungieren, die sich in aller Form als *Committee to Defend America First* konstituierte. Im täglichen Sprachgebrauch wurde der Name der Bewegung auf die letzten beiden Wörter verkürzt.

»Der erste Vorstand«, schrieb Richard Moore, ein junger Rechtsanwalt, der bald seine Kanzlei verlassen und stellvertretender nationaler Direktor von *America First* werden sollte, »... war eine Mischung aus Konservativen und Liberalen, aus Republikanern, Demokraten und Unabhängigen« und sogar aus Leuten aus Roosevelts Regierung. Auch zwei Ehefrauen von Senatoren, dazu Töchter berühmter Männer – Alice Roosevelt Longworth (die Tochter von Theodore Roosevelt) und Kathryn Lewis (die Tochter des Gewerkschaftsführers John L. Lewis) – arbeiteten in diesem landesweiten Komitee. Die liberalen Journalisten John T. Flynn und Oswald Garrison Villard, die berühmte Romanautorin Kathleen Norris, der Humorist Irving S. Cobb und Eddie Rickenbacker, das Fliegeras aus dem Ersten Weltkrieg, damals Vorstand der *Eastern Airlines*, vervollständigten die Liste.

Lindbergh war so beeindruckt von der Kampagne, die der 25jährige Stuart in wenigen Monaten auf die Beine gestellt hatte – komplett mit Programm, wichtigen Persönlichkeiten und Finanzierung –, daß er die Einladung, vor einer Studentenversammlung in Yale zu sprechen, in Erwägung zog. Am 22. Oktober 1940 ging ein besorgter Lindbergh in ein Wochenschaukino, um eine Rede, die er acht Tage zuvor gehalten hatte, in voller Länge anzuschauen. Zum ersten Mal hatte er den Filmgesellschaften die Erlaubnis nicht verweigert, ihn zu filmen – ein großes Risiko, fand er, »wegen des jüdischen Einflusses in den Wochenschauen und wegen der bekannten Feindseligkeit gegen mich... Ich laufe Gefahr, daß sie meine

Rede zurechtstutzen und zwischen Szenen von heimatlosen Flüchtlingen und zerbombten Kathedralen klemmen.« Als Lindberghs Bild auf der Leinwand erschien, zischten ihn viele Kinobesucher aus. Die Wochenschau war jedoch nicht so entstellend geschnitten, wie Lindbergh befürchtet hatte, und er faßte Mut, als am Ende zahlreiche Leute im Publikum applaudierten. Am nächsten Tag nahm er die Einladung des *America First Committee* an.

Am 30. Oktober 1940 sprach Lindbergh eine halbe Stunde lang – seine bisher längste Rede – vor einem Auditorium von fast 3000 Leuten in New Haven. In den ersten zehn Minuten lieferte er in oberlehrerhaftem Tonfall eine kurze Geschichte der Ereignisse in Europa, die zum derzeitigen Krieg geführt hatten. Dann formulierte er seine Botschaft an die »Generation, die in einer Periode der größten Veränderung, die der Mensch je erlebt hat, die Lebensfragen lösen muß«. Er wiederholte das alte Lied: »Entweder müssen wir uns ganz von den europäischen Kriegen fernhalten, oder wir müssen ständig an der europäischen Politik teilnehmen.« Um zu einer Entscheidung zu kommen, fragte er seine Zuhörer: »Wollen wir eine Invasion in Europa? Wollen wir einen Krieg im Fernen Osten führen? Wollen wir beides zugleich versuchen?« Wenn die Antwort auf diese Fragen Ja laute, »hätten wir schon längst mit dem Bau von Stützpunkten im Pazifik beginnen und unsere unschlüssige Politik auf den Philippinen beenden müssen – wir sollten diese Inseln entweder angemessen befestigen oder uns ganz von dort zurückziehen«. Er beschränke jedoch seine Ausführungen heute abend auf Europa, denn, so sagte er, »in Asien hat kein Land seine Luftstreitkräfte ausreichend entwickelt, um für die Vereinigten Staaten derzeit eine ernsthafte Bedrohung darzustellen…«

Lindbergh erwartete Zwischenrufe, erntete aber nur atemlose Aufmerksamkeit. Er bekam gewaltige Ovationen, soviel, daß er in sein Tagebuch schrieb, diese Versammlung »war bei weitem die erfolgreichste und befriedigendste… dieser Art, an der ich je teilgenommen habe«. Das ermutigte ihn, nicht nur weiterhin in der Öffentlichkeit zu sprechen, sondern dies unter der Schirmherrschaft dieser beeindruckenden »jungen Gruppe« zu tun. Während viele andere Antikriegsorganisationen deutlich reaktionäre – vielfach antisemitische – Züge aufwiesen, schien *America First* Männer und Frauen aller Altersstufen, politischer Überzeugungen und Religionen anzuziehen, auch eine Reihe von einflußreichen Juden. Ein FBI-Bericht über die Organisation vermerkt, daß die Bewegung von einer »gewaltigen jüdischen Gruppe« unterstützt werde, und die Guggenheim-Stiftung sei ihr Aushängeschild.

Im Lauf des nächsten Jahres wurden zum Thema Kriegseintritt Millionen Wörter gesprochen und geschrieben. Beide Seiten kämpften um das Herz der Nation, doch letzten Endes war das Ganze nichts anderes als ein elf Monate langes Streitgespräch zwischen Franklin D. Roosevelt und

Charles Lindbergh. Letzterer sollte sich als größte Attraktion der *America First*-Bewegung herausstellen; er trat 13mal als wichtiger Redner öffentlich auf, in praktisch jeder Region des Landes. Entgegen hartnäckigen Gerüchten schrieb Lindbergh alle seine Reden selbst – Anne half ihm nur ein wenig bei der Redaktion. Er erhielt keinerlei Vergütung von irgendeiner Organisation oder Einzelperson für seine Bemühungen und bezahlte alle Reisen und Unterkünfte selbst.

Im Januar 1941 bat Präsident Roosevelt um »uneingeschränkte Hilfe« für die demokratischen Staaten Europas, und der Kongreß brachte einen Gesetzentwurf ein, der ihm fast unbegrenzte Kriegsmacht einräumen sollte. In seiner Rede zur Lage der Nation am 6. Januar versetzte er der gerade noch isolationistischen Nation einen entscheidenden Stoß Richtung Krieg, als er den Kongreß um ein Leih-Pacht-Gesetz bat, das den Präsidenten ermächtigen sollte, jedem für die USA wichtigen Land Kriegsmaterial zu liefern und die Bezahlung für diese Schiffe und Waffen zu stunden. Vier Tage später eröffnete der Kongreß die Aussprache zu diesem Thema, eine der heißesten in seiner Geschichte. Weitere vier Tage später erhielt Lindbergh ein Telegramm des republikanischen Kongreßabgeordneten Hamilton Fish, der bei diesem Gesetzentwurf die Opposition anführte. »Wichtigster und folgenreichster Gesetzentwurf einer Regierung, der dem Kongress je vorlag«, telegrafierte Fish an Lindbergh und bat ihn, vor dem Außenpolitischen Ausschuß auszusagen.

Am 23. Januar 1941 kam Lindbergh auf dem Kapitol an und bahnte sich einen Weg durch eine riesige Menge aus Zuschauern und Presseleuten. In einem großen Versammlungsraum des Kongresses stand er zweieinhalb Stunden Rede und Antwort und parierte dabei allerlei Stöße von seiten der Mitglieder des Kongreßausschusses, die eine Intervention befürworteten. Er fühle mit beiden Seiten der Kriegsparteien, betonte er, und favorisiere keine; er habe den Eindruck, es sei für England unvorteilhaft, einen endgültigen Sieg zu erlangen; und einen ausgehandelten Frieden bezeichnete er als das im Interesse der Amerikaner beste Ergebnis. Amerikanische Hilfe für England würde den Krieg nur verlängern, und eine tatsächliche amerikanische Teilnahme »wäre die größte Katastrophe, die dieses Land je durchgemacht hat«. Er bekam Applaus von den Zuhörern und Komplimente vom Vorsitzenden des Komitees.

Vierzehn Tage später sagte er in einer etwas würdevolleren Prozedur vor einem Senatsausschuß aus. Er vertrat seine Überzeugung, daß ein politisch ausgehandelter Friede im Interesse aller Betroffenen sei, und formulierte seine Ansicht, daß das Leih-Pacht-Gesetz eine »Politik verfolgt, die Sicherheit für Amerika zu gewinnen versucht, indem es die Verhältnisse innerhalb Europas steuert«.

Theoretisch mochte Lindberghs Aussage logisch klingen, aber viele Amerikaner waren empört über seine betont kühlen Antworten und darüber, daß er mit keinem Wort die Weltanschauung und Handlungsweise der Nazis verurteilte. Die öffentliche Meinung begann sich gegen ihn zu kehren; Leserbriefe prangerten ihn an, manche in so unflätigen Worten, daß sie nicht gedruckt werden konnten.

Seine Aussage verhinderte nicht, daß die Gesetzesvorlage mit 260:165 Stimmen im Repräsentantenhaus und einer Mehrheit von 60:31 im Senat angenommen wurde. Die deutschen Luftangriffe auf London dauerten derweil an.

Im Hause Lindbergh grassierten die Windpocken; erst mußte Anne ins Bett, und schließlich lag auch Charles für zehn Tage darnieder. Beide erholten sich rechtzeitig, um wie geplant noch einmal nach Florida zu fahren. Wie beim letzten Mal entwischten sie der Presse. Am 6. März holte Jim Newton sie in Haines City ab und brachte sie nach Fort Myers, wo er ihnen ein großes motorisiertes Segelboot mit einem kleinen Beiboot besorgt hatte. Da er die Küstengewässer sehr gut kannte, war er ihr einziger Führer.

»Manchmal kampierten wir am Ufer unter gewundenen Meertraubenbäumen in einem insektensicheren Zelt«, schrieb Anne später. »Wir erkundeten noch einmal den Shark River, diesmal schweigend, und segelten mit Besan und Fock vor dem Wind in die zeitlose Welt der Wildnis. Wir schoben uns durch das Labyrinth aus Bächen und Flüssen, das sich vor uns öffnete, zwischen den nackten, geisterhaften Armen der Mangrovenwurzeln hindurch, verursachten kaum Wellengekräusel und schreckten nur hie und da einen Reiher, einen rosa Ibis oder Schlangenhalsvogel auf. Schwalbenweihe kreisten langsam über unseren Köpfen. Bei Sonnenuntergang holten wir die Segel ein und stakten durch kleine Altwasser unter überhängenden Büschen.«

Der Höhepunkt ihrer Reise war ein Ausflug nach Dry Tortugas weit draußen vor Floridas Südwestküste. Charles übernahm das Kommando für die 24stündige Überfahrt und ordnete Deckwachen für jeden an – »jeweils zwei Stunden bis zum Einbruch der Nacht, dann vier an Deck und acht unter Deck«. In den nächsten Tagen durchstreiften sie diese Insel mit gewaltigen Befestigungsanlagen aus dem 19. Jahrhundert und die Nachbarinseln. Sie schwammen und tauchten im ruhigen Wasser, und beide probierten zum ersten Mal einen Taucherhelm aus, der mit einem zwölf Meter langen Schlauch an eine Luftpumpe angeschlossen war. Sie waren fasziniert von dieser seltsamen Welt des Schweigens und der exotischen Bilder – »purpurrote Fächerkorallen, leuchtendblaue, gelbe und schwarzweißgestreifte Fische, die zwischen den Farnen hindurchglitten, Korallenzweige – alles bewegte sich in einem Rhythmus, den wir nicht kannten oder nicht spürten.« Die Lindberghs hatten eigentlich nur zehn Tage eingeplant und ließen sich jetzt fast drei Wochen lang vor der südlichsten Spitze der Vereinigten Staaten treiben, völlig abgeschieden von Zeitungen und Radio. So kehrte ein erfrischter Lindbergh nach Long Island zurück, um seinen Kreuzzug wiederaufzunehmen.

In den nächsten zwei Wochen schrieb er eine Rede, die er in Chicago vor mehr als 10 000 Menschen hielt. Er nannte darin die Ziele von *America First* – uneinnehmbare Verteidigung und kein Kriegseintritt – und wies darauf hin, daß es ein Fehler gewesen sei, Waffen nach Europa zu schicken; das habe den Verlauf des Krieges nicht geändert. Er versicherte seinen Zuhörern, »wir haben es in der Hand, ob Amerika in den Krieg eintritt oder nicht«, und behauptete, England und Frankreich hätten den Krieg schon verloren, ehe sie ihn überhaupt erklärt hatten. Viele seiner Thesen sollten sich in den nächsten Jahren als falsch herausstellen, besonders seine Annahme, die USA könnten nicht genug Soldaten und Material übers Meer transportieren, um einzumarschieren und die gut gerüsteten, »starken europäischen Heere« zu überwältigen.

Trotz wohlbegründeter Warnungen, *America First* sei Wasser auf die Mühlen von Hitlers Propaganda, setzte er die Kampagne mit einer Rede in New York fort, bei der antifaschistische Gruppierungen demonstrierten. Presseberichten zufolge steckte die Versammlung voller »Hetzer« mit »großzügigen Einsprengseln von Nazis, Faschisten, Antisemiten, Spinnern und rechtschaffenen Leuten, wobei nur die rechtschaffenen Leute fehl am Platz wirkten«.

Auf einer Pressekonferenz am 25. April wurde der Präsident gefragt, warum man Lindbergh nicht gebeten habe, wieder in die Army einzutreten. Da verglich Roosevelt Lindbergh mit den Defätisten und Abwieglern, die im Sezessionskrieg auf seiten der Südstaaten gestanden, und mit jenen, die einst George Washington beschworen hatten, den anderen Krieg abzubrechen, der ja doch nicht gewonnen werden könne.

Lindbergh hatte das Gefühl, daß seine Treue, sein Charakter und seine Motive in Frage gestellt wurden und der Präsident seine Ehre angriff, und er schrieb ihm einen Brief, FDR lasse ihm keine andere Wahl, als aus dem Reservecorps auszutreten. Er setzte seine Angriffe fort und sprach am 3. Mai 1941 vor 15 000 Menschen in St. Louis; dabei beteuerte er zum wiederholten Male, Amerika könne »die britischen Luftstreitkräfte nicht stärker machen als die Deutschlands«. Eine Woche später zielte er in einer Rede in Minneapolis direkt auf Roosevelt: Der habe ihn angegriffen, nur weil er sein bürgerliches Recht auf freie Meinungsäußerung wahrnehme. Er erinnerte an seines Vaters vergeblichen Versuch, Amerika aus dem letzten Krieg herauszuhalten, und warf dem Präsidenten vor, das Land in die falsche Richtung zu führen.

Ende des Monats sprach er vor einer riesigen Menge im New Yorker Madison Square Garden und versuchte, *America First* von den faschistischen und antisemitischen Gruppen abzugrenzen, die einen Teil der Zuhörer ausmachten. Die Versammlung war zu einem Spektakel fast unkontrollierter Konfrontation zwischen Rednern und Mitgliedern gegnerischer Gruppen entartet, als Lindbergh in einer Welle von Applaus auf die Bühne kam und fragte, ob es denn notwendig sei, daß man diese Mischung aus Rassen, Religionen und Glaubensrichtungen, aus der sich die amerikanische Gesellschaft zusammensetze, auch noch mit Krieg und Haß anreichere. Wieder forderte er die Regierung heraus, ihre Politik zu rechtfertigen, und überließ es der Presse, mit seiner Rede je nach Überzeugung der Redaktion zu spielen, auch die Gerüchte zu schüren, nach denen Lindbergh die Naziuntergrundbewegung in Amerika leitete.

In Wirklichkeit stand Charles Lindbergh weder mit Nazibefürwortern noch mit einer antisemitischen Organisation in Verbindung; er besuchte niemals ein Treffen der deutsch-amerikanischen, pronazistischen Organisation »Bund« und hatte seit mehr als vier Monaten vor Ausbruch des Krieges mit niemandem mehr verkehrt oder sich beraten, der bekanntermaßen Verbindungen zum Dritten Reich hatte. Als Truman Smith ihn einlud, sich mit einem deutschen Würdenträger zu treffen, der in den Staaten zu Besuch war, lehnte Lindbergh ab und schrieb: »Seit ich Europa im April 1939 verließ, habe ich keine Verbindung mehr mit Deutschland oder deutschen Bürgern gehabt, und ich halte es für wichtig, daß ich das sagen kann, falls man mich einmal danach fragt. Es ist eine dumme Situation, und ich habe nicht vor, mein Verhalten dauernd solchen Überlegungen zu unterwerfen, aber ich will meinen Gegnern jetzt keine unnötige Gelegenheit geben, die öffentliche Meinung zu verwirren.« Er hörte sogar auf, den Carrels zu schreiben, um notfalls beweisen zu können, daß er mit dem Kontinent keinerlei direkte Verbindung mehr gehabt habe.

Lindberghs unermüdliche Unterstützung der Ziele von *America First*, formuliert in vielen Reden während des Frühjahrs und Sommers 1941 in Städten von Philadelphia bis Los Angeles, ermutigte jene, die an die Bewegung glaubten, und half ihr, an Boden zu gewinnen. Jede Woche wurden neue Ortsgruppen im ganzen Land gegründet. Die meisten Leute, ob sie nun Lindbergh zustimmten oder nicht, glaubten weiterhin, daß er nicht um persönlicher oder politischer Gewinne willen in der Öffentlichkeit auftrat. Aber mehr als genug Amerikaner griffen ihn mit einer Heftigkeit an, wie er sie noch nicht erlebt hatte. Viele Städte oder Institutionen, die Gebäude oder Schulen nach ihm benannt hatten, machten ihre Entscheidungen rückgängig. Selbst seine Geburtsstadt Little Falls überpinselte seinen Namen auf dem Wasserturm. Eine Meinungsumfrage im April erbrachte, daß 81 Prozent der Bevölkerung »zur Zeit gegen einen Kriegseintritt sind; falls sich jedoch herausstellen sollte, daß Deutschland und Italien nur durch einen Kriegseintritt der USA zu besiegen sind, würden 68 Prozent sagen: ›dann los‹«.

Da Japan einen Dreimächtepakt mit Deutschland und Italien geschlossen hatte, wies Lindbergh die Amerikaner darauf hin, daß sie sich einem

Zweifrontenkrieg in Europa und im Pazifik gegenübersehen würden, und angesichts der unzureichenden Rüstung des Landes sei die Alternative zu einem ausgehandelten Frieden »entweder ein Sieg Hitlers oder ein am Boden zerstörtes Europa – und vermutlich auch ein am Boden zerstörtes Amerika«. Noch immer sah ihn eine beachtliche Anzahl von Bürgern als den nächsten Präsidenten der Vereinigten Staaten.

Ende Juni sprach Lindbergh im Civic Auditorium in San Francisco. Lindbergh hob hervor, daß eine Allianz mit einer der kriegführenden Parteien angesichts der schwankenden Haltung der europäischen Nationen zueinander geradezu irrsinnig wäre. Bei Kriegsbeginn, führte er aus, »hatten sich Deutschland und Rußland gegen England und Frankreich verbündet. Jetzt, knapp zwei Jahre später, finden wir Rußland und England im Kampf gegen Frankreich und Deutschland... Die Mörder und Plünderer von gestern werden heute als wertvolle Verteidiger der Kultur akzeptiert«. Außerdem, stellte er fest, »wird ein Flüchtling, der eben von der Gangway tritt und für den Krieg stimmt, als Verteidiger der Freiheit gefeiert. Ein gebürtiger Amerikaner aber, der sich gegen den Krieg äußert, wird als Angehöriger der fünften Kolonne verschrien«. Dann landete er wieder bei seinem Lieblings-Schreckgespenst: »Ich sage Ihnen: Hundertmal lieber sähe ich mein Land im Bund mit England oder sogar Deutschland mit all seinen Fehlern als mit dem grausamen, gottlosen und barbarischen Sowjetrußland. Einem Bündnis zwischen den Vereinigten Staaten und Rußland muß sich jeder Amerikaner, jeder Christ, jeder Menschenfreund in diesem Land widersetzen.«

Ehe er Kalifornien verließ, war er drei Tage zu Gast bei William Randolph Hearst auf dessen Ranch in Wyntoon, einem regelrechten Alpendorf, das dieser am Fuße des Mount Shasta errichtet hatte. Obwohl Lindbergh Hearsts journalistische Praktiken noch immer mißbilligte, wußte er die Antikriegshaltung seiner Blätter zu schätzen. »Eine Zeit der Krise ist eine echte Prüfung für Charakter und Führungsqualität«, schrieb ihm Lindbergh danach. »Ich glaube, daß Sie in der gegenwärtigen Krise für dieses Land etwas geleistet haben, für das Ihnen unser Volk immer dankbar sein wird.«

Im August heizte sich der große Streit auf. Lindberghs Gegner meldeten sich vor seinem Auftritt in Cleveland so lautstark zu Wort, daß die Polizei unbedingt die Möbel seines Hotelapartements »durchleuchten« und von seinem Zimmer bis zum Podium Polizisten aufstellen wollte. Als er sich am 28. August nach Oklahoma City wagte, um dort über Luftstreitkräfte zu sprechen, erfuhr er, daß es drei Morddrohungen gegeben habe. Schlimmer noch, der Stadtrat hatte einstimmig beschlossen, den Mietvertrag mit *America First* für den städtischen Saal zu widerrufen, und zwang damit die Organisation, einen neuen Veranstaltungsort zu suchen. Als er das hörte, sagte Lindbergh: »Wenn wir keinen Saal mieten können, halten wir unsere Versammlung eben auf der grünen Wiese ab.« Sie landeten statt dessen in einem Baseballstadion gleich vor der Stadt. 15 000 Menschen trotzten dem Unwetter der öffentlichen Meinung und überzeugten Lindbergh noch mehr davon, daß die Amerikaner »unbedingt gegen« einen Kriegseintritt waren. »Aber was hat Roosevelt vor?« fragte Lindbergh in seinen Tagebüchern, »und wie weit kann er uns bringen? Wie nah können wir an den Rand eines Krieges schlittern, ohne hineinzufallen?« Näher jedenfalls, erkannte Lindbergh, wenn der Präsident ihn irgendwie in Mißkredit bringen konnte.

Seit Monaten tyrannisierte ihn Harold Ickes, FDRs scharfzüngiger Innenminister, der Lindbergh immer als »Ritter vom Deutschen Adler« bezeichnete; Lindbergh nahm ihn grundsätzlich nicht wahr. Am 14. Juli 1941 jedoch gelang es Ickes, ihn auf die Palme zu bringen. Bei einer Versammlung zum Jahrestag der Französischen Revolution baute der Innenminister seine mitreißende Rede über die Befreiung Frankreichs weitgehend um das Bild von »Exoberst Lindbergh« herum auf und betonte, »was für eine Bedrohung er und seinesgleichen für dieses Land und seine freien Institutionen darstellen«. Er könne Lindbergh schon sagen, »wo er mit Hilfe eines Röntgengeräts leicht ein künstliches Herz finden kann«. Abgesehen von solchen Beschimpfungen sprach Ickes einen Punkt an, über den viele Amerikaner schon nachgedacht, den aber nur wenige ausgesprochen hatten: »Niemals hat jemand gehört, daß Lindbergh ein Wort des Erschreckens oder womöglich des Abscheus gegen die blutigen Methoden der Nazis geäußert hätte«, sagte Ickes, »oder ein Wort des Mitleids mit den unschuldigen Männern, Frauen und Kindern, die in praktisch jedem Land Europas von den Nazis vorsätzlich umgebracht worden sind.« Lindbergh lehne den Kommunismus ab, sagte Ickes, »aber Hitler und den Nazismus oder Mussolini und den Faschismus hat dieser Ritter vom Deutschen Adler noch nie angeklagt«.

Monatelang hatte Lindbergh solche Angriffe ignoriert. Nach dieser letzten Rede jedoch hatte Lindbergh naiverweise den Eindruck, daß Ickes in die eigene Falle gegangen war; er fand, nun waren der Minister und sein Präsident in eine Lage geraten, in der Lindbergh sie »wirkungsvoll und ohne sich zu blamieren angreifen« konnte.

Am 16. Juli 1941 schrieb Lindbergh an Roosevelt. In seinem kurzen Brief warf er Ickes sein unfaires Verhalten vor, besonders, daß er ihn kritisiert habe, 1938 einen Orden der deutschen Regierung angenommen zu haben. Er bat den Präsidenten, die Kabinettsmitglieder zu informieren, daß er die Auszeichnung in der amerikanischen Botschaft in Gegenwart ebendieses Botschafters erhalten habe, und daß er auch auf Einladung dieses Botschafters dorthin gegangen sei. Lindbergh gab sein Ehrenwort, daß er »keine Verbindung zu einer ausländischen Regierung« habe und bereitwillig sich und all seine Unterlagen den ermittelnden Behörden zur Verfügung stelle, um dies zu beweisen. Lindbergh fand, ihm stehe eine Entschuldigung zu. Als er den Brief zur Post gebracht hatte, ließ er der Presse eine Abschrift zugehen.

Lindbergh hörte weder vom Präsidenten noch von seinem Innenminister. Statt dessen erhielt er ein neun Sätze langes Schreiben von FDRs Sekretär Stephen Early, der Lindberghs Brief als offenkundigen Publicitytrick abtat, was durch die Tatsache bewiesen sei, daß die Zeitungen die Abschrift einen ganzen Tag früher als der Präsident erhalten hätten. Ickes rügte Lindbergh in seiner Antwort an die Presse, er habe gegen die politische Etikette verstoßen, und er forderte ihn auf, Farbe zu bekennen. »Wenn Mr. Lindbergh zusammenzuckt, wenn man ihn völlig korrekt als Ritter vom Deutschen Adler bezeichnet«, schrieb Ickes, »warum schickt er den skandalösen Orden dann nicht zurück, und die Sache ist erledigt? Amerika erinnert sich, daß er ohne zu zögern dem Präsidenten sein Offizierspatent der Armee der Vereinigten Staaten zurückschickte. Genaugenommen hat Mr. Lindbergh sein Offizierspatent verdächtig eifrig und ohne jede liebenswürdige Bemerkung zurückgegeben. Aber den Naziorden behält er immer noch!«

Selbst Lindberghs Anhänger mußten sich einige der Fragen stellen, die Ickes aufwarf. General Wood schlug vorsichtig vor, daß Lindbergh öffentlich den Totalitarismus in jeder Form verurteilen sollte, um damit die Flüsterkampagne, er sei ein Nazifreund, zum Schweigen zu bringen. Lindbergh habe »einen schweren Fehler gemacht«, schrieb Ickes in sein Tagebuch. »Er hat dem ganzen Land klar bewiesen, daß er noch immer an diesem deutschen Orden hängt ... Zum ersten Mal hat er sich in die Defensive drängen lassen, und das ist immer eine schwache Position.« Der große Streit schrumpfte auf die ziemlich simple Frage zusammen, die auch zum Titel eines Pamphlets wurde: »Ist Lindbergh ein Nazi?«

Die Lindberghs hielten es in Long Island nicht mehr aus. »Wir haben die ständig dicker werdende Luft rings um New York satt«, schrieb Anne in diesem Sommer an Kay Smith und meinte damit »die Verbitterung, den Verdacht, Haß, Druck usw.«. Trotz Geheimnummer klingelte das Telefon der Lindberghs fast ununterbrochen – es kamen Bitten und Drohungen – und hinderte Charles und Anne am Arbeiten. Sie flohen nach Martha's Vineyard, wo sie auf der Seven Gates Farm in Vineyard Haven ein Häuschen mieteten. Es war kleiner als wünschenswert, so daß die Kinder und die Sekretärinnen zu zweit im Zimmer schlafen mußten, aber es lag in heiterer Einsamkeit, inmitten von Hügeln, Privatstränden, Bäumen und Beerensträuchern und bot einen weiten Ausblick auf Felsen, ferne Inseln und das Meer. Es erinnerte Charles an Illiec. In einer Senke am Rand eines Hügels, von wo man aufs Wasser blicken konnte, ließ er von zwei Männern ein Zelt in Hüttengröße errichten, in dem er mit Anne kampieren und sie schreiben konnte.

Lindbergh hatte schon seit langem beschlossen, in dem Augenblick, in dem der Eintritt Amerikas in den Krieg unvermeidlich schien, eine Bombe platzen zu lassen. Er wollte »die Gruppen, die die Vereinigten Staaten am gewaltsamsten und nachhaltigsten in den Krieg getrieben haben«, öffentlich benennen. Er hatte sich einverstanden erklärt, bei einer weiteren Versammlung von *America First* in Des Moines zu sprechen, und meinte nun, daß sein Auftritt dort der richtige Anlaß hierfür sein könnte. Blatt um Blatt kritzelte er mit seiner bisher provozierendsten Rede voll, die den unverblümten Titel trug: »Wer sind die Kriegstreiber?«

Darin führte er aus, daß die Amerikaner bei Kriegsbeginn einmütig gegen eine Intervention gewesen wären und seither drei Interessengruppen »dieses Land Richtung Krieg gedrückt« hätten – die Regierung Roosevelt, die Briten und die Juden. Hinter diesen Gruppen stünden »zahlreiche Kapitalisten, Anglophile und Intellektuelle, die glauben, daß ihre Zukunft und die Zukunft der Menschheit von der Vorherrschaft des britischen Weltreichs abhängt«. Er schrieb, die erste Gruppe befürworte eine amerikanische Teilnahme, um mehr Macht anzuhäufen. Die zweite sähe den Krieg als eine Möglichkeit, ihre militärische und finanzielle Belastung zu verringern. Aber das Hauptgewicht seiner Rede lag auf der dritten Gruppe, für die er sich die schärfsten Worte aufgespart hatte.

Dieser Teil der Rede versetzte Anne in »Angst und Schrecken«. Sie lehnte durchaus nicht alles ab, was er schrieb. Eigentlich fand sie »seine Bemerkungen, soweit ich es beurteilen kann, zutreffend und zurückhaltend formuliert«, ohne »Schärfe und Boshaftigkeit«. Ihr Unbehagen rühre daher, gestand sie ihrem Tagebuch, daß »ich es nicht haben kann, daß er das Thema Juden überhaupt anspricht. Weil ich die Auswirkungen auf ihn fürchte«. Sie sah schon die Schlagzeilen am nächsten Morgen: »Lindbergh verteufelt Juden«, und wußte, daß viele Leute nicht weiterlesen würden, »weil sie nur zu gern das Schlimmste von C. glauben«. Das »häßliche Geschrei vom Antisemitismus wird sich freudig auf seinen Namen stürzen«, dachte sie, da es »so viel einfacher ist, jemanden mit einem garstigen Etikett zu versehen, als lang zu lesen, was er sagt«. Sie versuchte ihrem Mann immerhin klarzumachen, daß der Inhalt seiner Worte nicht gleichbedeutend mit der Wirkung sein und die Rede als »Judenhetze« aufgefaßt werden würde.

Lindbergh antwortete, ihm gehe es nicht darum, welche Auswirkung diese Rede auf ihn habe, sondern darum, »ob das, was er sage, *stimmt*, und ob es uns hilft, den Krieg zu vermeiden«. Da Anne wußte, daß der Eindruck bei den Zuhörern ebenso wichtig war wie die Stichhaltigkeit der Fakten, schrieb sie ängstlich einige Absätze um, formulierte sie weniger anklagend und etwas verständnisvoller. Sie hoffte zum Beispiel, daß er sagen würde: »Ich rufe Sie, die Sie heute abend vor mir sitzen, zu Zeugen dafür an, daß ich kein Antisemit bin und die Juden nicht angegriffen habe.« Aber das tat er nicht. Er fuhr nach Des Moines und ließ seine Frau »beklommen« zurück. Wahrscheinlich, so ängstigte sie sich, wirkten seine Worte wie »ein Streichholz, das neben einem Haufen Holzwolle angezündet wird«, statt daß sie die zu befürchtende Hetze im Keim erstickten.

Zum ersten Mal hatte Lindbergh das Gefühl, daß er »einen sinnlosen Kampf focht«, daß Roosevelt klug die amerikanische Psyche soweit wieder aufgepäppelt hatte, »daß schon ein kleiner Zwischenfall uns zu einer Kriegserklärung führen kann«. In der Woche vor seiner zornigen Rede tat die Nation einen weiteren Schritt in diese Richtung, als der US-Zerstörer *Greer* am 4. September in der Nähe von Island angegriffen wurde. Roosevelt äußerte sich zu diesem Thema vor der Nation erst am Abend des 11. September, genau in dem Moment, wo Lindbergh sprechen sollte, und verzögerte damit den Beginn der *America First*-Versammlung. Die Rede des Präsidenten wurde auch im Coliseum von Des Moines ausgestrahlt, das mit 8000 Besuchern gefüllt war. Sie alle lauschten Roosevelts Erklärung, er habe die US-Navy angewiesen, sofort auf jedes deutsche oder italienische Schiff zu schießen, das in den amerikanischen Verteidigungsbereich komme, der sich von Island bis an die Westküste Afrikas erstrecke. Nicht einmal eine Minute, nachdem der Präsident geendet hatte, traten unter lautem, mit Buhrufen vermischtem Applaus Lindbergh und seine Kollegen auf die Bühne.

Obwohl die Lautsprecher in den ersten Minuten nicht richtig funktionierten, brachten die anderen Redner die Menge dermaßen in Stimmung, daß ihm schließlich, als Lindbergh ans Mikrophon trat, alle im Saal, sogar die Störenfriede, bereitwillig zuhörten. Nach sechs Minuten, als er zu der Stelle mit den Kriegstreibern kam, waren die meisten schon aufgestanden und jubelten ihm zu. Während der restlichen Rede brüllten die Einheimischen den Widerspruch, der sich ab und zu regte, einfach nieder.

Am Ende hatte Lindbergh seine Bemerkungen über die Juden auf drei Absätze zusammengestrichen. Es war die einzige öffentliche Äußerung während des großen Streits, bei der er sie jemals erwähnte. Obwohl er fand, er zeige Mitgefühl für ein lange verfolgtes Volk, sollte seinem Bild in der Öffentlichkeit das Kainsmal des Antisemiten mit jedem Satz tiefer eingebrannt werden.

»Es ist nicht schwer zu verstehen, warum die Juden Nazideutschland zu Fall bringen wollen«, sagte Lindbergh. »Die in Deutschland erlittene Verfolgung würde jedes Volk zum erbitterten Feind machen. Kein Mensch mit einem Gefühl für Menschenwürde kann stillschweigend über die Verfolgung der Juden in Deutschland hinwegsehen. Aber andererseits kann auch kein Mensch mit Anstand und Weitblick ihre kriegstreiberische Politik hier und heute sehen, ohne die Gefahren zu erkennen, die in einer solchen Politik enthalten sind – für uns und für sie.«

Statt für den Krieg zu werben, sollten ihm die jüdischen Interessengruppen in diesem Land in jeder Form entgegentreten, denn sie wären die ersten, die seine Folgen zu spüren bekämen. Toleranz ist eine Tugend, die auf Frieden und Stärke angewiesen ist. Die Geschichte zeigt, daß sie Krieg und Verwüstung nicht überdauert. Ein paar weitblickende Juden erkennen das und wenden sich gegen eine Intervention. Aber die Mehrheit tut es nicht. Die größte Gefahr für dieses Land liegt in ihrem großen Besitz und ihrem Einfluß auf Film, Presse, Rundfunk und Regierung.

Es entbehrt nicht einer gewissen Ironie, daß Lindbergh sich mit dem dritten Absatz, mit seinen, wie er meinte, mitfühlendsten Worten zu diesem Thema, den größten Zorn zuzog:

Ich greife weder das jüdische noch das britische Volk an. Beide Völker bewundere ich. Aber ich meine, daß uns die Führer des britischen und jüdischen Volkes aus Gründen, die aus ihrer Sicht verständlich sind, so wie sie aus der unseren unratsam sind, aus Gründen, die unamerikanisch sind, in den Krieg verwickeln wollen. Wir können sie nicht tadeln dafür, daß sie etwas haben wollen, von dem sie glauben, daß es ihrem Wohl dient, aber wir müssen uns auch um das unsere kümmern. Wir dürfen nicht zulassen, daß die natürlichen Leidenschaften und Vorurteile anderer Völker unser Land in den Untergang führen.

Lindbergh hatte sich mächtig bemüht, freundlich zu den Juden zu sein; aber mit seiner Andeutung, die amerikanischen Juden seien ein »anderes« Volk und ihre Interessen seien »unamerikanisch«, implizierte er einen Ausschluß und untergrub damit das Fundament der Vereinigten Staaten.

Weil er den ganzen nächsten Tag von allem abgeschottet im Zug saß, erfuhr er erst bei seiner Ankunft in New York am Samstag morgen, zu welchem Buhmann er inzwischen geworden war. Fast alle Zeitungen im Land beschimpften ihn und verurteilten seine Rede.

»Er wird von allen Seiten angegriffen«, schrieb Anne in ihr Tagebuch, »von der Regierung, starken Interessengruppen und Juden, als jetzt offen auftretender Nazi, der Nazigrundsätze befolgt.« Bei dem Gedanken an die Reaktion im ganzen Land fragte sich Anne, warum es niemanden kümmerte, daß er auch die Briten oder die Regierung unter die Kriegstreiber eingereiht hatte. »›Jude‹ zu sagen, ist unamerikanisch, selbst wenn man es ohne Haß und Schärfe, ja sogar ohne Kritik tut.« Warum wohl, fragte sie ihr Tagebuch.

Als Charles heimkam, hatte sie die Antwort auf diese Frage bereits gefunden; sie hatte erkannt, daß die stillschweigend anerkannte Rassentrennung der Grundstein für den Antisemitismus war. Ihr Mann wollte das nie einsehen. Als sie ihm erklärte, lieber sähe sie ihr Land im Krieg als »von heftigem Antisemitismus erschüttert«, behauptete er steif und fest, um diese Alternative gehe es gar nicht. Für ihn handle es sich darum, »ob man zuläßt, daß das eigene Land in einen verheerenden Krieg getrieben wird, nur weil man nicht den Mut hat, die Gruppen zu nennen, die das Land in den Krieg ziehen – auch auf die Gefahr hin, ›Antisemit‹ genannt zu werden, nur weil man sie *benennt*.« Glücklich, daß sie wieder zusammen waren, stellten Anne und Charles ein kleines Zweimannzelt in die Hügel westlich ihres Hauses und schliefen zusammen unter den Sternen in der kühlen, klaren Nacht.

Als er am nächsten Morgen wach wurde, erwartete ihn ein wahrer Niagarafall von Schmähungen. Wenige Menschen in der amerikanischen Geschichte sind je so beschimpft worden. Ein Leitartikler erklärte, daß sich der einsame Adler vom »Volksheld Nr. 1« zum »Staatsfeind Nr. 1« gemausert habe. Anne schrieb, er sei nun nichts Geringeres als »das Symbol des Antisemitismus in diesem Land und wird als dessen Anführer betrachtet«. Stephen Early bemerkte nur, Lindberghs Worte klängen wie die, die man aus Berlin hörte. Er überließ es prominenten Republikanern, harschere Beschuldigungen vorzubringen, was sie auch taten. Wendell Willkie nannte die Rede von Des Moines »die unamerikanischsten Sätze, die zu meiner Zeit von einer landesweit bekannten Persönlichkeit geäußert worden sind«. Thomas E. Dewey, der Gouverneur von New York, der auf dem besten Wege war, zum neuen Bannerträger seiner Partei zu werden, nannte sie »einen unentschuldbaren Mißbrauch der Redefreiheit«. Jüdische Gruppierungen, aber auch Katholiken und Protestanten forderten eine Rücknahme, und der christliche Theologe Reinhold Niebuhr bat *America First*, »sich von Lindberghs Standpunkt zu distanzieren und die eigenen Reihen von Personen zu säubern, die dieses Land zu Rassen- und Religionskämpfen aufhetzen«.

Lindberghs Befürchtungen bezüglich der jüdischen Vorherrschaft in den Medien und in wichtigen Teilen von Wirtschaft und Regierung sollten sich als unbegründet erweisen. Die Untersuchung eines Professors an der *Notre Dame University* von 1941 zeigte, daß nur etwa drei Prozent der Presse von Juden kontrolliert wurden. Regierungsstellen, die mit Außenpolitik zu tun hatten, waren überwiegend in nichtjüdischer Hand, und im Kabinett gab es nur einen einzigen Juden. Und obwohl die meisten amerikanischen Filmstudios im Besitz von Juden waren, vermieden es die meisten geradezu panisch, auf der Leinwand projüdische Gefühle zu zeigen.

Harry Guggenheim, Lindberghs langjähriger Freund, versicherte jedem, der ihn fragte: »Bei Slim gab es niemals den leisesten Antisemitismus.« Aber in den Jahren von *America First* schwand ihre Freundschaft unleugbar dahin. Walter Winchell verkündete schadenfroh, Lindberghs Heiligenschein sei zur Schlinge um seinen Hals geworden. Der Präsident äußerte sich weiterhin nicht und gestattete dem Rest der Bevölkerung, seinem Rivalen, der jetzt am Boden lag, Tritte zu versetzen. Obwohl 85 Prozent der Post, die die Büros von *America First* überfluteten, Lindbergh Rückendeckung gaben, wurde er in Tausenden von Briefen hart angegriffen. Lindbergh las nur einzelne Beispiele, wies aber die Sekretärinnen der Ortsgruppen an, keinen einzigen zu vernichten – »egal, wie ablehnend oder lästerlich er sein mag« –, und erklärte, »ich will alle Briefe zur Dokumentation behalten, die schlechten wie die guten«. Letzten Endes landeten diese Briefe zu Zehntausenden in der Yale University, die seit seiner *America First*-Rede auf dem Universitätsgelände sein Archiv aufbewahrte.

Seine wenigen öffentlichen Verteidiger hatten meist Namen, die ihm mehr schadeten als halfen. Obwohl Lindbergh darauf beharrte, daß seine »Aussagen in Des Moines zutrafen und zurückhaltend formuliert waren«, wollte er als praktikabelsten Weg aus der Krise seinen Austritt aus dem *America First*-Komitee vorschlagen. Er fuhr nach Chicago, wo General Wood eine Notversammlung einberief, um darüber zu diskutieren, ob man das Komitee überhaupt auflösen solle.

Als Ergebnis der Versammlungen gab man eine Erklärung heraus, in der jeglicher antisemitischer Standpunkt von Lindbergh oder *America First* dementiert wurde. Außerdem wurde Lindbergh gebeten, bei seiner nächsten Rede die Äußerungen von Des Moines nicht zu erwähnen. Er folgte diesem Rat und sagte vor seinen Zuhörern in Fort Wayne, Indiana, er halte diese Rede nur, weil er besorgt sei über »das Wohlergehen meines Landes und meiner Kultur«. Er tat es nicht gern, gehorchte aber, weil er glaubte, Amerika sei in »Todesgefahr«.

Gerade als es so aussah, als müsse Lindbergh das Handtuch werfen, sorgte FDR für seine Wiederbelebung. Der Präsident ersuchte den Kongreß, das Neutralitätsgesetz abzuändern, das die Bewaffnung amerikanischer Handelsschiffe verhinderte und ihnen untersagte, in Kriegsgebiete zu fahren. Die Mitglieder von *America First*, zum Beispiel Richard Moore, sahen in dieser Gesetzesänderung den letzten Schritt vor dem »allerletzten, der Amerika zu einer regelrecht kriegführenden Nation machen würde«. Lindbergh erklärte sich bereit, bei der nächsten Versammlung Ende Oktober in Manhattan und bei einer weiteren Anfang Dezember in Boston zu sprechen.

Weil Anne damit beschäftigt war, mit der Familie in ein anderes Haus in Seven Gates Farm umzuziehen – eines mit Heizung –, fuhr Charles allein nach New York. »Das wichtigste Thema heißt heute nicht Krieg oder Frieden, sondern Integrität. Ob wir nun in den Krieg ziehen oder nicht – wir haben das Recht, von den Männern an der Spitze unseres Landes Integrität zu fordern«, sagte er am 30. Oktober 1941 vor 20 000 Zuhörern im Madison Square Garden. »Die Begeisterung, die die New Yorker Versammlung hervorrief, war ansteckend und gab den Mitgliedern an der

Basis Aufschwung, als er gerade am nötigsten war«, erinnerte sich Richard Moore später. Aber der »Mann auf der Straße« empfand das anders. Lyle Leverich, damals noch Laufbursche bei der New Yorker *Daily News*, hatte die Versammlung besucht und behielt sie als eines der »schrecklichsten Spektakel« seines Lebens im Gedächtnis. »Dort stand, mitten unter vielen unverhohlenen Nazisympathisanten, Lindy, der Held meiner Kindheit, und mir wurde buchstäblich schlecht von dem Anblick«, erinnerte er sich 50 Jahre später. »Ich fühlte mich betrogen.« Millionen erging es ähnlich.

Am 7. November 1941 billigte der Senat FDRs Gesetzesvorlage zur Änderung der Neutralität mit einer Mehrheit von 50:37. Sechs Tage später passierte sie das Repräsentantenhaus mit einer etwas schwächeren Mehrheit von 212:194 Stimmen. Doch *America First* wollte nicht aufgeben. Am 1. Dezember ging die Bewegung mit einer neuen Strategie an die Öffentlichkeit, unter der Devise »Wir sehen uns bei der Wahl!«, mit der sie noch unentschlossene Kongreßwähler ansprechen und nur solche Kandidaten unterstützen wollte, »die weitere Schritte in den Krieg ablehnen«.

Anne verbrachte die erste Dezemberwoche in New York und New Jersey. Während sie fort war, baute Charles das Zelt neben dem neuen Haus auf und schlief draußen. Er teilte seine Zeit zwischen dem Buch, das er zwei Jahre zuvor in Paris begonnen hatte – einem genauen Bericht über seinen Flug von 1927 –, und der nächsten Rede für *America First*, die er am 10. Dezember in Boston halten wollte.

Es versprach seine bisher stärkste Rede zu werden. Er wollte die Zuhörer bitten, zu bedenken, »wie lächerlich es ist, daß diese demokratische Nation innerhalb einer Generation zweimal in einen Krieg getrieben worden ist, und zwar von Präsidenten, die gewählt wurden, weil sie Frieden versprachen«. »Ehe wir übers Meer zu einem Kreuzzug für die vier Freiheiten aufbrechen«, schrieb Lindbergh, »laßt uns dafür sorgen, daß die Wurzeln der Freiheit und Demokratie in unserem eigenen Land fest verankert sind« – und anfangen solle man »mit den Negern... in den Südstaaten.«

Anne war am Sonntag, dem 7. Dezember, noch unterwegs, als es im Radio hieß, Japan habe die Philippinen und die Hawaii-Inseln angegriffen. Lindbergh war entsetzt. »Ein Angriff auf die Philippinen war zu erwarten gewesen«, schrieb er in sein Tagebuch, »auch wenn ich nicht gedacht hätte, daß er so bald kommt. Aber Pearl Harbor! Wie konnten die Japsen so nah rankommen, und wo steckt unsere Navy?« Ängstlich wartete er auf eine Bestätigung dieses Berichts; vielleicht war es nur ein kleiner blitzartiger Überfall gewesen, den die Radiokommentatoren zu einem Riesenangriff aufgebauscht hatten. »Wenn C. jetzt noch einmal spricht«, dachte Anne auf dem Heimweg, »stecken sie ihn ins Gefängnis.«

Nur langsam entwirrten sich die Einzelheiten der Ereignisse, aber am nächsten Morgen gab es keinen Zweifel mehr, daß der Angriff auf Hawaii heftig gewesen war. Lindbergh telefonierte mit Bob Stuart in Chicago und empfahl ihm, die Versammlung in Boston abzusagen. Dann rief er General Wood an. Der sagte: »So, jetzt haben sie uns durch die Hintertür erwischt.«

Lindbergh begriff, daß sein zwei Jahre während er Kreuzzug zu Ende war, und er verfaßte eine Erklärung für *America First*, die an diesem 8. Dezember in seinem Namen veröffentlicht werden sollte. »Wir haben uns monatelang immer näher auf einen Krieg zubewegt«, schrieb er. »Jetzt ist er da, und wir müssen ihm ins Auge sehen, müssen uns als Amerikaner zusammenschließen, ohne Rücksicht auf unsere frühere Einstellung zur Regierungspolitik. Ob diese Politik klug war oder nicht – unser Land ist nun mit Waffengewalt angegriffen worden, und wir müssen uns mit Waffengewalt wehren.« Er drängte das Land, die schlecht gerüsteten Streitkräfte zu den stärksten der Welt auszubauen. Diese Botschaft telegrafierte er noch an Bob Stuart, dann schwieg er jahrelang zum Thema Krieg und eigentlich auch zu allem anderen. Als er mit Anne einen Spaziergang über den einsamen Strand machte, nannte er die Bomben auf Pearl Harbor »das wichtigste Ereignis unseres Lebens«.

Während des Mittagessens hörten die Lindberghs im Radio, wie der Präsident vor einer Sondersitzung beider Häuser eine Kriegserklärung an Japan forderte. »Was bleibt uns anderes übrig?« überlegte Lindbergh. »Wir haben monatelang um Krieg gebettelt. Hätte der Präsident schon früher um eine Kriegserklärung gebeten, dann hätte ihn der Kongreß wahrscheinlich mit großer Mehrheit abgewiesen. Aber jetzt sind wir angegriffen worden, und zwar in heimatlichen Gewässern. Wir haben es uns selbst eingebrockt; aber ich kann mir nicht vorstellen, was wir unter diesen Umständen anderes tun sollen.«

An diesem Tag schrieb Lindbergh in sein Tagebuch – ohne Zweifel für die Nachwelt: »Auch ich hätte als Kongreßmitglied sicher für eine Kriegserklärung gestimmt.«

Anne pflichtete ihm bei, empfand aber angesichts der Ereignisse eher eine den Alltag betreffende Unsicherheit. »Wohin wird uns dieser Mahlstrom treiben?« fragte sie sich, »was wird aus unserem Privatleben?«

15
GESTUTZTE FLÜGEL

*»Manchmal verbinden sich zufällige Ereignisse ganz deutlich mit
Grundgesetzen des Lebens und der Natur – Geburt und Tod, Krieg und Frieden,
Schönheit und Not.«*

C. A. L.

An andere Auseinandersetzungen in der amerikanischen Geschichte
erinnerte man sich später zumindest mit einer gewissen Anerkennung ihrer hohen Ideale, und andere Mitglieder von *America First* trugen
kein Stigma davon, nur weil sie sich dieser Sache verschrieben hatten.
Aber die öffentliche Debatte um *America First* ging bald mit einem
schlechten Ruf in die Annalen ein, und Charles Lindbergh war von nun an
verseucht, von vielen bestenfalls als Querkopf und schlimmstenfalls als
Verräter eingestuft. »Das muß man sich einmal vorstellen«, schrieb Annes Schwester Constance später über Lindberghs Ruf, »in nur 15 Jahren ist
aus einem Jesus ein Judas geworden!«

Lindbergh selbst wünschte sich wenig mehr als ein oder zwei Jahre stiller Beschaulichkeit – »denken, lesen und schreiben« –, allein mit seiner
Frau und den drei Kindern. Aber sein Pflichtgefühl behielt die Oberhand.
»Jetzt, wo wir im Krieg sind, will ich zu den Kriegsanstrengungen meines
Landes mein Möglichstes beitragen«, schrieb Lindbergh am 12. Dezember
1941 in sein Tagebuch. »Es ist lebenswichtig für uns, diesen Krieg so intelligent, konstruktiv und erfolgreich wie möglich zu führen, und ich will
meine Rolle darin spielen.«

Sein erster Gedanke war, direkt an den Präsidenten zu schreiben und
ihm zu erklären, »daß ich trotz meiner Einwände in der Vergangenheit,
und obwohl sich meine Überzeugungen nicht geändert haben, bereit bin,
in Kriegszeiten meine persönlichen Anschauungen hinter dem Allgemeinwohl und der Einheit des Landes zurückzustellen«. Er hatte jedoch
Bedenken. »Wenn ich ihm jetzt schreibe«, trug Lindbergh knapp eine
Woche nach Pearl Harbor in sein Tagebuch ein, »wird er wahrscheinlich
mein Angebot politisch und werbetechnisch nach Kräften ausnutzen und
mir eine Stellung zuweisen, auf der ich völlig nutzlos und aus dem Weg

geräumt bin.« Lindbergh bedauerte, daß er sein Patent zurückgegeben hatte, »aber wenn ich die Umstände bedenke, habe ich richtig gehandelt. Es gab, glaube ich, keine ehrenvolle Alternative.«

Ende Dezember 1941 trat Lindbergh an General Arnold heran, den Chef der Luftstreitkräfte, um ihm seine Dienste anzubieten. Er erhielt eine höfliche, aber unverbindliche Antwort. Eine Woche später erwähnte Arnold Lindberghs Angebot in einer Radiosendung und machte ihm dadurch Hoffnung, übernommen zu werden. Selbst die *New York Times* unterstützte sein Ansinnen und meinte, man solle Lindberghs Angebot wegen »seiner umfassenden Kenntnis von Flugzeugen und immensen Erfahrung als Flieger annehmen. Außerdem zweifeln wir nicht, daß er pflichtbewußt dienen wird, ihm selbst und seinem Land zur Ehre.«

Dann sagte Lindbergh bei einer privaten Einladung, kurz nachdem sich *America First* aufgelöst hatte, diese Entscheidung sei im Interesse der Nation gefallen, dennoch sei es »traurig, daß die Weißen in diesem Krieg gespalten sind«. Als diese Sätze unvermeidlich nach draußen sickerten, griff ihn die Presse an und sagte, er sei der Beweis, daß *America First* noch immer gesund und munter, noch immer Schutz und Schirm für Faschisten, Antisemiten und deutschfreundliche Organisationen sei, und eine geradezu verräterische Haltung einnehme.

Als Lindbergh noch einmal versuchte, mit Arnold zu sprechen, wurde er an den Kriegsminister Henry L. Stimson verwiesen. Die beiden trafen sich in Washington, und Stimson erklärte Lindbergh unverhohlen, er wolle ihm wegen seiner Einstellung vor dem Krieg kein Kommando anvertrauen. Lindbergh erwiderte, er habe einen Kriegseintritt für falsch gehalten, aber da die Entscheidung nun gefallen sei, stünde er dazu und wolle sich unbedingt so nützlich wie möglich machen. Stimson rechtfertigte sich noch mit falsch zitierten Äußerungen Lindberghs, einschließlich seines angeblichen Eintretens für eine Allianz mit Deutschland und seiner vermeintlichen Feindschaft gegen China, dann ließ er den Staatssekretär für Luftfahrt kommen, Robert A. Lovett, um zu erörtern, inwiefern Lindbergh auf einem Posten ohne Kommando der Regierung nutzen könne. Lindbergh und Lovett trafen sich am nächsten Tag mit Arnold. Beide meinten, es gebe viele Möglichkeiten, wie Lindbergh dem Air Corps dienen könnte, aber man sei sich nicht sicher, wie Presse und Öffentlichkeit reagieren würden. Lindbergh war nicht bereit, zu widerrufen, was er in seinen Reden gesagt hatte, und fragte, ob die Regierung Roosevelt etwas dagegen hätte, wenn er für die Privatwirtschaft arbeitete. Hier gab es keine Einwände, und Arnold sagte zu seinem Freund: »Du findest bestimmt einen Weg, wie sich das alles regeln läßt.«

Lindbergh ahnte nicht, in welchem Ausmaß die Politik seine Treffen in Washington bestimmt hatte. Harold Ickes zum Beispiel hatte zu Roosevelt gesagt, wenn man Lindberghs Angebot annehme, hieße das, daß man

402

»diesem treuen Freund Hitlers auf einem goldenen Tablett eine unschätzbare Gelegenheit anbietet, und man erweise der amerikanischen Demokratie einen schlechten Dienst, wenn man einem ihrer erbittertsten und rücksichtslosesten Feinde die Möglichkeit gibt, sich militärische Verdienste zu erwerben«. Marineminister Frank Knox sah es genauso. Roosevelt pflichtete ihnen bei und stimmte aus vollem Herzen mit Ickes überein, daß Lindbergh eine »potentielle Gefahr« darstelle. Stimson sagte zu Lindbergh, man könne ihm trotz seiner »wirklich wertvollen Dienste« bei der Einschätzung der deutschen Luftwaffe kein Patent geben, weil er nicht »an unsere Sache« glaube. Erst später erfuhr Lindbergh, daß der Präsident bei einem Treffen mit Senatoren, als Lindberghs Name fiel, gesagt hatte: »Diesem jungen Mann werd' ich schon noch die Flügel stutzen!«

Lindberghs Annäherungsversuche bei Juan Trippe von *Pan American* und bei Guy Vaughan von *Curtiss-Wright* wurden begeistert aufgenommen – fürs erste. Aber am Ende fiel Trippe die unerfreuliche Aufgabe zu, Lindbergh klarzumnachen, daß das Weiße Haus wütend auf ihn sei und nicht wünsche, daß er in irgendeiner Form mit *Pan American* zu tun habe. Andere Türen, die ihm noch vor Monaten weit offenstanden, schlossen sich ebenso plötzlich. Lindbergh begann sich zu fragen, ob er überhaupt die Gelegenheit bekommen würde, seinem Land zu dienen.

Einer kam ihm schließlich entgegen – Henry Ford. Er fragte Lindbergh, ob er ihm nicht bei dem Flugzeugprogramm seiner Firma helfen könne, insbesondere bei der riesigen Fabrik, die Ford in Willow Run, Michigan, errichtete, wo er pro Tag einen B-24 Bomber bauen wollte. Ford wurde wütend bei der Vorstellung, daß ihm die Regierung dreinreden sollte, wie er seine Fabrik zu betreiben habe, und wischte Lindberghs Andeutung beiseite, das Kriegsministerium könnte vielleicht Einwände erheben und sollte befragt werden. Trotzdem wählte Lindbergh den diplomatischen Weg, traf sich mit Staatssekretär Lovett in Washington und holte sich dessen Einwilligung für die Arbeit bei Ford.

Lindbergh fuhr zu einem langen Wochenende nach Martha's Vineyard, um die Koffer zu packen, mit den Kindern zu spielen und mit seiner Frau die nächste Zukunft zu besprechen. Sie war hin- und hergerissen – sollte sie ihrem Mann folgen und ein neues Zuhause einrichten oder mit den drei Kindern in Martha's Vineyard bleiben? Soeben hatten sie erfahren, daß ein weiteres Kind unterwegs war, und so kamen sie überein, daß Charles in Detroit bleiben und nur auf Besuch heimkommen sollte, bis er ein geeignetes Haus für sie alle gefunden hatte. »Ein anderer Mann hätte erwartet, daß ich mit ihm nach Detroit gehe«, schrieb sie in ihr Tagebuch, »aber er sieht zu deutlich auch meine Seite. Er will zuviel für mich. Er will, daß ich mein eigenes Leben lebe. Er wünscht sich das so leidenschaftlich, daß es ihn ärgert, wenn er etwas sieht, das mich daran hindert. Hausarbeit, Köchinnen, die nicht kochen können, Kindermädchen, die mich nicht in

Ruhe lassen. Freunde und familiäre Verpflichtungen, die meine Zeit beanspruchen. Depressionen, die mir das Selbstvertrauen rauben. Ich glaube, fast alle unsere Streitereien haben ihre Ursache in diesem leidenschaftlichen Wunsch, mich frei zu sehen, damit ich verwirklichen kann, was in mir steckt.«

Charles Lindbergh verließ Martha's Vineyard am 1. April 1942 und fuhr mit Auto und Fähre nach Michigan, wo er etwa 24 Stunden später ankam. Er nahm rasch ein Bad in seinem Hotel und meldete sich dann in der riesigen Anlage in Willow Run. Mit dem ihm eigenen Eifer und dem Blick für Details begann er sofort, den Produktionsvorgang in allen Einzelheiten zu untersuchen. Noch am selben Nachmittag machte er einen einstündigen Testflug mit einem B-24C-Liberator und entdeckte schon während des Fluges Verbesserungsmöglichkeiten. Im Lauf der nächsten Tage erlegte er sich selbst die strengsten Bedingungen auf, kam frühmorgens zur Arbeit und ging erst spät in der Nacht. Er hätte von Ford ein Gehalt in jeder Höhe erbitten können und tat es auch – genau 666,66 Dollar pro Monat, die er als Oberst im Air Corps verdient hätte. Er duldete keine bevorzugte Behandlung, ging ganz in seiner Arbeit auf und mied die Öffentlichkeit und die Medien.

Trotz seiner Zurückhaltung und der Weigerung, den Zeitungen Interviews zu geben, war er für Nachrichten und Leitartikel noch immer ein umstrittenes Thema. Er widerstand der Versuchung, denen zu widersprechen, die seine Beschäftigung in der Kriegsproduktion kritisierten, oder auch den unzutreffenden Gerüchten entgegenzutreten, die Arbeiter in Willow Run würden ihn auszischen und ausbuhen, wenn er am Fließband entlangging. Forderungen, er solle die von Deutschland und Japan erhaltenen Orden zurückgeben, ignorierte er.

Da Lindbergh mehr, als er erwartet hatte, unter dem Erkalten der großen Liebe der Öffentlichkeit litt, fühlte er sich um so stärker zu seiner Frau hingezogen. Die engste Familie (und sein Freund Jim Newton) blieben die stabilisierenden Streben seines Gefühlslebens, seine Frau wurde zum Eckpfeiler. Die lange Trennung, die durch den Krieg noch länger wurde, machte Lindbergh emotional so hungrig wie noch nie. Wenn er nicht gerade das Beste aus seiner etwas unbefriedigenden Arbeit herausholte, lebte er im Hotelzimmer für Annes Briefe. »Du hast etwas Göttliches in Deiner Feder, das ich nicht beschreiben kann, ich spüre nur, daß es da ist«, schrieb er im April 1942. »Du erhebst einen mit Deinem Schreiben über die gewöhnlichen irdischen Ebenen. Du zeigst einem nicht nur die besten Seiten des Lebens, sondern auch etwas, das über dem Leben liegt, das besser als das Leben ist. Für normale Menschen baust du eine Brücke zu diesem Etwas, eine Brücke für Leute, die sonst nicht dorthin kommen... Ich kenne keinen Menschen, der beim Schreiben und im Leben so wie Du die Fähigkeit besitzt, das eine zu erlangen, ohne sich von dem anderen abzuwenden. Durch welche Begabung oder Anstrengung Du das schaffst, weiß ich nicht, aber durch Dein Schreiben hilfst Du anderen Menschen, das zu tun, was du getan hast.«

Zum ersten Mal drückte Lindbergh seine tiefsten Gefühle aus. Im Juni schrieb er Anne, daß ihre Briefe nichts Geringeres als »Ruhe, Schönheit und Geist in ein Leben bringen, das diese Bestandteile kaum kennt, und mit ihnen große Kraft und Mut. Sie schaffen einen geistigen Horizont, der nur allzu leicht verloren geht, und ohne den das Leben nur halb soviel wert ist. Wie hell läutende Glocken an einem Frühlingsabend erzählen mir Deine Briefe wieder und wieder, daß es Liebe gibt und immer geben wird, und daß wir uns auf etwas freuen dürfen, was nach diesem Krieg kommt, etwas viel Größeres, unendlich Wertvolleres.« Manche seiner Antworten waren mehr als 20 Seiten lang.

In seiner freien Zeit in diesem Frühling ging Charles auf Haussuche. Obwohl es nur wenige große Einfamilienhäuser zu mieten gab, blieb Lindbergh ziemlich wählerisch, denn er fand, daß seine Frau »schon zuviel Zeit damit verbracht hat, die vielen Häuser einzurichten, die wir im Laufe unseres Nomadendaseins gemietet haben... Anne muß Bücher schreiben, sich um Kinder kümmern, ein Baby auf die Welt bringen, einen Umzug bewerkstelligen«, sagte er sich. »Jetzt auch noch ein Haus einzurichten, ist einfach zuviel.«

Das Beste, was er finden konnte, war ein großes Haus in der Gegend von Bloomfield Hills im Norden der Stadt, weit weg von Willow Run, aber buchstäblich hinter der Künstlerkolonie von Detroit, der *Cranbrook Academy of Art*. Das Haus war nicht nach ihrer beider Geschmack eingerichtet, es war in Gold und Grün und verschiedenen Rosatönen gehalten, hatte dicke Teppiche, Satin- und Samtpolster und falsche Impressionisten in vergoldeten Rahmen – und all das inmitten eines manikürten Rasens und gestutzter Hecken. Aber es war mit dem modernsten Komfort ausgestattet – einer automatischen Gartenbewässerung, einer Wasserenthärtung, Kühlungsventilatoren, einem Haustelefon und sogar mit einem Licht an der Veranda, das Insekten anzog und sie dann mit Stromschlägen tötete. Charles fand, das Haus machte an Komfort wett, was es an Geschmack vermissen ließ, und würde Anne helfen, den Alltag bequem zu bewältigen, besonders, wenn er während seiner durch den Krieg bedingten Arbeit abwesend war. Nach den drei einsamen Monaten im zweiten Stock des *Dearborn Inn* fand er die drei Acres baumbestandenes Land außerordentlich reizvoll. Er unterschrieb einen Jahresmietvertrag über 300 Dollar pro Monat.

»Ganz und gar Hollywood!« dachte Anne, als sie im Juli das Haus zum ersten Mal sah. Die »*Ersatz*eleganz« des Hauses deprimierte sie erst einmal, und sie sehnte sich nach der Strenge von Illiec. Aber Charles fand, es sei »geistige Prostitution«, sich auch nur mit dem Thema Haus zu be-

schäftigen, sie müsse sich in diesem vorübergehenden Quartier ein-
gewöhnen, weiterleben wie bisher und alle negativen Gedanken mit »geistiger Disziplin« ausradieren. Er betonte, sie müßten »lernen, leicht zu
leben«.

Am 12. August 1942 war Charles in New York, nachdem er in Washington mit General Arnold die Vorzüge des viermotorigen Boeing-Bombers
B-17 im Vergleich zu dem von Ford produzierten B-24 erörtert hatte – als
bei Anne die Wehen einsetzten. Er raste heim nach Detroit und war am
nächsten Morgen um 5.12 Uhr an ihrer Seite, als sie im *Henry Ford Hospital* einem siebenpfündigen Jungen das Leben schenkte.

Es sollte vier Monate dauern, bis sie die Geburtsurkunde vollständig
ausgefüllt hatten. Diesmal war es Anne, die es hinauszögerte – nicht nur,
weil sie darauf wartete, daß sich der »richtige Name« von selbst ergab,
sondern auch, weil für sie das Ende einer Epoche erreicht war. »Die Zeit
für Kinder ist vorbei«, schrieb sie ihrer Schwester Constance, »& ich begreife mit einigem Bedauern, daß ich zwar Jon, Land, Anne und (?) Mark
habe, aber niemals Christopher, Michael und Peter haben werde und keine
kleinen Mädchen namens Hylla, Reeve, Ursula und Fidelity.« Kurz vor
Weihnachten entschieden sie sich für »Scott«, einen Namen, der seit zwei
Jahrhunderten im Stammbaum der Familie Land vorkam.

Gleichzeitig mit der Geburt des fünften Lindbergh-Babys kam der Tod
eines Familienmitglieds, das länger bei ihnen gewesen war als eines der
Kinder. Thor, der große deutsche Schäferhund, den Charles zum Schutz
der Familie gekauft hatte, kurz nachdem man die Leiche des kleinen Charlie gefunden hatte, war wochenlang immer hinfälliger geworden. Lindbergh beobachtete, daß der Hund in seinen letzten Tagen nur noch eine
Freude kannte, nämlich Anne zu begleiten. »Es ist mitleiderregend, wie
er sich abmüht, aufzustehen und ihr zu folgen, wenn sie vorübergeht«,
schrieb Lindbergh in sein Tagebuch, »und manchmal schafft er es, auf die
Füße zu kommen und hinter ihr herzugehen; dabei schleppt er seine Hin-
terbeine steif übers Gras, aber mit einem Blick voller Freude, daß er in
ihrer Nähe ist. Wenn er sich hinlegt, folgen seine Augen ihr, solange sie in
Sichtweite ist.«

Er starb friedlich unter einem Hickorybaum auf dem Rasen von Bloomfield Hills, und Lindbergh hob ein Grab für ihn aus. »Er hat nicht leiden
müssen, und ich glaube, er ist gestorben, wie die Alten sterben sollten,
ohne zu warten, bis alle Freude aus dem Leben gewichen ist«, schrieb
Lindbergh an diesem Abend in sein Tagebuch. Diese Passage ist einer der
anrührendsten Tagebucheinträge, gefühlvoller als alles, was er je über
einen Menschen geschrieben hat. »Ich glaube, Thor fand das Leben bis
zum Tag seines Todes lebenswert und war dennoch bereit und willens zu
gehen. Aber uns überkommt jetzt an den Stellen, wo er immer war, ein
furchtbar leeres, einsames Gefühl.« Sein Tod rührte Anne zu Tränen. Sie

konnte nicht an Englewood, New York, Long Barn, Illiec, Lloyd Neck und Martha's Vineyard denken, ohne sich an ihren unerschrockenen »Wolf« zu erinnern, wie er als Beschützer um die Familie herumgesaust war. »Thor war ein Symbol für etwas«, schrieb sie, »für Hingabe und Liebe und die Einheit der Familie. Eine große Einheit in meinem Leben – die Jahre, in denen ich Kinder bekam. Sein Tod beendet ein Kapitel.«

Die Lindberghs gewöhnten sich ein vorstädtisches Leben an. Charles ging an jedem Werktag ins Büro oder machte Geschäftsreisen, und seine Frau sorgte für das Haus und die Kinder; an den Wochenenden besuchten sie Charles' 66 Jahre alte Mutter, die neuerdings von einem krankhaften Zittern befallen war. Lindbergh wollte dieses erste Anzeichen der Parkinsonschen Krankheit benutzen, um sie zu überreden, sie solle doch nach einem Vierteljahrhundert Unterricht in den Ruhestand gehen. Doch hartnäckig pendelte Evangeline Lindbergh noch monatelang mit dem Bus in die Innenstadt von Detroit und sorgte die ganze Zeit selbst für sich, ihr Haus und ihren Bruder, der immer noch an neuen Erfindungen herumbastelte.

Im Umzugsgut für Detroit befand sich eine neue, ungewöhnliche Errungenschaft. Kurz nachdem Lindbergh bei Ford erwähnt hatte, er sei an dem Kauf eines Wohnwagens interessiert, wurde er in Dearborn in die Firmengarage gebeten, um sich einen sieben Jahre alten, aber praktisch ungebrauchten Wohnwagen anzusehen, den Henry Ford selbst für sein *Edison Institute Museum* gekauft hatte. Es war ein *Stagecoach Model*, ein »riesiger brauner Elefant« auf Rädern, ausgestattet mit einem Sofa, das man zu einem Doppelbett ausziehen konnte, einer Küchenkombination mit Kühlschrank und Spüle, Eßbereich, Toilette, Vorhängen, elektrischem Licht und Linoleumboden. Lindbergh wollte ihn auf der Stelle kaufen; aber Ford bestand darauf, er solle ihn einfach nehmen. Er erklärte, er habe den Wohnwagen für sein Museum gekauft, um »die Zukunft des Straßenverkehrs zu demonstrieren, aber da die Zukunft nun schon ›da‹ sei, habe es keinen Sinn, ihn noch länger ins Museum zu stellen. Eines Tages wolle man vielleicht die Vergangenheit des Verkehrs zeigen, und dann wäre der Wohnwagen wertvoller, wenn er benutzt worden sei.« Eine Woche später hängte Lindbergh den Wohnwagen an sein Auto, fuhr ihn heim und stellte ihn unter die Bäume hinter dem Haus. Zu dem eigentlich beabsichtigten Zweck benutzten ihn die Lindberghs auf mehreren Ausflügen; doch als er im Lauf der nächsten 15 Jahre immer mit ihnen umzog, wurde seine wichtigste Funktion die eines ruhigen Plätzchens, an dem Anne schreiben konnte – ihr »Zimmer für sich allein«.

Mit der Zeit mußte sich Lindbergh enttäuscht fragen, ob seine Tätigkeit bei Ford noch sinnvoll war, vor allem, weil man bessere Flugzeuge hätte bauen können, wenn man die Fabriken für einiges Geld umgerüstet hätte. Später räumte er ein, daß die Notwendigkeit, so schnell wie möglich so viele Flugzeuge wie möglich herzustellen, wahrscheinlich mehr Gewicht hatte als seine Einwände. Aber er schlug Ford ein Arbeitsverhältnis vor ähnlich dem, das er früher zu *TWA* und *Pan American* gehabt hatte: nicht fest angestellt, wollte er zwar einige Zeit aufwenden, um für die Firma Flugzeuge zu testen und sie bei Besprechungen im ganzen Land zu vertreten, sich aber auch »in andern Teilen des Landes für die Entwicklung der Luftfahrt« einsetzen. Anstelle eines Gehalts gedachte er sich nur die entstehenden Kosten ersetzen zu lassen. Ford wollte ihm unbedingt den Wohnwagen schenken; Lindbergh nahm ihn an und rechtfertigte das vor sich als Bezahlung seiner Arbeit in Willow Run.

Im Sommer 1942 geriet er wieder in die Zeitungen, und zwar als Zeuge in einem Verfahren wegen Staatsgefährdung gegen William Dudley Pelley, den Gründer der faschistischen, SA-ähnlichen *Silver Shirts*. Er hatte weder mit dieser Person noch mit der Organisation jemals etwas zu tun gehabt. Der Versuch, Lindbergh mit dem Verfahren in Beziehung zu bringen, war so deutlich ungerecht und unsinnig, daß ihm das viel öffentliche Sympathien einbrachte. Doch in der Erinnerung der meisten Amerikaner war es nur eine weitere Schlagzeile, die Lindbergh mit den Faschisten in Verbindung brachte. Er sollte auf lange Zeit ein Schreckgespenst für die Nation bleiben und ein Greuel für die Juden, die noch generationenlang zusammenzuckten, wenn sein Name genannt wurde.

Im September 1942 besuchte Präsident Roosevelt Willow Run. Die gesamte Produktionspalette der Firma – vom Jeep bis zum Flugzeug – wurde zur Besichtigung aufgestellt. Lindbergh fand es besser, wenn er an diesem Nachmittag der Arbeit fernblieb. Wenige Tage später wurde seine Aufmerksamkeit auf eine neue Seite der militärischen Luftfahrt gelenkt, die ihm erlauben sollte, seine Liebe zum Fliegen und zur Medizin zu kombinieren. Am 22. September 1942 flog Lindbergh mit einem halben Dutzend Kollegen von Ford in einer der B-24-»Schrottmühlen«, die unterwegs ein beinahe verhängnisvolles Leck bekam, nach Rochester in Minnesota.

Dort hatte die Mayo-Klinik eine Testanlage für Flüge in großen Höhen eingerichtet. Lindbergh nahm an Experimenten teil, die überprüften, wie sich Flüge in einer Höhe von über 40 000 Fuß auswirkten, einer Höhe, in der Kampfflugzeuge damals operierten. Als menschliches Versuchskaninchen wurde Lindbergh bei Tests eingesetzt, die besondere körperliche Energie und rasches Reaktionsvermögen erforderten. In der Testkabine mußte er bei dem gefährlich niederen Druck arbeiten, wie ihn die dünne Luft bei Flügen in extremer Höhe mit sich bringt, und Vorgänge wie Fallschirmsprünge aus solcher Höhe simulieren.

Damals glaubten die meisten Flieger, sie könnten durch Training lernen, eine Hypoxie – eine verminderte Sauerstoffversorgung des Gesamtorganismus – zu erkennen und sie mit bewußten Maßnahmen zu meistern. Lindbergh vereinbarte, daß die Sauerstoffzufuhr in seine Maske ohne Vorwarnung abgeschaltet wurde. Seine Aufgabe war es nun, diese Maske schnell genug gegen eine andere mit ausreichender Sauerstoffzufuhr auszutauschen. Später schrieb er, er habe die Masken ohne Hilfe so schnell auswechseln müssen, daß er nicht bewußtlos wurde. »Nach mehreren Versuchen konnte ich sie so rasch austauschen, daß mir von den ursprünglich vorgesehenen Bewußtseinssekunden noch einige übrigblieben.« Sein Bericht hierüber sollte die Zukunft des Fliegens in großer Höhe nachhaltig beeinflussen, da er empfahl, daß alle Piloten, die in großen Höhen fliegen wollten, in einer Niederdruckkabine die Benützung einer Sauerstoffeinrichtung für Fallschirmabsprünge im Notfall lernen mußten.

Nach der Rückkehr zu Ford wandte Lindbergh seine Erkenntnisse praktisch an. Er flog die P-47-Jagdflugzeuge der Air Force, die sogenannten »Thunderbolts« mit den von Ford gebauten 2000 PS starken *Pratt & Whitney*-Motoren – einmotorige Niederdecker, die bei einer Geschwindigkeit von 430 Meilen pro Stunde eine Höhe von 40 000 Fuß erreichten. Wochenlang testete er diese Flugzeuge, bis er Rettungsvorschriften formulieren konnte. Er ließ die Ausstiegsluke verändern und brachte anderen Testpiloten bei, wie sie in noch größere Höhen vorstoßen konnten. Als Ergebnis von Lindberghs Untersuchung verbesserte Ford die Sauerstoffausrüstung und rettete damit vielen Menschen das Leben.

Bei einem seiner Flüge ging Lindbergh in 36 000 Fuß Höhe ohne Vorwarnung der Sauerstoff aus. Die Meßgeräte zeigten noch nichts Derartiges an, und er merkte zu spät, daß etwas »mit der Klarheit der Luft, dem Pulsschlag, der Schärfe der Augen« geschah. Er spürte, so schrieb er später, »jene Dumpfheit im Kopf, jene Leere im Atem, die einen Piloten vor ernstem Sauerstoffmangel warnen«.

Als die Skalen vor ihm verblaßten und er bewußtlos zu werden begann, drückte er den Steuerknüppel nach vorn und ging so schnell wie möglich in einen steilen Sinkflug über. Bewußtlos bis auf die dumpfe Empfindung eines schrillen Tons außerhalb seines Cockpits, stürzte er 20 000 Fuß ab, bis das Bewußtsein wiederkehrte und mit der zunehmenden Luftdichte seine Denkfähigkeit wiederhergestellt wurde. Kurz nach der Landung informierte ihn ein Mechaniker, daß der Druckanzeiger des Flugzeugs 50 psi zuviel anzeigte und sein Sauerstofftank schon bei 36 000 Fuß leer gewesen war. »Nur daher rührten meine Probleme – eine Nadel, die sich um einen Viertelzoll geirrt hatte«, schrieb Lindbergh später und vergaß es nie.

Lindberghs Interesse an Flügen in großer Höhe brachte ihn nach East Hartford, wo er die neuen 28-Zylinder-Motoren von *United Aircraft* inspizierte. Nach seinem Besuch schrieb Firmenchef Eugene Wilson an Lindbergh, »es ist viel Wasser den Berg hinuntergeflossen, seit wir das letzte Mal miteinander gesprochen haben«, und er frage sich, ob Lindbergh in der Lage sei, »ihnen bei der Forschung und Entwicklung zu helfen«. Lindbergh stürzte sich auf diese Einladung und erklärte, seine Verpflichtungen gegenüber Ford seien nur noch privater Natur, wenn in ein paar Wochen die Tests und Verbesserungen an der P-47 abgeschlossen seien.

Als diese Thunderbolts in die Produktion gingen – sie erschienen als die erfolgreichsten Begleitjäger der Bomberverbände auf dem europäischen Kriegsschauplatz – widmete Lindbergh seine Zeit zunehmend der Entwicklung des Navy Marine Corsair (Vought F4U) bei *United*. Zwischen Dezember 1942 und Juli 1943 fuhr Lindbergh achtmal nach Hartford und unterwies die Piloten in den Feinheiten dieses Flugzeugs. Lindbergh war enttäuscht, daß er als ausgebildeter Kampfpilot noch immer keinen Kampf miterlebt hatte, und nahm wenigstens an Manövern und Scheingefechten teil. Deak Lyman, früher bei der *New York Times*, jetzt leitender Angestellter bei *United Aircraft*, erinnerte sich, wie Lindbergh sein Flugzeug hochzog und sich in großer Höhe ein Wettschießen mit zwei der besten Piloten der *Marines* lieferte. Lyman sagte, der 41jährige Zivilist »übertraf seine beiden Gegner, die nur halb so alt waren wie er, beim Einschätzen, Fliegen und Schießen«.

Lyman besuchte Anne Lindbergh in Detroit, als ihr Mann in Connecticut war, und sie meinte, daß Charles' Arbeit »einen neuen, wieder jungen Menschen aus ihm gemacht hat; sie hat mitgeholfen, den Stachel aus den Beziehungen zu Washington zu entfernen, der nach der Kriegserklärung so festsaß.« Seine Tätigkeit bei *United* nahm ihn so in Beschlag, daß er sogar das Tagebuchschreiben aufgab, das er fast fünf Jahre lang gewissenhaft gepflegt hatte. »Wenn die Familie nicht wäre, würde er bestimmt gar nicht mehr nach Detroit kommen. Am liebsten würde er sieben Tage in der Woche jede Minute *United* widmen.« Oder etwas noch Besserem…

Am 5. Januar 1944 sprach Lindbergh mit Brigadegeneral Louis E. Wood von den *Marines* in Washington, ob es für ihn möglich sei, im Südpazifik die Stützpunkte der Corsair-Maschinen im Kampfgebiet zu überprüfen. *United* erhielt widersprüchliche Meldungen über die Brauchbarkeit einmotoriger Jagdflugzeuge im Vergleich zu zweimotorigen, und Lindbergh wollte Fakten sammeln, die für die Konstruktion der nächsten Flugzeuggeneration von Nutzen sein könnten. Auch für ihn selbst stand etwas auf dem Programm: Nach zwei Jahren Arbeit im Hintergrund verlangte es ihn danach, Kämpfe an der Front zu erleben. Der General wollte die Sache mit seinen Vorgesetzten besprechen, und am Tag darauf erhielt Lindbergh die Erlaubnis.

Bis die Vorbereitungen getroffen waren, testete er weiterhin Flugzeuge, zumeist Einsitzer oder Zweisitzer auf Militärstützpunkten. Die Arbeit war gefährlich, da manche Flugzeuge sich noch im Versuchsstadium befanden und andere schon veraltet waren; oft hatten sie noch unerprobte oder aber lange nicht überholte Bauteile. Im Januar flog Lindbergh in Eglin Fields in Florida an vier Tagen acht verschiedene Flugzeuge, auch die Boeing B-29, die Amerika gerade in den Himmel schicken wollte. Diese

»Superfestung« mit einer Geschwindigkeit von 350 Meilen pro Stunde, einer Reichweite von über 2000 Meilen und einer potentiellen Bombenlast von 9000 Kilogramm war der Star unter den fast 100 000 Flugzeugen, die die Vereinigten Staaten pro Jahr produzierten, eine gewaltige Verbesserung in Geschwindigkeit, Reichweite und Ladung gegenüber einer jeden von den 2200 Maschinen, die Amerika 1939 produziert hatte, als Lindbergh zum ersten Mal Alarm schlug.

Dieses steile Wachstum der amerikanischen Luftfahrt und die daraus resultierende Überlegenheit in der Luft veränderten den Kriegsverlauf zugunsten der Alliierten. Deutschland war aus Rußland und Afrika schon fast hinausgedrängt worden; die Alliierten hatten das Ruhrgebiet und Hamburg in Grund und Boden gebombt und flogen nun Angriffe auf Berlin und andere deutsche Städte. Im Pazifik verlor Japan die Herrschaft über die Sprungbretter zu seinen Grenzen – die Salomonen, die Insel Kwajalein und die Gilbert- und Ellice-Inseln. Die Alliierten rückten weiter vor zu den Marshallinseln und den Alëuten.

In den ersten Apriltagen 1944 kaufte sich Lindbergh bei den Brooks Brothers in New York eine Uniform, die in Kampfgebieten unerläßlich war. Der frühere Oberst Lindbergh hatte nun den Status eines »Technikers« und mußte die Uniform eines Navy-Offiziers tragen, aber ohne Embleme und Rangabzeichen. Im Falle seiner Gefangennahme galt er als staatenlos.

Am 22. April 1944 landeten die Alliierten in Hollandia auf Neuguinea, überrumpelten die Japaner und setzten sich mit 84 000 alliierten Soldaten dort fest. Zwei Tage später, als die Nachricht gerade in die amerikanischen Schlagzeilen kam, startete der »technische Vertreter« Lindbergh von North Island bei San Diego zur ersten Etappe seiner Reise zu ebendiesem Punkt auf der Landkarte.

Es sollte zwei Monate dauern, bis er die Nordküste von Neuguinea erreichte, da er unterwegs in Hawaii, Midway, Palmyra, Funafuti, Bougainville und Green Island haltmachte. Während Lindbergh sich dem Kriegsgebiet näherte, legte er die Aufgaben seines einzigartigen Jobs immer wieder neu fest. Er flog Patrouillen in der Abenddämmerung und nahm an Rettungsaktionen über dem Dschungel und das Meer teil; wohin er auch kam, immer wollte er an die Front. Als ein Marineoberst erfuhr, daß Lindbergh über dem von den Japanern gehaltenen Rabaul tatsächlich seine Geschütze abgefeuert hatte, hielt er ihm eine Standpauke. »Als Techniker sind Sie berechtigt, den Kampf zu beobachten, nicht aber zu schießen«, hielt er dem ranglosen Zivilisten vor. »Natürlich wäre es in Ordnung«, schaltete sich ein anderer Marineoffizier augenzwinkernd ein, »wenn er auf dem Heimweg ein bißchen Zielen übt.« Von da an schauten die Militärs weg, wenn Lindbergh beschloß, sich als Soldat zu beweisen.

»Je mehr ich von den *Marines* sehe, desto besser gefallen sie mir«, schrieb Lindbergh in sein Tagebuch. Die Umkehrung dieses Schlusses war genauso wahr. Es gab Murren unter der Truppe, wenn es hieß, Lindbergh sei da, und die Männer zweifelten an seiner Loyalität – wenn nicht gar an seiner Kompetenz. Aber ebensooft traf er frühere Mitglieder von *America First*, und am Ende waren alle unweigerlich beeindruckt von seinem Geschick, seiner Tapferkeit und seiner Bescheidenheit.

Am 29. Mai ließ Lindbergh eine hochexplosive 220-Kilo-Bombe auf Kavieng fallen, auf eine Gebäudereihe am Strand, wo Flugzeugabwehrraketen gemeldet worden waren. »Diese Bomberei und Schießerei auf unbekannte Ziele gefällt mir nicht«, vertraute er seinem Tagebuch an. »Man drückt auf einen Knopf, und schon fliegt der Tod nach unten. Eben hing die Bombe noch harmlos in ihrem Träger und war völlig unter Kontrolle. Im nächsten Augenblick saust sie schon durch die Luft nach unten, und nichts kann widerrufen, was man getan hat. Die Karten sind verteilt. Wenn dort, wo diese Bombe auftrifft, Leben war, hat man es ausgelöscht.« Er flog mehr als ein Dutzend Kampfeinsätze mit Marinestaffeln gegen japanische Ziele auf New Ireland und New Britain. »Bei den Einsätzen wurden japanische Truppen unter Beschuß genommen und bombardiert«, berichtete ein Oberst der Air Force, »die sich noch auf den einst starken Stützpunkten in Rabaul und Kavieng befanden.« Lindbergh hatte zwar noch keine Begegnung mit dem Feind in der Luft erlebt, war aber als Bombenschütze schon zum Fachmann geworden.

So effizient die einmotorigen Corsairs gewesen waren – jetzt machten sie doch allmählich Ärger. Und deshalb wollte Lindbergh, ehe er heimflog, zum Vergleich Kampferfahrungen mit den zweimotorigen P-38 der Air Force sammeln. Ein alter Freund, General Ennis Whitehead, holte ihn zu sich nach Hollandia, wo die P-38 geflogen wurden.

Am Nachmittag des 26. Juni klopfte Lindbergh an die Tür der Barracke von Oberst Charles MacDonald, dem Befehlshaber der »Satan's Angels«, der berühmten 475. Jagdfliegergruppe der Fifth Air Force. Lindbergh betrat den Raum des Obersten und nannte seinen Namen, aber MacDonald, in ein Schachspiel vertieft, nahm ihn gar nicht wahr. Lindbergh erklärte, er wolle etwas über die Kampfeinsätze mit den P-38 erfahren, und General Donald Hutchinson, der Befehlshaber der Spezialeinheit, habe gesagt, da müsse er sich an MacDonald wenden. Der Oberst und sein Stellvertreter waren völlig auf ihr Spiel konzentriert, und der große Eindringling in seinem Khakianzug stand einfach da. Endlich fragte MacDonald: »Wie war Ihr Name, und an welchen Kampfphasen sind Sie interessiert?«

»Lindbergh«, antwortete er, »und mich interessieren Reichweite, Feuerkraft und allgemeine Eigenschaften Ihrer Flugzeuge im Vergleich zu denen von einmotorigen Jagdflugzeugen.« Die Augen noch immer auf dem Schachbrett, erkannte MacDonald immerhin, daß der Eindringling nur zu seinen Antworten kam, wenn er das Flugzeug flog; der Mann trug jedoch keine Pilotenabzeichen. Nach einigen weiteren Zügen fragte er: »Sind Sie Pilot?«

»Ja«, sagte der andere, was MacDonald veranlaßte, den 42jährigen Mann, dessen Stirn schon kahl wurde, näher in Augenschein zu nehmen. »Doch nicht Charles Lindbergh?«

»Das ist mein Name«, erwiderte er. MacDonald vergaß sein Schachbrett und begann über Flugzeuge zu reden. Die Männer wurden rasch Freunde, und Lindbergh, der erst acht Stunden in einer P-38 geflogen war, wurde für den nächsten Tag zu einem »Antilangeweileflug mit vier Maschinen nach Jefman und Samate« eingeladen. Als Lindbergh die Hütte verlassen hatte, sagte MacDonalds Stellvertreter: »Meine Güte! Der sollte aber nicht mehr an Kampfeinsätzen teilnehmen. Wann ist er über den Atlantik geflogen? Der ist zu alt für so was.« MacDonald fand, ihr Besucher hätte doch ganz fit ausgesehen, und ein Major aus seinem Geschwader meinte: »Ich möchte gern sehen, wie sich der alte Bursche macht.«

Am nächsten Tag bekamen sie alle zu sehen, wie Lindbergh nicht nur sein Flugzeug beherrschte, sondern auch 400 Meilen weit in japanisches Gebiet eindrang, sich durch schwarze Flakfeuerwolken hindurchschlängelte und in der Kaiboes Bay erfolgreich eine feindliche Barkasse unter Beschuß nahm.

Nach mehreren Tagen mit Bombeneinsätzen merkte der Kommandeur der 475er, daß Lindberghs Flugzeug immer mit viel mehr Resttreibstoff zurückkehrte als die anderen. Eines Abends stellte MacDonald bei einer Einsatzbesprechung im strohgedeckten Aufenthaltsraum den anderen Piloten den neuen Rekruten vor und bat Lindbergh, zu erklären, wie es dazu kam. In seiner typisch monotonen Midwesternerstimme sagte Lindbergh, wenn man den Absolutladedruck erhöhe und die Umdrehungszahl senke, verbrauche der Motor weniger Benzin – Gallonen, die in Flugzeit umgesetzt werden konnten und den Kampfradius erweiterten. Seine jungen Zuhörer reagierten erst einmal ungläubig und respektlos; ob man vielleicht die Motoren ruinieren solle, stichelten sie. »Das sind Militärmotoren, für Strapazen gebaut. Also: Strapaziert sie.« Doch wenn einem der Männer bei dieser Methode nicht wohl sei, fuhr er fort, solle er sie nicht anwenden. »Sie haben in Ihrer Maschine das Sagen«, erklärte er, »Sie müssen entscheiden. Schließlich verstehen Sie mehr von Ihren Flugzeugen als ich.« Aber im Lauf der nächsten Wochen wurden die drei Staffeln der »Satan's Angels« eines Besseren belehrt, als sie die Flugdauer von bisher sechs bis acht Stunden auf zehn Stunden verlängern konnten, was ihnen Überraschungsangriffe auf die Japaner ermöglichte, tiefer drin in deren Territorium als erwartet.

»In den nächsten Tagen war Lindbergh unermüdlich«, berichtete MacDonald später. »Er flog mehr Einsätze, als im Normalfall von einem regulären Kampfpiloten erwartet wurde. Er bombardierte feindliche Stellungen, versenkte Schiffe und flog Patrouille bei unseren Landetruppen auf Noemfoor Island. Fast jede Fliegerabwehrrakete der Japsen auf Westneuguinea hat auf ihn geschossen.« Inzwischen hatte Lindbergh mehr als 25 Kampfeinsätze zu verzeichnen und fast 90 Stunden Kampfzeit. Am 10. Juli 1944 erhielt er eine Mitteilung aus Australien, in der sein Erscheinen gefordert wurde. Sie war unterschrieben mit »MacArthur«.

Zwei Tage später flog er los und wurde am amerikanischen Army-Hauptquartier in Brisbane von General George C. Kenney in Empfang genommen, der die alliierten Luftstreitkräfte im Südwestpazifik befehligte. Kenney hatte Gerüchte gehört, daß Lindbergh mit Army-Staffeln Einsätze flog, was gegen die Regeln verstieß. Lindbergh sagte, er wolle niemanden in Verlegenheit bringen, aber er habe keine Lust, »nach Neuguinea zurückzukehren und dort auf dem Boden rumzuhocken, während die anderen Piloten Kampfeinsätze fliegen«. Ob es nicht einen Weg gebe, die Vorschriften zu umgehen? »Na ja«, erwiderte der General, und seine Augen leuchteten auf, »man könnte sie in den Status eines Beobachters versetzen ... was allerdings Ihre Schießerei noch immer nicht legalisieren würde. Aber wenn Sie im Status eines Beobachters sind, weiß daheim in den Staaten niemand, ob Sie Ihre Kanone benützen oder nicht.«

Lindbergh wurde General Richard K. Sutherland vorgestellt, MacArthurs Stabschef, mit dem er über seine Methode sprach, den Kampfradius der P-38 zu vergrößern. Sutherland war völlig verblüfft über Lindberghs Behauptung, man könne einen Radius von 700 Meilen erreichen, und bestand darauf, daß Lindbergh sofort mit General MacArthur selbst sprach. Nachdem sie einander herzlich begrüßt hatten, fragte MacArthur, der jünger aussah, als Lindbergh erwartet hatte, ob das stimme, was Sutherland ihm soeben erzählt habe. Lindbergh erwiderte, dazu sei nur Anleitung und Übung nötig. »MacArthur hielt es für ein Geschenk des Himmels, wenn man das schaffen würde«, schrieb Lindbergh an diesem Tag in sein Tagebuch, »und er fragte mich, ob ich nach Neuguinea zurückzukehren und die Staffeln dort in der Methode der Treibstoffeinsparung unterweisen könne.« MacArthur bot Lindbergh an, mit jedem beliebigen Flugzeug zu fliegen. Er zeigte ihm seine Karte vom Südpazifik und beschrieb ihm sein allgemeines Aktionsprogramm – die unmittelbar bevorstehenden Schritte, die zukünftigen »und die durch den gegenwärtigen Kampfradius vorgegebenen Einschränkungen«.

Lindbergh kehrte nach Neuguinea zurück, wo er die meiste Zeit damit zubrachte, Unterricht im Benzineinsparen zu erteilen. In der nächsten Woche flog er zu Freunden von den 475ern nach Biak, einer ehemals japanischen Festung, mitten im Meer. Als das Wetter sie am Boden festhielt, erforschte Lindbergh die herrlichen Korallenriffe rings um die Insel.

Biak bescherte Lindbergh auch die abscheulichsten Bilder vom Krieg, die er je zu Gesicht bekam, ein Anblick, der ihn für immer verfolgen sollte. Am Montag, dem 24. Juli 1944, fuhren Lindbergh und einige Offiziere mit einem Jeep zu den Höhlen im Westen von Mokmer, wo der Feind am hartnäckigsten Widerstand geleistet hatte. Sie fuhren so weit wie möglich auf einer holprigen Militärstraße und gingen die letzten paar 100 Meter bis zu den Höhlen zu Fuß. Auf einem Abhang kamen sie an den Leichen eines japanischen Offiziers und eines Dutzends Soldaten vorbei, »die in grausamen Haltungen ausgestreckt dalagen, wie sie nur verstümmelte Körper einnehmen können«. Das Wetter und die Ameisen hatten innerhalb weniger Wochen das Fleisch von den Skeletten entfernt. Der Anblick der in Stücke geschlagenen Schädel veranlaßte einen Offizier zu den Worten: »Ich sehe schon, die Infanterie ist wieder ihrer Lieblingsbeschäftigung nachgegangen« – nämlich Goldzähne als Souvenirs herauszubrechen.

Dann kamen sie an einem Bombenkrater am Straßenrand vorbei, in dem die Leichen von einem weiteren halben Dutzend Japaner lagen, zum Teil bedeckt von einer Wagenladung Müll, die amerikanische Soldaten über ihnen ausgekippt hatten. »Niemals mehr habe ich mich für mein Volk so geschämt«, schrieb Lindbergh in sein Tagebuch. »Töten, das verstehe ich, das gehört zum Krieg. Und ich halte die jeweils wirkungsvollste Methode auch für gerechtfertigt. Aber daß unser Volk durch Folter tötet und sich soweit vergißt, daß es die Leichen unserer Feinde in einen Bombenkrater wirft und Müll auf ihnen ablädt, das finde ich widerlich.« Die Höhlen selbst sahen so furchtbar aus und rochen so entsetzlich, nicht zuletzt wegen der verbrannten Leichen der japanischen Soldaten, die zwischen Schlamm und Schmutz lagen, daß Lindbergh und die anderen sich dort nur einen Augenblick aufhielten. Zwei Tage später fuhr Lindbergh zu einer anderen Höhle in den Klippen, wo er den aufrechtstehenden Leichnam eines japanischen Soldaten in Uniform vorfand, an einen Pfosten gebunden und ohne Kopf.

Am 28. Juli 1944 flog Lindbergh als Beobachter der 433. Jagdstaffel an dritter Stelle bei einem Einsatz von acht Flugzeugen. Ihr Auftrag lautete, geeignete Ziele auf Ambon, einer kleinen, von den Japanern gehaltenen Insel vor der Südwestküste von Seram, zu bombardieren und unter Beschuß zu nehmen. Als es am Horizont hell wurde, startete Lindbergh mit den anderen P-38 zum Einsatz Nr. 407. Einem seiner Pilotenkollegen fiel auf, daß es lange dauerte, bis er das Fahrwerk einzog. »An Lindbergh von Doakes«, hörten die anderen über Funk, »haben Sie die Räder drin? Sie fliegen hier nicht die *Spirit of St. Louis.*«

Obwohl Gerüchte umgingen, die Japaner hätten starke Fliegereinheiten in der Luft, war der Himmel frei. Plötzlich quäkte es im Funkgerät, eine andere Gruppe von Jagdflugzeugen habe in der Nähe feindliche Flugzeuge ausgemacht. Eine »Sonia« sei erfolgreich zwei amerikanischen P-38 entkommen, denen die Munition ausgegangen war. Als Lindbergh, Oberst MacDonald und Captain Danforth Miller durch eine weiße Wolke und schwarze Flakrauchwolken hindurchtauchten, sah Lindbergh zum ersten Mal ein japanisches Flugzeug in der Luft. Es näherte sich frontal – wenn man ihrer beider Geschwindigkeit zusammenrechnete, mit fast 600 Meilen pro Stunde. »Von allen Angriffen, die auf ein japanisches Flugzeug möglich sind, ist ein frontaler der unangenehmste«, erklärte MacDonald später, »denn dabei nähern sich die beiden Kontrahenten mit enormer Geschwindigkeit, beide aus allen Rohren feuernd. Es besteht immer die Gefahr einer Kollision, selbst wenn beide sie zu vermeiden versuchen; und bei einem Japaner weiß man nie, wie weit ihn seine Bereitschaft zum Selbstmord gehen läßt.« Lindbergh feuerte mehrere Sekunden lang und sah, wie die Leuchtspurmunition aus seinem Maschinengewehr und die 20-mm-Geschosse in die Sonia einschlugen, aber ein Zusammenstoß schien dennoch unvermeidlich. Als die Sonia näher kam, riß Lindbergh mit aller Kraft den Steuerknüppel zurück. Es gab einen starken Ruck, und zwischen ihnen blieb nur ein fünf Fuß breites Luftkissen, als sich Lindbergh mit dieser Kehrtwendung in Sicherheit brachte und die Sonia senkrecht ins Meer stürzte.

Kaum waren die Amerikaner auf die Piste von Mokmer auf Biak zurückgekehrt, verbreitete sich die Nachricht, daß »Lindbergh einen Japsen erwischt hat«. Lindbergh selbst machte nicht viel Aufhebens von der Geschichte. Wenn jemand darauf zu sprechen kam, erklärte er nur: »Es war Selbstverteidigung.« Andere Soldaten erinnerten sich an eine Zusammenkunft in dem von Laternen erleuchteten Kasinozelt, bei der sie Lindbergh am Abend zuhörten. Sie hatten von diesem »Abgott aller Piloten« eine gute Kriegsgeschichte erwartet, aber die Männer hörten nur, wie eine leise Stimme etwas von Gasgeben und Umdrehungen brummte.

Am 1. August 1944 wurden die Einsätze abgeblasen, denn in allen Gegenden, in denen sich der Feind befand, war das Wetter schlecht, nur nicht im Norden, Richtung Palau-Inseln. Vor Lindberghs Ankunft hielt man diesen nächstgelegenen Trittstein nach Japan, über den Äquator in den Nordpazifik, für fraglos unerreichbar. Nun aber, gewappnet mit Lindberghs Anleitungen, fragte Oberst MacDonald ihn und zwei andere, ob sie mit ihm dorthin fliegen wollten. Ihr Enthusiasmus war stärker als MacDonalds Warnungen, der Einsatz könnte gefährlich sein, weil die Anzahl der feindlichen Jäger die ihre weit überträfe.

Sie kündigten ihre Ankunft im Feindgebiet an, indem sie ein Schiff unter Beschuß nahmen. Bald sichteten die drei Männer feindliche Flugzeuge, die von Oberst MacDonald und Oberstleutnant Meryl Smith abgeschossen wurden. Plötzlich sah Lindbergh ein Jagdflugzeug im Sturzflug auf Smith herabstoßen, und als er gewendet hatte, um Smith zu verteidigen, richtete die japanische Zero ihren Angriff auf Lindbergh, der jetzt in Schußweite war. Als die Zero in den Sturzflug ging und auf Lindberghs Heck feuerte, versuchten MacDonald und die beiden anderen Flugzeuge, sie mit Feuerstößen abzudrängen. Lindbergh war zu niedrig für einen Sturzflug und konnte nur ausweichen, indem er auf MacDonald zuflog.

Der sah ihn, wie er sich in Erwartung einschlagender Kugeln neben der Flugzeugpanzerung niederkauerte und »seine Seele Gott befahl«. »Ich denke an Anne und die Kinder«, schrieb Lindbergh später über diesen Augenblick. »Mein Körper ist steif und angespannt. Es dauert eine Ewigkeit. Die Welt war nie klarer. Aber der Motor fängt nicht an zu stottern, keine Tragflächenteile fliegen davon, auf der Instrumententafel vor mir splittert kein Glas.« Eine der Störsalven hatte die Zero in Brand gesetzt, und dessen Pilot schien einfach ein segensreich miserabler Schütze gewesen zu sein. Alle vier Amerikaner kehrten unversehrt nach Biak zurück.

Schon vor einiger Zeit hatten die Bomber für ihre Einsätze über Palau um Deckung durch Jagdflugzeuge gebeten, aber man hatte es immer ablehnen müssen, weil »die Entfernung zu groß und das Wetter zu schlecht war«. Der Einsatz mit Lindbergh entkräftete solche Entschuldigungen. Innerhalb weniger Tage machten die hohen Tiere eine Kehrtwendung und schickten Jagdflugzeuge; innerhalb von Wochen landeten die USA in Palau; und innerhalb von drei Monaten sollte MacArthur auf Leyte an Land waten – seine triumphale Rückkehr auf die Philippinen.

Kurz nach dem Einsatz in Palau bekam MacDonald Urlaub in den Staaten. Er versuchte Lindbergh zu überreden, mit ihm heimzufahren – jetzt, wo er das Schicksal zweimal herausgefordert hatte. Aber Lindbergh lehnte ab und sagte: »Ich bin noch nicht fertig.« Er kehrte zu den Marines auf Biak zurück, wo er ein Zelt mit Major McGuire teilte. Von Neuguinea aus zog Lindbergh weiter nach Kwajalein und Roi Island, wo er Jagdstaffeln für Langstreckeneinsätze schulte und trotz aller Ermahnungen Kampfeinsätze flog. Einige Offiziere redeten mit Lindbergh darüber, ob er sich nicht wieder um seinen Rang als Oberst bemühen, in den Pazifik zurückkehren und dort unter MacArthur dienen wolle, aber Lindbergh erwiderte, erst müsse er seine Untersuchungen hier abschließen. Außerdem, so vertraute er seinem Tagebuch an, »gibt es politische Verwicklungen, und ich bin mir gar nicht so sicher, ob ich unter Roosevelt ein Patent will, selbst wenn ich eins bekäme«.

Bei einer privaten Begegnung mit MacArthur in Brisbane erzählte der General von seinem letzten Treffen mit dem Präsidenten in Hawaii. MacArthur sagte, Roosevelts Verstand und Stimme seien so gebieterisch wie eh und je, aber er sehe beängstigend schlecht aus. FDR würde wohl fast sicher in diesem Herbst wiedergewählt, »es sei denn, das Volk erfährt von seinem derzeitigen Gesundheitszustand«. Ansonsten war MacArthur an allem interessiert, was Lindbergh von seinem Auftrag im Pazifik berichten konnte. MacArthur fragte, wie viele Japaner er schon abgeschossen habe, und Lindbergh erzählte ihm von seinem Erlebnis vor der Südküste von Seram. »Gut«, sagte der großspurig auftretende Pazifikbefehlshaber, »ich freue mich, daß sie einen erwischt haben!«

Auf dem Heimweg führte Lindbergh noch einmal Testserien in Kwajalein und auf den Roi-Inseln durch. Er flog wieder in den Corsairs, die ihn in den Pazifik gebracht hatten, und wollte ausprobieren, welche Bombenlast sie im äußersten Fall tragen konnten. In der ersten Septemberwoche 1944 beteiligte er sich an Übungen über den von den Japanern gehaltenen Atolls Taroa, Maloelap und Wotje. Er begann seine Versuche mit der üblichen Zehnzentnerbombe und verdreifachte dieses Gewicht im Lauf der Woche. Er baute sogar einen speziellen Rumpfaußenträger für eine große Bombe. Ende der zweiten Woche steuerte Lindbergh seinen Corsair durch widrige Winde und transportierte dabei eine Zwanzigzentnerbombe sowie zwei Zehnzentnerbomben, die schwerste Ladung, die jemals an einer Corsair befestigt war. Am 13. September ließ er diese Ladung über der Insel Wotje fallen und löschte den südlichen Teil einer japanischen Geschützstellung völlig aus. »Das Abheben mit einer Bombenlast von 40 Zentnern und ihr Abwurf schließen das Versuchsprogramm ab, das ich vor einigen Tagen ausgearbeitet habe«, schrieb Lindbergh in sein Tagebuch. Nach 50 Kampfeinsätzen war er bereit heimzufliegen. Zum Schluß befand Lindbergh, die Corsair sei »das beste Jagdflugzeug der Navy, das während des Krieges gebaut worden ist«.

Am Nachmittag flog er nach Kwajalein und am nächsten Tag nach Hawaii, und von dort organisierte er seine Rückkehr nach Kalifornien. Am Samstag, dem 16. September 1944, nach Zwischenlandungen in San Francisco und Los Angeles, kam Lindbergh spätabends mit dem Taxi vor dem *Hotel del Coronado* in San Diego an. Am nächsten Morgen rief er seine Frau und seine Mutter an, er werde die letzte Etappe seiner Heimreise antreten, sobald ein Transportmittel zur Verfügung stehe.

Wie bei Millionen anderen »zurückgelassenen« Frauen hatte sich der Krieg auf Anne mindestens ebenso nachhaltig ausgewirkt wie auf ihren Mann. Während dieser Jahre war sie in Bloomfield Hills zweimal umgezogen, hatte vier Kinder versorgt und mit Entbehrungen und Rationierungen leben müssen. Der Krieg hatte sie nicht ihrer Zartheit beraubt, aber er hatte sie zäh gemacht, hatte sie gezwungen, eine eigene »Welt aus Freunden« aufzubauen. Zum Glück gab es in der nahen Künstlergemeinde einige anregende Geister – die finnischen Architekten Lily und Eero Saarinen, der schwedische Bildhauer Carl Milles und einige Dozenten aus Cranbrook, darunter die Bildhauerinnen Svea Kline und Janet de Coux. Anne nahm Kunstunterricht, besonders gern in der Bildhauerei, und verbrachte so viel Zeit wie möglich schreibend in ihrem Wohnwagen.

Während sie sich von Scotts Geburt im August 1942 erholte, fiel Anne der Entwurf einer Fliegergeschichte ein, den sie vor dem Krieg geschrieben hatte. Ein Jahr später war daraus eine 30 000 Wörter umfassende Novelle geworden über den Leidensweg einer schwangeren Frau, die mit ihrem Mann, einem waghalsigen englischen Piloten, in einem Zweisitzer über die

Alpen fliegt. Sie war gerade mitten in der Geschichte, als Charles ihr gedankenlos einen Schlag versetzte: Er glaube nicht, daß sich die Erzählung in der nächsten Zeit veröffentlichen ließ, so wie das Publikum noch immer über sie denke. Ihr Verleger Alfred Harcourt war jedoch anderer Meinung.

In gewisser Weise behielt Lindbergh recht. Der *Book-of-the-Month-Club* lehnte *Die Gefährtin* ab, mit der Begründung, mehrere Mitglieder hätten fanatische Briefe geschrieben, sie würden austreten, wenn der Club das Buch gutheiße; *Reader's Digest* fand, es ließe sich nur schwer auszugsweise wiedergeben; und Harcourt Brace druckte nur eine Erstauflage von 25 000 Exemplaren, halb so viel wie bei *Horch, der Wind*! Die ersten Kritiken gaben dem vorsichtigen Verleger recht. Sie waren zwar weitgehend positiv, aber es gab doch so viele persönliche Angriffe – »Nicht von ungefähr werden die beiden Flieger, die sich in den Alpen gefährlich verirren, in Mussolinis Land geborgen« –, daß sie dem Verkauf des Buches schadeten. Anne Lindbergh vergrub sich in ihre Tagebücher und in die sich ständig ausweitende Korrespondenz mit neuen Freundinnen, oft einsamen, sorgenvollen Frauen, und gab elf Jahre lang kein Buch mehr heraus.

Gerade als Anne sich in Bloomfield Hills eingewöhnte, erfuhr sie, daß der Hauseigentümer den Mietvertrag nicht verlängern konnte. Sie schrieb Charles, daß sie wieder einpacken und bis zum 1. September 1944 in ein neues Haus umziehen müßten, selbst wenn er noch fort wäre. »Eigentlich möchte ich Dich nicht damit belasten«, schrieb er ihr aus Neuguinea, »aber es gibt keine andere Möglichkeit, und Du weißt, ich vertraue niemandem so sehr wie Dir.«

»Was Ford angeht«, schrieb er, »so habe ich diesbezüglich alles im Bereich des Möglichen getan. Deren Problem ist jetzt hauptsächlich die Massenproduktion, die aber für mich nebensächlich ist, und von der sie mehr verstehen als ich.« Die Auswertung seiner Arbeit im Südpazifik werde ihn wohl – im Zusammenhang mit dem Jagdflugzeugprogramm von *United Aircraft* – ziemlich oft nach Connecticut führen. »Diese Arbeit interessiert mich wirklich«, sagte er, »aber auch sie werde ich nicht endlos fortsetzen. Ich habe sie angefangen, weil Krieg war, und aus diesem Grund bleibe ich auch dabei.« Das hieß, Lindbergh war bereit, in jeden Teil des Landes zu ziehen, der Anne zusagte. »Nichts wäre mir lieber als ein paar Monate Lesen und Schreiben in einem schönen, ruhigen Haus«, schrieb er, und es klang wie ein Echo seiner Gefühle vor drei Jahren.

Sie fand so ein Haus in Westport, Connecticut – nur eine Stunde mit dem Zug nach New York und 20 Minuten von der *United*-Fabrik in Bridgeport entfernt. Es wurde unmöbliert vermietet, aber Anne fand, »es sieht sehr nach uns aus – es liegt friedlich zwischen Bäumen, einem Feld und einem Bach«, und in der Nähe gab es gute Schulen, ein Schwimmbad und Boote. Sie schuftete wochenlang, um bis zu Charles' Heimkehr alles so schön wie möglich zu machen.

Vor lauter Packen wäre Annes Blicken beinahe ein kurzer Absatz in der Detroiter *Free Press* entgangen: »Dichter-Pilot über Südfrankreich vermißt – Saint-Exupéry.« Der 44jährige Schriftsteller hatte monatelang auf dem Boden Piloten ausgebildet, war gerade erst wieder zu Kampfeinsätzen eingeteilt worden und bei seinem Aufklärungsflug allein gewesen.

Jahrelang hatte Anne voller Angst die Zeitungen durchgekämmt und mit einer solchen Schlagzeile geradezu gerechnet. Den ganzen Krieg hindurch hatte sie an ihn gedacht, sich in jeden Artikel und jedes Buch vertieft, das er geschrieben hatte. Sie betrachtete *Die Gefährtin* fast als eine Gabe an ihn, die sie irgendwie zusammenbringen könnte. »Ich bin traurig, daß wir uns niemals mehr getroffen haben«, gestand Anne ihrem Tagebuch. »Ich bin traurig, daß er nie versucht hat, uns zu besuchen, obwohl ich es verstehe; ich bin traurig, daß die Politik, der wütende Kampf gegen den Krieg, das grelle Licht der Öffentlichkeit, die Verleumdung und die Mischung aus Leid, Verletzung und Unrecht in meinem Buch uns daran hinderten, uns noch einmal zu sehen. Ich bin traurig, daß mir der Luxus versagt bleibt, zu wissen, ob er uns unseren Standpunkt vergab, mir mein Buch vergab *[The Wave of the Future]*.« Die Ironie des Schicksals, daß Saint-Exupéry gerade zu dem Zeitpunkt das »höchste Opfer« für sein Land bringen mußte, als Frankreich eben befreit wurde, war kaum zu ertragen. Solches Leid hatte Anne erst zweimal empfunden, beim Tod ihrer Schwester Elisabeth und bei dem ihres ersten Kindes.

Sie zählte auf, was ihr an Glück blieb. »Ich habe einen Mann, den ich liebe«, schrieb sie. »Nirgendwo fände ich einen besseren oder hätte einen besseren finden können – ein Mann, dem ich soviel geben kann, und der mir soviel gibt – keine Ehe, die so gut wäre. Ein Mann, eine gute Ehe sind wie festes Land. Charles ist festes Land für mich, die ganze Welt, das Leben.« Und doch, mußte sie gestehen, war Saint-Exupéry »wie eine Sonne oder ein Mond oder Sterne, die dieses Land erhellen, die die ganze Welt und das Leben schöner machen. Nun hat die Erde kein Licht mehr und ist nicht mehr so schön. Ich stolpere weiter auf ihr, ohne Freude.«

Am Abend des 18. September 1944 verließ Lindbergh San Diego mit dem TWA-Flug Nr. 40. Nach fast einem Dutzend Zwischenlandungen erreichte er am Nachmittag darauf Pittsburgh und stieg in den Nachtzug nach New York. Als er am nächsten Morgen am Bahnhof ankam, wartete auf dem Bahnsteig schon ein Haufen Fotografen und Reporter. Er setzte seine Sonnenbrille auf und ging mit den anderen Fahrgästen an ihnen vorbei, bis jemand »den altbekannten, lästigen Ruf ausstieß: ›Da ist er!‹« Sie jagten ihn den Lift hinauf auf die Straße und rissen sogar die Taxitür noch einmal auf, als er schon drinnen saß, und da er sich hinauslehnen mußte, um sie zu schließen, konnten sie noch einen Schnappschuß machen. Zu seiner Reise wollte er sich nicht äußern.

Er fuhr in die Stadt, frühstückte im *Engineers Club* und rief Anne in

Next Day Hill an. Sie wollte sofort nach Westport fahren, um zumindest ein Zimmer im Haus fertig zu machen; die Kinder sollten zwei Tage später nachkommen. Dann nahm er den nächsten Zug nach Hartford. Er blieb den Tag über bei *United Aircraft* und fuhr dann mit dem Zug nach Westport. Der Taxifahrer mußte zweimal anhalten, um sich den Weg zu »Tompkins House« auf der Long Lots Road genau beschreiben zu lassen. Lindbergh gefiel, was er da sah: ein großes Haus in einigem Abstand von der Straße, von Bäumen umgeben.

Bevor sie noch die Gelegenheit hatte, sich herzurichten, hörte Anne schon das Taxi und dann den vertrauten raschen Schritt ihres Mannes. »Und da war er, schlank und braun, sehr jung und gepflegt«, erinnerte sie sich, »und platzte ins Zimmer wie das Leben.«

Sie hatten Unterschiedliches erlebt, doch Anne war wohl zumute bei dem Gedanken, daß der Krieg sie zwar getrennt, doch mehr noch einander nähergebracht hatte. »Ist das nur ein wunderbares Einverständnis?« fragte sie sich. »Oder einfach Liebe. Oder stehen wir beide jetzt wirklich an derselben Stelle, am Ende von etwas, am Anfang von etwas?«

Sie war sich nicht sicher, wußte nur: »Wir tappen beide herum, sind ein bißchen verloren – aber wir sind zusammen.«

16

PHOENIX

»In der Jugend war die Wissenschaft für mich wichtiger als der Mensch oder Gott. Ersteren empfand ich als selbstverständlich, und der andere war mir zu wenig greifbar.«

C. A. L.

Da der Krieg für Lindbergh keinen offiziellen Anfang gehabt hatte, nahm er auch kein offizielles Ende.

Er war noch keinen Vormittag in seinem Haus in Westport, da fing er schon wieder an herumzufahren – entweder nach Hartford in die Büros von *United Aircraft* oder nach Stratford in die Fabrik *Change Vought*, besprach – immer ohne Bezahlung – Flugzeugentwürfe, neue Projekte für Düsentriebwerke, Treibstoffverbrauch, Steigung, Geschwindigkeit und Feuerkraft. Mit 42 Jahren arbeitete er immer noch als Testpilot.

»Es ist nicht zu leugnen«, schrieb Lindbergh später an Oberst McDonald, »daß ich in meinem ganzen Leben nichts Faszinierenderes erlebt habe als jene Kampfeinsätze im Südpazifik.« Doch auch die entsetzlichen Erinnerungen, die er aus dem Kriegsgebiet mitgebracht hatte, sollte er nie auslöschen – Zerstörung, Erniedrigung, Tod. Jahrelang betete er für die Seele des von ihm abgeschossenen japanischen Piloten, und wie alle anderen Menschen in Kriegszeiten verlor Lindbergh viele, die ihm lieb und teuer waren. Der schwerste Schlag kam, als es eigentlich Grund zum Jubeln gegeben hätte, nachdem sich die letzten deutschen Truppen in Frankreich ergeben hatten.

Dr. Alexis Carrel starb am 5. November 1944. Der Mann, in dem Lindbergh 15 Jahre lang eine Art Vater gesehen hatte, war im Krieg nach Frankreich zurückgekehrt, um seinen Patriotismus zu beweisen und sich unter seinen Landsleuten nützlich zu machen. Er durchlebte vier entbehrungsreiche Jahre, in denen er wegen seiner Zusammenarbeit mit den feindlichen Machthabern geächtet wurde. »Kälte, Not und Einsamkeit«, hatte er noch kurz zuvor einem Freund geschrieben, hätten ihm und seiner Frau viel Leid beschert. Ein anderer Freund hielt dem Nobelpreisträger eine Lobrede: »Er starb wirklich an gebrochenem Herzen; er ertrug die Anschuldigungen nicht, und seine empfindsame Seele brach unter ihnen zusammen.«

»Es ist erschreckend«, schrieb Lindbergh bei Carrels Tod, »daß ein Mann, der sein Land so innig geliebt und sich um das Wohlergehen der Menschheit so sehr gesorgt hat wie Carrel, unter einer derartigen Wolke von Vorwürfen sterben mußte. Aber damit muß man wohl in Zeiten großer Umwälzungen rechnen, und bestimmt wird eine objektivere Zukunft seine eigentlichen Leistungen und seinen Charakter und damit auch diese Anschuldigungen mit anderen Augen sehen.« Obwohl Carrels Gedanken seit langem von vielen Seiten als »unbeschreiblich wirr, banal und voreingenommen«, eingeschätzt wurden, besonders sein Glaube an »die Überlegenheit der weißen Rasse«, sah Lindbergh in Carrel eine der großen Gestalten seiner Zeit. »Gleichgültig, ob seine Philosophie in Einzelfällen recht oder unrecht hatte«, schrieb er, »sie war sorgfältig durchdacht und mutig vorgetragen. Viele von denen, die ihn jetzt anklagen, haben mit ihrer Kurzsichtigkeit und politischen Gleichgültigkeit – wenn nicht sogar mit ihrer Unredlichkeit – die derzeitigen Zustände in Frankreich mit verschuldet.«

Bis ans Ende seines Lebens sollte Lindbergh Zeit, Energie und Geld aufwenden, wo immer er den guten Ruf seines Mentors glaubte wiederherstellen zu können. Zu diesem Zweck wurde er Mitbegründer einer *Carrell Foundation*. Ihr Ziel war es, »das Studium und die Verbreitung der Ideen zu fördern, die der verstorbene Alexis Carrel zu Lebzeiten verfochten hat.« Der Verlust anderer Freunde machte ihn empfindlich, der Tod von Carrel jedoch rührte an eine geistig-seelische Ebene in ihm, und er begann die Beziehung zwischen Wissenschaft und Religion zu hinterfragen – wie Carrel es fast sein ganzes Leben lang getan hatte.

Im Frühling 1945 litt die Nation an einer Kriegsneurose. Anne Lindbergh spürte, wie eine Welle der Verzweiflung Freunde und Familie erfaßte. Die Lindberghs und Morrows hatten mehr Glück gehabt als die meisten, da sie im Krieg keine Familienangehörigen verloren; aber Anne bemerkte eine regelrechte Depressionsepidemie. Nach Jahren relativer Ruhe zeigte ihr Bruder Dwight jr. wieder Anzeichen geistiger Verwirrung, und der Mann einer ihrer ältesten Freundinnen verübte Selbstmord. »Offenbar erleben die Menschen in diesem Winter und Frühling eine tiefe Desillusionierung und Verzweiflung«, schrieb sie in einem Brief, als das Ende des Krieges in Sicht war. Am 12. April 1945 starb der Mann, der das Land zwölf Jahre lang regiert hatte.

Franklin Roosevelts Tod änderte Washingtons offizielle Haltung gegenüber Lindbergh nicht über Nacht. Es dauerte eine Woche. Während die Alliierten Berlin einkreisten, wurde Lindbergh in die Hauptstadt gerufen, um seine Teilnahme an einem Spezialauftrag der Marine in Europa zu besprechen. Er sollte wie im Südpazifik als ziviler Vertreter von *United*

Aircraft mitfahren, um im Land des Feindes den Entwicklungsstand bei Hochgeschwindigkeitsflugzeugen zu studieren. Dieser Auftrag war wesentlich heikler als Lindberghs vorheriges militärisches Unternehmen und erforderte die Genehmigung des Außenministeriums, eine Bevollmächtigung, die ihm bisher verweigert worden war.

»Es kommen widersprüchliche Berichte über die Effektivität deutscher Jagdflugzeuge mit Düsen- und Raketenantrieb – manche behaupten, ihre Bedeutung werde gewaltig übertrieben«, schrieb Lindbergh seiner Mutter, während er auf die letzten Genehmigungen wartete. »Es heißt auch, die Deutschen hätten die Luftherrschaft behalten, wenn sie mit der Entwicklung ihrer Jets und Raketen ein Jahr weiter gewesen wären. Für uns ist es wichtig, die wirklichen Fakten herauszufinden, das ist hauptsächlich meine Aufgabe.«

Am Freitag, dem 11. Mai 1945, zwei Tage nach der Kapitulation Deutschlands, verließ Lindbergh Washington Richtung Europa über Neufundland und die Azoren. Als er am Sonntag aufwachte, sah er aus dem Kabinenbullauge, wie 7000 Fuß unter ihm Mont-Saint-Michel in sanftes Morgenlicht getaucht wurde. »Was würde ich darum geben, einen Tag auf Illiec zu verbringen und den Gezeiten zuzuschauen und zu lauschen!« schrieb er über seine Zauberinsel. »Illiec, eine halbe Stunde Flug weit weg, sechs Jahre weit weg, einen Krieg weit weg und Gott weiß was noch alles.«

Er kam am Sonntag nach dem Sieg an und fand im Pariser Hauptquartier der französischen Marine nur wenige Offiziere, mit denen er sein Anliegen besprechen konnte. Auf den ersten Blick schien alles unverändert. Bei näherem Hinschauen entdeckte er die pockennarbigen Spuren von Maschinengewehrkugeln im Arc de Triomphe und eine von einer Panzergranate zerstörte Säule am Hotel *Crillon*. Trotzdem schien Paris den Krieg relativ unbeschadet überstanden zu haben. In den nächsten drei Tagen studierte Lindbergh Geheimdienstangaben. Erst als die Marinedelegation tiefer ins Land vorstieß, erfaßte Lindbergh das volle Ausmaß der Kriegsschäden. Manchmal hatte er im Lauf der nächsten Wochen das Gefühl, als wandere er durch eine Folge von Träumen, einer surrealer als der andere. Die Bilder waren um so beunruhigender, als er sich deutlich an all das erinnerte, was er vor genau sechs Jahren im Dritten Reich so bewundert hatte.

In einer GI-Uniform flog Lindbergh mit mehreren Offizieren des Spezialauftrags nach Deutschland. Trotz des Waffenstillstands waren sie mit Pistolen bewaffnet, weil noch immer aktiver Widerstand gemeldet wurde. Sie landeten in Mannheim, und die Zerstörung, die er dort sah, erinnerte ihn an ein Gemälde von Dali, »das in seiner Schilderung eines höllischen Todes so bezeichnend ist für unser maßlos abnormes Zeitalter – Tod ohne Würde, Schöpfung ohne Gott.« Auch München lag in Trümmern. Schlimmer als die zerstörten Gebäude empfand Lindbergh den Zusammenbruch der Menschlichkeit. Franzosen, Russen und Polen, so hieß es, hatten geplündert und gemordet; am nächsten Tag erfuhr er in Zell am See, dem letzten Hauptquartier der Deutschen Luftwaffe, daß die Amerikaner ein Gleiches getan hatten. Als Lindbergh und die anderen sich bis auf ein paar Kilometer Berchtesgaden näherten, konnten sie nicht widerstehen und machten einen Umweg zu Hitlers legendärem Hauptquartier in den Bergen, das stark zerbombt war. Über Trümmer hinwegsteigend, betrat Lindbergh Hitlers Allerheiligstes und war sprachlos. Er stand vor einem gro-ßen Loch in der Wand, wo einst ein Fenster gewesen war, und erblickte eines der schönsten Panoramen seines Lebens – »steile graue Felsen, weiße Schneefelder, gezähnte Zacken vor einem blauen Himmel, Sonnenlicht auf den Felsbrocken, im Tal ein aufkommender Sturm.« Durch eine Öffnung in den Bergen sah er auf die bayerische Hochebene bis zum Horizont. Und noch weiter sah er. »In dieser Umgebung hat der Mensch Hitler, jetzt der Mythos Hitler, nachgedacht und Pläne geschmiedet – der Mann, der in wenigen Jahren die Menschen in das größte Chaos aller Zeiten gestürzt hat, von dem sie sich erst nach Generationen erholen werden.«

»Hitler«, schrieb er an diesem Abend in sein Tagebuch, »ein Mann, der soviel Macht hatte, der sie zum Wohle der Menschen hätte einsetzen können und sie am Ende so böse mißbraucht hat. Die vielversprechende Jugend seines Landes tot; die Städt zerstört; die Bevölkerung heimatlos und hungrig; Deutschland überrannt von den Streitkräften, die er am meisten fürchtete, denen des Bolschewismus, den Armeen Sowjetrußlands; sein Land fast überall zertrümmert wie sein Zimmer und sein Haus – rußgeschwärzte Ruinen. Ich muß an das starke Vorkriegsdeutschland denken.« Dieser Tagebucheintrag, der 1970 veröffentlicht wurde, sollte eine der wenigen Stellen bleiben, wo Lindbergh einem Eingeständnis, Hitler falsch eingeschätzt zu haben, noch am nächsten kam; es war seine erste Andeutung einer Verurteilung.

Lindbergh war in dieser Nacht in Zell am See in einem Haus einquartiert, das man einer deutschen Familie weggenommen hatte. Als er seinen Kleidersack durch die Tür trug, kam ihm eine verzweifelte Frau entgegen, die ihre Sachen herausschleppte. Drei kleine Kinder folgten ihr »verärgert und ein wenig verängstigt«. Am späteren Abend sprach er beim Essen mit dem befehlshabenden Offizier der 506. Fallschirmtruppe über die deutsche Luftwaffe; dabei tranken die amerikanischen Soldaten stolz »Görings Wein« aus dessen Privatkeller, der »befreit« worden war, als man Göring in der Nähe gefangengenommen hatte. Lindbergh mußte an seine früheren Privataudienzen bei dem zweitmächtigsten Mann des Dritten Reiches denken. Obwohl er selten trank, kostete er diesmal auch von dem Wein.

Sie fuhren weiter nach Oberammergau, wo Lindbergh einen alten Bekannten ausfindig zu machen hoffte: Dr. Willy E. Messerschmitt, der viele von Deutschlands erfolgreichsten Flugmaschinen konstruiert und in der Luftfahrt eine neue Epoche eingeleitet hatte. Seine Me262 war das erste Kampfflugzeug der Welt mit Düsenantrieb und sein Me163 Komet praktisch das erste Flugzeug mit Raketenantrieb mit einer Geschwindigkeit von über 1000 Stundenkilometern. Diese beiden Jets waren zu spät gegen die Alliierten eingesetzt worden, als daß sie den Verlauf des Kriegs noch hätten ändern können. Lindbergh fand heraus, daß das große Landhaus des einst verehrten Erfinders von amerikanischen Truppen »befreit« worden war, und daß er mit der Familie seiner Schwester in einem Dorf lebte, wo er auf einer Pritsche in einer Scheune schlief.

Lindbergh führte ein ausführliches Gespräch mit dem Pionier des Jetzeitalters, in welchem dieser ihm die Entwicklung der Raketenflugzeuge im Militär und im zivilen Luftverkehr erläuterte und prophezeite, daß in 20 Jahren Überschallflugzeuge in der Lage sein würden, Passagiere in wenigen Stunden zwischen Europa und Amerika zu transportieren. Der sichtlich gebrochene Mann erzählte Lindbergh, daß er die Niederlage schon 1941 befürchtet hatte, als er von Amerikas Budget für die Flugzeugproduktion hörte. Lindbergh erfuhr, daß Messerschmitt erst kurz zuvor aus der englischen Kriegsgefangenschaft zurückgekehrt war. Die Briten und die Franzosen hatten ihn gebeten, als technischer Berater für sie zu arbeiten. Als Lindbergh ihn fragte, ob er an einer Arbeit in Amerika interessiert sei, sagte er, er müsse erst die Bedingungen hören.

Auf Schritt und Tritt sah Lindbergh zerstörte Gebäude, entwurzelte Menschen, hungrige Kinder. »Ich schäme mich, für mich und mein Volk«, schrieb Lindbergh in sein Tagebuch in dem Versuch, seine Gefühle zu ordnen, »wenn ich esse und diese Kinder sehe. Sie sind nicht schuld am Krieg. Es sind hungrige Kinder. Welches Recht haben wir, uns vollzustopfen, während sie zuschauen – gutgenährte Männer essen, lassen was übrig, und hungrige Kinder schauen zu. Mit welchem Recht verurteilen wir die Nazis und die Japsen, wenn wir mit solcher Gefühllosigkeit und solchem Haß im Herzen weitermachen.« Er ahnte, daß das Schlimmste noch bevorstünde, wenn es erst einmal Winter würde. »Ja, ich weiß«, sagte er sich, »Hitler und die Nazis sind die Ursache. Aber von uns Amerikanern erwartet man, daß wir für andere Dinge eintreten.«

Im Lauf der nächsten drei Wochen sammelte Lindbergh Informationen und Beschwerden. »Wir fuhren zu Demobilisierungsbüros; wir konfiszierten Dokumente, befragten Ingenieure und Wissenschaftler und bahnten uns einen Weg durch den Müll in geplünderten Laboratorien«, beschrieb Lindbergh später diese Aufgabe. In Heilbronn, so erfuhr er, waren deutsche Gefangene in Lagern Wind und Wetter ausgesetzt. In der Nähe von Wiesbaden hatten amerikanische Truppen ein Haus mit schwangeren Frauen innerhalb von einer Stunde räumen lassen. In Stuttgart hatten Franzosen und Senegalesen die Vergewaltigung von 3000 Frauen zu verantworten, die in Krankenhäusern landeten. In einem Straflager bei Freising bekamen die deutschen Gefangenen nur das zu essen, was ihnen andere Deutsche brachten. Lindbergh fand ein solches Verhalten nicht nur moralisch niederträchtig, sondern auch politisch unvernünftig, da in den Lagern viele saßen, die Erfahrungen im Raketenbau hatten und über die russischen Radiosender von besseren Bedingungen in der sowjetischen Besatzungszone hörten.

Am Sonntag, dem 10. Juni 1945, kam Lindbergh nachmittags in Begleitung des Marineleutnants E. H. Uellendahl in Nordhausen am Harz an, wo unterirdische Schächte tief in einen Gebirgsausläufer getrieben worden waren. Dort hatte das Dritte Reich seine Fabrik für die V2-Raketen, von denen 1000 über England explodiert waren.

Sie erreichten die Tunnels über das Lager Dora, ein Teil des berüchtigten Konzentrationslagers Buchenwald. Auf dem ausgedehnten Gefängnisgelände lebten Zwangsvertriebene aus vielen Nationen; sie hausten in primitiven Holzbaracken, aus denen der Gestank von unzureichenden sanitären Anlagen und verfaulendem Müll aufstieg. Mitten im Dreck schimmerten Hunderte von Bauteilen der V2-Raketen, die die Flüchtlinge zu Unterständen umgebaut hatten. Im Lager hatte es noch bis vor kurzem an den Montagebändern im Berg Arbeit gegeben, und Lindbergh hatte sagen hören, der einzige Weg, wie die verdammten Seelen hier herauskämen, führte »über den Kamin«.

Lindbergh und Uellendahl fuhren neben einem Eisenbahngleis in die gewaltige Höhle hinein. Auf der gegenüberliegenden Seite des Schachts befanden sich Drehbänke und Spannvorrichtungen, ein Fließband für die V1, die fliegende Bombe. Immer wieder zweigte ein Tunnel von der Hauptschlagader ab und führte zu einer Werkstatt, die Motoren oder Turbolader herstellte. Schaurigerweise war zwar jeder Schacht in diesem industriellen Ameisenhaufen jeden Lebens beraubt, aber hell erleuchtet, »als ob man nur auf einen Schichtwechsel wartete«. Kilometerlang erkundeten die beiden Männer die Schächte und fanden hier eine Krankenstation, dort ein Büro und überall V2s in sämtlichen Montagestadien.

Der nächste Tag war noch gespenstischer. Ahnungen dessen, was ihnen bevorstand, kamen ihnen schon beim Frühstück, als Mitglieder von Lindberghs Gruppe von angeblichen Greueltaten im Lager Dora sprachen. »Dort hatten die Deutschen Verbrennungsöfen, die zu klein waren, um eine ganze Leiche aufzunehmen, deshalb haben sie ihnen Arme und Beine abgeschnitten und sie so reingestopft«, sagte einer. »Die Gefangenen waren so unterernährt, daß Hunderte von ihnen nicht mehr gerettet werden konnten, als die Amerikaner kamen«, ergänzte ein anderer.

Kurze Zeit später stiegen Lindbergh und seine Begleiter schon auf den Berg über dem Lager, verließen die Straße und kamen zu einem flachen, fabrikähnlichen Gebäude. Der Durchmesser des Backsteinkamins war unverhältnismäßig groß für seine Höhe. Am einen Ende des Gebäudes standen zwei Dutzend Bahren, schmutzig und blutbefleckt – »eine davon zeigte noch die dunkelroten Umrisse eines menschlichen Körpers.« Als sie das Gebäude betraten, sahen sie einen schlichten, schwarzen Sarg mit einem aufgemalten weißen Kreuz. Daneben lag auf dem Betonboden, in Leinwand gehüllt, unverkennbar ein menschlicher Körper. In diesem Augenblick begriff Lindbergh, welche Art von »Fabrik« er betreten hatte.

Sie gingen in den Hauptraum des Gebäudes, und Lindbergh sah zwei große Öfen nebeneinander, mit Stahlbahren, auf denen die Leichen durch die offenen Türen geschoben wurden. »Die Tatsache, daß man gleich zwei Öfen gebraucht hatte, steigerte noch den Schrecken dieser Stätte niederschmetternder Massenproduktion«, schrieb Lindbergh. Der Anblick entsetzte ihn. »Das war ein Ort, wo Menschen, Leben und Tod die gräßlichste Form der Erniedrigung erreicht hatten«, schrieb er. »Um welchen Preis im nationalen Fortschritt hätte die Einrichtung und Betreibung einer solchen Stätte auch nur im entferntesten jemals gerechtfertigt werden können? Wenn der Wert des Lebens und die Würde des Todes verschwinden, was bleibt dem Menschen dann noch?«

Eine Gestalt kam durch die Tür, etwas zwischen einem Jungen und einem alten Mann. Es war ein 17jähriger Pole in einer gestreiften Gefängnisuniform, die zwar in der Taille gegürtet, ansonsten aber für dieses Skelett von Körper viel zu groß war. Er sprach deutsch mit Leutnant Uellendahl, zeigte auf die Öfen und sagte: »25 000 in eineinhalb Jahren.« Dann führte er die beiden Amerikaner in den Raum, in dem sie zuerst gewesen waren, und hob das Tuch von der Leiche auf dem Boden.

»Es war schrecklich«, sagte der Junge, und sein Gesicht verzog sich vor Qual. »Drei Jahre lang.« Er zeigte auf den knochigen Leichnam und fuhr fort: »Er war mein Freund, und er war einmal *dick*.« Wie ein Schlafwandler folgte Lindbergh dem Jungen nach draußen, aber geistig war er »noch bei den Öfen, bei dieser Leiche, bei den Menschen und dem System, das solche Dinge entstehen ließ«. Als Uellendahl wieder übersetzte, riß es ihn in die Wirklichkeit zurück: »25 000 in eineinhalb Jahren. Und von jedem ist nur so viel übriggeblieben.« Der Junge formte mit seinen Händen eine Schale und blickte nach unten. Lindbergh folgte seinem Blick und sah, daß sie am Rand einer Grube standen, acht auf sechs Fuß und vielleicht sechs Fuß tief. Sie war bis zum Rand mit Asche und Knochensplittern gefüllt. In der Nähe lagen zwei rechteckige Lehmhügel, offenbar zugeschüttete Gruben. Der Junge bückte sich, hob eine Kniescheibe heraus und hielt sie Lindbergh hin.

Diese Schrecken gingen nicht spurlos an Lindbergh vorüber. »Natürlich wußte ich, daß solche Sachen passiert waren«, schrieb er am 11. Juni 1945 in sein Tagebuch, »aber auch wenn man etwas mit dem Kopf weiß, sogar wenn man eine Photographie anschaut, die jemand anderer gemacht hat, ist es noch einmal etwas ganz anderes, selbst auf dem Schauplatz zu stehen und mit den eigenen Sinnen zu sehen, zu hören und zu fühlen.« Seine Erinnerung blendete zurück zu den verfaulenden japanischen Leichen in den Höhlen auf Biak und zu der Fuhre Müll auf den toten Soldaten im Bombentrichter. In rascher Folge fielen ihm Geschichten ein, die er gehört hatte: Amerikaner, die Gefangene mit dem Maschinengewehr niedermähten, Australier, die japanische Gefangene aus Transportflugzeugen stießen, amerikanische Soldaten, die in den Mündern von japanischen Soldaten nach Goldplomben suchten, Fotos von Mussolini und seiner Geliebten, die mit dem Kopf nach unten aufgehängt worden waren. »So weit man auch in der Geschichte zurückgeht«, sagte er sich, »solche Grausamkeiten hat es immer gegeben, nicht nur in Deutschland mit seinem Dachau und Buchenwald und seinem Lager Dora, sondern auch in Rußland und im Pazifik, bei den Krawallen und der Lynchjustiz in den Staaten, bei den weniger bekannt gewordenen Aufständen in Zentral- und Südamerika, bei den Greueltaten in China und denen vor ein paar Jahren in Spanien, bei den Pogromen der Vergangenheit, den Hexenverbrennungen in Neuengland, auf den Streckbänken in England und den Scheiterhaufen zu Ehren von Christus und Gott.«

Lindbergh kam nie auf den Gedanken, daß sein Ignorieren des Nazigemetzels – oder seine Ignoranz – nichts anderes war als ein stillschweigendes Darüberhinwegsehen. Er war nur bereit, eine kollektive Schuld anzuerkennen. »Es schien mir unmöglich, daß der Mensch – der zivilisierte Mensch – so tief hatte sinken können«, schrieb er. »Und doch war es geschehen. Hier im Lager Dora in Deutschland, dort in den Korallenhöhlen von Biak. Aber dort, das waren wir gewesen, Amerikaner, die den Anspruch erheben, für etwas anderes zu stehen. Wir, die wir behaupten, daß sich der Deutsche mit seiner Behandlung der Juden an der Menschlichkeit versündigt hat, gingen mit den Japanern genauso um.«

Lindbergh konnte mit dem Schrecken dieses systematischen Massenmordes nur fertig werden, wenn er ihn mit anderen Greueltaten gleichsetzte. Mit Blick auf die Aschengrube des Lagers Dora zog er den Schluß: »Was auf der einen Erdhälfte barbarisch ist, bleibt es auch auf der anderen. ›Richtet nicht, auf daß ihr nicht gerichtet werdet.‹ Nicht nur den Deutschen oder den Japanern, nein, allen Menschen aller Nationen hat dieser Krieg Schande und Erniedrigung gebracht.« Bis ans Ende seines Lebens blieb er bei seinem Eindruck, »daß die japanischen und deutschen Grausamkeiten im Zweiten Weltkrieg durchschnittlich schlimmer waren als unsere – aber wenn man alles bedenkt, bin ich mir dessen gar nicht mehr so sicher«. In einem Brief an einen Professor, der in späteren Jahren Lindberghs politische Haltung vor dem Krieg analysierte, behauptete er, er empfinde »den Deutschen gegenüber keine Rachegelüste«, sie hätten »bei Kriegsende genug gelitten«. Aber er stand unnachgiebig dazu, »daß wir

Grausamkeiten wie die in den Konzentrationslagern nicht unbestraft lassen konnten«. Er befürwortete nachdrücklich die Kriegsverbrecherprozesse, die im November in Nürnberg begannen.

Lindbergh stieg wieder den Berg hinunter und wanderte drei Stunden lang durch die weißgekalkten Schächte von Nordhausen, untersuchte Bauteile der V1 und V2, bewunderte ihre Technik und versuchte sie in Einklang zu bringen mit der Art, wie die Kräfte des Bösen sie benutzt hatten. »Die V2 war das letzte Symbol der geheimnisvollen Energie und diktatorischen Macht des Naziführers, von ihm eingesetzt, um die ›nordische Kultur‹ und seine politischen Lehren durchzusetzen.« Er dachte zurück an jenen Tag im Jahr 1936 als er Hitler über den Rasen des Olympiastadions in Berlin hatte gehen sehen, umjubelt von 100 000 Menschen, die ihre Hoffnung auf etwas setzten, das er nun als »eine seltsame Mischung aus Blindheit und Weitsicht, Vaterlandsliebe und Haß, Ahnungslosigkeit und Wissen« bezeichnete.

»Irgendwelche unsinnigen Eigenschaften dieses Mannes, seine Taten und seine Beredsamkeit verführten die ganze deutsche Nation dazu, seine Ideen gutzuheißen«, sollte Lindbergh 25 Jahre später rückblickend schreiben. Niemals, weder im Frühling 1945 noch zu irgendeinem späteren Zeitpunkt, gab Lindbergh zu, daß Hitlers Versprechungen auch ihn verführt hatten. Anne Morrow Lindbergh schrieb später, daß »die schlimmsten Verbrechen der Nazis erst nach Pearl Harbor bekannt wurden, manche erst nach Kriegsende oder sogar erst bei den Nürnberger Prozessen«, aber sie gab bereitwillig zu, »wir waren beide völlig blind für die schlimmsten Übel des Nazisystems, vor allem am Anfang.« Dieses Eingeständnis machte Lindbergh nie. Seine Bemerkungen über das Lager Dora waren die einzigen, in denen er öffentlich einräumte, das Dritte Reich falsch eingeschätzt zu haben.

Nachdem er zwei Wochen lang fast 3000 Kilometer durch Deutschland gefahren war, kehrte Lindbergh nach Paris zurück. Nach zwei Tagen voller Konferenzen mit Militärs und dem amerikanischen Botschafter bereitete er sich auf die Heimreise vor. Jetzt beendete er auch sein sieben Jahre lang geführtes Tagebuch, in dem er seine Erfahrungen aufgezeichnet hatte.

Als er nach den zwei Monaten aus Europa zurückkehrte, war er besorgter denn je zuvor über den Zustand der Welt. Aber er wußte, daß die amerikanische Öffentlichkeit für seine Meinung keinen Pfifferling mehr gab. Manchen machte es regelrecht Spaß, Lindbergh Zeitungsausschnitte unter die Nase zu halten – alte mit seinen defätistischen Vorhersagen und neue mit Einzelheiten über die Nazigreuel.

Doch Lindbergh blieb für den Rest seines Lebens bei seinen Theorien und bestand darauf, mit seiner Haltung gegen eine Intervention recht gehabt zu haben. Mehr als einmal modifizierte er seine Behauptungen aus der Zeit vor dem Krieg und betonte den »gewaltigen Unterschied«

zwischen der Niederlage Deutschlands und dem Gewinnen des Krieges. »Selten in der Geschichte ist eine Nation so vollständig bezwungen worden wie Deutschland«, gab Lindbergh zu. »Die meisten Städte sind nur noch Ruinen, Millionen von Menschen sind tot. Und doch bleibt die beunruhigende Tatsache, daß wir das Ziel, für das wir in den Krieg zogen, nicht erreicht haben, obwohl unsere Soldaten mit den Waffen gesiegt haben. Wir haben Europa weder Frieden noch Freiheit gebracht. Es gibt dort jetzt vielleicht weniger Sicherheit und Demokratie als zuvor. Nie war die Wahrheit so wenig wert. Aus einem ganzen Kontinent sind die Ideale der Gerechtigkeit und Toleranz praktisch verschwunden. Die Freiheit der Rede und des Handelns ist in einem großen Teil der Welt unterdrückt, besonders in den sogenannten »befreiten Nationen«, von denen viele einfach die Nazidiktatur gegen eine kommunistische Dikatatur eingetauscht haben. Polen ist nicht frei, das Baltikum nicht und auch der Balkan nicht. Angst, Haß und Mißtrauen herrschen in einem Ausmaß wie nie zuvor. Eigentlich ist eine ganze Kultur in Auflösung begriffen.«

Seit fast zehn Jahren fürchtete Lindbergh die zunehmende Macht Sowjetrußlands. Diese mache es – in Verbindung mit dem in Europa herrschenden Chaos – auf absehbare Zeit für Amerika unmöglich, sich aus diesem Kontinent zurückzuziehen. »Wir haben in diesem Krieg eine Hauptrolle gespielt«, meinte er, »und sind für sein Ergebnis verantwortlich. Wir können uns jetzt nicht zurückziehen und Europa den zerstörerischen Kräften überlassen, die er freigesetzt hat. Das verbieten uns Ehre, Selbstachtung und nationales Interesse.« Er glaubte fernerhin: »Kein Frieden ist von Dauer, der nicht auf christlichen Grundsätzen basiert, auf Gerechtigkeit, auf dem Mitleid des Stärkeren und auf einem Gefühl für die Menschenwürde. Ohne diese Grundsätze gibt es keine dauerhafte Stärke, gleichgültig, wie groß der technische Fortschritt ist oder wie riesig die Armeen sind. Die Deutschen haben das schon zu spüren bekommen.«

Nicht lange nach seiner Rückkehr besuchte Lindbergh seine Mutter in Detroit. Sein Brief an sie, den er auf der Heimfahrt im Zug schrieb, zeigt einen veränderten Menschen. Er schreibt von »religiösem Bewußtsein«, und wie wichtig es sei, im Garten die Sonne zu genießen und den Vögeln zu lauschen. Er schrieb ihr seitenweise Texte des Philosophen Laotse ab, den ihm Anne vor Jahren zu lesen gegeben hatte, dessen Worte aber seit seiner Reise nach Deutschland einen neuen Klang für ihn hatten. »Stell Dir vor, in welch anderer Welt wir leben würden, wenn Hitler ihn gelesen und begriffen hätte.« Er zählte Laotse »zu den größten Philosophen«, als Mystiker nur mit Christus zu vergleichen, und zitierte ihn zeit seines Lebens.

In seinem Bericht über den Auftrag in Europa drängte Lindbergh die Regierung der Vereinigten Staaten, sich sofort mit dem gesamten in Deutschland »befreiten« schriftlichen Material zu beschäftigen, ausgewähltes deutsches Personal nach Amerika zu bringen und Forschungseinrichtungen für die Entwicklung von Hochgeschwindigkeitsflugzeugen zu bauen.

Lindberghs politische Ansichten mochten umstritten gewesen sein, sein Spürsinn und Weitblick hinsichtlich der Raketentechnik standen jedoch seit langem außer Frage. Enttäuscht entdeckte er, daß der Plan der deutschen V2 von 1943 buchstäblich identisch war mit Robert Goddards Raketen von 1939, und daß die Regierung nicht einmal nach den Bomben auf Pearl Harbor den Wert von Goddards Arbeit erkannt hatte. Ironischerweise hatten die Feinde an Goddards Leistungen größeres Interesse gezeigt als seine eigenen Landsleute. Als ein dienstverpflichteter deutscher Naturwissenschaftler im Mai 1945 Bericht erstatten sollte, platzte er heraus: »Warum fragen Sie nicht Ihren Dr. Goddard?«

Goddard, der inzwischen nicht nur mit einer chronischen Tuberkulose zu kämpfen hatte, sondern auch mit Krebs, wurde endlich von der Navy angestellt. Er arbeitete im Auftrag der Regierung in Annapolis und entwickelte kleine Raketenmotoren, weniger raffiniert als die früherer Jahre. Mehr als ein Jahrzehnt sollte vergehen, bis Washington die Bedeutung seiner Arbeit begriff: 200 Patente, die das Verteidigungssystem grundlegend verändern sollten und mithalfen, Amerika in den Weltraum zu schicken. Doch 1945 konzentrierte die Regierung ihre Kräfte auf eine Geheimwaffe anderer Art. Goddard starb am 10. August; er lebte gerade lange genug, um zu erfahren, was für eine Waffe das war.

Lindbergh hatte seit langem vorhergesagt, daß Atomkraft dazu benutzt werden würde, bei jeder Art von mechanischem Transport wesentlich größere Geschwindigkeiten zu erreichen; aber er war doch überrascht, als er Anfang August inoffiziell erfuhr, die Vereinigten Staaten hätten die Kraft der Atomspaltung derart nutzbar gemacht, daß sie nun über Japan eine »Atombombe« abwerfen könnten. Eine Gruppe von Wissenschaftlern bat Lindbergh, mit ihnen gemeinsam die Regierung zu überreden, die Bombe nicht fallen zu lassen, »denn sie besitzt eine schreckliche Kraft und würde einen Präzedenzfall an Gnadenlosigkeit schaffen«. Lindbergh lehnte ab, denn, wie er später erklärte, »unter den damaligen politischen Umständen hätte meine Teilnahme eher geschadet als genutzt«.

Am 6. August 1945 flog ein B-29-Bomber über Hiroshima, warf eine der neuen Bomben ab, die fast 80 000 Japaner tötete. Lindbergh hielt diese Tat für einen »Fehler«. Er glaubte, der Abwurf dieser Bombe werde »für immer ein Fleck auf der amerikanischen Geschichte sein«. Jahre später erklärte er: »Ich hätte nichts einzuwenden gehabt, wenn sie nötig gewesen wäre, um den Krieg zu gewinnen, oder auch, wenn wir die Japaner von ihrer Existenz unterrichtet und sie dann immer noch die Kapitulation verweigert hätten.« Drei Tage später ließ die Air Force der Vereinigten Staaten eine zweite Bombe auf Nagasaki fallen, und innerhalb einer Woche hatten die Japaner kapituliert. Die alten Spielbretter, auf denen sich Politik bisher abgespielt hatte, mußten ausrangiert werden, als diese beiden Explosionen alle Vorstellungen von Krieg und Macht, ja, die ganze moderne Welt neu definierten.

Im September 1945 nahm Lindbergh an einer Konferenz von Atomforschern und Sozialwissenschaftlern teil. Er gab seiner Überzeugung Ausdruck, daß die Kernspaltung die Wissenschaft in »die einzigartige Lage versetzt hat, daß sie Gott herausgefordert, die Existenz des Menschen bedroht und gleichzeitig ihren eigenen Jüngern einen tödlichen Schrecken eingejagt hat«. Die häufig vorgebrachte Behauptung, nun seien die Waffen so furchtbar geworden, daß es nach dem Zweiten Weltkrieg keinen Krieg mehr geben werde, fand er »idiotisch«. Zwei Monate später – er hatte gerade im kleinen Kreis vor Republikanern gesprochen – berichtete die *New York Times*, Lindbergh sei dafür, «daß die Atombombe absolutes Militärgeheimnis Amerikas bleibe, und daß Amerika seine weltweite Überlegenheit in der Luft aufrechterhalten müsse«, außerdem habe er starkes Mißtrauen gegenüber Rußland geäußert. All das stimmte. Aber der Artikel behauptete auch, Lindbergh »habe seine Ansichten über den Isolationismus während des Krieges geändert« und angedeutet, »Amerika solle kein Vertrauen in die Vereinten Nationen setzen, sondern sich auf seine eigene bewaffnete Stärke verlassen«.

Eilends bemüht, dies zurechtzurücken, gab Lindbergh über *Associated Press* eine Erklärung heraus, in der er versicherte, seine Überzeugung, der Zweite Weltkrieg hätte vermieden werden können, habe sich nicht geändert, aber der Streit zwischen den sogenannten Interventionisten und Isolationisten sei inzwischen rein akademisch. »Wir haben zusammen gekämpft und stellen uns nun als Amerikaner gemeinsam der Zukunft – einer Zukunft, die mehr Gefahren birgt als der Krieg selbst.« Vor diesem Hintergrund hob Lindbergh sein zweites Anliegen hervor: »In einer Epoche, die die Atombombe entwickelt hat und transozeanische Raketen entwickeln wird, die Atombomben transportieren können, ist eine Weltorganisation, die die zerstörerischen Kräfte kontrolliert, dringend notwendig. Die einzige Alternative wäre ständige Angst und letzten Endes das Chaos.« Er plädierte für eine Weltorganisation, die sich auf militärische Macht stützen könne, »eine Organisation, die von den westlichen Ländern geführt wird, die schließlich die moderne Wissenschaft mir ihren Flugzeugen und ihrer Atombombe geschaffen haben.«

Einen Monat später führte Lindbergh seine Vorstellungen weiter aus. In einer Rede in Washington gab er sich weniger doktrinär als früher. Er zitierte Nazideutschland als Beispiel für eine Macht ohne moralisches Gegengewicht, meinte, daß Amerika die Möglichkeit habe, die Welt durch eine kritische Periode zu führen, wenn es zu seinen moralischen Grundwerten stehe, und fragte: »Kann dieses Land diese Grundwerte in die tägliche Politik und das tägliche Leben einbinden? Ob unsere Kultur neue

Höhen menschlicher Leistung erklimmt oder ob sie zum Untergang verurteilt ist, hängt nicht so sehr vom technischen Fortschritt ab als von unserer Antwort auf diese Frage.«

Im nächsten Sommer trat Lindbergh einem Komitee bei, das Teil eines
Geheimprojektes der Army an der Universität Chicago war, *Chicago Ord-
nance Research*, abgekürzt *CHORE*. Seine Aktivitäten bestanden größtenteils in der Beurteilung von Waffen – Maschinengewehren, Geschossen
und Bomben – und ihrer Anwendung. Es befaßte sich auch mit zukünftigen Kriegen, in denen »Kriegsflugzeuge mit Düsenantrieb zu schnell
fliegen, um noch von Kugeln abgefangen werden zu können... In dem
nächsten größeren Konflikt werden elektronische Geräte aufeinander los-
gelassen. Sie werden gehandhabt und überwacht von Menschen, die kein
Gefühl mehr dafür haben, daß sie Waffen bedienen, und deren Existenz geschützt oder ausgelöscht werden kann durch den Ausgang eines Konkur-
renzkampfes künstlicher Gehirne, denen der menschliche Verstand die
Kontrolle seines Schicksals überlassen hat. In mathematischen Kriegs-
spielen werden die Menschen bereits nur noch als ›Körper‹ bezeichnet und
entsprechend den Anordnungen eines Analogrechners wie Schachfiguren
hin- und hergeschoben.«

Die Mathematik bei diesen Kolloquien ging oft über Lindberghs Horizont, aber ihn fesselte das Niveau des Denkens, die endlosen Extrapo-
lationen. Sein Beitrag zu den Diskussionen, so fand er, lag hauptsächlich
darin, »die Verbindung zwischen mathematischer Theorie und praktischen Tatsachen« aufrechtzuerhalten. Manchmal unterbrach er und
schlug vor: »Das sollten wir mal in der Praxis überprüfen.« Er sorgte für
den menschlichsten Blickwinkel im Saal, da ihm seine Erfahrungen im
Krieg noch frisch im Gedächtnis waren.

Als die Air Force von der Army unabhängig wurde, ernannte man Lindbergh zum Berater von Minister W. Stuart Symington und dessen Nachfolger Harold Talbott. Seine Hauptaufgabe bestand darin, bei der Neuorganisation des *Strategic Air Command (SAC)* mitzuhelfen. Wochenlang
inspizierte er Stützpunkte und flog 100 Stunden in *SAC*-Bombern. In seinem ersten Bericht schrieb er, es sei offenkundig, daß »die Maßstäbe für
Leistung, Erfahrung und Geschicklichkeit, die bei den ›Massen‹luftwaffen
des Zweiten Weltkriegs angemessen waren, für die spezialisierten Atom-
streitkräfte heutzutage unzureichend sind. Da ein einziger Atombomber
die Zerstörungskraft einer ganzen Flotte, eines Heeres oder einer Luftflotte früherer Zeiten hat, sollte seine Besatzung das Beste an Erfahrung,
Charakter und Geschick verkörpern, was die Vereinigten Staaten zu bieten haben.«

Lindbergh hielt es für äußerst wichtig, daß die *SAC* genug Macht hatte,
um einen Atomkrieg gewinnen zu können. »Noch wichtiger ist es aber«,
schrieb er später, »daß sie einen verhindern kann.« Er war berechtigt, als

Passagier in jedem Flugzeug der Air Force mitzufliegen und jedes Flugzeug als Pilot zu fliegen, in dem er sein Können unter Beweis stellen konnte; er erhielt Zugang zu allen Unterlagen bis hin zu den mit TOP SECRET beschrifteten Papieren. Seine Empfehlungen, daß »die *SAC* sich ihre Offiziere und Besatzungsmitglieder selbst auswählen darf, das Personal bessere Arbeitszeiten bekommt, die Technik der Luftbetankung vorangetrieben werden muß, um die praktische Reichweite der Bomber zu vergrößern, daß monatliche Übungsflüge für Notfälle eingeführt werden, um die Unfallrate zu verkleinern, und daß jeder *SAC*-Pilot in regelmäßigen Intervallen ein Ausbildungsflugzeug fliegt, um seine Kenntnisse im ABC der Flugtechnik aufzufrischen«, wurden bis auf die letzte alle angenommen. Lindberghs jahrelange Arbeit für die Air Force führte ihn durch die ganze Welt; er steuerte neue Jagdflugzeuge und konnte auf simulierten Einsätzen Erfahrungen als Bomberpilot sammeln.

Am 5. Januar 1948 flog Lindbergh über »die explodierte, verstrahlte und hitzeverschrumpelte Erde von Hiroshima«. Er versuchte, sich die 80 000 Menschen vorzustellen, die in der Explosion vergingen, und noch einmal so viele, die verbrannt und zerfetzt wurden. Der Besuch »zwang« Lindbergh, wie er seiner Frau schrieb, zu vier Schlußfolgerungen:

1. Ich kann mir nicht vorstellen, daß unsere Zivilisation imstande ist, einen größeren Atomkrieg zu überleben.
2. Wenn Rußland weiterhin unkontrolliert bleibt, wird es fast sicher zu einem solchen kommen.
3. Wir müssen versuchen, das Aufkommen einer weiteren Atommacht zu verhindern.
4. Es ist unwahrscheinlich, daß dies mit friedlichen Mitteln erreicht werden kann.

In den nächsten Jahren besuchte Lindbergh Geheimtreffen im *SAC*-Hauptquartier, bei denen die Grundregeln für einen Atomkrieg ausgearbeitet wurden.

»Wenn die Sowjetarmeen Europa überrennen«, berichtete Lindbergh Minister Symington im November 1949, »wird noch viel mehr europäische Kultur zerstört und die militärische Position Amerikas entscheidend geschwächt werden.« Aus diesem Grund sei es notwendig, Deutschland beim Wiederaufbau zu helfen; er halte es für »die beste und wahrscheinlich einzige Keimzelle, von der aus sich die europäische Kampfkraft rasch vergrößern läßt«.

Lindbergh gab eine öffentliche Erklärung heraus, die die antikommunistische Truman-Doktrin unterstützte. Entgegen seiner Einstellung vor dem Krieg trat er nun »für eine ständige Teilnahme Amerikas an internationalen Angelegenheiten ein, mit einer konsequenten Außenpolitik, zu der auch Entwicklungshilfe und nötigenfalls, zur Friedenssicherung, der Einsatz militärischer Mittel gehören«.

In Lindberghs zahlreichen Briefen nach Hause, die er von seinen Inspektionsflügen für die Air Force, für *CHORE* und *Pan American* schrieb, zeigte sich noch eine weitere Veränderung: Seine Begeisterung fürs Fliegen ließ nach. Flugzeuge flogen Menschen, nicht umgekehrt. Eigentlich, stellte Lindbergh fest, »ist die reine Freude am Fliegen als Kunst dem reinen Nutzeffekt des Fliegens als Wissenschaft gewichen... Die Wissenschaft isoliert den Menschen vom Leben – sie trennt seinen Verstand von seinen Sinnen. Das Schlimmste aber ist, daß sie seine Sinne bald betäubt, so daß er nicht mehr merkt, was ihm fehlt.« Es gab kaum einen Brief an Anne, in dem er nicht schrieb, wie sehr sie ihm fehlte, besonders, wenn er an Orte kam, die sie gemeinsam besucht hatten.

Wie viele andere im Nachkriegsamerika – das damals einen Babyboom und eine Abwanderung der Bevölkerung in die Vorstädte erlebte – ließ sich die immer noch wachsende Familie Lindbergh zum ersten Mal richtig nieder. Am 2. Oktober 1945 schenkte Anne Lindbergh in New York ihrem sechsten Kind, einem Mädchen, das Leben. Wie bei allen Geburten war Charles auch diesmal bei ihr. Anne wollte für das Kind, das am selben Tag wie seine Schwester Ansy geboren war, einen Namen, der nichts mit der Familie zu tun hatte, aber nach zwei Monaten des Überlegens fügte sie sich Charles' Wunsch, die Kinder nach ihren Vorfahren zu benennen. Das kleine Mädchen wurde Reeve getauft, nach dem zweiten Namen seiner verstorbenen Tante Elisabeth und seiner Großmutter Morrow.

Noch während sie in Tompkins House in Westport zur Miete wohnten, beschlossen die Lindberghs, Connecticut zu ihrer »ständigen« Heimat zu machen. Für 25 000 Dollar kauften sie ein Stück Land am Ostende der Bucht Scott's Cove, bei Darien, nur ein paar Meilen näher an der Stadt als ihr jetziger Wohnsitz. Zu den zweieinhalb Acres ungenutzten Landes, vom nächsten Haus durch Kiefern, Fichten und Hemlocktannen abgeschirmt, gehörten auch drei kleine Inseln, die bei Ebbe durch eine Sandbank miteinander und mit dem Festland verbunden waren. Und während sie für den Übergang ein Haus zur Miete suchten, fanden sie ein ideales Anwesen, das zum Verkauf stand.

In einer Gegend namens Tokoneke, auf einem viereinhalb Acres großen Kap, das sich in Scott's Cove hinausschob, lag ein großes, aber einfaches, dreistöckiges Haus im Tudorstil. Der weitläufige Bau mit den sieben Schlafzimmern, der auf die mit Inseln gesprenkelte Küste hinunterblickte, erinnerte an Illiec. Sie erwarben für 41 250 Dollar das Haus – mit einer großen Diele, die sich zu einem großen Wohnzimmer mit Kamin und Panoramafenster öffnete, einem Arbeitszimmer, einer Bibliothek, einem Nähzimmer, einem Schlafbalkon mit Fliegengitter vor dem Elternschlafzimmer, einem großen Dienstbotenflügel und einer Werkstatt.

Lindbergh nahm sich einen Architekten für die Umbauten; er wollte ein schweres Schieferdach, eine Feldsteinverkleidung und ein Spielzimmer im zweiten Stock. Dem Privatleben zuliebe wie auch aus ästhetischen Gründen schenkten die Lindberghs der Landschaftsgestaltung besondere Aufmerksamkeit; sie pflanzten große Bäume ums Haus und um die kreisförmige Auffahrt, breite Eiben sowie dichte Rhododendren und Fliederbüsche. Annes Bürowohnwagen stellte er tief unter die Bäume.

Nach Charles' Vorstellung lagen vor ihm und Anne jetzt die besten Jahre ihres Lebens. Mit fünf gesunden Kindern und einem schönen Haus, das für sie alle Platz hatte, konnten sie ihren jeweiligen Betätigungen nachgehen. Leider stimmten Charles' und Annes Auffassungen von einem Heim nicht überein. »Wir waren ›Nestbauer‹«, beschrieb Annes Schwester Constance die Morrows, »wir suchten uns einen Platz und kehrten Jahr für Jahr dorthin zurück, Generation um Generation.« Charles hingegen, so beobachtete ein anderer enger Freund der Familie, »war an Häusern nur insofern interessiert, als er Anne und die Kinder dort ›parken‹ konnte. Wenn er einmal das Gefühl hatte, daß sie sicher untergestellt waren, machte er sich gern aus dem Staub.«

»Du ziehst den Mantel aus – bleibst du?« hatte die kleine Ansy ihren Vater gefragt, als er einmal nach Hause kam. 50 Jahre später schrieb diese Tochter: »Wir wußten nie, ob Vater kam oder ging, und es war eigentlich auch egal, denn ob er nun da war oder nicht, er sorgte immer dafür, daß wir seine Anwesenheit spürten.«

Er war in vieler Hinsicht ein vorbildlicher Vater. Wenn er zu Hause war, las Lindbergh den Kindern jeden Abend vor, und sobald sie alt genug waren, ermutigte er sie, Erzählungen und Gedichte zu schreiben. Er erfand Spiele und zahlte Belohnungen für Arbeiten, die er ihnen übertrug, und Aufgaben, die er ihnen gestellt hatte. Das Haus in Darien war ein richtiges Sommerlager. Er brachte den Kindern Fischen, Segeln, Schwimmen und Wandern bei (mit »Elfenkerzen« am Weg, damit auch die kleineren Kinder mitkamen). Er baute sogar ein Trapez auf. Jeden Sonntagabend standen die Kinder vor dem Telefon Schlange, um mit ihrer kränkelnden Großmutter in Detroit zu telefonieren, die sie »Farmor« nannten, das heißt auf schwedisch »Vaters Mutter«.

Allerdings befrachtete er die Vergnügungen mit soviel Hintergedanken, daß oft viel von der Freude verlorenging. Alles mußte zu einem bestimmten Zweck geschehen. Er brachte wenig Verständnis auf, wenn Herausforderungen nicht angenommen wurden, und ließ keine Entschuldigungen gelten, wenn Arbeit unerledigt blieb. Die Übungen in kreativem Schreiben wurden zur quälenden Pflicht. Wie es schon sein Vater bei ihm gemacht hatte, neckte Lindbergh seine Kinder oft, bis sie weinten. Es gab keine Umarmungen und Küsse. Ansy erinnerte sich an die endlosen Listen mit Hausarbeiten und Regeln, die jeder im Haus erfüllen und befolgen mußte: »Es gab nur zwei Methoden, etwas zu erledigen: Vaters Methode oder die falsche Methode.«

An Anne wurden keine lauten Forderungen gestellt, nur stillschweigende Erwartungen – und Klagen, wenn sie nicht erfüllt wurden. Zu ihren Pflichten gehörte eine genaue Haushaltsbuchführung, in der sie auch die unbedeutendsten Ausgaben verzeichnen mußte. Es ging nicht eigentlich darum, daß etwas billig sein sollte. Anne Morrow Lindbergh mit ihrem stattlichen Vermögen kaufte sich gern neue Kleider, und auch ihr Mann ließ sich ab und zu herbei, ihr bei Tiffany's ein Schmuckstück zu kaufen. Es mußte nur die Ausgabe von 300 Dollar für den schwarzen Breitschwanzmantel unbedingt in das kleine Notizbuch eingetragen werden, neben den 35 Cents für die Schuhreparatur, den 15 Cents für Gummibänder und den 20 Cents für Christbaumlametta. Jeden Monat wurden die Beträge zusammengerechnet und mit der Maschine getippt, genau wie die Beträge für Lebensmittel und Dienstbotengehälter, und dann auf größere Rechnungsbögen übertragen, wo sie für die große Abrechnung am Ende des Jahres in Kategorien eingeteilt wurden. Weil sie in so vielen verschiedenen Häusern gewohnt hatten, mußte Anne immer wieder vollständige Inventarlisten aufstellen und jedes Kleidungsstück, jedes Möbel, jeden Buchtitel, jede Bettdecke und jedes Silberbesteck in ihrem Besitz aufzeichnen. Die Kücheninventarliste war immer auf dem letzten Stand, bis hinunter zum Teesieb und den »8 Gläsern mit schwarzem Muster« – ehemalige Behälter für Hüttenkäse.

Anne war viel zärtlicher zu den Kindern als Charles; sie regierte eher durch ein freundliches Beispiel als durch Angst und Schrecken. Wenn er fort war, entspannte sich die Atmosphäre im Haus spürbar. »Er muß alles kontrollieren«, bemerkte Betty Morrow in ihrem Tagebuch, »jeden Handgriff im Haus.« Jedes Kind lernte mit seinem Despotismus anders umzugehen, je nach seinem Wesen. Jon gehorchte aufs Wort und hielt sich strikt an die Regeln seines Vaters; das Ergebnis war, stellte seine Großmutter fest, »daß er sich in sich selbst zurückzieht«. Land lernte die Wünsche seines Vaters vorauszuahnen, das schien ihm leichter als aufzubegehren; er litt oft unter Konzentrationsschwächen. Schon im Vorschulalter zeigte Scott Anzeichen von Trotz und eine Neigung zur Tagträumerei. Ansy entwickelte früh nervöse Tics. Eine Lehrerin von Jon beschrieb ihn in einem Zeugnis mit Worten, die im Grunde das Gefühl aller Lindbergh-Kinder für ihren Vater zusammenfassen: »Die Kinder mögen ihn, aber sie kommen nicht zurecht mit seiner Verträumtheit, Ruppigkeit und zeitweiligen Gleichgültigkeit, wenn er in seine eigenen Pläne vertieft ist.«

»Sie sind alle ängstlich«, beschrieb Betty Morrow ihre Lindbergh-Enkel. »Nie wissen sie, wann ihr Vater über sie herfällt. Die Atmosphäre, die

Spannung im Haus ist so schrecklich, daß sie, wenn C. für ein paar Tage aus dem Haus ist, alle singen!« Immer häufiger zog sich Anne weinend in ihr Zimmer zurück.

Lindbergh stellte eine Reihe von Sekretären ein, denen er, bevor sie zu arbeiten anfingen, »Verhaltensrichtlinien« zu lesen gab. »Ich möchte den Eindruck erwecken, daß ich schwer zu erreichen und viel außer Haus bin«, war die Hauptforderung. »Ich werde neben dem Telefon die Verfahrensweise bezüglich Anrufer, Besucher, beruflicher Fragen usw. hinterlegen«, stand da. Selbst wenn er zu Hause war, hatte er sogenannte »Unterwegstage«, an denen er für niemanden zu sprechen war außer für jene, die auf der genannten Liste standen.

Ende 1946 – mit 40 – war Anne zum siebtenmal schwanger. Aber die morgendliche Übelkeit war anders als bei ihren früheren Kindern. Auf Anraten ihrer Freundinnen Adelaide Marquand und Ellen Barry suchte sie deren Arzt auf, der in New York City praktizierte. Dr. Dana W. Atchley, ebenso berühmt für seine Besuche am Krankenbett wie für seine medizinischen Fähigkeiten, stellte bei Anne Gallensteine fest. Er erklärte, die Operation wäre reine Routine, könnte allerdings die Schwangerschaft gefährden. Sehr zartfühlend bat Dr. Atchley Anne, über eine Abtreibung nachzudenken.

Nachdem sie die Situation mit Charles besprochen hatte, entschied sich Anne, die Schwangerschaft fortzusetzen und mit der Operation zu warten, bis sie zwingend notwendig würde. Dann hatte sie kurz vor Weihnachten – »aus keinem ersichtlichen Anlaß« – eine Fehlgeburt. »Ich habe sie nicht bewußt herbeigeführt«, vertraute Anne ihrer Schwester Con an, »aber ich vermute, es ließen sich überzeugende Argumente dafür finden, daß das Unterbewußtsein es einfach abstößt. Ich kann nicht anders, ich empfinde es als Gnade.« Am Valentinstag 1947 unterzog sie sich der notwendigen Operation – von plötzlicher Panik und Todesfurcht gepackt.

Die Operation verlief ohne Zwischenfall, aber die Erfahrung sollte sich auf unvorhergesehene Weise als tiefgehend herausstellen. Anne hatte mit Dr. Atchley über ihre Ängste vor der Operation gesprochen, und er hatte die seltenen Eigenschaften Weisheit, Humor und »gelassenes Mitgefühl« gezeigt. Als Anne versuchte, diese Gespräche ihrem Mann wiederzugeben, verstand er sie nicht recht. »Du bist doch nicht die Art Mensch, die Hilfe sucht«, sagte er. »Du gehörst zu denen, die von anderen um Hilfe gebeten werden.« Um das Gespräch zu beenden, stimmte Anne zu. Sie wußte längst, daß es anders war.

In den Wochen der Genesung setzten Anne und Dr. Atchley ihren immer vertrauter werdenden Dialog fort; oft ging es um Annes Rolle als Künstlerin und Frau. Er sagte ihr, sie hätte »alle Eigenschaften einer Künstlerin bis auf eine – und das ist die Überzeugung, daß es wichtiger ist, den eigenen Garten zu bestellen als den von anderen.« Sie hielt dagegen, daß dies wohl bei den meisten Frauen zutreffe, aber Dr. Atchley bat sie, zu unterscheiden

– er meinte, es liege nicht so sehr an ihrem Geschlecht als an ihrer Erziehung, die ihr »die Einstellung eingebläut hatte, daß alles, was ich für andere tat, gut, und was ich für mich tat, schlecht war«. Anne hatte noch nie jemanden kennengelernt, der die Dinge derart messerscharf durchschaute.

Durch diese Gespräche, meist während Charles' langem Fernsein geführt, erkannte Anne, wieviel sie mit ihrem Mann nicht besprechen konnte. Seit Jahrzehnten hatte sie fast alle Sorgen und Ängste in sich hineingefressen, und nun verlangte sie nach Vertrauten. Sie hatte lange Zeit einen regelmäßigen Briefwechsel mit ihrer Mutter, ihrer Schwester, ihrer Schwägerin und einer Handvoll alter Freundinnen geführt. Sie schrieb regelmäßig an ihre Mentorin vom Smith College, Mina Curtiss, und an Janet de Coux aus Cranbrook. Wie Charles hob sie alle Briefe auf und schrieb die Antworten mit Durchschlag, als Ergänzung zu ihren Tagebüchern. Sie erhielt jede Woche Post von Verehrern, da sie mit jedem Buch, jedem Artikel oder Gedicht neue Anhänger fand. Manche Bewunderer waren mit ihrem Lob oder ihren Bitten so hartnäckig, daß Anne einfach antworten mußte. Ab und zu war jemand dabei, dem sie eine sonst verborgene Seite ihres Wesens zeigte: ein bekümmertes kleines Mädchen, das eine Schulter suchte, an der es sich ausweinen konnte.

Kurz nach ihrer Entlassung aus dem Krankenhaus fuhr Anne zur Erholung nach Phoenix, wo sie allein in einer Pension wohnte. Ein paar Wochen später, im April 1947, kam Charles nach, und sie verbrachten ein paar glückliche Tage miteinander. Einmal wurden sie nach Taliesin West eingeladen, in das Wüstenhaus des fast 80jährigen Meisterarchitekten Frank Lloyd Wright. Dieser hatte in seiner Autobiographie Lindbergh als »ehrlichen Amerikaner« bezeichnet und seine Rechtschaffenheit und Aufrichtigkeit während der Vorkriegsjahre gelobt. »Und«, hieß es weiter, »dasselbe gilt auch für seine tapfere kleine Frau«. Anne verbrachte ihre Zeit in Phoenix, um schöpferisch nachzudenken; sie saß abends auf dem Flachdach des Häuschens und dachte an den Mirador in Cuernavaca und wie das Leben sie seither »umhergeschleudert« hatte. Sie fragte sich: »Was habe ich daraus gemacht? Werde ich jemals wieder schreiben? Was habe ich in diesem Winter gelernt?«

Als Antwort auf diese Fragen forderte Charles sie auf, über die sich wandelnde Welt zu schreiben. Er brachte ihr den Gedanken nahe, »daß der Kontakt mit Nachkriegseuropa wesentlich ist, um das Leben heutzutage zu verstehen, daß Europa etwas Vitales und dennoch Unfaßbares hat«, ohne das nichts Geringeres als das Christentum, die abendländische Kultur und die Demokratie auf dem Spiel stünden, und schlug dann Anne und dem *Reader's Digest* mit seinen zehn Millionen Lesern vor, sie solle eine Reihe von Artikeln über Nachkriegseuropa schreiben, Aufsätze, für die sie ein bis zwei Monate ins Ausland reisen mußte.

Kurz nach ihrer Rückkehr nach Connecticut kam der Auftrag. »Es ist

440

natürlich ein wunderbares Angebot – ich kann hinfahren, wo ich will, schreiben, was ich will, und sie kümmern sich um Fahrten, Kosten usw. und organisieren alles. Es ist eine ideale Art, zu verreisen«, schrieb Anne an Farmor. »Und doch fällt mir die Entscheidung schwer und erfordert viel Mut. Es geht mir gegen den Strich, Charles & die Kinder ... allein zu lassen, ... und ich bin so schüchtern bei fremden Menschen.« Aber Charles wollte, daß sie fuhr, das wußte sie.

Am 1. August 1947 brach Anne auf, und sie reiste in den nächsten neun Wochen durch Frankreich, Deutschland und England, durch große und kleine Städte. Es war eine bedrückende Reise, da sie Zerstörung und Not in ungeahntem Ausmaß zu sehen bekam. »Die Grundwerte unserer Kultur«, schrieb sie in einem Artikel, »zerbröckeln wie diese Ruinen«. In den Briefen nach Hause schrieb Anne oft von den Schwierigkeiten auf dieser Reise, aber die Briefe mit den vielen Neuigkeiten verrieten auch eine wachsende innere Stärke; sie war fähig, auf sich selbst aufzupassen. »Ich bin einsam gewesen«, schrieb sie Charles wenige Tage bevor sie zur Heimfahrt an Bord ging, »es war schwierig. Ich habe Fehler gemacht, & dennoch ist es eines der große Ereignisse meines Lebens. Von alledem, was Du mir im Leben geschenkt hast – und Du hast mir so viel geschenkt –, ist dies vielleicht eines der größten Geschenke. Daß du mich mit dieser Aufgabe allein in die Ferne geschickt hast. (Denn ich hätte es nicht getan, wenn Du mich nicht ein bißchen angeschoben und mir gesagt hättest, ich *kann* das!) Ich danke Dir dafür. Du schenkst mir immer *Leben*, das Leben selbst. Möge es mir gelingen, etwas daraus zu machen!«

Charles freute sich, als Anne nach ihrer Rückkehr so viel Zeit in ihrem Wohnwagen verbrachte. Sie schrieb fünf Artikel, die in *Life*, in *Harper's* und in *Reader's Digest* erschienen. In *The Atlantic Monthly* veröffentlichte sie sogar ein Gedicht mit dem Titel »Second Sowing« [Zweite Saat], das beträchtliche Aufmerksamkeit erregte und ihr einen anerkennenden Brief von Edna St. Vincent Millay einbrachte. Auch Charles lobte sie und freute sich, daß sein Plan ihr zu künstlerischem Erfolg verholfen hatte. Aber die Dämonen seiner Frau waren ihm genauso fremd wie vor ihrer Europareise. Er fand ihre nachfolgende Schreibhemmung – sie brach zwei Romane ab und gab das Dichten auf – völlig unbegreiflich.

Sein Genörgel und die damit verbundene Spannung kehrten zurück und lähmten Anne nur noch mehr. In ihrer Schwermut fuhr sie oft nach Next Day Hill, wo sie ihrer Mutter zum erstenmal die Schwierigkeiten ihres Daseins aufdeckte – wie es war, mit einem so energiegeladenen Mann wie Charles verheiratet zu sein, der vor seiner Hochzeit keine andere Frau gekannt hatte. Es wäre anders gewesen, hätte Anne sich nicht behauptet. Aber ihre zunehmende Selbständigkeit – die er ironischerweise mit seiner Ermunterung, ihren eigenen Stil zu suchen, selbst geweckt hatte – rief noch größere Unduldsamkeit hervor. Im Lauf des nächsten Jahres wurde es immer schlimmer. Die Liebe zu ihr, die Charles in den Briefen von unterwegs bekundete, war ebenso unwandelbar wie seine Kritik zu Hause. Er war an den letzten beiden Weihnachtsfesten nicht zu Hause gewesen und riet nun seinen Söhnen, den Geburtstagsfeiern in Next Day Hill fernzubleiben, weil »Familienfeste immer sentimental sind«.

Wenn Charles fort war, weinte Anne manchmal tagelang. Sobald er zu Hause war, überwachte er sie so streng, daß sie sich schließlich wie ein kleines Kind benahm. »Ich möchte so sehr dein ›liebes Mädchen‹ sein«, gestand sie ihm an Tagen, wo sie vor Angst so erstarrt war, daß sie nicht schreiben konnte. Daß all seine Anstrengungen nicht ausreichten, sie zu inspirieren, frustrierte ihn nur noch mehr; und abwechselnd gab er sich als tröstende Muse und grausame Geißel. Schlimmer noch, er wurde zum leuchtenden Vorbild.

Während Annes Europareise und in den Monaten nach ihrer Rückkehr brachte Charles einige Gedanken der vergangenen Jahre zu Papier. »Es gibt Zeiten im Leben, wo man die überwältigende Sehnsucht empfindet, Überzeugungen anderer mitzuteilen, sich mit seinen Mitmenschen zusammenzutun, um eine gemeinsame Sache zu unterstützen«, schrieb er über sein jüngstes Vorhaben. Zweimal hatte er in der Vergangenheit eine solche Sehnsucht empfunden – als er als junger Pilot über das Fliegen gepredigt hatte, und ein Jahrzehnt später, als er gegen das Eingreifen Amerikas in »Europas Binnenkriege« gewettert hatte. 1948, als die Menschheit »von einem wissenschaftlichen Materialismus« besessen war und »gefangen in einem bösen Kreislauf, in dem unsere Sicherheit heute von Regierungen und Waffen abhängt, die uns morgen vernichten«, fühlte er sich gezwungen, ein drittes Mal zu sprechen.

Er schrieb fast 12 000 Wörter, die er in zwei Abschnitte unterteilte. Der erste enthielt Skizzen aus seinem Leben, aus denen er jeweils eine Lehre zog. Sie führten zu Schlußfolgerungen im zweiten Teil des Buches, einem Essay, das darauf abzielte, den Griff eines wissenschaftlichen Materialismus zu lockern, dessen Werte und Maßstäbe »das Ende unserer Kultur herbeiführen werden«.

Das Kernstück von Lindberghs These lautete: »Der Stand einer Kultur hängt ab vom Gleichgewicht zwischen Körper, Geist und Seele ihres Volkes, gemessen auf einer nicht so sehr menschlichen als göttlichen Skala.« Warnend erklärte er, die Wissenschaft sei so sehr zum Opfer der Technologen geworden wie die Religion zum Opfer der Fanatiker; genau wie die »spirituellen Weisheiten von Christus oder Laotse entstellt wurden, als die christlichen oder taoistischen Konfessionen sie für weltliche Zwecke nutzten, so würden auch die intellektuellen Erkenntnisse großer Wissenschaftler verzerrt durch die materialistische Nutzung für Industrie und Krieg. Hiroshima ist von der reinen Wissenschaft ebensoweit entfernt wie die Inquisition von der Bergpredigt.«

442

Lindbergh wollte nicht nur seine Art von Weltuntergangsstimmung verkünden, er hatte auch noch andere zwingende Gründe, sein Traktat zu veröffentlichen. Es sollte aufzeigen, daß er im Krieg gedient, die Fehler Nazideutschlands erkannt und zu einer Religion gefunden hatte – zu einem ganz privaten Bekenntnis, das sich aus seiner Interpretation »der Lehren Christi, der Weisheit Laotses, der Weisungen Buddhas..., des Alten Testaments..., der Philosophie der Griechen..., der indischen Weden... und der Schriften von Heiligen und Mystikern« zusammensetzte. Er nutzte das Buch auch zu einer Predigt gegen »die gottlosen Denkgebäude und Armeen der Sowjets«. Der Mann, dem einst wie einer Gottheit zugejubelt worden war, schien nun eifrig bestrebt, seinen Platz als menschliches Wesen in Anspruch zu nehmen und weiter nichts.

Als er das Manuskript fertig hatte, bat Lindbergh seinen Freund John P. Marquand, den zur Zeit erfolgreichsten Romanautor, ihm Verleger zu empfehlen, die aufgeschlossen genug seien, die Arbeit einer immer noch umstrittenen Person anzunehmen. Lindbergh schickte das Manuskript an Marquands erste Wahl, den Verlag *Charles Scribner's Sons*. Nach nur wenigen Tagen erhielt er ein Telegramm von Charles Scribner selbst, der sich gern bereit erklärte, es zu veröffentlichen. Der Vertrag verlangte vom Autor, sich mit dem niedrigen Tantiemensatz von zehn Prozent zufriedenzugeben, da einerseits die Herstellung eines so kleinen Buches relativ teuer sei und andererseits der Verkaufspreis nicht höher als 1.50 Dollar werden sollte.

Lindbergh willigte ein, bat aber um eine Zusatzklausel: die ungewöhnliche Bedingung, daß 25 000 Exemplare des Buches von den Tantiemen ausgenommen werden sollten. Der Betrag, den er normalerweise mit diesen Exemplaren verdient hätte, sollte Scribners Werbeetat zugeschlagen werden. Scribner war sich nicht sicher, welche Aussichten ein so ungewöhnliches Buch von einem noch vor kurzem so geschmähten Autor haben würde, und druckte vorsichtshalber nur 10 000 Exemplare.

Vom Fliegen und vom Leben erschien am 23. August 1948, und die erste Auflage war innerhalb eines Tages verkauft. Eilends ließ man weitere 40 000 Bücher drucken, und die waren in wenigen Wochen vergriffen. Die Kritiken waren überwiegend wohlwollend, und mancher staunte ein wenig über die Qualität von Lindberghs Prosa; aber das Buch rehabilitierte ihn noch nicht vollends. Die *New York Times Book Review* lobte es zwar, hatte aber an einigen Sätzen im Vorwort etwas auszusetzen, die durchblicken ließen, Lindbergh sei in der Zeit von *America First* gar nicht so »parteiisch« gewesen. »*Vom Fliegen und vom Leben* ist die ehrliche Äußerung eines Mannes, der in einer Zeit der Krise Verantwortungsbewußtsein und einen neuen Glauben entwickelt. Es birgt hochgespannte emotionale Tendenzen. Deshalb sollte man sich diesem Buch vielleicht nicht nur mit Hochachtung, sondern auch mit Vorsicht nähern.« Aber Zehntausende hatten ihren Glauben an Lindbergh wiedergefunden und nahmen ihn wieder in Amerikas Pantheon auf. Er sollte für alle Zeiten Gegner haben, aber solange er gewisse heikle Themen mied, hielten die Leute im allgemeinen ihre Gefühle unter Verschluß und vergötterten oder verteufelten ihn stillschweigend. Und er erhielt wieder entschieden freundlichere Briefe.

Ehrungen und Vergünstigungen kamen auf ihn zu. Die Minister der Streitkräfte erinnerten Lindbergh daran, daß er als Träger der Kongreßehrenmedaille berechtigt war, bei jedem planmäßigen Militärflug als Passagier mitzufliegen, »als ein weiteres Zeichen der Wertschätzung unseres Landes für den herausragenden Dienst, den Sie der Nation geleistet haben«. Als General Arnold im Januar 1950 starb, bat Minister Symington Lindbergh, auf dem Militärfriedhof von Arlington als einer der sechs Ehrensargträger zu fungieren. Das *Smithsonian Institute* erkundigte sich, was Lindbergh davon halte, wenn seine *Spirit of St. Louis* an das andere Ende der Nordhalle des *Arts and Industrie Building* geschoben würde, um dem neueingetroffenen Flugzeug der Gebrüder Wright Platz zu machen; Lindbergh hatte geholfen, den Streit zwischen Orville Wright und dem Museum über die Plazierung dieses Flugzeugs in der Entwicklungsgeschichte des Fliegens zu schlichten, und so betrachtete er es geradezu als »Ehre«, daß sein Flugzeug im selben Raum stehen durfte wie sein fliegerischer Vorfahr.

1951 teilte ihm Little Falls mit, daß man soeben eine »Charles-Lindbergh-Grundschule« gebaut hatte. Reihenweise wurden ihm von so angesehenen Institutionen wie dem Dartmouth-College oder der Universität von Notre Dame akademische Ehrengrade angetragen – die er jedoch alle ablehnte. Dieses Lindbergh-Comeback fiel mit dem 25. Jahrestag seines Fluges zusammen. Wie vorauszusehen, weigerte er sich, an Gedenkfeiern teilzunehmen, und lehnte die zahlreichen Bitten um Interviews in diesem Jahr ab.

Wieder war die Rede davon, ob man Lindbergh als Kandidaten für ein politisches Amt aufstellen solle. Seine Neigung hierzu hätte nicht geringer sein können, obwohl ihn Politik immer noch sehr interessierte. Am Abend vor den Wahlen 1952, aus denen General Dwight Eisenhower vermutlich als Präsident hervorgehen würde, gab Anne Lindbergh ihrem Mann einige Reden von Ikes Gegenkandidaten Adlai Stevenson zu lesen. Lindbergh war so beeindruckt, daß er seinen Stimmzettel zum erstenmal bei einer Präsidentschaftswahl für einen Demokraten abgab.

Zwei äußerst angesehene Luftfahrtpreise nahm Lindbergh an. Der erste war die Wright Brothers Memorial Trophy, die er 1949 beim jährlichen Wright-Dinner des Aero-Clubs Washington erhielt. Bei dieser Gelegenheit ließ er sich darüber aus, daß der Mensch unbedingt »für ein Gleichgewicht zwischen den Naturwissenschaften und anderen Fähigkeiten des Lebens,

Fähigkeiten des Körpers, der Seele und des Verstandes sorgen muß – Fähigkeiten, die er nicht entwickeln kann, wenn er zuläßt, daß Mechanik und Luxus ihn allzusehr der Erde entfremden, auf der er geboren ist«. In dieser lyrischen Rede lobte er den Pioniergeist der Männer, die sie an diesem Abend feierten: »Die Brüder Wright fanden ein Gleichgewicht zwischen Erfolg und Bescheidenheit, zwischen Naturwissenschaft und Einfachheit. In Kitty Hawk unterstützten sich Intellekt und Sinne gegenseitig bei der Arbeit. Die beiden verkörpern den Menschen im Gleichgewicht. Und aus diesem Gleichgewicht wuchsen Flügel, die eine ganze Welt in die Lüfte hoben.«

Der andere Preis war die Daniel-Guggenheim-Medaille, die Lindbergh bei einem Ehrendinner des Instituts für Aeronautik in New York am 25. Januar 1954 für Pionierleistungen im Fliegen und in der Navigation verliehen wurde. Lindbergh wußte die goldene Medaille doppelt zu schätzen, erstens, weil er Daniel Guggenheims entschiedene Unterstützung der frühen Luftfahrt und Raketentechnik bewunderte, und zweitens, weil sie ihm von Harry Guggenheim überreicht wurde, der damit demonstrierte, daß die politischen Differenzen der jüngsten Vergangenheit ihre »gute Freundschaft« nicht zerstört hatten.

Einige Wochen später wurde ihm eine noch aufregendere Ehre zuteil: Auf Empfehlung von Minister Talbott und mit Einverständnis von Präsident Eisenhower und dem Senat wurde Lindbergh als Brigadegeneral vereidigt.

Ende des Jahres festigte Lindbergh sein Ansehen noch mehr, als er ein weiteres Buch abschloß. »Ich habe in letzter Zeit täglich ein wenig am Entwurf einer Autobiographie gearbeitet, die ich eines Tages zu vollenden hoffe«, hatte Lindbergh im Januar 1939 in sein Tagebuch geschrieben, als er und seine Familie in Paris lebten. *Wir*, sein hastig hingeworfener Bericht des Fluges von 1927, hatte ihm nie recht behagt, und Lindbergh hatte schon immer vorgehabt, »einen genauen Bericht zu verfassen«, wenn er ihn »ohne Zeitdruck« herstellen konnte. Im nächsten Jahrzehnt arbeitete er in jedem freien Moment an dem Manuskript – auf Transatlantikschiffen, in Pendlerzügen, in einem Zelt im Dschungel von Neuguinea, in einem Bomber auf dem Rückflug vom magnetischen Nordpol, auf einem Luftwaffenstützpunkt in Arabien, in einem Wohnwagen auf den Florida Keys, in Carrels Haus auf Saint Gildas. Er verfaßte mindestens sechs komplette Entwürfe, die mit dem Augenblick der allerersten Idee zu dem historischen Flug begannen – auf einem Postflug südlich von Peoria – und mit seiner turbulenten Ankunft schlossen – als er in Le Bourget aufsetzte und die »Landebahn vor ihm ... ganz voll war mit rennenden Gestalten«.

Manche Teile des Buches wurden zehnmal umgeschrieben. Bei der allerletzten Fassung erfuhr das Manuskript seine dramatischste Veränderung, als der Autor die 260 000 Wörter seiner im Imperfekt geschriebenen Erinnerung in eine pulsierende Schilderung in der Gegenwartsform umwandelte. Selbst zwei Dutzend Sequenzen, die vor der eigentlichen Geschichte spielten und über das ganze Buch verstreut waren –, seine Kindheit in Minnesota und Washington, seine Erlebnisse als Soldat und Kunstflieger –, wurden als Rückblenden in der neuen Form geschrieben.

Erst in den 50er Jahren ließ Lindbergh jemand anderen einen Blick in sein Manuskript werfen. Anne las es als erste, und ihre Kritik war äußerst hilfreich. Sie ermahnte ihn, den eigenen Stil zu wahren, sich treu zu bleiben, und zeigte ihm, wo er gelegentlich zu schwülstig wurde. »Dein Stil ist knapp – kurze Sätze, genau – nicht nachlässig... Stell dir vor, du sprichst mit mir, denk gar nicht ans Schreiben.« Im Herbst 1951 steckte Anne zahllose Stunden ins Redigieren dieses Manuskripts.

Zufrieden damit, wie Scribners *Vom Fliegen und vom Leben* herausgebracht hatte, überließ Lindbergh auch *Mein Flug über den Ozean* diesem Verlag. Hatte er bei dem früheren Buch einer kleineren Tantieme zugestimmt, so zögerte er jetzt nicht, für diesen todsicheren Bestseller einen höheren Prozentsatz als üblich zu erbitten. Fair akzeptierte er 25000 Dollar Vorschuß und 15 Prozent Tantiemen ab dem ersten verkauften Exemplar. Alle Einnahmen aus dem Buch gingen in einen Fonds für seine Kinder mit Anne als Treuhänderin. Er wußte, es war weniger, als er auf dem freien Markt hätte erzielen können.

Das lange Manuskript wurde redigiert und beträchtlich gekürzt. Lindberghs Agent erhielt 100000 Dollar für die Abdruckrechte, der *Book of the Month Club* setzte es auf seine Empfehlungsliste, und in Hollywood begannen die großen Namen für die Filmrechte zu bieten.

In den Monaten vor der Veröffentlichung plagten sich Anne und Charles mit den Fahnen ab. »Er war von allen lebenden und mir bekannten bereits gestorbenen Autoren der pingeligste«, erinnerte sich Charles Scribner. »Er vermaß den Unterschied zwischen einem Semikolon und einem Komma mit dem Lineal, um sicherzustellen, daß es auch das war, was es sein sollte. Für ihn hatte jedes Detail soviel Bedeutung, als handle es sich um ein Teil seines Flugzeugmotors.« Trotz allem Herumgebastel verlor das Buch nie von seiner Faszination.

Bis zum Ende konnte Anne es nicht lesen »ohne Tränen in den Augen und ohne Kloß im Hals«. Sie grübelte über die Gründe und kam zu dem Schluß: »Es liegt an der Offenheit, Einfachheit und Unschuld dieses Jungen, der nach diesem furchtbaren Flug ankommt und nichts ahnt vom Interesse der Welt und der wilden Menge da unten. Wie die Menge auf das Flugzeug zurennt, das ist ein Symbol dafür, wie das Leben auf ihn zurennt – ein neues Leben – neue Verantwortungen –, und er ist völlig ahnungslos und unvorbereitet. Ich habe Mitleid mit ihm – vermischt mit Aufregung & Besorgnis – ein bißchen so, wie man fühlt, wenn ein Kind geboren wird & man in dieses frische, unberührte kleine Gesicht schaut

& weiß, es wird Freude erleben, aber auch Sorgen, Kampf, Leid und Enttäuschung.« Kurz vor der Veröffentlichung stellte Lindbergh dem Buch eine Widmung voran: »Für A. M. L. – die nie wissen wird, wieviel von diesem Buch sie geschrieben hat.«

Mein Flug über den Ozean wurde ein überwältigender Erfolg und erhielt nur gute Kritiken. Bis zum Jahresende hatte allein der *Book of the Month Club* 100 000 Exemplare verkauft. Es führte überall die Bestsellerlisten an, und ich den ersten zwölf Monaten wurden mehrere 100 000 Exemplare abgesetzt. »Großer Beifall«, schrieb Anne in ihr Tagebuch. Wo sie Pflastersteine in Form von persönlichen Angriffen gefürchtet hatte, flogen nur Blumen. »Die Folge davon ist«, schrieb sie, »daß sie wieder ein großes Geschrei um ihn machen.«

Die Lindberghs feierten ihr glücklichstes Weihnachten seit Jahren. Charles Auferstehung führte zu einer Mitteilsamkeit, wie Anne sie kaum je bei ihm erlebt hatte. Im nächsten Frühjahr konnte er sich ein weiteres unerwartetes Lorbeerblatt in seinem schon üppigen Kranz stecken. Die Kuratoren der Columbia University teilten General Lindbergh mit, daß sie ihm den Pulitzerpreis zuerkannt hatten. Es folgte eine weitere Welle von Gratulationen.

»Es geht wieder aufwärts«, jubelte Anne in ihrem Tagebuch. »Der Große Mann – der Große Epiker – der Große Autor usw.... Ich lebe wieder in der Aura von 1929. Nur ich habe mich verändert...«

17
ZWEIFACHER SONNENAUFGANG

»Ich hörte den Ausdruck ›Zweifacher Sonnenaufgang‹ zum erstenmal im
Zweiten Weltkrieg auf den Inseln im Südpazifik … Da färben sich die Wolken,
noch während die Sonne unter dem Horizont ist, nicht nur im Osten,
sondern auch im Westen. Wenn man seine Flugrichtung nicht exakt kennt,
muß man manchmal genau hinschauen, um sich zu vergewissern,
ob die Sonne rechts oder links aufgeht.«

C. A. L. (in einem Brief vom 17. Dezember 1968)

E ifersucht«, hatte Anne einmal in ihr Tagebuch geschrieben, »ist das
ungelebte Leben in einem, das nach Verwirklichung schreit.«

Vier Monate, nachdem Charles mit *Mein Flug über den Ozean* abgehoben hatte, gestand sie ihren Geheimpapieren: »Ich beneide C. um seine
schreckliche Energie, obwohl ich oft unter ihren Folgen leide. Diese
schreckliche Energie, mit der er unterschiedslos zu Werke geht, ob er nun
den Atlantik überquert, ein Buch schreibt … oder sich über den Butterpreis
informiert!«

Daß Charles im Frühling 1954 den Pulitzerpreis gewann, quälte sie. Sie
wußte, daß er den Preis verdiente und sie sich mit ihm hätte freuen müssen. Und dennoch, bekannte sie, »kann ich nicht verhindern, daß es mir
weh tut«, vor allem, weil »ich ihm geholfen habe, dieses Buch zu schreiben. Ich habe mitgeholfen, daß es so gut wurde. Ohne meine Hilfe wäre es
nie so gut geworden.«

Und doch, mußte Anne zugeben, hatte Charles »SEIN Buch« geschrieben. »Es *ist SEIN* Buch, ganz egal, wieviel von mir darin enthalten ist – es
ist *SEIN* Buch. Er hat sein ganzes Ich hineingesteckt. Persönlichkeit, Gefühle, Gedanken, Arbeitszeit. Er hat SEIN Buch geschrieben, & ich habe
das *meine* nicht geschrieben. Das weiß ich.« Die Schuld hierfür gab sie nur
sich selbst – »*meine* Feigheit, *meine* Hemmungen, *meine* Faulheit, *mein*
Mangel an Konzentration und Sicherheit, *meine* Traurigkeit, und *mein* ta-
stendes Suchen – das alles hat mich daran gehindert, es zu schreiben.« Fast
zehn Jahre hatte sie nur nebenher geschrieben, und Anne mußte sich eingestehen, daß sie gar nicht sicher war, ob »ihr« Buch jemals entstehen

würde. Sie litt zu sehr, um zu erkennen, daß das meiste davon eigentlich schon zu Papier gebracht war – in ihren Tagebüchern und Briefen und in den Texten, die sie im Lauf der Jahre abgebrochen hatte. Sie mußte nur aufhören, darum zu kämpfen, mußte die fixe Idee des Schreibens aufgeben, um es endlich zusammenstellen zu können.

Seit Jim Newton die Lindberghs an die Westküste von Florida gebracht hatte, fuhr Anne jedes Jahr in den letzten Winterwochen dorthin, oft allein. Schon im März 1948 hatte sie auf der unberührten Insel Captiva ihren Geist schweifen und Eindrücke sammeln lassen. Besonders die Muscheln fesselten sie. Mit der Zeit erkannte sie, daß jede Art mit ihrem besonderen Gehäuse eine andere Lebensphase symbolisieren konnte. Sie wohnte in einem schäbigen, riesigen Gasthaus und schrieb Charles, sie fühle sich wie ein Einsiedlerkrebs, so ein einfaches Leben führe sie in dieser »verlassenen Muschel«. Sie merkte auch, daß die Küste von Florida eigentlich nicht der rechte Ort zum Arbeiten sei.

Dieser Satz sollte zum Anfang ihres Buches werden, einer Ansammlung von kleinen Essays, die sie 1950 zusammenzustellen begann, um ihre eigene »besondere Lebensweise zu überdenken«, ihr »ganz persönliches Gleichgewicht zwischen Leben, Arbeit und menschlichen Beziehungen«. Sie nannte diese Sammlung *The Shells* [Die Muscheln], und jedes Kapitel bestand aus Beobachtungen, die ihr die verschiedenen Muscheln eingaben. Als sie die ersten Aufsätze voller Zögern engen Freundinnen und der Familie zeigte, stellte sie fest, daß ihre Selbstgespräche auf dem Papier auch andere Frauen ansprachen, »junge und alte mit ganz verschiedenen Lebensläufen und Erfahrungen – solche, die sich selbst versorgen mußten, Berufstätige, hart arbeitende Hausfrauen und Mütter und auch solche, die es leichter hatten«. Anne entdeckte mit der Zeit, »daß viele Frauen und auch Männer im wesentlichen mit den gleichen Fragen kämpften wie ich und sich danach sehnten, darüber zu reden und zu diskutieren und mögliche Antworten zu finden. Selbst jene, deren Leben unter ihren stets lächelnden Zifferblattgesichtern reibungslos dahinzuticken schien, versuchten oft wie ich, einen anderen Rhythmus mit mehr schöpferischen Pausen zu entwickeln, um ihren eigenen Bedürfnissen gerecht zu werden und eine neue, lebendigere Beziehung zu sich selbst und zu andern zu schaffen.«

Von einer Muschel, die sie geschenkt bekommen hatte, war Anne ganz besonders fasziniert, einem »Zweifachen Sonnenaufgang«. Das war eine zarte, zweischalige Muschel, »die auf beiden Seiten die gleiche Zeichnung aufweist: durchscheinend weiß bis auf drei rosige Strahlen, die fächerförmig von dem goldenen Scharnier ausgehen, das die beiden Hälften verbindet«. Diese Muschel veranlaßte Anne, über Beziehungen nachzudenken, und daß jede Hälfte zu ihrer eigentlichen und zweckbestimmten Rolle fortgezogen wird. Sie dachte an die Angst, die sie in ihrer Ehe durch-

gestanden hatte, und fragte sich, ob die beiden sich immer weiter voneinander entfernenden Hälften jemals wieder zusammenfinden könnten.
»Kann die reine Beziehung der Sonnenaufgangsmuschel wiedergewonnen
werden, wenn sie erst einmal getrübt ist?«

Im März 1951, in einer besonders schlimmen Phase ihrer Ehe, bekam
Anne Gelegenheit, diese Frage zu beantworten, als sie und Charles von
John und Adelaide Marquand in deren Winterrefugium auf Treasure Island
eingeladen wurden. Während in Korea ein neuer Krieg tobte, lockte Marquand Charles mit den vielen Vorteilen seines gemieteten Hauses: »Es
gibt kein Telefon«, erzählte er stolz, »kein Radio, außer der Funkverbin-
dung für... Notrufe. Es gibt kein elektrisches Licht und keine mit Strom
betriebenen Geräte. Die primitiven sanitären Anlagen werden mit Regen-
wasser betrieben, das man von Hand in die Tanks pumpen muß. Es gibt
zwei gute Badestrände, und bei den Riffs im Norden der Insel kann man
hervorragend mit Speeren fischen. Wir haben auch ein Motorboot, sind
also nicht völlig von allem abgeschnitten.« In dem weiträumigen »Großen
Haus« auf der schmalen Privatinsel wohnten auch Ellen Barry und Dr.
Dana Atchley.

Es war eine der wichtigsten Wochen in Annes Leben, die viele ihrer
jüngst formulierten Aussagen in *The Shells* bestätigte. Anne konnte ihren
Mann neben ihrem neuen Arzt und Freund beobachten und Vergleiche anstellen. Atchley besaß zwar einen durchdringenden Verstand und eine
mitfühlende Seele, aber sie mußte Charles doch recht geben, daß er »das
Musterbeispiel eines Intellektuellen war, der die körperliche Seite des Lebens vernachlässigte«. Gleichzeitig erlebte Anne, wie Treasure Island in
Charles, der lange, sonnige Tage im Wasser verbrachte, das Kind wachkit-
zelte. »Ich habe Charles selten so glücklich gesehen, so frei, so locker, so
fröhlich im Umgang mit anderen Menschen wie in dieser Woche«, stellte
sie fest. Bei den abendlichen Unterhaltungen mit Atchley über Naturwissenschaften und mit Marquand über Bücher wußte er sich zu behaupten –
wenngleich sein Gastgeber fand, »daß die Gespräche mit dem Einsamen
Adler ganz schön strapaziös sind, da ihm jede unbeschwerte Einstellung
fremd ist.« Die Lindberghs machten lange Spaziergänge miteinander und
saßen allein unter den Sternen; und wenn sie »auf dem strahlend weißen
Strand... seinen bronzefarbenen Körper in den hellbraunen Shorts sah, ein
langes Messer am Gürtel, fast so lang wie seine Hosen, & den Speer in der
anderen Hand«, dann stiegen die Gefühle für den schüchternen Goldjun-
gen, in den sie sich einst verliebt hatte, wieder in ihr hoch. Anne merkte,
daß Beziehungen ständig in Bewegung sind, aber immerhin konnte sie
endlich mit Überzeugung schreiben: »Die Sonnenaufgangsmuschel hat
den ewigen Wert alles Schönen und Vergänglichen.«

Annes letzter Nachmittagsspaziergang wurde auf vollkommene Weise
gekrönt. Sie wanderte auf den weiten Strand hinaus, und als sie ein Stück

getrockneten Tang umdrehte, entdeckte sie eine Argonauta – die durchsichtige, federleichte Muschelschale des seltenen Papiernautilus. Sie hatte diese Muschel gerade als Symbol für die nächste Stufe von Beziehungen in *The Shells* verwendet – für die Zeit, die nach dem »zweifachen Sonnenaufgang« und der Austernbank mit Haus und Kindern kam, wenn »die Frauen selbst mündig werden müssen«. Anne hatte erst vor kurzem versucht, eine Argonauta zu kaufen, aber keine gefunden. »Und hier wird mir nun eine geschenkt«, schrieb sie in ihr Tagebuch, »in dem Augenblick, in dem ich sie nicht mehr gesucht oder gewünscht habe. Es war ein Geschenk aus dem Meer, mir vor die Füße geworfen. Etwas, das zu finden ich nicht erwartet hatte.«

Die Glut der Ferien hielt nicht an. Wieder zu Hause, verfielen die Lindberghs sofort wieder in ihre Rollen als Opfer und Kritiker; er kehrte zurück zu seinem Leben als Argonaut und sie zu ihrer Austernbank. Anne plagte sich außerdem mit dem ständigen Kampf ihres Bruders gegen die Geisteskrankheit – »ein furchtbares Problem«, verriet Anne einer Verehrerin und Briefpartnerin, »das kein Ende nimmt & schon seit zwei Jahren sehr viel von meiner Zeit & meiner emotionalen Kraft beansprucht. Es kostet mich alles Gefühl, das mir neben meinen Kindern und meinem Mann noch bleibt.« Wie alles andere hielt es Anne davon ab, ihr Buch zu vollenden. Doch dann wurde Dwights schlimme Verfassung unerwarteterweise zum Auslöser dafür, daß viele von Annes Problemen gelöst wurden.

Bei Dwight Morrow war die Diagnose »Schizophrenie« gestellt worden. Seine Frau Margot lebte zwar von ihm getrennt, suchte aber ständig nach jemandem, der ihm helfen konnte, und fand schließlich einen etwas umstrittenen Psychiater aus Pennsylvania, Dr. John N. Rosen. Er erwies sich als bemerkenswert hilfreich. Nach zwei Jahren Therapie konnte Morrow seinen Doktor der Philosophie machen, eine Stelle als Lehrer annehmen und wieder heiraten.

Während dieser Zeit erkannte Rosen Annes labilen seelischen Zustand und schlug vor, auch ihre Depressionen zu behandeln. Sie willigte ein, zögernd, da sie wie ihre ganze Familie in der Anschauung erzogen war, daß man Unvollkommenheit nicht eingestehen durfte. Aber ihr Elend war unübersehbar, und mit der Zeit sehnte sie sich nach ihren Terminen, die sie im Sommer 1952 täglich wahrnahm. »Ein oder zwei Jahre lang habe ich in der Therapie nur geweint«, gestand sie später.

Die Sitzungen riefen den ganzen Sommer lang eine Reihe von häuslichen »Stürmen« hervor, Streitereien mit Charles über alles und jedes, vom Spargel, der nicht lang genug gekocht war, bis zu Annes Unfähigkeit, ihr Buch fertig zu schreiben. Der unausgesprochene Grund für seinen Zorn schien ihr wachsendes Bedürfnis nach der Analyse zu sein. Obwohl Charles lange Zeit viel Verständnis für die Not seines Schwagers gezeigt hatte – »Er hat mir mit seinem Namen und seiner Berühmtheit geholfen«,

451

erinnerte sich Margot Morrow an die Zeit, als sie verzweifelt nach einem Therapeuten für Dwight suchte –, verstand er nicht, wieso Anne ihre privatesten Probleme mit einem Fremden besprechen wollte. Er fand, dies sei ein Zeichen von Schwäche. Charles wollte nie zugeben, daß er sich vor dem fürchtete, was sie womöglich über ihn sagte, oder, schlimmer noch, daß er die Kontrolle über sie verlieren könnte – daß sie sich wirklich, wie im Kapitel über die Argonauta angedeutet, zu einem Geschöpf mit eigenem Willen entwickeln und lernen könnte, »allein dazustehen«.

Allmählich fand Anne Gefallen daran, wenn Charles fort war; es befreite sie von seiner Erbarmungslosigkeit. Der Abschied fiel ihr stets schwer; dann war sie »ein einziges Angstbeben« und fragte sich, »wie sie all das schaffen sollte ohne ihn – und *so wie er es wollte*«. Aber die Tage, an denen seine Reisen abgesagt wurden und er in Darien mit seiner aufgestauten Energie festsaß, waren noch schlimmer. Stundenlang brütete er pedantisch über juristischen Themen, Versicherungspolicen und Finanzen. Er schrieb Listen mit der Überschrift »Zu erledigen« und teilte sie in drei Kategorien ein: umgehend, möglichst bald und demnächst. Es gab immer Post zu erledigen; die meisten Briefe las er nicht und antwortete nur, wenn er den Absender auf dem Umschlag erkannte oder sein Sekretär den Brief als wichtig bezeichnete. Und immer steckte er mitten in einem Buch. Selbst wenn er vor einer Ampel anhalten mußte – so beobachteten die Kinder –, griff er unwillkürlich nach dem mit einem Messer gespitzten Bleistift und dem blauen Papierblock, um Szenen aus seinem Leben zu notieren.

Waren seine Papiere in Ordnung gebracht, füllte er Aktenordner mit Aufgaben für alle anderen Hausbewohner, brachte diese Listen zu den Mahlzeiten mit und erteilte bellend Befehle an Anne und die Kinder. Allen war mulmig zumute, »wie wenn einem der Zahnarzt auf der Suche nach einem Loch im Mund herumstochert«, schrieb Anne. Allmählich begriff sie Dr. Rosens Bemerkung, daß »zwanghafte *äußere* Ordnung ein Ausgleich für *innere* Unordnung ist«.

Lindbergh war vom Gedanken an den Kalten Krieg besessen, das lenkte ihn von seinen inneren Kämpfen ab, und Kleinigkeiten wurden enorm wichtig. Manchmal regte er sich über einen möglichen Dritten Weltkrieg dermaßen auf, daß seine Schwiegermutter ihn für »verrückt« hielt. Das ging soweit, daß er Anne beibrachte, wie sie im Fall eines Atomangriffs reagieren solle – er war ja so oft fort von zu Hause. Scott's Cove sei sehr sicher, sagte er, sollte jedoch ein Krieg ausbrechen, wäre Maine noch sicherer. New York müßten sie um jeden Preis meiden, denn es sei »ein Hauptangriffspunkt und aus der Luft und vom Meer her leicht zu treffen«; Zahnarzttermine müßten sie absagen, da die Sowjets drohten, die Wasserversorgung zu sabotieren. Wenn Anne einen neuen Küchenherd wollte, bat Charles sie, mit dem Kauf zu warten, bis man »dieses wichtige und komplizierte Thema nach privaten, wirtschaftlichen und militärischen Gesichtspunkten« analysiert habe. »Charles braucht einen festen Job«, schrieb Mrs. Morrow in ihr Tagebuch.

Lindbergh hatte durchaus bestimmte Verpflichtungen, die seine Zeit beanspruchten. Er saß in mehreren Komitees, half der Air Force, einen Standort für die neue Akademie auszuwählen, arbeitete an der Entwicklung von Interkontinentalraketen und setzte diese – angesichts des Sputniks und anderer sowjetischer Errungenschaften – auf Punkt Eins der Tagesordnung der Nation.

Er machte weiterhin jährlich mehrere große Reisen für *Pan American* und konzentrierte sich dabei jedes Jahr auf einen anderen Erdteil. Immer mehr interessierte er sich für Tätigkeiten außerhalb des Cockpits. Gegen Ende des Jahrzehnts wurden die Zeiträume, in denen er nicht zu Hause war, immer länger.

Für Anne war ihre Ehe zu einer Farce geworden. Sie schrieb Seite um Seite über die »Todeskämpfe von Verstand, Gefühl und Seele«, und die »gedämpfte Bitterkeit«, die sie empfand, weil ihr Mann nie für sie da war. Dr. Atchley stand zum Glück immer zur Verfügung. »Dana hat mir durchgeholfen«, schrieb sie in ihr Tagebuch, »...er hat mich am Leben erhalten.« Der Arzt, selbst in einer schwierigen Ehe mit einer streitsüchtigen Frau gefangen, nahm sich nach der Sprechstunde in seiner Praxis Zeit für Anne. Wenn sie nicht da war, schrieb er ihr schnell einen kurzen Brief auf ein rezeptgroßes gelbes Blättchen, das er einmal faltete und in einem einfachen Umschlag zur Post gab. Die Antworten kamen auf himmelblauem Briefpapier und taten ihm so gut, daß er sie »blaue Vitamine« nannte. Ende 1953 bekannte er, daß ihn in den dunklen Stunden während dieses Jahres am meisten die Aussicht beglückt hatte, daß Anne »ihrem lebenslangen Gefährten, dem Schuldgefühl, den Abschied gab« und die in ihr schlummernden Kräfte verwirklichte. Anne beendte *The Shells,* und als sie im Frühjahr 1954 einen Brief von einem Verleger erhielt, den sie vor fünf Jahren kennengelernt hatte, legte sie ihm ihr Manuskript vor.

Kurt Wolff war in Deutschland Verleger gewesen, bis die Nazis 1933 fast seinen ganzen Bestand auf den Scheiterhaufen warfen. Der Büchernarr jüdischer Abstammung fand in Frankreich und Italien Zuflucht und wanderte 1941 nach Amerika aus. Schon im ersten Jahr gründete er den Verlag »Pantheon Books«, der sich rasch einen Namen machte, nicht nur als Übersetzer und Herausgeber von André Gide, Paul Valéry, und C. G. Jung, sondern auch als Verleger bibliophiler Ausgaben mit Werken von Künstlern, wie Alexander Calder, Ben Shahn und Marc Chagall. Da Pantheon Books auf dem amerikanischen Markt »Weltliteratur« anbot, blieb es ein kleiner und finanziell bescheidener Verlag, und Anne ging davon aus, der höfliche Kurt Wolff, ein Freund ihres Lieblingsautors Rainer Maria Rilke, werde ein einfühlsamer Leser sein.

Kaum hatte Wolff das 15 000-Wörter-Manuskript gelesen, schrieb er der Autorin: »Ich brauche Ihnen nicht zu sagen, daß es ein wunderschönes und anrührendes Buch ist – mit der kompromißlosen Sorgfalt und dem handwerklichen Können geschrieben, die Sie auszeichnen... Ich glaube, Sie haben die Lage der Frauen in diesem Land und in unserer Zeit schmerzlich klar geschildert.« Er machte einige wenige Verbesserungsvorschläge und schrieb: »Wenn Sie sich dazu entschließen könnten, das Buch uns anzuvertrauen, würden wir versuchen, es in eine gedruckte Form zu bringen, die seinem Inhalt gemäß ist. Ich wäre stolz und glücklich über dieses Recht. Aber ich möchte eine so zarte Seele wie Sie nicht bedrängen.« Er mußte sie nicht bedrängen.

Im Herbst las Anne die Korrekturfahnen ihres umbenannten Buches, und im Frühjahrskatalog von Pantheon wurde es unter dem Titel *Muscheln in meiner Hand* angekündigt. Annes Erwartungen waren bei einem so persönlichen und schmalen Buch – nicht einmal hundert kleine Seiten – naturgemäß nicht allzu hoch. Sie hatte sich schon damit abgefunden, daß es im Schatten von Charles Dauererfolg *Mein Flug über den Ozean* sehr leise an die Öffentlichkeit treten würde.

Doch *Muscheln in meiner Hand* wurde zu einem der grandiosesten Erfolge in der Geschichte des Bücherverlegens. 600 000 gebundene Exemplare wurden verkauft, ein Jahr lang führte es die Bestsellerliste an, und die Verkaufszahlen der Taschenbuchausgabe überstiegen zwei Millionen. Pantheon hatte seinen ersten großen finanziellen Erfolg, der den Weg für künftige Bestsellerautoren wie Pasternak, Lampedusa und Günter Grass ebnete. Aber es war dieses kleine amerikanische Buch, das dem später weltberühmten Verlag zu seinem Namen verholfen hatte, weil unaufhörlich Neuausgaben und Übersetzungen verlangt wurden und es noch 40 Jahre nach seinem Erscheinen in den »religiösen« Bestsellerlisten stand.

Anne Morrow Lindberghs Buch sprach ein ganzes Jahrhundert von Frauen an. Es schlug eine Brücke von den »Siegen« der Feministinnen aus der Generation ihrer Mutter zu denen der Frauenbewegung aus der Generation ihrer Töchter. »Vom menschlichen Standpunkt aus betrachtet ist vielleicht der größte Erfolg der letzten zwanzig Jahre das wachsende Bewußtsein bei Frauen und Männern«, sollte sie am zwanzigsten Jahrestag des Erscheinens ihres Buches feststellen. Das sei hauptsächlich darauf zurückzuführen, daß Männer und Frauen miteinander sprachen, »offen und ehrlich, oft mit Streit und Herausforderung, aber sie versuchen wenigstens, einander zu erklären, was sie bisher für unerklärbar gehalten haben.« Für die Generation der Hausfrauen und Mütter nach dem Krieg – die sie »die große Klasse der Ferienlosen« nannte – eröffnete *Muscheln in meiner Hand* diesen Dialog.

Leider hatten die beiden wichtigsten Feministinnen in Annes Leben das Erscheinen ihres Buches nicht mehr miterleben können. Am 7. September 1954 starb Evangeline Lodge Land Lindbergh nach jahrelangem Leiden an der Parkinsonschen Krankheit im Alter von 78 Jahren. Nach einer unglücklichen Jugend und Ehe war sie schließlich als Lehrerin in der Wildnis von Minnesota und später im Schulsystem von Detroit eigene Wege gegangen und hatte sich nie einfangen lassen. Anne hatte sich oft über ihr seltsames Verhalten in den letzten Jahren gewundert und erkannte erst Jahrzehnte später, daß Evangelines Körper organisch nicht im Gleichgewicht gewesen war. Charles befaßte sich nie mit den Gründen für das Leiden seiner Mutter, denn das hätte bedeutet, in der Ehe seiner Eltern herumzuschnüffeln – eine Büchse der Pandora, die er lieber nicht öffnen wollte.

Drei Monate später erlitt Annes Mutter einen Schlaganfall, der ihr die Sprache nahm und sie halbseitig lähmte. Ein paar Wochen später traf sie ein zweiter Schlag, und ihr Befinden verschlechterte sich. Nach einem Leben des Dienstes für andere – Familie, Schulen, Gemeinden und Kirche – starb Elizabeth Cutter Morrow im Alter von 81 Jahren.

Obwohl Charles auf den Erfolg des Buches seiner Frau sehr stolz war, bekam er ihn kaum mit, weil er nie da war. Er reiste in diesem Jahr mehr als in jedem anderen seines Lebens – elfmal über den Atlantik und einmal über den Pazifik, dazu mehrere Flüge durch die beiden amerikanischen Kontinente. Als er immer wieder wegfuhr, mußte Anne sich fragen, ob sie in ihrem Buch wirklich aufrichtig gewesen war. »Welch schreckliche Ironie, daß ›Muscheln in meiner Hand‹, Woche um Woche der Bestseller, ständig ›Einsamkeit, Einsamkeit‹ predigt«, schrieb sie in ihr Tagebuch. »Und ich sitze hier & habe, *was ich zu wollen behaupte,* & es scheint mir nicht die richtige Antwort zu sein. Ist also das ganze Buch nur Gelabere, wie ich manchmal fürchte? Ich glaube nicht, aber in diesem Stadium meines Lebens ist seine Wahrheit für mich nicht relevant.«

Als beliebteste Autorin des Landes hatte Anne nun den Mut, das Buch zu veröffentlichen, von dem sie seit ihrer Kindheit geträumt hatte, eine Gedichtsammlung. Pantheon brachte im September 1956 *Bring mir das Einhorn* heraus, 35 ausgewählte Gedichte aus den Jahren 1935 bis 1955. Die meisten hatten die Einsamkeit des Künstlers zum Thema – Bilder von verdorrten Bäumen, verschlossenen Türen, leeren Straßen, zerbrochenen Muscheln. Das letzte Gedicht schloß mit einem Verspaar, das ein wenig davon verriet, was ihre Ehe sie gekostet und was sie ihr geschenkt hatte:

Fahr, Leben, wie der Wind durch meine bloßen Knochen,
Angst kenn ich keine mehr und bin doch schnell zerbrochen.

Annes Buch wurde veröffentlicht und fand in prominenten Zeitschriften beträchtlichen Anklang. Von Gedichtbänden lassen sich selten mehr als ein paar tausend Exemplare verkaufen; aber Pantheon hatte schon für die Erstauflage im September 25 000 gedruckt und noch einmal 40 000 für das Weihnachtsgeschäft. Erst im Januar 1957 lehnte jemand das Buch ernsthaft ab, und das verursachte eine Aufregung in der literarischen Welt, wie man sie seit *The Wave of the Future* selten erlebt hatte.

Der Dichter John Ciardi, Lyrikredakteur der *Saturday Review of Literature,* griff das Buch so heftig und vernichtend an (»ein unverschämt schlechtes Buch, ungeschickt, hölzern, schlampig, sogar voller Fehler...«), daß die Leser der Zeitschrift wild protestierten. Ciardi erklärte, er habe dies keineswegs im ersten Affekt geschrieben und stehe zu seiner Meinung. Anne fühlte sich durch seine Angriffe tief verletzt. Abgesehen von einer Strophe in der Dezembernummer des *Atlantik Monthly* veröffentlichte Anne Morrow Lindbergh nie mehr ein Gedicht.

Während diese letzte Begegnung mit dem Ruhm Anne in die Abgeschiedenheit ihres Hauses und ihrer Tagebücher zurückscheuchte, fand Charles sich schon wieder im Zentrum der Aufmerksamkeit, diesmal in CinemaScope. Nach mehreren Jahren der Vorbereitung kam die Verfilmung von *Mein Flug über den Ozean* in die Kinos.

Billy Wilder, ein jüdischer Emigrant, der für die Raffinesse und mitunter auch den Zynismus seiner Filme bekannt war, schien nicht unbedingt der geeignete Kandidat, um die unschuldige Geschichte eines Farmerjungen aus Minnesota zu verfilmen, der nach Paris fliegt. Der Drehbuchautor und Regisseur hatte zwar Schwierigkeiten mit Lindberghs früherem Isolationismus und begriff nicht, wie er einen Orden von dem Land hatte annehmen können, aus dem er, Wilder, geflohen war, aber dennoch war und blieb der »Einsame Adler« seit 1927 einer seiner Helden. Lindbergh, beeindruckt von Wilders ernsthaftem Arbeiten, zeigte sich sehr kooperativ, nahm ihn auf Flüge mit und veranstaltete für ihn im *Smithsonian* eine detaillierte »Führung« durch die *Spirit of St. Louis.* Er überredete Wilder, seinen alten Freund aus Kunstfliegertagen, Bud Gurney, als technischen Berater einzustellen. Gurney ahnte instinktiv, daß hier ein Filmstar mit besonderen Fähigkeiten gefragt war – nicht nur groß und schlaksig, sondern auch anständig und bescheiden. Dieser Vorstellung kam James Stewart am nächsten, ein ausgezeichneter Pilot und lebenslanger Bewunderer Lindberghs. Als 19jähriger Junge hatte Jimmy Stewart jede Radiomeldung über den Flug verfolgt und erinnerte sich später: »Ich glaube, ich habe nicht mehr Schlaf gehabt als Lindbergh«. Er ließ seine Beziehungen spielen und bekam die Rolle. Aber nicht einmal die Make-up-Zauberei von Hollywood konnte die Tatsache verschleiern, daß der 25 Jahre alte Lindbergh von einem 47jährigen gespielt wurde.

Aufgebaut als Schilderung des Fluges vom Start bis zur Landung, durchsetzt mit Rückblenden in Lindberghs Vergangenheit, hatte der 6-Millionen-Dollar-Film am 11. April 1957 Premiere. Trotz einer gewaltigen Werbekampagne wurde er kommerziell ein Mißerfolg. Ein Grund dafür mag gewesen sein, daß viele Amerikaner Lindbergh gegenüber gleichgültig geworden oder ihm immer noch feindlich gesinnt waren, und die jüngere Generation sich mehr für die Raumfahrt interessierte als für einen Film über einen Mann in dem engen Cockpit eines uralten Flugzeugs. Wegen Lindberghs Ruf als Antisemit weigerten sich manche Kinos, den Film vorzuführen. Der Einsame Adler selbst unternahm nichts, um für den Film zu werben.

Eines Nachmittags huschten er, Anne und die drei jüngeren Kinder ins Kino, um sich den Film anzusehen, und versuchten dabei möglichst wenig Aufmerksamkeit zu erregen. Obwohl der Film um dramatischer oder komischer Effekte willen in einigen wenigen Punkten von der Wahrheit abwich, fand Lindbergh, daß er dem Geist seines Fluges treu blieb. Die Zuschauer, die an diesem Tag um ihn herumsaßen, waren begeistert. Und ungefähr nach der Hälfte des Films, in einem besonders spannenden Augenblick, packte die elfjährige Reeve ihre Mutter am Arm und flüsterte: »Er kommt doch an, oder?«

Während über den titanischen Flug ihres Vaters manchmal zu Hause gesprochen wurde, war das nicht minder berühmte Thema der Lindbergh-Entführung streng tabu. Es hing in der Luft, die sie alle atmeten, aber man sprach nie darüber... bis zu dem Tag, an dem ein Lindbergh-Kind aus der Schule heimkam, völlig verwirrt, weil es von einem Bruder erfahren hatte, über den nie zu Hause gesprochen worden war. »Vater nahm mich beiseite«, erinnerte sich Ansy später an dieses Gespräch, »erzählte mir die Geschichte in genau so vielen Worten, wie nötig waren, um meine Neugier zu stillen, und sprach dann nie mehr darüber. Er ließ jedoch keinen Zweifel daran, daß man ›den richtigen Mann geschnappt‹ habe.«

Alle paar Jahre tauchte das verpönte Thema in der Familie auf, wenn ein junger Mann, der behauptete, das verlorene Lindbergh-Baby zu sein, einen Brief schrieb oder einfach in Scott's Cove erschien. Die Briefe wurden nicht beantwortet, die unangemeldeten Besucher nicht ins Haus gelassen. Charles brachte die Kandidaten in aller Ruhe zu ihrem Auto zurück, und die Kinder wußten nicht, was er ihnen eigentlich sagte, wenn er sie wieder wegschickte. Da solcher Wahnsinn hinter jede Ecke lauerte, wurde den Lindbergh-Kindern mehr eingebläut als nur die Warnung, nicht mit Fremden zu sprechen. Sobald sie alt genug waren, um allein wegzufahren, wurde ihnen beigebracht, wie man inkognito reist: einen falschen Namen angeben, die Route nur denjenigen mitteilen, die sie wissen müssen, und nie die Aufmerksamkeit auf sich ziehen. Mehr als 60 Jahre nach dem Verbrechen erhielt die Familie Lindbergh noch immer Nachrichten von dem »Baby«.

Die fünf Lindbergh-Kinder wuchsen praktisch denkend auf, aber naiv, großmütig aber vorsichtig, fleißig aber selbstkritisch. Jedes wurde ange-

halten, ungewöhnlich freundlich und höflich zu sein, und jedes entwik-
kelte von Natur aus ein starkes Bedürfnis nach Abgeschiedenheit. Sie erb-
ten alle die Feinfühligkeit ihrer Mutter und die Vitalität ihres Vaters; die
Jungen wurden männlich-gelassen, die Mädchen sehr weiblich und doch
energisch. Die Lindbergh-Kinder wuchsen in einem Haus mit viel Liebe,
aber wenig Zuwendung auf, und erlebten eine Ehe, die so stark war, daß
sie sie oft ausschloß. Schon in frühen Jahren ermutigte man sie, ein eigenes Leben zu führen und das Nest zu verlassen. Sie wollten unbedingt
etwas leisten und machten ihre ersten Schritte instinktiv auf Gebieten,
die ihren Vater interessierten, wo sie aber nicht gegen ihn oder die Erinnerung an ihn antreten mußten.

Wer in der Familie Lindbergh mündig wurde, sah sich einem wahren
Hagel von Briefen des Paterfamilias ausgesetzt, Predigten über alles und
jedes, über Geld, Sexualität, Beruf und das Verhältnis zur Presse. Obwohl
Jon, als er die Universität Stanford besuchte, schon ein hervorragender Pilot war, galt seine Leidenschaft seit den Kindertagen auf Illiec dem Meer.
Charles wollte den Sohn von einem mit den Leistungen des Vaters be-
frachteten Beruf befreien und sagte: »Ich würde die Fliegerei nicht zu meinem Beruf machen. Viel von dem, was mich früher am Fliegen fasziniert
hat, gibt es heute nicht mehr. Vor 30 Jahren war es eine Kunst, ein Flugzeug zu fliegen. Die Luft war so voller Abenteuer und Unerforschtem wie
Nordamerika 100 Jahre nach Kolumbus... Ich würde wahrscheinlich deinen Spuren zu den Ozeanen folgen, im Vertrauen darauf, daß Glück und
Phantasie zusammenwirken, um den von mir damals eingeschlagenen
Kurs zu rechtfertigen.« Neben dem Studium ging Jon bergsteigen, übte
sich in Fallschirmspringen und wurde Reservist der Kriegsmarine. Er überlegte ernsthaft, ob er Stanford nach dem zweiten Jahr verlassen sollte, wie
sein Vater Wisconsin; aber Lindbergh erinnerte seinen Sohn, daß seine Noten in Wisconsin ihm damals keine andere Wahl gelassen hatten.

Jon blieb in Stanford, zog aber aus dem Schlafsaal aus und baute sich in
den Ausläufern des Coast Range, ein paar Meilen vom Campus entfernt,
ein Zelt auf. Nach seinem Abschluß in Meeresbiologie studierte er an der
Universität von Kalifornien in La Jolla weiter und arbeitete drei Jahre als
Froschmann bei der Navy, wo der Sprengladungen entschärfte. Drei Monate vor dem Examen heiratete er seine ehemalige Schulkameradin Barbara Robbins, die Tochter eines Bergwerksingenieurs aus Chicago. Charles
und Anne freuten sich sehr über seine Wahl und strahlten noch mehr, als
sie im nächsten Jahr Großeltern wurden.

Kurz vor der Geburt äußerte Charles ungefragt seine Ansicht, man solle
das Neugeborene, falls es ein Junge würde, nicht Charles nennen. »Wie
Du weißt«, schrieb er, »hieß Dein älterer Bruder Charles junior. Wenn
Du Deinen ersten Sohn Charles nennst, würde das zweifellos die unerwünschte und gefährliche Aufmerksamkeit der Zeitungen wecken, die

ihn mit der Tragödie von 1932 in Zusammenhang brächten – welche ihrerseits vielleicht durch übertriebene Publicity verursacht worden war.« Der Rat war nicht nötig. Die jungen Lindberghs nannten das Mädchen Christine. Sie war noch keinen Monat alt, als Charles schon schrieb, er werde für Jons Kinder Geld anlegen.

Land folgte Jon nach Stanford und arbeitete jedes Jahr im Sommer auf einer Ranch, mal in British Columbia, ein andermal in Liberia – Jobs, die ihm sein Vater vermittelte. Er arbeitete hart, lehnte besondere Vergünstigungen beim Schlafen oder Essen ab und hauste und futterte mit den Cowboys und den Farmarbeitern. Als er seinen Abschluß machte, war er entschlossen, seine Leidenschaft zum Beruf zu machen. Als Land und Jon verkündeten, sie wollten zusammen eine Ranch kaufen, die Land betreiben sollte, befürwortete der Vater dies voll und ganz. Lindbergh wußte um den Reiz eines solchen Lebens, warnte aber seine beiden Ältesten dennoch: »Ihr habt beide einen tiefschürfenden, logisch denkenden, durchdringenden Verstand, der womöglich unruhig wird, wenn man ihn auf einer Kuhweide hinter Stacheldraht einzusperren versucht – selbst wenn es eine große Weide ist.« Nachdem er in einem langen Brief beide Seiten des Themas erörtert und die Jungen gebeten hatte, den Ort so zu wählen, daß er im Fall eines Atomkriegs außerhalb des größeren Fallout-Bereichs lag, bat Lindbergh, sich an dem Unternehmen beteiligen zu dürfen.

Die drei jüngeren Lindbergh-Kinder wuchsen weniger einsam auf als die Älteren, zahlten aber auch ihren Preis dafür, Kinder berühmter Eltern zu sein. Am empfindlichsten reagierte die junge Anne auf das Problem, einen prominenten Vater zu haben, auf dieses Gefühl, »anders« zu sein. Ansy, eine bezaubernde kleine Blondine, bewahrte sich immer ein bescheidenes Auftreten, auch als sie sich im Studium, beim Sport und in der Musik hervortat – sie spielte Flöte und Klavier –; aber oft hatte sie das Gefühl, aller Augen ruhten nur auf ihr, weil sie eine Lindbergh war. »Ich wollte, ich wäre die Tochter eines Schuhmachers!« sagte sie eines Tages wütend zu ihrem Vater und erzählte, ein Journalist von *McCalls* habe nur deshalb über ein Abendessen, zu dem ihre Lateinklasse eingeladen hatte, berichtet, weil die älteste Lindbergh-Tochter daran teilnahm.

Schlimmer als ihres Vaters dominante Allgegenwart war für sie seine häufige Abwesenheit. Jahre später las Ansy einige ihrer Tagebücher aus den 50er Jahren und wunderte sich, wie wenig darin über ihn geschrieben stand, obwohl sie sich deutlich erinnerte, »daß ich unaufhörlich an ihn dachte«. Zwei Jahre lang schrieb sie Briefe an eine imaginäre Freundin namens Carolyn und kürzte diesen Namen in der Anrede ab: »Liebe Cal!« Erst viele Jahre später fiel ihr auf, daß sie eigentlich an Charles A. Lindbergh geschrieben hatte: C. A. L.! 1958 ging sie nach Radcliffe.

Scott Lindbergh war das komplizierteste unter den Lindbergh-Kindern, der empfindsamste der Jungen. Die Geschichten, die er als Kind schrieb, waren stets voller Zauberei und exotischer Hintergründe; gleichzeitig faszinierten ihn technische Probleme. Voller Bewunderung schrieb Charles über ihn an Anne: »Ich kenne niemanden, keinen Erwachsenen und kein Kind, der wie er auch bei scheinbar hoffnungslosen Fällen den Mut nicht verliert – er legt da erst richtig los, wo ich sagen würde: ›Hol's der Teufel, morgen ist auch noch ein Tag, jetzt schlaf' ich erst mal drüber.‹ Und meistens hat er Erfolg.« Und doch war in Scott eine wachsende Unruhe, ein immer heftiger werdender leiser Trotz, den Charles glaubte brechen zu müssen. Mit ihm war er am strengsten.

Anne schlug sich auf seine Seite. Und hier behauptete sie sich wohl zum erstenmal gegen Charles, als sie ihm sagte, daß es gefährlich sei, Scott immer nur schlechtzumachen. »Hat dich dein Vater etwa so behandelt?« fragte sie Charles rhetorisch und ahnte nicht, daß C. A. noch viel schlimmer gewesen war. »Scott braucht Unterstützung und darf nicht immer niedergemacht werden.« Charles hielt dagegen, Scott müsse »lernen zu denken – nicht nachlässig zu sein... Sein Leben kann davon abhängen«, besonders in diesen gefährlichen Zeiten. »Die Technik vergißt nicht«, sagte er.

»Das Unbewußte auch nicht«, schnappte Anne zurück. Wütend fragte sie: »Was meinst du, was mit einem Menschen passiert, wenn alles, was er tut, als falsch bezeichnet wird?« In Scotts Fall sorgte sein Unbewußtes dafür, daß sich die Prophezeiungen erfüllten – er verlor ständig Brieftaschen und Kleidungsstücke, kam zu spät und zauderte bei allem. An der Schule war er nicht beliebt und als »ulkiger Vogel« verschrien – noch ein Ruf, dem er gerecht werden mußte.

Reeve, die Jüngste, kämpfte ihr Leben lang einen aussichtslosen Kampf. Sie hatte große blaue Augen und blonde Locken, nahm es, kaum hatte sie die ersten Worte gelernt, mit der Sprache übergenau und schien ihre Hauptaufgabe darin zu sehen, ihre umherstreunenden Familienmitglieder zusammenzutreiben. Als kleines Kind sagte sie einmal zu ihrer Mutter: »Wenn du... Vater findest, sag ihm, *irgendwann* muß er heimkommen!« An dieser Meinung sollte sich im Laufe der Jahre wenig ändern.

Lindbergh bekam ein besseres Verhältnis zu seinen Kindern, als sie heranwuchsen; er fand sie interessanter, als sie unabhängiger wurden. Bei seiner Frau sah er das nicht immer so. Der neue Freundeskreis, den Anne sich schuf, interessierte ihn kaum. Diese Menschen schienen ihm zimperlich, übertrieben vornehm, hatten wenig praktische Erfahrung und neigten dazu, immer alles zu hinterfragen und endlos über »Beziehungen« zu sprechen. »Du hast so viele Orchideen in deinem Leben«, beklagte er sich einmal bei ihr. »Du solltest mal ein paar Kohlköpfe ernten.«

Anne widersprach ihm nicht. Sie war sich dessen bewußt, daß sie Trost darin fand, bei exaltierten Frauen den Analytiker und das Kindermädchen zu spielen. Auch Männern gegenüber öffnete sie sich zum erstenmal.

Einige depressive Freunde wurde von diesem plötzlichen emotionalen Angebot angezogen wie von einem Magneten. Der Mann einer guten Freundin begann mit Anne zu korrespondieren und schüttete ihr sein Herz aus; und Corliss Lamont, der seit seiner Kindheit nach Anne schmachtete, tauchte wieder auf und gestand ihr seine unsterbliche Liebe. Charles erkannte nicht, wie dringend seine Frau solche Bewunderer brauchte, und hatte wenig Verwendung für Leute, die, so fand er, Annes Zeit mit ihren Problemen vergeudeten. Er nannte sie »lahme Enten«.

Lindbergh ordnete sogar Dr. Atchley in diese Kategorie ein. Und so achtete er nicht auf den regelmäßigen Austausch von Atchleys gelben Briefchen und Annes »blauen Vitaminen«. Er wußte nicht, daß sie fast jeden Morgen miteinander sprachen und sich still und heimlich um die Einsamkeit des anderen kümmerten. Es blieb nicht bei den häufigen Besuchen in der Praxis; sie fingen an, sich in der Öffentlichkeit zusammen zu zeigen, bei Dinnerparties, in Restaurants und im Theater. Katherine Hepburn, eine Freundin und Patientin von Dr. Atchley, sah sie gelegentlich miteinander in der Stadt. »Aber natürlich«, nahm sie an, »sind die beiden zu anständig, um ihren Gefühlen freien Lauf zu lassen.« Doch da täuschte sich Miss Hepburn.

Ganz Englewood sprach davon, daß Atchleys Ehe in allen Fugen krachte, weil seine Frau ihn aus Rache für eine heimliche Affäre vor anderen Leuten schlechtmachte. »Niemand weiß, mit wem er liiert ist«, bekundete der Schriftsteller James Lord. Obwohl das Wartezimmer des Arztes in Manhattan zu einem Harem voller Verehrerinnen geworden war – darunter so begehrenswerte Frauen wie die Hepburn und die Garbo –, hatte sich Dr. Atchley in Anne Lindbergh verliebt.

Die Freundschaft dieser beiden sehnsuchtsvollen Seelen erblühte 1956 zu einer Liebesgeschichte, die mehrere Jahre andauern sollte. »Ich wollte, ich könnte jetzt einen schönen, langen Spaziergang in der trockenen, kalten Luft machen und dann zu einem warmen Feuer und einem Martini (oder zwei) heimkommen und reden, reden, reden«, schrieb er auf dem Höhepunkt ihrer Beziehung. »Ich bin voll von Menschen mit Problemen... und dein Witz, deine Wärme und Weisheit würden alles lösen.« Die meisten Briefe aus dieser Zeit sind diskrete Ergüsse, wie sehr er sich nach ihrer Nähe sehnte, und wie betrübt er war, wenn sie getrennt waren.

Anne gestand ihren Ehebruch nur ihrer Schwester und einer Handvoll anderen Vertrauten. Ihre Tochter Ansy stolperte eines Tages darüber, kurz bevor sie nach Radcliffe ging, und fragte sich immer, ob ihre Entdeckung zufällig gewesen war. Auf einem Tisch sah sie einen ungeöffneten Brief mit der Adresse »Anne Lindbergh« liegen und nahm an, er sei an sie gerichtet. »Ich war schon mittendrin in diesem offensichtlichen Liebesbrief«, berichtete sie später, »als Mutter reinkam und sagte: ›Ich glaube, der gehört mir.‹« Erst nachher bemerkte ihre keineswegs verlegene Mutter: »Den hättest du eigentlich nicht sehen sollen.«

Viele Jahre später äußerte sich Reeve Lindbergh darüber, wie schwierig es für Ansy gewesen sein mußte, im Schatten ihrer Mutter aufzuwachsen und denselben Namen zu haben. Vielleicht war es aber für die Mutter, die die Wechseljahre durchlebte und ihre schöne und brillante Tochter heranwachsen sah, noch schwieriger. »Ich glaube«, erinnerte sich Ansy, es war für Mutter wichtig, daß ich von ihrer Affäre mit Dr. Atchley wußte. Vater wußte meines Erachtens nichts davon... oder wollte nichts davon wissen. Er wußte, daß Mutter ihn liebte und ihn nie verlassen würde, mehr brauchte er nicht zu wissen.«

Auf dem Höhepunkt der Beziehung im Sommer 1956 verlor Anne ihren Ehering. Die Freudschen Auslegungen waren ihr sehr wohl bekannt. »Es gibt keine Zufälle in der Psychiatrie«, schrieb sie ihrer Schwester Constance.

Einige Monate später mietete Anne eine kleine Wohnung in New York. Sie gab weder ihr Haus noch ihre Familie in Connecticut auf; das Apartment verschaffte ihr nur »einen neuen Rahmen, um Menschen zu treffen, und die Möglichkeit, einmal für eine Nacht zu flüchten«. Dr. Atchley wurde zu einem häufigen Gast bei stillen Abendessen und Martinis und auch bei den Frühstücken, zu denen sie ab und zu ihre vertrautesten Freunde einlud. Die Briefchen, die weiterhin zwischen ihnen hin- und hergingen, lassen eine tiefe, erfüllte Liebe ahnen, die, so schrieb Atchley, »der wichtigste Grund dafür ist, daß ich mich meines Lebens freue... wunderbar, wenn sie einem Menschenwesen widerfährt – und so wenige haben dieses Glück.«

Ende 1958 sah Annes Leben beträchtlich freundlicher aus als am Anfang des Jahrzehnts. Sie arbeitete wieder und versuchte sich an erzählender Prosa. Nur ihre Ehe blieb problematisch, und einigen Freunden gegenüber erwog sie eine Scheidung.

Doch sie kehrte innerlich zu ihrem Mann zurück. Und zwar, wie ihre Tochter Reeve feststellte, »weil Mutter wieder ihr härenes Gewand trug und Gefallen an der elenden Situation fand«. Obwohl die Ehe ihr ständig Schmerzen und Ruhelosigkeit bescherte – und zwar buchstäblich: Kopfschmerzen, Verstopfung und Schlaflosigkeit –, schrieb sie ihrer Schwester: »Ich muß die Tatsache akzeptieren, daß mein Mann so gänzlich anders ist als ich – er findet woanders Anregungen, nimmt anders Kontakt mit Menschen auf, erholt sich anders.« Sie erkannte, daß sie in mancher Hinsicht »schlecht zusammenpaßten«. Aber wenn sie auf diese 30 Jahre zurückblickte, merkte sie, daß sie ihre Ehe nicht nur nicht beenden wollte, sondern daß sie offenbar auch die Art von Ehe hatte, die sie brauchte. Sie beendete die Affäre mit Dr. Atchley und ließ sie in eine warme Freundschaft münden.

»Es gab zwei Sonnen an unserem Himmel«, schrieb Reeve einmal über die Erfahrung, als Lindbergh-Kind aufzuwachsen. Ab Ende 1958 gingen diese beiden Sonnen meistens über zwei verschiedenen Kontinenten auf.

18
ZUSAMMEN ALLEIN

»Die wirkliche Freiheit liegt in der Wildnis,
nicht in der Zivilisation.«

C. A. L.

C. ändert seine Lebensweise nicht und ist weiterhin die meiste Zeit
fort von zu Hause«, erklärte Anne in ihrem Tagebuch am 12. Februar
1959. »Ich muß wie eine Witwe überlegen, wie ich mein Leben bereichern
kann.« Damit meinte sie mehr als im Garten arbeiten, einkaufen und
noch mehr Zeit mit der Familie verbringen, »um mich aufzuheitern«. Sie
brauchte einen neuen Hund als Beschützer und begann alleinstehende
Männer zu sammeln, die sie zu Essenseinladungen, ins Theater und zum
Skifahren begleiten konnten. »Es ist alles ziemlich sinnlos«, gestand Anne
angesichts der Tatsache, daß sie nur die Wahl hatte zwischen einem Ehemann, der ab und zu auftauchte, und gar keinem. Seit Beginn ihrer mär-
chenhaften Romanze waren die Lindberghs einander nie so fremd gewesen.

Als die Kinder nach und nach ihr Zuhause verließen, fühlte sich Charles
immer unabhängiger und freier. Er tingelte durch die Welt und schien so
aktiv zu sein wie in seiner Jugend. Der Psychiater John Rosen meinte, »er
läuft vor dem Alter und der Nähe davon«. Als Anne ihre Therapie bei
Dr. Rosen beendet hatte, dachte sie, daß Generationen von Lindberghs
ständig in Bewegung geblieben waren, um ihren Gefühlen nicht auf den
Grund gehen zu müssen. Sie glaubte, Charles zwanghafter Reisetrieb habe
mit dem Verlust seines Erstgeborenen zu tun, dessen Tod er nie richtig be-
trauert hatte.

Im Frühjahr 1959 überlegte Anne, ob sie mit Helen und Kurt Wolff in
die Schweiz reisen sollte, aber Charles mischte sich ein und schlug vor, sie
beide sollten doch ein eigenes Chalet mieten. Anne willigte ein, weil sie
hoffte, dort vielleicht mehr mit ihrem Mann zusammensein zu können als
zu Hause. Im Juli zogen sie im Kanton Waadt in ein neuerbautes »Wohn-
block«-Chalet aus Beton. Die Lindberghs wohnten im dritten Stock, ein

paar einfache Räume mit einem modernen Bad und einer Eingangsdiele. Anne schien das ein hoher Preis zu sein, nur um ein wenig Zeit mit ihrem Mann verbringen zu dürfen; aber als sie am Mittag nach der nächtlichen Ankunft erwachte, hob sich ihre Stimmung sofort. Der atemberaubende Blick aus dem Fenster zeigte das tiefe Tal, in das sie eingebettet lagen, zwischen der Rhône unten und den schneebedeckten Bergen oben. Noch bevor der Tag sich neigte, hatte Anne das Schloß besichtigt, in dem Rilke seine letzten Gedichte geschrieben hatte, und den kleinen Friedhof, auf dem er begraben liegt.

Die Lindberghs hatten sich noch keine Woche in ihrem »Balkonleben« eingerichtet, als die Wolffs sie schon einluden, einen ihrer Autoren zu besuchen, den berühmten Schweizer Psychologen Carl Gustav Jung. »Der große alte Mann mag bemerkenswerte Besucher recht gern, besonders Amerikaner«, schrieben sie Anne. »Und Sie und Charles finden ihn bestimmt faszinierend.« Die beiden Lindberghs nahmen die Einladung erwartungsvoll an. Anne interessierte sich besonders für seine Abwendung von der Freudschen Analyse und seine Theorien vom kollektiven Unbewußten, das sich in archetypischen Bildern und Symbolen manifestierte.

Sie besuchten die »alte Eidechse«, wie Anne ihn beschrieb, in seinem Haus am See in Bollingen. Charles glaubte bei ihm sofort »Spuren von Mystizismus und Größe« zu spüren, »manchmal vielleicht auch vermischt mit Scharlatanerie«. Als sie in seinem kleinen Salon saßen, fragte Lindbergh den 75jährigen Jung, warum er lieber unten am Wasser wohne als oben in den Bergen. Jung erklärte, er fühle sich dem See da vor ihnen verbunden, weil seine Tiefen ihn an die verschiedenen Ebenen des menschlichen Unterbewußtseins erinnerten. Helen Wolff interessierte die Frage nicht weniger als die Antwort. »Der Adler und der Fisch«, dachte sie bei sich.

Jung wechselte abrupt das Thema und sprach über fliegende Untertassen. »Ich hatte ein spannendes Gespräch über die psychologischen Aspekte der zahlreichen, immer wiederkehrenden Berichte über fliegende Untertassen erwartet«, berichtete Lindbergh später. Aber zu seinem Erstaunen glaubte Jung all diese Berichte und war an Fakten mindestens genauso interessiert wie an den psychologischen Seiten dieses Phänomens. Als Lindbergh ihm erzählte, daß die Air Force der Vereinigten Staaten Hunderte von Meldungen überprüft und nicht die Spur eines Beweises für übernatürliche Erscheinungen gefunden hatte, ließ Jung merken, daß er das Gespräch nicht fortführen wollte. Er verwies auf ein Buch von Donald Keyhoe – das war der Pilot, der Lindbergh 1927 auf seiner Tour durch die 48 US-Bundesstaaten begleitet hatte – mit zahlreichen Augenzeugenberichten über UFOs. Als Lindbergh sagte, Keyhoe habe offenbar mehrere Nervenzusammenbrüche gehabt, erwiderte Jung: »Das glaube ich gern.«

Lindbergh fügte noch hinzu, er habe mit General Spaatz, dem Oberbefehlshaber der Air Force, über die neuerliche Flut von UFO-Berichten gesprochen. »Slim«, habe Spaatz gesagt, »meinen Sie nicht, wenn an dieser Fliegenden-Untertassen-Geschichte etwas Wahres dran wäre, daß Sie und ich dann schon etwas davon mitbekommen hätten?« Jung beeindruckte das gar nicht. »Es gibt viel auf dieser Erde«, sagte er und beendete damit ihr Gespräch, »von dem Sie und General Spaatz nichts wissen.«

Auch wenn Anne von ihrem Mann in diesem Sommer kaum mehr sah, als wenn sie in Connecticut geblieben wäre, führte das Schweizer Refugium doch dazu, daß Charles' Vorschlag, sie sollten das Haus in Darien für einige Zeit aufgeben und sich in Waadt ein eigenes Chalet bauen, nicht mehr ganz so überraschend kam. Jetzt, wo zwei Kinder verheiratet und zwei andere auf dem College waren, hatte Anne schon gemerkt, daß das große Haus im Grünen immer unpraktischer wurde. Sie hoffte, daß die »unvertraute Umgebung und das fremde Land«, ihr »einen neuen Blick auf unser Leben« ermöglichen würde, »und auf die nächste Etappe, das Leben ohne Kinder«. Sie erklärte sich einverstanden, das Haus in Darien einem Hausmeister zu übergeben, und wohnte 1960 fast das ganze Jahr in Waadt.

Die Lindberghs lebten noch immer die meiste Zeit des Jahres getrennt und sahen einander nur, wenn sich ihre Reiserouten kreuzten. So kam es, daß er einige qualvolle Liebesgeschichten in Ansys Leben nicht mitbekam und kein Verständnis dafür hatte, daß sie eilends Notsitzungen bei Dr. Rosen brauchte oder in Frankreich Flöte studieren mußte, ehe sie wieder nach Radcliffe ging. Er versäumte Scotts Abschluß an der High-School in Darien und die Entscheidung über seine weitere Ausbildung am Amherst College. Und er verpaßte die Hochzeit seines Sohnes Land mit Susan Miller, einer Cousine von Jons Frau.

Trotz Charles' sporadischer Anwesenheit hatte Anne immer angenommen, er würde, wenn nicht in gesunden, so doch in kranken Tagen für sie da sein. Im Frühling 1969 wurde sie eines Schlechteren belehrt. Sie hatte sich einer Operation am Knie zu unterziehen, die komplizierter war als erwartet, und mußte unter dem wachsamen Auge von Dr. Atchley in der Privatklinik *Harkness Pavilion* wochenlang das Bett hüten. Obwohl Charles von der Operation wußte, tauchte er nicht auf. »Wo bist du?« rief sie in einem pathetischen Brief an ihren Mann zwei Wochen nach dem Eingriff. »Du weißt, ich habe die Operation auf die leichte Schulter genommen, aber ich hoffte, Du wärst rechtzeitig hier, um mich abzuholen. Natürlich kann ich… einen Wagen bestellen, aber ich habe mir so gewünscht, daß Du es machst. Es würde mir sehr helfen… bitte, komm heim, sobald Du kannst. Jetzt brauche ich Dich.«

Lindbergh kam erst Wochen später und »wunderte« sich, als er seine Frau nicht in Darien antraf. Am nächsten Morgen rief er in der Klinik an und fragte nur: »Kommst du eigentlich gar nicht mehr nach Hause?!« Sie mußte zwei Monate lang an Krücken gehen und mehrere Monate am Stock und fand in dieser Zeit fast keine Unterstützung bei ihm. Er bekam wieder Wutausbrüche und explodierte vor Zorn, weil sie »aus einer Mücke einen Elefanten machte« und so »schwerfällig« war, weil sie ihr Leben schlecht organisiert hatte und soviel Zeit vergeudete. Seine »Predigten« enthielten einen wahren Kern und machten sie mundtot. Aber sie war wütend, weil er nicht spürte, daß nur ihre ständige Anwesenheit zu Hause ihm erlaubte, mit tausend Aufgaben durch die Lande zu reisen. Zum Beispiel hatte er alle Zeit der Welt, seinen sterbenden Onkel Charles Land zu betreuen.

Eigentlich suchte Charles, während er den 82 Jahre alten »Brother« in ein Sanatorium nach Luzern brachte, nach einem Grundstück in der Schweiz, um für Anne ein Chalet zu bauen. Auf der Südseite der Monts de Corsier, keine 20 Minuten oberhalb von Vevey, stieß er auf ein mehrere Morgen großes Gelände und kaufte es auf der Stelle für 20 000 Dollar. Es lag abgelegen inmitten von Feldern und Wiesen voller Getreide und Vieh, mehr als 800 Meter über dem Meeresspiegel, und bot einen weiten Blick über den Genfer See, das Rhônetal und die Alpen. Auf der Rückseite grenzte es an eine grüne Weide, die sich bis zum Fuß einer steilen Felswand hinzog und von einem Buchen- und Kiefernwald gekrönt wurde. »Ich brauche deine Hilfe…« um ein Chalet zu entwerfen«, schrieb Charles begeistert nach Darien, obwohl er es im Geiste schon gezeichnet und sich mit einem Baumeister beraten hatte.

Im Sommer 1962 begann man mit der Errichtung des einfachen, zweigeschossigen Baus. Das Hauptgeschoß, 7 mal 7,5 Meter groß, bestand aus einem Schlafzimmer, einem Bad und einer Kombination aus Wohnzimmer und Küche; unten lagen die Garage und zwei kleine Schlafzimmer. Während der Bauzeit mieteten sie ein Chalet im benachbarten Kanton Fribourg und schauten zu, wie das neue Haus wuchs.

Damit nicht genug mit Lindberghs Plänen. Besessen von dem Wunsch, sein Leben zu rationalisieren, hatte er kurz zuvor an General Wood geschrieben: »Je weniger ich habe, desto zufriedener bin ich.« Vor diesem Hintergrund wollte er sein viereinhalb Acres großes Grundstück in Scott's Cove teilen, das Haus verkaufen und daneben ein kleineres für sich und Anne bauen. Er kritzelte zwei Seiten mit Einzelheiten voll, deren Leitgedanken waren: »Betonen, daß es klein ist; es muß einfach zu bauen und zu erhalten sein; schlichte Proportionen und Materialien; es muß zum Wald, zu den Gezeiten und zu der natürlichen Umgebung passen.« Die Liste seiner Forderungen war immerhin so detailliert, daß sie Korkstöpsel für Waschbecken und Badewanne vorsah anstelle eines Mechanismus, der ausleiern konnte, sowie einen Haken am Dach für einen Flaschenzug, mit dem man große Möbelstücke ins obere Stockwerk hieven konnte.

Anne versuchte herauszufinden, was diese plötzlichen Veränderungen für ihrer aller Leben bedeuteten. »Wir können nicht alle wieder nach Europa ziehen«, dachte sie, »wenn wir gerade erst nach Amerika heimgekommen sind. Das ist kein Zuhause für eine Familie, worüber wir da nachdenken, nicht einmal ein Sommerhaus. Es wäre zu klein und zu weit weg. Wird es unser Alterswohnsitz, wenn die Kinder fort sind? Wird es ein Unterschlupf in Europa für C.? Ein Haus, in dem ich schreiben kann?« Als sie erkannte, daß vor ihr unausweichlich eine Phase des »Alleinlebens« lag, stimmte sie den Schweizer Plänen zu und überließ sich dem Traum, daß sie und Charles vielleicht einen Teil ihrer Ehe wiederfinden könnten, den sie offensichtlich verloren hatten. Der Umzug aus ihrem jetzigen Haus in Scott's Cove in ein kleineres schien ihr nur ein Abstieg gegenüber ihrem früheren Leben zu sein. »Das Chalet jedoch klingt nach einer Ausweitung des Lebens«, schrieb sie, »vielleicht nach einem neuen Leben.«

Charles und Anne zogen im Frühjahr 1963 ein, und sie machte das Chalet bald zu einem warmen, einladenden, gemütlichen Heim. (Ein paar Jahre später bauten sie weiter oben auf dem Hang ein Einzimmerchalet, damit Anne einen Platz zum Schreiben hatte.) Ende des Jahres war auch das Haus in Darien mit seinen drei kleinen Schlafzimmern fertig.

»Für einen Mann, der ein einfaches Leben wollte«, meinte Land Lindbergh später, »blieben die Verhältnisse noch immer sehr kompliziert. Vater gab sich so viel Mühe, diese kleinen Häuser zu bauen, richtige Enklaven... aber er merkte, daß es ihn dort nicht hielt. Spätestens nach ein paar Wochen mußte er wieder weg. Das Leben, das er für seine Familie eingerichtet hatte, paßte nicht zu ihm.« Da das neue Chalet allen Familienmitgliedern einen Stützpunkt in Europa bot, steigerte es noch die Instabilität, die Anne so beunruhigte. »Das Chalet zeigte uns«, schrieb sie, »wie frei das Leben in einer kleineren, kargeren Umgebung sein kann, wie überlastet vor lauter Hab und Gut und Tradition unser Leben in dem alten Familienhaus in den letzten 20 Jahren geworden war.« Aber dieses zusätzliche kleine Haus machte sie nur noch mehr zum Opfer jener Lebensgewohnheit ihres Mannes, die sie am meisten verabscheute, daß sie sich nämlich losreißen mußte, wenn sie sich gerade zu Hause fühlte.

Da sie nun auf zwei Kontinenten lebten, wurde die Kommunikation zwischen ihnen immer spärlicher. Obwohl sie von den Briefen, die sie einander noch immer regelmäßig schrieben, zwei Durchschläge machten und einen an jedes Haus schickten, schienen mehr Nachrichten verlorenzugehen als anzukommen. »Ich weiß genau, daß ich in einigen Jahren fast immer allein leben werde«, schrieb Anne ihrer Freundin Mina Curtiss 1961. Sie stellte sich schon darauf ein, indem sie eigene Pläne machte. Eines Abends rief Charles aus Deutschland an und wollte am Wochenende mit Anne, die gerade in der Schweiz war, Ski fahren gehen; aber sie hatte sich schon für zwei Wochen in einem Hotel in Locarno angemeldet. Obwohl sie vor Enttäuschung über den geplatzten »Traum einer geteilten Freude«

weinte, änderte sie ihre Pläne nicht. »Es war sehr traurig, heimzukommen und zu merken, daß Du schon weg warst«, schrieb Anne an Charles, als sie wieder einmal nach Connecticut heimkehrte, »nur der Anzug für die Reinigung lag noch auf Deiner Seite des Bettes!«

Ende 1963 hatte die junge Anne ihr Liebesleben soweit in Ordnung gebracht, daß sie Radcliffe verließ und nach Frankreich zurückkehrte. Sie hatte sich dort in einen französischen Studenten verliebt, den Sohn eines Pariser Universitätsprofessors. Sie und Julien Feydy heirateten standesamtlich im Rathaus von Douzillac im Department Dordogne, wo Professor Feydy ein Schloß besaß. Obwohl Lindbergh große Vorbehalte gegen die Heirat seiner 23jährigen Tochter hatte – vor allem wegen ihrer bisherigen Unbeständigkeit in Liebesdingen –, nahm er an der Seite seiner Frau an der Hochzeit teil. Als sich das junge Paar in Frankreich an das Eheleben gewöhnt hatte, äußerte die Mutter der Braut einige provozierende neue Gedanken über die Ehe, besonders über ihre eigene. »Ich glaube nicht, daß es in der Ehe um Glück geht«, schrieb sie Ansy und hob andere Qualitäten hervor, zum Beispiel die gegenseitige Herausforderung, und daß es nie langweilig werden dürfe. »Eigentlich fange ich nach all diesen Jahren gerade erst an, Deinen Vater zu verstehen – und er vielleicht auch mich. (Verstehen ist etwas ganz anderes als das tiefe Band, das immer zwischen uns existiert hat.) »Jetzt, wo er völlig nach seinen eigenen Regeln lebte, fanden sogar die Freunde, die in die ehelichen Spannungen eingeweiht waren, daß Charles so ungezwungen wirkte wie schon seit Jahren nicht mehr. Auch Anne, die nicht mehr jedem seiner Wünsche Folge leistete, strahlte neue Gelassenheit aus.

Lindbergh hatte schon seit langem beschlossen, daß »es nur einen Weg gab, wie ich mich auf meine Hauptanliegen konzentrieren und das Leben führen konnte, an das ich glaubte«: Er durfte keine Reden mehr halten und nicht mehr an öffentlichen Veranstaltungen teilnehmen. Eine Ausnahme machte er allerdings, als er und Anne von John F. Kennedy, dessen Vater ihn einst so hochgeschätzt hätte, ins Weiße Haus eingeladen wurden. Sie waren zu Gast bei einem feierlichen Dinner zu Ehren des französischen Kulturministers André Malraux und übernachteten im Queen's Room. Sie speisten in Gesellschaft von mehr als 100 Gästen aus der Welt der Kunst, der Musik, des Theaters, des Tanzes und der Literatur. Vor dem Essen gab es Cocktails im kleinen Kreis mit den Kennedys, mit Vizepräsident Johnson und seiner Gattin sowie mit Malraux und Mitgliedern der französischen Botschaft.

Der ungezwungene Charme des Präsidenten beeindruckte sie, und auch die hoheitsvolle Schönheit von Jacqueline Kennedy, die in einer langen, steifen, rosafarbenen, schulterfreien Robe in den Raum rauschte, das Haar mit einem Diamantenstern hochgesteckt. Ein paar Minuten später wurden die Lindberghs mit den anderen Gästen in die große Empfangshalle geleitet, in der schon die Elite des kulturellen Lebens versammelt war. Seit Jahren war Anne bei einem gesellschaftlichen Ereignis nicht mehr so vergnügt gewesen und erging sich in Bewunderung, als sie Adlai Stevenson vorgestellt wurde. Plötzlich aber sah sie, wie seine Backenmuskulatur erstarrte – die gleiche Lähmung, die sie im Lauf der Jahre zahllose Male an ihrem Mann beobachtet hatte, wenn die Leute auf ihn zustürzten. Lindbergh setzte sein Standardpartygesicht auf, zurückhaltend, aber höflich. Er war nicht weniger berühmt als alle anderen im Saal, blieb aber von vielen unerkannt, die keine Ahnung hatten, daß der große, schlanke Herr, der seine spärlichen weißen Strähnen über den fast kahlen Kopf gekämmt trug, Charles Lindbergh war. Er saß am Tisch des Präsidenten, zwischen der Gattin des französischen Botschafters und Madame Malraux.

Nach dem Dinner kamen die Trinksprüche – und Kennedy sagte, dies wäre die erste Rede im Weißen Haus über die französisch-amerikanischen Beziehungen, in der Lafayette nicht vorkäme. Dann wanderten die Gäste wieder in den großen Empfangsraum, den man mit Stuhlreihen in einen Konzertsaal verwandelt hatte. Hier, zwischen lauter Berühmtheiten, war Lindbergh plötzlich von Presseleuten umschwärmt. Er erklärte höflich, er gebe nie Interviews und wolle sich zu nichts äußern; aber viele bedrängten ihn weiter, und ihm wurde ungemütlich. Als er von einem Platzanweiser erfuhr, daß sie für das Isaac Stern Trio Plätze in der ersten Reihe hatten, gegenüber einer ganzen Batterie von Kameras, wurde er störrisch und organisierte zwei Plätze weiter hinten. Anne konnte sich nicht recht auf den Schubert einlassen; »ich spürte allzu sehr C.s angespannte Wachsamkeit neben mir.«

Als sich die Gäste nach dem Konzert zerstreuten, wurden die Lindberghs nach oben geführt zu der kleinen Gruppe, die schon vor dem Essen zusammengewesen war. Charles unterhielt sich mit Malraux, der von seiner Zeit als Militärpilot erzählte und wie er aus dem offenen Cockpit mit einer Pistole geschossen hatte. Nach einem Weilchen entschuldigten sich die Lindberghs und erfuhren am nächsten Tag, daß Isaac Stern noch bis spät in die Nacht für die letzten Gäste Geige gespielt hatte.

Sie frühstückten auf ihrem Zimmer und trafen sich dann mit Mrs. Kennedy in dem Erker am Ende der Halle. Sie hatte die beiden Kinder dabei. »Obwohl sie sich vorwiegend mit uns unterhielt«, schrieb Anne in ihr Tagebuch, »vergaß sie sie nie oder schob sie beiseite... Diese Vertrautheit und Nähe zwischen Mutter und Kind kann nicht vorgetäuscht werden. Es beeindruckte mich, daß Mrs. Kennedy diese Nähe trotz ihres Lebens in der Öffentlichkeit und in dieser Umgebung aufrechterhalten konnte.« Auf Vorschlag des Präsidenten verließen die Lindberghs das Haus über sein Büro. So vermieden sie das Photographenspalier vor dem Haupteingang und konnten außerdem noch ein paar private Worte mit ihm wechseln.

»Wir schieden zutiefst dankbar, ja geradezu ermutigt«, schrieb Lindbergh in seinem Dankesbrief. »Die Einladung und der Stil, den Sie ihr zu geben verstanden, hatten ein Format, das grundlegende Werte zutage brachte, und dies in einer Zeit, da solche Werte aus dem modernen Leben zu verschwinden scheinen.« Die Einladung und die erneute Lektüre von Kennedys *Profiles in Courage [Zivilcourage]* ließen Lindbergh »zuversichtlich glauben, daß die Präsidentschaft unseres Landes in den Händen eines Mannes liegt, der sehr wohl über die vordergründigeren Probleme des Tages oder Jahres hinaussieht«. Anne schickte der kleinen Caroline Kennedy ein signiertes Exemplar von *North to the Orient*, und Charles schrieb in *Mein Flug über den Ozean* eine Widmung für ihren eineinhalb Jahre alten Bruder: »Zur Erinnerung an eine frühe Begegnung.«

Wie er vermutet hatte, folgten auf diesen einen öffentlichen Auftritt Dutzende von anderen Einladungen. Lindbergh zog sich in sein Schneckenhaus zurück. Er weigerte sich sogar, bei einem Treffen seiner alten Schwadron der *National Guard* und zu einer Preisverleihung der *American Aeronautical Society* zu erscheinen und ignorierte die Feiern des Luft- und Raumfahrtmuseums zum Gedenken an seinen Flug. Auch Bitten um Interviews für Zeitungen und Fernsehen kam er nicht nach.

Er erhielt noch immer jedes Jahr Tausende von Verehrerbriefen, las aber nur wenige. Die meisten wurden von einem Sekretär abgeheftet und seinen Papieren in der Bibliothek der Yale University einverleibt.

Anne war nicht mehr so scheu und nahm jetzt auch allein Einladungen an. Sie hatte bei dem Malraux-Dinner mit Lady Bird Johnson Freundschaft geschlossen und wurde von der Frau des Vizepräsidenten mehrmals zum Lunch nach Washington eingeladen. Als die Johnsons ins Weiße Haus zogen, standen die Lindberghs hoch oben auf der Gästeliste. 1964 stimmte Lindbergh für LBJ und vermerkte, daß er zum zweitenmal bei einer Präsidentschaftswahl seinen Stimmzettel für einen Demokraten abgegeben hatte. 1960 hatte er halbherzig für Nixon gestimmt. (Obwohl er Goldwater als »wohlmeinend, mutig und anständig« einschätzte, fand er in seinem politischen Redestil »eine Simplizität und Naivität, die ich für äußerst gefährlich halte, besonders in der internationalen Politik«.) Lindbergh war »unterwegs«, als zwei Einladungen aus dem Weißen Haus eintrafen – einmal ein Treffen mit Prinzessin Margaret, einmal eins mit dem Schah von Persien. Anne mußte beide absagen – »da Mr. Lindbergh außer Landes ist und Mrs. Lindbergh nicht weiß, wann er zurückkehrt oder wo sie ihn erreichen kann.«

Mitte der 60er Jahre zog Lindbergh ungebundener denn je durch die Lande. Er ließ seine Mitgliedschaft in vielen Komitees auslaufen, selbst bei solchen, die sich mit der Verteidigung befaßten. Mit dem Überschallprojekt wollte er nichts zu tun haben; über diese Weiterentwicklung in der Flugtechnik war er keineswegs begeistert, räumte aber widerstrebend ein, daß er »keine kluge Alternative dazu« wisse. Die Vorstellung von einem Überschallknall in einer ohnehin lauten Umwelt gefiel ihm gar nicht.

Lindbergh fand, daß sich im zivilen Luftverkehr die Geschwindigkeit, die Sicherheit und der Komfort mittlerweile im Gleichgewicht befanden. Der Flug von New York nach Paris, für den er 33½ Stunden gebraucht hatte, dauerte jetzt mit der Boeing 707-331 sechs Stunden und 45 Minuten, manchmal noch eine Stunde weniger. Die einmotorige *Spirit of St. Louis* mit ihren 450 Gallonen Benzin war abgelöst worden von Superjets mit vier Pratt & Whitney JT4A-9 Turbinenluftstrahltriebwerken – mit einer Flugmasse von 145 000 Kilo, 60mal so viel wie ihre Vorgängerin. Während damals ein einziger Mann Cockpit und Kabine ausgefüllt und gerade noch eine Tüte Sandwiches und ein wenig Notausrüstung hineingequetscht hatte, konnte nun die 707 bequem 20 Passagiere in der Ersten Klasse und 120 in der Touristenklasse unterbringen und sie auch noch mit köstlichem warmen Essen und Cocktails verwöhnen – dazu zwölf Mann Besatzung und 8000 Kilo Gepäck, Frachtgut und Post. Noch vor Ende des Jahrzehnts sollte die Boeing 747, der erste Jumbo, 500 Passagiere auf einmal transportieren. Ihr Rumpf maß rund 70 Meter und war damit fast doppelt so lang wie die Strecke, die die Brüder Wright bei ihrem ersten Flug zurückgelegt hatten.

Nach Jahren beratender Tätigkeit für *Pan American* wurde er nun einer ihrer Direktoren. Die langen Reisen und die Vorstandssitzungen paßten in sein Leben – es waren die einzigen Verpflichtungen, nach denen er seinen Kalender ausrichtete und seine Uhr stellte. Je mehr er auf seinen Reisen sah, desto mehr beunruhigten ihn »die Vielfalt, das Tempo und die Erfolgsvorstellungen unserer Zivilisation«.

Niemand hatte einen größeren Überblick über die physikalischen Veränderungen der Erde im Lauf der letzten vier Jahrzehnte als Charles Lindbergh. Auf seiner 48-Bundesstaaten-Tournee 1927 hatte er die wilden Weiten Nordamerikas so gesehen wie noch kein Mensch vor ihm. »Die vernichtenden Auswirkungen der modernen Wissenschaft und Industrie standen erst am Anfang«, schrieb er später; aber die »Zivilisation« ergriff sehr schnell von Land und Meer Besitz. Und Lindbergh sah sich zunehmend als Mitschuldigen: »Die Naturvölker waren in unserem 20. Jahrhundert auf die Gnade der zivilisierten Welt angewiesen«, schrieb er, »und nichts hat dazu so sehr beigetragen wie das Flugzeug, an dessen Entwicklung ich mitgearbeitet habe. Ich habe mitgeholfen, die Umwelt zu verändern.«

Ebenso schlimm wie das Wachstum der großen Städte fand Lindbergh die Standardisierung. »Die neuen Bauten in Beirut, Rio und Chicago schauen alle gleich aus«, schrieb er. »Die Unruhen und Verbrechen in Washington sind kaum anders als die Unruhen und Verbrechen in Manila.« Ihn »erschreckten die exponentiell anwachsende Kompliziertheit, der Luxus und die Kosten in den Städten – nicht die Kosten an Geld, sondern an unersetzlichen Rohstoffen«.

»Im Laufe meines faszinierenden Lebens«, schrieb Lindbergh Anfang der 60er Jahre, »das mich teilhaben ließ an der Eroberung der Luft und des Weltraums durch den Menschen, habe ich mich oft gefragt, ob Aeronauten und Astronauten eigentlich ein Segen für die Menschheit waren. Heute muß ich das verneinen. Zwar hat das Fliegen die Völker in Friedenszeiten einander nähergebracht, aber diese Leistung wird zunichte gemacht durch das gnadenlose Bombardement im Krieg – ein Töten, das wenig oder nichts zu tun hat mit der natürlichen Auslese der Evolution. Einerseits haben uns die Raketen unerforschte Bereiche des Weltraums zugänglich gemacht, andererseits kann unsere Kultur durch sie innerhalb von Stunden ausgelöscht werden.«

Er glaubte, daß »eine Überbetonung der Naturwissenschaft dem Charakter schadet und das Leben aus dem Gleichgewicht bringt«, und er, der als Junge die Technik angebetet hatte, gestand, wenn er jetzt ein junger Mann wäre, würde er einen Beruf wählen, der ihn mehr mit der Natur in Verbindung brächte als mit der Wissenschaft. Sein neues Idol hieß Thoreau; er las alle seine Werke und schrieb sich die Stellen ab, die ihn am meisten begeisterten. Besonders ein Satz klang in ihm nach: »…in der Wildnis liegt die Rettung der Welt.« Von nun an stellte Lindbergh alle seine Reisen in den leidenschaftlichen Dienst zur Rettung des Planeten. Immer öfter führten ihn diese Reisen in unzivilisierte Gegenden.

Lindberghs alter Freund Jim Newton half ihm, einen neuen Kurs zu finden. Newton war leidenschaftliches aktives Mitglied der Bewegung »Moralische Aufrüstung«, und obwohl er seinen Freund nicht zu dieser, wie Lindbergh fand »fanatischen Ideologie« bekehren konnte, brachte er ihn doch dazu, im Spätfrühling 1961 einigen Versammlungen in Caux-sur Montreux beizuwohnen. Bei einer Sitzung traf Lindbergh eine Gruppe von afrikanischen Delegierten, und einer davon war Jilin ole »John« Konchellah, ein Krieger vom Stamm der Massai. Konchellah hatte noch nie von Lindbergh gehört, und Newton mußte ihm erst beschreiben, um wen es sich handelte.

Lindbergh wollte soviel wie möglich von den Auswirkungen der Zivilisation auf Konchellahs halbnomadisierenden Stamm erfahren, der entlang der Grenze zwischen Kenia und dem heutigen Tansania durch das Rift Valley im Schatten des Kilimandscharo zog. Konchellah berichtete, die Zivilisation habe seinem aus 300 000 Menschen bestehenden Hirtenvolk die Medizin, das Rad sowie das Lesen und Schreiben gebracht, und jetzt könnten sie sich über die Geschichte informieren und einander Briefe schreiben; aber es habe auch Wissen gegeben, ehe der weiße Mann kam. Er kenne die verschiedenen Bäume und ihre Nutzung, die Flüsse, Tiere und Pfade und den Busch. »Und das ist auch eine Ausbildung«, erklärte Konchellah, der in Missionsschulen und Fernkursen unterrichtet worden war. Konchellah, ein moderner »Wilder«, 32 Jahre alt und Vater von fünf Kindern, wurde Sekretär der *Massai United Front* und Mitglied des Parlaments von Kenia.

Konchellah erzählte Lindbergh, die Massai beteten zu einer eigenen Gottheit (die keine menschliche Gestalt hatte), verehrten die Berge und sängen Sonne und Mond an. Die Krieger stünden bei Morgengrauen auf und dankten Gott für das Licht. Diese jungen Männer müßten die anderen Stammesmitglieder vor Tieren und menschlichen Feinden, oft Viehräubern, beschützen. Als Lindbergh fragte, ob er glaube, daß die Erzeugnisse der Zivilisation in Zukunft das Leben verbessern würden, zögerte Konchellah und antwortete dann, er finde, das tradtionelle Stammesleben sei am besten gewesen. Er lud »den großen weißen Flieger« zu sich nach Kenia ein, wo Lindbergh noch nie gewesen war.

Ende 1962 hatte Lindbergh endlich genug Zeit für eine so anstrengende Reise. Er plante keine organisierte Safari, sondern wollte ein Auto mieten und selbst fahren. Es versprach seine exotischste Reise zu werden, und Lindbergh war froh um den Empfehlungsbrief eines Freundes an Major Ian Grimwood, den obersten Jagdaufseher in Kenia. »Ich will in Ruhe reisen, damit ich sehen, denken und schreiben kann«, schrieb er Grimwood. »Ich bin ein ziemlich guter Schütze, aber ich töte nicht gern. Ich hasse touristische Prozeduren und Hotels Erster Klasse. Ich kann mich von fast allem ernähren und schlafe gern auf dem Boden.«

Grimwood ermöglichte Lindbergh Rundfahrten mit Denis Zaphiro, dem Jagdaufseher im südlichen Wildreservat im Distrikt Kajido. Fast zwei Wochen lang flogen und zelteten sie zusammen, bereisten beinahe die gesamte Grenze zwischen Kenia und Tanganjika und besuchten die Nationalparks von Mara im Westen bis zum Amboseli-See.

Doch am aufregendsten fand er den Besuch bei John Konchellah in einem Massaikral in Tanganjika. Mehrere Tage lang lebte er wie ein Stammesmitglied. Wie es Brauch war, wurde er der kleinen, grasbedeckten Hütte der ältesten Frau zugewiesen, die ihn nachts beherbergte und vor ihm sang und tanzte und ihre Halsketten schüttelte. Er wußte nicht recht, wie weit ihre Gunst wohl gehen mochte, nahm sie aber für sich ein, indem er ihr aus Büroklammern Ohrringe bastelte. Die grauhaarige Frau bereitete ihm die Mahlzeiten, darunter auch eine Art von Joghurt – Milch und Blut einer Kuh wurden in eine Kürbisflasche gegossen, die zur Gerinnung mit dem Urin des Tieres ausgespült war; dann wurde die Mixtur zum Räuchern vor ein Holzfeuer gestellt. Einige Tage zog Lindbergh mit den Rinderhirten mit, Männern und Jungen mit dunkelroten Tüchern über dem nackten Leib und Speeren mit langen Spitzen in der Hand. An einem anderen Tag fuhr er John Konchellah zu einer politischen Versammlung in einer Lichtung, wenige Meilen nördlich des Kilimandscharo. Dort stand er als einziger Weißer zwischen mehreren 100 Schwarzen, die ihre Speere in den Boden gepflanzt hatten und auf suaheli und massai Stammesprobleme erörterten. Schon nach zwei Wochen in Afrika fiel Lindbergh der Abschied schwer.

Als sie sich trennten, schenkte Konchellah Lindbergh einen Schild, den er ausdrücklich für ihn angefertigt hatte. Obwohl sie einander erst kurze Zeit kannten, hatte Konchellah Lindberghs Wesen in den Grundzügen klar erkannt und den Schild mit einem Muster bemalt, das den tapfersten Massaikriegern vorbehalten war. »Für einen Mann mit einem solchen Schild gibt es in der Schlacht kein Zurück«, erklärte ihm Konchellah, »ganz egal, wie die Chancen stehen.« Lindbergh wußte das Geschenk zu schätzen.

Im Februar 1964 kam er wieder nach Naibrobi, auch jetzt allein. Bei diesem Besuch fuhr ihn Ian Grimwood in seinem Landrover durch Massailand in der Nähe von Selengai. Eines Tages kamen sie an einem Landrover mit einer Reifenpanne vorbei, dessen Besitzer sich als Dr. Louis S. B. Leakey entpuppte, ein britischer Archäologe und Anthropologe. Sie liehen Leakey ihren Ersatzreifen, und der dankbare Wissenschaftler schlug vor, sich unter günstigeren Umständen noch einmal zu treffen. Ein paar Tage später erschien Lindbergh in Leakeys *Centre for Prehistory and Palaeontology* in Nairobi und ließ sich von dessen jüngsten Ausgrabungen im Olduvai Gorge berichten. Leakey zeigte Lindbergh einen Abdruck vom Schädel eines zweieinhalb Millionen Jahre alten Hominiden, den er vor kurzem gefunden hatte und gerade der Öffentlichkeit vorstellen wollte. Leakeys Frau Mary führte Lindbergh durch ihre Ausgrabungen in Tanganjika, und zwei Monate später besuchten die Leakeys die Lindberghs in Connecticut. Leakey hatte Schwierigkeiten, für die vielen Projekte, die sie betreuten – auch Arbeiten in Indien und Israel sowie Forschungen von Jane Goddall und Dian Fossey zum Verhalten von Primaten – genug Geld aufzutreiben, und hoffte auf Lindberghs Unterstützung. Er sollte *Pan American* dazu bewegen, Reisen nach Afrika zu veranstalten, und dort wollten die Leakeys »Wohnwagenausflüge« anbieten. Lindbergh drängte Juan Trippe, Nairobi anzufliegen.

Ein Jahr später folgte Lindbergh wieder dem Ruf der Wildnis. Bei dieser dritten Reise nach Ostafrika fühlte er sich schon in der Lage, für seine Frau den Führer zu spielen. Charles traf sich mit Anne in Paris, wo er an einer Konferenz über Düsenantrieb im zivilen Luftverkehr teilgenommen hatte, und lud sie zu einem festlichen Essen ein, das eines Ludwig XIV. würdig gewesen wäre. Von dort flogen sie nach Nairobi, mieteten einen Landrover mit Allradantrieb und fuhren in das Land der Massai. In der ersten Nacht schlugen sie ihr Zelt unter Akazien auf, in der Nähe eines drei Meter tiefen Felsabsturzes, und vom anderen Ufer des ausgetrockneten Flußbettes sahen ihnen Elefanten zu. Tierlaute erfüllten die Luft – heulende Hyänen, galoppierende Zebras, trampelnde Nashörner und brüllende Löwen. »In dieser Nacht«, schrieb Lindbergh später, »wurden wir zu einem Teil der Wildnis und lebten wie die primitiven Menschen früherer Zeiten. Meine Zivilisation war jetzt so weit weg von mir wie vor ein paar Tagen bei dem Festessen in Paris die Tiere Ostafrikas.« Am nächsten Morgen fand sich statt der nächtlichen Herumtreiber eine friedliche Viehherde am nahen Wasserloch ein, geführt von Massais mit Speeren, die nur ihre roten Schultertücher trugen. Die Lindberghs verbrachten fast 14 Tage allein in diesem Reich der Tiere. Charles blieb aus beruflichen Gründen noch zwei Wochen in Europa und flog dann heim zu seiner Frau nach Amerika.

Als er am 3. April 1965 in Darien ankam, lag Anne mit über 40 Grad Fieber im Bett. Er brachte sie schnellstens nach *Harkness Pavilion* in New York und überantwortete sie Dr. Atchley, der eine Lungenentzündung diagnostizierte. Solange sie im Krankenhaus lag, las Charles ihr jeden Abend vor; nach drei Wochen holte er sie nach Hause und brachte ihr das Frühstück ans Bett. Seine Aufmerksamkeit überraschte Anne und bestätigte eine wichtige Lektion, die sie in den letzten Monaten gelernt hatte. »In diesem Frühling konnte ich fast zum erstenmal in meinem Leben neben C. A. L. leben, ohne mich seinem Rhythmus anzupassen oder mich schuldig zu fühlen, wenn ich mich nicht anpaßte«, schrieb sie in ihr Tagebuch. Dann gestand sie sich etwas ein, wozu sie 35 Jahre gebraucht hatte: »Krankheit und Genesung geben mir einen guten Grund, meinem eigenen Rhythmus zu folgen und mich (die meiste Zeit) in meiner eigenen Gangart zu bewegen. Und diesen gleichmäßigen Rhythmus muß ich mir auch in gesunden Zeiten bewahren – denn obwohl ich hoffentlich zu mehr imstande sein werde als heute, werde ich niemals mehr fähig sein, mit seinem Rhythmus Schritt zu halten. Im Grunde habe ich es nie gekonnt, aber ich habe es immer versucht.«

Im Oktober 1965 lud Lindbergh seine Kinder und deren Ehepartner ein, einige Wochen mit ihm im südlichen Kenia zu zelten. Für die Kosten wollten hauptsächlich er und Anne aufkommen. Lindbergh flog voraus, auf der neuen Route von *Pan American* (einmal wöchentlich nach Nairobi), und kam am 11. Dezember an. Jon und seine Frau Barbara ließen ihre fünf Kinder für die nächsten Wochen zu Hause in Bainbridge Island, Washington; Anne und Julien Feydy kamen mit Scott, der inzwischen an die Universität Cambridge gegangen war, aus Paris angeflogen, und Anne brachte Reeve mit, die in Radcliffe studierte. Nur Land, der mit seiner Frau und zwei Kindern auf seiner 4000 Acres großen Ranch am Blackfoot River in Montana lebte, hatte dankend abgelehnt, da er wochenlange Strapazen im rücksichtslosen Marschtempo von Vaters Trommel vorhersah. »Ich geh' nicht«, sagte er zu seiner Frau. »Zu viele Menschen und ein zu eiserner Zeitplan.«

Die »patricharchale Safari« war ebenso streng organisiert wie wunderbar. Einen Monat lang lebten die Lindberghs aus zwei Landrovern, die peinlich genau mit vier Zelten, 40 Gallonen Trinkwasser und Konservendosen für mindestens zehn Tage vollgepackt waren. Nachdem sie Nairobi verlassen hatten, verbrachten sie zwei Nächte in der Selengaisteppe, eine Woche im Sumpfland von Kimana und zwei Tage in den Shimaba Hills, wo sich Denis Zaphiro ihnen anschloß. Im Osten fuhren sie bis an den Indischen Ozean und zelteten drei glühendheiße Tage auf einem Strand nördlich von Mombasa. Mit der Sonderlaubnis von John Owen, dem Direktor des Tansania National Parks, blieben die Lindberghs einige Nächte am Lake Manyara, im Ngorongorokrater und in der Serengeti. 20 Meilen fuhren sie durch die Steppe, genau durch das Herz der großen Tierwandergebiete. »Es war so anstrengend«, berichtete eine erschöpfte Anne später ihrer Freundin Lucia Valentine, »daß wir alle abgenommen haben, außer Charles, dem Hitze, Fliegen, Staub, schlechte Straßen, ein langer Tag, Konservennahrung, Zecken und der Mangel an Waschwasser anscheinend nichts anhaben können!«

Charles frohlockte angesichts all dieser Herausforderungen und wurde durch die gewaltigen Naturkräfte, die er da am Werk sah, körperlich und geistig angeregt. Der Überlebenskampf, den er in Ostafrika aus nächster Nähe miterlebte, lieferte ihm mehr Material für das nächste Jahrzehnt seiner Autobiographie als alles andere, was er bisher erlebt hatte. »Für mich vermischen sich in Ostafrika mehr als an jedem anderen Ort der Erde Fremdes und Vertrautes. Nirgendwo sonst kann ich einen vergleichbaren Blick auf die Evolution, die Zeit und den Raum werfen.«

Im September 1962 hatte Lindbergh einen vorgedruckten Brief von einem Vorstandsmitglied des jüngst gegründeten World Wildlife Fund in Washington erhalten, der seine derzeitigen Gefühle in vielen Punkten zum Ausdruck brachte. »Zu wenige Menschen erkennen, daß Hunderte von Arten lebender Geschöpfe in Gefahr sind, ausgerottet zu werden«, stand da. »Die moderne Entwicklung zerstört die natürlichen Lebensräume vieler Vögel und Säugetiere. Das Leben der Wildnis ist bedroht durch das Wuchern der großen und kleinen Städte, durch Straßen und Industrie, durch die mit Abfall aus Industrie und Wohnungen verschmutzten Flüsse und durch die Zerstörung von Feuchtgebieten.« Der Brief sprach von 200 Vogel- und Säugetierarten, die der Mensch bereits ausgerottet habe, und von weiteren 250, die »in Lebensgefahr« seien – darunter der nordamerikanische Kranich, das Javanashorn und die arabische Oryxantilope.

Lindbergh traf sich mit dem Vorsitzenden der Dachorganisation, der *International Union for Conservation of Nature and Natural Resources (IUCN)* – die ungefähr 260 Organisationen in über 60 Ländern beaufsichtigte – in deren Büro in Morges am Genfer See, keine 50 Meilen weit von ihrem Chalet. Bei den nächsten Aufenthalten in der Schweiz bot Lindbergh der Organisation seine Dienste an; er wollte auf seinen Streifzügen rund um den Globus bedrohte Tierarten aufspüren. Lindbergh, der im Jahr bis zu sechsmal um die Welt reiste, fand nun einen neuen Sinn in seinen Reisen und gute Gründe, jedes Land näher in Augenschein zu nehmen. Weniger als ein Jahr nach dem Bittbrief des *World Wildlife Fund* schickte Lindbergh schon Berichte an *IUCN*, in denen er die exotische Fauna eines jeden Landes katalogisierte und die Namen jener Regierungsmitglieder weitergab, die ihrer Sache wohlwollend gegenüberstanden. Im nächsten Jahr beherrschte das Thema Ökologie praktisch all sein Lesen und Schreiben.

Als Fürsprecher des Naturschutzes trat Lindbergh zum erstenmal im Juli 1964 ans Licht der Öffentlichkeit, mit einem Artikel für *Reader's Digest:* »Bedeutet Zivilisation Fortschritt?« Da der Atlantik seit 1927 Zehntausende von Malen überquert worden sei, stelle das Fliegen für ihn kein Abenteuer mehr dar, nur noch Fortschritt. Und nun hinterfrage er sogar die Maßstäbe – wie beispielsweise die Geschwindigkeit –, nach denen er lange Zeit den Fortschritt gemessen hatte. Er könne »keinerlei Beweis dafür erbringen, daß die fünf- oder sechstausend Jahre Zivilisation auf Erden die Grundeigenschaften des Menschen verändert hätten, oder daß der zivilisierte Mensch dem primitiven wesentlich überlegen« sei. Er glaube mittlerweile an bestimmte grundlegende Wahrheiten, »Tatsachen, die man nicht übersehen darf: Daß zum Beispiel der Bau eines Flugzeugs im Vergleich zu den evolutionären Errungenschaften eines Vogels simpel ist, daß Flugzeuge von einer hochentwickelten Zivilisation abhängig sind, und daß da, wo die Zivilisation am höchsten entwickelt ist, am wenigsten Vögel existieren. Und wenn ich wählen müßte«, erklärte er, »wären mir Vögel lieber als Flugzeuge.«

Im Lauf der nächsten Jahre verstärkte sich Lindberghs Zusammenarbeit mit dem *IUCN* und dem *World Wildlife Fund*. Nicht nur, daß er und Anne großzügig spendeten – fünfstellige Summen jedes Jahr und alle Einkünfte aus seinen Schriften zum Umweltschutz –, Lindbergh gab sogar seinen guten Namen her. Er schrieb selber Bittbriefe und sprach Leute an, die »auf Naturschutzaktivitäten Einfluß nehmen« oder Schecks ausstellen konnten. 1965 schlug er vor, Briefe an jeden bundes- und einzelstaatlichen gesetzgebenden Politiker zu schreiben, an jeden Gouverneur, an einige Dutzend Stiftungen und einige hundert ausgewählte Einzelpersonen. Obwohl dies gut an die 10 000 Briefe werden konnten, wollte der Mann, der sich weigerte, Fremden Autogramme zu geben, jeden einzelnen persönlich unterschreiben.

Von mancher Seite, besonders von jüdischer, wurde Lindberghs neu entdeckte Leidenschaft mit Sorge gesehen, vor allem, wenn er mit solchen Sätzen um sich warf: »Ich will nicht, daß meine Generation als diejenige in die Geschichte eingeht, die für die Ausrottung irgendeiner Art von Leben verantwortlich ist.« Der Journalist Max Lerner fragte in einem Leitartikel: »Wo in drei Teufels Namen hat er gesteckt, als Hitler ein ganzes Volk auszurotten versuchte?«

Lindbergh verschrieb sich dieser Bewegung mit Leib und Seele. Er wurde Vorstandsmitglied des *World Wildlife Fund*, führte »Verkaufsgespräche« im Interesse der guten Sache und nützte seine Beziehungen, um Artikel gleichgesinnter Autoren drucken zu lassen. Mit seiner Verbindung zum Luftverkehr – zu sämtlichen Zielflughäfen von *Pan American* – und zu mächtigen Personen wurde Lindbergh zum einflußreichsten reisenden Botschafter der Naturschutzbewegung. Er verhandelte mit Staatsoberhäuptern wie mit Vogelschützern und wurde zum Ombudsmann der Bewegung, ein Name, dem sogar völlig Fremde vertrauten.

Die Wale waren die ersten Tiere, die Lindbergh retten half. Als er 1964 erfuhr, daß nur noch ein paar hundert Blauwale in den Ozeanen der Erde schwammen und nur wenig mehr Finnwale, nahm er den Kampf gegen dieses »deprimierende Beispiel für die Zerstörungswut des Menschen« auf. Er interessierte die Herausgeber von *Reader's Digest* für die gigantischen Säugetiere, besuchte Versammlungen der internationalen Walfangkommission als offizieller Vertreter von *IUCN* und schrieb an den japanischen Premierminister Eisaku Sato und den peruanischen Präsidenten Fernando Belaunde Terry und warnte sie, daß eine einzige weitere Walfangsaison zur Ausrottung führen könne. Er schrieb an Botschafter und Kabinettsmitglieder, drängte die Vereinigten Staaten, Druck auf diese Länder auszuüben, und regte ein Walfangverbot an, bis sich die Wale ausreichend vermehrt hätten. Um die Sache publik zu machen, gestattete er sogar einem *Life*-Fotografen, ihn und seinen Sohn Jon auf einer zweiwöchigen Reise zu begleiten, bei der sie vor der Küste von Baja California Grauwale beobachteten. Es gelang ihm, die Firma, die vor der peruanischen Küste Blau- und Buckelwale fing, zu überreden, aus wirtschaftlichen und naturschützerischen Gründen zwei Jahre lang von der Jagd auf die bedrohten Arten abzusehen.

Bald erregten auch andere Tiere und ihre Lebensräume seine Aufmerksamkeit. Als Lindbergh erfuhr, daß die Insel Aldabra im Indischen Ozean – eines der großen Brutgebiete so seltener Tiere wie der Großen Landschildkröte, der Suppenschildkröte und der Takahe, einer flugunfähigen Ralle – als Standort für einen Luftwaffenstützpunkt vorgesehen war, schrieb er an den Verteidigungsminister und bat ihn, einen anderen Ort zu suchen.

Je weiter er reiste, desto eingehender befaßte sich Lindbergh mit dem Leben der eingeborenen Völker. Und hier faszinierte ihn kein Land mehr als Indonesien. Seine Leidenschaft für das aufstrebende Inselreich lockte ihn allein 1967 dreimal dorthin. Im Februar traf er sich in Djakarta mit

Mitgliedern der indonesischen Regierung und merkte, daß ihnen nicht bewußt war, welche Bedeutung der außergewöhnlich tierreichen Halbinsel Udjung Kulon an der Südwestspitze Javas zukam. Als er im Mai im Auftrag von *Pan American* wieder nach Indonesien kam, erhielt er die Möglichkeit, mit den leitenden Beamten für Forstwirtschaft, Naturschutz und Tierschutz in dieses Gebiet zu reisen. Den ganzen Weg die Küste entlang sprach Lindbergh von der Bedeutung des Naturschutzes in Indonesien im allgemeinen und auf Udjung Kulon im besonderen, wo die letzten zwei Dutzend Javanashörner lebten. Bevor das Schiff am Sonntag abend kehrtmachte, schwamm Lindbergh auf die Insel Peutjang hinüber, um sich mit einem dort forschenden Schweizer Professor und seiner Frau, einer Ärztin zu unterhalten. Sie luden ihn zu sich ein.

Und so blieb Lindbergh in den nächsten zwei Wochen vor der Küste von Udjung Kulon. Von seinem Stützpunkt aus, einer Wachhütte, in der er nachts auf dem Fußboden aus gespaltetem Bambus schlief, brauchte er nur zwei Minuten bis zu dem weißen Sandstrand und schwamm in drei Minuten zu einer Korallenbank mit aufregenden Formen und Farben. Landeinwärts lang sofort tropischer Dschungel, wo pythondicke Schlingpflanzen und dichtbelaubte Äste über vielstämmige Bäume krochen. Er war umgeben von einer Unzahl von fremdartig kreischenden Vögeln, wilden Schweinen, riesigen Eidechsen, Fledermäusen, schaukelnden Affen und Bantungherden – wilden Rindern –, und ab und zu gab es auch Leoparden. Nach Djakarta zurückgekehrt, erfuhr er, daß die Regierung das Wildern unter Androhung hoher Strafen verboten habe und weitere Maßnahmen schon im Gespräch seien. »Nie habe ich einen reizvolleren Landstrich mit Dschungel, Meer und wilden Tieren erlebt«, schrieb Lindbergh nachher an den Minister für Wirtschaft und Finanzen und meinte, die zwei Wochen im Dschungel hätten ihm das Gefühl gegeben, »nicht im 20. Jahrhundert, sondern in einer früheren Epoche zu leben«.

So verbrachte Lindbergh die 60er Jahre mit selbstverursachten Zeitsprüngen – eine Woche im Urwald und die nächste in hochmodernen Labors. Denn kaum war er wieder in die Zivilisation zurückgekehrt, holten ihn die Mediziner zu Disputen über die Zukunft. Als Dr. Theodore I. Malinin und Vernon Perry, die auf dem Gebiet der Organperfusion forschten, Lindbergh mitteilten, seine Pumpe von 1935 funktioniere zwar noch, sei aber bei der Tieftemperaturperfusion nur eingeschränkt brauchbar, baute er ein neues Gerät aus Glas und Plastik, das größere Organe aufnehmen konnte und tiefere Temperaturen aushielt – ein notwendiger Schritt auf dem Weg zu einer Organbank für Transplantationen beim Menschen. Dr. William W. L. Glenn von der Yale University führte Lindbergh in seinem Krankenhaus die modernste Herz-Lungen-Maschine vor und zeigte ihm die neuesten Arbeiten über die Stimulation von Geweben mit Hilfe von Radiofrequenzen, zum Dank dafür, daß er vor einer kleinen Ärztegruppe über seine Arbeit mit Carrel gesprochen hatten. Dr. Denton A. Cooley lud Lindbergh ein, am *Texas Medical Center* in Houston bei einer Herzoperation zuzuschauen und bat ihn um Anregungen und Ratschläge.

»Krankheiten werden besiegt, Schmerzen vermindert, die Kindersterblichkeit ist zurückgegangen, die Lebenserwartung verlängert worden«, schrieb Lindbergh über die Medizin, aber angesichts einer übervölkerten Welt forderte er »verbesserte landwirtschaftliche Maschinen, neue Züchtungen von Feldfrüchten, synthetische Nahrungsmittel, Kunstdünger und Erzeugnisse aus dem Ozean – eine ständig länger werdende Liste von Möglichkeiten, mit denen man die Produktivität der Welt steigern kann.« Für Lindbergh hieß die Antwort auf diese Fragen nur dies: das Gleichgewicht wahren. In einem Artikel in der Weihnachtsausgabe 1967 von *Life* schrieb er: »Dem Eingeborenen geht es hauptsächlich ums Überleben und um das Geheimnis jenseits des Lebens. Die moderne Zivilisation legt Wert auf wachsendes Wissen und die Anwendung der Technologie im täglichen Leben. Die Zukunft des Menschen hängt ab von unserer Fähigkeit, die Erkenntnisse der Naturwissenschaft mit der Weisheit der Wildnis zu koppeln.«

Lindbergh ordnete seine Gedanken über das Gleichgewicht in einem umfangreichen Briefwechsel mit Harry Guggenheim, in dem es um soziologische Themen wie Führerschaft, Dominanz, Wettbewerb und die Abschaffung des Krieges ging – alles Bestandteile eines Projektes »Man's Relation to Man« [Die Beziehung der Menschen zueinander], das von Guggenheim unterstützt wurde. Unweigerlich kehrte Lindberghs Denken immer wieder zu dem einen Thema zurück, das, wie er glaubte den meisten Problemen auf Erden zugrunde lag – der Erbgesundheitslehre. Das war ein belastetes Wort, aber er glaubte an dessen buchstäbliche Bedeutung und seine positiven Möglichkeiten. Guggenheims Freunde zerrten regelmäßig die alten Vorwürfe des Rassismus und Antisemitismus hervor; aber Guggenheim fand sie lächerlich. Er nahm Lindbergh beim Wort, wenn dieser schrieb: »Der Gedanke rassebedingter Unterlegenheit oder Überlegenheit ist mir fremd.« Als einer der wenigen Menschen auf Erden, die unter eingeborenen Völkern aller Hautfarben gelebt hatte, versicherte Lindbergh: »Ich kann mich einem anderen Menschen gegenüber weder unterlegen noch überlegen fühlen oder ihm irgendwie feindlich gesinnt sein, nur weil er einem anderen Vok angehört. Ich beurteile die Einzelperson, nicht das Volk, und habe es immer so gehalten. Mir ist wichtig, daß meine Kinder in eine anständige Familie einheiraten, das Volk ist mir gleichgültig.«

Besessen von dem Wunsch, das Leben künftiger Generationen zu verbessern, wurde Lindbergh nie müde, über die Fortpflanzung zu sprechen. Er ermutigte seine Kinder zu einem gesunden Geschlechtsleben, was auch beinhaltete, daß sie die entscheidende Bedeutung des genetischen Erbes verstanden. Wenn man in der Familie Lindbergh erwachsen wurde, hieß das, daß man zahlreiche Ausführungen über die natürliche Auslese zu hören bekam: Die Jungen wurden unaufhörlich vor Frauen gewarnt, die einen mit einer Schwangerschaft köderten; und die Mädchen wurden ermahnt, nicht vor lauter Gefühl blind zu werden gegenüber den Eigenschaften, die sie an Männern wirklich suchten.

»Wenn ich wählen könnte, was ich von dem, was ich in meinem Leben gelernt habe, meinen Kindern bleibend vermittle«, schrieb er 1966 Reeve, der jüngsten, kurz vor ihrer Verlobung mit dem Fotografen Richard Brown, »dann dies: wie wichtig bei der Partnerwahl die Erbgesundheitslehre ist.« Er ignorierte völlig, daß zumindest in zwei Generationen von Lodges und Morrows Geisteskrankheiten registriert worden und beide Großväter von Reeve frühzeitig an Krankheiten gestorben waren, und schrieb: »Du hast körperlich und geistig ein gutes Erbe. Bewahr es und gib es an Deine Kinder weiter, zusammen mit der Erkenntnis, wie wichtig dieses Weitergeben ist. Nichts von dem, was der Mensch aus eigener Kraft erlangen kann, ist besonders wertvoll.« Damit war auch das Treuhandvermögen gemeint, das Lindbergh für seine Kinder angelegt hatte und in dem mehr Geld steckte, als er für sich selbst zurückbehielt.

»Ratschläge muß man immer anhören und braucht man nur selten zu befolgen« sagte Lindbergh oft zu seinen Kindern. Grundsätzlich war es leichter, auf die Worte des Vaters zu hören, als sich gegen sie zu sträuben. Denn die daraufhin einsetzende, absolut unerbittliche Beweisführung zu den Themen Geld, Liebe, Beruf oder Politik reichte aus, um jedes Familienmitglied zum Schweigen zu bringen, auch wenn es nicht unbedingt überzeugt war. »Mir liegt sehr daran, daß Du in Cambridge nicht eine von diesen Intellektuellen und flatterhaften Schwärmern wirst, die so angelegentlich und leichtfertig über wichtige Themen reden, mit denen sie selber nie viel zu tun gehabt und auf deren objektives Kennenlernen sie nie viel Zeit verschwendet haben«, schrieb er an Reeve, als der Vietnamkrieg ausbrach – eines der wenigen Themen in seinem Leben, das er nicht schwarzweiß sah. (Insgeheim nannte Lindbergh Vietnam ein »übles Schlachtfeld und einen Mißgriff«, ein Engagement, das Amerika hätte vermeiden sollen, trotz seines Glaubens an »alle Maßnahmen, die die Ausbreitung des Kommunismus in Asien verhindern«. Doch da sich Amerika nun einmal eingelassen habe, hätte es mit aller Macht ins Land einfallen müssen – obwohl er die Entlaubung des Waldes bedaure). Unverändert zwang Lindbergh seinen Willen all seinen Kindern auf – mit Ausnahme von einem.

In den 60er Jahren schienen Lindbergh und sein jüngster Sohn fast immer entgegengesetzter Meinung zu sein – außer in ihrem Streitmethoden. Hier hatte Scott die Fähigkeit seines Vaters geerbt, sich in ein Thema zu verbohren und keinen Punkt auszulassen, bis der andere nachgab. Bei praktisch jedem Besuch und in jedem Brief nahm Lindbergh Scott ins Gebet, weil etwas mit seinem Geld, dem Sportwagen oder der Ausbildung nicht stimmte oder weil er das Chalet nicht im richtigen Zustand hinterlassen hatte. Scott antwortete mit noch längeren Briefen und widerlegte seinen Vater Punkt für Punkt, oft mit entwaffnender Ehrlichkeit. »Zugeben, ich war und bin immer noch verantwortungslos«, schrieb er 1963. »Ich folge zu sehr der Stimme meiner Träume. Ich behaupte unreifes Zeug, manchmal aus ehrlicher Überzeugung, manchmal aus purem Widerspruchsgeist. Ich habe tausend Vorschläge gemacht und Dutzende von Plänen geschmiedet, von denen ich die meisten nicht verwirklichen kann.« In den nächsten vier Jahren wuchsen die Spannungen noch, da Scotts Verhalten immer provokanter wurde. Angesichts der Tatsache, daß jedem jungen Amerikaner der Einsatz in Vietnam drohte, teilte der jüngste Sohn von General Lindbergh seiner Familie 1967 mit, er wolle die amerikanische Staatsbürgerschaft aufgeben.

Wie vorherzusehen war, reagierte der Vater wütend, und seine Spitzfindigkeiten verwandelten sich in Schmähreden. »Mit 25 Jahren bist Du ein Mann«, schrieb er seinem Sohn. »Aber anders als Deine Brüder hast Du nicht gerade bewiesen, daß Du Dir dieser Tatsache bewußt bist. Du behauptest, zu Deinen Idealen zu stehen, aber Du benimmst Dich alles andere als idealistisch. Du akzeptierst ein Einkommen aus den Vereinigten Staaten, weigerst Dich aber, Deine Rolle bei der Unterstützung Deines Landes zu spielen. Du hast aus Dir einen Fall gemacht, der für die Anhebung des Führerscheinmindestalters spricht, gegen die bedingungslose Geldzuwendung von Eltern an ihre Kinder und für Gesetze über die staatliche Unterstützung von Personen, die sich weigern, ihrem Land zu dienen. Was mich betrifft, so bin ich überzeugt, daß ich Dir zuviel Vertrauen und Freiheit geschenkt habe, bevor Du mündig geworden bist, und daß es ein Fehler war, Dir danach zu finanzieller Unabhängigkeit zu verhelfen.« Er nannte seinen Sohn einen »Esel«.

»Du bist nicht der erste Lindbergh-›Rebell‹, sondern stehst in der vierten Generation«, schrieb Lindbergh im Januar 1968 an Scott. »Ich habe mich aktiv den in meinem Land geltenden Regeln widersetzt und mein Vater vor mir und dessen Vater vor ihm. Ich schätze und bewundere Deinen Widerstand, und bis zu einem gewissen Grad bringt er mich Dir sogar näher. Was mich am meisten beunruhigt, sind die irrationalen Elemente in Deiner Rebellion, die Deine Schlagkraft und Dich zerstören können.« Scott behielt die Staatsbürgerschaft, zog sich aber nach Europa zurück und baute sich dort ein eigenes Leben auf. Er studierte in Frankreich Verhaltensforschung und verliebte sich in Alika Watteau, eine belgische Schriftstellerin, Malerin und Schauspielerin, 15 Jahre älter als er und ebenfalls aktive Tierschützerin; sie hatte zwei seltene Affen als Haustiere. (Charles kannte sie nicht, hatte aber von anderen Familienmitgliedern erfahren, daß sie keine ideale Partnerin für Scott sei.)

Nachdem er seinem Sohn monatelang alle paar Wochen geschrieben und keine Antwort bekommen hatte, gab Lindbergh zu: »Es hat nicht viel Sinn, Dir weiterhin zu schreiben.« Er erinnerte ihn daran, bei wieviel Scherereien er ihm schon geholfen und welche Unabhängigkeit er ihm verschafft hatte. »Am härtesten trifft mich, daß ich alles Vertrauen und alle Hochachtung vor Dir verloren habe«, schrieb er Scott in diesem März, »und wenn Du nicht mein Sohn wärst, dann wollte ich mit einem wie Dir nicht viel zu tun haben… Mir scheint, was Dein Leben angeht, befindest Du Dich bereits im Anfangsstadium einer Katastrophe.«

Scott antwortete im Frühling mit einer Salve von Briefen. »Ich werde Alika in einigen Tagen heiraten«, verkündete er am 1. April 1968 und ließ seinem Vater keine Zeit zu antworten oder gar die Braut kennenzulernen. Lindbergh empfand diesen kurzfristigen Termin als persönliche Beleidigung, die eine Periode der Entfremdung zwischen Vater und Sohn einleitete.

Anne hatte das Gefühl, Scott im Stich gelassen zu haben; sie hätte ihn mehr vor Charles beschützen, ihn bei der Wahl seiner Schulen und in seinem Wunsch nach psychiatrischer Hilfe mehr unterstützen müssen. Andererseits wußte sie, daß es ihr nie gelungen wäre, den väterlichen Anweisungen zuwiderzuhandeln. »Scott lernt lieber von der Welt als von Dir«, versuchte Anne Charles klarzumachen. »Das mag schwerer sein, aber für Scott ist es der bessere Weg.« Der Bruch belastete nicht nur alle Lindbergh-Kinder, sondern trieb auch den Keil zwischen den Eltern immer tiefer. Annes Herz schmolz immer noch, wenn ihr Mann aus einem fernen Land anrief und seine Heimkehr ankündigte, aber mit der Zeit empfand sie seine Anwesenheit als störend und seine Abwesenheit als kränkend.

Als sie das einzige Haus, das sie je als ihr eigenes empfunden hatte, aufgeben und in zwei neue Häuser ziehen mußte, als die Kinder heirateten und die Enkel geboren wurden, verlor Anne immer mehr die Fähigkeit, sich auf ihre literarische Arbeit zu konzentrieren. Im letzten Jahrzehnt hatte sie nur einen kurzen Roman veröffentlichen können – Dearly Beloved, ein mitunter trostloser Blick auf die Ehe – und ein paar Artikel. Oft wußte sie nichts mit sich anzufangen, wenn ihr Mann durch die Welt zog, und war zu kaum mehr imstande, als ihre Tagebücher durchzublättern und ein Buch über die mittleren Lebensjahre in Erwägung zu ziehen. »Keine Nachrichten von C. A. L.«, schrieb sie im Januar 1968 an ihre Schwester. »Allmählich quält es mich – ich weiß nicht, was ich tun soll… ich wollte, ich wüßte es. Daß ich es nicht weiß, macht alles andere ungewiß und wackelig und unwirklich. Seit einer Woche rechne ich jeden Tag mit ihm.« Sie fühlte sich nutzlos, bedrückt »von dem Gefühl, daß ich älter werde und mein Schreiben schwerfälliger wird... und daß ich von niemandem gebraucht werde, weder von den Kindern noch von meinem Mann«.

Charles hatte seit langem geplant, gegen Ende des Winters mit Anne drei Wochen auf den Hawaii-Inseln Ferien zu machen, als Gast seines Freundes Sam Pryor, eines *Pan-Am*-Managers im Ruhestand. Als die beiden Lindberghs endlich in Pryors Garten auf Maui gelandet waren, sahen sie sich in die Rettung eines Nationalparks auf der Insel und in Dikussionen um die Einrichtung von Meeresreservaten im Pazifik verwickelt. Charles gedachte von hier aus nach Japan weiterzufliegen, um über die Walkrise zu reden.

Als sie sich gerade ein paar Tage ausruhen wollten, wurde Lindbergh unfreiwillig Zeuge eines Telefongesprächs zwischen Pryor und seiner Tochter in Alaska. Sie klagte, daß ein Gesetz zum Schutz der arktischen Wölfe, das ihr Mann Senator Lowell Thomas jr. durchzubringen versuchte, vermutlich abgeschmettert werden würde. Als Lindbergh den ganzen Inhalt des Gesprächs erfuhr, schlug er Pryor vor: »Fliegen wir doch hin und helfen ihm!« Da Lindbergh seit fast 15 Jahren keine Rede mehr in der Öffentlichkeit gehalten hatte, blickte Pryor seinen Gast verwirrt an und fragte ihn, wann. »Morgen«, antwortete Lindbergh.

So flogen sie am 17. März nach Juneau, und Lindberghs Ankunft wurde vor jedermann geheimgehalten, mit Ausnahme einiger Spitzenbeamter. Als Gast von Gouverneur Walter J. Hickel wohnte er im Obergeschoß der Gouverneursresidenz. Am nächsten Tag gingen in der Hauptstadt Gerüchte um, aber kaum jemand glaubte sie. Dann begleiteten ihn am 19. März um 10.15 Uhr Senator Thomas und der Parlamentssprecher Ted Stevens ins Parlament. Die verblüfften Parlamentarier und Zuschauer begrüßten ihn mit Ovationen, und er bedankte sich mit einem schüchternen Lächeln.

Lindbergh sprach aus dem Stegreif und entschuldigte sich, daß seine Redekunst etwas »eingerostet« sei. Mit seiner Bescheidenheit hatte er die Menge bald für sich gewonnen. Er gedachte seiner ersten Reise nach Alaska, 1931 gemeinsam mit Anne, und ging dann zum eigentlichen Anliegen seiner Rede über, der Bedeutung des Naturschutzes in Alaska – denn »was Sie hier tun, wird von der ganzen Welt genau verfolgt«. Er sprach über Umweltverschmutzung und Erosion im Süden des Staates und wie nötig es sei, die Tiere im Norden zu schützen, auch wenn das bedeutete, daß es für Raubtiere keine Prämien mehr gab. Der kurze Auftritt elektrisierte die Zuhörer, und in der Presse wurde ausgiebig darüber berichtet. Thomas beschrieb den Einfluß seines Gastes auf den Naturschutz in Alaska geradezu als »Wunder«. Er schrieb Lindbergh, sein Auftreten habe das Parlament ermutigt, sofort Schutzgesetze zu erlassen. Einer seiner Kollegen meinte: »Als ich ihn heute sah, kam es mir vor, als wäre da einer von den Toten auferstanden. Ich werde es nie vergessen. Es war einer der wichtigsten Augenblicke meines Lebens.«

Am nächsten Tag fuhr Lindbergh nach Tokio, mit Blick auf seinen Terminkalender, weil er Anfang April in New York eine Vorstandssitzung bei *Pan American* und kurz danach Verpflichtungen in Europa hatte. Doch erst wollte er in Hawaii einen Zwischenstopp einlegen, nicht nur, um seine Frau abzuholen, sondern weil er sich dort verliebt hatte – in Hana.

19

ALOHA

»Der Strom des Lebens ist wie ein Bergbach – er entspringt aus versteckten
Quellen, aus der Erde geboren, von den Sternen berührt, mündet in einen
anderen, vermischt sich mit ihm und nimmt die Gestalt an, die wir jetzt vor
uns sehen... Und dann endet er – scheinbar – an einer Lavaklippe,
und stürzt jäh ab.«

C. A. L.

Von allen Kontinenten durch mindestens 2000 Meilen Pazifischen
Ozean getrennt, aalen sich die Hawaii-Inseln in der Sonne. Das zweit-
größte Stück Land dieses vulkanischen Archipels, nur etwa 700 Quadratmeilen groß, ist nach dem hawaiischen Halbgott benannt, der laut der po-
lynesischen Überlieferungen diese Inseln, Sandbänke und Riffe aus dem
Meer gefischt hat – Maui. Die beliebtesten Orte und Strände liegen im
Norden und Westen der Insel. Daher zieht es manche Leute eher zu der
entgegengesetzten Seite, die mit dem Auto mehrere Stunden entfernt ist.

Der zweispurige Hana-Highway verläuft parallel zu der gewundenen,
von der Lava geformten Küste, durch Wälder, über Bäche und vorbei an
Wasserfällen. Nach mehr als 600 scharfen Kurven und 65 einspurigen
Brücken, nach palmenumgrenzten Ranches, Ananas- und Zuckerrohrfel-
dern, roten und schwarzen Sandstränden, Regenwald und Vulkankratern
endet das Ganze in Hana. Das Städtchen kann sich sogar einer betonier-
ten Landepiste für Flugzeuge rühmen. Seit seinem ersten Besuch 1968
empfand Lindbergh Hanas Wärme – die milde, feuchte Luft, das laue Wasser, die ganze »Aloha«-Atmosphäre – als wohltuend für Körper und Seele.

Zu diesem Zeitpunkt hatten schon mehrere wohlhabende Amerikaner
Hana zu ihrem Zweitwohnsitz gemacht. Einige wenige – wie Sam Pryor –
waren besonders angetan von einer weiter südlich gelegenen Ecke dieses
Paradieses, noch etwas weiter auf der nun unbefestigten Küstenstraße.
Nach zehn Meilen Schlamm, Schlaglöchern und moosbewachsenen Be-
tonbrücken, nach den von einem Wasserfall gespeisten Becken in Ohe'o
Gulch (die das dortige Hotel aus Werbungsgründen in »Sieben heilige Tei-
che« umbenannt hatte), wurde die Landschaft saftiger. Orchideen, Horten-

sien, Flamingoblumen, Hibiskus und Bougainvillea blühten überall in atemberaubenden Farben; und der süße Duft von rotem Jasmin, Papayas, Mangos und Guaven hing in der Luft. Hier in Kipahulu hockten ein paar Häuser auf den Klippen, die jäh zu dem gegen die Felsen brandenden Wasser abfielen.

Lindberghs alte Freunde Sam und Mary Pryor hatten sich in diesem abgelegenen Erdenwinkel auf 100 Acres welligem Grasland ein großes Haus mit Zeltdach gebaut, und Sam hatte all seinen Einfluß geltend gemacht, um zu verhindern, daß die Stromleitungen bis Kipahulu kamen und dessen Unberührtheit zerstörten. Lindbergh war entzückt von dieser Abgelegenheit und der zerklüfteten Landschaft und meinte noch nie einen schöneren Ort zum Leben gesehen zu haben. Im Sommer 1969 kaufte er Sam fünf Acres Land ab und baute sich ein spitzgiebeliges, zweistöckiges Haus aus Felsblöcken und Beton.

Als Anne bei ihrem ersten Besuch in Hana auf Charles' Rückkehr aus Alaska wartete, sträubte sie sich gegen den Gedanken, hier zu bauen. »Es ist eine schöne Küste – wild & schön – wie ein tropisches Illiec«, gab sie zu, »aber es ist kein Ort, an dem ich allein sein will – schwer zu erreichen – einsam – unbequem – bis zum nächsten Laden oder Dorf eine Dreiviertelstunde auf einer furchtbar ausgewaschenen Straße – kein Strom… keine Hilfe – und ein feuchtes Klima.« Schlimmer als die Unbequemlichkeit war die Tatsache, daß Hana zu ihrer Heimatlosigkeit beitragen würde. »Während C. A. L. überall sein kann und seine Wurzeln im Fliegen selbst zu haben scheint – in der Veränderung – in der Tätigkeit«, schrieb Anne in ihr Tagebuch, »werde ich, die ich mich mit zunehmendem Alter immer mehr nach Wurzeln sehne, …durch weite Flugreisen, Zeitverschiebung und neue Wohnorte immer schneller ›déséquilibrée‹ [aus dem Gleichgewicht gebracht].« Sie versuchte sich einzureden, daß ihr Maui gefiel, aber immer wieder stellte sie sich die Frage, ob sie dort überhaupt Wurzeln schlagen könnte. »Und wenn«, fragte sie sich, »werden sie dann nicht gleich wieder ausgerissen?«

Wie um seine Loyalität zu beweisen, gab Lindbergh ihren verschiedenen Häusern Namen aus Annes Buch *Muscheln in meiner Hand*. Das Haus in Darien nannte er »Tellina«, das war die Gattungsbezeichnung des Zweifachen Sonnenaufgangs, das Schweizer Chalet wurde »Planorbe« getauft, das französische Wort für die schneckenförmige Mondmuschel. Gerührt von Charles' Geste, ging Anne auf seinen Plan ein und schlug vor, dem neuen Haus in Hawaii die Argonauta zuzuordnen – eine Mutter, die ihre Muschel verläßt und ein neues Leben beginnt.

Charles versicherte ihr, sie werde das Haus liebgewinnen, wenn es erst einmal fertig sei, und außerdem werde er dort öfter mit ihr zusammensein. In beiden Punkten hatte er sie getäuscht. Es kam noch schlimmer: Das Dach leckte, die Drainage war unzureichend, und nach einem starken Regen stand das Haus unter Wasser – und als es endlich trocken war, entpuppte es sich als Zufluchtsort ganzer Heere von Ameisen, Spinnen, Kakerlaken, Eidechsen, Ratten und sogar eines Mungos. Und in diesem Moment wurde Lindbergh zu einer dringenden Vorstandssitzung von *Pan Am* nach New York gerufen.

Anne war, wie sie in ihr Tagebuch kritzelte, »wütend, daß er mich jetzt, hier und unter diesen Umständen allein läßt. An einem Ort, den ich mir nicht ausgesucht habe. Ich habe keine Freunde, keine Familie, keine Aufgaben hier. Es ist kein Ort, den ich mir zum Alleinleben aussuchen würde. Ich bin nur seinetwegen hergekommen – weil er es liebt & gesagt hat, er will hier mit mir zusammensein. Ich bin wütend, nicht nur auf ihn, sondern auch auf mich selbst, weil ich gehofft habe, er würde zumindest hierbleiben.« In der »Argonauta« gab es nicht einmal ein Telefon, und die nächsten Nachbarn wohnten zehn Minuten weit weg – über schlammige Straßen. Strom wurde mit Propangasmotoren erzeugt – einer für die Beleuchtung, der andere für Haushaltsgeräte; aber, so schrieb sie an Lucia Valentine, sie würde das bißchen modernen Komfort gern hergeben für ein wenig Gesellschaft. Am bedrückendsten fand sie »die Regelmäßigkeit, mit der ich allein gelassen werde« und daß sie – nach all den Jahren, in denen sie sich bei Therapeuten ausgeweint und ihrem Tagebuch ihr Leid geklagt hatte, nicht fähig war, einem so unannehmbaren Verhalten den Rücken zu kehren.

Sie lag nachts in stiller Wut wach und versuchte sich für das zu rüsten, was von ihrer Ehe übriggeblieben war. »Erstens«, erkannte sie, »muß ich mein Herz abhärten – nicht, weil ich ihn *nicht* liebe, sondern *weil* ich ihn liebe. Ich muß mein Herz abhärten gegen ihn, gegen meine Verletzlichkeit durch ihn und sein Weggehen, gegen meine Abhängigkeit. Ich muß mein Leben allein planen. Ich muß lernen, allein mit den Dingen hier fertig zu werden, nicht nur äußerlich, sondern auch gefühlsmäßig.« In den nächsten Wochen richtete sie das Haus für seine Rückkehr her. Sie wischte auf, kehrte die toten Tiere hinaus, verbrannte den Abfall, wusch ihre Kleider. Bei alledem kam Anne nie auf den Gedanken, ihre Koffer zu packen und in ein Hotel zu ziehen... oder in eins ihrer anderen Häuser.

Ein Jahr später hatte Anne ihren Frieden mit der »Argonauta« gemacht. Ohne mit der Wimper zu zucken, schrieb sie routinemäßig ihre Einkaufsliste für Hasegawas Kramladen, ein unbeschreiblich chaotisches Warenhaus im Ort – mit Posten wie Rattengift, Tierfallen und einer Machete, um sich durch den wilden Bambus zu hacken, der die meisten der von ihnen gepflanzten Obstbäume überwucherte. »Ich habe Deinen Vater überredet, daß wir die Wände mit einem stärkeren Mittel einsprühen müssen (Ökologie hin oder her), damit wir die Ameisen rauskriegen«, schrieb sie Ansy. »Entweder sie oder ich!« Aber sie brachte Charles nicht dazu, den zweiten Generator anzuwerfen, den fürs Licht – »denn Dein

Vater *liebt* Kerosinlampen!« Immer wieder war Anne »tief enttäuscht«, wenn ihr Mann aus geschäftlichen Gründen fort mußte oder seine Heimkehr nach Hawaii absagte, aber überrascht war sie kaum noch.

Als sie ihn zum Flugplatz gebracht hatte, nahm sie noch am selben Abend den zweiten Generator in Betrieb und schaltete das Licht an. »Es mag angehen, bei Kerosinlicht zu kochen und zu essen, solange dein Mann bei dir ist«, schrieb sie Ansy, »aber allein im Finstern – NEIN!« Am nächsten Morgen besprühte sie die ganze Außenseite des Hauses mit mehr Insektengift, als Charles je erlaubt hätte. Annes Leben in Hawaii sollte ein ständiger Kampf gegen das wilde Wasser, die Stromversorgung und das Ungeziefer werden, doch in den nächsten Wochen erlag sie dem berauschenden Zauber von Hana, genoß seine Schönheit und nutzte die Einsamkeit, indem sie ihre Tagebücher durchlas.

Lindbergh legte Wert darauf, Hawaii regelmäßig zu besuchen und verbrachte schließlich bis zu zwei Monate pro Jahr dort. Er überredete seine Senatoren, die leewärts gelegene Gebirgskette zum Wildschutzgebiet und den Krater »Diamond Head« zum nationalen Denkmal zu erklären. Seine Bemühungen für die Küste von Hana führten ihn zu *The Nature Conservancy*, einer Organisation, die besonders schöne Landstriche erwarb und ihr Eigentum dem *United States Park Service* zur Verfügung stellte. Anne und Charles spendeten Tausende von Dollars für den Kauf von Land im Tal der »Sieben Heiligen Teiche« im Kipahulu Valley, wodurch der bereits bestehende Haleakala-Nationalpark um mehr als 4000 Acres vergrößert werden konnte, vom Krater im Landesinneren bis zum Meer. Wie beim *World Wildlife Fund* trieb Lindbergh Geld auf, indem er Briefe schrieb und vor kleinen Gruppen Reden hielt. (Auch Anne unterstützte die Organisation; sie überließ ihr Big Garden Island vor der Küste von Maine, das Hochzeitsgeschenk ihrer Eltern.) *Nature Conservancy* hatte keine Hemmungen, sich an Lindbergh zu wenden, wenn sie Geld für schwierige Ankäufe auftreiben mußten – vom Lubrecht Forest in Montana bis zum Four Hole Swamp in Südkarolina. Mit dieser neuen Aufgabe hatte er noch mehr Entschuldigungen für seine Reisen.

Präsident Nixon benutzte Lindbergh, um das Umweltimage seiner Regierung aufzupolieren und holte ihn in ein Beratergremium für Umweltfragen. Lindbergh ließ zu, daß sein Name mit Amerikas Raumfahrtprogramm in Verbindung gebracht wurde, und ging im Dezember 1968 zu einem der letzten offiziellen Dinner von Lyndon Johnson, das dieser zu Ehren der Apollo-Astronauten und des NASA-Vorstandes gab. Charles und Anne trafen sich am Tag vor dem Start zur Mondumrundung mit Frank Borman, James Lovell und William Anders zum Lunch und begeisterten sie mit Geschichten über die frühen Jahre der Fliegerei und über Robert Goddard. Am nächsten Morgen schauten sie beim Start der Rakete zu. »Noch nie habe ich eine derartige Kraftentfaltung erlebt«, schrieb er danach. Sie verfolgten den Flug im Fernsehen auf Lands Ranch in Montana, und Lindbergh nannte ihn »das grandioseste Teamwork der Weltgeschichte«. Sie schickten den Astronauten ein Glückwunschtelegramm mit dem Satz: »Sie haben Robert Goddards Traum wahr gemacht.«

Sechs Monate später wohnte Lindbergh mit seinem Sohn Jon auf Einladung von Astronaut Neil A. Armstrong dem Start der Mondrakete Apollo XI bei, doch er lehnte es ab, sich im Fernsehen dazu zu äußern. Nach dem Erfolg dieses »faszinierenden, einmaligen und glänzend durchgeführten Auftrags«, der Landung auf dem Mond, wollten viele Leute Ähnlichkeiten zwischen den beiden scheuen jungen »Galahads des Himmels« sehen. Aber Armstrong erinnerte die Welt daran, daß Lindbergh allein geflogen war und nur von einer verhältnismäßig primitiven Technik unterstützt und geleitet wurde, während Apollo ein tausendköpfiges Team im Hintergrund gehabt habe und anders als die *Spirit of St. Louis* sehr exakt zum Ziel geführt worden sei. Als Lindbergh Armstrong nach der Mondfahrt gratulierte, fragte er ihn: »Haben Sie sich auf dem Mond auch so gefühlt wie ich nach der Landung in Paris 1927? Ich hätte mich gern ein bißchen länger umgeschaut.«

Nixon hatte sein Amt als Johnsons Nachfolger bereits angetreten, als die Astronauten zurückkehrten, und er lud Lindbergh ein, ihn zu begleiten, wenn er die Astronauten nach ihrer Bergung aus dem Pazifik begrüßte. Lindbergh lehnte ab, fest entschlossen, sich nicht von der Öffentlichkeit vereinnahmen zu lassen, die bestimmt Vergleiche zu seinem Flug vor 40 Jahren anstellen würde. Das würde ihn wieder »in ein Verhältnis zur Presse und zu einem Leben bringen, daß ich unbedingt vermeiden will«. Er enttäuschte Nixon auch, weil er bei seinen Bedenken hinsichtlich des Überschallprojektes blieb. In einem Artikel in der *New York Times* schrieb er, beim gegenwärtigen Stand der Entwicklung brächte der regelmäßige Einsatz »Nachteile für die Luftfahrt und die Menschen«, wegen der Auswirkungen auf die Umwelt.

Wie Anne befürchtet hatte, schürte der Bau eines dritten Hauses die Reiselust ihres Mannes eher, als daß sie ihn bremste. 1969 umrundete er den Erdball fünfmal und legte immer dort Pausen ein, wo er glaubte, sich nützlich machen zu können. Einer dieser Zwischenstopps lag in Minnesota, wo er mithalf, an der Grenze zu Kanada einen Nationalpark einzurichten. Er traf sich kurz mit seiner 77 Jahre alten Halbschwester Eva, die er seit dem Tod des Vaters vor 45 Jahren kaum gesehen hatte. Nach einer guten Stunde war er schon wieder fort.

Besessen von dem Wunsch, aktiv zu bleiben und mit jeder Tätigkeit etwas Nützliches zu verbinden, wurde Lindbergh zum ruhelosesten Mitarbeiter der Umweltschutzbewegung. Kein Mensch und kein Ort auf Erden waren für ihn unerreichbar, und nie wurde Zeit vergeudet.

Ende 1968 flog Lindbergh in den Norden von Brasilien und lebte dort einige Tage bei Indianern im Gebiet Tumucumaque. Die Stammesmitglieder lebten hauptsächlich vom Fleisch wilder Schweine, Vögel und Affen, die sich mit Pfeil und Bogen erlegten. Gelegentliche Besucher waren für sie nichts Ungewohntes, und die Indianer machten sich einen Spaß daraus, ihren zivilisierten Gästen das Fleisch wilder Tiere vorzusetzen und ihre Reaktionen zu beobachten. Die meisten, so erfuhr Lindbergh, reichten die Schüssel mit dem Affeneintopf weiter, er hingegen nahm sich gleich dreimal. »Schmeckt dir das wirklich?« fragte ihn einer der Eingeborenen über einen dolmetschenden katholischen Mönch. »Ja«, erwiderte Lindbergh und verzog keine Miene, »es schmeckt fast so gut wie Menschenfleisch.«

Da ihn die feine Grenze zwischen dem Leben der Ureinwohner und dem der Tiere zunehmend faszinierte, führte ihn die Arbeit für den Naturschutz immer wieder auf die Philippinen. Seine Liebesbeziehung zu diesem Inselreich begann mit dem Tamarau, einem wilden Büffel, der nur einen Meter hoch wird und in Mindoro beheimatet ist, der fünftgrößten Insel der Philippinen. Als Lindbergh 1966 im *IUCN*-Hauptquartier in der Schweiz zum erstenmal von dem Tier hörte, lebten schätzungsweise noch 100 Exemplare, allesamt eine mögliche Beute von Jägern, Krankheiten und anderen Elementen der Zivilisation.

Im Januar 1969 kam Lindbergh ohne Vorankündigung auf den Philippinen an; er verfügte nur über ein paar Namen für erste Kontakte. Einer von ihnen war Thomas Harrison, ein englischer Anthropologe, dessen Arbeit teilweise von *IUCN* finanziert wurde. Nach ihrem Treffen beobachtete Harrison, wie Lindbergh zehn Tage lang »seinen ganzen Einfluß und seine ganze Energie« für den Umweltschutz einsetzte. Am Ende hatte er Präsident Marcos überredet, für die Tamarau-Büffel ein 75 000 Hektar großes Reservat mit 30 Wachposten einzurichten. Zwei Jahre später hatte sich ihre Zahl bereits erhöht. Des weiteren setzte er sich für das Überleben des Affenadlers auf Mindanao ein, des größten Adlers der Erde; er sprach im Radio über sein Anliegen und gestattete einem Reporter der *New York Times*, ihn auf Reisen zu begleiten. Marcos verlieh ihm einen Preis für seine Hilfe bei der Erhaltung der philippinischen Fauna und seine »Fortschritte auf dem Gebiet des weltweiten Schutzes der Wildtiere«.

Auf den Philippinen erfuhr Lindbergh, daß auf den Inseln 60 verschiedene Stämme lebten, viele von ihnen auf einer prähistorischen Kulturstufe. Präsident Marcos zeigte Interesse für das Erbe seines Landes und stellte zu seinem Schutz einen Berater für nationale Minderheiten ein, einen jungen Mann namens Manuel Elizalde. Er war der Erbe eines der größten Konzerne im Land – von Zucker bis Stahl. Als der ehemalige Harvardstudent, ein Trinker und Playboy, den aussichtslosen Kampf der Eingeborenen gegen die Grundstücksmakler mitbekam, krempelte er sein Leben komplett um. Er gründete eine Organisation namens *Panamin* – ein

Kürzel für *Private Association for National Minorities* – und definierte als deren Ziel, das Wohlergehen dieser von der Zeit vergessenen Völker zu sichern.

Elizalde fand in Lindbergh einen verwandten Geist und nahm ihn mit auf eine kurze Rundreise durch mehrere Eingeborenendörfer. Sie blieben jeweils ein paar Stunden, einmal sogar eine ganze Nacht. »Wie Sie wissen«, schrieb Lindbergh nach seinem zweiten Besuch auf den Philippinen an Elizalde, »bin ich höchst interessiert an primitiven Völkern und an den Auswirkungen, die die Zivilisation auf sie hat... aber auch an der Art, wie Sie ihnen zu Hilfe kommen. Ich teile völlig Ihre Ansicht, daß man diesen Minderheiten Hilfe anbieten muß, aber nicht zu viele Bedürfnisse und Wünsche in ihnen wecken sollte.« Fest entschlossen, bald wiederzukommen, fragte Lindbergh, ob er einige Zeit »in Ruhe« mit ihnen zusammenleben könnte. Da er auf Bambusboden gut schlafe und eine eigene Decke dabeihabe, brauche er nur eine Ecke in einer Eingeborenenhütte.

Als Lindbergh im Oktober 1969 nach Manila zurückkehrte, flog er mit dem Anthropologen Dr. Robert Fox von *Panamin* zu einer verwaisten Holzfällerlandebahn an der Nordostküste von Luzon. Dort, fern von allen Straßen und jedem Funkkontakt, lebte er bei den halbnackten schwarzhäutigen Agta und schlief am Strand unter einem Wetterschutz aus gebündelten belaubten Ästen. Bei diesem Aufenthalt erfuhr er, daß Geschäftsleute aus den Städten das Leben der Agta bedrohten, indem sie sich mit betrügerischen Methoden deren Land aneigneten. »Wenn sie uns weiterhin unser Land wegnehmen«, sagte ein Agta-Jäger zu Lindbergh über einen Dolmetscher, »vergiften wir wieder unsere Pfeile.«

Im nächsten Juni lebte Lindbergh bei anderen Stämmen; diesmal brachte er den *New York Times*-Reporter Alden Whitman und einen Fotografen mit. Whitman sollte über die Probleme berichten, denen sich die Ureinwohner ausgesetzt sahen, nicht nur über die zwielichtigen Immobiliengeschäfte in Mindanao, Mindoro, Palawan und im nördlichen Luzon, sondern auch über den kulturellen Krieg, den die »christlich-philippinische Welt« gegen sie führte. Es war ein »schändlicher Krieg«, bei dem die Minderheiten gesagt bekamen, sie seien dumm, ihre Kleidung albern und ihre Namen häßlich. Elizalde wollte mit seiner Politik die Stämme ermutigen, ihre eigene Kultur in Ehren zu halten, die staatliche Rechtshilfe in Anspruch zu nehmen, wenn sie sich vom Rest des Landes fernhalten wollten, und die Sozialleistungen, falls sie die Integration suchten. Lindbergh wurde einer der Direktoren von *Panamin*.

Am 18. Juli 1970 fuhr er mit einem ganzen Bus voller *Panamin*-Beamten durch Süd-Cotabato auf Mindanao. Als sie durch Surallah kamen, wo der Widerstand gegen *Panamin* bekannt hoch war, versperrte plötzlich ein Lastwagen die Straße in die nächste Stadt. Der Busfahrer von *Panamin* drückte auf die Hupe und fuhr langsamer, aber der Laster rührte sich nicht vom Fleck. Statt dessen erschienen plötzlich 15 Männer mit Maschinengewehren. Ein philippinischer Polizist, der für *Panamin* arbeitete, stieg aus dem Bus und schwang seine Maschinenpistole, und aus den Busfenstern schoben sich Gewehrläufe. Lindbergh war mit einer Schweizer Maschinenpistole bewaffnet worden. Gewehrschlösser klickten, und damit war der Überfall beendet.

Angesichts dieser Spannungen zwischen *Panamin* und vielen christlichen Siedlern schlug Lindbergh Elizade vor, mit dem Bürgermeister von Surallah zu sprechen, der in jener Nacht mit 100 bewaffneten Männern hinter dem Lastwagen gestanden hatte. »Wir hatten nicht vor zu schießen«, erklärte dieser, als Lindbergh und Elizade ihn aufsuchten, »aber wenn ein Schuß gefallen wäre, hätte es sehr ernst werden können.« Nach ein paar gemeinsamen Tagen wurde Lindbergh zum »Adoptivsohn von Surallah« und zum Ehrenvorsitzenden der örtlichen Polizei ernannt, und der Bürgermeister war beratendes Mitglied von *Panamin* geworden. »Ich mache mir weiterhin große Sorgen«, schrieb Lindbergh an Alden Whitman, »aber zu dem Zeitpunkt, als wir Süd-Cotabato verließen, herrschte zwischen *Panamin* und den Christen von Surallah eine vernünftige, freundschaftliche Arbeitsbeziehung.«

Bei ihren gelegentlichen gemeinsamen Besuchen lernte Anne verstehen, warum die Philippinen solch eine Faszination auf ihren Mann ausübten. »Es sind nicht einfach nur die wilden Tiere, die Wildnis und deren Rettung«, schrieb sie in ihr Tagebuch, »... auch nicht seine Beschäftigung mit den faszinierenden Auswirkungen der Zivilisation auf das Leben der Eingeborenen (das man dort erleben kann wie an kaum einem anderen Ort auf Erden), es ist sein ausgeprägtes Interesse und seine Bewunderung dafür, was einige Filipinos... in ihrem Land aufrechtzuerhalten bzw. aufzubauen versuchen: eine Nation mit vielen verschiedenen Völkern, die harmonisch zusammenleben und sich dennoch ihre Verschiedenartigkeit bewahren.« Das Land war für Lindbergh ein einziges großes Versuchslabor, in dem die Gesetze menschlichen Verhaltens getestet werden konnte. Bei allem in ihr arbeitenden Groll über die dauernde Abwesenheit ihres Mannes staunte Anne immer wieder, wie sich Charles' Geist ständig neuen Themen öffnen konnte.

»Ich muß sagen, diesmal hat Vater wirklich den Vogel abgeschossen!« schrieb Anne an ihre Tochter Ansy im April 1972 aus der »Argonauta«, als sie im Radio gehört hatte, daß »Lindbergh und die Anthropologen in völliger Einsamkeit... an einem steilen Berghang tief im südphilippinischen Regenwald bei... den letzten Höhlenmenschen auf Erden gelebt haben«. Es war eines der wenigen Male, wo die Presse bei ihren Berichten über Lindbergh nicht übertrieb. Im gebirgigen Regenwald von Südmindanao hatte man einen Stamm entdeckt, der noch in Höhlen wohnte, die Tasaday, ein Volk, das nicht die geringste Ahnung hatte von der Welt jenseits seiner abgeschiedenen Jagdgründe, und Lindbergh hatte mitgeholfen, die erste Expedition dorthin zu organisieren.

Als der 70jährige Lindbergh aus dem Hubschrauber auf eine von *Panamin* gebaute Plattform hoch oben in den Bäumen des Regenwaldes sprang, war ihm, als spränge er durch die Zeiten. »Innerhalb von Sekunden«, schrieb er später, »veränderte sich meine Umgebung von einer zivilisierten zu einer Steinzeithöhlenkultur. Ich hatte das Gefühl, als besuchte ich meine Vorfahren vor 100 000 Jahren.« Entlang einem scharfgezackten Bergrücken, weit hinein in ein dorniges, regendurchweichtes Tal wurden undeutlich die Höhlen der Tasaday sichtbar. Die Expedition baute sich im Wald ein Lager.

Am nächsten Morgen kletterten Lindbergh und seine Kollegen von *Panamin* einen schlüpfrigen, schlammigen Pfad hinauf zu den hochgelegenen Höhlen an dem vom Dschungel überwucherten Felsrand. Ein paar kleine, braune Männer mit schwarzem buschigen Haar und Lendenschurz standen vor den Eingängen der darüberliegenden Höhlen. Lindbergh griff in die Lianen, zog sich hoch und schwang sich in die 30 Fuß tiefe Behausung, in der 18 Menschen um zwei Feuerstellen saßen. »Nichts deutete darauf hin, daß man jemals versucht hatte, die Höhle zu verbessern oder zu verändern, obwohl offensichtlich Generationen darin gelebt hatten – wahrscheinlich seit Jahrhunderten«, notierte Lindbergh.

Lindbergh beobachtete die Tasaday in den nächsten Wochen, und nie hatte er »ein glücklicheres Volk« erlebt. Der Regenwald versorgt sie mit allem, was sie brauchten, und sie hatten keine Angst, daß ihnen etwas weggenommen wurde. Elizade schaffte es, sie zu fragen, was sie sich am meisten von der Welt draußen wünschten, und einer sagte: »Wir wissen nicht, worum wir bitten sollen, weil wir nicht wissen, was wir uns wünschen sollen.« Als sie gefragt wurden, seit wann sie in dieser Höhle lebten, antworteten sie: »Seit Anfang der Zeiten.«

Mit der Entdeckung der Tasaday stellten sich praktische und ethische Fragen, wie die philippinische Regierung mit ihnen umgehen sollte. Mit Sicherheit würden sie ausgenutzt werden – von den Medien und der Waldwirtschaft. Lindbergh wurde sich bewußt, daß die *Panamin*-Expedition den Weg hierfür geebnet hatte. Es war nun ihre Aufgabe, diesen Stamm vorsorglich zu beschützen, sonst reichten die Holzfällerstraßen in wenigen Jahren bis zu ihren Höhlen. Lindbergh und *Panamin* kamen im nächsten Monat wieder, brachten Stoff für Decken und einen Arzt mit Medikamenten mit. Inzwischen hatte Präsident Marcos auf Bitten von *Panamin* das Land rings um die Tasaday zum Reservat erklärt. *Panamin* bot ihnen zweierlei Perspektiven an: Isolation oder Integration. Die Ureinwohner antworteten, sie wollten in ihren Höhlen weiterleben wie bisher, wie sie seit Anbeginn des menschlichen Daseins gelebt hätten. Aber schon nach wenigen Monaten stellte sich heraus, daß die Außenwelt den

Stamm mit Neugierde angesteckt hatte, die sie mit der Zeit aus dem Wald treiben würde.

Lindberghs Liebe zu den Philippinen kam ebenso aus dem Bauch wie aus dem Kopf. Wenn er unter den Eingeborenen lebte, legte er die »Ausrüstung der Zivilisation« ab und wurde selbst zum Eingeborenen. Auf einer Expedition fühlte er sich zu einer jungen Frau besonders hingezogen. Anne entdeckte später ein Foto von einer attraktiven Filipina, die so aufreizend war, daß Charles ihrer Überzeugung nach mit ihr geschlafen hatte. Sie sprach nie mit ihrem Mann über diese Liaison, genau wie die beiden nie über Annes Liebesgeschichte mit Dana Atchley gesprochen hatten. Wieder in »Tellina«, gewöhnte sich Lindbergh an, bei Ebbe nackt in den Long Island Sound zu waten. Er wälzte sich wie ein Eingeborener im Schlamm, bestrich sich mit Schlick, spritzte sich wieder sauber und nahm nackt ein Sonnenbad in der Höhlung des großen Felsens am Rand der Bucht.

Seine grenzenlose Ehrfurcht vor der Natur führte Lindbergh zu der Suche nach ihrem Schöpfer. Seit jeher mehr Einzelgänger als Herdentier, hatte er die offiziellen Religionen lange gemieden. Aber 1971 zog er sich eines Tages in die Abtei »Regina Laudis« in Bethlehem, Connecticut, zurück – auf Vorschlag von Anne, die dort von Zeit zu Zeit Trost fand. Beim Gespräch mit den Benediktinerinnen in ihrem klösterlichen Areal staunte Lindbergh, wie er einer der Schwestern nachher schrieb, über »den freundlichen Empfang, die Gesänge, das Gespür für das Irdische und die spirituelle Atmosphäre; und zu alledem kommt noch ein weiter Horizont und ein Sinn für Humor, die zu einer Haltung führen, wie ich ihr bei einer religiösen Vereinigung noch nie begegnet bin«. Er kehrte im Lauf der nächsten Jahre mehrmals dorthin zurück – immer wenn er das Bedürfnis verspürte, sich zu konzentrieren, sich auf die Suche nach seiner Seele zu begeben.

Lindbergh wurde ein wenig abgeklärter, er zeigte sich öfter in der Öffentlichkeit und zog sogar klaglos einen Smoking an. Wenn er nicht gerade für den Umweltschutz tätig war, folgte er in letzter Zeit auch der einen oder anderen Einladung – eine vorsichtige Auswahl aus den Hunderten, die ihm Jahr für Jahr zugingen. 1968 nahm er die Goldmedaille des *National Institute of Social Sciences* in Empfang und 1969 wurde er Ehrenmitglied der *Society of Experimental Test Pilots*. Seine Ansprache bei diesen beiden Feiern unterschied sich nicht viel von der, die er 1973 bei der Einweihung des *Interpretive Center* im 110 Acres großen »Lindbergh State Park« in Little Falls halten sollte. Von der Eingangstür seines ehemaligen Elternhauses aus sprach er zu den 2000 Mitstreitern. Ich glaube, die jüngsten Fortschritte unserer Zivilisation werden durch einen Park besser symbolisiert als durch Satelliten und Raumfahrt.«

Obwohl ihm noch immer nicht daran lag, die Vergangenheit festlich zu begehen, nahm Lindbergh an Gedenkfeiern teil, wenn er glaubte, die damit verbundene öffentliche Aufmerksamkeit werde vielleicht zu Unrecht vergessenen Freunden Ehre erweisen. So nahm er in einer nichtöffentlichen Zeremonie den Ehrendoktor der Georgetown University an, hauptsächlich wegen der Sorgfalt, mit der sich diese Universität um die Alexis-Carrel-Sammlung kümmerte. Lindbergh hatte so manchen Nachmittag in Sands Point auf Long Island verbracht, als dort sein Freund Harry Guggenheim im Sterben lag, und als Falaise 1973 nach Guggenheims Tod County-Museum wurde, erschien er zur Einweihung. Er gab Interviews und schlenderte durch das 26 Zimmer große »normannische« Herrenhaus, wo er *Wir* geschrieben, um seine Frau geworben und mit seiner jungen Verlobten Zuflucht vor der Presse gefunden hatte. Als die Besucher in sein früheres Schlafzimmer kamen, konnte sich eine Frau beim Anblick des 1,20 m × 2 m großen Bettes die Frage nicht verkneifen: »Wie haben Sie jemals in diesem Bett schlafen können, General?« – »Oh«, warf Anne ein, »er kringelt sich gern zusammen.« Charles mußte so lachen, daß es durchs ganze Treppenhaus hallte.

Auch beim Militär machte er Ausnahmen. 1969 besuchte er in Colorado Springs ein Treffen der 475er, seiner Kriegskameraden aus dem Südpazifik. Und 1973 wurde ihm im Namen von 28 Millionen amerikanischen Veteranen der *National Veteran Award* überreicht. Beide Ereignisse freuten ihn und erinnerten die Öffentlichkeit daran, daß der Mann, den man einen Verräter genannt hatte, in Wirklichkeit ein Patriot war.

Nach mehr als 30 Jahren wollte Lindbergh noch immer nichts von seinen brisanten isolationistischen Äußerungen zurücknehmen. Er behauptete zwar, es habe ihn nie gekümmert, was die Öffentlichkeit von ihm denke, aber sein Verhalten im privaten Kreis ließ manchmal etwas ganz anderes durchscheinen. Mitunter entfuhren ihm irgendwelche zusammenhanglosen Sätze, die klar zeigten, wie tief es ihm in den Knochen steckte, daß er in Ungnade gefallen war. Als David Read, ein mit den Lindberghs befreundeter junger Arzt, sie einmal am Wochenende besuchte, sagte Charles plötzlich: »Dave, beim Rest der Rede haben sie gar nicht mehr zugehört.« Read merkte, daß Lindbergh plötzlich gekränkt und verwirrt dreinsah, und fragte, was er meine. Lindbergh erzählte ihm von jenem Abend in Des Moines im September 1941. »Ich habe damals erklärt« sagte Lindbergh mit großem Ernst, »warum es die Juden betreffen würde.«

Seit den Tagen seines ersten Ruhms war Lindbergh immer wieder auf falsche Behauptungen über sein Leben und seine Überzeugungen gestoßen, und nun, eine Generation später, tauchten viele dieser Irrtümer erneut in Büchern und Artikeln auf. Nachdem er dieses Problem mit seinem neuen Freund William Jovanovich besprochen hatte – einem energischen jungen Verleger, der Chef von Harcourt, Brace & World geworden war –, las er seine Tagebücher aus den Jahren 1938 bis 1945 noch einmal durch und beschloß, sie zu veröffentlichen. Er war der Meinung, in diesen 2000 Einträgen habe er »nach besten Kräften und genau Bericht erstattet«.

Er kürzte die 600 000 Wörter um ein Drittel. Er rühmte sich der Tatsache, daß er nichts neu schrieb – er korrigierte nicht einmal die manchmal fehlerhafte Grammatik –, entfernte jedoch manches, um den Text zu verbessern. Ohne bewußt zu erkennen, daß manche Bemerkungen antisemitisch klangen, strich er viele davon. Seine Bewunderung für Deutschlands Leistungen spielte er herunter. Als Ergebnis dieser Bemühungen, die er zwischen seine Reisen schob, entstand ein 1000 Seiten starker Band.

Das *Kriegstagebuch* von Charles A. Lindbergh wurde im September 1970 mit großem Tamtam auf den Markt gebracht. Es erregte nicht nur in den Literaturbeilagen Aufmerksamkeit, sondern auch auf den Leitartikelseiten und Titelblättern der Nachrichtenmagazine und ließ die alte *America First*-Debatte wieder auflodern. Die Reaktionen auf das Buch verliefen fast genau entlang der politischen Fronten und spiegelten die Haltungen vor dem Krieg wider. Lindberghs Einleitung zeigte, daß er an den Überzeugungen, die er vor Jahrzehnten geäußert hatte, stur festhielt und keineswegs irgendwelche Fehler zugeben konnte.

Um Deutschland und Japan zu besiegen, unterstützten wir die viel gefährlicheren Länder Rußland und China, die uns jetzt, im Zeitalter der Atomwaffen, gegenüberstehen. Polen konnte nicht gerettet werden. Das Britische Empire ist unter großem Leid, Blutvergießen und Chaos zusammengebrochen. England ist eine wirtschaftlich beengte Macht zweiter Klasse. Frankreich hat seine großen Kolonien aufgeben müssen und sich selbst zu einer milden Diktatur entwickelt. Vieles von unserer westlichen Kultur wurde zerstört. Wir verloren das genetische Erbe, das sich durch Äonen hindurch in Millionen von Menschenleben entwickelt hat. Unterdessen haben die Sowjets Osteuropa hinter dem Eisernen Vorhang verschwinden lassen, und in Asien bedroht uns eine feindliche chinesische Regierung.

In seiner Kritik des *Kriegstagebuchs* für die *New York Times Book Review* verfaßte Professor Eric Goldman die damals vielleicht objektivste Beurteilung, indem er Lindberghs Stil ebenso unter die Lupe nahm wie seinen Inhalt. Über Lindberghs Besuch im Lager Dora schrieb Goldman: »In einem fünfseitigen Eintrag, der so ergreifend ist, daß er einen festen Platz in der amerikanischen Literatur verdient, beklagt er ›die Schmach und Würdelosigkeit‹, zu der Nationen fähig sind. Er fügt nicht hinzu, was er vielleicht hätte miterleben müssen, wenn die Vereinigten Staaten auf Menschen wie ihn gehört hätten, Menschen, die zuließen, daß ihr besseres Ich von der Schwäche für eine greifbare Gegenwart und der Angst vor einer stürmischen Zukunft überwältigt wurde.« Das Buch verkaufte sich sehr gut und kam ins Halbfinale für den *National Book Award*. In Lindberghs Post fanden sich Briefe von Nixon und den Kennedys. »Die Familie – und ich auch – bewundern Sie mehr als alle anderen«, schrieb Jacqueline Onassis. Doch das *Kriegstagebuch* ließ weniger neue Meinungen über Lindbergh entstehen, als es alte wiederbelebte. Immerhin dämpfte es aber den langjährigen Haß gegen ihn, da es zumindest einen Mann zeigte, der seinem Land treu gedient hatte.

In den 70er Jahren widmete Lindbergh den Schriften anderer Autoren genausoviel Zeit wie seinen eigenen. Er verfaßte nicht nur »Skizzen« und einige Kapitel einer sogenannten »moralischen Autobiographie«, sondern schrieb auch Einleitungen zu Büchern über Maui, die Vanguard-Rakete, die Tasaday oder zu der Autobiographie des Astronauten Michael Collins. Den Autoren, die sich mit dem Leben seiner Freunde beschäftigten, antwortete er – brieflich und persönlich – sehr ausführlich. Außerdem gab es eine neue Generation von Biographien über ihn, in denen er dermaßen viele Fehler entdeckte, daß er penible Berichtigungen tippte und sie in der *Library of Congress* hinterlegte.

Aber kein Schriftsteller wurde mehr von Lindbergh gefördert als seine Frau. Ihre Artikel über den Umweltschutz für *Life* deuteten nur an, bis zu welchem Grad er ihr Werk beeinflußte. Seinem Ansporn verdankte sie auch ein größeres Projekt, das »Gegenstück« zu seinem Kriegstagebuch. Diese Arbeit, bei der sie Tagebücher und Briefe aus gut einem Vierteljahrhundert durchstöberte und in eine druckreife Form brachte, sollte Anne für das nächste Jahrzehnt beschäftigen. Ihre Gefühle dabei waren widersprüchlich; im Prinzip hieß sie die Idee gut, fürchtete aber »die Reaktion, das Eindringen in meine Privatsphäre, die öffentliche Aufmerksamkeit, die möglicherweise beleidigenden Briefe«. Je mehr er sie drängte, desto mehr merkte sie, daß ihre Tagebücher »die Mißverständnisse und falschen Bilder, die manche Reaktionen auf sein Buch erzeugt haben, beantworten und berichtigen würden«. Der erste Band *Bring mir das Einhorn. Tagebücher und Briefe von 1922 bis 1928*, erschien 1972 und fand bei Kritikern und Lesern immerhin soviel Beifall, daß sie die Tagebucheinträge der nächsten Jahre durchging, die in der Entführung und dem Tod ihres Kindes gipfelten.

»Obwohl ich den letzten Teil [1932] sechs- oder siebenmal gelesen habe, vielleicht auch öfter«, schrieb Anne im April 1972 in ihr Tagebuch, »werde ich an manchen Stellen noch immer blind vor Tränen. Es liegt so weit zurück, und das Mädchen, das da leidet, bin nicht ich. Sie ist gestorben und wurde wiedergeboren, ganz langsam. Ich weine beim Lesen über eine Fremde.« Als das Buch *Stunden von Gold, Stunden von Blei* im nächsten Jahr herauskam, hatten Hunderttausende von Lesern das Gefühl, sie lasen die Texte einer Freundin. Im Lauf der nächsten sieben Jahre wurden auch die drei Folgebände zu Bestsellern und machten aus Anne Morrow Lindbergh eine der populärsten Tagebuchschreiberinnen dieses Jahrhunderts.

Der für Anne schwierigste Band war der mit den Jahren 1939 bis 1945, dem sie den Titel *Welt ohne Frieden* gab. In einer langen Einleitung schrieb sie, mit dieser Veröffentlichung wolle sie »die ungeschriebene Seite vom *Kriegstagebuch* [meines Mannes] zeigen, das heißt, all das, was er nicht aussprechen konnte. Wenn man die Rückseite eines Gobelins betrachtet, entdeckt man oft Muster und Farben von einer Vielfalt und Bedeutung, die auf der Vorderseite nicht erkennbar sind.« Ihrer Freundin Lucia Valentine schrieb Anne: »Ich sollte ihn eigentlich nicht mit aller Kraft verteidigen, aber es gibt Seiten, die gezeigt werden müssen, sie müssen irgendwo aufgezeichnet sein. Nur dann kann ich ihn – als eine Person der Öffentlichkeit – loslassen.« Es sollte ihr letztes Buch werden.

Nach einem halben Jahrhundert fleißigen Tagebuchschreibens wurde Anne nachlässig. Daß sie die früheren Einträge für die Veröffentlichung vorbereitete, war nur ein Grund dafür. Die Ehe der Lindberghs war zu einer einseitigen Angelegenheit geworden: Sie stand Charles zur Verfügung, wann immer er auf sie zurückgreifen wollte; und das war zu niederschmetternd, um aufgezeichnet zu werden. Wenn sie zusammen waren, erwartete er, daß Anne sich ganz auf ihn konzentrierte, und seine Selbstbesessenheit erreichte komische Ausmaße. Manchmal verbot er ihr, den Telefonhörer abzuheben, wenn es klingelte; und wenn sie zu lang mit Freundinnen schwatzte, holte er manchmal das Gewehr aus dem Schrank und drohte auf das Telefon zu schießen. Als Anne die 75 Jahre alten Matratzen im Gästezimmer durch neue, im Schlußverkauf gekaufte, ersetzen wollte, löste das eine Predigt aus, daß sie zum Untergang der Kultur beitrage. Der allgemeine Verfall von »Law and Order« und die Eskalation der Anarchie wurden für ihn zu einer fixen Idee, und oft schimpfte er über das, »was mit unserem Land passiert«. Manchmal hatte er gute Gründe, besonders wenn die Rede darauf kam, daß Flugzeuge zu Schauplätzen von Verbrechen wurden. »Das ist keine Zeit mehr, in der man in der Nähe einer Großstadt leben kann«, pflegte er zu sagen. Und dann antwortete sie: »Das ist keine Zeit mehr, in der man zwischen verschiedenen Wohnungen herumfliegen kann.«

Ihre Gespräche wurden immer bissiger, weil Anne dauernd fragte, wann ihr Gatte wohl das nächste Mal aufzutauchen geruhte. Die Kinder unterstützten sie nach Kräften. »Ich finde es nicht fair [von Vater], daß er Dir das wieder antut, auch wenn es nicht sintflutartig regnet«, schrieb Reeve ihrer Mutter im Frühling 1972, als Lindbergh wieder einmal von einer Reise auf die Philippinen zurückkehrte. »Was hat der Affen essende Adler, was Du nicht hast, möcht ich mal wissen!« Jon ging seinen ozeanographischen Arbeiten nach und züchtete im Staat Washington Lachse, Land hatte seine Ranch in Montana, Ansy schrieb in Frankreich Kinderbücher, Reeve unterrichtete in Vermont, und alle hatten eigene Kinder – da konnten sie wenig für ihre Mutter tun.

Ironischerweise brachte ausgerechnet Scott seine Eltern zusammen, wenn auch nur für einen Augenblick. Sie entsetzten sich gemeinsam über seine Heirat, dann verwandelten sich Annes Gefühle in Reue und Charles' in Wut. Sie besuchte Scott auf den Europareisen und schrieb ihm mitfühlende Briefe. Er hingegen besuchte von jetzt an seinen Sohn gar nicht mehr und feuerte kurze, oft grausame Briefe ab. »Du widerst mich an, und ich schäme mich Deiner«, schrieb er ein Jahr nach Scotts Hochzeit; »aber Du bedeutest mir noch immer sehr viel. Zu welcher Beziehung dies in Zukunft führen soll, weiß ich nicht.« Der Briefwechsel im Jahr 1969 führte sie schließlich in eine Sackgasse. »Wenn Dir eines Tages bewußt wird, was Du gewesen bist und was Du Dir angetan hast«, schrieb er am 2. Juni, »wenn ich Dir dann helfen kann, laß es mich wissen«, und schloß mit »Dein Dich stets liebender...« und schrieb ihm lange Zeit nicht mehr.

Durch Annes Besuche und durch Berichte von seinen anderen Kindern blieb Lindbergh über Scotts Werdegang auf dem laufenden – über seine tierpsychologischen Arbeiten an der Universität Straßburg und über das 32 Hektar große Forschungsareal in der Dordogne, wo er und seine Frau das Verhalten südamerikanischer Brüllaffen studierten. Doch Lindbergh blieb fast drei Jahre lang bei seinem Schweigen. Im April 1972, kurz nach seinem 70. Geburtstag, versuchte er, aus der Sackgasse herauszukommen und schrieb: »Ich weiß nicht, ob ich Dich noch einmal sehe, von Dir höre oder Dir schreibe. Wenn nicht, soll folgendes meine letzte Botschaft an Dich sein... Du hast die Fähigkeit, in fast allem, dem Du Dich ernsthaft widmest, Erfolg zu haben. Aber ich möchte noch einmal betonen: Was Du beruflich und materiell erreichst, und sei es noch so gewaltig, ist belanglos, verglichen mit dem, was Du als Mensch aus Dir machst.«

Scott lud seinen Vater ein, ihn und seine Frau in ihrem Tiergehege zu besuchen. Aber Lindbergh lehnte ab, weil er »die moralischen Maßstäbe und die Lebensweise, die Du Dir offensichtlich gewählt hast«, noch immer mißbilligte. Obwohl er sagte, Briefe von Scott seien ihm stets willkommen, verstrich ein weiteres Jahr des Schweigens. Im April 1973 schickte Scott seinem Vater eine fesselnde Beschreibung seiner Arbeit, unter anderem über das Studium von Affengesellschaften, und inwieweit ihre Gefühle denen von Menschen glichen. Lindbergh antwortete, das erinnere ihn an seine und Dr. Carrels Idee, auf einer kleinen Insel Affen zu züchten. Dann versetzte er ihm gleich wieder eine kalte Dusche: Scott werde »die zweite Hälfte seines Lebens hoffentlich nicht überwiegend damit zubringen, Affen zu züchten und mit ihnen zu experimentieren«. Er fragte: »Gibst Du Dich denn damit zufrieden, als Amerikaner von einem ererbten Vermögen in einem Schloß in Südfrankreich zu leben, während die Welt um Dich herum vielerorts in Flammen steht und in Bewegung geraten ist wie noch nie in der Geschichte?« Wieder kehrte Schweigen ein.

Es gab allerdings einen unausgesprochenen Grund für Lindberghs plötzliche Ausfälle und irrationale Rückzieher. Dieser zehn Jahre lange Machtkampf war Teil einer größeren Schlacht um Körper und Seele geworden, in die sich Lindbergh verwickelt sah. Bei einer Routineuntersuchung im Oktober 1972 hatte der Arzt Dr. George Hyman einen auffälligen Knoten entdeckt, der sich als Lymphom herausstellte; ein zweiter verdächtiger Knoten ließ auf Krebs schließen. Ende des Monats belegte Lindbergh als Mr. August ein kleines Zimmer im *Harkness Pavilion* in New York, um die Tumore entfernen und untersuchen zu lassen. Die Diagnose wurde bestätigt, und am 31. Januar 1973 begann er mit einer dreitägigen Bestrahlungstherapie.

Lindbergh reagierte auf diese Behandlung mit einer schweren Blutarmut und hatte sich noch nie im Leben so schlecht gefühlt. In den nächsten Wochen war er schwach und müde. Er verlor 30 Pfund – bei seiner ohnehin mageren Statur – und sah abgespannt aus. Er und Anne erzählten allen Leuten, auch den Kindern, er habe sich auf seinen Reisen eine Viruskrankheit eingefangen. Er beschloß, sich auf Maui zu erholen, und dort brachte die Sonne Hawaiis ein wenig Farbe in sein Gesicht. Bald konnte er wieder essen und gut schlafen.

Eines Morgens spazierte er zu den Pryors und fragte seinen Freund wie von ungefähr, so daß dieser keinen Verdacht schöpfte: »Wo läßt du dich eigentlich begraben, Sam?« Pryor erschrak, antwortete aber ohne zu zögern: »Gleich hinter der kleinen Kirche, die ich restauriert habe, ungefähr 20 Minuten von hier.« Lindbergh wollte sie gern sehen, und sie wanderten über eine schlammige Straße zur Ho'omau-Gemeindekirche, die Missionare aus Connecticut vor mehr als 100 Jahren gebaut hatten. Abseits der Straße, kaum zu sehen, stand da unter einem Banyanbaum, im Schutz von Kiefern und Kokosnußpalmen, ein kleines, weißes Gotteshaus aus Lavagestein und Stuck. Von seinem Holzturm läutete jeden Sonntag die alte Glocke der Missionare. Drinnen ergoß sich das Licht durch sechs große Fenster auf die weißen Wände, die bis auf ein schlichtes Holzkreuz und ein paar zinnerne Wandleuchter ungeschmückt waren. Über den zehn Kirchenbänken hingen zwei Kronleuchter. Draußen unter den Palmen lag ein alter hawaiischer Friedhof mit ein paar neuen Gräbern. Hinter diesem schattigen Bereich, auf dem die Pryors schon einige ihrer Affen begraben hatten, erstreckte sich eine Weide bis zu einer hohen Klippe mit Blick auf die Kipahulu Bay, wo vor der Küste das Wasser weißschäumend gegen einen zackigen Lavafelsen krachte.

Lindbergh wanderte Richtung Klippe und fragte genau in der Mitte dieses großen Rasenflecks: »Und wem gehört das hier?« Er erfuhr, daß man das Land kaufen konnte, und kam bald darauf mit den staatlichen und kirchlichen Behörden überein, auf diesem Gelände einen zehn Meter breiten Streifen für eine Grabstätte zu reservieren. Lindbergh half Pryor, die

Kirche zu restaurieren, und an manchen Tagen konnte man ihn das Laub von den vernachlässigten Gräbern rechen sehen.

Im späten Frühjahr erkrankte er an einer gräßlichen Gürtelrose, die seine Reisetätigkeit einschränkte und ihn weitere zehn Pfund kostete. Seine Blutwerte waren schlecht, und monatelang plagten ihn die Grippe und einige harmlosere Krankheiten. Besucher wies er ab, nur Imelda Marcos und Manda Elizalde durften eines Tages nach Darien zum Lunch kommen. Obwohl er sich das ganze Jahr nicht mehr richtig erholte, wahrte er das Gesicht, erledigte die wichtigsten Aufgaben und schob noch Reisen zu seinen drei Häusern dazwischen.

Endlich konnte Anne mehr mit ihrem Mann zusammen sein. »Das wirkt sich natürlich auf mein Leben aus«, schrieb sie ihrer Schwester, »weil es mich praktisch von den Menschen isoliert, mit denen ich mich getroffen habe, wenn er fort war... Ich stehe vor einem neuen, ganz anderen Ungleichgewicht in unserer Beziehung und unserem Leben. Und ich muß lernen, es zurechtzurücken... damit ich nicht so erschöpft oder enttäuscht bin, daß ich wegen kleiner, unwichtiger Einzelheiten die Nerven verliere, oder vor lauter Eintönigkeit oder Eingesperrtsein so niedergeschlagen werde, daß ich mich in mein Schneckenhaus zurückziehe und aufgebe.« Zwischen den einzelnen Tagebucheinträgen lagen Monate. Als sie endlich einmal in ihrem kleinen »Kuckucksuhr-Chalet« über dem Schweizer Haupthaus Zeit für Nachträge fand, schrieb sie: »Es war ein Jahr voller Belastungen und Ängste. ›Sorgen und kurze Reisen.‹« Regelmäßige Blutkontrollen und zusätzliche Gewebeuntersuchungen ließen vermuten, daß die Bestrahlung den Krebs erst mal zum Stillstand gebracht hatte.

Lindbergh erlangte nie wieder seine frühere Vitalität, aber sein Appetit, sein Gewicht und sein Mut kehrten zurück. 1974 unternahm er nur eine – nicht besonders wichtige – Reise nach Europa. Im Februar traf er sich mit J. Paul Getty in Sutton Place, dem Tudorschloß des Milliardärs in der Nähe von London, um die Aufmerksamkeit der Öffentlichkeit auf die 50 000 Dollar zu lenken, die Getty dem *World Wildlife Fund* spendete. In diesem Monat wurde Lindbergh 72 und erreicht damit das obligatorische Rentenalter der Direktoren von *Pan American*. Er wurde nun Ehrenmitglied des Vorstands, mußte aber nicht mehr reisen.

Mit Jahresbeginn verlegten die Lindberghs ihren offiziellen Wohnort von Connecticut nach Hawaii. Er plante weitere Reisen – unter anderem zur Gouverneurskonferenz des Mittelwestens in Minnesota und im Juli nach Brasilien –, aber er reiste nur noch nach Maui, bis Mai insgesamt viermal. Bei diesem vierten Besuch wanderte er mit Sam Pryor und einem hawaiischen Baggerführer und Bauunternehmer um den Friedhof der Ho'omau-Gemeindekirche herum und steckte mit dicken Stangen und Stricken eine Grabstätte ab. Als er wieder in Darien war, sprach er davon, den Sommer in der Schweiz zu verbringen.

Doch am 2. Juni bekam er 40 Grad Fieber. Lindbergh ging nach *Harkness Pavilion* und mußte mehrere Tage im Bett bleiben. Nach zwei Wochen schien er kräftig genug, um nach Hause entlassen zu werden, doch die Ärzte machten sich Sorgen, weil sie die Blutwerte nicht in den Griff bekamen. Noch immer durfte niemand wissen, wie krank er war, und er verbot Anne, die Kinder zu benachrichtigen. Durch einen Zufall – »wie durch ein himmlisches Wunder«, schrieb Anne – erschien Jon aus beruflichen Gründen Mitte Juni in New York. Er bestand darauf, seinen Vater zu besuchen, und dessen Zustand ließ sich nun nicht länger verheimlichen.

Das »Virus«, dessentwegen Lindberghs Fieber nicht zurückging, war in Wirklichkeit Krebs, der das Lymphsystem befallen hatte und das Knochenmark angriff; daher das »schlechte Blut«. Doch er sprach gut auf ein neues Medikament an. Nach über einem Monat im Krankenhaus hieß es, er könne heimgehen und, wenn er weiter Fortschritte mache, im Sommer in die Schweiz fahren. Am 3. Juli beschloß er, einen »Probelauf« zu wagen und an einer *Pan-American*-Sitzung in Manhattan teilzunehmen. Als er aufbrach, fühlte er sich so stark, daß er mit der U-Bahn fahren wollte – um das Geld für ein Taxi zu sparen. Aber schon der Weg vom Krankenzimmer bis hinunter zum Broadway strengte ihn dermaßen an, daß er ein Taxi herbeiwinken mußte. Der Ausflug schwächte ihn, verlief aber erfolgreich. Er begann mit einer Chemotherapie und mit Bluttransfusionen.

Am Samstag, dem 7. Juli, kehrte Lindbergh nach »Tellina« zurück. Es war unsäglich heiß, und die Heimfahrt nahm ihn sehr mit. Er schlief fast den ganzen Tag und hatte Fieber und Schüttelfrost. Doch von da an ging es ihm mit jedem Tag besser, er spazierte durchs Haus, saß auf der Terrasse, aß und schlief gut. Jim Newton rief aus New York an, und Charles lud ihn zum Essen ein und unterhielt seinen Freund bis Mitternacht mit Geschichten über die Philippinen.

Die Chemotherapie schlug nicht sofort an, aber die Bluttransfusionen, so daß er sich besser fühlte. Da er sich zu erholen schien, erfuhren die Lindbergh-Kinder nun die gesamte Krankheitsgeschichte ihres Vaters – allerdings nannte Anne seine Krankheit nie beim Namen, sondern bezeichnete sie beschönigend als »das Grundproblem«.

Trotz der regelmäßigen Blutübertragungen ließen Lindberghs Kräfte nach. Nach einigen Wochen zeigten die Untersuchungsergebnisse, daß »das Grundproblem« sich verschlimmerte. Er sagte die Reise nach Minnesota ab, und der Gedanke, in die Schweiz zu fahren, wurde mit jedem Tag abwegiger. Am Mittwoch, dem 24. Juli, mußte er wieder ins Krankenhaus, und die Ärzte erklärten Anne, sie könnten ihm keine Hoffnung mehr auf Genesung machen. Sie wollten die Chemotherapie intensivieren, gaben ihm aber nur noch ein paar Wochen. Lindbergh, der den Tod noch weit von sich wies, stellte alle möglichen medizinischen Fragen. »Es ist, als ob das Feuer der Krankheit in ihm wütet und ihn verschlingt«, vertraute Anne der Mutter Oberin in »Regina Laudis« an. »Er hatte immer ein feuriges Wesen, und so paßt es irgendwie zu ihm.«

Lindberghs Kinder versammelten sich um ihn; Ansy kam aus Paris, Reeve aus Vermont. Land telefonierte mit seinem jüngeren Bruder in Frankreich, und obwohl Scott gerade Gelbsucht hatte, erklärte er sich bereit, seinen Vater zu besuchen, wenn dieser es wünschte. Anne dachte, es müsse ein Wunder geschehen, wenn die beiden stursten Familienmitglieder noch einmal miteinander reden sollten, und tat alles in ihrer Macht Stehende, um dies zu ermöglichen. Sie betete; sie schlug vor, Scott solle erst einen Brief schreiben – um eine Art Brücke zu schlagen. Es müsse kein langer Brief sein, meinte sie, jedes Thema sei recht, mit dem der Dialog eröffnet werden könnte. Scott schrieb sofort, hauptsächlich über seine Arbeit, aber der eigentliche Zweck seiner Botschaft war unmißverständlich. »Mir wird immer unwohler bei dem Gedanken, wie viele Jahre verstrichen sind, seit ich Dich das letzte Mal gesehen habe«, schrieb er »...Es war falsch von mir, darauf zu hoffen, daß sich die Probleme von selbst auflösen, wenn sie nur lange genug zurückliegen, und zu erwarten, daß meine Arbeit schließlich eine neue Ebene schaffen würde, auf der wir uns treffen können. Wenn Gedankenlosigkeit und Vernachlässigung am Anfang unserer Auseinandersetzung gestanden haben, dann konnte das, was ich getan habe, nämlich unsere Beziehung zeitweilig zu verdrängen, diese Auseinandersetzung nur verschlimmern.« Anne las Charles den Brief im Krankenhaus vor, und er freute sich merklich darüber.

Scott flog sofort nach New York und machte sich auf den Weg nach *Harkness Pavilion*. Vier Stunden lang war er mit seinem Vater allein im Zimmer 1148 und sprach mit ihm. »Charles wirkt soviel glücklicher, seit dieser schmerzhafte Knoten gelöst ist«, schrieb Anne aus dem Wartezimmer des Krankenhauses an eine Freundin. »Und vielleicht rettet es Scotts künftiges Leben. Es wäre eine schwere Last für ihn gewesen.« Anne teilte die Nachricht von dieser Begegnung und von dem Zustand ihres Mannes dessen Halbschwester Eva Lindbergh Christie Spaeth mit – zu der Charles fast ein ganzes Leben lang keine Beziehung gehabt hatte. »Jetzt entdecken sie, daß sie einander im Denken, in der Weltanschauung und in der Arbeit zutiefst ähnlich sind«, schrieb Anne an Eva am 10. August. »Er merkt, daß seine Gedanken und Überzeugungen in Scotts Arbeiten und Schriften weiterleben. Das macht ihn sehr glücklich, und ich bin so dankbar, daß den beiden diese Zeit noch vergönnt war.«

Allmählich sickerte die Nachricht nach draußen, daß Lindbergh in der Intensivstation des *Columbia-Presbyterian Medical Center* lag, und von überallher trafen Genesungswünsche ein. Anne las ihm diejenigen vor, die ihn vermutlich am meisten freuten – von Präsident Nixon, von den De-Witt Wallaces und von Eva, die schrieb, sie sei »stolz, daß Du mein Bruder bist«. Jim Newton flog nach New York, um ihn am Krankenbett zu besuchen. Lindberghs enger Freund und Verleger Bill Jovanovich beendete einen langen Brief mit dem Satz: »Ich stehe wie immer zu Deiner Verfügung und in Deiner Schuld, als Dein glücklicher Gefährte und unerschütterlicher Freund. Dir gelten meine besten Wünsche, Charles, meine Hoffnung und meine Liebe, alles, was ich habe.«

Im Lauf der nächsten Tage lernte Lindbergh seine tödliche Krankheit akzeptieren. Am 14. August telefonierte er mit Jovanovich. »Es wird Zeit, daß wir reden. Kannst du ins *Columbia-Presbyterian* kommen?« Als der Verleger da war, sprach Lindbergh mit ihm über die Erinnerungen, die er im Lauf der Jahre zu Papier gebracht hatte. Er bat Jovanovich, 400 Manuskriptseiten zu lesen und zu entscheiden, »ob sie überhaupt etwas taugen, und ob sie veröffentlicht werden sollten«. Jovanovich las die ganze Nacht hindurch und beantwortete beide Fragen mit ja. Dann zeigte ihm Lindbergh die braune Ledertasche im Krankenzimmer, in der die Hälfte des restlichen Manuskripts steckte. Weitere 1000 Seiten lägen in »Tellina« oder bei den unter Verschluß gehaltenen Akten in Yale. Wie angewiesen, entwarf Jovanovich einen Vertrag und einen Brief an die Treuhänder von Yale, in dem Lindberghs Wünsche aufgeführt wurden: Jovanovich solle als Lektor und Verleger fungieren, er solle die manchmal zusammenhanglosen Manuskriptteile in »eine Reihenfolge bringen« und dem Leser klarmachen, daß die Texte zwar alle von Lindbergh stammten, »Teile davon aber in seinem Sinne redigiert« worden seien.

In den nächsten zwei Tagen wurde Lindbergh sichtlich schwächer, wenngleich seine Stimme stärker klang. Am Freitag, dem 16. August, bat er um eine Abschrift seines Testaments, aus dem er im letzten Jahr Scott als Treuhänder und Begünstigten gestrichen hatte. Er las das 14seitige Dokument durch und schrieb mit sichtlich schwacher Hand Scotts Namen fünfmal zwischen die der Geschwister. Ein wenig später erschreckte er alle Anwesenden mit einer unerwarteten Forderung. »Ich will heim«, sagte er zu Anne, »nach Maui.«

Die meisten Ärzte wollten nichts davon hören. Man könne darüber reden, ihn nach »Tellina« gehen zu lassen, aber »Argonauta« käme nicht in Frage. Doch Dana Atchley kannte den Patienten besser als alle anderen und wußte, daß niemand ihn von dieser Idee abbringen könnte. Er sagte, er würde ihn aus dem Krankenhaus entlassen. Sie riefen Dr. Milton Howell in Hawaii an, der bei der Behandlung von Lindberghs Krankheit in den letzten zwei Jahren diskret geholfen hatte, und Lindbergh erklärte: »Milton, ich habe hier elf Ärzte ... und sie sagen, sie können mir nicht mehr helfen. Ich habe noch acht bis zehn Tage, und ich will zum Sterben nach Hause. Lieber lebe ich noch zwei Tage in Maui als zwei Monate in diesem Krankenhaus hier in New York.«

Howell versuchte es ihm auszureden, führte ins Feld, die Ärzte dort kennten seine Verfassung am besten, und er glaube, daß ihm niemand die Reisefähigkeit bescheinigen werde. Aber Lindbergh war fest entschlossen. Er bat Howell, ein Haus ausfindig zu machen, wo er seine letzten Tage verbringen könne, eines, das näher am Krankenhaus von Hana liege als »Argonauta«. Howell richtete es ein, daß Lindbergh in das Gästehaus von Jeannie und Edward Pechin ziehen konnte, von Freunden, die soeben zu einer Kreuzfahrt nach Alaska aufgebrochen waren.

Jon Lindbergh übernahm den Transport seines Vaters von *Harkness Pavilion* nach Hana. Dr. Atchley empfahl ein Rettungsflugzeug der Air Force, aber Sam Pryor, der gerade in New York war, hielt das für politisch nicht gut durchführbar. Er bot ein Spezialflugzeug aus seiner eigenen Flotte an, aber Jon meinte, die Prinzipien seines Vaters würden dies oder einen privaten Charterflug nicht zulassen. So schien ein Linienflug die einzige Alternative zu sein, trotz des hohen Risikos, daß die Öffentlichkeit etwas mitbekam. Pryor sagte, man könne Lindberghs Krankentrage über die Plätze der Ersten Klasse legen und den ganzen vorderen Teil des Flugzeugs mit Vorhängen abschirmen. Lindbergh wollte irgendwann in der nächsten Woche fliegen, aber Atchley riet, nicht mehr so lange zu warten. So planten sie den Flug für Sonntagmorgen.

Am Samstag erhielt Lindbergh zwei Bluttransfusionen. Frisch gestärkt, unterhielt er sich fast den ganzen Tag mit Jon und erinnerte sich an seine Kinderzeit in Minnesota. Sam Pryor meldete, *United Airlines* sei auf die besondere Situation vorbereitet, und der Arzt der Fluglinie würde die bei einem derart kranken Passagier nötige Einverständniserklärung unterschreiben. Dann erklärte einer von Lindberghs Ärzten, er und alle anderen mit diesem Fall Befaßten fänden einstimmig, daß der Plan »medizinisch unvertretbar« und »nicht zu Ende gedacht« sei. Er brauche mindestens 36 Stunden, um ein kleines Ärzteteam zusammenzustellen, das den Patienten begleiten könne. Lindbergh bat den Arzt um nähere Erläuterung, und zwar in streng medizinischen Begriffen. Der Arzt beschrieb die sich verschlimmernde Lungenentzündung, den wachsenden Krebs und die ständig wiederkehrenden Infektionen; außerdem könne es zu einer Blutung kommen, zu einer Verschlechterung seines Befindens, er werde im Flugzeug nicht wirklich ungestört sein, und falls es ihm schlechtergehe, müßten sie womöglich notlanden.

Lindbergh lobte die Ärzte; sie hätten »ihre Arbeit gut gemacht«, aber er wisse, daß sie nun einen aussichtslosen Kampf kämpften. Er wolle nicht »weitere 36 Stunden« riskieren, nach denen es ihm vielleicht soviel schlechtergehe, daß er gar nicht mehr reisen könne. Die Ärzte warfen dem Patienten vor, er wolle nichts mehr von der Medizin wissen. Lindbergh erwiderte, die Medizin habe getan, was sie tun konnte, das Problem sei nun nicht mehr medizinischer, sondern philosophischer Natur.

Bill Jovanovich erschien an diesem Tag zweimal, um das endgültige

Manuskript und den Vertrag zu besprechen. Als er sich verabschiedete, blickte Lindbergh seinen Freund lange an und fragte: »Glaubst du, daß ich gut sterbe?« – »Ja«, antwortete Jovanovich.

Gegen Ende des Tages besprach Lindbergh mit Jon seine Begräbnispläne. Er beschrieb die Stelle an der Kirche von Kipahulu und was für ein Grab er wolle, bis hin zum Entwässerungssystem. Scott wußte nicht, ob sein Vater wünschte, daß er mit nach Hawaii kam; er war noch nie dort gewesen. Aber keiner von den anderen kam überhaupt auf die Idee, er könne vielleicht nicht mitfliegen. Am Abend telefonierte Lindbergh mit seinen Töchtern, die mit ihren Kindern in North Haven waren. Anne, Scott und Jon packten Lindberghs Sachen ein und kehrten nach Darien zurück. Um des reibungslosen Ablaufs willen bestand Lindbergh darauf, daß sie am nächsten Morgen erst auf dem Kennedy Airport mit ihm zusammentreffen und sich in der Innenstadt nicht mehr aufhalten sollten.

Bill Jovanovich erschien um 6.30 Uhr morgens im Krankenhaus und sprach noch mit einem der behandelnden Ärzte, der ihn darauf hinwies, es sei gut möglich, daß Lindbergh auf dem Flug sterbe. Der Verleger fuhr mit Lindbergh in einem Krankenwagen zum Flughafen, wo schon Sam Pryor wartete, der den Abflug so organisiert hatte, daß die Öffentlichkeit nichts mitbekam. Kurz nach 8.00 Uhr standen die Familie und Pryor in der Ersten Klasse des *United Airlines*-Jets und machten Platz für die zwei Träger, die Lindbergh auf einer Trage an Bord brachten. Als sie ihn auf das Bett heben wollten, das auf zwei umgelegten Sitzen eingerichtet worden war, sagte Lindbergh mit Blick auf Jovanovich: »Ich weiß, ihr seid starke Kerle, aber ich bin ziemlich lang – besser mein Freund hier hält mich auch noch in der Mitte.« Nachdem Jovanovich seine Aufgabe erfüllt hatte, beugte er sich über ihn und küßte ihn zweimal.

Als sich Sam Pryor verabschiedete, stiegen Lindbergh die Tränen in die Augen. Hinter dem Bett, das für den Patienten sechs Zoll zu kurz war und mit einem Stapel Kissen verlängert werden mußte, wurden die Vorhänge zugezogen. Die Familie setzte sich auf die andere Seite der Kabine, und dann gingen die normalen Passagiere an Bord, ohne zu ahnen, was sich vorne abspielte.

Die DC-8 von *United Airlines* mit der Flugnummer 987 startete um 10.30 Uhr. Lindbergh schlief viel und trank nur etwas Wasser und Milch. Scott verabreichte seinem Vater unterwegs die Medikamente. Die meiste Zeit saß Anne neben ihm, schaute auf das Land, das unter ihnen hinwegzog, und sagte zu ihren Söhnen, diese Reise sei ein Gegenstück zu seinem historischen Flug 1927. »Auch da hat niemand geglaubt, daß er es schafft und lebend ankommt.«

Als Hawaii in Sicht kam, wurde Lindbergh munter und blickte sichtlich froh aus dem Fenster. Als sie sich Honolulu näherten, wollte der Captain erst eine Runde über Maui fliegen, um seinem Spezialpassagier einen Panoramablick auf die Insel zu ermöglichen. Aber Lindbergh lehnte ab und sagte, alle anderen an Bord hätten feste Pläne, an die sie sich halten müßten.

Land Lindbergh war von Montana nach Honolulu geflogen und zwei Stunden vor seinem Vater angekommen. Er nützte die Zeit, um Lindberghs reibungslose Verlegung in ein Sanitätsflugzeug sicherzustellen, eine zweimotorige Beechcraft, die Sam Pryor direkt neben den Jet bestellt hatte. Als Land die Erster-Klasse-Kabine des *United*-Jets betrat, erschrak er, wie dünn sein Vater geworden war; aber er wurde wieder zuversichtlicher, als er die strahlenden Augen sah und den festen Händedruck spürte. Ein junger Arzt untersuchte Lindbergh flüchtig und sagte fröhlich, er werde im Handumdrehen wieder gesund sein. Obwohl der junge Mann es gut gemeint hatte, ärgerte sich Lindbergh über seine törichte Bemerkung und schimpfte ihn aus. Als der Patient von dem einen Flugzeug ins andere verlegt wurde, standen in einiger Entfernung drei Piloten, die Dienstmützen in der Hand. Land begleitete seine Eltern in der Beechcraft, und seine Brüder folgten ein wenig später.

Lindbergh hatte Milton Howell gebeten, sich nicht die Mühe zu machen, ihn an der Landebahn von Hana abzuholen, aber der Arzt hatte nicht gehorcht. Als Lindbergh aus dem Flugzeug gehoben werden sollte, winkte er Howell an seine Seite: »Es ist doch klar, warum ich hierher gekommen bin, nicht wahr?« fragte er. »Ich weiß, daß ich sterben muß... Ich weiß, daß ich nur noch wenig Zeit habe. Ich will nichts Unnötiges. Ich will keine großen Worte.« Er bat Howell, ihm dabei zu helfen, seinen Tod »konstruktiv zu gestalten«.

Das kleine Gästehaus der Pechins lag auf einem Hügel, und das Wohnzimmer ging auf eine große Veranda hinaus, eine *Lanai*, mit schönem Blick auf die Küste. Sauerstoff und die Ausstattung für Infusionen standen im Schlafzimmer bereit, von wo man direkt auf tropisches Blattwerk und den Pazifik sah. Lindbergh schien sehr glücklich, daß er hier war, und schlief unter dem Rauschen der Brandung ein.

Der nächste Tag begann damit, daß Dr. Howell sein Behandlungsprogramm umriß. Lindbergh solle nicht leiden müssen, andererseits aber nach Möglichkeit nicht zu sehr gedämpft werden. Das Übel habe bereits die eine Lunge ausgeschaltet, und es gebe Anzeichen, daß es sich auch auf die andere ausdehnte. Sobald das Rippenfell oder der Herzbeutel angegriffen würden, könnte es zu schlimmen Schmerzen kommen, die Howell mit Beruhigungsmitteln in Schach halten wollte.

Lindbergh begann diese Reise wie alle anderen mit Checklisten. Meist widmete er morgens, wenn er sich relativ stark fühlte, alle Kraft den letzten Vorbereitungen und gab genau an, wie er jeden Schritt seines Abschieds ausgeführt haben wollte. »Dermaßen detailliert«, schrieb Jon in ein Tagebuch, »daß wir anderen alle entsetzt sind. Wie spricht man über solche Dinge mit jemandem, der einem so nahesteht, und der sterben muß. Es mag ganz vernünftig sein, aber man muß sich erst daran gewöhnen... Er betrachtet den Tod als ein letztes Abenteuer und stürzt sich mit aller Kraft auf seine Vorbereitung.«

Lindbergh begann mit dem Grab, das er von Tevi Kahaleuahi im traditionellen hawaiischen Stil errichtet haben wollte. Ein Inselaberglaube verbot eigentlich, die letzte Ruhestätte eines Menschen auszuheben, bevor dieser gestorben war; aber da Lindbergh schon zum Tode verurteilt war, drängte er Tevi, gleich mit dem Graben anzufangen. Ein Kahuna, ein heiliger Mann, segnete die Stätte, dann schickte Tevi über ein Dutzend Männer an die Arbeit. Die 14 × 14 × 12 Fuß große Grube wurde geteilt, damit auch Platz für Anne blieb, und an den Seiten mit zwei Fuß dickem Lavagestein eingefaßt. Tevi überprüfte jeden Brocken auf seine Größe, Form und Glätte. »Vater war wie besessen vom Problem der Entwässerung«, bemerkte Jon, und das führte zu einer längeren Auseinandersetzung über die Entfernung eines Pflaumenbaums in einer Ecke der Grabstätte. Als Tevi sagte, ihm täte es leid um den Pflaumenbaum, erklärte Lindbergh sich bereit, ihn stehenzulassen.

Auch die Lindbergh-Söhne arbeiteten mit an dem Grab. »Es ist schon merkwürdig, wenn du mithilfst, das Grab deines Vaters auszuheben, noch ehe dieser gestorben ist«, schrieb Jon Lindbergh in dieser Woche. »Aber eigentlich ist es eine intime, fürsorgliche Aufgabe für die Familie. In dieser Sache auch einmal körperlich zu arbeiten, hat mir sehr gutgetan.« Lindbergh war seit seiner Ankunft in Hana kräftiger geworden, und er glaubte kurz, daß der Umzug ihm vielleicht noch ein paar extra Tage oder sogar Wochen schenken könnte. Aber am 23. August fühlte er sich »nicht besonders auf der Höhe« und schlug vor, die Totengräbermannschaft aufzustocken.

Lindbergh bat seinen Freund John Hanchett, den stellvertretenden Leiter der Hana-Ranch, sich um den Bau seines Sarges zu kümmern. Er wollte ihn von Hand gezimmert, aus sägerauhem, einheimischem Holz, seitlich und oben völlig flach, ohne jeden Schnörkel. Zwei Landarbeiter bauten die Kiste nach seinen genauen Angaben aus zolldicken Brettern des Eukalyptus robusta, in der dortigen Gegend auch »Sumpfmahagoni« genannt.

Ein weiterer strittiger Punkt war die Auskleidung des Sarges. Lindbergh wollte mehrere Lagen verschiedener, biologisch abbaubarer Materialien, zuunterst eine Persenning. Dann sollte Rindsleder kommen, aber Hanchett erklärte, die einzigen verfügbaren Häute seien fettig und stänken. Anne schlug statt dessen eine alte Decke von der Hudson Bay vor, die Charles einmal seiner Mutter geschenkt hatte. Man telefonierte mit den Familienmitgliedern daheim in den Staaten, um die Decke ausfindig zu machen, und sie wurde noch am selben Tag per Expreß losgeschickt. Als Zudecke wünschte sich Lindbergh Tapas, hawaiische Baststoffe, und baumwollene Bettücher aus der »Argonauta«. Als dort keine reinen Baumwolltücher aufzutreiben waren, gab er sich mit halb Baumwolle, halb Polyester zufrieden.

Lindbergh bat Hanchett auch, den Grabstein zu bestellen, eine Granitplatte von zwei mal dreieinhalb Fuß und fast eineinhalb Fuß dick – so schwer, daß niemand etwas mit ihr anstellen konnte. Sie sollte aus dem Steinbruch *Rock of Ages* in Barre, Vermont, geliefert werden. Er wollte die Seiten roh behauen und die Oberfläche nur da poliert haben, wo die Inschrift hinkam. Aus einem Musterbuch suchte Lindbergh eine schlichte Schrift aus, und die Lettern sollten einen Viertelzoll tief in den Stein geschnitten werden, gerade tief genug, daß sie von den Elementen sauber gehalten wurden. Unter seinem Namen sollten die Daten und Orte seiner Geburt und seines Todes stehen, Michigan und Maui; und darunter, so einigte er sich mit seiner Frau und den drei Söhnen, zwei Zeilen aus dem 139. Psalm, die einen tiefen Glauben an Gott andeuteten: »Nähme ich Flügel der Morgenröte und bliebe am äußersten Meer...« Die nicht eingemeißelte Fortsetzung dieses Verses lautete: »So würde auch dort deine Hand mich führen und deine Rechte mich halten.«

Als nächstes wandten sie ihre Aufmerksamkeit der Begräbniszeremonie zu. Lindbergh wollte vor der Beerdigung einen kurzen Gottesdienst, am Grab ein Gebet und ein geistliches Lied, und ein oder zwei Tage später einen nur wenig längeren Gedenkgottesdienst. Er verbat sich jegliche Lobreden. Statt dessen wollte er mehrere Textstellen der unterschiedlichsten Denker vorlesen lassen, als sichtbares Zeichen seiner Überzeugung, daß keine Kultur oder Religion ein Monopol auf die Wahrheit habe. Anne legte ihm eine Reihe von Texten vor, aus denen er Jesaias, Bernhard von Clairvaux, Gandhi, Augustinus, die Mundaka-Upanischaden und ein Navajo-Gebet auswählte. Anne schlug ihrem Mann auch mehrere Lieder vor. Als sie ihm eins vorsang, das sie für geeignet hielt, schüttelte Charles den Kopf und sagte, das sei nicht gut. »Aber die Melodie ist von Bach«, erwiderte Anne, »etwas Besseres gibt es nicht.« – »Die Musik ist in Ordnung«, erwiderte Charles, »aber die Worte sind kitschig.« Anne überlegte, was sich da machen ließ, aber er löste das Problem: »Wir nehmen einfach hawaiiische Lieder«, sagte er, »da versteht keiner, was es heißt.«

Lindbergh verlangte, daß der Gottesdienst zumindest teilweise von einem einheimischen Diakon gehalten wurde, von Henry Kahula, dem Pächter der Chevron-Tankstelle am Ort. Anne rief ihn an, und er schlug vor, hawaiische Gedichte, Gebete und Lieder in den Gottesdienst einzustreuen. Lindbergh wollte ein privates Begräbnis, betonte aber, daß alle Bewohner Kipahulus willkommen seien. Er bat Dr. Howell, dafür zu sorgen, daß die Sargträger, Ortsansässige, die jetzt am Sarg und am Grab arbeiteten, bei der Beerdigung in ihrer Arbeitskleidung erschienen. Howell protestierte und erklärte, sie würden bestimmt ihre Hochachtung dadurch beweisen wollen, daß sie ihre beste Kleidung trugen. Außerdem, sagte er zu Lindbergh, »können Sie ihnen nicht vorschreiben, was sie anziehen sollen.«

Dann fragte Lindbergh Milton Howell, ob er die vielleicht schwierigste Aufgabe übernehmen wolle, nämlich die Familie gegenüber der Presse zu vertreten. Lindbergh hatte den Eindruck, daß der wortgewandte Arzt, der einmal Bürgermeister von Glencoe in Minnesota gewesen war, Anne am besten beschützen könnte. Wenn es Zeit werde, der unvermeidlichen Phalanx von Journalisten gegenüberzutreten, sagte Lindbergh, »dann hätte ich gern, daß Sie ihre Fragen beantworten. Ich wünsche mir, daß dabei eine gewisse Würde gewahrt bleibt, was Sie gewiß gut können«. Zu Howells Überraschung wollte Lindbergh den Redakteur der *Maui News* über den bevorstehenden Tod informieren, sonst niemanden, so daß im entscheidenden Augenblick der Nachruf praktisch schon geschrieben war. Mit dieser Exklusivvereinbarung hoffte Lindbergh seiner Familie ein paar zusätzliche freie Stunden zu verschaffen. In der Tat sprach man auf der Insel bereits darüber.

Ein Geistlicher aus Kalifornien namens John Tincher war für den Monat August der Gemeindekirche in Hana zugeteilt worden. Dem jungen Reverend blieben nur noch ein paar Tage auf der Insel, als er erfuhr, daß Charles Lindbergh vor kurzem eingeflogen worden sei, um hier zu sterben, und daß er sich an einem geheimgehaltenen Ort befinde. Als Tincher eines Tages in dem kleinen Gemüseladen der Hana-Ranch einkaufte, fiel ihm die kleine Frau vor ihm an der Registrierkasse auf, die den ganzen Laden leerzukaufen schien. Tincher beobachtete, wie Anne Lindbergh den Empfang ihrer Besorgungen bestätigte. Nach dem Einkauf folgte er ihr zum Auto, stellte sich vor und gab ihr zu verstehen, wenn sie »in diesen schweren Zeiten mit jemandem reden« wollte, stünde er ihr zur Verfügung. Am Freitag, dem 23. August, fuhr sie zu seinem Haus an der Küste und hinterließ eine Nachricht mit ihrer Telefonnummer. Er rief zurück, und sie trafen sich am nächsten Tag für eine Stunde. Sie konnten allerdings nicht vereinbaren, daß er den Trauergottesdienst halten sollte, da Tincher die Insel am nächsten Dienstag verlassen mußte.

Wenn Anne und ihre drei Söhne eine Pause in ihrer nervenaufreibenden Arbeit brauchten, gingen sie zur »Argonauta«, und hackten dort mit einer Machete die Mimosen, das Zuckerrohr und die Bananen weg, die rings ums Haus wucherten. Wenn sie sich in der heißen Sonne abmühten, hatten sie das Gefühl, ihre »Sorgen und Spannungen« rauszuschwitzen.

Stundenlang saß zumindest ein Familienmitglied bei Lindbergh, wenn er zwischen seinen Nickerchen oder am Abend seinen Erinnerungen nachhing – an seine Mutter, an »Brother«, an die frühen Tage der Luftfahrt, an den Krieg. Auch *America First* war ihm noch gegenwärtig, und eines Tages sagte er zu Land: »Laß nicht zu, daß deine Mutter mich großmächtig verteidigt.« Jeden Abend mußte man ihm berichten, wie weit sein Grab war. Eines Abends fragte Anne Charles im Kreise der Söhne, ob er beschreiben wolle, wie er sich fühle, denn, so sagte sie, »du erlebst jetzt etwas, was wir alle einmal durchmachen müssen«. Er antwortete, er habe bisher nicht erkannt, daß »der Tod ständig so nahe ist – er ist gleich hier, neben dir«, und er fühle sich dabei völlig »entspannt«. »Für euch, die ihr zuschaut, ist es schwerer als für mich«, fügte er hinzu. Einmal wollten sie ihn auf die Veranda hinausbringen, damit er den schönen Blick genießen konnte, aber es strengte ihn zu sehr an. »Das kann ich nicht«, sagte er, »ich muß wieder rein.« Jeden Tag verlor er ein wenig an Boden und sagte, zwei- oder dreimal sei er schon nahe daran gewesen hinüberzugehen.

Jeder Sohn sprach lange genug unter vier Augen mit seinem Vater, um später nicht Unausgesprochenes bedauern zu müssen. In den letzten zwei Wochen hatte Lindbergh die verlorene Zeit mit Scott wettgemacht. Ihre gegenseitige Liebe und Hochachtung wurden für sie selbst und alle in ihrer Umgebung deutlich erkennbar. »Große Erleichterung für M.[utter]«, schrieb Jon in sein Tagebuch. »Ein Lichtstrahl auf einer ziemlich dunklen Bühne.« Scott hatte seine Frau mit den Primatenhorden alleingelassen, jetzt mußte er nach Frankreich zurück. Doch die ganze Familie war froh über die Versöhnung, auch Ansy und Reeve, die in North Haven geblieben waren und regelmäßige Berichte erhielten.

Am 25. August waren das Grab und der Sarg fertig, und Jon kehrte nach Seattle zurück. Er rechnete damit, seinen Vater noch einmal zu sehen, wußte aber, daß er möglicherweise zu spät kam.

An diesem Abend fiel Lindbergh das Atmen schwer, und er hatte Schmerzen in der Brust. Dr. Howell, der zweimal am Tag gekommen war, gab ihm Aspirin mit Kodein, eine Dosis, die Lindbergh noch einmal halbierte und nur wenn nötig einnahm. Weil er ständig trank, mußte Howell ihn nicht an den Tropf hängen. Neben dem Bett lag eine Sauerstoffmaske, die der Arzt an diesem Nachmittag an eine größere Flasche anschloß. »Doktor«, fragte Lindbergh am Sonntag abend, »reicht das wirklich für meinen Bedarf?« Nein, es reichte nicht, da das Lymphosarkom seine Lungen bereits lahmlegte. Als Lindbergh spätabends hinüberlangte, um ein Ventil zu verstellen, damit er mehr Luft bekam, fiel sein Arm herab, und er versank ins Koma. Dr. Howell gab ihm eine Beruhigungsspritze und beschloß, ihn am nächsten Morgen um 9.00 Uhr in die Klinik bringen zu lassen. Anne, Land und eine Krankenschwester blieben die ganze Nacht hindurch bei ihm, und seine Frau hielt seine Hand.

Am nächsten Morgen, Montag, den 26. August, schien Lindbergh friedlich dazuliegen. Nach einem zeitigen Frühstück gingen Anne und Land ins Schlafzimmer; da atmete er kaum noch. Die Howells kamen kurz nach 7.00 Uhr, der Arzt untersuchte ihn und sagte dann: »Er wird uns jetzt verlassen.« Anne griff nach seiner Hand und konnte kaum glauben, wie leblos sie seit der Nacht geworden war. Land wollte seinen Vater instinktiv stützen, aber er wußte ja, wie sehr er jede Berührung verabscheute. Und so saß die Mutter am einen Ende des Bettes und er am anderen, und er legte nur die Hand auf den Fuß des Vaters. Mehr als zehn Minuten saßen sie da, und es wurde immer stiller im Zimmer. »Und dann«, erinnerte sich Land, »ging er einfach.«

Stillschweigend verließen alle den Raum und ließen Anne mit Charles allein. Sie küßte ihn ein letztes Mal. Gern wäre sie noch länger mit ihm allein geblieben, aber dazu war keine Zeit. Er hatte alles vorbereitet, damit er so rasch wie möglich aus dem Bett ins Grab kam, nicht nur, um der Invasion der Presse zuvorzukommen, sondern auch aus gesetzlichen Gründen.

Lindbergh hatte auf keinen Fall einbalsamiert werden wollen. Ein »natürliches« Begräbnis war aber in Hawaii nur bis acht Stunden nach dem Tod zulässig. Andererseits verbot das Gesetz eine Beerdigung, solange die amtliche Todesbescheinigung nicht durch den Coroner unterschrieben war, und der befand sich »auf der anderen Seite« der Insel. Auf Lindberghs Drängen hatte Dr. Howell hierfür schon Vorkehrungen getroffen. Er hatte das Zertifikat bis auf das Datum vollständig ausgefüllt und den Coroner von der Situation in Kenntnis gesetzt, und sein Sohn stand startbereit, um das Dokument in zwei Stunden nach Wailuku zu fahren. Howell befolgte sämtliche Anweisungen Lindberghs bis aufs I-Tüpfelchen. Er schickte seinen Sohn los; er rief Tevi von einer Baustelle am anderen Ende der Insel herbei; er benachrichtigte die Polizei und bat sie, rings ums Haus und um die Kirche für Sicherheit zu sorgen; und er rief den Redakteur an, erzählte ihm, daß Lindbergh gestorben sei und bat ihn, die Nachricht mindestens bis mittags zurückzuhalten.

Minuten später wußte der örtliche Radiosender Bescheid. Keine drei Stunden, nachdem Land Jon in Seattle angerufen und ihm erzählt hatte, daß der Vater gestorben sei, kam die Meldung schon im Radio. Ein paar Frauen liefen durch die Kirche, fegten sie und streuten Ingwerstengel und Hibiskus auf die breiten Fensterbretter. John Hanchett und ein Dutzend Rancharbeiter fuhren zum Gästehaus der Pechins hinauf und luden den schweren Eukalyptussarg ab. Auch die Decke von der Hudson Bay kam an diesem Morgen an.

Tevi, der mit einem Privatflugzeug nach Hana gekommen war, traf im Haus ein, um die intimste Aufgabe dieses Tages zu erfüllen. Lindbergh hatte den 63 Jahre alten Arbeiter gebeten, ihn anzuziehen. Anne reichte ihm die Kleidungsstücke, die Charles ausgesucht hatte – eine alte graue Baumwollhose und ein Khakihemd; er wollte keinen Gürtel, wegen des Metallschlosses, und keine Schuhe. Dann trugen Tevi, John Hanchett und zwei Rancharbeiter den angekleideten Leichnam zu dem mit Decken ausgeschlagenen Sarg, legten ihn hinein und steckten die Bettücher genau wie vorgeschrieben an den Seiten fest. Als einer der Arbeiter sich daran machte, den Deckel festzuhämmern, rief Anne: »Nein, warte!« Sie trat heran, um einen letzten Blick auf ihren Mann zu werfen und verlor die Fassung. Mit Tränen in den Augen legte sie vier weiße Blumen in den Sarg, und dann wurde er endgültig zugenagelt. Acht Männer trugen die schwere Kiste hinaus zu Hanchetts blauem kleinen Lastwagen. Tevi sprang hinten auf und saß auf der Fahrt neben dem mit Leinwand abgedeckten Sarg.

Am frühen Nachmittag fuhr der Polizeimeister vom Gästehaus der Pechins hinunter zur Kirche von Kipahulu, gefolgt von Hanchetts Laster und einem kleinen Konvoi anderer Wagen. Als sie den Ohe'o überquerten, ahnte keiner der Touristen an den »Sieben Heiligen Teichen«, daß hier soeben der Leichenzug von Charles Lindbergh vorüberfuhr.

Der Gottesdienst war für 15.00 Uhr angesetzt, und um 16.00 Uhr wollte Milton Howell mit der Presse reden. Aber schon um 14.00 Uhr stand der Sarg vorne in der Kirche, und alle zu erwartenden Gäste waren schon da – nicht mehr als 15 Personen, die meisten in Arbeitskleidung. In den Wandleuchtern flackerten die Kerzen, und Ingwerduft erfüllte die kleine Kirche. Anne und Land wußten, daß diese friedliche Heiterkeit nicht von langer Dauer sein würde, und baten darum, mit dem Gottesdienst zu beginnen.

In einem Augenblick völliger Stille, kurz bevor Reverend John Tincher zu sprechen begann, ging eine Hawaiianerin, die manchmal im Haushalt von »Argonauta« aushalf, barfuß nach vorn, die Schürze voller Blumen. Sie kniete neben dem Sarg nieder und schmückte, Blüte für Blüte, den ganzen Sarg mit einer Decke aus rotem Jasmin. Wie vorgesehen, dauerte der Gottesdienst aus stillen Gebeten und Tinchers fünf Lesungen nicht einmal 20 Minuten.

Da der Sarg sehr schwer war, trugen ihn sechs oder sieben Männer zum Lastwagen zurück, und John Hanchett fuhr ihn zur Grabstätte. Es dauerte ein Weilchen, bis man ihn in das tiefe, steingesäumte Loch hinunterbekam, dann sprach Tincher die Bestattungsformeln. Die Anwesenden warfen Blumen ins Grab, und Land kletterte regelrecht hinein, um für seine Mutter eine Blütenkette aus riesigen roten Jasminblüten und für sich eine aus rotem Hibiskus auf den Sarg zu legen. Henry Kahula sang mit drei anderen ein hawaiisches Lied.

Nur ein einziger Lokalreporter war bei der Beerdigung anwesend; er hielt sich respektvoll im Hintergrund. Doch als die Trauernden um 15.00 Uhr wegfuhren, war schon das erste Fernsehteam unterwegs zur Kirche – keine halbe Meile weit weg. Die Reporter, ein rundes Dutzend, die hinterherkamen, merkten, daß sie ausgetrickst worden waren. Aber Milton Howell erklärte die Lage, bat sie in sein Haus und beantwortete dort ihre Fragen.

Zum letztenmal zog Charles Lindbergh die Aufmerksamkeit der Weltmedien auf sich. Die Nachricht von seinem Tod beherrschte die linke obere Ecke der Titelseite der *New York Times*. Außerdem ehrte ihn die Zeitung mit einem zweiseitigen Nachruf von Alden Whitman und einer Reihe von Würdigungen, darunter auch von seiten des erst seit drei Wochen amtierenden Präsidenten Gerald Ford. Der Leitartikel der *Times*, übertitelt »Heimgang eines Helden«, beschrieb Lindbergh als »Nutznießer wie auch Opfer eines Ruhms, wie ihn kein Amerikaner in diesem Jahrhundert erreicht hat«. Es passe zu ihm, so stand da, daß er sich entschlossen habe, »in äußerster Schlichtheit, fern von den Massen, die ihn im Leben gefeiert und geschmäht haben«, zu sterben und begraben zu werden. Die ersten von fast 1000 Kondolenzschreiben aus der ganzen Welt trafen ein.

Am nächsten Nachmittag um 14.00 Uhr kamen zwei Dutzend Leute in die Ho'omau-Kirche zum Gedenkgottesdienst. Schon vorher waren Reporter erschienen, um über das Ereignis zu berichten, und Anne lud sie ein, in den hinteren Bänken Platz zu nehmen. Jon und Sam Pryor setzten sich mit Anne und Land nach vorne. John Tincher, der nur noch wenige Stunden auf Maui war, feierte, wieder zusammen mit Henry Kahula, einen Gottesdienst, der sich aus vielen verschiedenen Glaubensrichtungen zusammensetzte. Besonders gerührt war Anne von dem letzten Lied, einer ergreifenden Wiedergabe von »Hawaii Aloha«. Das Programm dauerte nicht einmal 30 Minuten; Lindberghs Leistungen wurden mit keinem Wort erwähnt. Als es vorbei war, dankte Anne allen Anwesenden, auch den Reportern. Ende der Woche kehrte sie zum Festland zurück und führte von nun an ein zunehmend einsiedlerisches Witwendasein in Connecticut; ihr Leben beschränkte sich auf Besuche bei ihren Kindern und 17 Enkeln. Mit der Zeit fuhr sie nicht mal mehr in die Schweiz oder nach Hawaii.

Lindberghs Autobiographie *Stationen meines Lebens* wurde 1978 veröffentlicht und offenbarte einen philosophischen, ja poetischen Mann, weit mehr, als dies die meisten Leser erwartet hatten. Das Buch schloß mit einem transzendenten Unterton. »Nach meinem Tod«, schrieb er, »kehren die Moleküle, aus denen ich bestanden habe, zur Erde und zum Himmel zurück. Sie kamen von den Sternen. Ich stamme von den Sternen.«

Und an manchen Tagen verbinden sich die Moleküle auf dem stillen Friedhof über der Kipahulu Bay so miteinander, daß Wasser und Himmel zu einem grenzenlosen Blauspektrum ineinanderfließen – ein tiefes Saphirblau weit draußen auf dem Meer, das nach oben immer heller wird, bis es fast die Farbe von Gletschereis annimmt, jenes blasse, aber strahlende Blau, in dem an manchen Spätsommertagen der Himmel über Schweden leuchtet.

DANKSAGUNG

1989 fragte mich Phyllis E. Grann, die Präsidentin von Putnam Berkley, ob ich nicht Lust hätte, ein Buch zu schreiben, das sie seit 15 Jahren gern lesen würde: eine Biographie von Charles Lindbergh. »Ja und nein«, antwortete ich. Lindbergh stünde schon lange auf meiner Liste möglicher Themen, sogar in der engeren Wahl, aber leider wüßte ich bereits, daß sich seine Papiere unter Verschluß befänden und die Familie keine Neigung zeigte, sie für Recherchen zugänglich zu machen. Das focht Mrs. Grann nicht weiter an; sie wollte nun einmal etwas über Lindbergh lesen. Ich erwiderte, solch ein Buch würde ich nur unter einer Voraussetzung in Angriff nehmen: wenn mir die uneingeschränkte Zusammenarbeit mit der Familie Lindbergh zugesagt würde und ich das dem Vernehmen nach in mehreren 100 Schachteln aufbewahrte Material einsehen und daraus zitieren könnte.

Nachdem fast ein Jahr lang Briefe gewechselt worden waren, fragte Charles Lindberghs Witwe Anne Morrow Lindbergh, ob wir uns treffen könnten. Und nach einer Woche, in der wir miteinander gegessen und uns unterhalten hatten, meist in Gegenwart ihrer jüngsten Tochter, ihrer Schwester und zweier enger Freundinnen, übergab sie mir ein hellblaues Briefchen, in dem sie mich – handschriftlich, mit Kugelschreiber – offiziell autorisierte, diese Biographie zu schreiben. Sie ermöglichte mir vollständigen Zugang zu den Archiven, ohne jede Einschränkung, stellte keine Forderungen und gab nur ihrer Hoffnung Ausdruck, daß ich das Material nicht oberflächlich schnell durchsah. Nach ein paar Wochen erhielt ich wieder einen Brief von Mrs. Lindbergh – ich hatte schon Angst, es wäre ein Rückzieher. »Sie können nicht über Charles schreiben, ohne über mich zu schreiben«, erklärte sie und gewährte mir auch in all *ihre* Papiere Einblick, einschließlich der Tagebücher aus gut 60 Jahren.

Ich bin Mrs. Lindbergh zutiefst dankbar, nicht nur für den Zugang zum Material – wie sich herausstellte, gut 2000 Schachteln, wenn man die persönlichen Unterlagen ihrer Eltern und Geschwister sowie die ihrer angeheirateten Verwandten mitzählt –, sondern auch für die Zeit, die sie diesem Vorhaben schenkte, und für ihr Vertrauen. Auch den fünf erstaunlichen Lindbergh-Kindern, die sich (und ihre Schriften und Tagebücher) zur Verfügung stellten, bin ich sehr verbunden. Stundenlang sprachen Jon, Land, Anne, Scott und Reeve Lindbergh außergewöhnlich klug, wohlformuliert und freimütig über ihren Vater. Selten bin ich solcher Großmütigkeit begegnet. Ich hoffe, dieses Buch entschädigt sie einigermaßen für ihren Einsatz. Ganz besonders stehe ich in der Schuld von Reeve Lindbergh, die unverdrossen Zeit von ihrer eigenen Arbeit abknapste, um *immer noch eine* Frage zu beantworten oder *immer noch eine* Quelle ausfindig zu machen. An dieser Stelle sei es gesagt: ohne sie gäbe es dieses Buch nicht.

Auch andere Lindbergh-Verwandte trugen großzügig zu diesem Buch bei. Anne Lindberghs Schwester Constance, die frühere Mrs. Aubrey Morgan, war eine reiche Quelle der Inspiration und Information. Dann hatte ich das Vergnügen, Dwight Morrow jrs. erste Frau Margot, Mrs. John Wilkie, kennenzulernen, bei der sich Scharfblick mit erfrischendem Humor verband. Charles Lindberghs Nichte Lillian Johnson steuerte einen denkwürdigen Tag voller Erinnerungen bei. James und Eleanor Forde Newton gehörten, obwohl weder blutsverwandt noch angeheiratet, 60 Jahre lang fest zur Familie Lindbergh. Von Jim und Ellie erfuhr ich viel über die Lindberghs – und nicht weniger über Freundschaft.

Da der größte Teil dieses Buches auf den Lindbergh-Archiven basiert, danke ich den Institutionen, die sie aufbewahren, vor allem aber den einzelnen Personen in diesen Bibliotheken, die dafür gesorgt haben, daß mir die jahrelangen Recherchen so viel Freude gemacht haben. Aus den Bibliothekaren der Abteilung »Manuskripte und Archive« an der *Yale University Sterling Memorial Library* wurden Freunde und Kollegen, die mir immer ein paar Schritte voraus waren. Am meisten verdanke ich Judith A. Schiff, die mir half, meinen Zweijahresplan für diese riesige Sammlung festzulegen, und sie konnte auch selbst noch von Lindbergh erzählen. William R. Massa jr. arbeitete unzählige Male weit über die Dienstzeit hinaus, und bei Christine Conolly und Sandra Staton verbanden sich ausnehmende Effizienz mit ungewöhnlicher Freundlichkeit.

Vielen Dank auch an Jean Streeter, Martha Clevenger, John Furlong und Sharon Smith von der *Missouri Historical Society*, die mir außerordentlich geholfen haben. Gleichermaßen bin ich verpflichtet: Margery Sly, der früheren Archivarin am Smith College, und Amy Hague, einem Mitglied des Kuratoriums, Emily Silverman in den Archiven der *Robert Frost Library* am Amherst College; John Decker von der *Stearns County Historical Society*; Rebecca DuBey am *Southern Museum of Flight* in Birmingham, Alabama; Adele Wall von Falaise in *Sands Point Preserve*, Long Island; Leutnant C. Thomas DeFeo, Archivar Mark Falzini und Dolores Raisch vom *New Jersey State Police Museum* in West Trenton; Michael Hoarn in High Fields, Dr. William Joyce, Jane Snedecker und meiner langjährigen Freundin Mary Ann Jensen an der Universitätsbibliothek Princeton. Die *Minnesota Historical Society* kann sich glücklich schätzen, für das Charles-A.-Lindbergh-Haus in Little Falls, wo ich mehrere

518

Tage verbrachte, einen so kenntnisreichen und entgegenkommenden Kustos wie Donald Westfall gefunden zu haben. Gene Bratsch, Geschäftsführer der *Charles A. and Anne Morrow Lindbergh Foundation* in Minneapolis, kam mir in der Entstehungszeit dieses Buches so oft zu Hilfe, daß ich mit dem Zählen durcheinandergekommen bin; meinen Dank auch an Dacia Durham und Marlene K. White von der *Foundation*.

Die Recherchen zu diesem Buch machten weite Reisen erforderlich, nicht nur innerhalb der Vereinigten Staaten; und daß sie so ersprießlich und ergiebig waren, ist auf Beistand von vielen Seiten zurückzuführen. In Schweden bedanke ich mich sehr herzlich bei Richard Lucas für einen ganzen Tag Geschichte und Gastfreundschaft. Dank auch an Kerstin Lappea, an Professor Karl-Gustaf Hildebrand (der seine Elchjagd unterbrach, um mit mir zu reden) und an die Familie Svensson – Helga, Sven und Sune –, die einen Nachmittag opferten, damit wir zu Ola Månssons altem Hof fahren konnten. In Großbritannien geht mein Dank an Ludovic Kennedy, Betty Gow, Anthea Secker und die verstorbene Evelyn C. Molesworth; Nigel Nicolson spendierte mir einen köstlichen Lunch, eine Führung durch den Garten von Sissinghurst und ein Arbeitszimmer, in dem ich die Aufzeichnungen seines Vaters lesen und mir Notizen machen konnte. In Frankreich sekundierten mir besonders liebenswürdig die frühere Botschafterin Pamela Harriman, Denise Cardinet und Louis Le Jouan, der mich an die Spitze von Coz Costel bei Buguélès mitnahm und mir den Weg nach Illiec wies. In Hawaii zeigte mir Jeannie Pechin alle Stätten, die mit den Lindberghs zu tun hatten, und obendrein noch die dazwischenliegenden Sehenswürdigkeiten.

Für Interviews, aufschlußreiche Korrespondenzen, behördliche Genehmigungen, nützliche Briefe und sonstige Informationen, die das Leben Charles Lindberghs betrafen, bin ich zu Dank verpflichtet: Gouverneur Elmer L. Anderson, Dr. Richard Bing, Richard W. Brown, Robert R. Bryan Esq., Ev Cassagneres, Oberst Raymond H. Fredette, Russell Fridley, Paul E. Garber, Susanna Beck Hatt, Anna Hauptmann, Charles G. Houghton III., Peter Kahn Esq., John Konchellah, Lyle Leverich, Mary Jo Lewis, James W. Lloyd Esq., James Lord, Benjamin Lupica, Dr. Theodore I. Malinin, Glenn Messer, Susan Miller, Richard Moore, Karen Pryor, Dr. David Read, Oren Root, General H. Norman Schwarzkopf jr., General Robert Lee Scott, Robert J. Serling, Mrs. Truman Smith, James Stewart, R. Dougals Stuart jr., Reverend John Tincher, Russell Train, Billy Wilder, Richter David Wilentz und Helen Wolff. Vor Jahren interviewte T. Willard Hunter einige von den Hauptdarstellern in Charles Lindberghs Leben. Die Protokolle dieser Gespräche waren für mich von unschätzbarem Wert – so wie auch Willards Freundschaft.

Als ich mit der Arbeit an diesem Buch begann, erhielt ich einen Anruf von Tony Bill – Schauspieler, Regisseur, Pilot, Produzent, Gastronom und

Schriftsteller in einer Person –, ich solle ihn unbedingt besuchen. In seinem Haus zeigte er mir eine der sensationellsten Privatbibliotheken, die ich je zu Gesicht bekommen habe, mit dem Schwerpunkt Luftfahrt und dem Spezialgebiet Lindbergh. »Betrachten Sie diese Bibliothek als die Ihre«, sagte er mit der für ihn typischen Großzügigkeit. Und das tat ich denn auch. Er wurde zum wichtigsten Förderer dieser Biographie; er tränkte die vergangenen acht Jahre förmlich mit Lindberghs Geist.

Freundschaften und unzählige Gefälligkeiten haben mich durch dieses Jahrzehnt getragen. Als mein 15 Jahre alter Altos 8500 abstürzte und drohte, den Großteil dieses Buches mit sich in den Abgrund zu reißen, kam Rettung in Gestalt meines genialen Freundes John Riley. Ohne ihn wäre mein Protagonist wohl für immer im Cyberspacenebel verschwunden. Inniger Dank geht auch an Helen Bartlett, Leonora Hornblow, Fiona Lewis, Alan und Nancy Olson Livingston, Lucille LoRicco, Professor Theodore Marmor und Jan Marmor, Irene Mayer Selznick, Professor Kim Townsend und Marty Gwinn Townsend und an Nathaniel Tripp. Katherine Hepburn ist schon seit zwei Jahrzehnten meine gute Fee, aber nie habe ich das so sehr gespürt wie in den Jahren meiner Recherchen in New Haven, als sie mir fern der Heimat ein Wochenend-Zuhause zur Verfügung stellte. Margaret »Peg« Perry lieferte mir an den Samstagen in Connecticut jedesmal einen sehr heißen Lunch und noch heißere Debatten. Von meinen Eltern Barbara und Richard Berg wurde ich unablässig ermutigt und liebevoll unterstützt, wie auch von meinen Brüdern Jeffrey, Tony und Rick.

In einer Zeit, wo das Verlagswesen von riesigen Konzernen geschluckt wird, hat dieser Band das Glück gehabt, von Persönlichkeiten gehegt und gepflegt zu werden, die Bücher einfach lieben. Lynn Nesbit erwies sich nicht nur als glänzende Agentin, sondern auch als fürsorgliche Freundin, und klärte alle Fragen außerordentlich klug und liebenswürdig. Ihr Partner Bennett Ashley löste so manches juristische Problem. Dankbar bin ich auch für die geschäftlichen Zauberkünste und die Freundschaft von Robert Bookman. Bei Putnam fand dieses Buch in allen Abteilungen und von vielen Mitarbeitern rückhaltlose Unterstützung – besonders von den Grafikerinnen Claire Vaccaro und Jennifer Daddio, der Lektorin Claire Winecoff und dem adleräugigen Anwalt Alex Gigante. Dem verstorbenen George Coleman, der mich mit seiner Begeisterung für dieses Projekt in der ersten Zeit anfeuerte, bin ich zu besonderem Dank verpflichtet, und auch Neil S. Nyren, dessen Korrekturvorschläge beim Endlektorat meinem Manuskript sehr gutgetan haben.

Doch niemand hat mir bei der Verwirklichung dieses Werks mehr geholfen als die beiden, denen ich es gewidmet habe. Nachdem Phyllis Grann es erst einmal auf den Weg gebracht hatte, fand ich bei ihr acht Jahre lang unermüdliche Unterstützung. Sie hat jede Einzelheit dieses

Buches zu einem persönlichen, zentralen Anliegen gemacht. Ebenso Kevin McCormick, der an jeder Entwicklungsstufe Anteil genommen hat. Er bleibt mein Leitstern, und sein weiser Rat, seine scharfsinnige Kritik und die viele Zeit, die er meiner Arbeit geopfert hat, haben dem Buch unendlich gutgetan. Beiden gilt meine Liebe und mein Dank. Ohne sie wären die letzten zehn Jahre bestimmt nicht so erfreulich gewesen.

A. S. B.
Los Angeles, Mai 1998

Anmerkungen und Quellenverweise

Mit Zustimmung des Autors wurde der ausführliche wissenschaftliche Anhang nicht in die deutsche Ausgabe seines Buches aufgenommen. Auf 46 Seiten hat A. Scott Berg penibel dargelegt, in welchen amerikanischen Universitäts- und bundesstaatlichen Bibliotheken sowie anderen Institutionen das umfangreiche Material liegt, das er für seine Arbeit verwendet hat. Allen Lesern der deutschen Ausgabe, die an den Originalzitaten und -belegen interessiert sind, bietet der Verlag an, die 46 Seiten aus der amerikanischen Originalausgabe in Fotokopie zuzusenden. Schreiben Sie bitte an: Karl Blessing Verlag, Lektorat, Possartstr. 20, 81679 München. Fax-Nr. 089/99840144.

Bildnachweis

Foto von Teil 1: Culver Pictures, Foto von Teil 4: Richard W. Brown. Alle anderen Fotos: Lindbergh Picture Collection, Manuscripts and Archives, Yale University Library, New Haven, CT.

PERSONENREGISTER

Abbot, Charles G. 145, 194
Achenbach, Ella 298
Acosta, Bert 107
Adson A.W. 70
Albert, König von Belgien 136
Alcock, John 84
Aldrich, Chester 205
Amundsen, Roald 44
Anders, William 490
Armstrong, Neil A. 491
Arnold, Henry H. »Hap« 354, 361f., 364, 372f., 402, 406, 444
Astor, Lady Nancy 328, 346f.
Atchley, Dana W. 439, 450, 453, 461f., 466, 476, 506f.
Atterbury, William W. 175
Auden, W. H. 382

Bäumker, Adolf 352
Bahl, Erold G. 61
Balchen, Bernt 107, 212
Balderston, Walter 94
Baldwin, Stanley, 139, 329
Barry, Ellen 439, 450
Baruch, Bernard 48
Bell, Alexander Graham 44
Bellanca, Guiseppe 88, 90, 101
Beneš, Eduard 348
Benz, Carl 57
Bing, Richard 336
Bingham, Robert 328
Bitz, Irving, 236ff., 245
Bixby, Harold 89ff., 92, 99ff., 174
Blériot, Louis 58, 84, 134
Blythe, Richard 100, 103ff., 109
Boedecker, Kenneth 100ff., 105, 108
Borman, Frank 490
Breckinridge, Henry 153, 178, 189, 226f., 232–236, 240f., 244f., 250ff., 257, 309, 331
Briand, Aristide 135
Brown, Arthur W. 84

Brown, Richard 482
Brown, Walter Folger 193, 273, 275
Brown, William Adams 188
Brundage, Avery 383
Bruno, Harry 177
Buckman, Clarence B. 34
Bullitt, William C. 346, 348, 350
Burrage, Guy Hamilton 141, 143ff., 238, 247
Byrd, Richard E. 79, 87, 92, 95, 97, 100ff., 103, 107ff., 146, 212

Callén, Lovisa 19
Calles, Plutarco Elías 159ff., 172
Cannon, Joseph Gurney 36
Carr, C.R. 110
Carrel, Alexis 207–211, 313f., 317, 326, 330, 336, 342, 344, 347f., 355, 361f., 374, 379, 422f.
Carrel, Anne de la Motte 208, 330f., 374, 379
Castle, William R. 368f.
Cayley, Sir George 57
Chamberlain, Neville 350, 359
Chamberlin, Clarence 90, 92, 97, 99, 101, 105ff., 141ff.
Chanute, Octave 57
Churchill, Winston 140, 325
Christie, Agatha 234
Ciardi, John 456
Citroën, André 134
Claudel, Paul 132
Cobb, Irving S. 385
Cockburn, Claud 346
Coli, François 12, 95, 99ff., 110, 118, 122, 132
Condon, John F. 238–253, 280ff., 295ff., 308, 312
Conkling, William H., 81, 103
Cooley, Denton A. 481
Coolidge, Calvin 130, 135, 139, 143ff., 163, 166f., 171, 218